国家哲学社会科学成果文库

NATIONAL ACHIEVEMENTS LIBRARY
OF PHILOSOPHY AND SOCIAL SCIENCES

南北朝民族关系思想研究

崔明德 著

人民出版社

责任编辑：翟金明
封面设计：石笑梦
版式设计：周方亚

图书在版编目（CIP）数据

南北朝民族关系思想研究 / 崔明德 著 .— 北京：人民出版社，
2023.6
ISBN 978－7－01－025453－1

I. ①南… II. ①崔… III. ①民族关系－思想史－研究－中国－南北朝时代
IV. ① K280.039

中国国家版本馆 CIP 数据核字（2023）第 072163 号

南北朝民族关系思想研究
NANBEICHAO MINZU GUANXI SIXIANG YANJIU

崔明德 著

人民出版社 出版发行
（100706 北京市东城区隆福寺街 99 号）

北京中科印刷有限公司印刷 新华书店经销

2023 年 6 月第 1 版 2023 年 6 月北京第 1 次印刷
开本：710 毫米 ×1000 毫米 1/16 印张：35.25
字数：476 千字

ISBN 978－7－01－025453－1 定价：168.00 元

邮购地址 100706 北京市东城区隆福寺街 99 号
人民东方图书销售中心 电话（010）65250042 65289539

《国家哲学社会科学成果文库》
出版说明

为充分发挥哲学社会科学优秀成果和优秀人才的示范引领作用，促进我国哲学社会科学繁荣发展，自 2010 年始设立《国家哲学社会科学成果文库》。入选成果经同行专家严格评审，反映新时代中国特色社会主义理论和实践创新，代表当前相关学科领域前沿水平。按照“统一标识、统一风格、统一版式、统一标准”的总体要求组织出版。

全国哲学社会科学工作办公室

2023 年 3 月

目　录

绪　论　/ 001

一、对拓跋鲜卑及北朝汉化问题的总体考察　/ 028

（一）对本民族习俗和文化的坚守　/ 030

（二）全面汉化改革　/ 043

（三）胡风胡俗的回潮　/ 046

（四）汉化轨道的回归　/ 060

二、北魏民族关系思想的发展脉络　/ 073

（一）拓跋魏早期的民族关系思想　/ 074

（二）北魏前期的民族关系思想　/ 077

（三）北魏中期的民族关系思想　/ 083

（四）北魏后期的民族关系思想　/ 100

（五）结语　/ 109

三、北魏太和年间关于迁都问题的大讨论　/ 114

（一）三种思想流派　/ 115

（二）思想交锋 / 118
（三）对大讨论的评价 / 126
（四）余论 / 130

四、西魏北周民族关系思想及实践 / 132

（一）联合突厥抗击北齐思想 / 133
（二）“推诚布信”思想 / 141
（三）劝以耕稼及引导民风 / 144
（四）把清廉作为处理民族关系的法宝 / 149
（五）慰抚稽胡及蛮夷思想 / 152
（六）恩威并用思想 / 156
（七）西魏北周民族关系思想的特点 / 164
（八）余论 / 169

五、高欢民族关系思想的主要内容及来源 / 172

（一）“招怀远夷” / 173
（二）消灭山胡 / 186
（三）“杂用夷、夏” / 193
（四）高欢民族关系思想的来源 / 198
（五）余论 / 204

六、高洋“天下为一”思想及相关问题 / 210

（一）“天下为一”的理想追求 / 211
（二）四处征伐的单一路径 / 214
（三）内胡外儒的鲜明特征 / 224

（四）多重矛盾的挤压　/ 230

七、乾明政变与胡汉之争　/ 238

（一）高洋不当言行埋下了祸根　/ 239
（二）两大阵营的对决　/ 241
（三）乾明政变的性质　/ 245
（四）乾明政变的影响　/ 248

八、高纬对胡人的宠信及图谋投奔突厥的动机　/ 251

（一）围聚在高纬身边的胡人　/ 252
（二）胡人干政及其危害　/ 254
（三）高纬图谋投奔突厥及“作龟兹国子”的动机　/ 261

九、北齐汉化大臣民族关系思想的主要观点及特点　/ 267

（一）源彪以恩信治边思想　/ 268
（二）段韶的“北虏侵边，事等疥癣”认识　/ 269
（三）王纮的“相与影响”思想　/ 272
（四）元景安的“被以威恩”思想　/ 275
（五）北齐汉化大臣民族关系思想的特点　/ 277

十、南朝对诸“蛮”的认识及处理方式　/ 282

（一）刘宋时期对诸“蛮”的认识及处理方式　/ 283
（二）南齐时期对诸“蛮”的认识及处理方式　/ 287
（三）南梁时期对诸“蛮”的认识及处理方式　/ 291
（四）南陈时期对诸“蛮”的认识及处理方式　/ 298

（五）余论 / 300

十一、刘裕民族关系思想的内容、特点及影响 / 302

（一）以收复中原为目标的“平齐”思想 / 303

（二）以天下一统为目标的“当取关、洛”思想 / 307

（三）以册封为主要形式的羁縻思想 / 315

（四）刘裕民族关系思想的特点 / 317

（五）刘裕民族关系思想的影响 / 318

十二、范晔“大一统”思想的来源及评价 / 321

（一）“大一统”思想的主要内容 / 322

（二）思想来源 / 332

（三）重要价值及历史局限 / 334

十三、刘宋大臣对本朝与北魏关系的认识 / 337

（一）谢灵运的“荡定赵魏，大同文轨”思想 / 337

（二）何承天的“安边固守”思想 / 342

（三）袁淑的“以攻为守”思想 / 347

（四）周朗的“毒之在体，必割其缓处”思想 / 350

（五）徐爰的“五难之解” / 354

（六）关于和亲、互市问题的认识 / 356

（七）余论 / 360

十四、南齐民族关系思想的主要观点及特点 / 365

（一）齐高帝、齐武帝的民族关系思想 / 365

（二）南齐大臣的民族关系思想 / 374
（三）南齐民族关系思想的特点 / 382

十五、梁武帝民族关系思想的主要内容及实践 / 384

（一）梁武帝民族关系思想的主要内容 / 385
（二）梁武帝民族关系思想的实践成效 / 396
（三）梁武帝民族关系思想的来源 / 400
（四）梁武帝民族关系思想的特点 / 405

十六、南梁大臣民族关系思想的主要观点及特点 / 408

（一）张齐的民族关系思想 / 409
（二）萧秀恩威并施以恩为主思想 / 410
（三）张缵“六夷膜拜，八蛮同轨”思想 / 412
（四）朱异的民族关系思想 / 414
（五）羊侃以武力镇压反叛思想 / 418
（六）南梁大臣民族关系思想的特点 / 419

十七、陈霸先民族关系思想的主要观点、实践成效及意义 / 422

（一）以北齐作为重点防御对象 / 423
（二）“一匡天下”夙愿 / 429
（三）“以夷治夷”思想 / 432
（四）陈霸先民族关系思想的特点 / 435
（五）陈霸先民族关系思想的作用及意义 / 437

十八、南陈大臣民族关系思想的主要内容及作用 / 441
（一）“安抚笼络”思想 / 441
（二）对“北伐”的认识 / 447
（三）南陈大臣民族关系思想的特点及作用 / 454

附录一　南北朝民族关系研究述评 / 459

附录二　南北朝时期民族关系大事记 / 500

参考文献 / 520

后　记 / 546

Contents

Introduction / 001

1. A General Survey of Hanization of Tuoba Xianbei and the Northern Dynasty / 028

(1) Adherence to the Ethnic Customs and Culture / 030

(2) Comprehensive Reform of Hanization / 043

(3) The Resurgence of Hu Customs / 046

(4) The Return of Hanization Trajectory / 060

2. The Development of the Ethnic Relations Thoughts in the Northern Wei Dynasty / 073

(1) The Ethnic Relations Thoughts in the Early Period of the Tuoba Wei / 074

(2) The Ethnic Relations Thoughts in the Early Period of the Northern Wei Dynasty / 077

(3) The Ethnic Relations Thoughts in the Middle Period of the Northern Wei Dynasty / 083

(4) The Ethnic Relations Thoughts in the Late Northern Wei Dynasty / 100

(5) Conclusion / 109

3. A Major Debate in the Taihe Period of the Northern Wei Dynasty on the Problem of Capital Relocation / 114

(1) Three Schools of Thoughts / 115

(2) Ideological Confrontation / 118
(3) Comments on the Major Debate / 126
(4) Complementary Comments / 130

4. The Ethnic Relations Thoughts and Practice of the Western Wei and Northern Zhou Dynasties / 132
(1) The Thoughts of Joining Tujue to Resist the Northern Qi Regime / 133
(2) The Thoughts of "Promoting Honesty and Credibility" / 141
(3) Advice on Cultivating Crops and Guiding the People's Customs / 144
(4) Utilizing Honesty and Uprightness as A Treasured Strategy in Handling Ethnic Relations / 149
(5) The Thoughts of Appeasing Hu and Other Minorities / 152
(6) The Thoughts of Employment of Both Kindness and Severity / 156
(7) Characteristics of the Ethnic Relations Thoughts of the Western Wei and Northern Zhou Dynasties / 164
(8) Complementary Comments / 169

5. The Main Content and Source of Gao Huan's Thoughts on Ethnic Relations / 172
(1) "Appeasing Minorities in Remote Areas" / 173
(2) Exterminating the Shanhu / 186
(3) "Extensive Use of Minorities" / 193
(4) The Origin of Gao Huan's Thoughts on Ethnic Relations / 198
(5) Complementary Comments / 204

6. Gao Yang's "National Unity" Thoughts and Related Issues / 210
(1) The Pursuit of the "National Unity" / 211
(2) A Single Way of Launching Wars / 214
(3) The Distinctive Characteristics of the Exterior Confucianism While Minorities Culture Core Interior / 224

（4）The Pressing of Multiple Contradictions / 230

7. The Qianming Coup and the Dispute between Hu and Han / 238

（1）Gao Yang's Improper Words and Deeds Buried the Root of the Disaster / 239

（2）The Duel between the Two Camps / 241

（3）The Nature of the Qianming Coup / 245

（4）The Influence of the Qianming Coup / 248

8. Gao Wei's Favorite Belief in the Hu and the Motivation of Trying to Seek Refuge with Tujue / 251

（1）Hu People Gathered Around Gao Wei / 252

（2）Hu People's Political Intervention and Its Harm / 254

（3）The Motivation of Gao Wei's Trying to Seek Refuge with Tujue and "Be the son of the Qiuci State" / 261

9. The Main Viewpoints and Characteristics of the Thoughts of the Hanized Ministers in the Northern Qi Dynasty on Ethnic Relations / 267

（1）Yuan Biao's Thoughts of Governing Borders with Grace and Trust / 268

（2）Duan Shao's Understanding of "Invasion From Northern Border is just Like the Scabies" / 269

（3）Wang Hong's Thoughts of "Mutual Influence" / 271

（4）Yuan Jing'an's Thoughts of "Employment of both kindness and severity" / 275

（5）The Characteristics of the Ethnic Relations Thoughts of the Hanized Ministers in the Northern Qi Dynasty / 276

10. The Understanding and Treatment of "Man" in the Southern Dynasty / 282

（1）The Understanding and Treatment of "Man" in the Liu and Song Dynasties / 283

(2) The Cognition and Treatment of "Man" in the Southern Qi Dynasty / 287
(3) The Understanding and Treatment of "Man" in the Southern Liang Dynasty / 291
(4) The Cognition and Treatment of "Man" in the Southern Chen Dynasty / 298
(5) Complementary Comments / 300

11. The Content, Characteristics and Influence of Liu Yu's Thoughts on Ethnic Relations / 302
(1) The Thoughts of "Defeat the Northern Qi Regime" with the Goal of Resuming the Central Plains / 303
(2) The Thoughts of "Taking Guan and Luo" as the Goal of National Unity / 307
(3) The Pacifying Policy Mainly by Conferring Titles of Nobility / 315
(4) Characteristics of Liu Yu's Thoughts on Ethnic Relations / 317
(5) The Influence of Liu Yu's Thoughts on Ethnic Relations / 318

12. The Origin and Evaluation of Fan Ye's "Great Unity" Thoughts / 321
(1) The Main Content of the "Great Unity" Thoughts / 322
(2) Source of the Thoughts / 332
(3) Important Values and Historical Limitations / 334

13. Liusong Ministers' Understanding of the Relationship between the Regime and the Northern Wei Regime / 337
(1) Xie Lingyun's Thoughts of "Defeating Zhao Wei and Unifying the Culture" / 337
(2) He Chengtian's Thoughts of "Securing the Borders and Strengthening the Defense" / 342
(3) Yuan Shu's Thoughts of "Taking Attacks as Defense" / 347
(4) Zhou Lang's Thoughts of "When poison is present in the body, it must be cut to the slow spot" / 350

(5) Xu Yuan's "Solutions to the Five Difficult Problems" / 354
(6) Understanding of the Issues of Heqin and Frontier Trade / 356
(7) Complementary Comments / 360

14.The Main Viewpoints and Characteristics of Ethnic Relations Thoughts in the Southern Qi Dynasty / 365
(1) The Thoughts of Ethnic Relations of Emperor Gao and Emperor Wu of Qi / 365
(2) The Ethnic Relations Thoughts of the Ministers of the Southern Qi Dynasty / 374
(3) Characteristics of The Thoughts of Ethnic Relations in the Southern Qi Dynasty / 382

15.The Main Content and Practice of Emperor Wu of Liang's Thoughts on Ethnic Relations / 384
(1) The Main Content and Practice of Emperor Wu of Liang's Thoughts on Ethnic Relations / 385
(2) The Practical Effects of Emperor Wu of Liang's Thoughts on Ethnic Relations / 396
(3) The Origin of Emperor Wu of Liang's Thoughts on Ethnic Relations / 400
(4) Characteristics of Emperor Wu of Liang's Thoughts on Ethnic Relations / 405

16.The Main Viewpoints and Characteristics of the Ethnic Relations Thoughts of the Ministers of the Southern Liang Dynasty / 408
(1) Zhang Qi's Thoughts on Ethnic Relations / 409
(2) Xiao Xiuen's Thoughts of Employment of Both Kindness and Severity but Ruled Mainly by Kindness / 410
(3) Zhang Zan's Thoughts of "Minorities Submit to the Rule of the Regime" / 412

(4) Zhu Yi's Thoughts on Ethnic Relations / 414
(5) Yang Kan's Thoughts of Suppressing Rebels with Force / 418
(6) Characteristics of the Ethnic Relations Thoughts of the Ministers of the Southern Liang Dynasty / 419

17.The Main Viewpoints, Practical Effects and Significance of Chen Baxian's Thoughts on Ethnic Relations / 422
(1) Regarding the Northern Qi as the Key Defense Target / 423
(2) The Long-cherished Wish of "Great Unity" / 429
(3) Thoughts of "Governing the Minorities by Minorities" / 432
(4) Characteristics of Chen Baxian's Thoughts on Ethnic Relations / 435
(5) The Effects and Significance of Chen Baxian's Thoughts on Ethnic Relations / 437

18.The Main Content and Effects of Ministers of Nan Chen's Thoughts on Ethnic Relations / 441
(1) The Thought of "Appeasing and Coaxing" / 441
(2) Understanding of the "Northern Expedition" / 447
(3) The Characteristics and Effects of Ministers of Nan Chen's Thoughts on Ethnic Relations / 454

Appendix I A Review of Studies on Ethnic Relations in the Northern and Southern Dynasties / 459

Appendix II Chronicles of Ethnic Relations during the Northern and Southern Dynasties / 500

Reference / 520

Postscript / 546

绪 论

一、中国民族关系思想研究的意义

“中国民族关系思想”是我在学术界最早提出的一个概念，具体表述是：“中国民族关系思想是各个时期各个民族的各类人物对中国民族关系的认识，是统治者制定民族政策、处理民族关系的理论基础；既有政治家、思想家、史学家、军事家及普通民众对历史上民族关系的反思，也有他们对当时民族关系现状的理性思考和客观认识，还有他们对民族关系未来发展趋势的预见”。

20 世纪 80 年代，我提出“中国民族关系思想”概念和开展中国民族关系思想史研究的建议。[1]1997 年，提出了建立中国民族关系思想学科体系问题[2]，试图构建中国民族关系思想的理论与研究框架。2006 年，对中国民族关系思想研究意义、发展脉络、研究对象、研究范围和研究方法等问题作了进一步深化与完善。[3]此后在《两汉民族关系思想史》[4]《隋唐民族关系思想史》[5]专著及系列论文中，对两汉及隋唐时期的民族关系思想作了系统梳理和全面探讨。目

---

1 崔明德：《关于开展中国民族关系思想史研究的几点想法》，《研究生通讯》1988 年第 1 期；崔明德：《应当深入开展中国民族关系思想史研究》，《烟台大学学报（哲学社会科学版）》1989 年第 3 期。

2 崔明德：《关于建立中国民族关系思想史学科的构想》，《齐鲁学刊》1998 年第 4 期；《新华文摘》1998 年第 8 期全文转载。

3 崔明德：《中国民族关系思想史研究范围和方法的探讨》，《民族研究》2006 年第 2 期。

4 崔明德：《两汉民族关系思想史》，人民出版社，2007。

5 崔明德、马晓丽：《隋唐民族关系思想史》，人民出版社，2010。

前，不少专家学者积极开展中国民族关系思想研究，既有民族学和历史学的专家学者，也有政治学和思想史等领域的专家学者。他们既探讨中国古代民族关系思想，也研究中国近代和现代民族关系思想。尤其令人欣慰的是，越来越多的青年学者积极参与，发表了一批高质量论著。这些都说明，中国民族关系思想研究既呈现出良好的发展势头，又有持续发展的力量，将会在我国人文社会科学百花园中大放异彩。

30余年来，我之所以一直关注、思考和探讨中国民族关系思想，既有现实的考虑，又有学术的考虑。从现实来看，研究中国民族关系思想至少有三个方面的意义。

第一，中国民族关系思想能为解决中国的现实民族问题提供智慧、经验和借鉴。历史是现实的一面镜子。历代很多政治家、思想家和军事家都十分关注、认真思考和妥善处理民族关系，留下了一些值得总结和借鉴的政治智慧、经验教训和思想遗产。当今的民族理论，相当一部分来自传统民族关系思想。这其中的养分很多，值得我们认真思索的东西很多，值得我们今天警醒的东西很多，值得我们借鉴的东西也很多。解决现实民族问题，重要方法之一，就是从传统思想文化中寻找资源，从历史中寻找智慧。

第二，中国民族关系思想既能为世界上其他国家解决民族问题提供智慧和借鉴，也能为正确处理当今的国际关系给以启迪。中国古人为当今世界留下了许多有价值的东西，一些国家的企业家、政治家和军事家非常喜欢和学习《论语》、《孙子兵法》和算盘，说明中国思想文化的世界性和中国思想文化对世界的深远影响。当今世界，国际关系更加微妙、更加复杂，不稳定、不确定因素越来越多。在这种形势下，大国与大国、大国与小国、小国与小国之间的合作与冲突的形式更加多样，“合纵连横”的手段更加高超，相互依赖、相互借力、相互竞争、相互合作的趋势更加明显。中国古代遗留下来的一些处理民族关系的思想观点，至今仍然闪耀着智慧的光辉。如“和而不同”、“四海一家”、“爱之如一”、“以德抚远”、“亲仁善邻”、“化流无外”和“推诚布信”等以及按照这些思想观点处理民族关系的做法，符合人类文明的发展趋势，符合多数国家的利益，符合全球绝大多数人民的期望，同样适合现代国际关系，有助于正确处理国与国之间的关系，有助于构建良好的国际秩序。如果说世界上有普适性的思想文化的话，那么，中国古代民族关系思想的有些观点，就具有普适性。而且，“和而不同”、“四海一家”、“以德抚远”、“亲仁善邻”和“推诚布信”等，应当成为主流思想观念。

第三，中国古代民族关系思想中的“推诚布信”“和而不同”“以德报怨”等观念同样适合现代人的交际方式，可以成为现代人交往的行为准则。尽管东西方文化有诸多差异，但都倡导诚信，都希望建立起牢固的诚信体系，每个人、每个国家都应相互信任，坦诚相待；大都希望用“和而不同”的思维和方式处理问题，尊重他人，尊重其他国家和民族的历史和文化；大都希望全社会能有“以德报怨”的境界，消除所有怨恨，化解各种矛盾，真正使四海之内皆兄弟。

从学术来看，加强中国民族关系思想研究至少有四个方面的意义。

第一，为铸牢中华民族共同体意识提供学理支撑。在中国历史发展进程中，汉族和少数民族政治家、思想家等都有大一统理想和一体意识，都对中国一统、天下一统、天下一家、四海一家、华夷一家、胡汉一家、四夷一家、胡越一家等有着深刻认识，都对华夷无间、遐迩一体、首足一体、干枝一体有着切身感悟，都为局部统一或整体统一作出过突出贡献，这些都为中华民族共同体形成和发展奠定了坚实思想基础。中华民族共同体意识根植于中华民族的传统思想文化基因之中，中国民族关系思想在中华民族共同体历史、中华民族多元一体格局、构筑共有精神家园中发挥重要作用，对其进行深入研究，能为铸牢中华民族共同体意识提供学理支撑。

第二，有助于解决中国民族史及中国民族关系研究中的相关理论问题。长期以来，学术界对此有不少理论问题始终没有达成共识。究其原因，除了学者理论水平的差异、审视问题的角度、思维方式以及对史料取舍或理解的不同之外，在很大程度上，还取决于研究的方法。如果我们能从思想史的角度加以辨析和探讨，或许就会逐渐取得比较一致的看法。

第三，能够拓展民族关系、民族理论和思想史等研究领域。中国历史上民族关系的演进和走向，源于当时各类人物特别是当时处于统治地位的人物对民族、民族关系的现状及发展趋势的认识、判断和观念。[1]要想真正理清不同时期的民族关系和中华各民族关系发展走向的基本趋势，“必须对历代民族关系思想进行深入、系统的研究”[2]。因此，研究中国民族关系思想能够拓展“民族关系和民族理论的研究领域”[3]，丰富“中国民族理论和思想史的研究内容，有助于民族理论乃至中国思想史和民族关系史学科的建设”[4]。

第四，从国内外学术发展的趋势来看，研究中国民族关系思想既是学科建设和学科发展的重要方面，也是民族理论和思想史研究的一个重要方向。20世纪80年代以来，国内外掀起了“民族主义”浪潮。究竟怎样界定民族主义，国内外的见解和观点五花八门。另外，中国民族主义的源流是什么？在定型之前它是一种什么样的理论形态或者说是一种什么样的思想观念？它是如何从传统的民族关系思想走向近代民族主义的？章太炎曾经说过，“民族主义，自太古原人之世，其根性固已潜在，远至今日，乃始发达”[5]。章太炎的高明之处，就在于他看到了民族主义与古代民族关系思想的联系。其实，魏源、孙中山、

1 陈育宁：《一部民族史与思想史相结合的力作——读〈隋唐民族关系思想史〉》，《中国边疆史地研究》2010年第2期。

2 陈玉屏：《一部具有拓荒意义的力作——评崔明德、马晓丽新著〈隋唐民族关系思想史〉》，《西北民族大学学报（哲学社会科学版）》2011年第4期。

3 陈育宁：《一部民族史与思想史相结合的力作——读〈隋唐民族关系思想史〉》，《中国边疆史地研究》2010年第2期。

4 方铁：《〈隋唐民族关系思想史〉评介》，《鲁东大学学报（哲学社会科学版）》2011年第5期。

5 章太炎：《驳康有为论革命书》，《章太炎选集》，上海人民出版社，1981，第175页。

梁启超和胡适等人的民族主义思想都曾受到传统民族关系思想的影响。所以，研究民族关系思想能够为中国近代民族主义找到历史源头。更为重要的是，重视和研究中国民族关系思想，可以应对国内外“民族主义”研究热潮，正确把握这一研究热潮的发展趋势。

二、中国民族关系思想的发展脉络

作为一个完整的思想体系，中国民族关系思想大致萌芽于华夏族的形成，成型于春秋战国，发展、丰富于秦汉及魏晋南北朝，成熟于隋唐，完善于以后的各个朝代。

尽管比较系统的民族关系思想形成时间略晚一些，但在汉族的前身华夏族（或称夏族、诸夏、华族）形成前后，即有对华夏族与其他部落或部落联盟关系的初步认识，这些认识应为传统民族关系思想的雏形。

《尔雅·释诂》云：“夏，大也。”《尚书正义》释“华夏”一词云：“冕服采章曰华，大国曰夏。”这其中已经透露出民族分别的信息。历西周文、武、成三代的史佚所提出的“非我族类，其心必异”[1]的观点，则从另一方面去认识当时的民族关系。西周末或稍后的春秋时，华夏族与其他民族的分别更加明显，形成了华夏与“五方之民”的概念[2]。

春秋战国时期，随着民族交往的日益增多以及夷夏之别、夷夏之防的愈益严格，一些政治家、思想家几乎都对民族关系提出了自己的理论见解，逐渐形成了系统的民族关系思想。这其中既有夷夏对立、夷不乱华和尊王攘夷的观点，也有以夏变夷、夷夏一家的主张。如管仲等人提出了“戎狄豺狼，不可厌

1《左传》成公四年，（清）阮元校刻：《十三经注疏》，中华书局，2009，第4128页。

2《礼记·王制》，（清）阮元校刻：《十三经注疏》，第2896页。

也，诸夏亲昵，不可弃也”[1]的观点；苍葛提出了“德以柔中国，刑以威四夷”[2]的观点；孔子等人提出了“四海之内皆兄弟”[3]的观点；孟子等人提出了东夷之人与西夷之人“得志行乎中国，若合符节，先圣后圣，其揆一也”[4]的观点；即使在《吕氏春秋》中，也出现了“善为君者，蛮夷反舌、殊俗、异习皆服之，德厚之”[5]和“蛮夷反舌殊俗异习之国，其衣服冠带、宫室居处、舟车器械、声色滋味皆异”[6]的见解。在如何处理民族关系方面，孔子不仅主张“远人不服，则修文德以来之，既来之，则安之”[7]，而且提出了“修其教不易其俗，齐其政不易其宜”[8]的既对少数民族进行教化又应尊重其历史和习俗的原则。在这一时期，最典型的民族关系思想莫过于魏绛的《和戎论》。在魏绛看来，和戎有五利：“戎狄荐居，贵货易土，土可贾焉，一也。边鄙不耸，民狎其野，穑人成功，二也。戎狄事晋，四邻振动，诸侯威怀，三也。以德绥戎，师徒不勤，甲兵不顿，四也。鉴于后羿，而用德度，远至迩安，五也。”[9]

两汉时期，许多政治家、思想家和史学家在传统的“溥天之下，莫非王土，率土之滨，莫非王臣”[10]的大一统思想影响以及秦汉以来统一局面的基础上，大都继承和发展春秋以来的“大一统”思想，将蛮夷戎狄视为中华民族大家庭中的成员，如贾谊的“首足”观、汉文帝的“使两国之民若一家子”[11]思想、司马相如的“遐迩一体”思想、司马迁的诸族同祖观、韩昌和张猛的“汉与匈奴合为一家”思想、杜钦的“阴阳一体”观、《淮南子》中的夷夏一圈思想，等等。

1《左传》闵公元年，（清）阮元校刻：《十三经注疏》，第 3876 页。
2《左传》僖公二十五年，（清）阮元校刻：《十三经注疏》，第 3952 页。
3《论语・颜渊》，（清）阮元校刻：《十三经注疏》，第 5436 页。
4《孟子・离娄下》，（清）阮元校刻：《十三经注疏》，第 5927 页。
5《吕氏春秋・功名》，见吕不韦编，许维遹撰：《吕氏春秋集释》，中华书局，1985，第 54 页。
6《吕氏春秋・为欲》，见吕不韦编，许维遹撰：《吕氏春秋集释》，第 53 页。
7《论语・季氏》，（清）阮元校刻：《十三经注疏》，第 5476 页。
8《礼记・王制》，（清）阮元校刻：《十三经注疏》，第 2896 页。
9《左传》襄公四年，（清）阮元校刻：《十三经注疏》，第 4197 页。
10《诗・小雅・北山》，（清）阮元校刻：《十三经注疏》，第 994 页。
11《汉书》卷 94 上《匈奴传上》，第 3763 页。

在如何处理民族关系方面，两汉时期的政治家、思想家和史学家的思想也日臻完善，如汉文帝的“以恩德安抚”[1]少数民族的思想、贾谊的“以厚德怀服四夷”[2]的观点、董仲舒的“爱及四夷”[3]的观点、汉宣帝的“推亡固存，信威北夷”[4]思想、赵充国的以夷击夷思想、《盐铁论·地广》篇中的“散中国肥饶之余以调边境，边境强则中国安，中国安则宴然无事”的观点、谷吉的“羁縻不绝”思想、侯应的“威制百蛮”观点、扬雄的“在夷貉则引之”[5]的主张、公孙禄的“以威信怀伏夷狄”[6]的思想、何休的“夷狄能慕王化，修聘礼，受正朔者，当进之”[7]和“不殊其类”[8]的见解，等等。此外，匈奴等少数民族的政治家也对历史及当时的民族关系进行反思，提出了“今事汉则安存，不事则危亡”[9]等理论见解。以上史例说明，这一时期的民族关系思想得到了极大的丰富和发展。

魏晋南北朝是中国民族关系思想进一步丰富和发展的时期。这时出身于少数民族的政治家对民族关系的认识甚至比汉族政治家还要深刻，既出现了如苻坚所提出的“黎元应抚，夷狄应和，方将混六合以一家，同有形于赤子”以及对夷狄应以“羁縻之道，服而赦之，示以中国之威，导以王化之法”[10]等理论观点，也出现了如姚苌所阐述的诚信理论。尤其值得关注的是，这一时期的“大一统”意识更加强烈，夷夏互变形态更加鲜明。如鲜卑族拓跋郁律的“平南夏之意”[11]、什翼犍的“廓定四海”理想[12]、拓跋珪的“四海之民，皆可

1《汉书》卷95《西南夷两粤朝鲜传》，第3868页。
2《贾谊新书》卷4《匈奴》，上海古籍出版社，1989，第30页。
3（汉）董仲舒：《春秋繁露·仁义法》，朱方舟整理，朱维铮审阅，上海书店出版社，2012，第154页。
4《资治通鉴》卷27，“汉纪十九”，“黄龙元年”条，第892页。
5 汪荣宝：《法言义疏》，中华书局，陈仲夫点校，1987，第102页。
6《汉书》卷45《息夫躬传》，第2182页。
7《春秋公羊传》庄公二十三年，（清）阮元校刻：《十三经注疏》，第4857页。
8《春秋公羊传》昭公四年，（清）阮元校刻：《十三经注疏》，第5033页。
9《汉书》卷94下《匈奴传下》，第3797页。
10《晋书》卷113《苻坚载记上》，第2896页；卷114《苻坚载记下》，第2914页。
11《魏书》卷1《序纪》，第10页。
12《魏书》卷1《序纪》，第13页。

为国”意识[1]、拓跋焘的“以正一统”想法[2]、元宏的“荡一四海”思想[3]、高洋的“天下为一”夙愿、萧衍的“戎夏同风”意识[4]、张缵的“六夷膜拜，八蛮同轨”意识[5]、陈霸先的“一匡天下”[6]理想追求等等。

隋唐时期是中国民族关系思想的成熟时期。在这一时期出现了以隋文帝为代表的建立在民族关系基础之上的君臣一体及威服德怀理论，以长孙晟为代表的“离强合弱”理论，以唐太宗为代表的“爱之如一”及“诚信”理论，以褚遂良为代表的“以信义而抚戎夷”的理论，以温彦博为代表的“畏威怀德”理论，以狄仁杰为代表的不事四夷、适度而治及“推亡固存”理论，以郭元振为代表的“顺其情，分其势”以及兼顾各方情绪的理论，以唐玄宗为代表的多事四夷理论，以苏颋为代表的灵活羁縻及无为无事理论，以王晙为代表的安置降户理论，以韩愈为代表的以是否知礼仪作为区分民族的理论，以裴光庭为代表的“化流无外”理论，以唐德宗为代表的威信并立理论，以陆贽为代表的理戎之要最在均齐理论，以李绛为代表的和亲理论，以唐宪宗为代表的“推布诚信”理论以及唐文宗的“天下一家”、杜牧的“统华夏为一家，用夷狄为四守”、唐宣宗的“绥柔荒远”思想，等等。上述理论观点既丰富多彩，又有一定深度，突出反映了这一时期民族关系思想的成熟程度。

宋元明清是对传统民族关系思想的继承、完善及理论总结的时期。宋代史学家司马光对夷夏之别、诚信、正统与非正统、民族战争、互市、和亲等问题都作过比较深入的探讨，提出了如民族和睦、民族平等等一系列理论见解，极大地丰富了中国民族关系思想。北宋文人吕大钧对“天下为一家”[7]的解释。辽、

1《资治通鉴》卷 109，“晋纪三十一”，“隆安二年”条，第 3456 页。
2《魏书》卷 4《世祖纪上》，第 80 页。
3《魏书》卷 43《房法寿传附房伯玉传》，第 973 页。
4《梁书》卷 2《武帝本纪中》，第 34 页。
5《梁书》卷 34《张缵传》，第 496 页。
6《陈书》卷 2《高祖本纪下》，第 32 页。
7（宋）吕祖谦编：《宋文鉴》卷 9《天下为一家赋》，齐治平点校，中华书局，1992，第 116 页。

夏、金、元尽管是由少数民族建立的政权，但它们的政治家和思想家对历史和现实民族关系的认识还是相当深刻的，在民族关系思想史上占有重要地位，如辽道宗所提出的“示信以怀远方”[1]的观点，金朝文人李纯甫号“中国心学、西方文教”[2]，赵秉文的“恢土德以大中原之统，缭塞垣以杜外夷”[3]的见解，元好问的中州观，元世祖的“天下一家”[4]和“圣人以四海为家”[5]的思想，元初名儒许衡的不分胡越、“天下一家，一视同仁”[6]、“北方之有中夏者，必行汉法乃可长久”[7]的主张，郝经的“今日能用中国之士、而能行中国之道，则中国之主”[8]的思想，以及脱脱的“三国各与正统，各系其年号”[9]的决断，都是对传统民族关系思想的继承、发展与完善，具有典型意义。

明清的帝王也在民族关系方面提出了一些深刻见解。明太祖朱元璋曾宣称，蒙古、色目虽非华夏族类，然同“生天地之间，有能知礼义，愿为臣民者，与中国之人抚养无异”[10]，“朕既为天下主，华夷无间，姓氏虽异，抚宁如一”[11]，并且多次阐述“圣人之治天下，四海内外，皆吾赤子，所以广一视同仁之心。朕君主华夷，抚御之道，远迩无间”[12]以及“天下守土之臣皆朝廷命吏，人民皆朝廷赤子”[13]等理论观点。明成祖阐述了“人性之善，蛮夷与中国无异”[14]和“华

1（宋）叶隆礼：《契丹国志》卷9《道宗天福皇帝》，贾敬颜、林荣贵点校，上海古籍出版社，1985，第95页。

2《金史》卷126《文艺传下·李纯甫传》，第2735页。

3（金）赵秉文：《闲闲老人滏水文集》卷10上《章宗尊号表》，四部丛刊初编本。

4《元史》卷4《世祖纪一》，第65页。

5《元史》卷6《世祖纪三》，第112页。

6（元）许衡：《许衡集》，许红霞点校，中华书局，2019，第97页。

7《元史》卷158《许衡传》，第3718页。

8《与宋两淮制置使书》，见《全元文》第4册，江苏古籍出版社，1999，第103页。

9（元末明初）权衡撰，任崇岳笺证：《庚申外史笺证》卷上，中州古籍出版社，1991，第44页。

10（明）傅传翙编纂：《皇明诏令》卷一《谕中原檄》，成文出版社，1967，第23页。

11《明太祖实录》卷53，“中央”研究院历史语言研究所校印本，上海书店出版社，1982，第2册，第1048页。

12《明太祖实录》卷134，第3册，第2125页。

13《明史》卷316《贵州土司传》，第8168页。

14《明太宗实录》卷126，第8册，第1577页。

夷本一家”、“天之所覆，地之所载者，皆朕赤子，岂有彼此”[1] 以及“好善恶恶，人情所同，岂间于华夷夏”[2] 等理论观点。清雍正帝曾宣称：“我朝既仰承天命，为中外臣民之主，则所以蒙抚绥爱育者，何得以华夷而有殊视？而中外臣民，既共奉我朝以为君，则所以归诚效顺、尽臣民之道者，尤不得以华夷而有异心！”[3] 并深入阐述了“中国一统”的理论观点：“自古中国一统之世，幅员不能广远，其中有不向化者，则斥之为夷狄。如三代以上之有苗、荆楚、猃狁，即今湖南、湖北、山西之地也。在今日而目为夷狄可乎？至于汉唐宋全盛之时，北狄、西戎世为边患，从未能克服而有其地，是以有此疆彼界之分。自我朝入主中土，君临天下，并蒙古极边诸部落俱归版图，是中国之疆土开拓广远，乃中国臣民之大幸，何得尚有华夷中外之分论哉。”[4] 这些论述显然是对传统民族关系思想的理论总结和进一步升华。

三、中国民族关系思想的研究内容和范围

中国民族关系思想是多学科交叉和融合的结晶，与民族学、历史学、思想史、文化史、边疆史地、外交史等学科及领域密切相关。因此，中国民族关系思想的研究内容十分丰富，研究范围也比较宽泛。举其要者，有如下几个方面。

（一）研究民族关系思想形成与发展的条件

各个时期民族关系思想观念的产生和发展都与当时的政治、经济、军事、文化、民族关系密切相关。如先秦时期“非我族类，其心必异”的观念，就与

1《明太宗实录》卷 264，第 9 册，第 2407 页。
2《明太宗实录》卷 36，第 6 册，第 625 页。
3《清世宗实录》卷 86，雍正七年九月，中华书局，1986，第 8 册，第 147 页。
4《大义觉迷录》，载《清史资料》第 4 集，中华书局，1983，第 5 页。

当时民族矛盾比较尖锐、各诸侯国之间的政治斗争比较激烈有一定关系；传统的夷夏对立观的形成、强化及淡化，既与不同的地理环境有关，又与不同民族的政治、文化、军事、生产方式、生活习俗的差异有关，也与不同民族的认识能力和认识视野有关，还与民族交融程度有关；尊夏贱夷和“内诸夏而外夷狄”的思想，就与当时夷狄“亟病中国，南夷与北狄交，中国不绝若线”[1]的局面密切相关。荀子所讲的“居越而越，居楚而楚，居夏而夏”[2]，尽管存在以地域论民族或论华夷的局限，但他毕竟注意到了民族关系思想与地理环境之间的联系；王安石和叶适的民族关系思想，就与当时的民族矛盾和阶级矛盾相互交错以及严重的社会危机密切相关；历史上的华夷无间、夷夏一家思想，就与民族交往交流交融不断增强密切相关。

（二）探讨民族关系思想的流派和民族关系思潮

民族关系思想流派是政治家、思想家、史学家和普通知识分子在认识、反思和规划民族关系中形成的派别；民族关系思潮是在一定时期内反映某些人利益和要求的一种思想倾向。从有关记载来看，中国历史上不同程度地存在着民族关系思想流派和民族关系思潮。如赵国围绕是否实行“胡服骑射”而展开的大讨论，汉武帝时期关于和亲问题的三次大讨论，西晋上层就如何对待内迁诸族的各种观点，前秦苻坚时期关于诚信问题及出兵东晋问题的大讨论，北魏孝文帝时期关于迁都及汉化问题的大讨论，唐太宗时期关于安置突厥降户问题的大讨论，唐后期大臣们关于南诏问题的礼仪之争，等等，都在一定程度上存在着思想流派和思潮。对这些思想流派和思潮的梳理、分析及研究，可以更加准确地把握当时的民族关系思想动态，更好地理解当时的民族政策及处理民族关系的方式。

1《春秋公羊传》僖公四年，（清）阮元校刻：《十三经注疏》，第 4883 页。

2《荀子》卷 4《儒效》，王先谦：《荀子集解》，沈啸寰、王星贤点校，中华书局，1988，第 171 页。

（三）探究民族关系思想的渊源、发展脉络及演变轨迹

尽管不同时期不同人物在阐述民族关系思想时的视角及理论深度不尽一致，但因他们一直浸染着中国的传统文化，所以，他们在构建某一概念时所使用的语言、运用的材料以及思维方式，都能在先秦时期儒家经典中找到类似的东西。两汉南北朝隋唐时期的“先华夏而后夷狄”的论点、“爱之如一”、“四夷一家”、“胡、越一家”、“诚信”及“大一统”等理论观点，金朝海陵王完颜亮的“以天下为家，固无远迩之异”[1]的理论观点，明太祖的“四海内外，皆吾赤子”和明成祖的“华夷本一家”等理论观点，大都有其思想渊源，笼统地说，大都来自先秦时期政治家和思想家对当时民族关系的基本认识。如孔子曾说“四海之内皆兄弟”；荀子说“四海之内若一家”；孟子将儒家圣人划入夷类[2]，当然含有“四海一家”的思想；在《尔雅》“释地”篇中，“四海”包括夷、狄、戎、蛮等诸多部落[3]。由此可以看出“华夷本一家”的思想渊源。即使孙中山对中国民族关系的一些基本认识，也与传统的民族关系思想有一定的渊源关系。1923年，他在《中国革命史》中就曾说过：“余之民族主义，特就先民所遗留者，发挥而光大之；且改良其缺点”[4]。王韬虽对传统的“内华外夷之说”进行了改造，但所依据的理论仍然是传统的华夷观念。

同时，我们也应当努力探究民族关系思想的发展脉络及演变轨迹。如汉武帝的民族关系思想先由和亲向“图制匈奴”转变，在匈奴远徙之后，又由“图

1（清）张金吾编纂：《金文最》卷4《迁都燕京改元诏》，中华书局，2020，第59页。

2《孟子·离娄章句下》载：“舜生于诸冯，迁于负夏，卒于鸣条，东夷之人也。文王生于岐周，卒于毕郢，西夷之人也。地之相去也，千有余里；世之相后也，千有余岁。得志行乎中国，若合符节，先圣后圣，其揆一也。”

3《尔雅·释地》载：“九夷、八狄、七戎、六蛮谓之四海。”

4《孙中山全集》第7卷，中华书局，1985，第60页。

制匈奴”向“威震匈奴”和“臣服”匈奴转变。到了晚年，汉武帝“弃轮台之地，而下哀痛之诏”[1]，明确表示“不复出军”[2]，并将丞相车千秋封为富民侯，“以明休息，思富养民也”[3]。再如北魏孝文帝的思想就经历了由早期歧视和蔑视弱小政权到后期“胡越之人亦可亲如兄弟”[4]的演变。又如辽朝前期，其君臣普遍存在强烈的自卑心理，对占领中原、在中原称帝缺乏信心，甘于被人称为“夷狄”。述律太后就曾说过，“自古但闻汉和番，不闻番和汉”[5]。辽太宗耶律德光在消灭后晋之后，还有较强的自卑心理，对自己的“天子”之位心存疑虑，很怕别人把他视为假天子。[6]到了辽朝中期，辽朝的君臣普遍怀有与中原王朝——宋朝平起平坐的心态，而且不断进行抗争，要求政权平等、民族平等，到辽圣宗太平七年（1027年），宋朝公开承认辽朝与宋朝的平等地位。[7]到庆历二年（1042年）增加岁币时，辽兴宗已不再满足于平等地位，而是希望跃居宋朝之上。他一再坚持在辽、宋和约中将宋朝所送岁币称为“献”，“须于誓书中加一‘献’字”，因为“‘献’乃下奉上之辞”。[8]辽朝后期，辽道宗不仅把自己的政权视为“绍百王之正统”[9]的正统王朝，而且把辽朝境内外的其他少数民族称为“夷人”。刘辉在道宗大安末年就在上书言事时把西部少数民族都称作“番”，将辽朝境内之民都视为“中国之民”[10]。辽天祚妃萧瑟瑟在《讽谏诗》中则把女

1《汉书》卷96下《西域传下》，第3929页。

2《汉书》卷96下《西域传下》，第3914页。

3《汉书》卷96下《西域传下》，第3914页。

4《魏书》卷7下《高祖纪》，第186页。

5（宋）叶隆礼：《契丹国志》卷3《太宗嗣圣皇帝下》，上海古籍出版社，1985，第29页。

6《新五代史·四夷附录第一》载：“汉家仪物，其盛如此，我得于此殿坐，岂非真天子邪？”《契丹国志》卷25《胡峤陷北记》（第240页）载：“契丹谓峤曰：‘夷狄之人岂能胜中国？然晋所以败者，主暗而臣不忠。’因具道诸国事，曰：‘子归悉以语汉人，使汉人努力事其主，无为夷狄所虏，吾国非人境也。’”

7 据《续资治通鉴长编》卷105“天圣五年”条记载，是年，辽朝出使宋朝的副使杜房与宋朝馆伴使程琳争论位次时说：“大国之卿，当小国之卿，可乎？”程琳回答说：“南、北朝安有大小之异？”

8《续资治通鉴长编》卷137，庆历二年九月，中华书局，1992，第3292页。

9《全辽文》卷2《遣萧好古赐高丽国王太子册》，载阎凤梧主编：《全辽金文》（上），山西古籍出版社，2002，第488页。

10《辽史》卷104《文学传下·刘辉传》，第1455页。

真人视为“夷人”。而天祚皇帝本人即使在投降金朝时，仍然宣称自己的“正统”地位：“伏念臣祖宗开先，顺天人而建业，子孙传嗣，赖功德以守成，奄有大辽，权持正统，拓土周数万里，享国余二百年，从古以来，未之或有。”[1]金朝君臣的民族关系思想也有一个发展演变过程，大致说来，在金朝前期，金人对自己被称为“夷狄”大为反感，海陵王完颜亮就曾明确表示：“朕每读《鲁语》，至于‘夷狄虽有君，不如诸夏之亡也’，朕窃恶之！岂非渠以南北之区分，同类之比周，而贵彼贱我也。”[2]从世宗朝开始，金朝君臣抢过“华”的位子，把“夷狄”的帽子扣在南宋、高丽等称臣纳贡的政权头上。到章宗、宣宗时代，金朝继续以“华夷之辨”来解释民族关系，掀起了德运之议，自居正统，把南宋贬入“闰”位[3]。

（四）挖掘和研究民族关系思想的具体内容、实践成效、历史价值及时代意义

在中国民族关系思想中，人们对夷夏之辨的认识最为普遍，在他们的思想认识中，就有夷夏有别、贵夏贱夷、内夏外夷、先夏后夷、以夏变夷、夷夏互变、夷夏一体等具体内容。各个朝代的政治家、思想家和史学家几乎都对这些问题进行过探讨和阐述。

思想是行动之母。民族关系思想的基本功能就在于对民族关系实践的指导，所以，研究民族关系思想的实践成效是中国民族关系思想学科的主要职能之一。其实，许多民族关系思想在指导实践方面都起到了重要作用。如传统的大一统思想、华夷一家思想、华夷无间思想、羁縻思想、怀柔思想、夷夏互变思想、爱之如一思想、诚信思想等等，都对统一多民族国家的形成、巩固及发

1《全辽文》卷 3《降金表二》，载阎凤梧主编：《全辽金文》（上），山西古籍出版社，2002，第 706 页。
2（宋）张棣：《正隆事迹》，李澍田主编：《金史辑佚》，吉林文史出版社，1990，第 223 页。
3 齐春风：《论金朝华夷观的演化》，《社会科学辑刊》2002 年第 6 期。

展起到了一定的积极作用。

任何一种思想都具有一定的历史价值及时代意义，中国民族关系思想也不例外。如唐太宗的“夷狄亦人”和“爱之如一”思想的价值，第一，在于维持了以唐朝为中心囊括周边各少数民族在内的大一统局面；第二，唤起了少数民族自尊的觉醒，重现了少数民族人的价值；第三，把当时的道德水准提高到一个新的层次。因此，唐太宗的民族关系思想具有划时代意义。

（五）研究民族关系思想的深化与完善的过程及方式，考察和分析民族关系思想在当时被接受的程度

任何一种理论都有一个不断深化和不断完善的过程，中国民族关系思想也是如此。如民族和睦、夷夏一体及“天下一家”的思想就有一个不断深化与完善的过程。从先秦时期孔子的“四海之内皆兄弟”[1]，中经汉代司马相如的“遐迩一体”、司马迁的诸族同祖观以及前秦苻坚的“混六合以一家”，再到唐太宗的“爱之如一”、突厥登利可汗的“天下一统”，发展到元世祖和许衡的“天下一家”、明太祖的“华夷无间”、明成祖的“华夷本一家”和清雍正帝的“中国一统”，一直到康有为的“满汉不分”和孙中山的“五族共和”，从中可以看出民族关系思想不断深化和完善的发展历程。

在一般情况下，作为政治家的封建帝王的民族关系思想，很容易被臣民们所接受并付诸行动，但作为政治家、思想家、军事家和史学家的大臣们的民族关系思想，如果与最高统治者的思想认识相吻合，则比较容易为多数人所接受，能够发挥应有的作用；如果他们的思想认识与最高统治者的思想认识不合拍，则很难成为主流思想，也就很难成为行动的指南。

1《论语·颜渊》，（清）阮元校刻：《十三经注疏》，第 5436 页。

（六）分析民族关系思想的特点、实质、影响及历史局限

无论是汉族政治家、思想家、史学家和军事家，还是少数民族的政治家、思想家、史学家和军事家，他们的民族关系思想大都具有一定的特点，对当时及后世产生一定影响，同时也都具有一定历史局限。如汉武帝时期的“以其故俗治”[1]思想就对后世产生了深远影响。唐、宋、明、清王朝的羁縻府州县制、土司制度和改土归流等，都与“以其故俗治”的思想有关。如宋朝“因俗为治，夷民安之”[2]；明朝也“皆因其俗，使之附辑诸蛮，谨守疆土，修职贡，供征调，无相携贰，有相仇者，疏上，听命于天子”[3]。清朝初年，对南方少数民族“一切政治，悉因其俗”[4]；到乾隆时期，仍然“因俗习为治”“因其俗以治之”“顺其俗而抚治之”[5]，并对归附的土司一律“准与照旧袭封”[6]“有归顺者俱加安抚，令其所得”[7]。即使清代确立的册封达赖、班禅的制度，就其实质而言，也是“因俗而治”。雍正帝把推崇和利用藏传佛教的国策阐释为：“从俗从宜，各安其习”，“因其教不易其俗，使人易知易从，此朕缵承先志，维护黄教之意也”。[8]乾隆帝对此阐释为：“本朝之维持黄教，原因众蒙古素所皈依，用示尊崇，为从俗从宜之计。”[9]当时许多政治家都认为，“西藏乃极边之地，非内地可比，其生计风俗，自当听其相沿旧习，毋庸代为经理”[10]。应当说，唐、宋、明、清的这些做法，从思想来源上讲，都与“以其故俗治”思想是一脉相承的。

1《资治通鉴》卷21，“汉纪十三”，“元封二年”条，第686页。

2《宋史》卷404《张运列传》，第12219页。

3《明史》卷76《职官五》，第1876页。

4《清世祖实录》卷15，顺治二年四月丁卯，中华书局，1985，第3册，第137页。

5《清朝通典》卷26，浙江古籍出版社，2000，第2176页。

6《清世祖实录》卷41，顺治五年十一月辛未，第3册，第330页。

7《〈清实录〉贵州资料辑要》，贵州人民出版社，1964，第330页。

8《清世宗实录》卷80，雍正七年四月辛巳，中华书局，1986，第8册，第48页。

9《清高宗实录》卷1427，乾隆五十八年四月辛巳，中华书局，1986，第27册，第82页。

10《清高宗实录》卷261，乾隆十一年三月下壬辰，第12册，第386页。

（七）关注非理性的思想认识、迂腐的观点甚至“谬论”

由于不同政治家、思想家及史学家观察和分析问题的视角的差异、形成理论的背景的差异以及他们所处地位的差异，所以，他们对历史和现实的民族关系的认识自然会不尽相同，有的比较接近真理，有的显得比较迂腐，有的在当时可能被视为“谬论”。民族关系思想史不仅要把已被后人验证的正确观念和理性的思想认识纳入其中，同时也要关注非理性的思想认识、迂腐的观点甚至“谬论”。一方面，正确的认识因为非理性认识的存在而更加突出自己，强化自己；另一方面，因为在古代封建专制制度下，非理性的思想认识有时会成为历史的决定性因素，所以我们不但要重视得到后人验证的正确观念，而且还要关注各种“谬论”。否则，正确的思想认识甚至真理因缺乏对比和参照，也许会减少理直气壮的勇气，民族关系思想的传统也将失去接续历史、现代与未来的黏合剂。

四、中国民族关系思想的研究方法

中国民族关系思想是一个新兴学科，研究方法自然没有固定模式。那么，如何开展中国民族关系思想研究呢？我个人认为，主要应从如下几个方面用力。

第一，努力发掘、整理有关民族关系思想的资料。中国民族关系思想研究可资利用的资料很多，主要有如下几个方面：一是汉文古籍和档案资料，如各个朝代的正史、实录、方志、野史、杂史、诏书、会要、类书、诗文及变文等。二是少数民族古籍及档案资料，如古突厥儒尼文献资料、回纥文文献资料、藏文文献资料、粟特文文献资料等。三是西方、波斯及阿拉伯的文献资料。在中国古代历史上，虽然绝大多数少数民族属于严格意义上的国内少数民族，但也有如康居、嚈哒、坚昆、宁远等一部分域外民族，还有如匈奴等跨境民族。[1] 所以，国外文献也留下了一些中国民族关系思想方面的有价值资料。四是考古资料，包括出土文物和简牍、文书、碑铭等文字资料。如俄国探险队于1897年在距乌兰巴托60里的巴颜楚克图地区独乐河右岸所发现的《暾欲谷碑》（约建于开元八年，公元720年）以及立于开元二十年（732年）的《阙特勤碑》[2] 和《毗伽可汗碑》，是突厥人自己记述的关于东突厥汗国的第一手资料，对研究突厥民族关系思想具有重要的史料价值。再如约在大历元年（766年）立于今云南大理的《南诏德化碑》，对当时的民族关系思想有所反映，碑文中出现了"君臣一德，内外无欺"、"自古及今，为汉不侵不叛之臣"、"彼若纳我，犹吾君也；今不我纳，即吾仇也"及"亲仁善邻国之宝"、"畏威怀德"、"怀柔伏叛"和"怀德归仁"[3] 等理论观点。又如长庆三年（823年）立于今西藏拉萨大昭寺前的《唐蕃会盟碑》（亦称"长庆会盟碑"和"甥舅和盟碑"），体现了吐蕃赞普可黎可足和唐穆宗的"须合舅甥亲近之礼，使其两界烟尘不扬，罔闻寇盗之名，复无惊恐之患"[4] 以及"患难相恤"[5] 的思想。另如宋元丰七年（1084年）立于今甘肃岷县一通题为《广仁禅院碑》的碑石，碑文不仅提到"传曰用夏变夷，信哉其言乎"，而且总结了历代统治者以夏变夷的

---

1 匈奴盛世所据地区大部分属于苏联、蒙古国境内；匈奴分裂后，南匈奴属于中国古代少数民族，而北匈奴照旧是域外民族，以匈奴整体而言，只能划为跨境民族；突厥的情况同匈奴情况非常类似。参见薛宗正《突厥史》，中国社会科学出版社，1982，第31页。

2 汉文史籍对《阙特勤碑》的建立有比较详细的记载，如《旧唐书》卷194上《突厥传上》载："二十年，阙特勤死，诏金吾将军张去逸、都官郎中吕向赍玺书入蕃吊祭，并为立碑，上自为碑文，仍立祠庙，刻石为像，四壁画其战阵之状"。元世祖忽必烈时期的中书左丞相耶律铸（耶律楚材之子）在其《双溪醉隐集》卷2《取和林》一诗的自注中云："和林城，苾伽可汗之故地也。岁乙未，圣朝太宗皇帝城此，起万安宫。城西北七十里有苾伽可汗宫城遗址，城东北七十里有唐明皇开元壬申御制御书阙特勤碑。"1889年，俄国考古学家雅德林采夫（N.M.Yadrintsev）在鄂尔浑河流域的和硕柴达木（Koshotsaidam）湖畔发现了《阙特勤碑》和《毗伽可汗碑》。

3（清）董诰等编：《全唐文》卷999《南诏德化碑》，中华书局，1983，第10347—10351页。

4 王尧编著：《吐蕃金石录》，文物出版社，1982，第41页。

5《旧唐书》卷196下《吐蕃传下》，第5264页。

理念，内云："恭惟圣主之服远也，不以羁縻怳忽之道待其人，必全以中国法教驭之。故强之并弱，大之凌小，则有甲兵、刑罚以威之；擅山泽，专障管，则或赋或禄以易之；鸟兽惊骇，则文告期会以束之；闲田沃壤，则置兵募士以耕之；书劳告勤，则金帛爵命以宠之；争讼不决，则置吏案法以平之；知佛而不知戒，则塔庙尊严以示之；日计之不足，岁计之有余，必世而后仁，尽在于是矣。"[1] 五是社会历史调查资料和民间流传的歌谣传说等，这类材料可以生动、真切地反映民族关系思想的大致面貌，以补充文献记载之不足。尤其是民间歌谣能够比较真实地反映普通民众对民族关系的认识，如麴文泰时流传在高昌的民谣，就体现了普通民众对高昌与唐朝关系的认识程度，并对高昌的未来走向作出了准确的预测。由此可见，中国民族关系思想研究的资料非常丰富，需要努力发掘与整理，此乃中国民族关系思想学科建设与学科发展的基础性工作。

第二，全面梳理和系统研究汉族、少数民族、"胡化"和"汉化"四种代表性人物的民族关系思想。从目前的研究状况来看，学界对汉族和少数民族的代表人物比较关注，但对"汉化"和"胡化"的代表人物则注意不够。其实，这两种类型人物对中国民族关系历史的发展进程都具有一定的影响。由于这两类人物的特殊经历以及所处的特殊环境，他们对当时和历史上的民族关系有其独特的观察、感悟和认识，他们的民族关系思想是中国民族关系思想的重要组成部分，需要我们进行认真探索和总结，以反映中国民族关系思想的全貌。

从汉族方面来说，代表性的人物包括春秋战国时期齐国的管仲；晋国的魏绛；鲁国的左丘明，孔子、孟子、荀子、韩非、墨子及其子弟；秦朝的秦始皇、吕不韦；西汉的汉高祖、刘敬、臧衍、吕后、樊哙、汉文帝、贾谊、汉景帝、

1 张维：《陇右金石录》卷 3《广仁禅院碑》，甘肃省文献征集委员会，1943 年，第 37 页。

司马相如、晁错、汉武帝、王恢、韩安国、田蚡、汲黯、刘安、张骞、解忧公主、司马迁、赵充国、魏相、萧望之、汉元帝、贾捐之、王昭君、陈汤、甘延寿、谷吉、韩昌、张猛、侯应、杜钦、郭舜、杨雄、公孙禄、王莽等；东汉的光武帝、班彪、班固、邓太后、朱辅、汉章帝、孟云、窦太后、耿秉、曹凤、杜崇、汉安帝、张珰、陈忠、班勇、李进、虞诩、梁商、李固、汉桓帝、胡爽、赵温、汉灵帝、程包、李颙、蔡邕、汉献帝、荀悦、何休等；魏晋南北朝时期的江统、徐光、杜预、陈寿、常璩、祖逖、桓温、殷浩、范晔、萧子显、顾欢、冯跋、高闾、高欢、崔鸿、魏收等；隋唐时期的隋文帝、长孙晟、梁睿、薛道衡、高颎、刘炫、隋炀帝、杨勇、裴矩、段文振、唐太宗、房玄龄、长孙无忌、傅奕、张公谨、李靖、窦静、魏徵、褚遂良、颜师古、杜楚客、姚思廉、李百药、令狐德棻、李延寿、郭正一、刘祎之、陈子昂、骆弘义、狄仁杰、薛登、郭元振、唐玄宗、张说、皇甫惟明、苏颋、王晙、韩愈、卢俌、于休烈、崔希逸、裴光庭、唐德宗、李泌、陆贽、杜佑、刘禹锡、唐宪宗、林蕴、李绛、王涯、白居易、元稹、唐文宗、袁不约、李德裕、牛僧孺、杜牧、王起、唐宣宗、程宴、孙樵（字可之）、牛丛、高骈、崔安潜等；宋元明清时期各个朝代的帝王以及欧阳修、薛宗正、张载、司马光、王安石、朱熹、叶适、郑樵、文天祥、李纯甫、赵秉文、元好问、许衡、郝经、脱脱、胡三省、马端临、丘濬、黄宗羲、顾炎武、王夫之等。除了政治家、思想家、军事家和史学家之外，李白、杜甫、岑参和蒲松龄等文学家的有关作品也体现了他们的民族关系思想。

从少数民族这方面来说，代表性的人物包括两汉时期匈奴的冒顿单于、老上单于、军臣单于、壶衍鞮单于、虚闾权渠单于、呼韩邪单于、颛渠阏氏、车犁单于、蒲奴单于等；南北朝隋唐时期柔然的社崙、大檀、吴提、予成等；拓跋鲜卑的拓跋珪、拓跋焘等；吐谷浑的伏连筹、夸吕、世伏、诺曷钵等；突厥的土门、木杆可汗、佗钵可汗、沙钵略可汗、启民可汗、始毕可汗、处罗可汗、颉利可汗、骨咄禄（亦作骨笃禄）、射匮可汗、统叶护可汗、默啜可汗、暾欲谷、苏禄等等；高昌的麴伯雅、麴文泰等；康国国王乌勒伽、安国国王笃萨波提、俱密国国王那罗延、石国国王伊捺吐屯屈勒、西曹国王哥逻仆罗及箇失密国王木多笔等；回纥的菩萨、怀仁可汗、英武可汗、登里可汗、武义成功可汗、保义可汗、崇德可汗等；吐蕃的松赞干布、弃隶蹜赞、名悉猎、乞立赞、尚结赞、论恐热等。其他如乌孙的猎骄靡、肥王、乌就屠等；南诏的皮逻阁、异牟寻、酋龙、阁罗凤等；契丹的李尽忠、孙万荣、李失活、可突于、郁于等；奚的李大辅、李鲁苏等；铁勒的夷男等。此外，有一些人虽为少数民族，但他们在中原建立了政权，这些人的民族关系思想也颇有特色。如十六国时期的石勒、石虎、慕容儁、苻坚、苻融、慕容垂、姚苌、姚兴、赫连勃勃等；辽朝的辽太祖、辽太宗、萧太后等；金朝的金太祖、金太宗、金世宗等；西夏的李元昊等；元朝的成吉思汗、窝阔台、忽必烈、耶律楚材等；清朝的世祖、圣祖、世宗、高宗等诸帝。

还有一些本为汉族后来又生活在少数民族地区并成为少数民族政权的上层人物，如西汉时期投降匈奴的韩王信、中行说、卫律、李绪、李陵、翕侯赵信、李广利，唐朝投奔吐蕃的徐敬业的后代，以及五代时期投奔契丹的韩延徽等人。这类人物一般被称为“胡化”的汉族历史人物。由于这些人物的特殊经历以及所处的特殊环境，他们对当时的民族关系有其独特的感悟和认识，他们的民族关系思想是中国民族关系思想史的重要组成部分，需要我们进行认真挖掘、梳理、探索和总结。例如，在汉文帝前元六年（前 174 年）作为汉朝送亲使者投降匈奴的汉朝宦官中行说，先后辅佐过老上单于和军臣单于，最后死于匈奴。中行说因被迫到匈奴送亲，对汉朝怨气冲天，在匈奴又颇受重用，掌握一定的实权，使其产生了比较独特的民族关系思想。一方面，他主张匈奴之强因其风俗，坚决反对汉化政策，强烈呼吁匈奴保持自己的服饰、饮食、婚俗、居住方式及游牧生活等民族特征；另一方面，他也主张以汉族之长，补匈奴之短，不断提高匈奴人的文化水平以及战略战术[1]，以进一步提升匈奴的地位和对外作战的能力。再如，光宅元年（684 年）唐英国公李勣[2]的孙子柳州司马徐敬业以匡复唐室、拥立庐陵王为号召，在扬州起兵反对则天，因兵败被杀，其“子孙流播异域”，“代居禄位”，[3]到唐德宗时，流落到吐蕃的徐敬业的第三代后人徐舍人不仅手握重兵，而且已经“赤髭大目”[4]，彻底“胡化”。他一方面要“奉命率师备边”，并与唐朝交战，甚至还在攻险麟州后“夷其城郭”[5]，抢掠居民；另一方面又有“思本之心，无忘于国”[6]，对杀害郭子仪的孙子麟州刺史郭锋自责不已，私自释放了延州僧人延素等人。蕃将徐舍人的言行既不同于汉族的军事家，也有别于吐蕃的将领。对类似于中行说和徐舍人等“胡化”人物的民族关系思想，需要深入挖掘和研究。

由于种种原因，几乎所有朝代都有一部分很有影响的少数民族人物到了中原王朝，有些还颇受重用，成了中原王朝的上层人物。这类人物一般被称为“汉化”的少数民族历史人物。如西汉已“汉化”的金日磾，唐代已“汉化”的阿史那社尔、突利可汗、阿史那忠、执失思力和契苾何力等。这类人物因具有少数民族的思想基因和深受中原文化的浸染，所以他们的民族关系思想颇具特色。只要我们对“汉化”人物的民族关系思想逐一深入挖掘与研究，就会重现中国民族关系思想的光辉，丰富中国民族关系思想史的研究内容。

第三，把民族关系思想与社会政治背景联系在一起，透过历史背景及实践活动挖掘思想内涵，揭示民族关系思想的实质、价值及意义。有的政治家或军事家在历史文献中只留下了他们处理民族关系的一些实践活动，并没有留下他

1 参见崔明德：《两汉民族关系思想史》，人民出版社，2007，第 61—63 页。
2 本姓徐，名世勣，字懋功，被赐李姓，永徽年间因避唐太宗讳，单名勣。
3《资治通鉴》卷 236，“唐纪五十二”，“贞元十七年”条，第 7597 页。
4《旧唐书》卷 196 下《吐蕃传下》，第 5259 页。
5《资治通鉴》卷 236，“唐纪五十二”，“贞元十七年”条，第 7597 页。
6《旧唐书》卷 67《李勣传附孙敬业传》，第 2492 页。

们直接对历史和当时的民族关系进行总结、评述、反思及认识的言论，这就需要我们根据他们的实践活动来挖掘、分析及阐释他们的民族关系思想。当然，这种方法往往会使思想显得有些零碎，需要我们把各种零碎的思想资料拼成一幅动态的全景画面。

第四，采用历史与逻辑相统一的方法，在全面考察和审视民族关系发展的历史事实基础上，正确把握和提炼民族关系思想的发展历程及观点。所谓历史的即指客观事物的发展进程，而逻辑的即指理论，就是对客观进程的本质的和规律性的认识。历史和逻辑相统一的方法要求我们历史从那里开始，逻辑就从那里开始，历史的起点就是逻辑的起点，历史的进程就是逻辑的进程，历史的结论就是逻辑的结论。而且，从认识论的角度来讲，思想的基础是认识，认识的基础是事实。因此，全面客观考察和审视民族关系发展历史，是正确把握和提炼民族关系思想发展历程的基础工作之一。

第五，从多视角考察和研究中国民族关系思想。只要我们认真观察一下中国民族关系的研究状况和研究成果，就可以清楚地看出，长期以来，专家学者大都重视中原王朝与少数民族政权之间的关系，关注汉族与少数民族之间的关系。事实上，中国民族关系的内容相当丰富，不同少数民族政权之间以及不同少数民族之间的关系在中国民族关系史上占有极其重要的地位。因此，作为各类人物对中国民族关系的认识，民族关系思想应当既考察和研究各类人物对中原王朝与少数民族政权关系的认识，又考察和研究各类人物对汉族与少数民族关系的认识，也考察和研究各类人物对不同少数民族政权之间关系的认识，还考察和研究各类人物对不同少数民族之间关系的认识。只有从多视角考察和研究中国民族关系思想，才能比较全面地恢复中国民族关系思想的本来面貌，才能符合中国多民族的历史和现实的实际情况。

第六，比较研究。比较各个时期各个阶段民族关系思想的异同，比较不同民族的民族关系思想的异同，比较各类人物民族关系思想的异同，并深入分析其异同的原因。在中国民族关系思想方面，可以进行比较的领域还是相当宽泛的。如汉族各类人物的民族关系思想与少数民族各类人物的民族关系思想的比较研究，政治家与思想家、史学家民族关系思想的比较研究。再如对两个强盛王朝——西汉与唐朝民族关系思想的比较研究，对两个社会动荡时期——魏晋南北朝与宋辽夏金时期民族关系思想的比较研究。通过不同时期不同阶段民族关系思想的比较研究，能够更加清楚地看出民族关系思想的发展脉络。此外，不同时期的历史人物的民族关系思想也可以进行比较研究，如史学家司马迁与班固的民族关系思想的比较研究，政治家汉武帝与唐玄宗的民族关系思想的比较研究，儒学家董仲舒与何休的民族关系思想的比较研究，思想家孔子与王夫之的民族关系思想的比较研究，等等。

在比较研究中，我们可以发现，政治家和史学家对同一问题可能会有不同的认识。如对回纥出兵帮助唐朝平定安史之乱一事，作为政治家的唐肃宗就给予很高评价。他曾对回纥叶护说："能为国家就大事成义勇者，卿等力也"，并颁布诏书颂扬回纥："蒙犯不以辞其劳，急难无以踰其分。固可悬之日月，传之子孙，岂惟裂土之封，誓河之赏而已矣。"[1]而史学家对此的认识则截然相反。五代时刘昫等人就认为："肃宗诱回纥以复京畿，代宗诱回纥以平河朔，戡难中兴之功，大即大矣，然生灵之膏血已干，不能供其求取；朝廷之法令并弛，无以抑其凭陵。忍耻和亲，姑息不暇。"[2]宋代欧阳修和宋祁等人也对此事持否定态度。他们认为："夷狄资悍贪，人外而兽内，惟剽夺是视。故汤、武之兴，未尝与共功，盖疏而不戚也。太宗初兴，尝用突厥矣，不胜其暴，卒缚而臣之。肃宗用回纥矣，至略华人，辱太子，笞杀近臣，求取无倪。德宗又用吐蕃矣，劫平凉，败上将，突破西陲。所谓引外祸平内乱者也。"[3]

1《旧唐书》卷195《回纥传》，第5199、5200页。
2《旧唐书》卷195《回纥传》，第5216页。
3《新唐书》卷217下《回鹘传下》，第6151页。

政治家和思想家、史学家之所以会在同一问题的认识上得出不同甚至相反的结论，主要因为政治家比较注重功利，而思想家和史学家则更加重视价值判断，所以，他们的认识更加理性一些。如王夫之对唐肃宗向回纥借兵的认识与评论就足以说明这一问题。他认为，唐肃宗“急用回纥疾收长安者，以居功固位不能稍待也。……盖其时上皇在蜀，人心犹戴故君，诸王分节制之命，玄宗且无固志，永王璘已有琅邪东渡之雄心矣。肃宗若无疾复西京之大勋，孤处西隅，与天下悬隔，海岱、江淮、荆楚、三巴分峙而起，高材捷足，先收平贼之功，区区适长之名，未足以弹压天下也。故唯恐功不速收，而日暮倒行，屈媚回纥，纵其蹂践，但使奏效崇朝，奚遑他恤哉？决遣燉煌王以为质而受辱于虏帐，其情然也”[1]。王夫之的深刻认识和精辟分析，既直截了当地点出了政治家的功利性，也深入分析了他们不得已而为之的客观原因，还明确指出了向少数民族借兵的后遗症：“用夷者，未有免于祸者，用之有重轻，而祸有深浅耳。”[2]王夫之比唐宋时期的政治家和史学家的高明之处，就在于他既总结了中原王朝“借援夷狄”的规律，又认识到了“借援夷狄”的必要性，也看到了“借援夷狄”的危害性。这就避免和克服了政治家和史学家要么全盘肯定要么全盘否定的缺陷。

五、本书的写作设想

南北朝是中国历史上极为特殊的时期，一方面社会动荡变化、政权林立前所未有，民族关系始终呈现复杂性、多样性特点；另一方面，各民族交往交流交融程度前所未有，呈现出快速、深广等特点，这些都为南北朝民族关系思想研究增加了难度。

1（清）王夫之：《读通鉴论》卷 23《肃宗》，舒士彦点校，中华书局，2013，第 701 页。

2《读通鉴论》卷 23《肃宗》，第 702 页。

从课题立项、专题研究到成果完善，我们始终抱着提出新问题、开拓新领域和建立新的研究范式的心情而开展工作。在此基础上，确定了如下几点研究和写作的原则。

其一，民族关系思想是多学科交叉和融合的新兴学科，用单一学科的理论和研究方法很难圆满解决问题，因此需要运用多学科的理论和研究方法。

其二，充分利用各种文献资料，力求恢复南北朝时期民族关系思想的全貌。既考察各类人物民族关系思想形成的时代背景，也分析他们的经历、性格、个人素养以及当时各种思潮与其思想形成的关系；既阐释他们民族关系思想的主要观点，也探讨他们民族关系思想的特点及指导作用；既探寻其合理的部分作为借鉴，也为各类人物的民族关系思想作出合乎理性的价值定位。

其三，捋清各类人物思考和认识民族关系的心路历程。凡是对民族关系思想有所建树者，他们在构建自己的思想体系或阐述和概括自己的思想观点时，几乎无不深刻地反思历史，认真地正视现实，清醒地规划未来。通过对他们民族关系思想的系统梳理，展现各类人物的心路历程。

其四，探究各类人物在民族关系思想方面的继承、发展与创新之处，并从宏观上考察他们的理论建树及其对后世的深远影响。

其五，重点考察汉族、少数民族、“汉化”、“胡化”等四类代表性人物的民族关系思想。大致说来，汉族人物以南朝居多，如刘裕、范晔、孔稚珪、王融、范云、顾欢、萧衍、张齐、萧秀、朱异、陈霸先、吴明彻等；少数民族代表人物以北朝居多，如北魏前期的什翼犍、拓跋珪、拓跋焘等；“汉化”代表人物在北魏中期和西魏北周掌控中央政权，如北魏孝文帝元宏、冯太后等，西魏北周宇文泰父子等；“胡化”代表人物在东魏北齐发挥主导作用，如高欢父子等。对这四类代表性人物民族关系思想进行全面梳理，就能看出南北朝时期民族关系思想的整体轮廓。

其六，从各类人物的论著、言说和举措等各方面挖掘和阐释民族关系思想。

其七，全面考察这一时期的民族关系思潮，力图把握民族关系思潮与民族关系历史的联系及其所反映的时代特点，进而研究其代表人物的思想特色和历史地位。

本书能否实现以上设想，只有请专家学者予以评判了。如果本书能够引发更多的学者关注和研究中国各个时期各类人物的民族关系思想，我们也就心满意足了。

一、对拓跋鲜卑及北朝汉化问题的总体考察

“汉化”是拓跋鲜卑及整个北朝民族关系的一大主题。从公元258年拓跋力微迁居盛乐到581年北周为隋所代的320余年的时段中，拓跋鲜卑及北朝经历了一个复杂的汉化过程，在不同朝代、不同阶段汉化的程度也不完全一致，汉化内容和形式都在不断演变。对这一时期汉化问题进行评判，既不能以偏概全，也不可一概而论。从整个拓跋魏的历史来看，从北魏皇室始祖到北魏前期，虽有汉化因素，但其主流思想是坚守本民族习俗和文化。北魏中期，积极推行全面汉化政策。北魏后期，部分鲜卑人对孝文帝的全面汉化改革进行反思、清算甚至猛烈反扑，曾一度出现了新的鲜卑化倾向。在西魏北周和东魏北齐对峙时期，东魏、北齐对汉化政策反扑得最为激烈，胡风、胡俗越来越重，矛盾更加突出，结果“地半天下，国富兵强”的北齐最终走上了灭亡之路。西魏、北周虽有胡风、胡俗回潮现象，但幅度较低，范围较窄，主要是对孝文帝以来汉化之路的逐步回归和对民族关系的不断调适，为消灭北齐、统一北方并为后来隋唐盛世的出现奠定了坚实的基础。

在中华民族发展史上，有两大现象值得特别关注，一是“汉化”，二是“胡化”。这里重点探讨“汉化”问题。“汉化”是中国历史上少数民族融入华夏文化的一种现象。就统一北方之前的拓跋鲜卑以及整个北朝的民族关系而言，汉化是一大主题。那么，拓跋鲜卑及北朝经历了怎样的汉化过程？在不同朝代、不同阶段汉化的程度如何？在这一较长的历史时期汉化是如何发展演变的？这

些都是研究拓跋鲜卑及北朝汉化政策必须具体分析和认真回答的问题。目前，学术界已从多方面对这些问题做了比较深入的研究，也提出了一些很有价值和理论深度的观点，但大都仅就某一阶段、某一事件或某个人物所做的微观研究，缺乏整体观照，或者出现以偏概全的倾向，或者不分时期不分阶段一概而论。而且，专家学者的研究成果也留下了一些需要进一步探讨和完善的空间，有些观点还需要商榷。比如，对拓跋鲜卑的汉化问题，有的学者认为，“拓跋鲜卑早在力微至猗卢时期，因与中原王朝关系的加强，就逐渐接受了汉文化”[1]；有的认为，“鲜卑拓跋部在长期的南迁过程中，逐步接受汉文化，在宗教信仰、婚姻丧葬习俗、发式服饰、生活习惯、政治礼仪等方面与汉族日益趋同”[2]；有的认为，“鲜卑代国时期的历史进步是拓跋鲜卑接受汉文化影响的结果，并为后来北魏的历史过程定下了发展的基调”[3]；还有的认为，“道武帝拓跋珪复国，建立北魏政权，开始了汉化进程”；“拓跋鲜卑的祭祀虽然顽固地保留着自己民族的特色，但随着政权的稳定和统治范围的扩大，汉化也在逐渐进行着，且不可阻挡”；太上皇拓跋弘在延兴二年（472年）的诏令，“很大程度上放弃了拓跋鲜卑祭祀的原始性，在人神交接上，废除巫觋的原始仪式，采用汉制，祭祀形式进一步汉化”[4]。从以上观点来看，似乎在拓跋鲜卑的早期和北魏建立之初，就已汉化。从整个拓跋魏的历史来看，从北魏皇室始祖拓跋力微到北魏前期，虽有汉化因素，但其主流思想是坚守本民族习俗和文化；北魏中期，积极推行全面汉化政策；北魏后期，对孝文帝的汉化政策进行猛烈反扑，出现了新的鲜卑化倾向。再如对北魏后期及东魏、北齐和西魏、北周的汉化问题，有的学者认为，“东、西魏及北齐、北周时期的汉姓胡化，是对孝文帝改制的一次逆转，但为时并不久，而且主要是作用于上层社会，北方少数民族汉

1 翁独健主编：《中国民族关系史纲要》，中国社会科学出版社，2001，第220页。
2 王万盈：《拓跋鲜卑在汉化过程中的文化转变》，《西北师大学报（社会科学版）》1997年第5期。
3 何德章：《鲜卑代国的成长与拓跋鲜卑初期汉化》，《武汉大学学报（人文科学版）》2001年第1期。
4 黄云鹤：《从〈魏书·礼志〉第一卷看拓拔鲜卑祭祀的汉化》，《古籍整理研究学刊》2002年第2期。

化的历史趋势，已不可逆转”[1]；有的认为，北齐、北周所推行的“‘胡化’不是‘反汉化’的逆流，北齐、北周统治者为了稳固地立足于中原，他们都要在‘胡化’的前提下，走‘汉化’之路”，“‘胡化’和‘汉化’是这两个政权发展过程的两个方面，‘胡化’的本质是走‘汉化’之路”；[2]还有的学者认为，“同北魏孝文帝时相比，东魏北齐的汉化转入温和的状态，更大地发挥了它的潜移默化的文化改造功能，为整个中华民族的昌盛做出了重要贡献”[3]。从以上观点来看，或者认为东魏、北齐和西魏、北周都在坚持汉化政策；或者认为，这一时期的“胡化”非常短暂；或者对东魏、北齐和西魏、北周的“胡化”现象持肯定态度。但是，事实并非如此简单。也有学者认为，北魏分裂后，东魏、北齐和西魏、北周“分别由高氏、宇文氏总揽朝政，一反孝文帝全面华化之道，极力提倡鲜卑化”[4]；有的认为，“六镇鲜卑政权出现的鲜卑化趋势，是对孝文帝以来汉化政策的反动”[5]。那么，东魏、北齐和西魏、北周在鲜卑化的程度上，是否完全一样？我们是否可以等量齐观？

下面拟从公元258年拓跋力微迁居盛乐到581年北周为隋所取代的320余年的史实中，对汉化的相关问题进行系统梳理和全面考察，厘清汉化发展演变的历程，克服以往学界在研究这一时期汉化问题上以偏概全和一概而论的不足。

（一）对本民族习俗和文化的坚守

拓跋鲜卑的祖先原活动于东北大兴安岭的大鲜卑山，过着“畜牧迁徙，

---

1 任玮：《南北朝时期胡姓汉化与汉姓胡化的政治目的溯源》，《湖南工业大学学报（社会科学版）》2010年第5期。

2 李红艳：《关于北齐北周反汉化问题的认识》，《大同高等专科学校学报》1999年第3期。

3 钱龙、马军：《东魏北齐的汉化形势》，《沧桑》2007年第5期。

4 刘学铫：《历代胡族王朝之民族政策》，台北知书房出版社，2005，第167页。

5 段锐超、段元秀：《北魏六镇起义对政治格局和历史进程的影响》，《山西大同大学学报（社会科学版）》2009年第6期。

射猎为业”[1]的游牧生活，直到献皇帝拓跋邻时，一直活动在“未足以建都邑”的“荒遐”[2]地域。到诘汾即位后，才走出高山深谷，不断迁徙，经过“九难八阻”[3]，到达匈奴故地。三国时期，拓跋部又迁居河西。魏甘露三年（258 年），拓跋力微从河套北部迁居盛乐（今内蒙古和林格尔）。同年，拓跋力微“与魏和亲”[4]。261 年，又派其子沙漠汗（文帝）到曹魏，并与曹魏“聘问交市，往来不绝，魏人奉遗金帛缯絮，岁以万计”。西晋建立之后，拓跋力微与晋“和好仍密”[5]。从表面现象来看，拓跋鲜卑与中原王朝保持着比较密切的关系，但在主流思想文化方面，却坚守本民族的习俗和文化，反对“变易旧俗”[6]。诸部大人迫害沙漠汗的言行，充分体现了当时拓跋部的主流思想。

沙漠汗是拓跋力微之子，于景元二年（261 年）被派到曹魏国都洛阳“且观风土”，学习中原的制度和汉族文化。他在洛阳以其国太子身份“为魏宾之冠”。魏晋禅代，他仍留于晋朝。晋武帝泰始二年（266 年），沙漠汗因“父老求归，晋武帝具礼护送”[7]。泰始十年（274 年），他重新回到西晋国都洛阳。咸宁二年（276 年），沙漠汗回到拓跋部，被诸部大人害死。

拓跋部大人之所以要置沙漠汗于死地，虽有西晋离间的因素[8]，但最为重要的还是这些部落首领担心沙漠汗执掌政权后会推行汉化政策，“变易旧俗”。

沙漠汗回国是拓跋鲜卑的一件大事，拓跋力微非常高兴，特意安排诸部大人到阴观迎接。在欢迎宴席上，沙漠汗仰视天空中的飞鸟，“援弹飞丸，应

1《魏书》卷 1《序纪》，第 1 页。
2《魏书》卷 1《序纪》，第 2 页。
3《魏书》卷 1《序纪》，第 2 页。
4《魏书》卷 1《序纪》，第 4 页。
5《魏书》卷 1《序纪》，第 4 页。
6《魏书》卷 1《序纪》，第 4 页。
7《魏书》卷 1《序纪》，第 4 页。
8《魏书·序纪》载：“五十六年，帝复如晋；其年冬，还国。……行达并州，晋征北将军卫瓘，以帝为人雄异，恐为后患，乃密启晋帝，请留不遣。晋帝难于失信，不许。瓘复请以金锦赂国之大人，令致间隙，使相危害。晋帝从之，遂留帝。于是国之执事及外部大人，皆受瓘货”。

弦而落”。当时，“国俗无弹，众咸大惊，乃相谓曰：‘太子风彩被服，同于南夏，兼奇术绝世，若继国统，变易旧俗，吾等必不得志，不若在国诸子，习本淳朴。’”[1] 于是他们便进行离间等阴谋活动。另一方面，在沙漠汗留居洛阳期间，拓跋力微“诸子爱宠日进”，并与一些大人结成了同盟。因此，他们在许多方面很容易达成共识，而且向拓跋力微共进谗言，对沙漠汗进行肆意诋毁和陷害。由于拓跋力微已“年逾期颐，颇有所惑”，开始还为沙漠汗的表现而自豪，后来听信诸大人所谓“太子才艺非常，引空弓而落飞鸟，是似得晋人异法怪术，乱国害民之兆，惟愿察之”之言，遂作出了错误判断，下达了“不可容者，便当除之”的决定。于是诸大人“乃驰诣塞南”[2]，害死了沙漠汗。这一事件，突出反映了拓跋部反对汉化的阵容之大和势力之强，说明在拓跋鲜卑的早期历史中，坚守本民族习俗和文化是其主流思想[3]，并非在拓跋力微至猗卢时期“就逐渐接受了汉文化”[4]。

代国国君拓跋什翼犍因在后赵襄国（今河北邢台）居住 10 年，接受了一定的汉族思想文化。他曾任用汉人燕凤为长史、许谦为郎中令，“余官杂号，多同于晋朝”[5]。这里需要说明的是，拓跋什翼犍只是采用了魏晋制度的官吏名称，并没有按照魏晋制度设置官吏。《魏书·官氏志》载：“建国二年，初置左右近侍之职，无常员，或至百数，侍直禁中，传宣诏命。皆取诸部大人及豪族良家子弟仪貌端严，机辩才干者应选。又置内侍长四人，主顾问，拾遗应封，若今之侍中、散骑常侍也。其诸方杂人来附者，总谓之‘乌丸’，各以多少称酋、庶长，分为南北部，复置二部大人以统摄之。时帝弟孤监北部，子寔君监南部，分民而治，若古之二伯焉”。直至道武帝拓跋珪建立北魏，“因而不改，

1《魏书》卷 1《序纪》，第 4 页。
2《魏书》卷 1《序纪》，第 4 页。
3 崔明德：《北魏民族关系思想论纲》，《烟台大学学报（哲学社会科学版）》2010 年第 4 期。
4 翁独健主编：《中国民族关系史纲要》，中国社会科学出版社，2001，第 220 页。
5《魏书》卷 119《官氏志》，第 2971 页。

南北犹置大人，对治二部”。由此可见，拓跋什翼犍“余官杂号，多同于晋朝”，只是部分采用了魏晋制度官吏之名，其实质内容仍是拓跋鲜卑的政治体制，并不能说明拓跋鲜卑当时就接受了汉族文化，更不能说明拓跋鲜卑当时推行了汉化政策。

尽管什翼犍本人具有比较强烈的汉化意识，但由于客观条件的限制和上层的认识不够统一，也难以推行其汉化政策。建国二年（339 年）五月，什翼犍“欲定都于灅源川，筑城郭，起宫室”，但在与诸部大人讨论和商量时，并没有达成共识。其母王氏得知他们议而不决的消息后，便劝说什翼犍：“国自上世，迁徙为业。今事难之后，基业未固。若城郭而居，一旦寇来，难卒迁动。”[1] 从王氏的话中可以看出，代国刚建立时仍以部落联盟为主，基本处于居无定所的游牧状态。在这种情况下，很难按照魏晋的政治制度进行变革，也很难推行汉化政策。

北魏建立者道武帝拓跋珪虽然注意吸收汉族人士进入政权，把上谷张衮、清河崔玄伯等著名汉族豪强作为谋士，但其内心深处，还是坚守本民族习俗和文化。在拓跋珪看来，“国俗敦朴，嗜欲寡少”，因此“不可启其机心，而导其巧利”。[2] 据《魏书·官氏志》记载，“初，帝欲法古纯质，每于制定官号，多不依周汉旧名，或取诸身，或取诸物，或以民事，皆拟远古云鸟之义。诸曹走使谓之凫鸭，取飞之迅疾；以伺察者为候官，谓之白鹭，取其延颈远望。自余之官，义皆类此，咸有比况”[3]；“所制车辇，虽参采古式，多违旧章”[4]。403 年，拓跋珪虽然“命有司制冠服，以品秩为差，然法度草创，多不稽古”[5]。拓跋珪虽在初定中原时设立太学，“置五经博士生员千有余人。天兴二年春，增

1《魏书》卷 13《皇后列传》，第 323 页。
2《魏书》卷 33《公孙表传》，第 782 页。
3《魏书》卷 113《官氏志》，第 2973—2974 页。
4《魏书》卷 108《礼志四》，第 2811 页。
5《资治通鉴》卷 113，“晋纪三十五”，“元兴二年”条，第 3556 页。

国子太学生员至三千”[1]，并任命世家大族、清河东武城人崔逞为尚书，“使录三十六曹”[2]，还采纳中原士大夫李先的建议，四处搜罗儒家经典，表现出对儒学的重视，但到天赐二年（405年），即在鲜卑贵族保守势力的压力下，废除尚书三十六曹[3]。拓跋珪在初拓中原过程中，虽对汉族士人“留心慰纳，诸士大夫诣军门者，无少长，皆引入赐见，存问周悉，人得自尽，苟有微能，咸蒙叙用”[4]，也吸收他们“与参谋议”，但仅限于“宪章故实”[5]的范围，而且还时刻对他们心怀戒备，防范甚严。凡军国大权、将相要职皆由拓跋鲜卑贵族担任，汉人即便能够参与军国大事，也只具象征意义，所谈意见仅作参考而已。拓跋珪对崔逞的赐死、对张衮的降职以及杀害贺狄干兄弟，就突出反映出他对汉族士大夫的防范心理和残酷打击，折射出他对其他民族习俗和文化的排斥态度。

崔逞字叔祖，清河东武城人，魏中尉崔琰之六世孙。其曾祖崔谅，任晋中书令；祖父崔遇和父亲崔瑜分别出任后赵的特进和黄门郎。崔逞以文才出众而闻名，前燕慕容暐时，出任黄门侍郎；前秦苻坚兼并慕容暐后，出任齐郡太守。后为翟辽所虏，被封为中书令。慕容垂灭翟钊，出任后燕秘书监。慕容宝东走和龙，任留台吏部尚书，到慕容驎继立，崔逞携妻子投奔拓跋珪。因张兖事先赞美过崔逞，拓跋珪和他一见面，就“礼遇甚重”，封其为尚书，“任以政事，录三十六曹，别给吏属，居门下省”[6]，不久又任命其为御史中丞。

表面看来，拓跋珪对崔逞非常器重，但内心深处，则时刻对他进行防范，即使对他无意中流露出来的民族意识也要进行严厉打击。天兴初，东晋襄阳戍将郗恢因不敌后秦姚兴的进攻，便向魏常山王遵乞师，因郗恢信中有“贤兄虎

1《魏书》卷84《儒林传·序》，第1841页。
2《资治通鉴》卷109，“晋纪三十一”，“隆安元年”条，第3440页。
3《资治通鉴》卷114，“晋纪三十六”，“义熙元年”条，第3580页。
4《魏书》卷2《太祖纪》，第27—28页。
5《魏书》卷2《太祖纪》，第27页。
6《魏书》卷32《崔逞传》，第758页。

步中原”之语，拓跋珪“以言悖君臣之体，敕（崔）逞、（张）衮亦贬其主号以报之”。拓跋珪见崔逞、张衮的回信中写有“贵主”二字，勃然大怒，训斥他们说：“使汝贬其主以答，乃称贵主，何若贤兄也！”[1] 遂将崔逞赐死，并将张衮由奋武将军、幽州刺史和临渭侯降职为尚书令史。即使对非常器重和信任的崔玄伯，拓跋珪也“尝使人密察”[2]。由此可以窥见拓跋珪对汉族士大夫的戒备程度和防范心理。

贺狄干之死，更能折射出拓跋珪及其大臣对待其他民族习俗和文化的态度。贺狄干“家本小族”[3]，后逐渐升迁为北部大人。在羌族人姚苌建立后秦后，拓跋珪为了拉拢后秦，便派贺狄干带着千匹良马，与后秦和亲。但姚苌去世后，新继位的姚兴撕毁婚约，并将贺狄干扣留在长安，双方随后爆发了一场较大规模的战争。义熙三年（407 年），后秦希望与北魏改善关系，主动提出以北魏的贺狄干换回在元兴元年（402 年）柴壁之战中被俘虏的狄伯支、姚伯禽、唐少方、姚良国、康宦等后秦的高级官员。贺狄干以人员交换的方式，离开了后秦。

后秦虽是羌族贵族姚苌所建，但姚苌父子都非常重视儒学，汉化程度较高。史载姚苌曾下令留台诸镇“各置学官，勿有所废，考试优劣，随才擢叙”[4]。他在临终前告诫其子姚兴说：“抚骨肉以仁，接大臣以礼，待物以信，遇黔首以恩”[5]，“仁”、“礼”、“信”和“恩”四项均为儒家学说的精髓。当时长安有一批“经明行修”的“耆儒硕德”传授儒家学说，“诸生自远而至者万数千人”。在姚兴执政期间，“学者咸劝，儒风盛焉”[6]。

1《魏书》卷 32《崔逞传》，第 758 页。
2《魏书》卷 24《崔玄伯传》，第 621 页。
3《魏书》卷 28《贺狄干传》，第 685 页。
4《晋书》卷 116《姚苌载记》，第 2971 页。
5《晋书》卷 116《姚苌载记》，第 2973 页。
6《晋书》卷 117《姚兴载记上》，第 2979 页。

贺狄干在长安“幽闭”期间，集中时间和精力“习读书史，通《论语》《尚书》诸经，举止风流，有似儒者”[1]。拓跋珪在奖赏功臣时，贺狄干虽被姚兴扣留在长安，但仍将其赐爵襄武侯，提升为秦兵将军。然而，贺狄干回到北魏后，拓跋珪“见其言语衣服，有类羌俗，以为慕而习之，故忿焉，既而杀之”[2]。贺狄干之弟贺归也一起被杀。

贺狄干在长安多年，深受汉族文化和羌族文化的影响，既有儒者的学识和风度，又喜爱羌族的语言和服饰，自然会被坚守鲜卑习俗与文化的拓跋珪等人视为“异类”，所以，尽管他有“忠勤征伐之效”[3]，但仍然逃脱不了被杀的厄运。由此可见，直到北魏初期，坚守本民族习俗和文化依然是鲜卑族上层人物的主流思想。

北魏著名政治家太武帝拓跋焘为了巩固统治地位，笼络汉族士大夫，既提倡儒学，建立太学，祭祀孔子，又将范阳卢玄、博陵崔绰、赵郡李灵、河间邢颖、勃海高允、广平游雅、太原张伟等“贤俊之胄”数百人全部“差次叙用”[4]，创造了北魏一次任用汉人最多的纪录。但是，从拓跋焘的思想和实践来看，他只想利用汉族上层人物和汉族思想文化为其服务，并不希望汉族上层人物和汉族思想文化动摇鲜卑族的思想文化，其内心深处仍然坚守本民族的思想文化，对汉族思想文化始终持有比较敏感甚至非常警惕的态度。在其执政时期发生的“国史案”和崔浩被杀就很能说明问题。

崔浩是“东汉以来儒家大族经西晋末年五胡乱华留居北方未能南渡者之代表”[5]人物。在太武帝拓跋焘时期，清河崔氏仍是北朝第一盛门，在政治上仍居最高地位，崔浩不仅身居要职，而且还颇受重用，但最后却因“国史案”被杀。

1《魏书》卷 28《贺狄干传》，第 686 页。
2《魏书》卷 28《贺狄干传》，第 686 页。
3《魏书》卷 28《和跋等传》史臣曰，第 693 页。
4《魏书》卷 4 上《世祖纪第四上》，第 79 页。
5 陈寅恪：《崔浩与寇谦之》，见《金明馆丛稿初编》，生活 · 读书 · 新知三联书店，2001，第 141 页。

关于崔浩被杀的原因，学术界有不同的看法。有的学者从崔浩的性格寻找原因，认为崔浩深得拓跋皇帝宠爱，滋长了其飞扬跋扈，自信乃至自负的性格，这促成其惨死的结局[1]；不能容人者，必不能为人所容，他的性格也就决定了他的最终结果只能是被杀[2]。也有的学者从崔浩对北魏统治构成威胁着眼，认为"到拓跋焘晚年，崔浩已从北魏重臣转变为不利于北魏统治的关键人物，他的继续存在对北魏统治者不利，这是拓跋焘所不能容忍的。拓跋焘诛杀崔浩，是历史的必然"[3]。但更多的学者则从民族矛盾分析原因，如何兹全先生认为，"崔浩被杀的导火线在直笔修史，而致死的主要原因则在他和拓跋贵族的矛盾"[4]；张德寿认为，"从广阔的背景上考察，是北魏胡汉上层矛盾的反映。同时这种矛盾又不简单是胡汉上层之间利益冲突、政见分歧的矛盾，而是民族矛盾的一种反映。其发生的深刻根源在于胡汉民族间的文化、心理隔阂，以及文化落后的军事征服者拓拔鲜卑在执掌国政时面对经济文化比其高的汉族、汉族士人，特别是士族高门而产生的并深埋于心的卑怯心理。崔浩国史的纤细过失引发了这种卑怯心理的恶性变态，从而导致拓拔统治者疯狂地屠戮崔浩等士族高门"[5]；王朝峰认为，"崔浩被诛是由各方面的原因促成的，主要为崔浩与鲜卑贵族的矛盾；士族政治理想与鲜卑统治阶级利益的冲突；汉族与鲜卑族的隔阂"[6]。应当说，这些看法都有一定道理，但结合北魏前期的主流思想来看，我们认为，崔浩想彻底汉化的所作所为突破了拓跋焘的底线，引起了拓跋焘的警觉和忧虑，担心以崔浩为代表的汉族上层人物会完全改变鲜卑族的思想文化，被汉族彻底同化。我们可以从崔浩和拓跋焘及鲜卑贵族两个方面来说明这一问题。

---

1 苏利嫦：《崔浩性格与崔浩之死》，《湖南科技学院学报》2009 年第 10 期。

2 苏利嫦：《崔浩性格与崔浩之死》，《湖南科技学院学报》2009 年第 10 期。

3 李春祥：《拓跋焘诛杀崔浩原因再探讨》，《通化师范学院学报》1999 年第 6 期。

4 何兹全：《崔浩之死》，《文史哲》1993 年第 3 期。

5 张德寿：《拓拔鲜卑统治者的心态与崔浩国史之狱》，《云南师范大学学报（哲学社会科学版）》2002 年第 2 期。

6 王朝峰：《交流与融合中的牺牲——浅谈崔浩之死》，《唐山师范学院学报》2008 年第 3 期。

从崔浩方面来说，如下三个关键问题导致其被杀。

其一，崔浩欲“齐整人伦，分明姓族”[1]，即突出士族门阀观念，想用儒家的思想道德来规范北魏各个阶层的言行和选官用人制度，严格分别士庶，强调门第高低，确立汉族门阀世族的特权，这对仍基本处于部落形态的鲜卑族上层各类人物构成了威胁。卢玄就清醒地看到了这一问题，他曾劝说崔浩：“夫创制立事，各有其时，乐为此者，讵几人也？宜其三思”。但崔浩“当时虽无异言，竟不纳，浩败颇亦由此”。[2]

其二，崔浩竭力举荐和重用汉族士族引起了鲜卑族上层人物的警觉。《魏书·崔宏传附子浩传》载：“浩有鉴识，以人伦为己任。明元、太武之世，征海内贤才，起自仄陋，及所得外国远方名士，拔而用之，皆浩之由也。”那么，崔浩主要举荐了哪些人呢？从崔浩的地位和职责来说，他所举荐的既有鲜卑贵族，又有具有汉族思想文化的门阀士族及其后代，也有南朝奔北之人，还有其他政权投奔北魏的人士即“外国远方名士”。但相对而言，他更看重以袁式和毛修之为代表的具有汉族思想文化、熟悉汉族典章制度的门阀士族及其后代。《魏书·袁式传》载：“袁式，字季祖，陈郡阳夏人，汉司徒滂之后。父渊，司马昌明侍中。式在南，历武陵王遵谘议参军。与司马文思等归姚兴。泰常二年（417年）归国，为上客，赐爵阳夏子。与司徒崔浩一面，便尽国士之交。是时，朝仪典章，悉出于浩，浩以式博于古事，每所草创，恒顾访之。性长者，虽羁旅飘泊，而清贫守度，不失士节，时人甚敬重之，皆呼曰袁谘议。”崔浩之所以与袁式一见如故，对袁式非常倚重，而袁式则“赞礼崔浩”[3]，根本原因在于袁式的“博于古事”[4]，《北史》的作者则说，“袁式取遇崔公，以博雅而重”[5]。

1《魏书》卷47《卢玄传》，第1045页。
2《魏书》卷47《卢玄传》，第1045页。
3《魏书》卷38《刁雍等传》史臣曰，第881页。
4《魏书》卷38《袁式传》，第880页。
5《北史》卷27《屈遵等传》论曰，第1001页。

说穿了，崔浩看中的是袁式的博古，希望袁式帮助他进行以汉族典章制度为核心的汉化改革。毛修之为荥阳阳武人，曾任刘裕时期的长安司马，拓跋焘平定夏赫连昌时，俘获了毛修之。因其“能为南人饮食，手自煎调，多所适意”[1]，愈受拓跋焘的器重，位次仅在崔浩之下。崔浩“以其中国旧门，虽学不博洽，而犹涉猎书传，每推重之，与共论说”[2]。崔浩之所以推重毛修之，关键在于毛修之“有大志，颇读史籍”[3]，能够担当起推行汉化政策的重任。《宋书·毛修之传》就有关于毛修之“教（拓跋焘）以中国礼制”[4]的记载，崔浩最为看中的可能正是这一点。从各方面判断，崔浩有着比较强烈的延续汉族传统文化的使命感，时刻都想复兴汉制，实践其以夏变夷思想，他竭力举荐和重用汉族士族以及“至于礼乐宪章，皆归宗于（崔）浩”[5]，自然会引起鲜卑族上层人物的高度警觉。事实上，北朝确实出现了“佛狸已来，稍僭华典，胡风国俗，杂相揉乱”[6]的局面。其实，崔浩大规模地举荐汉族门阀士族及其后代，已为其埋下了祸根。《魏书·高允传》载：“初，崔浩荐冀、定、相、幽、并五州之士数十人，各起家郡守。恭宗谓浩曰：‘先召之人，亦州郡选也，在职已久，勤劳未答。今可先补前召外任郡县，以新召者代为郎吏。又守令宰民，宜使更事者。’浩固争而遣之”。当时与崔浩共事的高允就已经意识到这一问题，他曾对东宫博士管恬说：“崔公其不免乎。苟逞其非，而校胜于上，何以胜济。”[7]

其三，崔浩的“叹服南人”[8]以及对南朝的特殊心态为对立派提供了攻击的把柄和口实。应当说，崔浩父子内心确实对东晋和南朝具有一种特殊感情。崔

1《魏书》卷43《毛修之传》，第960页。
2《魏书》卷43《毛修之传》，第960页。
3《宋书》卷48《毛修之传》，第1426页。
4《宋书》卷48《毛修之传》，第1429页。
5《北史》卷21《崔宏传附子浩传》，第787页。
6《南齐书》卷57《魏虏传》，第990页。
7《魏书》卷48《高允传》，第1069页。
8《魏书》卷38《王慧龙传》，第875页。

浩的父亲崔宏（字玄伯）是“魏司空林六世孙”，其祖父崔悦、父亲崔潜“并有才学之称”。崔玄伯“少有俊才，号曰冀州神童”，即使在兵荒马乱时，他“犹励志笃学”[1]。据史书记载，崔玄伯曾“因苻坚乱，欲避地江南，于泰山为张愿所获，本图不遂，乃作诗以自伤”[2]。崔玄伯当时虽然很受重用，但仍有“避地江南”的念头。崔浩虽然不像其父想“避地江南”，但他与王慧龙的特殊关系以及对南朝的特殊心态和感情则为对立派提供了攻击的把柄和口实。据《魏书·王慧龙传》记载，“初，崔浩弟恬闻慧龙王氏子，以女妻之。浩既婚姻，及见慧龙，曰：‘信王家儿也。’王氏世齇鼻，江东谓之齇王。慧龙鼻大，浩曰：‘真贵种矣。’数向诸公称其美。司徒长孙嵩闻之，不悦，言于世祖，以其叹服南人，则有讪鄙国化之意。世祖怒，召浩责之。浩免冠陈谢得释。及鲁宗之子轨奔姚兴，后归国，云慧龙是王愉家竖僧彬所通生也。浩虽闻之，以女之故，成赞其族。慧龙由是不调”[3]。王慧龙自称是太原晋阳王愉之孙，太原王氏又是东晋的门阀世族。崔浩对王慧龙大加称赞，即使王慧龙的大鼻子，也被崔浩视为真正“贵种”的标志。王慧龙的妻子和崔浩的女儿怀孕后，崔浩对他们说：“汝等将来所生，皆我之自出，可指腹为亲。”到他们结婚时，崔浩亲自为他们操办，并对客人讲：“此家礼事，宜尽其美。”[4]崔浩与王慧龙的这种特殊关系以及他对王慧龙“真贵种”的赞美，自然会引起鲜卑贵族的反感，以司徒长孙嵩为代表的鲜卑贵族非常轻松地给他扣上了“讪鄙国化”的帽子。而且，崔浩对南朝的特殊心态和感情，也为他的对立派留下了很大的想象空间。《宋书·柳元景传附从祖弟光世传》载：“元景从祖弟光世，先留乡里，索虏以为折冲将军、河北太守，封西陵男。光世姊夫伪司徒崔浩，虏之相也。元嘉二十七年，虏主拓跋焘南寇汝、颍，浩密有异图，光世要河北义士为浩应。浩谋泄被诛，

1《魏书》卷 24《崔玄伯传》，第 620 页。
2《魏书》卷 24《崔玄伯传》，第 624 页。
3《魏书》卷 38《王慧龙传》，第 875 页。
4《魏书》卷 38《王慧龙传附子宝兴传》，第 877 页。

河东大姓坐连谋夷灭者甚众，光世南奔得免。”崔浩是否“密有异图”，历来就有不同的看法，但崔浩对南朝的特殊心态和感情使对立派很容易产生这种联想。即使到了南宋，史学家李焘也拿崔浩与南方的关系发表议论。他在《六朝通鉴博议》卷一《总六朝形势论》中说：“东晋、宋、齐、梁、陈之君，虽居江南，中国也；五胡、元魏，虽处神州，夷狄也。其事又与孙、曹不同。故五胡之盛，无如苻坚，其臣之贤则有王猛。元魏之强，无如佛狸，其臣之贤则有崔浩。王猛丁宁垂死之言，以江南正朔相承，劝苻坚不宜图晋。崔浩指南方为衣冠所在，历事两朝，常不愿南伐。”李焘都认为崔浩因“南方为衣冠所在”，“常不愿南伐”，更何况那些对崔浩言行比较敏感的鲜卑贵族了。

从拓跋焘和鲜卑贵族方面来说，如下心态促使他们杀害崔浩。

其一，拓跋焘重用崔浩进行汉化改革是为了巩固北魏的统治地位，希望在维护北魏现有体制、基本保持高层官员民族结构和鲜卑贵族基本利益的前提下进行有限度的改革。如在太平真君五年（444 年）崔浩鉴于北魏“所祀胡神甚众”的实际情况，只保留“合于祀典者五十七所，其余复重及小神悉罢之”。[1]对这种不伤筋动骨的改革，拓跋焘给予大力支持。如果崔浩只进行类似这种修修补补的改良工作，不至于引起鲜卑贵族的如此嫉恨。但有着比较强烈的延续汉族传统文化使命感的崔浩，却想彻底进行汉化改革，实践其以夏变夷思想，从根本上颠覆现有的政治生态，则超出了拓跋焘的底线，必然会引起鲜卑贵族的强烈反对。

其二，拓跋焘和鲜卑贵族始终担心并提防北方的汉族门阀世族对南朝的情感和联系，而崔浩的“叹服南人”强化了拓跋焘和鲜卑贵族的疑心。对于崔浩等门阀世族，拓跋焘一方面希望他们忠实为北魏服务；另一方面，又对他们眷恋南朝保持警觉，时刻防范他们与南朝联系。例如，卢玄之子卢度世在“国史

1《资治通鉴》卷 124，“宋纪六”，“元嘉二十一年”条，第 3906 页。

案”之后，因与崔浩有亲戚关系[1]，担心受到牵连，便“弃官逃于高阳郑罴家”，被郑罴藏匿起来。起初，拓跋焘怀疑其逃到了南朝，后来见到刘宋使者、殿中将军黄延年时，急切地打听卢度世的下落：“范阳卢度世坐与崔浩亲通，逃命江表，应已至彼?”黄延年回答说：“都下无闻，当必不至。”拓跋焘如释重负，立即诏令东宫赦免“度世宗族逃亡及籍没者”[2]，并将卢度世封为中书侍郎。由此可见，拓跋焘和鲜卑贵族始终提防北方大族与南朝联系，警惕北方大族崇尚南朝的情感。崔浩对南朝有着特殊感情并多次反对北魏南征，自然会使拓跋焘和鲜卑贵族对其产生疑心，为传播崔浩“密有异图”[3]的流言提供了土壤。

其三，部分鲜卑贵族隐藏着一种防范汉族士族歧视的心理，而崔浩压根就瞧不起鲜卑的文化习俗，又一再抬高汉族门阀世族的地位，自然会引起拓跋焘和鲜卑贵族的反感和抵触情绪。崔浩在与明元帝拓跋嗣评论近世人物时，就明确说太祖拓跋珪“用漠北醇朴之人，南入中地，变风易俗，化洽四海”[4]。到拓跋焘执政时，北魏“犹循其旧俗”[5]，崔浩对此不仅看不惯，而且还要以汉族的文化习俗为标准进行彻底改革，无形之中就与鲜卑贵族产生了隔阂和矛盾。

此外需要说明的是，已执掌北魏政权的鲜卑贵族，虽然积极拉拢汉族上层为其有效统治服务，但在内心深处，并没有平等对待汉人，始终担心汉族的上层人物会改变鲜卑族，对普通汉族人更是歧视。只要我们看一下拓跋焘时期民族关系的具体事例，就会更加清楚地认识这一问题。太平真君十一年（450年），拓跋焘南征刘宋时，就“驱（汉）民使战，后出者灭族，以骑蹙步，未战先死”[6]。对于战争中俘获的南朝汉族人则“驱还北国作奴婢”[7]。崔浩虽是北魏

1“司徒崔浩，（卢）玄之外兄”。《魏书》卷47《卢玄传》，第1045页。
2《魏书》卷47《卢玄传附子度世传》，第1046页。
3《宋书》卷77《柳元景传附从祖弟光世传》，第1991页。
4《魏书》卷35《崔浩传》，第810页。
5《资治通鉴》卷124，“宋纪六”，“元嘉二十一年”条，第3906页。
6《资治通鉴》卷125，“宋纪七”，“元嘉二十七年”条，第3952页。
7《资治通鉴》卷125，“宋纪七”，“元嘉二十七年”条，第3959页。

的上层重量级人物，但因其汉族出身，始终会成为拓跋焘和鲜卑贵族潜意识中的防范对象。

正是由于以上诸种复杂因素，促使拓跋焘借“国史案”大做文章，将崔浩置于死地。

由此可见，崔浩之死是多种因素促成的，既有其自身原因，也有鲜卑贵族原因。总的来看，崔浩在北魏复兴汉制、以夏变夷的思想及实践，由于实施时机不成熟、措施过于激进等，遭到了鲜卑贵族的强烈反对，最终于太平真君十一年(450 年）六月被拓跋焘处死，“清河崔氏无远近，范阳卢氏、太原郭氏、河东柳氏，皆浩之姻亲，尽夷其族”[1]。

崔浩之死充分说明，直到拓跋焘时期，北魏的主流思想文化仍是“旧俗”，任何想完全改变鲜卑“旧俗”、彻底汉化的念头及做法都会引起鲜卑贵族的警觉、忧虑和强烈抵制。我们知道，在十六国北朝时期，由少数民族建立的诸多政权中，从拓跋鲜卑早期到北魏前期，鲜卑族对其他民族习俗和文化排斥得最为激烈。南宋时期著名思想家叶适就明确指出：“刘、石、慕容、苻、姚皆世居中国，虽族类不同，而其豪杰好恶之情，犹与中原不甚异；独拓拔以真匈奴入据诸夏，纯用胡俗强变华人，观众其所言，则与今女真略同矣。”[2]

（二）全面汉化改革

北魏最高统治者主动进行比较彻底的汉化改革是孝文帝拓跋宏。北魏自建国以来，许多君臣虽有一定的汉化意识，但又不愿彻底改变鲜卑族的文化和习俗，形成了“胡风国俗，杂相糅乱”[3]的局面。孝文帝亲政后，在其祖母冯太后

1《魏书》卷 35《崔浩传》，第 826 页。
2《习学记言序目》卷 32，中华书局，1977，第 498 页。
3《南齐书》卷 57《魏虏传》，第 990 页。

改革基础上，进一步加大改革力度，大力推动鲜卑族的全面汉化。孝文帝的汉化改革主要有七大方面内容：一是迁都，把国都从平城（今山西大同）迁到洛阳；二是改官制，按照中原汉族王朝的制度改革官制；三是禁胡服，强迫鲜卑族人一律改穿汉族的服装；四是断北语，规定鲜卑族官员一律讲汉语；五是改姓氏，要求鲜卑族和其他北方民族一律改汉姓；六是定族姓，确定鲜卑族的门第高低；七是推动鲜卑族与汉族联姻。

考察历史上的汉化问题及汉化的程度，主要应从如下几个方面设定标准：一是少数民族的主流思想；二是少数民族统治者与汉族上层人物的合作程度，是否采用汉制；三是少数民族的社会生产水平及生活习俗等方面是否与汉族接近；四是夷夏观念的强与弱；五是少数民族语言与汉语是否并用，少数民族是否讲汉语；六是在血统上是否融为一体。按照这六条标准，客观地说，孝文帝的汉化改革都基本符合。因此，我们说孝文帝是彻底的汉化改革。

但是，我们也不能对孝文帝的汉化改革无限拔高。以往学界对孝文帝的汉化改革大都给予极高评价，认为他的汉化改革促进了拓跋鲜卑的封建化和北魏国家的兴盛，促进了北方民族的大融合。当然，也有少数学者对其改革持否定态度，认为“孝文帝的汉化政策，实际是扼杀鲜卑拓拔部民族性格和民族精神的政策”，所有汉化政策导致的一系列活动，“都只是将民族自卑感发挥到民族投降主义程度的表现。它所导致的结果则是拓拔民族进取心和凝聚力的丧失，进而则是北魏政权的腐朽和速亡”[1]。我认为，无论是对孝文帝全面汉化改革予以全盘肯定还是全盘否定，都不是科学的态度，“只有对孝文帝全面汉化的思想动机和实践成效两个方面进行实事求是的分析，才能得出比较符合实际的结论”[2]。

应当说，孝文帝的汉化改革，确实力度大、手腕硬、影响广，对去掉鲜卑

1 赵向群、侯文昌：《孝文帝的汉化政策与拓跋民族精神的丧失》，《许昌学院学报》2003 年第 6 期。
2 崔明德：《北魏民族关系思想论纲》，《烟台大学学报（哲学社会科学版）》2010 年第 4 期。

人身上的“胡气”及北方的民族融合，都起到了极大的推动作用。但是，对孝文帝汉化改革作用无限拔高也有悖于实事求是的原则。

其一，汉化改革并没有得到大多数鲜卑人的拥护和积极响应，汉化阻挠势力非常强大，决定了汉化改革的走向。迁都是孝文帝汉化改革的重要举措之一，孝文帝虽一再解释迁都的益处，但开始赞成者只占少数，多数表示反对。[1]如太傅、录尚书事元丕“雅爱本风，不达新式，至于变俗迁洛”，“皆所不愿”。[2]孝文帝虽靠权术、阴谋手段（以南征为名）和高压政策，逼迫大臣就范，但真正到迁都时，仍然“多有异议”[3]，还有一半人持反对意见[4]。直到“迁京之后，北蕃人夷多有未悟”[5]者。孝文帝其他方面的汉化改革，也都遭到鲜卑贵族或明或暗的抵制，最终演变成一场叛乱。

其二，改革成效并不理想。禁胡服是孝文帝汉化改革的另一项内容。在迁都洛阳之前，孝文帝就已安排李冲与冯诞、游明根、高闾、蒋少华等议定衣冠。在迁都的同年，他又下令禁穿胡服，但因“国人多不悦”[6]，推行的效果大打折扣。如元丕对“改官制服，禁绝旧言，皆所不愿”[7]。朝廷议事时，其他大臣都改穿汉服，“朱衣满坐”，唯独元丕“胡服于其间”。[8]在当时这虽是个别现象，但因元丕的特殊身份和极高地位，对这项改革的冲击力却不容低估。太和十九年（495年），鲜卑族妇女的服装依然是夹领小袖，并没有彻底改变，气得孝文帝大发雷霆。[9]直到太和二十三年（499年）孝文帝从邺回到洛阳时，

1《北史》卷15《魏诸宗室传》载：“诸公多异同，唯（元）赞赞成大策。”

2《魏书》卷14《神元平文诸帝子孙列传》，第360页。

3《魏书》卷31《于栗磾传附于烈传》，第738页。

4 于烈曾对孝文帝说：“陛下圣略渊远，非愚管所测。若隐心而言，乐迁之与恋旧，唯中半耳。”见《魏书》卷31《于栗磾传附于烈传》，第738页。

5《魏书》卷21上《献文六王列传上·广陵王传》，第546页。

6《资治通鉴》卷139，“齐纪五”，“建武元年”条，第4370页。

7《魏书》卷14《神元平文诸帝子孙列传》，第360页。

8《资治通鉴》卷140，“齐七六”，“建武四年”条，第4408页。

9《魏书》卷21上《献文六王列传上·咸阳王禧传》，第536页；《资治通鉴》卷139，“齐纪五”，“建武元年”条，第4370页。

仍然“见车上妇人冠帽而著小襦袄者”[1]。由此可见孝文帝汉化改革的成效并不显著。沈括通过亲自考察，得出了“中国衣冠，自北齐以来，乃全非古制”的结论[2]。朱熹更明确地说：“今世之服，大抵皆胡服，如上领衫靴鞋之类，先王冠服扫地尽矣！中国衣冠之乱，自晋五胡，后来遂相承袭。唐接隋，隋接周，周接元魏，大抵皆胡服。”直到唐朝初年，“服袖甚窄，全是胡服”。[3]即使孝文帝本人也不得不承认“北人恋旧，南北纷扰”[4]，改革难度较大。

其三，后孝文帝时期出现了新的鲜卑化倾向。一种文化融入另一种文化，需要较长的时间，从孝文帝推行汉化政策到他去世，只有短短的六年时间，在如此短暂的时间内，想使鲜卑族彻底汉化是难以想象的。孝文帝去世之后，部分鲜卑贵族就对孝文帝的汉化改革进行反思和清算，逐步出现了新的鲜卑化倾向，孝文帝的汉化改革成果消失殆尽。

孝文帝全面汉化改革的失败，充分说明任何一项重大改革，既需要设计合理，符合实际，又需要得到多数人的认同，在多数人还没有充分认识到必须进行改革的情况下，如果强力推行，往往会遭到强烈反对，改革也难以成功。所以，在进行重大改革时，首先要做各种风险的评估。

（三）胡风胡俗的回潮

孝文帝死后，就有人开始对他的全面汉化改革进行反思。北魏后期，部分鲜卑人对孝文帝的全面汉化改革进行了一系列清算甚至猛烈反扑。六镇起义基本中断了北魏汉化改革的进程；东魏和西魏曾一度出现了新的鲜卑化倾向。

北魏初期，为了防御柔然的进攻，在拓跋焘时期，就“发司、幽、定、冀

1《北史》卷 18《任城王澄传》，第 657 页。

2（宋）沈括：《梦溪笔谈》卷 1，中国书店，2019，第 12 页。

3（宋）黎靖德编：《朱子语类》卷 91，王星贤点校，中华书局，1986，第 2328、2327 页。

4《魏书》卷 19 中《景穆十二王列传中 · 任城王传》，第 468 页。

四州十万人筑畿上塞围，起上谷，西至于河，广袤皆千里”[1]，并沿北部边境建立了许多军镇，自西向东有沃野（今内蒙古五原县北）、怀朔（今内蒙古固阳县西南）、武川（今内蒙古武川县西南）、抚冥（今内蒙古四子王旗东南）、柔玄（今内蒙古兴和县西北）、怀荒（今河北张北县北）六镇，此外还有御夷镇（今河北赤城县北）、薄骨律（今宁夏灵武西南）和高平镇（今宁夏固原市）等军事重镇。这些军镇的镇将大都由鲜卑贵族担任，镇兵除了如敕勒、吐谷浑、杂胡、江淮诸蛮、汉族等其他各民族及徙边的罪犯外，多数为鲜卑部族成员。起初，北镇官兵的地位较高，享受很多特殊待遇，能够成为北镇官兵是莫大的荣耀。孝文帝迁都洛阳后，北镇官兵的地位越来越低，特权逐步丧失，仕途也被阻塞。孝明帝正光年间（520—525年），魏兰根就对尚书令李崇说：“缘边诸镇，控摄长远，昔时初置，地广人稀，或征发中原强宗子弟，或国之肺腑寄以爪牙。中年以来，有司乖实，号曰府户，役同厮养，官婚班齿，致失清流。而本宗旧类，各各荣显，顾瞻彼此，理当愤怨。宜改镇立州，分置郡县。凡是府户，悉免为平人，入仕次第，一准其旧。”[2]但遭到了北魏中央政府的拒绝。孝文帝激进的全面汉化改革本来就遭到一些鲜卑贵族的强烈反对，那些继续留在北镇的官兵怨愤越来越大，遂对孝文帝全面汉化改革发起猛烈反扑。正光三年（522年），怀荒镇士兵杀镇将于景起义。次年，沃野镇士兵在匈奴人破六韩拔陵领导下起义，“诸镇华、夷之民往往响应”[3]。正光五年（524年），高平镇民赫连恩起义，推敕勒酋长胡琛为主。破六韩拔陵先后在五原和白道击败魏军，起义军占领六镇。孝昌元年（525年），北魏统治者勾结柔然首领阿那瓌镇压了起义军。陈寅恪先生认为，“北魏晚年六镇之乱，乃塞上鲜卑族对于魏孝文帝所代表拓跋氏历代汉化政策之一大反动”[4]。

1《魏书》卷4《世祖纪下》，第101页。

2《北史》卷56《魏兰根传》，第2046页。

3《资治通鉴》卷149，“梁纪五”，“普通四年”条，第4675页。

4 陈寅恪：《隋唐制度渊源略论稿》，上海古籍出版社，1982，第26页。

尔朱荣在六镇起义对汉化改革反扑基础上，又进行了一次更加猛烈的反扑。尔朱荣是秀容川契胡酋长，其父尔朱新兴在孝文帝迁都洛阳后，享有“冬朝京师，夏归部落”[1]的特权。尔朱荣本人身上的胡气基本没有多大改变，喝酒高兴时，“必自匡坐唱虏歌；日暮罢归，与左右连手蹋地唱《回波乐》而出”[2]。永安元年（528年），尔朱荣进军洛阳，立元子攸为帝（孝庄帝）。尔朱荣认为，“洛中人士繁盛，骄侈成俗，若不加除剪，恐难制驭”[3]。进入洛阳后，尔朱荣将胡太后和三岁的傀儡皇帝元钊沉于黄河，并在河阴之陶渚将汉族世家大族及汉化的鲜卑人几乎全部杀害。这是北魏末期对孝文帝的全面汉化改革进行的最大反扑。

六镇起义和“河阴之变”对孝文帝汉化成果的破坏程度，《北齐书·儒林传》有一段简要概括：“因魏氏丧乱之余，属尔朱残酷之举，文章咸荡，礼乐同奔，弦歌之音且绝，俎豆之容将尽。”由此可见，六镇起义和“河阴之变”不仅中断了北魏汉化改革进程，而且对孝文帝的汉化成果给予严重破坏。

北魏末期，部分鲜卑贵族不仅要恢复孝文帝改革之前的语言、服饰、姓氏和地位，而且还变本加厉地欺压汉人，《资治通鉴》卷157“武帝大同三年九月”条中就有“时鲜卑共轻华人”的记载。节闵帝普泰元年（531年），高欢准备起兵时，就要求其部下“不得欺汉儿”[4]，并对鲜卑族解释说：“汉民是汝奴，夫为汝耕，妇为汝织，输汝粟帛，令汝温饱，汝何为陵之？”[5]可见当时歧视和欺负汉人的现象还是比较突出的。高欢在号令将士时，就常讲鲜卑语。他在拥立孝武帝时就“复用夷礼”[6]。北魏永熙三年（534年），高欢出征尔朱兆时，他对大都督高昂（字敖曹）说：“高都督纯将汉儿，恐不济事，今当割鲜卑兵千余

1《魏书》卷74《尔朱荣传》，第1644页。

2《资治通鉴》卷152，“梁纪八”，“大通二年”条，第4748页。

3《北齐书》卷20《慕容绍宗传》，第272页。

4《北齐书》卷1《神武纪上》，第7页。

5《资治通鉴》卷157，“梁纪十三”，“大同三年”条，第4882页。

6《资治通鉴》卷157，“梁纪十三”，“大同元年”条，第4860页。

人共相参杂”[1]，说明高欢信任的还是鲜卑族官兵。其实，这次战争的获胜，高昂所带领的汉族士兵起了重要作用。

北魏末期对孝文帝全面汉化改革进行反扑的另一表现，就是恢复鲜卑旧姓。孝文帝汉化改革的重要内容之一，就是改姓氏。太和二十年（496年），他下达诏书宣布改姓：“北人谓土为拓，后为跋。魏之先出于黄帝，以土德王，故为拓跋氏。夫土者，黄中之色，万物之元也；宜改姓元氏。诸功臣旧族自代来者，姓或重复，皆改之。”[2]于是将本家族由拓跋氏改为元氏，所有功臣旧族，包括鲜卑族和其他北方民族，一律改姓，如将拔拔氏改为长孙氏、达奚氏改为奚氏、乙旃氏改为叔孙氏、丘穆陵氏改为穆氏、步六孤氏改为陆氏、贺赖氏改为贺氏、独孤氏改为刘氏、贺楼氏改为楼氏、勿忸于氏改为于氏、尉迟氏改为尉氏，“其余所改，不可胜纪”[3]。但在孝文帝死后，就有部分鲜卑人开始侵蚀这项改革成果，如柱国大将军元子孝就在北魏末期“复姓拓拔氏”[4]。但相对来说，恢复旧姓者多为鲜卑族之外的其他少数民族。如赫连达（夏赫连勃勃之后）的曾祖库多汗“因避难改姓杜氏”，北魏孝武帝入关后，“诏复姓赫连”[5]。再如前燕破灭后，“种族仍繁。天赐末，颇忌而诛之。时有遗免，不敢复姓，皆以‘舆’为氏。延昌末，诏复旧姓，而其子女先入掖庭者，犹号慕容，特多于他族”[6]。

公元534年，北魏分裂为东、西魏。是年，高欢立元善见为帝，迁都于邺，史称东魏。公元535年，宇文泰杀北魏孝武帝，另立元宝炬为帝，都于长安，史称西魏。公元550年，高欢之子高洋废掉东魏，建立北齐。557年，宇

1《北齐书》卷21《高乾传附弟昂传》，第294页。
2《资治通鉴》卷140，“齐纪六”，“建武三年”条，第4393页。
3《资治通鉴》卷140，“齐纪六”，“建武三年”条，第4393页。
4《北史》卷17《阳平王新成传附钦子子孝传》，第631页。
5《北史》卷65《赫连达传》，第2306页。
6《魏书》卷50《慕容白曜传附从子契传》，第1123页。

文泰之子宇文觉废掉西魏，建立北周，形成了周、齐对峙的局面。相对而言，东魏、北齐对汉化政策反扑得最为激烈。主要体现在如下几个方面。

其一，恢复鲜卑语。"断北语"、讲汉语是孝文帝汉化改革的重要内容之一。太和十九年（495 年）五月，孝文帝下令"今欲断诸北语，一从正音"[1]，并规定汉语为"正音"，鲜卑语为"北语"，凡是在朝廷上讲鲜卑语的一律"免所居官"。[2]禁令不可谓不严，当时也确实收到了一定的效果，许多鲜卑人已逐渐淡忘了母语——鲜卑语。但到东魏北齐时，又恢复了鲜卑语，在很大范围内，鲜卑语甚至成了通行语言，孝文帝断北语的改革成果所剩无几。高欢在号令三军时，就讲鲜卑语。有才无德的祖珽因"解鲜卑语"和"解四夷语"而得到重用，文宣帝高洋"虽嫌其数犯宪，而爱其才伎，令直中书省，掌诏诰"[3]。乐安人孙搴因"能通鲜卑语，兼宣传号令，当烦剧之任，大见赏重"，得到了高欢所赐"士人子女，又兼色貌"[4]的韦氏为妻的殊荣。代人刘世清"能通四夷语，为当时第一。后主命世清作突厥语翻《涅槃经》，以遗突厥可汗，敕中书侍郎李德林为其序"[5]。由于通晓鲜卑语会得到提拔和重用，因此，原本不太精通鲜卑语的人纷纷学习鲜卑语。《颜氏家训》卷一《教子篇第二》云："齐朝（北齐）有一士大夫，尝谓吾曰：'我有一儿，年已十七，颇晓书疏，教其鲜卑语及弹琵琶，稍欲通解，以此伏事公卿，无不宠爱，亦要事也。'吾时俛而不答。异哉！此人之教子也，若由此业自致卿相，亦不愿汝曹为之"。由此可见，学习鲜卑语是北齐青年的"要事"，是通往仕途的台阶。在这种氛围之下，孝文帝断北语改革的成效就大打折扣。

其二，倡导胡俗。"胡俗"在这里是一个比较宽泛的概念，包括少数民族

1《魏书》卷 21 上《献文六王列传上·咸阳王禧传》，第 536 页。
2《魏书》卷 7 下《高祖纪下》，第 177 页。
3《北齐书》卷 39《祖珽传》，第 515 页、516 页。
4《北齐书》卷 24《孙搴传》，第 341 页。
5《北齐书》卷 20《斛律羌举传》，第 267 页。

的文化艺术和风俗习惯等。鲜卑人在与汉族长期相处过程中，既有鲜卑人受汉族文化影响而汉化的一面，也有汉人受鲜卑文化影响而鲜卑化的一面。北齐神武帝高欢本为渤海蓨（今河北景县）人，因几代都生活在北部边朔，风俗习惯已和当地人完全相同，"遂同鲜卑"[1]。经过孝文帝的汉化改革，鲜卑人的风俗习惯尽管受到一定的冲击，但到北魏后期尤其是东魏北齐新的鲜卑化的背景下，胡俗逐渐受到重视，占了上风。如北魏宣武帝元恪就"尝令章永兴于马上弹胡琵琶，奏十余曲，试使文略写之，遂得其八"。尔朱荣之子尔朱文略"弹琵琶，吹横笛，谣咏，倦极便卧唱挽歌"[2]。如果从文化和习俗考察某个具体人物，有时很难区分他（她）是胡还是汉，往往会兼具汉胡两种身份。如北齐文宣帝高洋刚即位时，既尊崇孔子，"敦述儒风"[3]，又"袒露形体，涂傅粉黛，散发胡服，杂衣锦彩"[4]，亦胡亦汉。但从总的趋势和上层来看，胡俗处于主导地位。如东、西魏对峙时，高欢就"使斛律金作《敕勒歌》"，他本人"和之"。[5]说明高欢对《敕勒歌》非常熟悉，并予以提倡。国子学生和士开虽为人轻薄，但因他"能弹胡琵琶"，遂与文宣帝高洋"亲狎"[6]。颇有文才的祖珽因擅长"胡舞"、会弹琵琶及以"胡桃油以涂画"[7]而得到高湛的器重，高湛即位（武成皇帝）后，即将其擢升为中书侍郎。北齐幼主高桓"盛为无愁之曲，帝自弹胡琵琶而唱之，侍和之者以百数。人间谓之无愁天子"[8]。由此可见，东魏、北齐从高欢到高桓都极力倡导胡俗。

从习俗的流行规律来看，往往是上行下效。帝王偏爱、喜好和倡导胡俗，

1《北齐书》卷1《神武纪上》，第1页。
2《北齐书》卷48《外戚·尔朱文畅传附弟文略传》，第667页。
3《北齐书》卷4《文宣纪》，第53页。
4《北齐书》卷4《文宣纪》，第68页。
5《北齐书》卷2《神武纪下》，第23页。
6《北齐书》卷50《恩幸传·和士开传》，第686页。
7《北齐书》卷39《祖珽传》，第516页。
8《北齐书》卷8《幼主纪》，第112页。

必然带动整个社会崇尚胡俗。握槊是北魏中后期开始流行的一种“胡戏”，《魏书》卷91《术艺传·蒋少游传附范宁儿传》载：“赵国李幼序、洛阳丘何奴并工握槊。此盖胡戏，近入中国，云胡王有弟一人遇罪，将杀之，弟从狱中为此戏以上之，意言孤则易死也。世宗以后，大盛于时。”东魏时期，西南道大都督高昂与北豫州刺史郑严祖握槊，御史中尉刘贵因有急事派人去叫郑严祖，但高昂“不时遣，枷其使”[1]。可见高昂对握槊的迷恋程度。北齐武成皇帝高湛“性好握槊”，和士开就“善于此戏，由是遂有斯举”[2]。和士开因常与胡后“对坐握槊”[3]，遂与胡后勾搭成奸。北齐后主时，寿阳陷落，号称“三贵”的韩凤与穆提婆“闻告败，握槊不辍，曰：‘他家物，从他去。’”[4]尚书右仆射冯子琮的几个儿子都喜欢握槊，冯子琮被绞杀、尸体到家时，“诸子方握槊，闻库车来，以为赐物，大喜，开视乃哭”[5]。再如帝王喜欢胡舞，魏收就充分展示这方面的才能[6]。而且，一些人为了迎合帝王的喜好，也必然会仿效胡俗。有人就曾经说过，“高齐出鲜卑种，性喜琵琶，故当时朝野之干时者，多仿其言语习尚，以投天隙”[7]。对少数民族音乐的喜爱更是如此。从文襄帝高澄到后主高纬，越来越重视胡乐。《隋书·音乐志中》载：“杂乐有西凉鼙舞、清乐、龟兹等。然吹笛、弹琵琶、五弦及歌舞之伎，自文襄以来，皆所爱好。至河清以后，传习尤盛。后主唯赏胡戎乐，耽爱无已。于是繁手淫声，争新哀怨。故曹妙达、安未弱、安马驹之徒，至有封王开府者，遂服簪缨而为伶人之事”。由此可以看出东魏北齐在文化艺术等方面的胡化程度。

1《北史》卷31《高祐传附翼子昂传》，第1146页。
2《北齐书》卷50《恩幸传·和士开传》，第686页。
3《北齐书》卷11《河南王孝瑜传》，第144页。
4《北齐书》卷50《恩幸传·韩凤传》，第692页。
5《北史》卷55《冯子琮传》，第2012页。
6《北齐书》卷37《魏收传》，第494页。
7（北齐）颜之推：《颜氏家训》卷一《教子篇第二》注，见王利器：《颜氏家训集解》，中华书局，1993，第21页。

其三，“大诛元氏”，改复本姓。孝文帝曾把拓跋氏改为元氏，天保十年（559年），北齐文宣帝高洋听信太史“今年当除旧布新”之言，决定“诛诸元（氏）以厌之”，先在五月杀始平公元世哲、景武等二十五家，将特进彭城公元韶等十九家囚禁于京畿地牢，元韶“绝食，啖衣袖而死”；后在七月大开杀戒，只要“父祖为王”、“身常贵显”及“兄弟强壮”者，一律斩于东市，“其婴儿投于空中，承之以槊”[1]。前后总共杀了721人，“悉弃尸漳水，剖鱼者往往得人爪甲，邺下为之久不食鱼”[2]。自昭成帝拓跋什翼犍以后的元氏上层的后代“并无遗焉”[3]。北魏末期虽已出现了恢复旧姓的现象，但规模较小。天保十年（559年）八月，高洋诏令“诸军民或有父祖改姓冒入元氏，或假托携认，妄称姓元者，不问世数远近，悉听改复本姓”[4]。高洋之所以会采取如此极端的措施，盖与他对北魏后期“风俗流宕，浮竞日滋，家有吉凶，务求胜异。婚姻丧葬之费，车服饮食之华，动竭岁资，以营日富。又奴仆带金玉，婢妾衣罗绮，始以创出为奇，后以过前为丽，上下贵贱，无复等差”[5]以及“元氏微弱”[6]的认识有关，因此他要“反朴还淳”[7]。需要说明的是，北齐只是要求“改复本姓”，但并没要求改姓高氏；虽有赐姓高氏的，但只是个别现象，这一点与西魏北周有很大差异。如拓跋什翼犍的六世孙子元文遥因受高洋和北齐后主高纬的特别倚重，于天统二年（566年）被“特赐姓高氏，籍属宗正，子弟依例岁时入朝”[8]。再如定襄令元景安见“诸元帝室亲近者多被诛戮”，从自身安全考虑，“欲请姓高氏”，但其从兄元景皓则反对说：“岂得弃本宗，逐他姓，大丈夫宁可玉碎，不

1《北齐书》卷28《元韶传》，第388页。
2《资治通鉴》卷167，“陈纪一”，“永定三年”条，第5189页。
3《北齐书》卷28《元韶传》，第388页。
4《北齐书》卷4《文宣纪》，第66—67页。
5《北齐书》卷4《文宣纪》，第51页。
6《北齐书》卷28《元韶传》，第388页。
7《北齐书》卷4《文宣纪》，第51页。
8《北齐书》卷38《元文遥传》，第504页。

能瓦全!”文宣帝高洋虽杀了元景皓，并将其家属迁徙到彭城，但仅仅对元景安赐姓高氏，“自外听从本姓”[1]。

其四，“共轻中华朝士”。鲜卑贵族历来“自谓贵种”，鄙视汉人，“谓华人为汉儿，率侮诟之”[2]。东魏北齐最高统治者虽本为汉人，但已彻底鲜卑化，也鄙视汉人。因此，在鲜卑人和鲜卑化的汉人口中，就出现了“汉儿”[3]、“汉子”[4]、“汉人”[5]、“狗汉”[6]、“汉狗”[7]和“一钱汉”[8]等带有侮辱性的词汇，“鲜卑共轻华人”[9]和“鲜卑共轻中华朝士”[10]，遂成了普遍现象。北齐与北周战争时，甚至还“驱夏人为肉篱”，并公开宣扬:“当剉汉狗饲马，刀刈汉狗头，不可刈草也。”[11]

更为突出的是，东魏北齐的最高统治者只相信鲜卑人，对汉族基本信不过，甚至还时常怀有一种戒备心理。如高欢不仅将汉人称为“汉儿”，而且还认为“汉儿”“恐不济事”[12]。东魏天平三年（537 年），当有人汇报“治河役夫多溺死”时，秀容阳曲人、御史中尉刘贵就轻率地说:“一钱汉，随之死!”[13]在刘贵心目中，汉人无足轻重，可有可无，对汉人无丝毫怜悯之情。

北齐文宣帝高洋在这方面更为典型，他曾试探骠骑将军、卫尉卿杜弼说:“治国当用何人?”当杜弼回答“鲜卑车马客，会须用中国人”[14]时，高洋很不高

1《北齐书》卷 41《元景安传》，第 544 页。

2《资治通鉴》卷 171，“陈纪五”，“太建五年”条胡注，第 5319 页。

3《北齐书》卷 21《高乾传附弟昂传》，第 294 页;《北齐书》卷 39《崔季舒传》，第 513 页;《北齐书》卷 39《祖珽传》，第 519 页;《北齐书》卷 50《恩幸传·高阿那肱传》，第 690 页。

4《北齐书》卷 23《魏兰根传附明朗传》，第 332 页。

5《北齐书》卷 30《高德政传》，第 410 页。

6《北齐书》卷 50《恩幸传·韩凤传》，第 693 页。

7《资治通鉴》卷 171，“陈纪五”，“太建五年”条，第 5315 页;《通典》卷 200《边防十六·盐漠念》，中华书局，1988，第 5495 页。

8《资治通鉴》卷 157，“梁纪十三”，“大同三年”条，第 4882 页。

9《资治通鉴》卷 157，“梁纪十三”，“大同三年”条，第 4882 页。

10《北齐书》卷 21《高乾传附弟昂传》，第 295 页。

11《通典》卷 200《边防十六·盐漠念》，第 5495 页。

12《北齐书》卷 21《高乾传附弟昂传》，第 294 页。

13《资治通鉴》卷 157，“梁纪十三”，“大同三年”条，第 4882 页。

14《北齐书》卷 24《杜弼传》，第 353 页。

兴，以为杜弼是在讥笑他，遂对杜弼怀恨在心，在天保十年（571 年）借故将其杀害。尚书右仆射高德政（《北史》作“正”）常对高洋说“宜用汉人，除鲜卑”[1]，高洋心怀不满，将其斩杀，还找借口说，高德政“教我诛诸元，我今杀之，为诸元报仇也”[2]。高洋的夫人李祖娥是赵郡李希宗的女儿，“容德甚美”，到高洋将建中宫时，高隆之和高德正等人认为“汉妇人不可为天下母，宜更择美配”[3]。高阳康穆王高湜因是高欢的第 11 个儿子并依仗与文宣帝高洋关系密切，在汉族官员面前趾高气扬，即使对文宣帝的岳父、护军长史张晏之也不予理睬。文宣帝问其原因，高湜直截了当地说：“无官职汉，何须礼。”[4] 无奈之下，文宣帝将张晏之提拔为徐州刺史。“颇涉经史”的魏明朗从弟魏恺，在天保年间被任命为青州长史，但魏恺“固辞不就”。文宣帝得知消息后勃然大怒，气愤地说：“何物汉子，我与官不肯就！”又对杨愔说：“何虑无人作官职，苦用此汉何为，放其还家，永不收采。”魏恺因此而“积年沉废”[5]。文宣帝的太子高殷“礼士好学，关览时政，甚有美名”[6]。在监国期间，他召集诸儒宣讲《孝经》。高殷因受汉族文化影响较深，因此被其父高洋视为“得汉家性质，不似我”[7]，使其太子之位岌岌可危。

高洋去世后，太子高殷即位（即北齐废帝），北齐宫廷内部开始明争暗斗。从尚书右仆射杨愔被杀事件中，可以看出当时对汉人的鄙视以及宫廷斗争的激烈程度。高殷是文宣帝高洋皇后李祖娥的儿子，李皇后又是汉族人；高演（即孝昭帝）和高湛（即武成帝）是太皇太后娄氏之子，娄太后是鲜卑族。杨愔与尚书左仆射平秦王归彦、侍中燕子献和黄门侍郎郑子默四人共同接受遗诏，辅

1《北齐书》卷 30《高德政传》，第 410 页。
2《北齐书》卷 30《高德政传》，第 410 页。
3《北史》卷 14《后妃传下・齐文宣皇后李氏传》，第 521 页。
4《北齐书》卷 10《高祖十一王・高阳康穆王湜传》，第 138 页。
5《北齐书》卷 23《魏兰根传附明朗传》，第 332 页。
6《资治通鉴》卷 167，“陈纪一”，“永定二年”条，第 5180 页。
7《北齐书》卷 5《废帝纪》，第 73 页。

政高殷，结果遭到了高演和高湛的嫉恨。废帝乾明元年（560 年）二月，高演和高湛率领高归彦、贺拔仁、斛律金突然拘捕了杨愔，娄太后一方面对高殷大加斥责，另一方面又气愤地说："岂可使我母子受汉老妪斟酌。"在娄太后的威逼之下，李皇后只能不住地拜谢，其子废帝高殷只好胆怯地说："天子亦不敢与叔惜，岂敢惜此汉辈？但愿乞儿性命，儿自下殿去，此等任叔父处分。"[1]随后高演将杨愔、燕子献、郑子默和领军大将军可朱浑天和、侍中宋钦道全部杀害。胡三省从这一事件中得出"鲜卑之势素盛，华人不足以制之"[2]的结论。说明汉族即使贵为皇后仍要受到高氏集团核心人物的摆布，更何况其他汉族人。

北齐后主高纬在位时，对汉人更加歧视和压抑。当时，录尚书事高阿那肱、侍中城阳王穆提婆和领军大将军昌黎王韩长鸾"共处衡轴"，号称"三贵"[3]。韩长鸾常骂汉族朝士为"汉狗"，高阿那肱则大骂"汉儿多事"[4]。武平四年（573年），高纬准备到晋阳，侍中崔季舒与国子祭酒张雕认为，"寿春被围，大军出拒，信使往还，须禀节度；兼道路小人，或相惊恐，云大驾向并，畏避南寇；若不启谏，必动人情"，遂与从驾文官联名进谏。昌黎王韩长鸾闻讯急忙上奏高纬说："汉儿文官连名总署，声云谏止向并，其实未必不反，宜加诛戮。"高纬立即将署名的官员召集到含章殿，先将为首的崔季舒、张雕和尚书左丞封孝琰、散骑常侍刘逖、黄门侍郎裴泽、郭遵等人斩于殿庭，然后将署名的官员予以鞭挞，并将崔季舒等人的妻子儿女迁徙到北部边境，"妻女子妇配奚官，小男下蚕室，没入赀产"[5]。崔季舒等人的冤案完全是由韩长鸾一手造成的[6]，作为

1《北齐书》卷 34《杨愔传》，第 459 页。

2《资治通鉴》卷 168，"陈纪二"，"天嘉元年"条，第 5200 页。

3《资治通鉴》卷 171，"陈纪五"，"太建五年"条，第 5315 页。

4《北齐书》卷 50《恩幸传・高阿那肱传》，第 690 页。

5《北齐书》卷 39《崔季舒传》，第 513 页。

6《北齐书》卷 50《恩幸传・韩凤传》载：韩凤（字长鸾）"于权要之中，尤嫉人士，崔季舒等冤酷，皆凤所为"。

一个武夫，他对文官带有很大的偏见，尤其对汉族朝士更是颐指气使，动辄破口大骂："汉狗大不可耐，唯须杀之！"[1] 可见他们对汉族文官的蔑视程度。再如银青光禄大夫、秘书监祖珽通过陆媪关系求为领军，北齐后主已经答应了此事。侍中高元海则秘密对高纬说："孝征（祖珽字孝征）汉人，两目又盲，岂可为领军！"[2] 并宣扬祖珽与高纬所嫉恨的广宁王孝珩相交结，以激起高纬对祖珽的反感，致使祖珽谋取领军之职流产。

其五，重用胡人。早在北魏末期，高欢就重用胡人。他从侯景平时就轻视世子高澄（即世宗文襄帝）并扬言"王在，吾不敢有异，王无，吾不能与鲜卑小儿共事"中，料知高澄难以驾驭侯景，因此他在晚年病重期间，对高澄面授机宜说："厍狄干鲜卑老公，斛律金敕勒老公，并性遒直，终不负汝"[3]。斛律金是朔州敕勒部人，为人敦厚，擅长骑射，"行兵用匈奴法"[4]，颇受高欢的器重和倚赖。高欢曾明确告诫高澄说："尔所使多汉，有谗此人者，勿信之。"[5] 可见胡人在高欢心目中的重要地位。尽管史书中说高欢"杂用夷、夏，有抚御之术"[6]，但从总体来看，他所信任和倚重的主要是鲜卑人和鲜卑化的汉人，对汉族基本信不过。如前面已经提到的他对大都督高昂所说的一番话，充分反映了他的这种心理。再如高欢想筑晋州平阳城，中外府司马房毓提出反对意见，沙苑之败后，他又想"徙秦、南汾、东雍三州人于并州"，放弃平阳城，薛修义又出面劝谏，高欢怒骂他们说："尔辈皆负我"，后在薛修义作出"若失守，则请诛"的承诺和斛律金所言"还仰汉小儿守，收家口为质，勿与兵马"[7] 的劝说之下，

1《资治通鉴》卷 171，"陈纪五"，"太建五年"条，第 5315 页。

2《资治通鉴》卷 171，"陈纪五"，"太建四年"条，第 5310 页。《北齐书》卷 39《祖珽传》则载，先是侍中斛律孝卿密告高元海，高元海对侯吕芬、穆提婆说："孝征汉儿，两眼又不见物，岂合作领军也？"此从《资治通鉴》所载。

3《北齐书》卷 2《神武纪下》，第 23 页。

4《北史》卷 54《斛律金传》，第 1965 页。

5《北史》卷 54《斛律金传》，第 1966 页。

6《资治通鉴》卷 157，"梁纪十三"，"大同三年"条，第 4882 页。

7《北史》卷 53《薛修义传》，第 1918 页。

高欢这才让薛修义行晋州事，薛修义击退西魏进攻后，才封他为晋州刺史。

在东魏北齐时期，六军宿卫之士分为六坊。北齐帝王对六坊的用人标准要求很高，“每一人必当百人，任其临阵必死，然后取之，谓之‘百保鲜卑’”[1]；对六坊的训练都高度重视，文宣帝高洋甚至要亲自“简练六坊之人”。高欢以鲜卑创业，将鲜卑人视为勇士，认为他们在战场上所向披靡，因此从他开始，“卫士皆用鲜卑”[2]。而对于“华人之勇力绝伦者”，虽然也将他们称为“勇士”，但只让他们“以备边要”[3]，绝不允许进入卫士行列。到北齐后主高纬时，又把“西域胡”作为重要军事力量之一[4]，汉族官兵仍然入不了主流。

东魏北齐之所以会出现反汉化趋势，尽管原因是多方面的，但如下几点尤为重要。

一是东魏北齐统治集团主要是由六镇鲜卑贵族和河北汉族地主组成，孝文帝全面汉化改革后，使迁到洛阳的鲜卑人得以汉化，但六镇官兵仍处于鲜卑的氛围之中，在语言、习俗等方面继续保留着鲜卑固有的东西，汉化程度很低。在他们执掌政权之后，更多地彰显着鲜卑文化，因此，史书中就留下了很多东魏北齐胡俗盛行的记载。

二是高欢军事集团依靠六镇鲜卑贵族而起家，高欢创业和发展的群众基础主要是鲜卑人或鲜卑化的汉人。六镇起义和河北起义失败后，部分六镇鲜卑官兵被尔朱荣所控制，尔朱荣死后，尔朱兆“乃分三州六镇之人，令王（高欢）统领”[5]。这批官兵成了高欢的基本力量，即使建立北齐政权后，这支军队也是高氏军事集团的骨干，换言之，紧紧追随着高氏军事集团的主要是鲜卑人或鲜卑化的汉人。因此，无论从感情、奖赏还是巩固政权而言，高欢及其后代都会

1《资治通鉴》卷163，“梁纪十九”，“大宝元年”条，第5051页。
2《资治通鉴》卷163，“梁纪十九”，“大宝元年”条胡注，第5051页。
3《资治通鉴》卷163，“梁纪十九”，“大宝元年”条，第5051页。
4《资治通鉴》卷171，“陈纪五”，“太建五年”条，第5319页。
5《魏书》卷75《尔朱兆传》，第1662页。

最大限度地满足这些人的利益。而且，这些人文化水平普遍不高，对汉族文化缺乏兴趣，高欢要依靠他们，自然会顺应他们的固有习俗。如鲜卑族厍狄干“鲠直少言，有武艺”，但“不知书，署名为干字，逆上画之，时人谓之穿锤”[1]，先后任太保、太傅、太师和太宰，被封为章武郡王。再如鲜卑族慕容廆的后代慕容俨“不好读书，颇学兵法”，“沙苑之败，时诸州多翻陷，唯俨获全”，[2]后任开府仪同三司，受封义安王爵位。另外，在高欢父子心目中，迁到洛阳且已汉化的鲜卑人几乎完全失去了鲜卑族的特质，变得比较懦弱，极有必要重振鲜卑的雄风。文宣帝高洋就认为，“顷者风俗流宕，浮竞日滋”，现在应当“运属惟新，思蠲往弊，反朴还淳，纳民轨物”。[3]他曾因北魏孝庄帝的侄子元韶“好儒学”“华而不侈”，亲自“剃(元) 韶须髯，加以粉黛，衣妇人服以自随曰：‘我以彭城为嫔御。’”以此讥笑“元氏微弱”，将其“比之妇女”。[4]

三是汉族人同样歧视鲜卑人，鲜卑人怀有一定的报复心理。比如侯景就很瞧不起高欢父子，他曾在高欢的故交司马子如面前坦率地表达对高欢之子高澄的蔑视，称高澄为“鲜卑小儿”[5]。即使对其他鲜卑族也采取蔑视态度，他在反叛之后，当听说慕容绍宗到达前线时，就轻蔑地说：“谁教鲜卑小儿解遣绍宗来？若然，高王未死邪？”[6]既然汉族如此歧视鲜卑族，鲜卑化的高氏集团自然会予以报复，鄙视汉族，于是出现了“鲜卑共轻华人”[7]的局面。另外，汉族世家大族“自以门阀素高”，时常流露出对鲜卑的不屑，使高氏统治集团对他们怀恨在心。比较典型的就是“胸中贮千卷书”的崔凌“每以籍地自矜，谓卢元明曰：‘天下盛门，唯我与尔，博崔赵李，何事者哉！’”并在私下里称高澄为

1《北史》卷 54《厍狄干传》，第 1957 页。
2《北史》卷 53《慕容俨传》，第 1919 页。
3《北齐书》卷 4《文宣纪》，第 51 页。
4《北齐书》卷 28《元韶传》，第 388 页。
5《北齐书》卷 2《神武纪下》，第 23 页。
6《北史》卷 53《慕容绍宗传》，第 1915 页。
7《资治通鉴》卷 157，“梁纪十三”，“大同三年”条，第 4882 页。

“黄颔小儿”，认为他未必能“堪当重任”。高澄为此对崔凌怀恨在心，怒骂崔凌：“我虽无堪，忝当大任，被卿名作黄颔小儿，金石可销，此言难灭！”[1]

四是在东魏北齐、西魏北周和南朝三足鼎立的背景下，高氏集团需要千方百计地笼络鲜卑族官兵，使其效力，必然会顺应他们的习性和习俗。高欢曾对杜弼说：“天下浊乱，习俗已久。今督将家属多在关西，黑獭常相招诱，人情去留未定。江东复有一吴儿老翁萧衍者，专事衣冠礼乐，中原士大夫望之以为正朔所在。我若急作法网，不相饶借，恐督将尽投黑獭，士子悉奔萧衍，则人物流散，何以为国？”[2]高欢十分清楚，在西有宇文泰、南有梁武帝竭力招抚和吸引的情况下，如果对自己的部下管理太严，就会使一部分人到了西魏，一部分人到了萧梁，就会动摇立国基础。因此，必须顺应他们的习性和习俗，把他们牢牢控制住。即使对于勋贵的贪腐，高欢也采取比较包容的态度。他认为，“诸勋人身触锋刃，百死一生，纵其贪鄙，所取处大，不可同之循常例也”[3]。在这种思想支配下，高氏集团自然会宽容甚至纵容反汉化的行为。

（四）汉化轨道的回归

与东魏、北齐相比，西魏、北周不仅对汉化政策反扑的程度要轻许多，而且还不断调适民族关系。西魏、北周对汉化政策的反扑，主要体现在如下几个方面。

其一，恢复鲜卑旧姓。北魏末期即已出现了恢复旧姓的做法，但只是个别现象。孝武帝永熙三年（534 年）即西魏建立的前夕，宇文泰因杜朔周有效地安抚了平凉民众，使“远近悦附”，作为嘉奖，“命复其旧姓，名之曰达”。杜

1《北齐书》卷 23《崔凌传》，第 334 页。
2《北齐书》卷 24《杜弼传》，第 347—348 页。
3《北齐书》卷 24《杜弼传》，第 348 页。

朔周“本姓赫连，曾祖库多汗避难改焉”。[1] 到西魏时期，最高统治者把恢复代北旧姓活动推向了高峰。西魏文帝大统十五年（549 年），“初诏诸代人太和中改姓者，并令复旧”[2]。即将元氏恢复为拓跋氏，将原改为汉姓的再重新改回原来的胡姓。西魏恭帝元年（554 年），宇文泰下令“复姓拓跋氏。九十九姓改为单者，皆复其旧。魏初统国三十六，大姓九十九，后多灭绝。泰乃以诸将功高者为三十六国，次者为九十九姓，所将士卒亦改从其姓”[3]。西魏的做法不仅否定了孝文帝某些汉化政策，而且还影响和带动了北齐。天保十年（559 年），北齐文宣帝高洋也下令恢复鲜卑旧姓。至此，孝文帝改姓氏的改革成果已基本消失。

其二，盛行鲜卑语。孝文帝严禁鲜卑人说鲜卑语，后来鲜卑语逐渐为一般人所遗忘。《隋书》卷 32《经籍志一・经志》载：“后染华俗，多不能通，故录其本言，相传教习，谓之‘国语’”。“国语”即鲜卑语，又在北周重新盛行起来。如行台仆射、荆州刺史长孙俭在荆州接待原梁岳阳王萧詧时，“大为鲜卑语，遣人传译以问客。客惶恐不敢仰视”。当晚，长孙俭又“著裙襦纱帽，引客宴于别斋”。[4] 再如中外府外兵参军事虞庆则“有胆智，善鲜卑语”，“本州豪侠皆敬惮之”。[5]周武帝主要说鲜卑语，他在云阳宫对群臣讲话就用鲜卑语[6]。天和四年（569 年），他“口号鲜卑，问讯众僧”，因多数僧人根本不懂鲜卑语，所以几乎无人接话，后来法藏“作鲜卑语答，殿庭僚众，咸喜斯酬”。[7] 据《隋书・经籍志》记载，周武帝还用鲜卑语撰写了一卷本的《鲜卑号令》。从相关文献记载来看，北周讲鲜卑语的大都与鲜卑族有关，或具有胡化的特征。如

1《资治通鉴》卷 156，“梁纪十二”，“中大通六年”条，第 4839 页。
2《北史》卷 5《西魏文帝纪》，第 180 页。
3《资治通鉴》卷 165，“梁纪二十一”，“承圣三年”条，第 5110—5111 页。
4《周书》卷 26《长孙俭传》，第 428 页。
5《北史》卷 73《虞庆则传》，第 2516 页。
6《隋书》卷 42《李德林传》，第 1198 页。
7（唐）道宣撰，苏小华校注：《续高僧传校注》，上海古籍出版社，2021，第 534 页。

长孙俭“河南洛阳人也。本名庆明。其先，魏之枝族，姓托拔氏。孝文迁洛，改为长孙”[1]。再如虞庆则“京兆栎阳人也，本姓鱼。其先仕赫连氏，遂家灵武，世为北边豪杰”[2]。

其三，重用胡人和胡化的汉人。以宇文氏为首的西魏、北周统治集团主要由贺拔岳领导的武川军人集团和关陇汉族地主所组成。西魏大统十六年（550年），宇文泰设立了八个柱国大将军，开创了府兵制。北魏孝庄帝曾因尔朱荣有拥戴之功，将其封为柱国大将军，“位在丞相上”。尔朱荣败后，此官遂废。大统三年（537年），西魏文帝“复以太祖建中兴之业，始命为之。其后功参佐命，望实俱重者，亦居此职”。在大统十六年之前，共有八人担任过此职。在八柱国之中，宇文泰“位总百揆”，都督中外诸军事，西魏宗室广陵王元欣只挂虚名，因此，实际领兵的只有六个柱国大将军。六个柱国各督二个大将军，“分掌禁旅”。当时六个柱国大将军的地位很高，权力很大，所以“称门阀者，咸推八柱国家云”[3]。按照《周书》所列顺序，八柱国分别是宇文泰、李虎、元欣、李弼、独孤信、赵贵、于谨和侯莫陈崇。在这八人之中，宇文泰、元欣、独孤信和侯莫陈崇是鲜卑族。李虎虽为汉族，但已胡化，西魏时即被赐姓为大野氏[4]。赵贵原为天水南安人，其祖父赵仁“以良家子镇武川，因家焉”[5]。赵贵也已胡化，被赐姓乙弗氏。于谨原籍河南洛阳，其曾祖婆为魏怀荒镇将，祖父安定为平凉郡守、高平郡将，父提为陇西郡守，荏平县伯。[6]李弼虽为汉族，但因几代生活在边境，都已基本胡化，魏废帝元年（551年）被赐姓徒河氏。[7]十二大将军分别是元赞、元育、元廓、宇文导、侯莫陈顺、达奚武、李

1《周书》卷26《长孙俭传》，第427页。
2《北史》卷73《虞庆则传》，第2516页。
3《周书》卷16《侯莫陈崇列传附弟凯传》，第271—272页。
4《新唐书》卷1《高祖皇帝纪》，第1页。
5《周书》卷16《赵贵传》，第261页。
6《周书》卷15《于谨传》，第243页。
7《周书》卷15《李弼传》，第239、240页。

远、豆卢宁、宇文贵、贺兰祥、杨忠和王雄，其中元赞、元育、元廓、宇文导、侯莫陈顺、达奚武、豆卢宁、宇文贵、贺兰祥等多数人是鲜卑族；少数汉人因数代久居边地，长期浸染胡风，也都基本胡化。如李远“其先陇西成纪人”，其祖父李斌“袭领父兵，镇于高平，因家焉”。[1]再如杨忠原籍为弘农华阴，其高祖元寿在魏初“为武川镇司马，因家于神武树颓”[2]。杨忠跟随宇文泰“起义关西，赐姓普六茹氏”[3]，周武帝、齐王宇文宪和内史王轨等人都直接称其为“普六茹坚”[4]。整个北周时期，领导集团核心层的民族结构主要是鲜卑族和已胡化的汉人，由此可见西魏北周的用人趋向。

其四，赐汉人为胡姓或汉人改为胡姓。这两种情况是对汉化政策最为典型的反扑。早在北魏时期就有赐姓和改姓现象。《魏书》卷113《官氏志》载：“魏氏本居朔壤，地远俗殊，赐姓命氏，其事不一，亦如长勺、尾氏、终葵之属也。”如朔方人宿石为夏的建立者匈奴人赫连勃勃之弟文陈的曾孙，其祖父若豆根被北魏明元帝拓跋嗣赐姓宿氏[5]。再如高句丽人高琳的五世祖高宗“率众归魏，拜第一领民酋长，赐姓羽真氏”[6]。安定人梁御“因官北边，遂家于武川，改姓为纥豆陵氏”[7]。扶风平陵人窦炽的祖先在汉灵帝时因避窦武之难，“亡奔匈奴，遂为部落大人。后魏南徙，子孙因家于代，赐姓纥豆陵氏”[8]。昌黎徒何人豆卢宁，“其先本姓慕容氏，前燕之支庶”，其高祖慕容胜在北魏道武帝皇始初“归魏，授长乐郡守，赐姓豆卢氏，或云避难改焉”。[9]太原祁人王轨“世为州

1《周书》卷25《李贤传》，第413页。
2《周书》卷19《杨忠传》，第314页。
3《隋书》卷1《高祖纪上》，第1页。
4《隋书》卷1《高祖纪上》，第2页。
5《魏书》卷30《宿石传》，第724页。
6《周书》卷29《高琳传》，第495页。
7《周书》卷17《梁御传》，第279页。
8《周书》卷30《窦炽传》，第517页。
9《周书》卷19《豆卢宁传》，第308—309页。

郡冠族。累叶仕魏，赐姓乌丸氏”[1]。当然，北魏时期赐姓对象以少数民族为主，对汉族赐姓比较少见。

西魏北周时期，对汉族大臣赐为胡姓的人数大为增加。据周静帝大象二年（580年）十二月诏书称，在宇文泰执掌政权时，“文武群官，赐姓者众”[2]。根据相关文献记载及专家学者的研究成果来看，西魏北周对汉族大臣赐姓比较普遍。仅见诸《周书》记载的就有韩褒被赐姓侯吕陵氏（第660页），王盟被赐姓拓王氏（第334页），王德被赐姓乌丸氏（第286页），苏椿被赐姓贺兰氏（第395页），侯植先被赐姓侯伏侯氏、后被赐姓贺屯氏（第505、506页），蔡祐被赐姓大利稽氏（第444页），田弘被赐姓纥干氏（第449页），梁台被赐姓贺兰氏（第453页），唐瑾先被赐姓宇文氏、后被赐姓万纽于氏（第564页），杨纂被赐姓莫胡卢氏（第636页），陆通被赐姓步六孤氏（第559页），辛威被赐姓普屯氏（第447页），耿豪被赐姓和稽氏（第495页），李穆被赐姓拓拔氏（第528页），杨绍被赐姓叱利氏（第501页），樊深被赐姓万纽于氏（第812页），赵肃被赐姓乙弗氏（第663页），刘亮被赐姓侯莫陈氏（第284页），阎庆被赐姓大野氏（第342页），段永被赐姓尔绵氏（第637页），赵贵被赐姓乙弗氏（第262页），李弼被赐姓徒河氏（第240页），杨忠被赐姓普六茹氏（第317页），王雄被赐姓可频氏（第320页），王勇被赐姓库汗氏（第491页），陈忻被赐姓尉迟氏（第778页），裴文举被赐姓贺兰氏（第669页），寇儁被赐姓若口引氏（第659页），寇和被赐姓若口引氏（第238页），高宾被赐姓独孤氏（第670页）。此外，根据《北史》记载，杨尚希被赐姓普六茹氏（第2579页）、李屯被赐姓独孤氏（第2530页）、张羡被赐姓叱罗氏（第2580页）、王康被赐姓拓王氏（第2209页）、周摇被赐姓车非氏（第2529页）、郭衍被赐姓叱罗氏（第2546页）。根据《旧唐书》记载，李虎被赐姓大野氏（第1页）。在《周书》中还有

1《周书》卷40《王轨传》，第711页。

2《周书》卷8《静帝纪》，第135页。

一些汉族大臣被赐姓宇文氏，如李和（第498页）、李昶（第686页）、唐瑾（第564页。后被赐姓万纽于氏）、王杰（第489页）、刘雄（第503页）、崔谦（第613页）、崔说（第614页）、崔猷（第616页）、薛端（第622页）、薛善（第624页）、令狐整（第643页）、李彦（第666页）、郑孝穆（第610页）、申徽（第556页）、柳敏（第561页）、张轨（第664页）、韦孝宽（第538页）、韦瑱（第694页）、叱罗协（179页）、柳庆（第372页）、韩雄（第777页）、王悦（第581页）、刘志（第649页）、赵昶（第578页）、寮允（第417页）等。值得注意的是，在北周甚至出现了女性被赐姓的现象，如北周“高祖及齐王宪之在襁褓也，以避忌，不利居宫中。太祖令于贤家处之，六载乃还宫。因赐贤妻吴姓宇文氏，养为侄女，赐与甚厚”[1]。周武帝还曾敕令鲍宏编修《皇室谱》一部，共有三篇，其中有《赐姓》一篇。[2]

以上所罗列的只是具有较高职位的人员，至于一般民众，因其很难在史书中留下记载，我们无法考察清楚被赐姓的具体情况。但从常理推测，普通民众改易汉姓为胡姓的人数一定不少。因为改为胡姓是一种时尚，人们又有从众心理，自然会有一些人纷纷改姓。

总体来看，宇文泰执掌政权时是西魏北周的赐姓高峰期。大致说来，赐姓是宇文泰的“权宜之制”[3]。其一，在西魏时期，掌握实权的宇文泰时刻都想颠覆西魏王朝，就必须笼络各方势力，赐姓则为有效手段之一。其二，宇文泰军队中的官兵多为六镇鲜卑和鲜卑化的各族人，这些人大都保持着少数民族的习性，宇文泰需要他们忠诚、服从和支持，自然会迎合这些人保持少数民族习性的心理需求。其三，宇文泰在与高欢的战争中损兵折将不少，需要大量补充人员，因此“广募关陇豪右，以增军旅”[4]。新招募的将士多数不是鲜卑人，宇文

1《周书》卷25《李贤传》，第417页。
2《隋书》卷66《鲍宏传》，第1548页。
3《周书》卷8《静帝纪》，第135页。
4《周书》卷4《文帝纪下》，第28页。

泰需要用心协调鲜卑将士与汉族等其他民族将士的关系。赐姓有助于消除鲜卑族与汉族的民族界限，减少民族隔阂，增强凝聚力和战斗力。庾信《出自蓟北门行》云："梅林能止渴，复姓可防兵"[1]。其四，结成联系鲜卑族和汉族等其他民族以及宇文泰统治集团与下层的纽带。宇文泰赐姓的用意之一，是想通过部落组织形式，使被赐姓的上层成为部落首领，使被赐姓的下层军人成为嫡系部队，以增强军队的战斗力。所以，赐姓成了联系鲜卑族和汉族等其他民族以及宇文泰统治集团与下层的纽带。宇文泰长子北周明帝宇文毓在位时，发展了宇文泰的恢复旧姓政策，他在 558 年 3 月庚申颁布诏书称："三十六国，九十九姓，自魏氏南徙，皆称河南之民。今周室既都关中，宜改称京兆人。"[2] 使聚集在关中地区胡、汉都成为"京兆人"，进一步把各个民族联系在一起，努力消除地域界限，减少民族矛盾。北周能够"兵师日盛"[3] 并消灭北齐，与其大规模地赐姓有一定的关系。其五，与宇文泰的复古心态有一定关联。史书记载他"性好朴素，不尚虚饰，恒以反风俗，复古始为心"[4]。

在此需要特别指出的是，西魏、北周虽有对汉化政策反扑和重新胡化现象，但也有对孝文帝以来的汉化政策回归现象。宇文泰及其子孙既对汉化与反汉化进行反思，又对汉族与鲜卑族的关系进行调整，还对西魏北周与突厥等少数民族政权的关系进行调整，以适应新形势的需要。尤其从周武帝开始，北周不断加大调适民族关系和民族政策的力度，最终回归到汉化之路，消灭了仍然坚持鲜卑化的北齐。北周的反思、转向与调适主要体现在如下几个方面。

其一，允许恢复旧姓及终止改姓和赐姓政策。叱罗协在西魏恭帝三年（556年）被赐姓宇文氏，保定二年（562 年），晋荡公宇文护因叱罗协"竭忠于己，

1《艺文类聚》卷 41《乐部一》，上海古籍出版社，1965，第 740 页。

2《周书》卷 4《明帝纪》，第 55 页。

3（唐）释道宣：《广弘明集》卷 10《叙任道林辨周武帝除佛法诏》，《弘明集　广弘明集》，上海古籍出版社，1991，第 361 页。

4《周书》卷 4《文帝纪下》，第 37 页。

每提奖之，频考上中，赏以粟帛。……协既受护重委，冀得婚连帝室，乃求复旧姓叱罗氏”[1]。宇文护为其奏请，周武帝同意叱罗协恢复旧姓。据《叱罗协墓志》记载，天和元年（566 年）周武帝“诏以公旧望隆重，功绩文宣，忝参皇族，宜依太祖遗旨，还复旧姓”。叱罗协请求恢复旧姓并得到周武帝的许可，在当时虽为个别现象，但说明赐姓政策已有所松动，表明北周已经对汉化政策反扑活动进行反思并逐步转向。大象二年（580 年）十二月癸亥，周静帝颁布诏书，下令废止改姓政策，诏书云：“《诗》称‘不如同姓’，《传》曰‘异姓为后’。盖明辩亲疏，皎然不杂。太祖受命，龙德犹潜。箓表革代之文，星垂除旧之象，三分天下，志扶魏室，多所改作，冀允上玄。文武群官，赐姓者众，本殊国邑，实乖胙土。不歆非类，异骨肉而共烝尝。不爱其亲，在行路而叙昭穆。且神征革姓，本为历数有归。天命在人，推让终而弗获。故君临区寓，累世于兹。不可仍遵谦挹之旨，久行权宜之制。诸改姓者，悉宜复旧。”[2] 这表明北周进一步转向。大定元年（581 年）二月壬子，又下令“已前赐姓，皆复其旧”[3]，废止赐姓政策。以周静帝名义发布的二道诏令彻底终止了西魏、北周对汉化政策的反扑活动，掀开了隋唐时期民族融合的新篇章，为后来隋唐盛世的出现奠定了坚实基础。

其二，提倡儒学。大统年间，宇文泰采纳苏绰建议，“革易时政，务弘强国富民之道”，颁布六条诏书，让地方官员遵照执行。六条诏书中无不体现儒家思想，如人君要“躬行仁义，躬行孝悌，躬行忠信，躬行礼让，躬行廉平，躬行俭约”；要对百姓“教之以孝悌，使民慈爱；教之以仁顺，使民和睦；教之以礼义，使民敬让”；针对“自昔以来，州郡大吏，但取门资，多不择贤良”的弊端，要求用人“不限资荫，唯在得人”。[4] 宇文泰的长子宇文毓即位（北周

1《周书》卷 11《晋荡公护传附叱罗协传》，第 180 页。

2《周书》卷 8《静帝纪》，第 135 页。

3《隋书》卷 1《高祖杨坚上纪》，第 7 页。

4《周书》卷 23《苏绰传》，第 382、384、386 页。

明帝）后，“集公卿已下有文学者八十余人于麟趾殿，刊校经史”[1]。周武帝于天和元年(566年）五月庚辰到正武殿，亲自为大臣们讲解《礼记》[2]。天和三年(568年）八月癸酉，他又到大德殿，亲自为百僚及沙门、道士等讲解《礼记》[3]。建德二年（573年）十二月癸巳，周武帝招集大臣及沙门、道士等“辨释三教先后”，最终确定“以儒教为先，道教为次，释教为后”。[4]

其三，改穿汉服。从宇文泰到周宣帝大象元年（579年）之前，北周君臣大致穿的胡服。大象元年(579年）正月癸巳，周宣帝受朝于露门，“服通天冠、绛纱袍，群臣皆服汉、魏衣冠”[5]。鲜卑和鲜卑化的汉人从此在服饰方面又重新汉化。

其四，信任和倚重汉人。宇文泰对汉人苏绰的信任、器重以及双方建立起来的深厚感情最为典型。宇文泰对苏绰非常信任，苏绰“博求贤俊，共弘治道，凡所荐达，皆至大官。太祖亦推心委任，而无间言。太祖或出游，常预署空纸以授绰，若须有处分，则随事施行，及还，启之而已”[6]。苏绰对宇文泰也非常忠诚，宇文泰想改革时政，苏绰则“尽其智能，赞成其事”[7]，兢兢业业，殚精竭思，积劳成疾，于大统十二年（546年）去世。苏绰归葬武功时，宇文泰与群公“皆步送出同州郭门外。太祖亲于车后酹酒而言曰：‘尚书平生为事，妻子兄弟不知者，吾皆知之。惟尔知吾心，吾知尔意。方欲共定天下，不幸遂舍我去，奈何！’因举声恸哭，不觉失卮于手”[8]。下葬之日，宇文泰“又遣使祭以太牢”[9]，亲自为其撰写悼词。由此可见他们之间的深厚情谊。汉人王轨在周武

1《周书》卷4《明帝纪》，第60页。
2《周书》卷5《武帝纪上》，第72页。
3《周书》卷5《武帝纪上》，第75页。
4《周书》卷5《武帝纪上》，第83页。
5《周书》卷7《宣帝纪》，第117页。
6《周书》卷23《苏绰传》，第394页。
7《周书》卷23《苏绰传》，第382页。
8《周书》卷23《苏绰传》，第394—395页。
9《周书》卷23《苏绰传》，第395页。

帝即位后“颇被识顾”，累迁内史上士、内史下大夫，加授仪同三司，“自此亲遇弥重，遂处腹心之任”，[1] 为周武帝攻克晋州，平定并、邺以及吕梁大捷立下了汗马功劳。周武帝与王轨的关系也非同一般，宴席上，王轨捋着周武帝的胡须说：“可爱好老公，但恨后嗣弱耳。”[2] 作为一个大臣，能够当着大家的面捋皇帝的胡子，而且还敢于揭短，可见他们之间的亲密程度。周宣帝对王轨也非常信任，在出征吐谷浑时，“军中进取，皆委轨等，帝仰成而已”[3]。

其五，不断调适民族关系。西魏、北周时期，北方先后崛起的柔然和突厥势力最大、地域最广、争斗之心最强，具有举足轻重的地位。西魏、北周在发展过程中，不断调适与柔然、突厥的关系。北魏中期，柔然“事魏尽礼”，孝庄帝永安之后，“雄据北方，礼渐骄倨，虽信使不绝，不复称臣”。北魏分裂后，柔然转而“不逊，数为边患”。[4] 当时西魏丞相宇文泰因在关中立足不久，并与高欢政权激烈争斗，便以和亲为手段，积极安抚柔然。宇文泰一方面将孝武时舍人元翌的女儿封为化政公主出嫁柔然可汗阿那瓌弟塔塞，另一方面又建议西魏文帝将阿那瓌女儿娶为皇后，建立双边和亲关系。大统初年（535 年），西魏与柔然订立“通好结婚”[5] 之约；大统四年（538 年），阿那瓌长女郁久闾氏到了西魏京师。西魏文帝早已立乙弗氏为皇后，但迫于柔然的巨大压力，只好废掉乙弗皇后，改立郁久闾氏为皇后。大统六年（540 年）春，西魏在柔然的威胁下，强迫乙弗后自杀。郁久闾氏去世不久，西魏又派仆射赵善出使柔然，再次向阿那瓌求婚。但由于东魏挑拨离间，柔然又“归诚于东魏”[6]。

宇文泰见从柔然那里再也捞不到多少油水，遂又把精力放在争取突厥上

1《周书》卷 40《王轨传》，第 711 页。
2《周书》卷 40《王轨传》，第 713 页。
3《周书》卷 40《王轨传》，第 712 页。
4《资治通鉴》卷 158，“梁纪十四”，“大同四年”条，第 4892 页。
5《北史》卷 13《后妃传上》，第 507 页。
6《北史》卷 98《蠕蠕传》，第 3265 页。

面。大统十一年（545 年），宇文泰派酒泉胡安诺槃陁出使突厥，后将长乐公主嫁给突厥首领土门。公元 554 年，突厥消灭了柔然的残余势力，作了蒙古草原的主人。其后，突厥西去击败嚈哒，东进赶跑契丹，北上并有契骨，塞外诸族畏威宾服，“尽有塞表之地，控弦数十万，志陵中夏”[1]。当时，北周与北齐正在激烈争夺中原，“戎车岁动，故每连结之，以为外援”[2]。西魏、北周主要通过如下三种手段，调适与突厥的关系。

一是将降服西魏的柔然部落人马全都交给突厥，“以快可汗之意”，表达与突厥“共敦邻好”[3]的诚意。

二是与突厥和亲，以结成并巩固与突厥的同盟关系。在西魏恭帝元廓时，宇文泰曾与突厥商量娶木杆可汗之女为妻，因宇文泰病死，和亲没有成功。不久，木杆可汗又把其女儿许给周武帝宇文邕，正当北周准备派人到突厥迎亲时，北齐也带着大量金银财物到达突厥，向木杆可汗求婚，木杆可汗因“贪其（北齐）币厚”[4]，又后悔当初答应北周的求婚。北周为了巩固和亲之约，“前后累遣使要结”，反复做突厥可汗的工作，这才使突厥“许归后（即阿史那皇后）于我（北周）”。[5]但当北周到突厥迎亲时，因受北齐的诱惑，“突厥君臣，犹有贰志”[6]，北周费了很多精力才使木杆可汗之女于天和三年（568 年）三月到了长安。北周上层大都充分认识到了这次和亲的艰难程度以及和亲对北周的极端重要性，就连当时只是个小孩的定州总管、神武公窦毅的女儿（即后来的唐高祖太穆皇后窦氏）也意识到了这一问题。木杆可汗之女刚到北周时，周武帝对她不太喜爱，窦毅的女儿感到问题很严重，遂私下对周武帝说：“四边未静，

1《周书》卷 9《皇后传·武帝阿史那皇后传》，第 143—144 页。
2《周书》卷 50《突厥传》，第 911 页。
3《资治通鉴》卷 169，“陈纪三”，“天嘉四年”条，第 5236 页。
4《北史》卷 99《突厥传》，第 3289 页。
5《周书》卷 9《皇后传·武帝阿史那皇后传》，第 144 页。
6《周书》卷 30《窦毅传》，第 522 页。

突厥尚强，愿舅抑情抚慰，以苍生为念。但须突厥之助，则江南、关东不能为患矣。”[1] 周武帝随后对木杆可汗之女“深敬焉”[2]。周宣帝即位后，尊阿史那皇后为皇太后。大象元年（579 年）二月，改为天元皇太后。次年二月，又尊为天元上皇太后。周静帝即位后，尊阿史那皇后为太皇太后。

三是经济援助和高规格招待。为了紧紧拉住突厥，北周每年送给突厥“缯絮、锦彩十万段”，“突厥在京师者，又待以优礼，衣锦食肉，常以千数”。[3]

西魏、北周不断调适与突厥的关系，收到了显著效果。一方面，西魏、北周营造了良好的外部环境，减少了突厥侵扰之忧，可以集中精力进行内部改革和发展；另一方面，西魏、北周与突厥结成了军事联盟，共同对付东魏、北齐。如西魏大统十一年（545 年）西魏与柔然可汗“谋连兵伐东魏”[4]，对丞相高欢造成了极大的心理压力。保定三年（563 年），北周与突厥约定“连兵伐齐”[5]，柱国杨忠带领 1 万名步骑兵与突厥木杆、地头、步离三个可汗率领的 10 万骑兵会师于陉岭，结果以失败而撤兵。保定四年（564 年），北周谋划“与突厥再伐齐”[6]。随后，突厥或单独行动，出动十余万人，进入长城，寇略北齐，“大掠而还”[7]；或与北周共同行动，如保定四年（564 年）八月，北周“遣柱国杨忠将兵，会突厥伐齐，至北河而还”[8]。尽管这次伐齐行动没有战果，但突厥帮助北周伐齐的决心没变。突厥到幽州抢掠后，“留屯塞北，更集诸部兵，遣使告周，欲与共击齐如前约”[9]。不久，又向北齐的幽州用兵。虽然联兵伐齐的战果并不理想，但突厥官兵的勇猛和吃苦耐劳精神却令人敬佩。如在威逼晋阳

1《旧唐书》卷 51《后妃传上·高祖太穆皇后窦氏传》，第 2163 页。
2《周书》卷 9《皇后传·武帝阿史那皇后传》，第 144 页。
3《北史》卷 99《突厥传》，第 3290 页。
4《资治通鉴》卷 159，“梁纪十五”，“大同十一年”条，第 4928 页。
5《资治通鉴》卷 169，“陈纪三”，“天嘉五年”条，第 5236 页。
6《资治通鉴》卷 169，“陈纪三”，“天嘉五年”条，第 5242 页。
7《资治通鉴》卷 169，“陈纪三”，“天嘉五年”条，第 5243 页。
8《资治通鉴》卷 169，“陈纪三”，“天嘉五年”条，第 5242 页。
9《资治通鉴》卷 169，“陈纪三”，“天嘉五年”条，第 5245 页。

失利后，突厥带兵出塞，途经陉岭时，“冻滑，乃辅毡以度。胡马寒瘦，膝已下皆无毛，比至长城，马死且尽，截槊杖之以归”[1]。

综上所述，我们可以清楚地看出，西魏、北周虽有恢复鲜卑旧姓、盛行鲜卑语及赐汉人为胡姓等胡风、胡俗回潮或对汉化政策反扑现象，但与东魏、北齐相比，回潮的幅度较低，范围较窄。从总体来看，西魏、北周主要是对孝文帝以来汉化之路的逐步回归和对民族关系的不断调适，使其民族矛盾比较缓和，政权比较稳固，势力不断壮大，国力日渐增强，为消灭北齐、统一北方奠定了坚实的基础。西魏、北周新的汉化，掀开了隋唐时期民族融合的新篇章，为后来隋唐盛世的出现奠定了重要基础。反观“地半天下，国富兵强”[2]的北齐，因胡化越来越重，矛盾突出，最终走向了灭亡之路。

1《资治通鉴》卷169，“陈纪三”，“天嘉五年”条，第5238页。

2《周书》卷19《杨忠传》，第318页。

二、北魏民族关系思想的发展脉络

北魏时期的各类人物都在不断思考、认识和探讨如何更好地处理北魏与其他政权的关系、鲜卑族与其他民族的关系，甚至还就当时的民族关系问题展开过几次大讨论，不同思想的交锋及碰撞，产生了许多颇有价值的新认识、新观点。无论是他们对大一统的目标定位和具体实践，还是对五德历运的讨论；也无论是他们对汉化问题的认识，还是对“因俗而治”思想观点的阐述，都是基于稳固政权和解决现实民族关系问题的需要，试图建立指导民族关系良性发展的理论体系。他们的思想认识，既有对北魏之前民族关系思想的吸收与继承，也有对北魏之前民族关系思想的深化与发展。当然，也有的思想认识仅仅停留在前人的认识基础上，甚至有的还低于前人的认识水平。北魏时期的民族关系思想既有精华，也有糟粕。“抚之在德”、“亲仁善邻”、“分灾恤患”、“偃武修文”、“令万方各安其所”、“以和为贵”以及“推诚布信”等思想，是中国民族关系思想史乃至中国思想史的宝贵财富，不仅具有重要的历史价值，而且具有很强的现实意义，有的至今仍闪耀着真理的光辉。把其他少数民族当作炮灰、利用战争削弱其他少数民族势力以及希望少数民族之间不断争斗北魏从中获利等思想，是应当彻底抛弃的历史糟粕。

北魏在中国民族关系史上占有极其重要的地位，元朝史学家胡三省曾对道武帝拓跋珪称尊号、改元皇始评论说：“自苻坚淮、淝之败，至是十有四年矣，关、河之间，戎狄之长，更兴迭仆，晋人视之，漠然不关乎其心。拓跋珪兴，而南、北之形定矣。南北之形既定，卒之南为北所并。呜呼！自隋以后，名称扬于时者，代北之子孙十居六七矣。氏族之辨，果何益哉！”[1] 由此可见北魏在中国历史上的承上启下地位。目前，学术界已对北魏民族关系史的许多重要问题做了比较深入的研究，但对这一时期具有指导意义的民族关系思想，则缺乏足够的重视和全面探讨，迄今为止，这方面的研究成果还比较少见。下面拟对此进行系统梳理和初步探讨，希望能够引起学术界对这一问题的重视，并填补这一空白。

（一）拓跋魏早期的民族关系思想

鲜卑拓跋部最初活动于大兴安岭北段，过着游牧生活。传说到拓跋部的祖先拓跋毛时，“统国三十六，大姓九十九”[2]。东汉年间，他们走出高山深谷，不断迁徙，经过“九难八阻”[3]，到达匈奴故地。三国时期，拓跋部又迁居河西。魏甘露三年（258 年），拓跋力微从河套北部迁居盛乐（今内蒙古和林格尔）。258 年，拓跋力微对拓跋部诸大人说：“我历观前世匈奴、蹋顿之徒，苟贪财利，抄掠边民，虽有所得，而其死伤不足相补，更招寇雠，百姓涂炭，非长计也。”[4] 于是与魏和亲。261 年，又派其子沙漠汗（文帝）到曹魏，并与曹魏“聘问交市，往来不绝，魏人奉遗金帛缯絮，岁以万计”[5]。拓跋力微在与邻国交往过程中，始终坚持“笃信推诚，不为倚伏以要一时之利，宽恕任真”的原则，因此取到了“遐迩归仰”[6] 的理想效果。

尽管拓跋力微主张积极结交邻国，但在对待中原汉族文化方面，却坚守本

1《资治通鉴》卷 108，“晋纪三十”，“太元二十一年”条，第 3429 页。
2《魏书》卷 1《序纪》，第 1 页。
3《魏书》卷 1《序纪》，第 2 页。
4《魏书》卷 1《序纪》，第 3 页。
5《魏书》卷 1《序纪》，第 4 页。
6《魏书》卷 1《序纪》，第 4 页。

民族的习俗和文化，反对“变易旧俗”[1]。从沙漠汗之死中，我们能够看出当时拓跋部的主流思想。

沙漠汗是拓跋力微之子，曾在洛阳生活过一段时间，用心学习中原的典章制度和汉族文化。晋武帝时，沙漠汗回到拓跋部。在诸部大人参加的欢迎宴席上，沙漠汗以弹丸击鸟及“风彩被服，同于南夏”，使诸部大人大为震惊，担心沙漠汗将来“若继国统”，会“变易旧俗，吾等必不得志”[2]，于是便联合起来陷害沙漠汗，最终将他置于死地。

沙漠汗虽是拓跋部权力之争的牺牲品，但从中我们也可以看出拓跋部内部当时对待汉族文化的基本态度。据史书记载，“魏先建国于玄朔，风俗淳一，无为以自守”[3]；“魏初，礼俗纯朴，刑禁疏简。宣帝南迁，复置四部大人，坐王庭决辞讼，以言语约束，刻契记事，无囹圄考讯之法，诸犯罪者，皆临时决遣。神元因循，亡所革易”[4]。这说明在拓跋魏的早期历史中，“礼俗纯朴”是其基本状态和共同心理及主张，任何“变易旧俗”的嫌疑和念头都会遭受严厉惩处。而且，在拓跋魏的早期历史中，拓跋部总是处于颠沛流离之中，与中原汉族文化接触机会很少，即使有所接触，因其不断迁徙，影响程度较轻。因此，他们不可能也不会轻易改变本民族的习俗和文化，对其他民族的习俗和文化自然会持抵制态度。作为沙漠汗来说，因其特殊经历，使其较深地浸染了汉族习俗和文化，被其他鲜卑人视为“另类”。他“在晋之日，朝士英俊多与亲善，雅为人物归仰”[5]以及他的“从者务勿尘，姿神奇伟，登仙于伊阙之山寺。识者咸云魏祚之将大”[6]，自然会激起反对派的嫉恨；尤其是他在服饰等方面“同于

1《魏书》卷1《序纪》，第4页。
2《魏书》卷1《序纪》，第4页。
3《魏书》卷114《释老志》，第3030页。
4《魏书》卷111《刑罚志》，第2873页。
5《魏书》卷1《序纪》，第4页。
6《魏书》卷114《释老志》，第3049页。

南夏”，更容易引起坚守本民族习俗和文化的相当一部分人的警觉和恐惧，他们担心一旦沙漠汗执掌拓跋部的最高权力，就会推行“变易旧俗”的政策，这对坚守本民族习俗和文化的鲜卑人极其不利，因此他们会采取极端手段，从根上彻底打消恐惧感。沙漠汗之死，突出反映了拓跋部反对汉化的阵容之大和势力之强，说明在拓跋魏的早期历史中，坚守本民族习俗和文化是其主流思想。

拓跋力微死后，“诸部离叛，国内纷扰”[1]，拓跋禄官分国为三部，拓跋禄官自统一部，沙漠汗的两个儿子各自掌控一部。适值西晋“八王之乱”，沙漠汗长子桓帝猗㐌在汉人卫操的劝说下“招纳晋人”，于是晋人“附者稍众”。[2] 其后，猗㐌和其弟猗卢一方面“和戎静朔”[3]，另一方面积极“匡助晋氏”[4]，协助晋朝抗击刘聪和石勒，使其自身得到了发展，从晋朝获得了马邑、阴馆、楼烦、繁畤、崞五县之地，占据了“东接代郡，西连西河、朔方，方数百里”[5] 的地盘。

拓跋郁律（平文帝）继立后，鉴于当时的内外形势，产生了“平南夏之意”[6]。当他听说晋愍帝为刘曜所害后，便对大臣们说：“今中原无主，天其资我乎?”基于这种思想认识，他既拒绝刘曜的和好请求，又杀害了后赵石勒所派遣的“乞和，请为兄弟”[7] 的使者，还回绝了晋元帝司马睿的“加崇爵服”[8] 的善意。

东晋咸康四年（338 年），什翼犍于繁畤之北即代王位，称建国元年。什翼犍曾作为“质子”在后赵襄国（今河北邢台）居住 10 年，受汉文化影响较深。他在位 38 年，形成了比较丰富的民族关系思想。

1《魏书》卷 1《序纪》，第 5 页。
2《魏书》23《卫操传》，第 599 页。
3《魏书》23《卫操传》，第 601 页。
4《魏书》23《卫操传》，第 599 页。
5《魏书》卷 1《序纪》，第 7 页。
6《魏书》卷 1《序纪》，第 10 页。
7《魏书》卷 1《序纪》，第 9 页。
8《魏书》卷 1《序纪》，第 10 页。

一是重视或有限度地接受汉族思想文化，任用汉人燕凤为长史、许谦为郎中令，模仿魏晋制度设置官吏，“余官杂号，多同于晋朝”[1]。

二是积极与其他政权和亲。据相关文献初步统计，什翼犍在位时期，代国曾与前燕、匈奴乌桓、匈奴卫辰等进行过7次和亲，如339年，什翼犍娶前燕慕容皝之妹；342年，什翼犍之女出嫁匈奴乌桓；344年，什翼犍娶前燕慕容皝之女；344年，列帝之女出嫁前燕慕容皝；358年，代国宗室之女出嫁前燕慕容儁；360年，什翼犍之女出嫁匈奴卫辰；362年，前燕慕容暐姐出嫁什翼犍[2]。

三是“廓定四海”理想。代建国十四年（351年），什翼犍曾对大臣说：“石胡衰灭，冉闵肆祸，中州纷梗，莫有匡救，吾将亲率六军，廓定四海。”[3]遂命令诸部做好战争的前期准备工作。后因诸部大人的劝谏，才放弃了征战念头[4]。对什翼犍“廓定四海”这一理想，汉人燕凤也看得很清楚，他曾对苻坚说，什翼犍“经略高远，一时之雄主，常有并吞天下之志”[5]。什翼犍“廓定四海”的理想虽未实现，但在建国二十六年（362年）、建国三十三年（369年）仍出兵击破高车，在建国二十七年（363年）击破没歌部，“获牛马羊数百万头”[6]。

（二）北魏前期的民族关系思想

北魏前期的民族关系思想主要包括道武帝拓跋珪、明元帝拓跋嗣和太武帝拓跋焘在位时各类人物的思想。

建国三十九年（376年），什翼犍在前秦苻坚大军压境下，被迫率国人避

1《魏书》卷119《官氏志》，第2971页。

2 崔明德：《中国古代和亲通史》，人民出版社，2007，第558页。

3《魏书》卷1《序纪》，第13页。

4 诸大人谏曰：“今中州大乱，诚宜进取，如闻豪强并起，不可一举而定，若或留连，经历岁稔，恐无永逸之利，或有亏损之忧。”见《魏书》卷1《序纪》，第13页。

5《魏书》卷24《燕凤传》，第609页。

6《魏书》卷1《序纪》，第15页。

于阴山之北[1]。什翼犍死后，燕凤鉴于代国已被前秦征服、部落大多离散的实际情况，向苻坚提出了对拓跋部“分而治之”的设想。他说：“代主初崩，臣子亡叛，遗孙冲幼，莫相辅立。其别部大人刘库仁勇而有智，铁弗卫辰狡猾多变，皆不可独任。宜分诸部为二，令此两人统之。两人素有深仇，其势莫敢先发。此御边之良策。待其孙长，乃存而立之，是陛下施大惠于亡国也。”[2]苻坚接受了燕凤的思想，遂将拓跋部余众分为东西二部，分别由匈奴刘库仁和刘卫辰统领。386年，什翼犍嫡孙拓跋珪在盛乐称王，重建代国。同年，拓跋珪改国号为魏，史称北魏。

道武帝拓跋珪的民族关系思想内容非常丰富，概括言之，主要有如下几个方面。

一是“四海之民，皆可为国”[3]的思想观念，对“大一统”极表赞赏。

二是“抚之在德”思想。天兴元年（398年），他在《定国号为魏诏》中称，“天下分裂，诸华乏主。民俗虽殊，抚之在德，故躬率六军，扫平中土，凶逆荡除，遐迩率服”[4]，明确表示要“令中州之民咸知恩德”[5]。这一观点在北魏历史上具有划时代意义。无论是国际关系史、民族关系史，还是人际关系史，都印证了这样一个道理：德不孤，必有邻。就中国民族关系史而言，只要能以德处理各种关系，就会得到支持，就能使双方保持良好的互动关系。

三是确立正统的寻根思想。拓跋珪一即帝位，就和大臣们讨论北魏的合法性问题。经过大臣们的反复讨论和细致斟酌，决定“国家继黄帝之后，宜为土德”，于是“祀天之礼用周典”。[6]这样就在德运上与中原传统文化接轨，以获

1《魏书》卷1《序纪》，第16页。
2《魏书》卷24《燕凤传》，第610页。
3《资治通鉴》卷109，“晋纪三十一”，“隆安二年”条，第3456页。
4《魏书》卷2《太祖纪》，第32页。
5《魏书》卷30《王建传》，第710页。
6《魏书》卷108之一《礼志一》，第2734页。

取中原上层人物的认同，拉开了与南朝政权争夺正统的序幕。

四是充分认识到中原文化的重要性。拓跋珪从柔然“学中国，立法置战阵，卒成边害”[1]经验教训中，得出了这一结论。他与尚书崔玄伯认真探讨过这一问题，发表了自己的见解。

五是内政优先于民族关系。在执政的初期，拓跋珪把主要精力放在经营中原上面，无暇顾及周边的少数民族政权，因而“西戎之贡不至”。当时有的大臣建议按照汉朝先例，“请通西域”。这样做一方面“可以振威德于荒外”，另一方面也“可致奇货于天府”。但拓跋珪坚决反对。在他看来，“汉氏不保境安人，乃远开西域，使海内虚耗，何利之有？今若通之，前弊复加百姓矣”。受他的影响，直到明元帝拓跋嗣仍然对西域采取“不招纳”[2]的政策。当然，拓跋珪思想的可贵之处，在于反对兴师动众、劳民伤财的民族关系，如果发展双方关系不过多耗费财力，他还是积极倡导和大力支持的。例如，他请崔玄伯为其宣讲《汉书》，当崔玄伯讲到娄敬劝说汉高祖与匈奴和亲时，他对此大加赞赏，并做出了“以诸公主皆釐降于宾附之国，朝臣子弟，虽名族美彦，不得尚焉”的决定[3]。

六是重视儒学。拓跋珪建都平城后，“便以经术为先，立太学，置五经博士生员千有余人。天兴二年（399年）春，增国子太学生员至三千”[4]。还派人到处搜寻儒家经典。拓跋珪此举，主要目的是想改变鲜卑族的“胡气”，树立中原“正朔”的新形象。此外，拓跋珪由称臣于后燕到与后燕反目为仇的思想转变也值得我们深入研究。在拓跋珪时期，汉人许谦提出了“亲仁善邻”和“分灾恤患，休戚是同”[5]的思想观点，与拓跋珪的“抚之在德”思想比较吻合。

1《魏书》卷103《蠕蠕传》，第2291页。
2《魏书》卷102《西域传》，第2259页。
3《魏书》卷24《崔玄伯传》，第621页。
4《魏书》卷84《儒林传·序》，第1841页。
5《魏书》卷24《许谦传》，第611页。

相对而言，明元帝拓跋嗣的民族关系思想比较单薄。泰常二年（417 年），他曾表述过“混一车书”[1] 的念头，但随后即将其抛之脑后。在此期间，张衮既表达了“囊括六合，混一四海”的理想追求，又阐述了“穷兵极武，非王者所宜”[2] 和“文德与武功俱运，则太平之化”[3] 的思想观点。

太武帝拓跋焘是南北朝时期很有作为的政治家，他的民族关系思想具有比较丰富的内涵。大致说来，主要有如下一些思想观点。

一是“后文先武”[4] 的战略规划和“以正一统”的理想追求。“后文先武”思想的形成与道士寇谦之密切相关，“以正一统”思想的形成与当时内外部大环境有关。拓跋焘即位后，北部的柔然和南方的刘宋对北魏构成了严重威胁，尤其是柔然的不断侵扰，牵制着北魏的南征、北伐和西讨。始光元年（424 年），柔然可汗大檀亲率骑兵在云中将拓跋焘包围“五十余重，骑逼马首，相次如堵”[5]，曾一度攻陷北魏故都盛乐。宋文帝刘义隆也在积极准备北伐，对北魏形成了巨大压力。在如此复杂形势下，拓跋焘深刻认识到，“若不先灭蠕蠕，便是坐待寇至，腹背受敌，非上策也”[6]。在这种认识的基础上，拓跋焘确定了“以平定祸乱为先”[7] 的原则，制定了先统一黄河流域、再南下与刘宋争雄的战略部署。延和元年（432 年），拓跋焘在总结“廓清九服”的成绩时，表达了“以正一统”[8] 的终极目标。在这些思想指导下，拓跋焘于 429 年、443 年和 449 年三次出击柔然，使柔然“怖威北窜，不敢复南”[9]。在征服柔然的同时，拓跋焘也不忘向其他民族政权用兵。428 年，拓跋焘西征赫连昌，先后攻取长安、统

1《魏书》卷 38《王慧龙传》，第 875 页。
2《魏书》卷 24《张衮传》，第 613 页。
3《魏书》卷 24《张衮传》，第 614 页。
4《魏书》卷 114《释老志》，第 3053 页。
5《魏书》卷 103《蠕蠕传》，第 2292 页。
6《魏书》卷 103《蠕蠕传》，第 2293 页。
7《魏书》卷 114《释老志》，第 3033 页。
8《魏书》卷 4《世祖纪上》，第 80 页。
9《魏书》卷 103《蠕蠕传》，第 2295 页。

万。436年，北魏消灭北燕。439年，北魏攻占姑藏（今甘肃武威），灭北凉。这样，拓跋焘逐渐完成了统一北方的战略目标。450年，拓跋焘率步骑十万突袭刘宋，攻打彭城，尽取淮南之地；次年又“破南兖、徐、兖、豫、青、冀六州”[1]。

二是“因俗而治”。拓跋焘刚即位时，即系统阐述了这一思想。他认为，“五方之民各有其性，故修其教不改其俗，齐其政不易其宜，纳其方贡以充仓廪，收其货物以实库藏，又于岁时取鸟兽之登于俎用者以牣膳府”[2]。即使对战马的驯养，拓跋焘也坚持“欲其习水土”[3]的原则。另据《魏书》卷28《刘洁传》记载，“敕勒新民以将吏侵夺，咸出怨言，期牛马饱草，当赴漠北。洁与左仆射安原奏，欲及河冰未解，徙之河西，冰解之后，不得北遁”。拓跋焘的看法与他们截然不同，他认为：“此等习俗，放散日久，有似园中之鹿，急则冲突，缓之则定。吾自处之有道，不烦徙也。”但刘洁等人固执己见，没有按照拓跋焘的意见处理此事，而是擅自将敕勒“分徙三万余落于河西，西至白盐池”。结果敕勒新民大为惊骇，纷纷抱怨说：“圈我于河西之中，是将杀我也”，有数千骑往北逃走，因“走者粮绝，相枕而死”。[4]

三是“招抚九国”。拓跋焘对民族关系尤其是北魏与西部少数民族政权之间的关系相当重视。他曾召集太尉长孙嵩及议郎、博士279人讨论如何答复吐谷浑首领慕璝的要求，形成了少数民族首领“虽人土众广，而爵不拟华夏”和“天下一家”[5]的思想观点。太延年间（435—440年）的中期，西域的龟兹、疏勒、乌孙、悦般、渴盘陁、鄯善、焉耆、车师、粟特等国王纷纷遣使到北魏朝贡。拓跋焘认为，“西域汉世虽通”，但因其“有求则卑辞而来，

1《宋书》卷95《索虏传》，第2352页。
2《魏书》卷110《食货志》，第2850页。
3《魏书》卷110《食货志》，第2857页。
4《魏书》卷28《刘洁传》，第687页。
5《魏书》卷101《吐谷浑传》，第2236页。

无欲则骄慢王命，此其自知绝远，大兵不可至故也。若报使往来，终无所益”，因此想冷落西域诸国。后在大臣们的劝说下，思想发生了转变，于是开始派遣王恩生和许纲等人出使西域，结果西域“来贡献者十有六国。自后相继而来，不间于岁，国使亦数十辈矣”[1]。当然，如果其他政权一旦冒犯北魏，拓跋焘就会用极其严厉的口吻予以斥责，太延五年（439 年），他对沮渠牧犍十大罪状的罗列和严词声讨就很能说明问题。

四是蔑视其他少数民族。蠕蠕本来已“自号柔然，而役属于国”。但拓跋焘却“以其无知，状类于虫，故改其号为蠕蠕”[2]。

五是利用战争削弱其他少数民族势力。拓跋焘认为，将其他少数民族拉到战场上，对北魏来说，百利而无一害。胜则击败敌人，败则削弱其他少数民族力量。451 年，拓跋焘在攻打南朝刘宋的盱眙时，曾致信盱眙守将臧质说：“吾今所遣斗兵，尽非我国人，城东北是丁零与胡，南是三秦氐、羌。设使丁零死者，正可减常山、赵郡贼；胡死，正减并州贼；氐、羌死，正减关中贼。卿若杀丁零、胡，无不利。”[3]拓跋焘的这一思想已经付诸行动。他在征伐北燕冯文通时就曾“遣安东将军、宜城公奚斤发幽州民及密云丁零万余人，运攻具”[4]；太平真君六年（454 年）十月北魏出兵盖吴时，拓跋焘“诏发高平敕勒骑赴长安”[5]。

六是“偃武修文”，提倡儒学。拓跋焘虽有“后文先武”的战略规划，但他在崇尚武力的同时，也逐步意识到“文”对其政权巩固的重要作用，因此，其思想很快就发生了变化。431 年，拓跋焘在诏书中明确表示要“偃武修文”，将卢玄、崔绰、李灵、邢颖、高允、游雅、张伟等数百名“贤俊之胄”全部“差

1《魏书》卷 102《西域传》，第 2260 页。

2《魏书》卷 103《蠕蠕传》，第 2289 页。

3《宋书》卷 74《臧质传》，第 1912 页；《资治通鉴》卷 126，“宋纪八”，“元嘉二十八年”条，第 3963—3964 页。

4《魏书》卷 4 上《世祖纪上》，第 81 页。

5《魏书》卷 4 下《世祖纪下》，第 99 页。

次叙用”[1]。始光三年(426年)，拓跋焘建立太学，祭祀孔子[2]。孔子是儒家文化的象征，祭祀孔子既表明统治阶级开始按照儒家思想和汉族文化治理国家，又能起到笼络汉族士大夫之目的。太平真君五年（444年），拓跋焘颁布诏书称：“自顷以来，军国多事，未宣文教，非所以整齐风俗，示轨则于天下也。今制自王公已下至于卿士，其子息皆诣太学。其百工伎巧、驺卒子息，当习其父兄所业，不听私立学校。违者师身死，主人门诛。”[3]从此，汉家子弟和少数民族高层官吏子弟都要接受儒学教育。

在太武帝拓跋焘时期，作为北朝第一盛门的清河崔氏在政治上仍居最高地位，作为身居要职而且具有很深“怀古之情”[4]、被人指责为“叹服南人”[5]的崔浩，有着比较强烈的延续汉族传统文化的使命感，时刻都想复兴汉制，实践其以夏变夷思想，最为典型的就是“齐整人伦，分明姓族”[6]，即用儒家的思想道德来规范人们的言行和选官用人制度，强调士族门阀观念，严格分别士庶。由于时机尚不成熟、措施过于激进等因素，崔浩的理论和实践遭到了鲜卑贵族的强烈反对，结果在太平真君十一年（450年）六月因“国史案”被杀，“清河崔氏无远近，范阳卢氏、太原郭氏、河东柳氏，皆浩之姻亲，尽夷其族”[7]，成了北朝历史上的一大惨案。

（三）北魏中期的民族关系思想

北魏中期的民族关系思想主要包括文成帝拓跋濬、献文帝拓跋弘和孝文帝

1《魏书》卷4上《世祖纪上》，第79页。
2《魏书》卷4上《世祖纪上》，第71页。
3《魏书》卷4下《世祖纪下》，第97页。
4《魏书》卷47《卢玄传》，第1045页。
5《魏书》卷38《王慧龙传》，第875页。
6《魏书》卷47《卢玄传》，第1045页。
7《魏书》卷35《崔浩传》，第826页。

拓跋宏在位时各类人物的思想。

在北魏高宗文成帝拓跋濬时期，民族关系思想比较贫乏。值得一提的就是定阳侯曹安和一部分大臣围绕是否出击吐谷浑曾展开过讨论，曹安主张一举平定吐谷浑，而另一部分大臣则认为，吐谷浑首领拾寅“今在白兰，不犯王塞，不为人患，非国家之所急也。若遣使招慰，必求为臣妾，可不劳而定也。王者之于四荒，羁縻而已，何必屠其国有其地”[1]。拓跋濬采纳了曹安的意见，下令分南、北两道攻打吐谷浑，迫使拾寅逃到南山。

拓跋濬死后，其子拓跋弘继位，是为献文帝。拓跋弘的民族关系思想主要包括如下一些观点。

一是“欲令万方各安其所”。献文帝拓跋弘末期，于阗因惧怕蠕蠕的侵扰，遂遣使素目伽上表称：“西方诸国，今皆已属蠕蠕，奴世奉大国，至今无异。今蠕蠕军马到城下，奴聚兵自固，故遣使奉献，延望救援。”拓跋弘召集大臣们讨论时，大家普遍认为，“于阗去京师几万里，蠕蠕之性，惟习野掠，不能攻城，若为所拒，当已旋矣。虽欲遣师，势无所及”。拓跋弘认可了大臣们的意见，下达诏书说：“朕承天理物，欲令万方各安其所，应敕诸军以拯汝难。但去汝遐阻，虽复遣援，不救当时之急，已停师不行，汝宜知之。朕今练甲养卒，一二岁间当躬率猛将，为汝除患，汝其谨警候以待大举。”[2]

二是“以信诚待物”。皇兴五年（471 年）[3]，柔然首领予成“求通婚娉”，北魏有些大臣因其“数犯边塞，请绝其使，发兵讨之”。而拓跋弘则认为：“蠕蠕譬若禽兽，贪而亡义，朕要当以信诚待物，不可抑绝也。予成知悔前非，遣

1《魏书》卷 101《吐谷浑传》，第 2238 页。

2《魏书》卷 102《西域传 · 于阗传》，第 2263 页。

3《魏书 · 蠕蠕传》及《北史 · 蠕蠕传》皆称延兴五年，这一时间显然有误。这是因为，第一，显祖为献文帝，他在位时仅有皇兴年号，而延兴则为孝文帝年号；第二，北魏和柔然予成交战于皇兴四年，予成战败后迫于形势才向北魏求婚，如果是延兴五年，则距交战时间太久，与史实不符；第三，根据予成“终显祖世，更不求婚”来看，则更知此事在皇兴五年。

使请和，求结姻援，安可孤其款意？”[1]

三是以仁消解仇恨。在古代人类历史上，无论是国与国之间，还是政权与政权之间，以及个人与个人之间，在处理双方的关系时，不外乎如下四种方式：一是以暴易暴，二是以怨报怨，三是以德报德，四是以德报怨。在这四种方式中，无论是从政治层面还是道德层面来看，以暴易暴是往后看的思维，不仅无助于问题的解决，而且只能增加人们新的仇恨，引起更大规模的屠杀，使更多的人丧失生命，使更多的物质财富毁于战火，因此这是最为恶劣、最为残暴和最不得人心的一种方式。而以德报怨是向前看的思维，不仅顾及自己的利益，而且也顾及对方的利益，尤其是更多地考虑对方的感受，使双方都能捐弃前嫌，面向未来，使双方关系沿着良性互动的方向深入持久地发展。因此，以德报怨既是一种明智的方式，也是在阶级社会中一种处理矛盾的良好方式。[2]拓跋弘的以仁消解仇恨思想，与“以德报怨”思想非常相似。这一思想不仅具有重要意义，而且对后世也有一定的影响。回纥顿莫贺可汗的“以水洗血”思想，可能就受到了拓跋弘以仁消解仇恨思想的影响。拓跋弘在有关诏书中对这一思想做了阐述。皇兴二年（468 年）[3]，拓跋弘在“答百济国王余庆诏”中说：“卿与高丽不穆，屡致陵犯，苟能顺义，守之以仁，亦何忧于寇仇也。”[4]在另一份诏书中，拓跋弘强调：“知高丽阻强，侵轶卿土，修先君之旧怨，弃息民之大德，兵交累载，难结荒边。……卿使命始通，便求致伐，寻讨事会，理亦未周。……九夷之国，民居海外，道畅则奉藩，惠戢则保境，故羁縻著于前典”[5]。但是，由于百济与高丽积怨很深，拓跋弘的这一思想并未能引起百济的重视。

1《魏书》卷 103《蠕蠕传》，第 2296 页。
2 参见崔明德、马晓丽：《隋唐民族关系思想史》，人民出版社，2010，第 380 页。
3《魏书·蠕蠕传》误载为孝文帝延兴二年（472 年）。
4《魏书》卷 100《百济传》，第 2218 页。
5《魏书》卷 100《百济传》，第 2218 页。

四是开启与刘宋通好的渠道。自南朝刘宋元嘉末期，南、北朝就不再往来。拓跋弘在其即位的第四年（469 年），重新开启与刘宋的互动关系，派遣使者到刘宋探讨和亲事宜。从此，双方“信使岁通”[1]。

献文帝拓跋弘之子孝文帝拓跋宏在位时期，是北魏历史上最强盛的时期，不仅北方早已出现了一统局面，而且柔然、高丽、库莫奚、契丹、吐谷浑、西域诸国及波斯也纷纷遣使朝贡，这为其民族关系思想体系的形成和发展提供了良好的条件。

孝文帝即位时（471 年）只有 5 岁，由其祖母冯太后临朝称制，直到太和十四年(490 年）冯太后去世，孝文帝才开始亲政。所以，从 471—490 年之间，北魏颁布的诏书、实施的民族政策，主要是冯太后的意图和思想。在这一时期，统治阶级上层和部分封疆大吏已经充分认识到民族关系恶化的主要责任，在于当地官吏的错误民族政策和失当的举措，认为“导之以德，齐之以刑”和“随其风俗，以施威惠”是处理民族关系的最佳原则。

约在孝文帝前期[2]，镇西将军、秦益二州刺史吕罗汉平定了仇池氐羌的反叛。北魏朝廷对吕罗汉指示:“仇池接近边境，兵革屡兴，既劳士卒，亦动民庶，皆由镇将不明，绥禁不理之所致也。卿应机赴击，殄此凶丑。陇右土险，民亦刚悍，若不导之以德，齐之以刑，寇贼莫由可息，百姓无以得静。朕垂心治道，欲使远近清穆，卿可召集豪右，择其事宜，以利民为先，益国为本，随其风俗，以施威惠。其有安土乐业、奉公勤私者，善加劝督，无夺时利。”[3]这份诏书所体现的一些基本思想，成了孝文帝时期处理民族关系的指导思想。凡

1《资治通鉴》卷 132，“宋纪十四”，“泰始五年”条，第 4149 页。

2《魏书·吕罗汉传》所载时间不太清楚，从多方面判断，应在孝文帝即位之后到太和五年（481 年）之间。因为吕罗汉在皇兴四年（470 年）献文帝拓跋弘亲自出征柔然时，与右仆射南平公元目辰都督中外军事，后来出任镇西将军、秦益二州刺史。拓跋弘在皇兴五年(471 年）退位，孝文帝继位。太和六年(482 年)，吕罗汉去世。

3《魏书》卷 51《吕罗汉传》，第 1139 页。

是按照这一思想原则处理民族关系，就会取得比较理想的成果，凡是违背这一思想原则，就会带来意想不到的恶果。吕罗汉正是以这一思想为指针，在泾州对仇池氐羌“抚以威惠”，取得了“西戎怀德，土境帖然”的显著成效。北魏朝廷为此下达诏书表彰吕罗汉说：“赤水诸羌居边土，非卿善诱，何以招辑？”[1] 太和六年（482 年），北魏朝廷因荆州巴、氐扰乱，以镇西大将军李崇为荆州刺史。李崇认为，“边人失和，本怨刺史”。李崇上任之后，“宣诏慰谕，民夷帖然”。同时，李崇还命令“边戍掠得齐人者悉还之，由是齐人亦还其生口二百许人，二境交和，无复烽燧之警”。[2]

相反，太和末期北魏在处理降附的柔然问题时曾一度改变了“随其风俗，以施威惠”的原则，结果造成了严重恶果。早在献文帝拓跋弘执掌政权时，一万余户柔然降附北魏，被安置于高平、薄骨律二镇。到太和末期，柔然人大都逃走，只剩下一千余家。太中大夫王通和高平镇将郎育等人，为了防范这些柔然人继续逃走，便提议将他们“徙置淮北”。由于冯太后等上层人物考虑问题不太周全，很快就批准了他们的请求。当时，安东将军杨椿提出了反对意见，认为“徙之无益”。在杨椿看来，民族关系的理想状态是“裔不谋夏，夷不乱华”。对待其他少数民族关键在于“羁縻而已”。历朝之所以让少数民族“居之于荒服之间”，主要基于“悦近来远，招附殊俗”和“别华戎、异内外”的考虑。杨椿进一步认为，目前归附北魏的少数民族越来越多，如果将以前归附者迁徙到淮北，新归附者一定心生不安，他们“不安必思土，思土则走叛。狐死首丘，其害方甚。又此族类，衣毛食肉，乐冬便寒。南土湿热，往必将尽。进失归伏之心，退非藩卫之益。徙在中夏，而生后患”。但八座在讨论时，并没有采纳杨椿的意见，于是这些柔然人被迁到济州。不出杨椿所料，到冀州元

1《魏书》卷 51《吕罗汉传》，第 1139 页。
2《资治通鉴》卷 135，“齐纪一”，“建元四年”条，第 4250 页。

愉反叛时，被迁到济州的柔然人“果悉浮河赴贼，所在抄掠，如椿所策”。[1]

孝文帝亲政后，他的思想越来越成熟，他的民族关系思想也越来越完备。如下几个方面构成了他的思想体系。

其一，全面汉化思想。

北魏自建国以来，许多人虽然具有一定的汉化意识，但又不太想彻底改变鲜卑族的文化和习俗，于是就形成了“胡风国俗，杂相糅乱”[2]的局面。孝文帝亲政后，以全面汉化思想为指导，积极推动鲜卑族的汉化。孝文帝的全面汉化思想主要体现在如下几个方面。

一是迁都洛阳。太和十七年（493年），孝文帝下令迁都；太和十九年（495年），孝文帝又规定：“迁洛之民，死葬河南，不得还北。于是，代人南迁者，悉为河南洛阳人。”[3]洛阳为东汉、曹魏、西晋故都，历来都被视为汉文化的中心，如果迁都洛阳，既会增加人们对北魏政权的正统地位和合法性的认可度，又能使鲜卑族与汉族进一步合流，加强对汉族地区的统治，也可使代北贵族子弟受到汉族文化的浸染，增长知识和才干。孝文帝迁都虽有多方面的考虑，但传统的大一统思想对其影响较深。他曾向燕州刺史穆罴解释过迁都的原因：“代在恒山之北，为九州之外，以是之故，迁于中原”[4]，显然是想通过迁都中原地区，表明北魏属于华夏正统。孝文帝在与任城王澄单独谈话时，对迁都的意图做了进一步解释：“国家兴自北土，徙居平城，虽富有四海，文轨未一，此间用武之地，非可文治，移风易俗，信为甚难。崤函帝宅，河洛王里，因兹大举，光宅中原。”[5]说明孝文帝想通过迁都洛阳，改变推行汉化政策的环境，将代北贵族子弟置于汉族文化的氛围之中，使他们能够和孝文帝一样知书达礼。

1《魏书》58《杨播传附杨椿传》，第1286页。

2《南齐书》卷57《魏虏传》，第990页。

3《魏书》卷7下《高祖纪下》，第187页。

4《魏书》卷14《神元平文诸帝子孙列传》，第359页。

5《魏书》卷19中《任城王澄传》，第464页。

他曾对陆叡、元赞等人说："北人每言北人何用知书，朕闻此，深用怃然。今知书者甚众，岂皆圣人。朕自行礼九年，置官三载，正欲开导兆人，致之礼教。朕为天子，何假中原，欲令卿等子孙，博见多知。若永居恒北，值不好文主，卿等子孙，不免面墙也。"[1]尽管孝文帝费了很多心血和口舌，但起初赞成者极少，反对的呼声十分高涨，穆罴、于果、高闾、元丕父子、太子元恂、元隆、元超、元业等兄弟都坚决反对［如高闾认为"迁（都）有十损，必不获已，请迁于邺"[2]］。即如史书所载"诸公多异同，唯（元）赞赞成大策"[3]。无奈之下，孝文帝于太和十七年（493年）率领20万大军南下，到达洛阳后，恰巧天降大雨，孝文帝假装要继续南下，群臣纷纷跪在马前劝阻。孝文帝巧妙地利用了大臣们"内惮南征"[4]的心理，逼迫他们就范，接受迁都洛阳的想法。但到迁都时，仍然"多有异议"[5]，真正想迁都的和内心持反对意见的各占一半[6]。直到"迁京之后，北蕃人夷多有未悟"[7]者。

二是改官制。北魏初期，官吏名称多为鲜、汉杂用。迁都之后，孝文帝重用来自南朝的王肃改定官制，一依魏晋南朝制度，在中央设置三师、三公、尚书、中书、四征、四镇和九卿等文武百官；地方上则州设刺史，郡设太守，县设县令。通过改革，北魏王朝中的鲜卑旧制几乎被洗刷殆尽，职官机构和名称全部同于汉制。

三是禁胡服。服饰是文化的一个重要方面。鲜卑旧俗披发左衽，妇人冠帽著夹领小袖短袄，而且以穿胡服为荣。太武帝拓跋焘就曾说，"国人本着羊

1《魏书》卷21上《献文六王列传上·广陵王传》，第550页。

2《魏书》卷54《高闾传》，第1206页。

3《北史》卷15《魏诸宗室传》，第573页。

4《魏书》卷53《李冲传》，第1183页。

5《魏书》卷31《于栗磾传附于烈传》，第738页。

6 于烈曾对孝文帝说："陛下圣略渊远，非愚管所测。若隐心而言，乐迁之与恋旧，唯中半耳。"见《魏书》卷31《于栗磾传附于烈传》，第738页。

7《魏书》卷21上《献文六王列传上·广陵王传》，第546页。

皮袴，何用丝帛”[1]。迁都洛阳之前，孝文帝曾责成李冲与冯诞、游明根、高闾、蒋少华等议定衣冠。迁都的同年，孝文帝下令禁穿胡服，服装一依汉制。但因“国人多不悦”[2]，推行的难度较大。太和十九年（495年），孝文帝从前线回到洛阳，他见妇女服装没有改变，仍然是夹领小袖，便在王公卿面前毫不留情地表达了他对留守京都官员的不满情绪[3]。直到太和二十三年（499年），孝文帝从邺回到洛阳，他问任城王元澄：“朕离京以来，旧俗少变不？”当元澄回答“圣化日新”[4]时，孝文帝很不客气地说：“朕昨入城，见车上妇人冠帽而著小襦袄者，尚书何为不察？”当任城王元澄辩解“著者犹少”时，孝文帝愤怒地说：“任城欲令全著乎？一言可以丧邦，其斯之谓”[5]，吓得元澄和许多官员纷纷免冠道歉。可见孝文帝对禁穿胡服的关切程度和推行的难度。

四是断北语。北魏“初定中原，军容号令，皆以夷语”[6]。语言是文化的重要载体，鲜卑人如果能够通晓汉语，就会更容易学习和接受汉族文化，有利于鲜卑族和汉族的交流与沟通。太和十九年（495年）五月，孝文帝下令“今欲断诸北语，一从正音”[7]，并规定汉语为“正音”，鲜卑语为“北语”，凡是在朝廷上讲鲜卑语的一律“免所居官”[8]。为了减轻推广汉语的阻力，孝文帝又作了灵活规定：“年三十以上，习性已久，容或不可卒革；三十以下，见在朝廷之人，语音不听仍旧。若有故为，当降爵黜官。各宜深戒。如此渐习，风化可新。若仍旧俗，恐数世之后，伊洛之下复成被发之人。”[9]

1《资治通鉴》卷125，“宋纪七”，“元嘉二十七年”条，第3948页。

2《资治通鉴》卷139，“齐纪五”，“建武元年”条，第4370页。

3《魏书》卷21上《献文六王列传上·咸阳王禧传》，第536页；《资治通鉴》卷139，“齐纪五”，“建武元年”条，第4370页。

4《资治通鉴》卷142，“齐纪八”，“永元元年”条，第4434页。

5《北史》卷18《任城王澄传》，第657页。

6《隋书》卷32《经籍志》，第947页。

7《魏书》卷21上《献文六王列传上·咸阳王禧传》，第536页。

8《魏书》卷7下《高祖纪下》，第177页。

9《魏书》卷21上《献文六王列传上·咸阳王禧传》，第536页。

五是改姓氏。汉人的姓多为单字，而鲜卑人多为二、三字的复姓（如拓跋、步六孤等），姓氏与汉人的不同，标志着民族的差异，影响胡、汉贵族的合作。[1]而且，孝文帝也清醒地认识到，鲜卑的复姓会遭到汉族士人的鄙视。如抚军大将军、平原王陆叡娶东徐州刺史博陵崔鉴的女儿为妻，崔鉴曾对他的亲属说："平原王才度不恶，但恨其姓名殊为重复。"[2]陆叡本为步六孤氏，当时尚未改姓，所以会引起崔鉴的反感。太和二十年（496 年）正月丁卯，孝文帝正式下达诏书宣布改姓："北人谓土为拓，后为跋。魏之先出于黄帝，以土德王，故为拓跋氏。夫土者，黄中之色，万物之元也；宜改姓元氏。诸功臣旧族自代来者，姓或重复，皆改之。"[3]于是将本家族由拓跋氏改为元氏，所有功臣旧族，包括鲜卑族和其他北方民族，一律改姓，如将拔拔氏改为长孙氏、达奚氏改为奚氏、乙旃氏改为叔孙氏、丘穆陵氏改为穆氏、步六孤氏改为陆氏、贺赖氏改为贺氏、独孤氏改为刘氏、贺楼氏改为楼氏、勿忸于氏改为于氏、尉迟氏改为尉氏，"其余所改，不可胜纪"[4]。至此，鲜卑族与汉族在姓氏上的差别已经消除。这是孝文帝全面汉化思想贯彻得最为彻底的一项政策。

六是定族姓。孝文帝非常重视门第，他把范阳卢氏、清河崔氏、荥阳郑氏、太原王氏确定为汉人士族第一流高门。为了与汉族完全接轨，孝文帝仿照魏晋以来的汉族门阀制度，确定鲜卑族的门第高低。太和十九年（495 年），他颁布诏书称："代人请胄，先无姓族，虽功贤之胤，混然未分。故官达者位极公卿，其功衰之亲，仍居猥任。比欲制定姓族，事多未就，且宜甄擢，随时渐铨。其穆、陆、贺、刘、楼、于、嵇、尉八姓，皆太祖已降，勋著当世，位尽王公，灼然可知者，且下司州、吏部，勿充猥官，一同四姓。自此以外，应

1 朱绍侯等主编：《中国古代史》上册，福建人民出版社，2004，第 364 页。

2《魏书》卷 40《陆俟传附陆叡传》，第 911 页。

3《资治通鉴》卷 140，"齐纪六"，"建武三年"条，第 4393 页。

4《资治通鉴》卷 140，"齐纪六"，"建武三年"条，第 4393 页。

班士流者，寻续别敕。原出朔土，旧为部落大人，而自皇始已来，有三世官在给事已上，及州刺史、镇大将，及品登王公者为姓。若本非大人，而皇始已来，职官三世尚书已上，及品登王公而中间不降官绪，亦为姓。诸部落大人之后，而皇始已来官不及前列，而有三世为中散、监已上，外为太守、子都，品登子男者为族。若本非大人，而皇始已来，三世有令已上，外为副将、子都、太守，品登侯已上者，亦为族。凡此姓族之支亲，与其身有缌麻服已内，微有一二世官者，虽不全充美例，亦入姓族；五世已外，则各自计之，不蒙宗人之荫也。虽缌麻而三世官不至姓班，有族官则入族官，无族官则不入姓族之例也。凡此定姓族者，皆具列由来，直拟姓族以呈闻，朕当决姓族之首末。其此诸状，皆须问宗族，列疑明同，然后勾其旧籍，审其官宦，有实则奏，不得轻信其言，虚长侥伪。不实者，诉人皆加'传旨问而诈不以实'之坐，选官依'职事答问不以实'之条。令司空公穆亮、领军将军元俨、中护军广阳王嘉、尚书陆琇等详定北人姓，务令平均。"[1] 孝文帝定族姓虽是实践全面汉化思想的一大步骤，使胡、汉贵族进一步合流，但其弊端也是显而易见的，最为突出的就是"以贵袭贵，以贱袭贱"[2] 的门阀制度，堵塞了寒门子弟的仕途，埋没了一批优秀人才。因此，当时就遭到了李冲和著作佐郎韩显宗等人的批评。北宋政治家和史学家司马光也对此严厉批评说："选举之法，先门地而后贤才，此魏、晋之深弊，而历代相因，莫之能改也。夫君子、小人，不在于世禄与侧微，以今日视之，愚智所同知也；当是之时，虽魏孝文之贤，犹不免斯蔽。故夫明辨是非而不惑于世俗者，诚鲜矣！"[3]

七是推动鲜卑族与汉族联姻。北魏旧制，"王国舍人皆应娶八族及清修之门"[4]，但咸阳王禧却娶任城王隶户为妻，孝文帝非常恼火，将其大加责

1《魏书》卷 113《官氏志》，第 3014—3015 页。
2《资治通鉴》卷 140，"齐纪六"，"建武三年"条，第 4396 页。
3《资治通鉴》卷 140，"齐纪六"，"建武三年"条，第 4396 页。
4《资治通鉴》卷 140，"齐纪六"，"建武三年"条，第 4396 页。

备。为了大力推动鲜卑族与汉族联姻，孝文帝首先把北方四个门第最高的家族的代表人物——范阳卢敏、清河崔宗伯、荥阳郑羲、太原王琼的女儿纳入后宫，又与出身于陇西大族并与各个高门大族结为儿女亲家的李冲联姻，将其女儿纳为夫人。太和二十年（496 年），孝文帝下诏为六个弟弟重新选定配偶，令长弟咸阳王禧娶故颍川太守陇西李辅之女，次弟河南王幹娶故中散代郡穆明乐之女，三弟广陵王羽娶骠骑谘议参军荥阳郑平城之女，四弟颍川王雍娶故中书博士范阳卢神宝之女，五弟始平王勰娶廷尉卿陇西李冲之女，六弟北海王详娶吏部郎中荥阳郑懿之女。[1] 并要求他们“前者所纳，可为妾媵”[2]。在孝文帝的六个弟媳妇当中，除了河南王幹之妻出于鲜卑贵族外，其余都是汉族高门。鲜卑族与汉族的大规模联姻，有利于鲜卑族与汉族的深度融合。从此，北魏皇族元氏恐怕不会再有纯粹的鲜卑族血统了。

孝文帝虽然凭借中央集权力量大刀阔斧地推行全面汉化思想和政策，但却遭到了一些鲜卑贵族的强烈反对。如太傅、录尚书事元丕“雅爱本风，不达新式，至于变俗迁洛，改官制服，禁绝旧言，皆所不愿”[3]。朝廷议事时，其他大臣都改穿汉服，“朱衣满坐”，唯独元丕“胡服于其间”[4]。太和二十年（496 年），恒州刺史穆泰、散骑常侍、定州刺史陆叡等秘密“招诱宗室”[5]，联络镇北大将军乐陵王元思誉、代郡太守元珍、阳平侯贺头等，企图拥戴朔州刺史阳平王元颐为帝，阴谋据代郡（平城）起兵，企图另立朝廷与孝文帝对抗。孝文帝得知消息后，立即派任城王元澄率并、肆二州之兵平定了叛乱。从穆泰等人的反叛中可以看出反对汉化的势力之强。据《魏书·于栗磾传附于烈传》记载，“是

1《魏书》卷 21 上《咸阳王禧传》，第 534 页。
2《资治通鉴》卷 140，“齐纪六”，“建武三年”条，第 4396 页。
3《魏书》卷 14《神元平文诸帝子孙列传第二》，第 360 页。
4《资治通鉴》卷 140，“齐纪六”，“建武四年”条，第 4408 页。
5《魏书》卷 19 中《景穆十二王列传中·任城王传》，第 468 页。

逆也，代乡旧族，同恶者多，唯烈一宗，无所染预”[1]。又据《魏书·天象志二》记载，“穆泰谋反，伏诛，多所连及”[2]。孝文帝由此感叹说：“北人恋旧，南北纷扰”[3]。尤其令孝文帝始料未及的是，带头反对的竟是自己的太子元恂。据《魏书·废太子恂传》记载，“恂不好书学，体貌肥大，深忌河洛暑热，意每追乐北方”[4]。孝文帝“赐之衣冠，恂常私着胡服”。高道悦多次劝谏，元恂一概不听。太和二十年（496年），元恂乘孝文帝出游嵩高之机，“与左右密谋，召牧马轻骑奔平城”[5]，意欲“跨据恒朔”[6]。为了彻底贯彻全面汉化思想，孝文帝只能以亲生儿子为代价，先将元恂废为庶人，后又将其赐死。在残酷的政治斗争中，元恂成了孝文帝全面汉化思想的牺牲品。

对孝文帝的全面汉化思想和政策，学术界历来就有两种截然不同的评价，肯定者将其捧为盖世英雄，否定者将其贬为千古罪人。总体来说，肯定多于否定。肯定者认为，孝文帝的改革和汉化政策促进了拓跋鲜卑的封建化和北魏国家的兴盛，促进了北方民族的大融合；否定者认为，“孝文帝的汉化政策，实际是扼杀鲜卑拓拔部民族性格和民族精神的政策”，所有汉化政策导致的一系列活动，“都只是将民族自卑感发挥到民族投降主义程度的表现。它所导致的结果则是拓拔民族进取心和凝聚力的丧失，进而则是北魏政权的腐朽和速亡”[7]。我们认为，无论是全盘肯定还是全盘否定，都不是科学的态度。只有对孝文帝全面汉化的思想动机和实践成效两个方面进行实事求是的分析，才能得出比较符合实际的结论。客观地说，孝文帝全面汉化思想的动机是好的，但是由于其制度设计不太科学，而且又想急于求成，脱离了当时的国情和鲜卑族的

1《魏书》卷31《于栗磾传附于烈传》，第738页。
2《魏书》卷105之二《天象志二》，第2369页。
3《魏书》卷19中《景穆十二王列传中·任城王传》，第468页。
4《魏书》卷22《废太子恂传》，第588页。
5《资治通鉴》卷140，“齐纪六”，“建武三年”条，第4400页。
6《魏书》卷22《废太子恂传》，第588页。
7 赵向群、侯文昌：《孝文帝的汉化政策与拓跋民族精神的丧失》，《许昌学院学报》2003年第6期。

族情，在多数鲜卑贵族还没有充分认识到必须进行汉化的情况下，通过强制性手段大力推行，很难收到理想效果。即使取得一定成果，也需要付出巨大代价。因此，“自然融合应是民族同化的最佳方式”[1]。另外，学术界一度出现对孝文帝汉化思想和政策的作用无限拔高的倾向，也有悖于实事求是的原则。一方面，孝文帝的汉化思想和政策在当时就遭到激烈反对，孝文帝虽然靠高压政策强行推行，但很多人只是口上附和，心底里却始终排斥，所以，孝文帝的汉化思想和政策很难贯彻到底；另一方面，一种文化融入另一种文化，需要较长的时间，从孝文帝推行汉化政策到他去世，只有 6 年时间，很难从根本上彻底汉化。况且，在孝文帝死后，已有部分鲜卑族人开始对他的汉化思想和政策进行清算，到北魏后期和东魏北齐，在语言、服饰等方面，又出现了新的鲜卑化倾向。尤为突出的是，他们纷纷赐汉人为鲜卑姓，甚至一些汉人改汉姓为鲜卑姓。至此，孝文帝的汉化成果已大都消失了。此外，孝文帝在推行汉化政策时，对汉族文化不分良莠全盘吸收，加快了迁至洛阳鲜卑官员的腐化进程。因此，一个民族在借鉴和吸收另一个民族的文化时，必须有所选择，不能一概照抄照搬。

其二，以德感化其他少数民族。孝文帝亲政后，对如何处理民族关系，着实动了一番脑筋。思考的最终结果，就是按照传统“修文德以来之”的思路，以德感化这些政权的上层人物。太和十五年（491 年），高丽王高琏去世，孝文帝下诏称：“高丽王琏守蕃东隅，累朝贡职，年逾期颐，勤德弥著。今既不幸，其赴使垂至，将为之举哀。而古者同姓哭庙，异姓随其方，皆有服制。今既久废，不可卒为之衰，且欲素委貌、白布深衣，于城东为尽一哀，以见其使也。”[2] 孝文帝在城东举行悼念高丽王的活动，主要目的是想以德感化高丽，使其子孙后代继续谨守藩臣之节，以保持东北亚地区的稳定局面。因为孝文帝非

1 崔明德等：《中国民族思想的学科建设与创新》，齐鲁书社，2007，第 85、86 页。

2 《魏书》卷 108《礼志三》，第 2789—2790 页。

常清楚一个道理，即“敬其父则子悦，敬其君则臣悦”[1]。再如冯太后死(490年)后，北魏派人到吐谷浑通报消息，但其首领伏连筹对北魏使者非常冷淡，且“拜命不恭”，有些大臣十分气愤，主张出兵讨伐吐谷浑。但孝文帝否决了他们的意见。后来，一些大臣因吐谷浑“受诏不敬”，准备以拒绝吐谷浑朝贡予以报复。孝文帝则认为：“拜受失礼，乃可加以告责，所献土毛，乃是臣之常道，杜弃所献，便是绝之，纵欲改悔，其路无由矣。”孝文帝不仅给了吐谷浑改过自新的机会，而且还下令把战争中俘虏的吐谷浑的妇女、儿童全部释放。伏连筹很受感动，遂遣其世子贺鲁头到北魏朝拜，“礼锡有加”。孝文帝死后，伏连筹“遣使赴哀，尽其诚敬”[2]。太和十八年（494年），孝文帝听说“缘边之蛮，多有窃掠，致有父子乖离，室家分绝”，立即意识到这样“既亏和气，有伤仁厚”。他认为，“方一区宇，子育万姓，若苟如此，南人岂知朝德哉?”于是诏令荆、郢、东荆三州“勒敕蛮民，勿有侵暴”[3]。并命令寿阳、钟离、马头之师释放所俘虏的南齐人口，希望以此感化南齐君臣。

其三，“荡一四海”思想。任何一个有作为的帝王，头脑中都有大一统的思想意识，始终以混一天下为己任。太和十九年（495年），侍中兼左仆射李冲曾向孝文帝分析过，“魏境所掩，九州过八；民人所臣，十分而九；所未民者，惟漠北之与江外耳”[4]。李冲所言漠北与江外是指柔然和南朝萧齐，这也是孝文帝较为用心之处。太和十一年（487年），他召集大臣讨论北伐事宜，当时“进策者百有余人”[5]，同时派平原王陆叡征讨柔然。太和十六年（492年），他在诏书中强调说：“文武之道，自古并行，威福之施，必也相藉。故三、五至仁，尚有征伐之事；夏殷明睿，未舍兵甲之行。然则天下虽平，忘战者殆；

1《魏书》卷54《高闾传》，第1203页。
2《魏书》卷101《吐谷浑传》，第2239页。
3《魏书》卷7下《高祖纪下》，第175页。
4《魏书》卷53《李冲传》，第1184页；《资治通鉴》卷140，“齐纪六”，“建武二年”条，第4383页。
5《魏书》卷7下《高祖纪下》，第162页。

不教民战，可谓弃之。”[1] 同年七月，他令阳平王颐、左仆射陆叡督十二将七万骑兵北征柔然。对于南朝萧齐，他也主张以武力手段，实现“荡一四海”的理想。太和十七年（493 年），孝文帝率兵到达洛阳时，对反对南伐的大臣们严厉批评说：“吾方经营天下，期于混一，而卿等儒生，屡疑大计；斧钺有常，卿勿复言！”[2] 明确表达了他的“荡一四海”思想。太和十八年（494 年），孝文帝曾嘱咐出使江南的卢昶说：“卿便至彼，勿存彼我。密迩江扬，不早当晚，会是朕物。卿等欲，言便无相疑难”[3]，一统天下的雄心大志表露无遗。同年，孝文帝在南征时，曾令舍人公孙延景向南齐冠军将军、南阳太守房伯玉宣诏称：“天无二日，土无两王，是以躬总六师，荡一四海。”[4] 同年（494 年），南齐萧鸾弑君篡位，孝文帝以伐贼为名，率领三十万大军，大举南伐。后又发动两次大规模南征，但由于双方势均力敌，南伐成效并不显著，直到去世，孝文帝也未能实现其“荡一四海”的理想。

其四，“以和为贵”思想。太和十八年（494 年）六月[5]，孝文帝在派卢昶和兼员外散骑侍郎王清石出使南齐时，曾叮咛“世仕江南”的王清石说：“凡使人之体，以和为贵，勿递相矜夸，见于色貌，失将命之体。”[6] 这一思想与太和初期北魏诏敕高丽、百济和勿吉三国“宜共和顺，勿相侵扰”[7] 的思想是一脉相承的。

其五，以诚心对待其他少数民族。在孝文帝的头脑中，“均”和“诚”二字占有相当位置，这是他所经常思考的问题。在他看来，作为国君最应当注意的问题，一是不均，二是不能“推诚御物”。他认为，只要“能均诚，胡越之

1《魏书》卷 7 下《高祖纪下》，第 170 页。
2《资治通鉴》卷 138，“齐纪四”，“永明十一年”条，第 4338 页。
3《魏书》卷 47《卢玄传附卢昶传》，第 1055 页。
4《魏书》卷 43《房法寿传附房伯玉传》，第 973 页。
5 据《资治通鉴》所载时间，“明帝建武元年”，见《资治通鉴》卷 139，“齐纪五”，第 4354 页。
6《魏书》卷 47《卢玄传附卢昶传》，第 1055 页。
7《魏书》卷 100《勿吉传》，第 2220 页。

人亦可亲如兄弟”[1]。这一思想表明，孝文帝的思想已经达到了比较成熟的程度，与其在太和初期蔑视弱小政权的思想意识形成鲜明对比。太和二年（478 年）三月，孝文帝派鸿胪刘归、谒者张察册封弥机为征南大将军、西戎校尉、梁益二州牧、河南公、宕昌王，后来弥机到北魏京师朝拜时，孝文帝因对其印象不佳，便对大臣们说：“‘夷狄之有君，不如诸夏之亡也’，宕昌王虽为边方之主，乃不如中国一吏。”[2] 于是又改封弥机为领护西戎校尉、灵州刺史、宕昌王。在这里，孝文帝既对弱小政权予以蔑视，又折射出他的狭小气度。而“能均诚，胡越之人亦可亲如兄弟”的思想，具有明显的进步性，至今仍闪耀着真理的光辉，也体现了他在晚期思想的成熟程度。

太和十四年（490 年），孝文帝积极推动五德历运的大讨论，体现了他和其他大臣对历史和现实民族关系问题的认识。中国历代王朝在更迭之后，其统治者都会想方设法证明自身的正统地位和合法性。太和十四年（490 年）八月，孝文帝颁布诏书称：“丘泽初志，配尚宜定，五德相袭，分叙有常。然异同之论，著于往汉，未详之说，疑在今史。群官百辟，可议其所应，必令合衷，以成万代之式。”[3] 孝文帝之所以重新提出这一议题，主要是因为当时北魏已处于强盛时期，使其有足够资本和信心重新确定北魏的五德历运，与南朝政权争夺正统地位。在这场大讨论中，中书监高闾主张“定为土德”，而秘书丞臣李彪、著作郎崔光等人则主张“魏承晋为水德”。孝文帝也意识到“越近承远，情所未安。然考次推时，颇亦难继”[4]。因此又令穆亮（侍中、司空、长乐王）、陆叡（侍中、尚书左仆射、平原王）、王元孙（侍中、吏部尚书、中山王）、冯诞（侍中、尚书、驸马都尉、南平王）、游明根（散骑常侍、都曹尚书、新泰侯）、邓侍祖（散骑常侍、南部令）、李恺（秘书中散）、郭祚（尚书左丞）、卫庆（右丞、

1《魏书》卷 7 下《高祖纪下》，第 186 页。
2《魏书》卷 101《宕昌传》，第 2242 页。
3《魏书》卷 108 之一《礼志一》，第 2744 页。
4《魏书》卷 108 之一《礼志一》，第 2746 页。

霸城子)、封琳（中书侍郎)、崔挺（中书郎、泰昌子）及中书侍郎贾元寿等人针对高闾和李彪的两种不同观点进行讨论。太和十五年（491 年）正月，穆亮等人得出的共同结论是，李彪等人的见解有理有据，应当采纳。最后，孝文帝做出了“承晋为水德”[1]的裁决。这样，就把北魏直接纳入华夏政权的序列之中，从理论上确立了北魏自身的正统地位。

在北魏民族关系思想史上，高闾是一个值得特别重视的人物。他一生“历官六朝，著勋五纪”[2]，活跃在北魏政治舞台上达半个世纪之久，被史学家魏收评为“一代伟人”[3]。他喜欢著述，“军国书檄诏令碑颂铭赞百有余篇，集为三十卷”，其中作于孝文帝即位不久的《至德颂》、作于太和中期的《请筑长城表》、作于太和十四年（490 年）的《五德议》以及劝谏孝文帝南征的奏表，系统阐述了他对如何处理民族关系的一些基本想法。在《至德颂》中，高闾编制了一个中国正统王朝的序列，将北魏视为直接继承夏、商、周、汉的王朝，不提秦朝、西晋和曹魏，以此证明北魏的正统地位。[4]在《请筑长城表》中，高闾归纳了文德、武功、法度、防固和刑赏五条“为国之道”，其中三条涉及民族关系，如“远人不服，则修文德以来之”,“荒狡放命，则播武功以威之”,“暴敌轻侵，则设防固以御之”[5]。他特别论述了“北筑长城，以御北虏”的观点[6]，并从五个方面概括了修筑长城的益处。在《五德议》中，高闾强调,“帝王莫不以中原为正统”[7]，并开列了汉之后各个王朝的正统世次:“魏承汉，火生土，故魏为土德。晋承魏，土生金，故晋为金德。赵承晋，金生水，故赵为水德。燕承赵，水生木，故燕为木德。秦承燕，木生火，故秦为

1《魏书》卷 108 之一《礼志一》，第 2746 页。
2《魏书》卷 54《高闾传》，第 1210 页。
3《魏书》卷 54《高闾传》，第 1210 页。
4 参见《魏书》卷 54《高闾传》，第 1199 页。
5《魏书》卷 54《高闾传》，第 1200 页。
6《魏书》卷 54《高闾传》，第 1201 页。
7《资治通鉴》卷 137，“齐纪三”，“永明十年”条，第 4318 页。

火德。秦之未灭，皇魏未克神州，秦氏既亡，大魏称制玄朔”。因此，主张将北魏“定为土德”[1]。高闾的创造性贡献，在于他把匈奴建立的前赵、慕容鲜卑建立的前燕、氐建立的前秦等少数民族建立的政权，全都列于正统地位，突破了传统的蔑视少数民族的思想观念。在劝谏孝文帝南征的奏表中，高闾提出了“畜力以待敌衅，布德以怀远人，使中国清穆，化被遐裔”、“德被四海，中国缉宁，然后向化之徒，自然乐附”和“汉之名臣，皆不以江南为中国”[2]的思想观点。

（四）北魏后期的民族关系思想

北魏后期的民族关系思想主要包括宣武帝元恪、孝明帝元诩、孝庄帝元子攸、节闵帝元恭和孝武帝元修在位时各类人物的思想。

世宗宣武帝元恪是孝文帝的次子。他的民族关系思想主要有如下几种观点。

一是反对与柔然通和。正始三年（506年），柔然首领伩图（即他汗可汗）遣纥奚勿六跋朝献，请求通和。宣武帝不仅“不报其使”，相反则诏令有司告诉勿六跋说：“蠕蠕远祖社仑是大魏叛臣，往者包容，暂时通使。今蠕蠕衰微，有损畴日，大魏之德，方隆周汉，跨据中原，指清八表。正以江南未平，权宽北掠，通和之事，未容相许。若修藩礼，款诚昭著者，当不孤尔也。”永平元年(508年)，伏图又遣勿六跋到北魏奉献貂裘等物，宣武帝仍然不予理睬，“依前喻遣”[3]。

二是“车书宜一”“远近无二”。永平二年（509年）六月，高昌遣使到北

1《魏书》卷108之一《礼志一》，第2745页。
2《魏书》卷54《高闾传》，第1208页。
3《魏书》卷103《蠕蠕传》，第2297页。

魏朝献。宣武帝借此机会下达诏令说："江海方同，车书宜一。诸州轨辙南北不等，今可申敕四方，使远近无二。"[1]

三是主张与库莫奚有限度的互市。拓跋魏自道武帝拓跋珪开始，与库莫奚基本保持着时战时和的关系。宣武帝即位之后，库莫奚主动提出入塞，希望"与民交易"。宣武帝经过反复思考，虽表示同意互市，但又提出了限制条件。宣武帝为此颁布诏书："库莫奚去太和二十一以前，与安、营二州边民参居，交易往来，并无疑贰。至二十二年叛逆以来，遂尔远窜。今虽款附，犹在塞表，每请入塞与民交易。若抑而不许，乖其归向之心。听而不虞，或有万一之警。不容依先任其交易，事宜限节，交市之日，州遣上佐监之。"宣武帝的这一思想，既积极又有所保留，收到了较好的效果，从此之后，库莫奚"岁常朝献，至于武定末不绝"[2]。

在宣武帝时期，车骑大将军源怀提出了"用夏制夷，莫如城郭"[3]的观点，受到了宣武帝的高度重视。

肃宗孝明帝元诩是宣武帝元恪的次子，他的民族关系思想的主要观点是：

一是反对高昌内迁。孝明帝即位不久，高昌就遣使朝献，并希望内迁。孝明帝认为，内迁会引起高昌内部的不稳，他在诏书中阐明了反对的理由："卿地隔关山，境接荒漠，频请朝援，徙国内迁。虽来诚可嘉，即于理未帖。何者？彼之氓庶，是汉魏遗黎，自晋氏不纲，因难播越，成家立国，世积已久。恶徙重迁，人怀恋旧，今若动之，恐异同之变。爰在肘腋，不得便如来表。"但对高昌遣使奉表，"自以边遐，不习典诰，求借《五经》、诸史，并请国子助教刘变以为博士"，[4]孝明帝却大为赞赏，满足了高昌的要求。

1《魏书》卷8《世宗纪》，第208页。
2《魏书》卷100《库莫奚传》，第2223页。
3《资治通鉴》卷145，"梁纪一"，"天监三年"条，第4543页。
4《魏书》卷101《高昌传》，第2244页。

二是“存亡恤败”[1]。孝明帝鉴于柔然“国无定主，思还绥集”[2]的现实情况，曾召集大臣们讨论对策。大臣中出现了两种截然不同的意见，有的同意柔然北还，有的坚决反对。正光元年（520年）十一月和十二月，孝明帝接连颁布两道诏书，阐明了自己的态度。他在《封阿那瓌为蠕蠕王诏》中说：“蠕蠕世雄朔方，擅制漠裔，邻通上国，百有余载。自神鼎南底，累纪于兹，虔贡虽违，边燧静息，凭心象魏，潜款弥纯。今其主阿那瓌属离时难，邦分亲析，万里远驰，庇命有道。悲同申、伍，忠孝足矜。方存兴灭之师，以隆继绝之举，宜且优以宾礼，期之立功，疏爵胙土，大启河岳，可封朔方郡开国公、蠕蠕王，食邑一千户，赐以衣冕，加以轺车，禄恤仪卫，同乎戚蕃。”他在《护送阿那瓌还国诏》中说：“蠕蠕王阿那瓌，遭离寇祸，远来投庇，邦分众析，犹无定主，而永怀北风，思还绥集。启诉情切，良用愍然。夫存亡恤败，自古通典。可差国使及彼前后三介，与阿那瓌相随；并敕怀朔都督，简锐骑二千，躬自率护，送达境首，令观机招纳。若彼候迎，宜锡筐篚车马之属，务使优隆，礼饯而返；如不容受，任听还阙。其行装资遣，付尚书量给。”[3]这两道诏书的核心思想就是“存亡恤败”。正光四年（523年）八月，孝明帝又诏令北道行台，对柔然“饥馁不粒者，厚加赈恤，务令存济”[4]。

三是大一统观念。尽管孝明帝并没有系统阐述大一统思想，但从他对四馆和四里的命名中，可以看出他的这一思想观念。为了吸引各个政权降服或归附于北魏，孝明帝还在洛水桥南御道东面建设金陵馆、燕然馆、扶桑馆和崦嵫馆四个馆，在御道西面设立归正里、归德里、慕化里和慕义里等四里，以安置各个政权来降者。凡是从江南来降者，把他们安置在金陵馆，三年之后赐宅于归正里；对北夷来降者，把他们安置在燕然馆，赐宅于归德里；从东夷来降者，

1《魏书》卷9《肃宗纪》，第231页。
2《魏书》卷103《蠕蠕传》，第2299页。
3《魏书》卷9《肃宗纪》，第231页。
4《魏书》卷9《肃宗纪》，第235页。

把他们安置在扶桑馆，赐宅于慕化里；从西夷来降者，把他们安置在崦嵫馆，赐宅于慕义里。[1]柔然主阿那瓌入朝后，即被安置在燕然馆。孝明帝所设四馆和四里的名称，充分体现了他的大一统观念和怀柔四夷思想。金陵在江南，燕然在漠北。扶桑在东部，是传统地理观念中的日出之处；崦嵫在西部，是传统地理观念中的日落之处。对四馆的命名，流露出孝明帝的大一统观念。四里的名称也体现了孝明帝的大一统观念和怀柔思想，归正里显然具有向南朝表明北魏才是正统的意图，归德里显然是想向少数民族表明北魏是德的化身，慕化里和慕义里显然是想向世人表明，少数民族归附北魏不仅能够得到教化，而且也是一种大义行为。

四是设计出征路线图。孝明帝在位时，内忧外患不断。南朝的萧梁政权不时对北魏用兵。正光二年（521年），东益和南秦州的氐人反叛。正光五年（524年），沃野镇人破六韩拔陵率众起义，揭开了六镇起义的序幕。不久，高平酋长胡琛和东西部敕勒也都纷纷叛魏，积极响应破六韩拔陵。[2]同年，汾州正平和平阳的山胡也反叛北魏。孝昌元年（525年），山胡刘蠡升反叛，自称天子，设置百官。[3]孝明帝为此惊叹“西秦跋扈，朔漠构妖，蠢尔荆蛮，氛埃不息”。就是在这种背景下，孝明帝设计了出征的路线图：“今先讨荆蛮，疆理南服；戈旗东指，扫平淮外。然后奋七萃于西戎，腾五牛于北狄。”[4]

在魏肃宗孝明帝时期，尚书左丞张普惠和冠军将军、凉州刺史袁翻对处理当时的民族关系也有一些比较深刻的认识，丰富了这一时期的民族关系思想。

张普惠的主要思想观点：一是“安民以悦其志，恭己以怀其心”[5]。正光二年（521年），孝明帝诏令安北将军、怀朔镇将杨钧护送蠕蠕主阿那瓌回

1《资治通鉴》卷149，“梁纪五”，“普通元年”条，第4661页。

2《资治通鉴》卷150，“梁纪六”，“普通五年”条，第4681页。

3《魏书》卷9《肃宗纪》，第242页。

4《魏书》卷9《肃宗纪》，第242页。

5《魏书》卷78《张普惠传》，第1739页。

国，张普惠觉得此举不妥，遂在上疏中提出了这一观点，极力反对北魏出兵护送阿那瓌北归。二是夷狄相互攻击有利于北魏。自孝明帝即位之后，柔然和高车就经常发生战争，双方互有胜负。张普惠认为："高车、蠕蠕，连兵积年，饥馑相仍，须其自毙，小亡大伤，然后一举而并之。此卞氏之高略，所以获两虎，不可不图之。今土山告难，简书相续，盖亦无能为也，正与今举相会，天其或者欲以告戒人，不欲使南北两疆，并兴大众。脱狂狡构间于其间，而复事连中国，何以宁之？"[1] 因此，他希望柔然与高车相互争斗，北魏则坐收渔人之利。三是"辑和万国，以静四疆"。他认为，只要"辑和万国，以静四疆"，北魏"混一之期，坐而自至矣"[2]，无须对柔然花费太多的精力。

袁翻的主要思想观点：一是"伐叛柔服，实赖温良"[3]。袁翻通过研究两汉魏晋时期民族关系的历史，得出了这一结论。二是"二虏交斗，中国之利"。袁翻认为，历史上各个时期的少数民族政权，都"衰弱则降，富强则叛"，中原王朝无论是修文德以来之，还是兴干戈以伐之，都有得有失，"利害相侔"。而现在高车、柔然不断争斗，"迭相吞噬"，对北魏控制它们非常有利。起初是柔然衰微，高车强盛，柔然自顾不暇，高车则僻远西北；后来柔然重振雄风，击破高车，"主丧民离，不绝如线"。高车之所以能"终雪其耻，复摧蠕蠕者，正由种类繁多，不可顿灭故也"[4]。袁翻由此得出结论说："二虏交斗，边境无尘数十年矣，此中国之利也"[5]。三是以夷制夷。袁翻的设想是，一方面让柔然内部相互牵制，另一方面，使柔然与高车相互牵制。袁翻鉴于柔然可汗婆罗门为嚈哒击破后率其十个部落到凉州请求降服北魏和柔然余众数万人迎接阿那瓌

1《魏书》卷 78《张普惠传》，第 1740 页。
2《魏书》卷 78《张普惠传》，第 1740 页。
3《魏书》卷 69《袁翻传》，第 1538 页。
4《魏书》卷 69《袁翻传》，第 1541 页。
5《资治通鉴》卷 149，"梁纪五"，"普通二年"条，第 4668 页。

回国的实际情况，建议“蠕蠕二主，皆宜存之”[1]，使其相互牵制。在袁翻看来，“今蠕蠕为高车所讨灭，外凭大国之威灵，两主投身，一期而至，百姓归诚，万里相属。进希朝廷哀矜，克复宗社；退望庇身有道，保其妻儿。虽乃远夷荒桀，不识信顺，终无纯固之节，必有孤负之心。然兴亡继绝，列圣同规；抚降恤附，绵经共轨。若弃而不受，则亏我大德；若纳而礼待，则损我资储。来者既多，全徙内地，非直其情不愿，迎送艰难。然夷不乱华，殷鉴无远，覆车在于刘、石，毁辙固不可寻”。袁翻进一步认为，“蠕蠕尚存，则高车犹有内顾之忧，未暇窥窬上国。若蠕蠕全灭，则高车跋扈之计，岂易可知？今蠕蠕虽主奔于上，民散于下，而余党实繁，部落犹众，处处棋布，以望今主耳。高车亦未能一时并兼，尽令率附”。因此，袁翻建议让阿那瓌居于东部，令婆罗门居于西部的西海故城，而且要“分其降民”，使其“各有攸属”。西海郡本属凉州，距高车所住金山一千余里，正是“北虏”往来之冲要，汉家行军之旧道。这里土地肥沃，宜于耕殖，又有大碛，野兽千百为群，正是柔然射猎的好地方。这样，“殖田以自供，籍兽以自给，彼此相资，足以自固”[2]，不仅对婆罗门本身有利，而且也可使其“永为重戍，镇防西北”[3]。同时，北魏应当遣一良将，监护婆罗门。此外，“凡诸州镇应徙之兵，随宜割配，且田且戍”[4]。袁翻认为，高车具有“豺狼之心，何可专信？”[5]应当时刻保持警惕之心。因此，上述做法“虽外为置蠕蠕之举，内实防高车之策”。待一、二年之后，就可“足食足兵”，此实乃“安边保塞之长计”。袁翻分析，假如婆罗门“能自克厉，使余烬归心，收离聚散，复兴其国者，乃渐令北转，徙渡流沙，即是我之外蕃，高车勍敌”。这样，北魏就不用再有西北之虞。如果婆罗门“奸回返覆，孤恩背德”，也不

1《魏书》卷69《袁翻传》，第1542页。
2《魏书》卷69《袁翻传》，第1543页。
3《魏书》卷69《袁翻传》，第1542页。
4《魏书》卷69《袁翻传》，第1542页。
5《魏书》卷69《袁翻传》，第1543页。

过为逋逃之寇，对北魏并没有什么损伤。如果北魏不立即考虑这些问题，“戎心一启，脱先据西海，夺我险要，则酒泉、张掖自然孤危，长河以西终非国有”[1]。一旦出现这种局面，北魏君臣将会留下终生遗憾。袁翻希望北魏中央政府迅速派遣大使到凉州、敦煌以及西海，对当地的“山谷要害之所”“阅亭障远近之宜”以及兵马、粮草和武器装备情况进行详细考察，尽快实施。他建议，开春就在西海地区播种，到秋天就能收获一年的粮食，“使不复劳转输之功”[2]。四是少数民族“扰我疆场，皆由边任不得其人故”[3]，颠覆了把战争责任完全归咎于少数民族的传统观念。

还是在孝明帝时期，录尚书事、高阳王元雍，尚书令李崇，侍中侯刚，尚书左仆射元钦，侍中元乂，以及侍中安丰王延明、吏部尚书元修义、尚书李彦、给事黄门侍郎元纂、给事黄门侍郎张烈、给事黄门侍郎卢同等人也都就柔然阿那瓌和婆罗门两个可汗问题，发表了与张普惠希望夷狄相互攻击、袁翻以夷制夷思想相类似的观点。他们普遍认为，东汉分立匈奴南、北两个单于，晋朝有西晋和东晋的名称，主要目的是“相维御难，为国藩篱”。具体到柔然而言，他们觉得，怀朔镇北土名无结山吐若奚泉和敦煌北的西海郡，土地平整，“原野弥沃”，应当把阿那瓌和婆罗门安置在这两个地方。他们建议，应将阿那瓌安置在吐若奚泉，将婆罗门安置在西海郡，并令阿那瓌和婆罗门“总率部落，收离聚散”[4]，同时由孝明帝封给他们适当的爵号，给予他们一定的资助。至于这两位柔然首领的部下，则“任其旧俗”[5]。因阿那瓌所居之地，“既是境外，宜少优遣，以示威刑”[6]，并主张提供一定的粮草和武器装备，由沃野、怀朔、武

1《魏书》卷 69《袁翻传》，第 1542 页。
2《魏书》卷 69《袁翻传》，第 1543 页。
3《资治通鉴》卷 148，“梁纪四”，“天监十五年”条，第 4627 页。
4《魏书》卷 103《蠕蠕传》，第 2301 页。
5《通典》卷 196《边防十二》，第 5381 页。
6《魏书》卷 103《蠕蠕传》，第 2301 页。

川镇各派200人把他们护送到吐若奚泉。对于柔然北部前来归降者，只要在婆罗门归附之前到北魏者，一律由州镇按照路程提供必要的粮食，把他们送到阿那瓌的怀朔地盘。至于留在北魏京城的柔然人，则根据他们的意愿自主决定去留。他们建议，因阿那瓌当时还处于草创时期，以前没有多少积蓄，希望发给他们朔州麻子干饭2000斛，由“官驼运送”。因婆罗门居于西海，“既是境内，资卫不得同之”[1]。他们的想法与孝明帝的想法比较吻合，得到了孝明帝的充分肯定。正光二年（521年）十二月，孝明帝诏令安西将军、廷尉兼尚书行台元洪超到敦煌安置婆罗门。次年（522年）十二月，阿那瓌乞求“粟以为田种”[2]，孝明帝下令拨给其一万石。

左丞元孚在如何处理北魏与柔然的关系方面，也有一些比较清醒的认识。他在奉命赈恤忍受饥饿的阿那瓌所部民众时，曾呈递《陈赈恤阿那瓌便宜表》，系统阐述了他的思想观点：一是“从俗因利，拯其所无”[3]，是历代和戎、抚新、柔远之长策。他建议中央政权效法东汉光武帝的做法，资助阿那瓌部众。二是让柔然人继续留在原地，坚决反对强迫柔然人迁徙的主张。他认为，如果“驱之还本，未必乐去，配州内徙，复不肯从。既其如此，为费必大”。应当“借其所闲地，听使田牧；粗置官属，示相慰抚；严戒边兵，以见保卫。驭以宽仁，縻以久策”。[4] 三是鼓励少数民族与北魏互市。尽管元孚的想法比较全面，但并没有得到孝明帝和胡太后的认可，因此也就失去了实践的园地。

此外，北地太守刘藻的“推诚布信”思想和实践也值得重视，因为这一思想收到了“诸羌咸来归附”[5] 的理想效果。

北魏孝庄帝元子攸是彭城王元勰的第三个儿子。永安元年（528年），胡

1《魏书》卷103《蠕蠕传》，第2302页。
2《魏书》卷103《蠕蠕传》，第2301页。
3《魏书》18《太武五王列传·临淮王传》，第425页。
4《魏书》18《太武五王列传·临淮王传》，第426页。
5《魏书》卷70《刘藻传》，第1549页。

太后毒死孝明帝，立三岁的元钊为帝。不久，秀容川契胡酋长尔朱荣进军洛阳，拥立孝庄帝，不仅将胡太后和元钊沉于黄河，而且在河阴的陶渚（今河南孟县）杀害了北魏的二千余名王公大臣，史称“河阴之变”。尔朱荣因元子攸“家有忠勋，且兼民望”[1]，将其拥立为帝。由于当时“天下淆然，外侮内乱”“权强擅命”，孝庄帝也很难有所作为，既没有处理民族关系的“长辔之策”[2]，也没有对民族关系的系统认识，只是在建义初的《加蠕蠕主阿那瓌殊礼诏》中对柔然首领阿那瓌大加赞赏，认为阿那瓌“镇卫北藩，御侮朔表，遂使阴山息警，弱水无尘，刊迹狼山，铭功瀚海，至诚既笃，勋绪莫酬”。为了答谢和表彰阿那瓌，孝庄帝决定对他“标以殊礼”，约定“自今以后，赞拜不言名，上书不称臣”。[3]

自孝庄帝杀尔朱荣直到北魏分裂为东、西魏，北魏皇帝更迭不已，孝武帝元修为此赋诗感叹说：“朱门久可患，紫极非情玩。颠覆立可待，一年三易换。时运正如此，唯有修真观。”[4] 永安三年（530 年）十月，孝庄帝亲手杀死专横跋扈的尔朱荣，尔朱荣的侄子尔朱兆则拥立东海王元晔为帝，改元建明。随后，尔朱兆出兵洛阳，杀死孝庄帝，立元恭为帝，是为节闵帝。532 年，高欢进军洛阳，杀死节闵帝，立平阳王元修为傀儡皇帝，是为孝武帝。534 年，元修逃奔关中，投奔宇文泰（不久即被杀害），高欢立元善见为帝，是为东魏孝静帝，迁都于邺，史称东魏。535 年，宇文泰立元宝矩为帝，是为西魏文帝，都于长安，史称西魏。

从相关文献的记载来看，在北魏后期，由于种种原因，一批上层人物又开始新的鲜卑化，实施重胡抑汉政策，甚至对孝文帝的汉化政策进行猛烈反

1《魏书》10《孝庄纪》，第 255 页。
2《魏书》卷 10《孝庄纪》，第 268、269 页。
3《魏书》卷 103《蠕蠕传》，第 2303 页。
4《魏书》卷 11《前废帝广陵王》，第 278 页。

扑。一方面，“鲜卑共轻中华朝士”[1]和“欺汉儿”[2]，已成了比较普遍的现象；另一方面，他们重新使用鲜卑语，即使高欢在号令三军时，也经常讲鲜卑语。出现这种现象，与他们的思想认识密切相关。他们认为，汉人在战场上不如鲜卑人勇猛，关键时刻派不上用场。在他们的思想深处，根本就信不过汉人。因此，对汉人采取歧视和排挤态度。这里仅举一例来说明这一问题。534年，大都督高昂率领乡人部曲王桃汤、东方老、呼延族等三千人跟随高欢到韩陵征讨尔朱兆。高欢对他说：“高都督纯将汉儿，恐不济事，今当割鲜卑兵千余人共相参杂，于意如何?”高昂非常自信地说：“敖曹（高昂字敖曹）所将部曲，练习已久，前后战斗，不减鲜卑，今若杂之，情不相合，胜则争功，退则推罪，愿自领汉军，不烦更配。”[3]其实，这场战争的获胜，靠的主要是高昂所领的汉兵。尽管如此，鲜卑人从心底里仍然瞧不起汉人。由此可见北魏末期鲜卑族对汉化政策的抵制态度和价值取向。到东魏北齐，鲜卑族进一步加剧了对汉化政策的反扑。

（五）结语

通过对北魏时期民族关系思想的初步梳理和探讨，我们可以得出如下几点认识。

其一，北魏时期的民族关系思想在中国民族关系思想史上具有承上启下的重要地位。一方面，北魏逐步吞并鲜卑族建立的后燕、匈奴族建立的夏、汉族建立的北燕和匈奴族建立的北凉，又分裂和衍变为西魏北周及东魏北齐，对中国民族关系产生重要影响；另一方面，北魏是鲜卑族建立的政权，如对这一时

1《北齐书》卷21《高乾传附弟昂传》，第295页。
2《北齐书》卷1《神武纪上》，第7页。
3《北齐书》卷21《高乾传附弟昂传》，第294页。

期的民族关系思想进行系统梳理和深入研究，初步构建起研究少数民族政权各类人物民族关系思想的基本范式，有助于进一步丰富、拓展和深化中国民族关系思想史的研究。目前，学术界主要侧重于汉族政权民族关系思想史的研究，但对少数民族政权各类人物民族关系思想重视不够。中华民族的思想文化包括中国各个民族的思想文化，少数民族的思想文化具有丰富的内涵，有些认识非常深刻和精辟，需要我们进行深入挖掘、系统梳理和细致研究。因此，系统探讨北魏时期的民族关系思想，具有重要的学术价值。

其二，北魏时期许多政治家、思想家和普通民众都在不断思考和认识汉化问题，总的来看，鲜卑拓跋部及北朝在对待其他民族的文化和习俗等方面，经历了坚守—变革—反扑—调适四个阶段或者说四大转折，即从北魏皇室始祖拓跋力微到北魏道武帝拓跋珪时期，坚守本民族习俗和文化是其主流思想，沙漠汗、崔逞、贺狄干之死就很能说明问题。沙漠汗之死已见前述，此不复赘。拓跋珪虽然非常器重崔逞，将其封为尚书和御史中丞，“任以政事”[1]，但又时刻对他予以防范，并借故将其赐死。即使对他非常信任的崔玄伯，拓跋珪也经常派人对他进行监视和“密察”[2]。对曾经被后秦扣留在长安的贺狄干，拓跋珪因其熟读史书、学习过儒家经典以及“言语衣服，有类羌俗，以为慕而习之，故忿焉，既而杀之”[3]。这些都足以说明，坚守本民族习俗和文化依然是这一时期鲜卑族上层人物的主流思想。北魏中期，在孝文帝全面汉化思想指导下，北魏按照汉族的制度和文化，在诸多方面对鲜卑族进行了彻底变革。北魏后期尤其是东魏北齐，新的鲜卑化倾向愈来愈明显，甚至对孝文帝的汉化政策进行猛烈反扑。在西魏北周时期，最高统治者既对北魏中期的改革政策以及北魏后期和东魏北齐的民族关系政策进行调整，又对汉族与鲜卑族的关系进行调整，还对

1《魏书》卷 32《崔逞传》，第 758 页。

2《魏书》卷 24《崔玄伯传》，第 621 页。

3《魏书》卷 28《贺狄干传》，第 686 页。

西魏北周与突厥等少数民族政权的关系进行调整，使当时的民族关系基本适应新的形势需要。北周消灭北齐，其中原因之一，就是北周对此前民族关系和民族政策的恰当调适。而北魏本身，则经历了坚守—变革—反扑三个阶段或三大转折。

其三，北魏时期曾有多次关于民族关系问题的大讨论，其中比较典型的大讨论就有三次。一次是太武帝就是否答应吐谷浑首领慕璝“求还乡土”[1]的要求，招集公卿进行讨论，太尉长孙嵩及议郎、博士共279人参加了讨论；另一次是孝文帝太和十四年（490年）关于五德历运问题的大讨论，一大批大臣参与了这场大讨论；还有一次是孝文帝时期关于迁都利弊以及汉化问题的大讨论；每次关于民族关系问题的大讨论，都充分展示了各类人物的民族关系思想。在讨论中，不同思想进行交锋和碰撞，产生了许多颇有价值的新认识、新观点，尤其是孝文帝时期关于汉化问题的大讨论，各种思想观点都得以充分表达，集中反映了当时各类人物对民族关系的认识角度和认识水平。

其四，大一统是北魏民族关系思想的一条主线，任何一位有作为的政治家，都具有大一统思想观念，而且也都试图实现大一统局面。如什翼犍的“廓定四海”的目标定位，道武帝拓跋珪的“四海之民，皆可为国”的思想观念，明元帝拓跋嗣的“混一车书”的念头，张衮的“囊括六合，混一四海”的理想追求，太武帝拓跋焘的“以正一统”的终极目标，孝文帝的“荡一四海”思想，宣武帝的“车书宜一”“远近无二”的理念，等等。可见大一统观念是北魏有作为政治家的共同思想。

其五，以德处理民族关系是北魏民族关系思想的核心内容之一。如道武帝拓跋珪的“抚之在德”思想，献文帝拓跋弘的以仁消解仇恨思想，孝文帝以德感化其他少数民族的思想，等等。

1《魏书》卷101《吐谷浑传》，第2236页。

其六，“因俗而治”是北魏民族关系思想的核心内容之一，拓跋焘曾系统阐述过这一思想；孝文帝在位时，也曾明确提出对仇池氐羌应“随其风俗，以施威惠”；孝明帝时期的许多大臣主张对柔然阿那瓌和婆罗门两位首领的部下要“任其旧俗”。

其七，北魏民族关系思想既有精华，也有糟粕，应当作实事求是的分析。大致言之，拓跋珪的“抚之在德”思想，许谦的“亲仁善邻”和“分灾恤患，休戚是同”的思想观点，拓跋焘的“偃武修文”思想，拓跋弘的“令万方各安其所”和“以信诚待物”思想，孝文帝的“以和为贵”思想和以诚心对待其他少数民族的思想，孝明帝的“存亡恤败”思想，以及刘藻的“推诚布信”思想等，是中国民族关系思想史乃至中国思想史的宝贵财富，不仅具有重要的历史价值，而且具有很强的现实意义，有的至今仍闪耀着真理的光辉，需要我们认真挖掘和大力弘扬。也有一些思想观点，如把其他少数民族当作炮灰，利用战争削弱其他少数民族势力，希望少数民族之间不断争斗北魏从中取利，最为典型的就是拓跋焘给南朝刘宋盱眙守将臧质的信中所表达的思想，毫无疑问，这是历史的糟粕，应当彻底抛弃。作为一种权术、谋略或手段，在当时或许会取得一定的预期效果，但从长远来看，尤其是放在人类文明和社会进步历史的长河来看，这是一种极其自私、极其阴险和极其卑鄙的思维和手段，最终会为人类所不齿。再如蔑视其他少数民族的思想意识，也是一种历史糟粕。民族无论大小、历史长短、发育阶段高低，都是平等的，绝没有优劣之分。所以，各个民族都应当相互尊重，相互包容，友好相处，不应当有任何歧视。再如孝文帝的定族姓，严重阻塞了“草根精英”的上升通道，与历史发展的潮流背道而驰。魏文帝曹丕推行的九品中正制所形成的“上品无寒门，下品无势族”[1]局面，在北魏时期时隐时现。北魏后期的官场腐败与此就有一定的关系。

1《晋书》卷45《刘毅传》，第1274页。

其八，北魏时期许多政治家对民族关系问题的思考、认识和阐释，都是基于稳固政权和解决现实民族关系问题的需要，试图建立起指导民族关系良性发展的理论体系。他们的思想认识，既有对北魏之前民族关系思想的吸收和继承，也有对北魏之前民族关系思想的深化和发展。当然，也有的思想认识仅仅停留在前人的认识基础上，甚至有的思想认识还低于前人的认识水平。这些都需要我们科学分析和认真研究。

三、北魏太和年间关于迁都问题的大讨论

北魏太和年间，孝文帝主导了一场关于迁都问题的大讨论，产生了改革派、保守派和中间派。三派之间进行了激烈的思想交锋，产生了许多有重要价值的思想认识。这场大讨论关乎北魏政治走向，应予客观评价：大讨论是特定历史条件下的产物及北魏汉化思潮的总爆发；各方争论的焦点虽是迁都问题，但实质是鲜卑族的汉化问题；改革派低估了保守派的抵抗力度；大讨论并未取得理想效果，权术与计谋成了迫使保守派就范的法宝；改革派的思想认识虽符合历史发展大势，但也有其局限性；主导大讨论和改革举措体现了孝文帝过人的胆识、意志和魄力。通过对大讨论的梳理，可以深化一些认识：大讨论往往会催生出不同的思想流派；思想解放需要统治者的有力支持，改革关键在于统治集团形成共识及统治者强力推进；适当的妥协和变通是推进改革的必要环节；争取中间派是孤立和瓦解保守派的有效手段。

北魏太和年间孝文帝的迁都是其推进汉化改革的关键，关于是否迁都及汉化问题，朝野内外展开了一场大讨论，产生了三种思想流派：一是以孝文帝为首的欣慕华风，改革旧制，彻底汉化的改革派；二是主张继续保持鲜卑旧俗，反对迁都及汉化的保守派；三是主张在不放弃鲜卑旧有习俗情况下，可以相应汉化的中间派。三派之间进行了激烈的思想交锋，产生了许多有重要价值的思想认识。下面拟对这场大讨论的相关问题进行初步梳理和分析，以期更加准确地把握北魏太和年间的民族关系思想动态，更好地理解孝文帝时期的民族政策

及处理民族关系的方式。

（一）三种思想流派

西晋末年政局动荡，黄河流域迭经战祸，北方各少数民族趁机南下建立政权，逐鹿中原。在此背景下，拓跋鲜卑建立的北魏登上历史舞台，逐渐统一北方。北魏在中原地区建立政权后，经过几代人的努力，先后灭掉北燕、夏、北凉、仇池等政权，又北伐柔然，至太武帝拓跋焘时最终统一黄河流域，结束了西晋末年以来黄河流域的多年纷乱，建立起一个以鲜卑族为主体的多民族国家，并与南朝形成对峙的局面。

民族关系问题历来是统治者最为头疼的问题之一，北魏孝文帝统治前期，民族矛盾尤为突出、民族关系极为复杂，如何处理好鲜卑族与汉族等其他民族的关系，是孝文帝不得不认真考虑的问题，而随着王朝疆域的开拓，这一问题也就愈发棘手，统治时间越长，民族冲突与矛盾也就愈益突出。在冯太后的支持下，孝文帝实行了一些改革，但还不够彻底。孝文帝亲政后，力图有所作为，亟须摆脱鲜卑族落后的习俗，学习先进的汉文化，使鲜卑族的发展同中原地区的政治、经济和文化相适应，而首都平城是当时保守势力的中心，在此进行汉化改革无疑会困难重重。对孝文帝来说，迁都是摆脱守旧势力、顺利推进汉化改革的关键。为此，在孝文帝主导下，围绕是否迁都及汉化等问题，朝野上下开展了一场空前的大讨论，形成了三种不同的思想流派。

一是以孝文帝为首的改革派，他们欣慕华风，主张改革旧制，彻底汉化。此派主要以孝文帝元宏及宗室任城王元澄、南安王元桢为代表，也包括陇西的李冲与李韶、太原郭祚、清河崔光以及南朝流入北方的琅琊王肃等汉族高门人物。他们绝大多数受过系统的汉化教育，深受汉文化熏陶，汉化程度极深。他们能从较高的文化层次观察社会现实，对本民族与汉族文化的差距有较为清醒的认识，而且还能够认识到这些问题是导致政权不稳的重要因素。他们深厚的理论素养与对社会现实的深刻关怀，使他们一致赞同孝文帝改革。孝文帝迁都洛阳之前，曾诏引左右侍臣，以访古事为名，观察大臣们对迁都洛阳的态度。李韶认为："洛阳九鼎旧所，七百攸基，地则土中，实均朝贡，惟王建国，莫尚于此。"[1] 李韶的建议深为孝文帝所称善。此后，孝文帝假借南伐之名，以行迁都之实，在迁都付诸实施过程中，南安王元桢带头拥护迁都："成大功者，不谋于众。今陛下苟辍南伐之谋，迁都洛邑，此臣等之愿，苍生之幸也。"[2] 任城王元澄与李冲最初反对迁都，反对改革，但在孝文帝的开导下，毅然加入改革派，成为改革派的中坚力量。元澄曾代孝文帝做群臣的工作，李冲此后更肩负了主持营建洛阳新都的重任。

二是主张继续保持鲜卑旧俗、反对迁都及汉化的保守派。鲜卑贵族中的一些元老重臣以"旧人怀土，多所不愿"[3] 为由，坚决反对迁都及汉化改革。此派以太子元恂为代表，主要人物有北魏元老旧臣穆泰、陆叡以及新兴公元丕父子等。如宗室元丕"雅爱本风，不达新式，至于变俗迁洛，改官制服，禁绝旧言，皆所不愿"[4]。保守派中的大多数是北魏宗室和功臣子弟，他们手中握有军政大权，势力不容小觑。他们对孝文帝的迁都及汉化改革极有意见，在他们看来，北魏既以武力取得天下，也须以武力进行管理。他们认为，只有保持鲜卑旧俗，才能维护鲜卑族固有的统治地位。况且，他们在代北地区拥有大量资产，改革势必会触及他们的根本利益。因此，他们对孝文帝革除鲜卑旧俗强烈不满，坚决反对迁都和汉化。

三是主张在不放弃鲜卑旧有习俗前提下可以相应汉化的中间派。这一派的代表主要是鲜卑贵族中的开明知识分子，对于孝文帝的迁都及汉化改革，中间

1《北史》卷 100《序传附李韶传》，第 3318 页。
2《资治通鉴》卷 138，"齐纪四"，"永明十一年"条，第 4340 页。
3《魏书》卷 58《李冲传》，第 1183 页。
4《魏书》卷 14《神元平文诸帝子孙列传》，第 360 页。

派并非无动于衷，但他们认为在不放弃鲜卑旧有习俗前提下，也可以相应地汉化。中间派看到了北魏政权面临的困境，对落后的塞上与苦寒的平城并不十分留恋，所以，他们并不反对迁都，但却反对彻底改革鲜卑旧俗。此外，对新都的地点，中间派也有自己的看法，如大臣高闾反对迁都洛阳，认为"迁有十损，必不获已，请迁于邺"[1]；大臣李冏也乘孝文帝在长安的机会"劝高祖去洛阳而都之"[2]。对于高闾所言，孝文帝颇为不满，因此其建议也被束之高阁，而李冏所提迁都长安之议，孝文帝因种种考量也未采纳。中间派认为，鲜卑族的风俗习惯与汉族向来不同，迁都以后，朝廷的一些典章制度可以学习汉族，但鲜卑的服装、语言等风俗习惯则可以保留下来，不应强迫汉化，对各民族之间的融合，也不必硬性干涉。如大臣于烈，当孝文帝问及他对迁都洛阳的看法时，他说："若隐心而言，乐迁之于乐旧，唯中半耳。"[3]显然，于烈是典型的中间派。他们虽对汉化并不十分情愿，但也没有坚决反对。而对孝文帝来说，这部分人"既不唱异，即是同"[4]。中间派的中立或者倒向改革派，能够最大限度地孤立保守派，这当然是孝文帝所希望看到的理想结果。

在这三派势力中，改革派因为有皇权的加持，可以持续推动改革进程；保守派手握实权，力量比较强大，他们甚至图谋发动武装叛乱以阻挠迁都和改革；中间派虽赞同孝文帝的一些改革措施，但却反对彻底改革风俗习惯，认为保留鲜卑族原有风俗习惯并不影响与汉族的合作。最终，孝文帝采取妥协变通的办法，依靠强大的皇权及宗室元澄、元桢等人的支持，联络汉族世家大族，争取和团结中间派，分化瓦解并最终打败了保守派。由于各方所代表的利益群体不同，在思想认识上又有巨大分歧，因此，各派之间不免会产生矛盾与冲突，出现激烈的思想交锋。

1《魏书》卷 54《高闾传》，第 1206 页。

2《魏书》卷 36《李顺传附李冏传》，第 841 页。

3《魏书》卷 31《于栗磾传附于烈传》，第 738 页。

4《魏书》卷 31《于栗磾传附于烈传》，第 738 页。

（二）思想交锋

都城为天下之重，诚如古人所言，“天下之形势，视乎建都”[1]。因此，迁都事关重大。尤其是北魏孝文帝迁都，是改变北魏政治走向的重大事件。

关于孝文帝迁都的原因，以往论者颇多。劳榦较早关注这一问题，他认为，“魏孝文迁都为南北朝一件大事，直影响南北朝整个之局面，世之持论者当然首及孝文倾慕华风，然此故是原因之一，但决不能就此一端立说”[2]。在他看来，迁都意在图南，也与漕运有关。钱穆认为，孝文帝迁都的动因，“一则元魏政治，久已汉化，塞北荒寒，不配做新政治的中心。二则北方统一以后，若图吞并江南，则必先将首都南移。三则当时北魏政府，虽则逐步汉化，而一般鲜卑人，则以建国已逾百年，而不免暮气渐重，魏孝文实在想用迁都的政策来与他的种人以一种新刺激”[3]。王仲荦认为，孝文帝迁都有两个原因，“一是解决塞上一带严重粮荒，二是防备柔然与便利南侵”[4]。邹纪万认为，迁都洛阳有七条理由，“首都平城缺粮，又靠近柔然，有累卵的危险；平城距离魏的南境过远，且酷寒多风沙、人口稀少、又无漕运，实不配做政治中心；若要吞并江南，势必将首都南移；中原常有人民叛变，首都南迁利于镇压；洛阳是汉魏晋的故都，为当时北方汉文化的中心，自然也是推行汉化最好的环境；当时北魏政府虽已逐步汉化，但是一般鲜卑人却因为建国已超过百年，不免暮气重重，孝文也想借迁都的政策，来刺激鲜卑族重复生机”[5]。尚志迈、赵淑珍认为，迁

---

1 （清）顾祖禹：《读史方舆纪要》，贺次君、施和金点校，中华书局，2005，第1页。

2 劳榦：《论魏孝文之迁都与华化》，《国立中央研究院历史语言研究所集刊》1939年第8本第4分册，第485—494页。

3 钱穆：《国史大纲》（修订本），商务印书馆，2015，第282—283页。

4 王仲荦：《魏晋南北朝史》，上海人民出版社，2016，第505页。

5 邹纪万：《魏晋南北朝史》，九州出版社，2010，第121—122页。

都洛阳“主要是为移风易俗，以便从文化上、生活方式上消除鲜汉差异，缓和民族矛盾，‘复礼万国’，实现其统一中国的壮志，使北魏王朝以华夏正统王朝的姿态雄踞中原，更好地号召、笼络广大汉族士人效忠于北魏朝廷，以求北魏王朝的长治久安”[1]。陈英认为，“孝文帝迁都洛阳的重要动因之一，根源于冯太后政治威势的强大与皇权的尴尬，给他内心深处造成创伤和压力”[2]。王东洋认为，“南迁是拓跋鲜卑的历史传统，孝文帝最终选择洛阳作为新都，既有洛阳自身的优势，亦是其政治理想使然。孝文帝具有强烈的正统思想和天下观念，实现大一统理想是其迁都洛阳的必然。洛阳是统一帝国的都城首选，孝文帝迁都洛阳正是看中了洛阳的政治象征意义和文化价值”[3]。刘继刚认为，“平城及周边地区灾害频发的客观现实也是迁都的因素之一”[4]。

综合各方面来看，孝文帝迁都是在充分考虑平城劣势和洛阳优势基础上做出的决定。平城的劣势在于气候恶劣，农业生产不能满足都城的需要，保守势力根深蒂固，易受北方强敌柔然的威胁。洛阳的优势在于农业生产发达，汉文化发达，既能解决首都缺粮的困境，又能争取汉族支持，还能避开强敌柔然的锋芒，刺激鲜卑族重新焕发生机与活力。最为重要的是，迁都洛阳有利于控制中原，符合孝文帝进一步深化汉化改革与南下伐齐、实现一统天下的战略目标。

孝文帝认为，要变法革新，势必要迁都洛阳，既然迁都洛阳，就应该与平城时期有所不同。换言之，即用一种适合汉化的生活方式代替“胡风国俗，杂相揉乱”[5]的塞上生活方式。孝文帝已经意识到，鲜卑族已经发展到特定的历史

1 尚志迈、赵淑珍：《也谈魏孝文帝拓跋宏的迁都——兼评王仲荦先生的迁都原因说》，《内蒙古大学学报（哲学社会科学版）》1994 年第 4 期。

2 陈英：《北魏孝文帝迁都洛阳及汉化心理剖析》，《甘肃社会科学》2005 年第 2 期。

3 王东洋：《北魏孝文帝迁都洛阳原因补论》，《河南科技大学学报（社会科学版）》2010 年第 3 期。

4 刘继刚：《北魏孝文帝迁都环境因素考论》，《中州学刊》2018 年第 10 期。

5《南齐书》卷 57《魏虏传》，第 990 页。

阶段，继续保持原有的生活方式，已不可能。虽然鲜卑贵族与汉族世家大族之间有矛盾与冲突，但更多的是合作与共生。而且，当时北魏境内的农民起义此起彼伏，若要长期统治北魏所有地区，得到占人口绝大多数汉族人的支持，汉化是唯一的选择。也就是说，孝文帝想用汉族统治者的统治方法来统治汉族人民和治下的其他少数民族，以减少鲜卑族与汉族及其他少数民族之间的矛盾，巩固其统治地位。孝文帝主张彻底汉化，决心南下迁都，自然就与保守派产生了激烈冲突。

代北地区的复杂形势，保守派势力的根深蒂固，北魏统治者若想完成汉化，非得向南迁都不可。但是，迁都真正实施起来并不容易，必然会触及保守派的根本利益，遭到他们的强烈反对。对此，孝文帝与任城王元澄曾作过探讨。

> （孝文帝）独谓澄曰："今日之行，诚知不易。但国家兴自北土，徙居平城，虽富有四海，文轨未一，此间用武之地，非可文治，移风易俗，信为甚难。崤函帝宅，河洛王里，因兹大举，光宅中原，任城意以为何如？"澄曰："伊洛中区，均天下所据。陛下制御华夏，辑平九服，苍生闻此，应当大庆。"高祖曰："北人恋本，忽闻将移，不能不惊扰也。"澄曰："此既非常之事，当非常人所知，唯须决之圣怀，此辈亦何能为也？"高祖曰："任城便是我之子房。"……及驾幸洛阳，定迁都之策，高祖诏曰："迁移之旨，必须访众。当遣任城驰驿向代，问彼百司，论择可否。近日论《革》，今真所谓革也，王其勉之。"既至代都，众闻迁诏，莫不惊骇。澄援引今古，徐以晓之，众乃开伏。澄遂南驰还报，会车驾于滑台。高祖大悦，曰："若非任城，朕事业不得就也。"[1]

迁都洛阳必然要损害到保守派的一些既得利益，势必会遭到他们的激烈反

1《魏书》卷19《任城王云传附元澄传》，第464—465页。

对。孝文帝清醒地认识到这场斗争的艰巨性以及迁都对此后汉化改革的重要性，所以，不得不与近臣内侍预先谋划，扫除一些障碍。

反对汉化的主要代表人物是恒州刺史穆泰、定州刺史陆叡及太子元恂，他们大多是北魏政权中的实力派，南下迁都势必影响他们在代北地区的根本利益，因而主张继续保持鲜卑旧俗。保守派认为，孝文帝的改革抛弃了本民族的传统。鲜卑贵族之所以能够统治几百年来动荡不已的中原，就是因为鲜卑人精于骑射、骁勇善战，最重要的是马背上的生活和战斗方式一致，一旦迁都洛阳，鲜卑人的生产生活方式势必改变，必然会失去过去的民族特质，失去游牧民族强悍善战的性格和习惯，反而不利于鲜卑贵族的统治。况且，洛阳的气候比塞上的平城要热得多，鲜卑人既已适应了塞上的气候环境，担心南迁之后不服水土，如此一来，死亡率一定会很高。所以，保守派既不主张迁都，更强烈反对鲜卑族的汉化。

虽然有任城王元澄“援引今古，徐以晓之”的劝导，但形势仍极为严峻，保守派还是不愿轻易就范，迁都及汉化改革遇到了重重阻力。太和十八年(494年）三月，孝文帝北返平城，召集留守大臣讨论迁都之事，保守派大臣与孝文帝之间有过一次大的争论，兹将相关内容征引如下。

> 及高祖(孝文帝）欲迁都，临太极殿，引见留守之官大议。乃诏丕等，如有所怀，各陈其志。燕州刺史穆罴进曰：“移都事大，如臣愚见，谓为未可。”高祖曰：“卿便言不可之理。”罴曰：“北有猃狁之寇，南有荆扬未宾，西有吐谷浑之阻，东有高句丽之难。四方未平，九区未定。以此推之，谓为不可。征伐之举，要须戎马，如其无马，事不可克。”高祖曰：“卿言无马，此理粗可。马常出北方，厩在此置，卿何虑无马？今代在恒山之北，为九州之外，以是之故，迁于中原。”罴曰：“臣闻黄帝都涿鹿。以此言之，古昔圣王不必悉居中原。”高祖曰：“黄帝以天下未定，居于涿鹿；既定之后，亦迁于河南。”尚书于果曰：“臣诚不识古事，如闻百姓之言，先

皇建都于此，无何欲移，以为不可。中原其如是所由拟，数有篡夺。自建邑平城以来，与天地并固，日月齐明。臣虽管见肤浅，性不昭达，终不以恒代之地，而拟伊洛之美。但以安土重迁，物之常性，一旦南移，惧不乐也。”丕曰：“陛下去岁亲御六军讨萧氏，至洛，遣任城王澄宣旨，敕臣等议都洛。初奉恩旨，心情惶越。凡欲迁移，当讯之卜筮，审定吉否，然后可。”高祖谓丕曰：“往在邺中，司徒公诞、咸阳王禧、尚书李冲等皆欲请龟占移洛吉凶之事。朕时谓诞等曰，昔周邵卜宅伊洛，乃识至兆。今无若斯之人，卜亦无益。然卜者所以决疑，此既不疑，何须卜也？昔轩辕卜兆龟焦，卜者请访诸贤哲，轩辕乃问天老，天老谓为善。遂从其言，终致昌吉。然则至人之量未然，审于龟矣。朕既以四海为家，或南或北，迟速无常。南移之民，朕自多积仓储，不令窘乏。”丕曰：“臣仰奉慈诏，不胜喜舞。”高祖诏群官曰：“卿等或以朕无为移徙也。昔平文皇帝弃背率土，昭成营居盛乐，太祖道武皇帝神武应天，迁居平城。朕虽虚寡，幸属胜残之运，故移宅中原，肇成皇宇。卿等当奉先君令德，光迹洪规。”前怀州刺史青龙，前秦州刺史吕受恩等仍守愚固，帝皆抚而答之，辞屈而退。[1]

孝文帝就迁都问题让留守大臣讨论，但反对的声音还是很多，反对者大都认为四方未定，不宜迁都；再者，北魏建都平城时间已久，百姓安逸，迁都势必会引发一系列问题。但在孝文帝看来，北魏远祖本世代居住在北荒，以后国都屡迁，到道武帝时才迁到平城。作为首都，平城在道武帝、明元帝、太武帝、文成帝、献文帝之时尚可满足北魏统治的需要，而随着王朝疆域的扩大，境内民族成分的增多，时移世异，民族问题已经变得极为复杂，此时，平城作为一隅之地已经不适合控制如此广袤的疆域，所以都城固定不迁的说法，很轻易就被孝文帝驳回。而穆罴认为，国家四方未平，迁都以后恐将征伐无马，洛

1《魏书》卷 14《神元平文诸帝子孙传》，第 359—360 页。

阳所处的中原地区并非不能养马，但中原地区是农耕区，若要大规模养马，势必会剥夺农民的耕地，影响农民利益，这样在中原地区大规模养马便不大可能。相较于洛阳地区，平城一带有便于大规模养马的有利条件，以此来看，平城地区显然要优于洛阳地区，这未尝不是一个反对迁都的重要理由。对此，孝文帝的回复是："马常出北方，厩在此置，卿何虑无马?"而且，拓跋鲜卑历史上在这方面的实际成效以及当时的成功做法，有力地支持了孝文帝的看法："世祖之平统万，定秦陇，以河西水草善，乃以为牧地。畜产滋息，马至二百余万匹，橐驼将半之，牛羊则无数。高祖即位之后，复以河阳为牧场，恒置戎马十万匹，以拟京师军警之备。每岁自河西徙牧于并州，以渐南转，欲其习水土而无死伤也，而河西之牧弥滋矣。"[1]

此外，尚书于果也以安土重迁为由反对南迁，平阳公元丕想以占卜为由试图使孝文帝打消迁都念头。对于这些大臣的担忧，孝文帝未尝不曾考虑到，但鲜卑族本为游牧民族，安土重迁的观念没有农耕民族那样强烈，同时又有"平文弃背率土，昭成营居盛乐，道武迁居平城"可以效法，所以安土重迁之说并没有对孝文帝的决议形成实际威胁。而占卜之说也被孝文帝驳回："朕既以四海为家，或南或北，迟速无常。南移之民，朕自多积仓储，不令窘乏。"最后，还有部分大臣提出反对迁都的理由，但孝文帝迁都决心已下，迁都平城是他进一步改革的重大步骤，不容有失，此次北返平城目的是要做通群臣的工作。在此情势下，朝堂上群臣虽未心服口服，却也不敢激烈反对。

事实上，迁都之争并未就此结束，朝堂之下还有一些顽固的守旧派不甘心就此败下阵来。为了使旧制度继续下去，反对派甚至不惜采取叛乱行动破坏改革。如太子元恂因身体肥胖，迁都洛阳后水土不服，"深忌河洛暑热，意每追乐北方"[2]，这让代北的保守势力看到了利用太子元恂的身份发动叛乱的机会。史

1《魏书》卷 110《食货志》，第 2857 页。

2《魏书》卷 22《废太子恂传》，第 588 页。

载："丕父子大意不乐迁洛。高祖之发平城，太子恂留于旧京。及将还洛，隆与超等密谋留恂，因举兵断关，规据陉北。"[1] 保守派的主要代表元隆与穆泰等密谋留太子元恂发动叛乱，双方的矛盾到了爆发的临界点，斗争极其激烈。太和二十年（496年）八月，孝文帝出游嵩山，命太子元恂留守洛阳。元恂与左右侍臣却趁机图谋"召牧马，轻骑奔代"[2]。此事随即被孝文帝发觉，引发了一系列政治事件，最后太子被废，保守派北返计划流产。为防止太子被利用，孝文帝甚至不惜大义灭亲，以椒酒将太子元恂毒死。然而保守派与改革派的矛盾并未缓和，太子元恂北逃失败和死亡，更加剧了保守派武装反抗迁都的进程。

太和二十年（496年）冬，穆泰因急于北返，遂上表请求转任恒州（治平城，今山西大同）刺史。穆泰时任定州（今河北定县）刺史，"辞以疾病，土温则甚，请恒州自效，高祖许之"[3]，但考虑到穆泰在北魏朝廷中地位特殊，孝文帝最终决定将恒州刺史陆叡与穆泰对调，"以叡为散骑常侍、定州刺史，将军如故。叡未发，遂与泰等同谋构逆"[4]。穆泰到达恒州时，陆叡还未启程赴任，而且，陆叡也不愿南迁，当时陆叡还被任命为"使持节、都督恒肆朔三州诸军事、本将军、恒州刺史，行尚书令"[5]，势力极大，便借口孝文帝舅太师冯熙薨于代郡，"表请车驾还代，亲临太师冯熙之葬，坐削夺都督三州诸军事"[6]。于是，穆泰联合陆叡煽动宗室，秘密联络镇北大将军乐陵王元思誉、代郡太守元珍以及阳平侯贺赖头等，共同策划据代谋反。保守派中以恒州刺史穆泰最为顽固，"泰不愿迁都，潜图叛，乃与定州刺史陆叡及安乐侯元隆等，谋推朔州刺史阳平王颐为主"[7]。元颐虽然表面同意，暗中却派人密表其事，孝文帝获悉这场政

1《魏书》卷14《神元平文诸帝子孙传》，第361页。
2《北史》卷19《废太子恂传》，第713页。
3《魏书》卷40《陆俟传附陆叡传》，第913页。
4《魏书》卷40《陆俟传附陆叡传》，第913页。
5《魏书》卷40《陆俟传附陆叡传》，第912页。
6《魏书》卷40《陆俟传附陆叡传》，第912—913页。
7《北史》卷20《穆崇传附穆泰传》，第739页。

治阴谋后，立即采取果断措施，“乃遣任城王澄发并、肆兵讨之”[1]。元澄先“遣书侍御史李焕先赴”[2]平城平乱，自己又带兵及时赶到，最终平定了穆泰等人发动的这场叛乱，沉重打击了保守派势力。因“代乡旧族，同恶者多”[3]，保守派势力根深蒂固，接着孝文帝北巡代都，进一步打击了保守势力中的顽固分子。

此次叛乱是保守派针对孝文帝迁都及汉化改革的一次大反攻，关乎改革的继续与否，因此，孝文帝采取果断措施予以镇压，使保守派遭到了沉重打击，挽救了改革大业。此次事变之后，孝文帝深知“代都新迁之民，皆有恋本之心”[4]，为了照顾反对者的情绪，安定迁都后鲜卑旧臣的人心，也为了最大限度地分化瓦解保守派，争取更多人的支持，孝文帝不得不“诱示大理，令其不生同异”[5]，采取循序渐进的办法，允许南迁的国人每年“冬则居南，夏便居北”[6]，使南迁的代人逐渐适应洛阳地区的水土。尽管孝文帝做出如此妥协，极端顽固的保守分子并不买账，还在试图寻找机会，卷土重来，但通过这一系列果断措施和妥协变通的策略，反对派的“小动作”逐渐减少，孝文帝推行的汉化改革得以持续下去。

其实，关于北魏的迁都问题，早在明元帝时期就有人提出过，并由此引发了一次范围较小的讨论。由于迁都时机还未成熟，最后，“帝以饥将迁都于邺，用博士崔浩计乃止”[7]。北魏政权建立后都城一直在平城，由于平城地处塞外，气候严寒干燥，农业生产落后，粮食供给非常困难。明元帝神瑞二年(415年)，“秋谷不登”[8]，北方粮食歉收，平城严重缺粮，太史令王亮、苏坦及华阴

1《北史》卷20《穆崇传附穆泰传》，第739页。
2《北史》卷18《景穆十二王传附元澄传》，第657页。
3《魏书》卷31《于栗磾传附于烈传》，第738页。
4《资治通鉴》卷139，“齐纪五”，“建武元年”条，第4450页。
5《北史》卷15《东阳王丕传》，第555页。
6《魏书》卷15《昭成子孙列传》，第378页。
7《魏书》卷110《食货志》，第2850页。
8《北史》卷21《崔宏传附崔浩传》，第772页。

公主等上书明元帝，请求明元帝迁都于邺，以缓解平城粮食短缺的压力。但是，崔浩认为这不是长久之策。他说：“东州之人，常谓国家居广漠之地，人畜无算，号称牛毛之众。今留守旧都，分家南徙，恐不满诸州之地。参居郡县，处榛林之下，不便水土，疾疫死伤，情见事露，则百姓意阻。四方闻之，有轻侮之意，屈丐及蠕蠕必提挈而来。云中、平城则有危殆之事，阻隔恒、代，千里之际，须欲救援，赴之甚难。如此，则声实俱损矣。今居北方，假令山东有变，轻骑南出，燿威桑梓之中，谁知多少？百姓见之，望尘震伏。此是国家威制诸夏之长策也。至春草生，乳酪将出，兼有菜果，足接来秋。若得中熟，事则济矣。”[1] 崔浩认为，迁都中原可能会使鲜卑人丧失其民族特性，也可能会使鲜卑族人与汉族人的矛盾激化。由于种种原因，明元帝没有采纳迁都建议。但到孝文帝时，情况已有很大不同，赫连匈奴虽已被灭，但是北方的柔然已对北魏构成严重威胁，压力有增无减。为了解决这一系列问题，孝文帝遂下决心迁都洛阳。相对而言，洛阳地理位置优越，交通便利，既处于农业生产发达的中原地区，又曾是东汉、魏、晋的都城。而平城是鲜卑族保守势力的中心，在平城进行汉化改革无疑非常困难，孝文帝自己也认识到“此间用武之地，非可文治，移风易俗，信为甚难”[2]，若想摆脱守旧势力的羁绊和影响，彻底推行改革，必须迁都。

（三）对大讨论的评价

北魏迁都问题由来已久，但由于种种原因，一直未曾彻底解决。孝文帝迁都，虽然在实施中也遇到了极大阻力，但由于他态度坚决，又使用了权术与计谋，最终取得了决定性胜利。围绕迁都问题，改革派、保守派与中间派展开的

1《北史》卷 21《崔宏传附崔浩传》，第 772—773 页。

2《魏书》卷 19《任城王云传附元澄传》，第 464 页。

较量是中国历史上影响极为深远的一件大事。尽管这三派都有其不可避免的缺陷和局限性，但从长时段历史来看，此次大讨论是我国封建社会史上一场十分重要的思想解放，在中国历史上占有极其重要的地位。

其一，大讨论是特定历史条件下的产物及北魏汉化思潮的总爆发。北魏入主中原前期，并未遭到强烈抵抗。但是，随着王朝疆域的开拓和境内民族成分的增多，鲜卑族统治者实行的仍是民族歧视政策，更加激化了原已存在的阶级矛盾与民族矛盾。在各种矛盾相互交织和交替作用下，北魏的统治面临着前所未有的危机，尤其是境内各民族起义此起彼伏，接连不断，严重威胁着北魏政权和社会的稳定。据不完全统计，孝文帝即位以后，爆发的农民起义多达十余次。[1] 面对广袤的国土、日趋尖锐的社会矛盾及治下多民族的现状，继续因循旧制显然已经无法适应社会发展的客观形势，此时摆在孝文帝面前的最大问题就是如何妥善处理好纷繁复杂的民族关系，特别是处理好与总人口占绝对优势的汉族之间的关系。所幸的是，北魏经过道武、太武、献文诸帝的推动，又历经冯太后先期改革的积淀，汉化的程度日益加深，社会上出现了一股汉化的思潮，虽然统治集团仍恪守鲜卑旧俗，不愿改弦更张，但汉化思想已经逐渐深入人心。到孝文帝时期，这些思想已经有了量的积累，发展到了质变的临界点，摒弃落后的习俗已经成为历史发展的大势。因此，在这样纷繁复杂的形势下，孝文帝不得不寻求改良的途径，倡导迁都南下，掀起这场关于迁都与汉化问题的大讨论。

其二，大讨论各方争论的焦点虽是迁都问题，但实质还是鲜卑族的汉化问题。在大讨论中，改革派力主迁都，为的是进一步深化汉化改革；保守派反对迁都，既有维护自身根本利益的方面，也有反对汉化的深层次考虑；中间派对迁都持中立态度，他们虽有一定程度的汉化意识，但又不愿彻底放弃鲜卑旧有

1 参见尚钺主编：《中国历史纲要》，人民出版社，1980，第117—118页；张泽咸、朱大渭编：《魏晋南北朝农民战争史料汇编》，中华书局，1980，第445—495页。

习俗。孝文帝十分清楚，保守派对迁都与汉化改革的抵制与反抗，无非就是要尽可能维护其既得利益。对保守派而言，这场关乎北魏未来政治走向的大讨论，是他们争取和维护既得利益的最后努力。正是考虑到了汉化改革的复杂性、艰巨性，孝文帝要有一番作为，就更加寄希望于借迁都洛阳来摆脱守旧势力的干扰，以破除鲜卑族不合时宜的观念，突破保守派设置的层层藩篱，继续深化改革。

其三，改革派低估了保守派的抵抗力度。迁都是孝文帝深思熟虑后做出的重大决定，并在小范围内做过前期论证，但由于对迁都与汉化改革的难度及阻力的认识不够全面，结果低估了保守派的能量和抵抗力度。此次大讨论先由孝文帝与身边的近臣内侍元澄、李冲、李韶等人私下进行过范围相对较小的讨论，他们既对迁都的过程进行了缜密筹划，又对迁都与进一步深化改革的效果做了各种风险评估，形成共识之后，才公开在朝堂上进行大讨论。从小范围讨论到大规模讨论，改革派的计划与行动环环相扣，层层递进，步步为营，定下了迁都与继续深化汉化改革等问题的基调。但由于改革派低估了反对派的抵抗力度，没有提前做好应对之策，只是在出现动乱之后才如梦初醒，全力平叛。

其四，大讨论并未取得理想效果，权术与计谋成了迫使反对派就范的法宝。孝文帝虽然在朝堂上给予群臣充分讨论的自由，但讨论的效果并不理想，保守派在孝文帝的高压政策下虽暂时屈服，但反对改革的保守派仍占据多数，因这是他们公开维护自己利益的最后一搏，所以，他们绝不会轻易服输。迁都是孝文帝改革最艰难、风险最大、改革进程中最关键的一步。既然大讨论并未取得理想效果，权术与计谋便成了孝文帝迫使反对派就范的法宝。于是孝文帝以南伐为名进行了迁都之实，造成了既定事实，使保守派有苦难言。如果孝文帝不利用权术与计谋，那么，他的各种改革事宜就会被扼杀在摇篮之中。为此，他不得不利用权术与计谋进行改革。史载："孝文初谋南迁，恐众心恋旧，乃示为大举，因以胁定群情，外名南伐，其实迁也。旧人怀土，多所不愿，内惮南征，无敢言者，于是定都洛阳。”[1] 孝文帝深知迁都之艰难，他不得不想出这样一个稳妥的办法，以南伐为名行迁都之实。然而，历史事实证明，依靠强大的皇权与计谋进行的迁都并不能逼迫大臣们全部、彻底就范，时隔不久，北魏就爆发了穆泰、陆叡等人领导大部分宗室、勋贵参加的反对迁都的叛乱。虽然叛乱很快就被镇压下去，但孝文帝最后也不得不对保守派做出妥协。这也说明，权术与计谋只能收到一时成效，并不能从根本上解决问题。

其五，太和年间是中国民族关系大发展时期，同时也是民族关系思想争相迸发的时期，在这场大讨论中，产生了许多极具价值的新认识、新思想，尽管改革派的思想认识应时而生，符合历史发展大势，但也不可避免地要受历史阶段、民族成分、阶级利益及认识水平等多种因素的影响，自然会有其一定的局限性。

其六，主导大讨论和汉化改革举措体现了孝文帝过人的胆识、意志和魄力。历史上的重大改革从来都没有一帆风顺的，必然会遭到守旧势力的激烈反扑，孝文帝的迁都及汉化改革尤其如此。尽管迁都及汉化改革遇到了保守派的强烈反对、阻挠和破坏，但孝文帝以过人的胆魄和毫不动摇的决心与毅力把改革一步步向前推进，这对于少数民族政治家来说，是非常难能可贵的。事实证明，太和年间关于迁都问题的大讨论及系列改革顺应了历史发展的潮流，加速了鲜卑族的汉化进程，稳定了已处于危机四伏的统治，推动了北方地区经济、社会、文化的发展，使多民族国家发展到了一个新的高度。从长远来看，迁都及汉化改革在很大程度上促进了各民族间的交往交流交融，对统一多民族国家的形成和发展，对中华民族多元一体格局的形成，都做出了积极贡献。

总体来看，北魏太和年间关于迁都问题的大讨论，既是统治集团内部出现分歧的必然结果，也是当时特定历史条件下民族关系思潮的具体表现。在大讨

1《北史》卷 100《序传附李冲传》，第 3331—3332 页。

论中，由于改革派团结争取了中间派，致使三派之间的力量出现了明显的此消彼长的状况。此外，三派都各有长短，改革派急于求成，对本民族的实际与改革难度认识不足。保守派强烈抵制，却没有形成一致的力量，被改革派各个击破。相对而言，中间派的主张较为符合北魏当时的实际，循序渐进的改革不失为一种可行办法，但并没有实施的机会。

（四）余论

关乎北魏历史发展走向的思想论争虽早已远去，但它留给后世的却是一笔宝贵的精神财富。通过对北魏太和年间关于迁都问题的大讨论及孝文帝汉化改革的初步梳理，我们可以深化对如下一些相关问题的认识，得到一些启示。

一是统治集团对牵涉民族关系重大问题的大讨论往往会催生出不同的思想流派。在大讨论中，针对一些敏感问题，各方往往各执己见，难以达成共识，但大讨论又会为各种不同思想派别的正常交锋提供一个相互争鸣的平台，能够最大限度地减少不必要的麻烦与冲突。北魏太和年间的这场大讨论就孕育出了一股汉化思潮，催生出了代表各自利益的改革派、保守派与中间派。

二是思想解放需要统治者的有力支持，改革成功与否关键在于统治集团能否形成共识及统治者的强力推进。北魏太和年间迁都等汉化改革无疑会触及一些人的根本利益，自然会遭到强烈反对。而要顺利推进改革，首先应做足舆论，实现思想解放。太和年间关于迁都问题的大讨论，之所以能够开展，一系列改革措施之所以能够推进，关键在于统治者的大力支持。孝文帝既是大讨论和汉化改革的主导者和推动者，又是北魏统治集团的领导者，大讨论及汉化改革能否顺利推进，完全取决于他的态度、意志和手段。孝文帝认真分析统治集团的利益得失、政治态度与执行能力，全力支持和强势推动大讨论和汉化改革，在中国改革史上留下了浓墨重彩的一页。

三是适当的妥协和变通是推进改革的必要环节。迁都是一件十分复杂的重大事项，汉化改革是当时的一次重大利益调整，涉及方方面面，会遭到或明或暗的抵制。强势推进固然重要，但适当的妥协和变通能够减少阻力，争取更多人支持，因此也是推进改革的必要环节。孝文帝汲取开始时强硬做法导致叛乱的教训，在某些方面作了妥协和变通，如给南迁的代人一个适应期，允许他们每年“冬则居南，夏便居北”[1]。再如要求鲜卑官员讲汉语的规定，就没有“一刀切”。孝文帝对群臣说：“今欲断诸北语，一从正音。年三十以上，习性已久，容或不可卒革；三十以下，见在朝廷之人，语音不听仍旧。若有故为，当降爵黜官，各宜深戒。”[2]这种比较灵活、富有弹性的规定，就考虑了不同年龄段的实际情况，减少了对立面，减轻了改革阻力。

四是争取中间派是孤立和瓦解保守派的有效手段。从太和年间关于迁都问题的大讨论中可以看出，无论是改革派还是中间派、保守派，都希望北魏政权能够“传之百世”[3]，他们及其后代能够永享荣华富贵。但改革是利益调整，只要自己的利益受损，他们往往会公开反对，双方势如水火。此外，也有一部分人徘徊在改革派与保守派之间，对改革持观望态度，成为中间派。其代表人物多是鲜卑族中的开明知识分子，认为保留鲜卑族旧俗并不影响与汉族的合作。虽然他们并不赞同迁都，也反对孝文帝彻底改革旧的风俗习惯，但他们对北魏社会发展的困境已有清醒认识，已经意识到随着社会的发展鲜卑族固有的生产关系已无法适应生产力的发展。他们虽然不会轻易改变自己的主张，但也有一定的大局观。孝文帝深知这一点，因此便积极争取、拉拢和团结中间派。客观地说，中间派最终倒向改革派的阵营，为迁都及汉化改革提供了一定的助力。

1《魏书》卷 15《昭成子孙列传》，第 378 页。

2《魏书》卷 21 上《献文六王列传上 · 咸阳王禧传》，第 536 页。

3《资治通鉴》卷 140，“齐纪六”，“建武二年”条，第 4386 页。

四、西魏北周民族关系思想及实践

西魏北周时期极其复杂的形势，使中央上层和地方官员更加深入认识历史和现实的民族关系，形成了联合突厥对付北齐、推诚布信、劝以耕稼、引导民风、以“廉简”治理群蛮、以清廉之政争取羌人、积极抚慰及恩威并用等思想观点，并在处理民族关系实践中取得了显著成效，为西魏北周在与东魏北齐争斗过程中增加了获胜的变数。西魏北周民族关系思想及实践活动具有思想来源比较单一、“和”是民族关系思想的核心理念、“抚”是处理民族关系的重要方式及善于从多方关系思考和处理民族关系等四个特点。西魏北周民族关系的主流思想与民族、地域并没有多大关系，起决定作用的是文化基因、教育背景和舆论氛围。这一时期，尽管思想文化多元，但基因最强大的是作为中华文化重要组成部分的儒家思想文化。

南北朝时期，西魏北周在与东魏北齐争斗过程中，由弱变强，最终消灭北齐，统一北方，为隋唐大一统局面奠定了坚实基础。西魏北周取得如此成就，既与其政治、经济、文化、军事和外交有关，又与其民族关系思想及其实践活动有关。目前学界已对西魏北周的政治[1]、

1 陈德光：《论宇文泰、宇文邕父子对隋统一的贡献》，《江汉大学学报（社会科学版）》1985 年第 1 期；刘国石：《简论西魏北周改革——兼论孝文改制未尽之历史任务》，《民族研究》1999 年第 3 期；杨翠微：《西魏北周政治斗争与中央集权之加强》，《中国文化研究》2003 年第 4 期；薛海波：《六官与西魏北周政治新论——以武川镇豪帅在中央官僚体系地位变化为中心》，《史林》2016 年第 4 期；苏航：《宇文氏祖炎帝考——补论西魏周制改革的历史意义》，《民族研究》2020 年第 3 期。

经济[1]、文化[2]、军事[3]和民族关系[4]等方面做了比较深入的研究，但尚未对其民族关系思想及实践活动予以探讨。这里拟对西魏北周民族关系思想的主要观点、实践活动及鲜明特色做一全面梳理和初步探讨。

（一）联合突厥抗击北齐思想

联合少数民族政权共同对付其他政权既是中原王朝一些政治家的战略思维，也是他们处理外交关系和民族关系的一种重要手段。如西汉时期张骞出使西域的主要目的就是希望联合大月氏夹击匈奴，“断匈奴右臂”[5]。西汉王朝将细君公主和解忧公主嫁给乌孙王，目的也是“欲与乌孙共灭胡”[6]。西魏北周时期，联合突厥抗击北齐是宇文泰家族的一贯思维和军事行动。

早在北魏孝武帝时期，当时仅为散骑常侍的宇文泰就已经产生了“西辑氐羌，北抚沙塞，还军长安，匡辅魏室”[7]的想法。在此前后，宇文泰产生了联合突厥抗击北齐的思想。《周书·晋荡公护传》载：“初，太祖创业，即与突

1 赵文润、陈鼎中：《西魏北周时期的关中农业》，《陕西师大学报（哲学社会科学版）》1993年第1期；张文华、苏小华：《西魏北周的财政与政治》，《求索》2006年第11期；史卫：《隋唐财政制度之北周渊源略论》，《唐都学刊》2007年第5期；王明前：《试论北齐北周的国家经济一体化努力》，《兰州学刊》2012年第2期；薛海波：《论关陇集团的整合与维系：以西魏北周国家财政与武川镇豪帅经济关系为中心》，《中国社会经济史研究》2016年第3期。

2 赵文润：《西魏北周时期的社会思潮》，《文史哲》1993年第3期。

3 谷霁光：《三论西魏北周和隋唐间的府兵——府兵的阶级成分问题商榷》，《科学与教学》1958年第1期；《西魏北周统一与割据势力消涨的辩证关系——四论西魏北周和隋唐的府兵》，《南昌大学学报（人文社会科学版）》1981年第2期；《五论西魏北周和隋唐的府兵——府兵制的确立与兵户部曲的趋于消失》，《江西师院学报》1983年第4期；朴汉济：《西魏北周的赐姓与乡兵的府兵化》，《历史研究》1993年第4期；苏小华：《西魏北周军队构成的变化及其对北朝军事的影响》，《云南民族大学学报（哲学社会科学版）》2008年第2期；熊伟：《西魏北周府兵制组织系统功能与作用分析》，《广西社会科学》2012年第1期。

4 万绳楠：《从陈、齐、周三方关系的演变看隋的统一》，《安徽师大学报（哲学社会科学版）》1985年第4期；刘戈：《论突厥与北朝、隋的政治关系》，《新疆大学学报（哲学社会科学版）》1986年第4期；刘春玲：《试论北周、隋与突厥的“和亲”》，《阴山学刊》1994年第3期。

5《汉书》卷61《张骞传》，第2692页。

6《汉书》卷96《西域传下》，第3904页。

7《周书》卷1《文帝纪上》，第4页。

厥和亲，谋为掎角，共图高氏。是年，乃遣柱国杨忠与突厥东伐。破齐长城，至并州而还。期后年更举，南北相应。齐主大惧。”[1] 从这些简单记载中可以看出，宇文泰在创业时期就产生了联合突厥的思想，其目的就是与突厥形成掎角之势，共同对付权臣高欢。而且，这一思想很快付诸行动，派遣柱国杨忠与突厥联兵东伐，在取得初步成效基础上，准备再次联兵出击，对高欢造成了巨大压力。

宇文泰的这一思想为其子孙所承袭，成了西魏北周处理民族关系和外交关系的战略思想。《资治通鉴》卷 169 载：“初，周人欲与突厥木杆可汗连兵伐齐，许纳其女为后，遣御伯大夫杨荐及左武伯太原王庆往结之。”《周书·窦炽传附兄子毅传》亦载：“时与齐人争衡，戎车岁动，并交结突厥，以为外援。”所以，联合突厥抗击北齐是西魏北周宇文氏家族的共同思想。

从西魏北周处理民族关系的具体做法可以看出，与突厥和亲是结交突厥的主要手段，“与突厥伐齐”[2] 是北周的主要目的。

和亲是两个不同民族政权或同一种族的两个不同政权的首领出于“为我所用”目的所进行的联姻。西魏北周与突厥至少有三次和亲，分别是 551 年，西魏将丞相宇文泰女儿长乐公主出嫁突厥首领土门；565 年，突厥俟斤女儿出嫁北周武帝；三是赵王宇文招女儿千金公主于 580 年出嫁突厥他钵可汗[3]。

从表面来看，三次和亲中有二次是突厥首先提出来的，但从和亲意愿来看，西魏北周更加积极主动，更为迫切。第一次和亲是突厥受到柔然冷落背景下进行的，因此，开始突厥显得主动一些。但是，促成双方和亲的契机，是西魏先派酒泉胡安诺槃陁出使突厥，与突厥取得联系，给突厥带来了希望。当时突厥对西魏使者的到来欢欣鼓舞，无比激动地说：“今大国使至，我国将兴

1《周书》卷 11《晋荡公护传》，第 169 页。

2《北史》卷 96《稽胡传》，第 3195 页。

3 崔明德：《中国古代和亲通史》，人民出版社，2007，第 560 页。

也。”[1]由此西魏开始谋划与突厥建立同盟关系。在这种背景下，双方和亲对西魏更为有利，西魏将长乐公主嫁给突厥首领土门，更能凸显西魏的战略思维。

西魏北周与突厥的第二次和亲，最初的方案是在西魏恭帝时确定下来的，由宇文泰娶突厥木杆可汗的女儿，但婚约还未完全谈好，因宇文泰突然病死，这次和亲计划遂告流产。北周建立后，因与北齐争夺中原，“戎车岁动，故每连结之，以为外援”[2]。北周迫切希望能与突厥再续姻缘，建立和亲关系。突厥也有此意，木杆可汗决定把其女儿许配给周武帝宇文邕。正当北周准备派人到突厥迎亲时，北齐也向突厥求婚。木杆可汗见北齐所带彩礼更丰厚，遂产生了悔婚之意。

为了使和亲之约尽快落实下来，北周费了很多心思：一是给突厥送去大量财物，使突厥产生了极强的满足感。二是“前后累遣使要结”[3]，给突厥制造心理压力。三是高规格的迎亲队伍，使突厥觉得很有面子。北周派出陈国公宇文纯、许国公宇文贵、神武公窦毅、南阳公杨荐、骠骑大将军李雄、左武伯王庆及车骑大将军赵文表等“奉备皇后文物及行殿，并六宫以下百二十人，至俟斤牙帐所，迎后”[4]。四是对突厥“谕以信义”[5]，使其回心转意。杨荐和王庆等人到达突厥后，开始不仅没受到隆重迎接，相反倒被木杆可汗软禁起来。杨荐毫不畏惧，“辞气慷慨，涕洒横流”，[6]严厉责备突厥忘恩负义。他们痛斥木杆可汗说：“太祖昔与可汗共敦邻好，蠕蠕部落数千来降，太祖悉以付可汗使者，以快可汗之意，如何今日遽欲背恩忘义，独不愧鬼神乎？”木杆可汗惨然良久，说：“君言是也。吾意决矣，当相与共平东贼（此指北齐），然后遣女。”[7]

1《周书》卷 50《异域传下·突厥传》，第 908 页。
2《周书》卷 50《异域传下·突厥传》，第 911 页。
3《周书》卷 9《皇后传·武帝阿史那皇后传》，第 144 页。
4《周书》卷 9《皇后传·武帝阿史那皇后传》，第 144 页。
5《周书》卷 50《异域传下·突厥传》，第 911 页。
6《周书》卷 33《杨荐传》，第 571 页。
7《资治通鉴》卷 169，“陈纪三”，“天嘉四年”条，第 5236 页。

在杨荐的斥责下，突厥对北周态度有所转变。五是威胁突厥送亲使者。木杆可汗虽然勉强答应了，但突厥的送亲使者却从中作梗。车骑大将军赵文表“虑其为变”，便威胁突厥使者罗莫缘说：“后（木杆可汗之女）自发彼蕃，已淹时序，途经沙漠，人马疲劳。且东寇每伺间隙，吐谷浑亦能为变。今君以可汗之爱女，结姻上国，曾无防虑，岂人臣之体乎？”罗莫缘觉得赵文表的话处处在理，于是便“倍道兼行”[1]，数日就到达甘州，然后马不停蹄地赶到长安。此外，恶劣天气也帮了北周的大忙。天和二年（567年）秋，本来干旱少雨的蒙古草原突然“大雷风起，飘坏其穹庐等，旬日不止”。木杆可汗见此情景十分恐惧，“以为天谴”，[2]于是急忙准备彩礼，送女儿出嫁北周。木杆可汗的这位女儿，就是史书中所称的阿史那皇后。

从动机来看，在第三次和亲中，西魏北周依然处于主动地位。尽管双方力量对比已经发生了一定变化，但突厥对原齐定州刺史范阳王高绍义的支持，对北周的侵扰，都使北周迫切希望与突厥和亲，借此改善双方关系，减轻突厥的军事压力。所以，千金公主就是“在北周屈服于突厥的情况下，以肩负和好北周与突厥的关系以及解除高绍义对北周威胁的使命而出嫁突厥他钵可汗的”[3]。

西魏北周之所以会在联合突厥方面不惜一切代价，这主要取决于如下几种因素：

一是与东魏北齐争斗的需要。从当时的军事力量来看，以高欢为代表的东魏北齐势力明显强于以宇文泰为代表的西魏北周势力。北齐文宣帝高洋即位时（550年），西魏还“常惧齐兵之西度，恒以冬月，守河椎冰”[4]。宇文泰见北齐“军容严盛”，不仅惊叹“高欢不死矣”，[5]而且还将已经推进到黄河北岸的西魏大军

1《周书》卷33《赵文表传》，第582页。

2《周书》卷9《皇后传·武帝阿史那皇后传》，第144页。

3 崔明德：《中国古代和亲通史》，人民出版社，2007，第165页。

4《北史》卷54《斛律金传附子光传》，第1968页。

5《北齐书》卷4《文宣帝纪》，第54页。

撤回关中。即使到周武帝时期，北周大臣都对“齐氏地半天下，国富兵强”[1]有一种恐惧感，说明东魏北齐的势力远远超过西魏北周。另外，北齐已通过和亲与柔然建立起同盟关系，双方出现了“边塞无事”“使贡相寻”[2]的和平景象；而西魏时常会受到柔然的威胁。所以，西魏极有必要与突厥建立同盟关系，共同对付东魏北齐。这也是北齐所担心的事情，即“惧成合纵之势”[3]。

二是应对突厥骑墙态势的需要。突厥出兵消灭柔然之后，“尽有塞表之地，控弦数十万”，并巧妙利用西魏北周与东魏北齐争斗的契机，快速发展起来，产生了“志陵中夏”[4]的心态。突厥为了得到更多利益，经常摇摆于西魏北周和东魏北齐之间，先许诺与北周和亲，后又贪图北齐的“币厚”[5]以及北齐出嫁者的身份和规格高于北周，“突厥君臣，犹有贰志”[6]，遂“又许齐人以婚”[7]，虽然最终同意与北周和亲，但又故意拖延时间，为和亲罩上层层阴影。突厥的这种骑墙态势，不仅使北周联合突厥工作增加了难度，而且还会出现诸多不确定因素。因此，西魏北周更要积极主动。当时绝大多数人都意识到了这一点，就连当时只是个小姑娘的神武公窦毅女儿都认识到了联合突厥的重要性。据《旧唐书·后妃传上》记载，“时武帝纳突厥女为后，无宠，后（唐高祖皇后窦氏）尚幼，窃言于帝曰：‘四边未静，突厥尚强，愿舅[8]抑情抚慰，以苍生为念。但须突厥之助，则江南、关东不能为患矣。’”周武帝不仅采纳了她的建议，而且对阿史那皇后“深敬焉”[9]。正是基于这一认识，西魏北周不仅要送给突厥大量

1《周书》卷19《杨忠传》，第318页。

2《北史》卷98《蠕蠕传》，第3265页。

3《北史》卷69《王庆传》，第2397页。

4《周书》卷9《皇后传·武帝阿史那皇后传》，第143—144页。

5《周书》卷50《异域传下·突厥传》，第912页。

6《周书》卷30《窦炽传附兄子毅传》，第522页。

7《周书》卷9《皇后传·武帝阿史那皇后传》，第144页。

8 高祖太穆皇后窦氏的母亲是周武帝姊襄阳长公主。见《旧唐书》卷51《后妃传上·高祖太穆皇后窦氏传》，第2163页。

9《周书》卷9《皇后传·武帝阿史那皇后传》，第144页。

财物，而且还要协助突厥出兵吐谷浑，战争中所“俘虏男女、财宝，尽归诸突厥”[1]。

三是应对吐谷浑及柔然侵扰的需要。与西魏北周相邻的政权，北有柔然、突厥，南有梁、陈，西有吐谷浑、党项，东有东魏北齐。西魏北周与这些政权多数不太和睦，有的处于敌对状态。与东边的东魏北齐，始终处于较劲态势，关系一直比较紧张。与西部的吐谷浑，多数时间双方边境都不太平。西魏文帝大统中，吐谷浑首领夸吕一方面“遣使献马及羊牛等”，另一方面，又对西魏“寇抄不止，缘边多被其害”。西魏废帝二年（552年），夸吕“又通使于齐氏”。魏恭帝二年（555年），西魏将领史宁与突厥可汗袭击夸吕。北周明帝武成初，夸吕“复寇凉州，刺史是云宝战没”。[2]西魏与柔然的关系也不理想。西魏大统六年（540年）夏，柔然“度河至夏州，太祖召诸军屯沙苑以备之”[3]。大统十三年（547年）正月，柔然又寇高平，前锋抵达方城。西魏恭帝元年（554年）四月，柔然乙旃达官寇略广武。[4]南面的萧梁，虽已处于劣势，但在西魏恭帝元年（554年）仍“连结于齐”，对西魏君臣“言辞悖慢”。[5]在这种环境下，西魏北周只有抓住突厥，才能增强与东魏北齐对峙的实力，最终实现其消灭北齐的战略目标。

北周联合突厥伐齐的军事行动，共有三次，但均未达到预期目的。而突厥为北周当“托”恐吓稽胡，则表演得非常逼真，配合得天衣无缝。

保定二年（562年），北周君臣就商量“与突厥伐齐”事宜，但信心普遍不是太足，有些大臣提出，“今欲探其巢窟，非十万不可”。只有柱国杨忠认

1《周书》卷28《史宁传》，第468页。
2《周书》卷50《异域传下·吐谷浑传》，第913页。
3《周书》卷2《文帝纪下》，第27页。
4《周书》卷2《文帝纪下》，第35页。
5《周书》卷2《文帝纪下》，第35页。

为，“师克在和不在众，万骑足矣”。[1]

保定三年（563 年），周武帝下令“大军东伐”[2]，宣布以杨忠为元帅，“将步骑一万，与突厥自北道伐齐”[3]。北道兵威甚盛，大将军杨纂、李穆、王杰、尔朱敏及开府元寿、田弘、慕容延等十余人都隶属于杨忠。周武帝又派大将军达奚武率领步骑兵三万人，自南道而进，期会于晋阳。突厥也积极行动，“请举国东伐”[4]，突厥木杆可汗率地头可汗、步离可汗等十万骑兵在陉岭与杨忠会师。这次出兵声势浩大，北周军队和突厥逼近晋阳时，北齐武成帝“畏其强，戎服帅宫人欲东走避之”[5]。金州刺史贺若敦和左武伯王庆也参与了这场战争，贺若敦跟随“杨忠引突厥破齐长城，至并州而还”[6]。王庆“引突厥骑，与隋公杨忠至太原而还”[7]。保定四年（564 年）正月，联军集中兵力攻打晋阳。这时，“大雪数旬，风寒惨烈，齐人乃悉其精锐，鼓噪而出”。突厥见状，十分震惊，“引上西山”，不肯出战。突厥见周军大败，“于是纵兵大掠，自晋阳至平城七百余里，人畜无孑遗，俘斩甚众”。[8]

北周和突厥联合出征以失败而告终，主要原因是北周出兵太少、杨忠轻敌、气候恶劣以及突厥作战不利。但杨忠则将失败的原因归咎于突厥，回到长安后，他对周武帝说：“突厥甲兵恶，赏罚轻，首领多而无法令，何谓难制驭？由比者使人妄道其强盛，欲令国家厚其使者，身往重取其报。朝廷受其虚言，将士望风畏慑。但虏态诈健，而实易与耳。今以臣观之，前后使来人皆可斩也。”[9] 周武帝并没有采纳杨忠的意见。其实，突厥也遭受很大损失。在突厥回

1《周书》卷 19《杨忠传》，第 318 页。
2《周书》卷 28《贺若敦传》，第 476 页。
3《资治通鉴》卷 169，“陈纪三”，“天嘉四年”条，第 5236 页。
4《北史》卷 99《突厥传》，第 3289 页。
5《资治通鉴》卷 169，“陈纪三”，“天嘉四年”条，第 5237 页。
6《周书》卷 28《贺若敦传》，第 476 页。
7《北史》卷 69《王庆传》，第 2397 页。
8《周书》卷 19《杨忠传》，第 318 页。
9《北史》卷 99《突厥传》，第 3289 页。

到陉岭途中，因寒冷地滑，“乃铺毡以度，胡马寒瘦，膝已下皆无毛；比至长城，马死且尽，截矟杖之以归”[1]。

半年之后，北周因“以前攻晋阳不得志，谋与突厥再伐齐”。[2]突厥可汗“复遣使来献，更请东伐”。[3]保定四年（564年）八月，北周派遣柱国杨忠“会突厥伐齐，至北河而还”。[4]同年九月，突厥出兵北齐幽州，十余万人进入长城，大掠而归。突厥自幽州撤兵后，留屯塞北，又想召集诸部兵马，欲与北周“共击齐如前约”。[5]当时北周“未欲伐齐”，但因“恐负突厥约，更生边患”，[6]迫不得已，只好征二十四军及左右厢散隶秦、陇、巴、蜀之兵并羌、胡内附者共二十万人。宇文护本来就“无戎略，且此行也，又非其本心”。所以，“师出虽久，无所克获”。[7]最终结果令人失望，“周师大败，一时瓦解，投坠溪谷死者甚众”。[8]在三次联合出征过程中，突厥虽表现不佳，但在保定四年（564年）十二月为北周当“托”恐吓稽胡方面，却很有成效。当时，周武帝诏令杨忠带兵从沃野出发，“应接突厥”。因“军粮既少，诸将忧之，而计无所出”。[9]杨忠先把各稽胡首领骗去，暗中指使河州刺史王杰假装袭击稽胡。然后又令突厥使者快速赶来告诉他们说：“可汗更入并州，留兵马十余万在长城下，故遣问公，若有稽胡不服，欲来共公破之。”坐在那里的稽胡首领听后都非常恐惧，主动表示积极配合，“于是诸胡相率归命，馈输填积”。[10]说明西魏北周结交突厥的努力有一定成效，突厥在配合北周对付北齐方面发挥了一定作用。

1《资治通鉴》卷169，“陈纪三”，“天嘉五年”条，第5238页。
2《资治通鉴》卷169，“陈纪三”，“天嘉五年”条，第5242页。
3《北史》卷99《突厥传》，第3289页。
4《资治通鉴》卷169，“陈纪三”，“天嘉五年”条，第5242页。
5《资治通鉴》卷169，“陈纪三”，“天嘉五年”条，第5245页。
6《资治通鉴》卷169，“陈纪三”，“天嘉五年”条，第5245页。
7《周书》卷11《晋荡公护传》，第174页。
8《资治通鉴》卷169，“陈纪三”，“天嘉五年”条，第5248页。
9《周书》卷19《杨忠传》，第319页。
10《周书》卷19《杨忠传》，第319页。

（二）“推诚布信”思想

“推诚布信”是西魏北周民族关系中的主流思想。“推诚布信”即推崇诚意，广布信义，对少数民族以诚相待，以实际行动取信于少数民族。

“诚信”包括“诚”和“信”两方面内容。“诚”即真诚，《周易·乾卦》：“修辞立其诚，所以居业也”；“信”即诚实无欺，《左传》宣公二年载：“弃君之命，不信。”“诚信”是中华文化的精华，也是中华民族的传统美德。自古以来，历代政治家、思想家都推崇诚信，主张以诚信治理社会，教化民众。思想家、教育家孔子认为，一个有道德的君子应“言而有信”，一个人只要有了诚信的优良品德，就会得到他人的信任和重用，即“信则人任焉”。[1] 只要“言忠信，行笃敬，虽蛮貊之邦行矣”[2]。可见诚信对民族关系的影响程度。当然，在先秦思想家那里，诚信基本属于道德范畴，后来一些政治家把它从道德层面扩展到民族关系层面，主张对少数民族要“推诚布信”[3]，以诚信处理民族关系。如前秦皇帝氐族人苻坚就告诫大臣，千万“不可以小利忘大信”[4]。北魏孝文帝常说，只要国君“处心公平，推诚于物”，“则胡、越之人皆可使如兄弟矣”。[5] 与孝文帝同一时期的北地太守刘藻到任后“推诚布信”，原“恃险作乱，前后牧守不能制”的“诸羌咸来归附”。[6]

在西魏北周时期，辛昂、于翼和杨敷等人都有“推诚布信”思想，都以此为指导妥善处理民族关系。

1《论语·阳货》，（清）阮元校刻：《十三经注疏》，第 5485 页。

2《论语·卫灵公》，（清）阮元校刻：《十三经注疏》，第 5467 页。

3 崔明德：《中国民族关系十讲》，人民出版社，2018，第 146 页。

4《晋书》卷 113《苻坚载记上》，第 2887 页。

5《资治通鉴》卷 142，“齐纪八”，“永元元年”条，第 4440 页。

6《魏书》卷 70《刘藻传》，第 1549 页。

先谈辛昂的“推诚布信”思想及实践。

辛昂字进君，陇西狄道人，西魏文帝时度支尚书、南荆州刺史辛庆之的族子。辛昂早熟，几岁时“便有成人志行”[1]，十八岁就出任镇远将军。西魏废帝元钦二年（552年），尉迟迥出兵伐蜀，辛昂招募从军，因功被封为辅国将军。尉迟迥对辛昂很赏识，推荐其为龙州长史，领龙安郡事。龙州一带地处山谷，“旧俗生梗”。辛昂以“推诚布信”思维处理各种关系，结果“威惠洽著，吏民畏而爱之”。任成都令时，辛昂鉴于“成都一方之会，风俗舛杂”的复杂情况，“便与诸生祭文翁学堂，因共欢宴”。辛昂对诸生说：“子孝臣忠，师严友信，立身之要，如斯而已。若不事斯语，何以成名。各宜自勉，克成令誉。”辛昂讲得“言切理至，诸生等并深感悟”，回去告诉家人按照辛昂的“教诫”行事，于是“井邑肃然，咸从其化”。[2]

北周时期，益州富庶丰足，是军国所用的主要来源。但因路途艰险，运输“每苦劫盗”。周武帝诏令辛昂使于梁、益，“军民之务，皆委决焉”。辛昂“抚导荒梗，安置城镇，数年之中，颇得宁静”。天和初，隆州刺史、司宪中大夫陆腾征讨信州群蛮，“历时未克”。周武帝派辛昂到通、渠等诸州负责运送军粮。当时临、信、楚、合等诸州百姓，“亦多从逆”。辛昂“谕以祸福，赴者如归”，下令“老弱负粮，壮夫拒战，咸愿为用，莫有怨者”，顺利完成了任务。梁州总管、杞国公亮因辛昂“威信布于宕渠”，遂上表推荐辛昂为渠州刺史，不久就转任通州刺史。辛昂在此“推诚布信，甚得夷獠欢心”。[3]辛昂任期结束回到京城时，当地少数民族首领都跟随辛昂到京朝拜，觐见北周皇帝。周武帝因辛昂“化洽夷落”[4]很有成就，对其予以嘉奖，将其进位骠骑大将军、开府仪同三司。

1《周书》卷39《辛庆之传附族子昂传》，第698页。

2《周书》卷39《辛庆之传附族子昂传》，第698页。

3《周书》卷39《辛庆之传附族子昂传》，第699页。

4《北史》卷70《辛庆之传附族子昂传》，第2426页。

再谈于翼“推诚布信”思想及实践。

于翼字文若，是太师、燕公于谨之子，因“有识度”及娶宇文泰女儿平原公主，仕途一直比较顺畅，历任镇南将军、武卫将军、车骑大将军、骠骑大将军、开府仪同三司、渭州刺史、宜阳总管、豫州总管、大司徒等职。

于翼无论在何地做官，都有很好的口碑。在处理民族关系方面，始终坚持“推诚布信”的基本思路。

北周孝闵帝时，于翼出任渭州刺史。于翼兄于实以前曾担任过渭州刺史，而且在此州“颇有惠政”[1]。于翼到任后，继续沿袭其兄的做法，一方面“推诚布信”，另一方面“事存宽简”。这种思路和做法非常符合汉族和少数民族的口味，因而取得了显著政绩，“夷夏感悦”，把于翼弟兄比作“大小冯君”[2]。所谓“大小冯君”是指西汉名将冯奉世的两个儿子冯野王、冯立因为官清廉、政绩突出而受到官民的赞美：“大冯君，小冯君，兄弟继踵相因循，聪明贤知惠吏民，政如鲁、卫德化钧，周公、康叔犹二君。”[3]夷夏都称赞于翼，说明于翼的思想和实践确实有过人之处。

在任豫州总管期间，霍州蛮首田元显的态度，也反映了于翼的人格魅力及其民族关系思想的显著成效。当时北周与南陈仍处于对峙状态，于翼出任豫州总管后，久围光州的陈将鲁天念“望风退散”。而据险自守、从不宾服的霍州蛮首田元显，非常佩服于翼，主动送去人质，请求归附。陈将任蛮奴集中兵力攻打田元显，田元显则“立栅拒战”，对北周“莫有异心”。于翼回到长安后，田元显举兵反叛，“其得殊俗物情，皆此类也”[4]。由此可以看出，地方官员的个人品行在民族关系中的重要地位，其人格魅力对民族关系的影响程度。

最后谈杨敷的“推诚布信”思想及实践。

1《北史》卷 23《于栗磾传附于翼传》，第 856 页。

2《周书》卷 30《于翼传》，第 523 页。

3《汉书》卷 79《冯奉世传》，第 3305 页。

4《周书》卷 30《于翼传》，第 526 页。

杨敷字文衍，其父杨暄官至辅国将军、谏议大夫。杨敷“少有志操，重然诺。每览书传，见忠臣烈士之事，常慨然景慕之”。西魏文帝时，杨敷历任平东将军、太中大夫、抚军将军、通直散骑常侍等职。在恭帝二年（554 年），出任廷尉少卿，“所断之狱，号称平允”。[1]

北周孝闵帝即位后，杨敷晋爵为侯，出使北豫州回朝后，被任命为蒙州刺史。在此之前，蛮左等大都接受北齐所授官职，而且“数为乱逆”。杨敷到蒙州后，“推诚布信，随方慰抚”，蛮左等都感激不尽，“相率归附”。[2] 杨敷不仅将其酋帅四十余人送到京师，而且还请求朝廷给他们任命职务，其级别与以前北齐所授官职完全一致。诸蛮等见状，不仅对北周“愈更感悦，州境获宁”[3]，而且对杨敷更加倚重。周武帝保定中（561—564 年），杨敷被征为司水中大夫。夷夏官民听到消息后，纷纷通过荆州总管长孙俭上表挽留杨敷。但因朝廷正准备东征，对杨敷委以运输重任，所以没有答应他们的要求。

综上所述，“推诚布信”是西魏北周的主流思想。当然，也有个别大臣诱骗少数民族的现象。如保定四年（564 年）北周大军东伐时，泾州刺史杨忠就诱骗稽胡诸首领馈输军粮。

（三）劝以耕稼及引导民风

由于生存环境、宗教信仰、发展阶段等方面的差异，少数民族与汉族在习俗方面存在一定的差异。西魏北周时期，一些官员在其所辖范围内，对少数民族或“导之以政”，或劝以耕稼，或引导习俗改革，取得了明显成效，为民族关系思想史增添了浓墨重彩的一笔。

1《周书》卷 34《杨敷传》，第 599 页。

2《周书》卷 34《杨敷传》，第 599 页。

3《册府元龟》卷 397《将帅部·怀抚》，第 4720 页。

先谈郭彦的劝以耕稼思想及实践。

郭彦，太原阳曲人，“少知名”[1]，历任平东将军、车骑大将军、兵部尚书、骠骑大将军、开府仪同三司、民部中大夫、沣州刺史、工部中大夫、蒲州总管府长史、益州总管府长史及陇右总管府长史等职。

郭彦一生虽以军旅为主，也曾跟随大将军宇文贵讨平岷州羌猷傍乞铁忽与郑五丑等人的侵扰，也在跟随柱国于谨南伐江陵时立过战功，但他在历史上的重要地位，主要建立在有效解决“蛮左”问题基础之上。

北周孝闵帝即位后，郭彦出任沣州刺史。当时“蛮左生梗”[2]，不仅不遵守朝廷的相关规定，而且在缴纳赋税方面，很多人都不把政府命令当回事。这里的蛮夷还有一个特点，就是“聚散无恒，不营农业”。针对这些情况，郭彦先从引导蛮夷务农入手，苦口婆心地“劝以耕稼”，严禁他们游猎，要求“民皆务本”，结果家家都有余粮。蛮夷弃猎从农之后，连一些“亡命之徒”全都愿意缴纳赋税、承担徭役。以前因为沣州缺少储备粮食，每次都靠荆州运送。自从郭彦履职之后，沣州“仓庾充实，无复转输之劳”。[3]郭彦秩满还朝时，“民吏号泣送彦二百余里”[4]，场面十分感人，这也说明郭彦的劝以耕稼思想确实符合“蛮左”的实际情况和发展需求。

保定四年（564年），纯州刺史樊舍突然去世，朝廷急需一位官员去稳定局面。考虑到此地既东接陈朝边境，又“俗兼蛮左”[5]，民族关系和外交关系都比较复杂，而且刚刚失去州将，“境内骚然”，因此需要物色一位素质高、能压住阵脚的人物。最后，大家普遍认为郭彦“威信著于东南”，都把目光集中到他的身上，周武帝便令郭彦“镇抚”。郭彦不负重托，到达纯州后，官员和普

1《周书》卷37《郭彦传》，第666页。

2《北史》卷70《郭彦传》，第2421页。

3《周书》卷37《郭彦传》，第667页。

4《周书》卷37《郭彦传》，第667页。

5《册府元龟》卷671《牧守部·选任》，第8023页。

通百姓都“畏而爱之”。[1] 因此，唐朝史学家令狐德棻等人就对郭彦评价为“信著蛮陬”[2]。

再谈薛慎劝诫诸蛮习儒思想及实践。

薛慎字佛护，河东汾阴人。其祖父薛瑚曾任河东郡守，其父亲薛和曾任南青州刺史，其兄薛善曾任京兆尹、隆州刺史兼治益州总管府长史等职。

薛慎虽起家于丞相府墨曹参军，也曾担任过车骑大将军一职，但并没有留下值得提起的战功，他之所以会在青史留名，主要因为他的好学、侍读、学师及引导诸蛮“有同华俗”的言行。

就文人而言，薛慎可以称得上西魏北周时期的标杆人物。史书记载薛慎“好学，能属文，善草书”。少年时期，他就与同郡裴叔逸、裴诹之、柳虬、范阳卢柔、陇西李璨“并相友善”。[3] 宇文泰在行台省“置学”时，就令薛慎“旦理公务，晚就讲习”，先讲六经，后讲子史。宇文泰又在诸生中挑选出品学兼优者，陪伴他读书。薛慎与李璨、李伯良、辛韶、苏衡、夏侯裕、梁旷、梁礼、长孙璋、裴举、薛同、郑朝等十二人，“并应其选”。宇文泰对薛慎很器重，让他为“学师，以知诸生课业”。宇文泰“雅好谈论，并简名僧深识玄宗者一百人，于第内讲说”。又命令薛慎等十二人兼学佛义，“使内外俱通”。因此，“四方竞为大乘之学”。[4] 此后，薛慎历任宜都公侍读、丞相府记室、太子舍人、中书舍人和礼部郎中、御正下大夫、御伯中大夫等职。

周武帝即位后，薛慎到地方任职，出任湖州刺史。当时湖州界内的一些蛮人，平时都以“劫掠为务”[5]。薛慎想让他们改掉这种恶习，便把所有酋帅召集

1《周书》卷37《郭彦传》，第668页。

2《周书》卷37《寇儁等传》史臣曰，第671页。

3《周书》卷35《薛善传附弟薛慎传》，第624页。

4《周书》卷35《薛善传附弟薛慎传》，第625页。

5《北史》卷36《薛慎传》，第1343页。

在一起，宣示朝廷指令，商量一些事宜，并要求首领每月都来参加一次，如果有的需要汇报工作，可以不设时限。薛慎每次会见他们，都会“殷勤劝诫”，还给他们备下酒席，与他们开怀畅谈。薛慎的劝诫很快就见到了成效，一年之间，湖州“翕然从化”，大家都无比欢欣，相互转告说：“今日始知刺史真民父母也。”从此之后，“襁负而至者，千有余户”。[1] 当地蛮夷有一种习俗，结婚之后，就开始与父母分开居住。熟读儒家经典的薛慎，决心改变这种状况，他对太守和县令说：“牧守令长是化民者也，岂有其子娶妻，便与父母离析。非唯氓俗之失，亦是牧守之罪。”薛慎便“亲自诱导，示以孝慈”，并派守令各自负责所部的教化工作。这些工作很有作用，有些家庭已经“别居数年”，现在重新回到父母身边，履行赡养义务，一些与父母分居时间较短的夫妇，也都带着水果食品“归奉父母”。[2] 薛慎对他们的“从善之速”非常感动，如实上报朝廷。周武帝也大力支持，下诏“蠲其赋役”。这样，湖州蛮中兴起了尽心赡养父母的热潮，于是“风化大行，有同华俗”。[3]

当然，移风易俗并非易事，一任领导在几年之内未必就能彻底解决问题，有时出现反弹现象也很正常，需要后任持续发力。薛慎离任后，岐州刺史乐逊继任湖州刺史。乐逊与薛慎有许多共同之处，他既系统学习过《孝经》《丧服》《论语》《诗》《书》《礼》《易》《左氏春秋》等，是饱学之士，又曾担任过宇文泰诸子的教师和太学助教，“以经术教授，甚有训导之方”[4]。天和五年(570年)，乐逊出任湖州刺史，继续沿着薛慎的思路，引导蛮夷按照儒家思想和行为准则进行一些改革。史载“民多蛮左，未习儒风”[5]。“蛮左，即蛮夷”[6]。乐逊到达湖

1《周书》卷35《薛善传附弟薛慎传》，第625页。

2《周书》卷35《薛善传附弟薛慎传》，第625页。

3《北史》卷36《薛慎传》，第1343页。

4《周书》卷45《儒林・乐逊传》，第814页。

5《北史》卷82《儒林下・乐逊传》，第2746页。

6（清）王鸣盛：《十七史商榷》卷67《北史合魏齐周隋书三・蛮左》载：“《隋地志》末段云：‘南郡夷陵诸郡，多杂蛮左。’……蛮左，即蛮夷，乃当时语。”（中华书局2010年版，第893页）

州后，除了“劝励生徒”[1]外，还对他们进行考核，这几招很管用，“数年之间，化洽州境”。与薛慎一样，乐逊也非常注重对蛮夷在孝道方面的教化。当地蛮人习俗是，生了儿子，长大之后大都与父母别居。乐逊“每加劝导，多革前弊。在任数载，频被褒锡”。[2]

综上可见，薛慎与乐逊的思想既一脉相承，又都有成效，说明对少数民族“华俗”的教化是中央和地方都在倡导的一种风气，也赢得了民心。

最后谈韩褒改革羌胡之俗的思路与举措。

韩褒字弘业，其先颍川颍阳人，后徙居昌黎。韩褒祖孙三代都有在边疆地区任职经历，其祖父韩瓌曾任平凉郡守，其父韩演曾任恒州刺史。

韩褒少有远大志向，勤奋好学，涉猎经史，颇有谋略，北魏末期就投靠宇文泰，西魏建立后，愈受重用，约在大统四年（538年）出任北雍州刺史，在此开展打击“豪右”的斗争，取得了“群盗屏息”[3]的喜人成绩。大统十二年（546年），韩褒调任西凉州刺史。当地羌胡有“轻贫弱，尚豪富”的习俗，“豪富之家，侵渔百姓，同于仆隶”，结果“贫者日削，豪者益富”。[4]韩褒决心改革，其思路和基本做法是：第一，招募贫穷百姓，充实到军队中，优待其家庭，免除其徭役赋税；第二，将富人的财物调拨出来，用于赈济穷人；第三，凡是西域的商货到达凉州，首先满足穷人的需求，让贫者先买。通过这些举措，达到了“贫富渐均，户口殷实”[5]的预期目的。西魏废帝元年（551年），韩褒任会州刺史。保定三年（563年），韩褒任汾州刺史。次年（564年），迁河洮封三州诸军事、河州总管。天和三年（568年），转任凤州刺史。在任何岗位上，韩褒都做出了骄人成绩，深得周武帝的敬重，“每入朝见，必有诏令坐，然后

1《周书》卷45《儒林·乐逊传》，第817页。
2《周书》卷45《儒林·乐逊传》，第818页。
3《周书》卷37《韩褒传》，第661页。
4《北史》卷70《韩褒传》，第2416页。
5《周书》卷37《韩褒传》，第661页。

始与论政事”[1]。韩褒于天和七年（572 年）去世后，周武帝将其追赠为泾、岐、燕三州刺史，这既是对他处理民族关系政绩的充分肯定，也有对边疆安定和谐的期许。

（四）把清廉作为处理民族关系的法宝

清廉自古就是官员立身处世的根本，也是社会对官员的基本要求，更是百姓对官员评价的主要标准。历史上凡是受人敬佩名垂千古的官员都是清正廉洁之士，凡是被人唾骂的都是一些贪婪之徒。清廉官员大都能为所辖之地带来和谐稳定，贪婪之徒往往会激化矛盾，招致民众反抗，引起社会动荡。

西魏北周时期的一些封疆大吏多数都能洁身自好，把清廉作为处理好民族关系的法宝，以清廉和公正赢得人心，得到少数民族官员和百姓的信任和爱戴，使当地民族关系始终处于和谐状态。

1. 泉仲遵以“廉简”治理群蛮

泉仲遵，一名恭，上洛丰阳人，“世雄商洛”[2]。其父泉企（《北史》作“伨”）曾任龙骧将军、上洛郡守等职。仲遵“少谨实，涉猎经史”，十四岁就当上县令，后随父兄征讨，以勇猛果断而著称，因功被提拔为豫州刺史和洛州刺史。仲遵本来就“宿称干略，为乡里所归”，后在本州任职，更是“颇得嘉誉”。[3]

泉仲遵虽然“出自巴夷”，但因受儒家思想和父亲泉企“志尚廉慎”[4]的影响，在任何地方做官，都“以清白见称”[5]，颇得朝廷赏识。大统十三年（547 年），

1《周书》卷 37《韩褒传》，第 662 页。
2《周书》卷 44《泉企传》，第 785 页。
3《周书》卷 44《泉企传附子仲遵传》，第 788 页。
4《周书》卷 44《泉企传》，第 787 页。
5《北史》卷 66《泉伨传附子仲遵传》，第 2334 页。

泉仲遵在随开府杨忠与南梁交战中屡立战功，先后擒获南梁郡守桓和及司州刺史柳仲礼，升任三荆二广南雍平信江随二郢淅等十三州诸军事，行荆州刺史。西魏在上津设置南洛州后，泉仲遵出任南洛州刺史。泉仲遵在此“留情抚接，百姓安之，流民归附者，相继而至”。起初，蛮帅杜清和自称巴州刺史，以州归附西魏。朝廷“因其所据授之”，仍隶属于东梁州都督。杜清和因泉仲遵“善于抚御”，主动要求归属泉仲遵。朝廷在讨论决策时，有些人“以山川非便”[1]为由，否定了杜清和的请求，最终没有同意他的意见。杜清和对此极其不满，于是便联络安康酋帅黄众宝等人举兵反魏，围攻东梁州。王雄讨平杜清和后，西魏改巴州为洵州，隶属于泉仲遵。以前的东梁州刺史刘孟良是个贪官，在任期间贪婪无比，激起了民众的极大愤慨，“人多背叛”。而杜仲遵“以廉简处之”，结果“群蛮帅服”。[2]

2. 韦瑱以清廉得到蕃夷敬重

韦瑱字世珍，京兆杜陵人，世代都是“三辅著姓”[3]，其祖父韦千雄和父亲韦英都曾做过郡守。

韦瑱幼而聪敏，又笃志好学，还善于骑射，北魏孝昌三年（527 年），起家太尉府法曹参军，后不断升迁为谏议大夫、冠军将军、行台左丞、南郢州刺史、蒲州总管府长史、鸿胪卿、车骑大将军、瓜州刺史、骠骑大将军、开府仪同三司等职。韦瑱虽有京城任职经历，又长期带兵打仗，但为后人所称道的还是他任瓜州刺史时的政绩。西魏恭帝三年（556 年），韦瑱出任瓜州刺史。瓜州在中西陆路交通史上具有重要地位，是丝绸之路的商贾重镇。瓜州直接通往西域，“蕃夷往来”非常频繁，前后刺史，大都接受他们的“赂遗”，积聚了丰

1《周书》卷 44《泉企传附子仲遵传》，第 789 页。
2《北史》卷 66《泉屳传附子仲遵传》，第 2333 页。
3《周书》卷 39《韦瑱传》，第 693 页。

厚财富。但遇到少数民族侵扰边境时，他们又不能抵御。韦瑱和他们截然相反，他“雅性清俭，兼有武略”，凡是“蕃夷赠遗”，他“一无所受”。“蕃夷”既敬畏他的清廉操守，又惧怕他的武略，所以，都“不敢为寇”，于是在瓜州出现了“公私安静，夷夏怀之”[1]的喜人局面。北周孝闵帝即位后，韦瑱任期届满准备回到京城，瓜州官员和百姓对他恋恋不舍，男女老幼都来为他送行，韦瑱很受感动，“留连十数日方得出境”[2]。周明帝对他予以嘉奖，将他提升为侍中、骠骑大将军、开府仪同三司。韦瑱死后，周明帝又追封他为岐、宜二州刺史，给予“惠”的谥号，以表彰其以清廉处理民族关系的举措。

3. 刘璠以清廉争取羌人的支持

刘璠字宝义，沛国沛人。其六世祖刘敏，在永嘉之乱时迁居广陵。其父刘臧“笃志好学，居家以孝闻”[3]，在梁武帝执政初期任著作郎。

刘璠虽然从小就喜欢读书，文笔不错，又有口才，但他喜好功名，“志欲立事边城，不乐随牒平进”[4]。恰巧宜丰侯萧循到地方任职，刘璠追随他在徐州、梁州、雍州和益州等多地任职，不断得到提拔。梁武陵王萧纪称制于蜀，八次敦请刘璠到蜀，先后任命刘璠为中书侍郎和蜀郡太守。不久，刘璠离开蜀郡，但到白马西时，西魏大军抵达南郑，刘璠不得入城，只好向西魏大将军达奚武投降，得到了宇文泰的很高礼遇，被提拔为黄门侍郎、仪同三司。[5]周明帝即位初期，刘璠任内史中大夫，负责皇帝的诏令文告。刘璠由于“在职清白简亮”，被贪官视为异类，被庸官视为“不合于时”，结果被降职为同和郡守。对刘璠来说，“左迁”倒是一件幸事。由于他“善于抚御”，结果还未到任期结束，

1《周书》卷 39《韦瑱传》，第 694 页。
2《北史》卷 64《韦瑱传》，第 2276 页。
3《周书》卷 42《刘璠传》，第 760—761 页。
4《北史》卷 70《刘璠传》，第 2436 页。
5《周书》卷 42《刘璠传》，第 763 页。

就有五百余家“生羌降附”。[1] 以前的一些郡守大多经营商业，积累财富，只有刘璠“秋毫无所取”。为了融入当地，与羌族打成一片，刘璠的妻子儿女都随从“羌俗，食麦衣皮，始终不改”。刘璠的为人光明磊落和处事公正无私，得到了羌人的普遍赞誉和充分信任，其声誉远播到其他地方，就连洮阳、洪和二郡的羌人也经常“越境诣璠讼理焉。其德化为他界所归仰如此”。柱国蔡公广当时镇守陇右，对刘璠的“善政”大加赞赏。到他迁镇陕州时，想把刘璠带走，羌人对刘璠很依恋，其中有七百人愿意跟着刘璠到陕州，对此，“闻者莫不叹异”。[2]

此外，京兆杜陵人、“世为郡右族”[3] 的王子直，于西魏废帝元年（551 年）被任命为使持节、大都督，行瓜州事。王子直本来就有节俭的习惯，到了瓜州后，“务以德政化人，西土悦附”[4]。“世为西州著姓”的皇甫璠，在北周孝闵帝时出任陇右总管府长史，他“小心奉法，安贫守志，常以清白自处，当时号为善人”。[5] 周武帝建德三年（574 年），皇甫璠任随州刺史。他“政存简惠，百姓安之”[6]。这些都说明以清廉处理好民族关系是一些官员的价值追求和社会治理的有效手段。

（五）慰抚稽胡及蛮夷思想

西魏北周时期，一些地方官员在所辖之地以“慰抚”思维和方式处理民族关系，取得了显著效果，丰富了民族关系思想的内涵。

1《周书》卷 42《刘璠传》，第 764 页。

2《周书》卷 42《刘璠传》，第 764 页。

3《周书》卷 39《王子直传》，第 700 页。

4《北史》卷 70《王子直传》，第 2427 页。

5《册府元龟》卷 806《总录部 · 贤德》，第 9585 页。

6《周书》卷 39《皇甫璠传》，第 697 页。

1. 杨摽“慰抚”稽胡

杨摽字显进，正平高凉人。其祖父杨贵和其父杨猛，都曾担任过县令。杨摽“少豪侠有志气”，在北魏孝明帝和孝庄帝时期“以义烈闻”[1]，被提拔为伏波将军、镇远将军、平东将军等职。后跟随北魏孝武帝入关，晋爵为侯，加抚军、银青光禄大夫。西魏建立后，杨摽被授为通直散骑常侍、车骑将军。当时稽胡“恃险不宾，屡行抄窃”，宇文泰以杨摽兼任黄门侍郎，前往“慰抚”。[2]杨摽“颇有权略，能得边情，诱化酋渠，多来款附”[3]，甚至还有一些稽胡跟随杨摽到长安朝拜。

由于杨摽“慰抚”稽胡取得显著成效，更受宇文泰的信任和器重。宇文泰因杨摽很有谋略，“堪委边任”，便委派其行建州事。尽管建州远在敌境三百余里，但由于杨摽“威恩夙著”，因此，他所经之处，“多并赢粮附之”。[4]当到达建州时，其众已达万人，轻易击败东魏刺史车折于洛及行台斛律俱步所率二万骑兵，“由是威名大振”[5]。

2. 梁昕“抚以仁惠”思想

梁昕字元明，安定乌氏人，世为关中著姓。梁昕“少温恭，见称州里”[6]，北魏孝明帝时，因功晋升为征西将军。后“以三辅望族”到雍州拜见宇文泰，深得宇文泰赏识。西魏建立后，梁昕屡立战功，官职不断提升。大统十二年（546年），梁昕出任河南郡守，镇守大坞。不久，又移镇阌韩。梁昕在此“式

1《周书》卷34《杨摽传》，第590页。
2《周书》卷34《杨摽传》，第591页。
3《北史》卷69《杨摽传》，第2407页。
4《周书》卷34《杨摽传》，第591页。
5《周书》卷34《杨摽传》，第591—592页。
6《北史》卷70《梁昕传》，第2422页。

遏边垒，甚著诚信”。[1] 随后，梁昕调任东荆州刺史。

荆州为古九州之一，“境域之内，含带蛮、蜑，土地辽落，称为殷旷。江左大镇，莫过荆、扬”[2]。史载“其人率多劲悍决烈，盖亦天性然也”[3]。梁昕治理荆州的思路很明确，也很简单，即“抚以仁惠”，但效果非常突出，“蛮夷悦之，流民归附者，相继而至”。[4]

梁昕在周武帝保定元年（561 年）出任中州刺史，不久又转任邵州刺史。天和初期拜工部中大夫，出任陕州总管府长史。无论在什么位置上，梁昕有了在荆州“抚以仁惠”处理各种关系的经验，加之他的“温裕”性格，使其“历官内外，咸著声称”。[5]

3. 阎庆“留心抚纳”思想

阎庆字仁庆，河南河阴人。其曾祖阎善，历任龙骧将军、云州镇将，“因家于云州之盛乐郡”；其祖阎提曾任车骑大将军、敦煌镇都大将，其父阎进“有谋略，勇冠当时”，[6] 北魏正光年间（520—525 年），因防守盛乐城有功，被提升为盛乐郡守。阎庆幼而聪敏，在固守盛乐城时“颇有力”[7]，得到重用，后以军功逐步升任为轻车将军、步兵校尉、中坚将军等职。大统三年（537 年），阎庆因对高欢专横跋扈不满，便从宜阳归附宇文泰，在河桥之役和邙山之战中屡立战功，在其他一些战役中也“屡展勋劳”[8]，其仕途进入了快车道，升迁为车骑大将军、骠骑大将军、开府仪同三司、云州大中正，被赐姓大野氏。

1《周书》卷 39《梁昕传》，第 695 页。
2《南齐书》卷 15《州郡志下》，第 273—274 页。
3《隋书》卷 31《地理志下》，第 897 页。
4《周书》卷 39《梁昕传》，第 695 页。
5《北史》卷 70《梁昕传》，第 2422 页。
6《周书》卷 20《阎庆传》，第 342 页。
7《北史》卷 61《阎庆传》，第 2182 页。
8《周书》卷 20《阎庆传》，第 342 页。

周闵帝即位后，阎庆出任河州刺史。河州地处河外，“地接戎夷”。阎庆具有“善于绥抚”的才能，对戎夷“留心抚纳，颇称简惠”。[1] 后来，阎庆先后转任云州刺史和宁州刺史，继续沿袭“留心抚纳”的作风，“不苛察”，[2] 得到了当地百姓的普遍赞誉。

4. 尉迟运“垂情抚纳”思想

尉迟运，代人，其祖先为“魏之别种，号尉迟部，因而姓焉”[3]。其父尉迟纲在周明帝时被封为吴国公，进位柱国大将军、大司空，历任泾州总管、陕州总管等职。尉迟运“少强济，志在立功”[4]，但起初并没有得到立功受赏的机会，只是因父亲功勋于西魏大统十六年（550 年）被封为安喜县侯。周闵帝即位，被封为车骑大将军、仪同三司，后因到岐州奉迎周明帝以及参与“定策”之功而晋爵为周城县公。保定元年（561 年），被周武帝提拔为骠骑大将军、开府仪同三司。

保定四年（564 年），尉迟运出任陇州刺史。这一职位对尉迟运来说具有很大挑战性，一方面尉迟运之前主要是带兵打仗，如今要做社会治理工作，需要角色转换；另一方面，这里“地带汧、渭，民俗难治”[5]，是历任官员颇感头疼之地，如陆腾任陇州刺史时，州民李广嗣和李武等人就“凭据岩险，以为堡壁，招集不逞之徒，攻劫郡县，历政不能治”[6]。此外，陇州所辖地域及其周围历来就有氐羌等少数民族，如代戎（即北戎）在战国时期被击灭后，“其遗脱者皆逃走，西逾汧、陇”[7]。再如氐自“秦汉以来，世居岐陇以南，汉川以西，自立豪帅。汉武帝遣中郎将郭昌、卫广灭之，以其地为武都郡。自汧渭抵于巴

1《北史》卷 61《阎庆传》，第 2183 页。
2《周书》卷 20《阎庆传》，第 343 页。
3《周书》21《尉迟迥传》，第 349 页。
4《北史》卷 62《尉迟迥传附尉迟运传》，第 2215 页。
5《周书》420《尉迟运传》，第 709 页。
6《周书》28《陆腾传》，第 470 页。
7《后汉书》卷 87《西羌传》，第 2874 页。

蜀，种类实繁，或谓之白氐，或谓之故氐，各有侯王，受中国封拜”[1]。有些少数民族比较活跃，给地方政权制造了麻烦，有的甚至会造成严重威胁，如永和五年(140年）且冻羌“寇武都”[2]，焚烧位于陇州汧源县西的陇关。永嘉六年(312年)，南安赤亭羌姚弋仲东徙陇州境内的榆眉，“戎、夏襁负随之者数万”[3]人。如何有效地治理好陇州，尉迟运的前任刺史陆腾主要采取武力镇压的手段，尉迟运则与陆腾不同，他完全采取安抚措施，收到了非常理想的效果。史书记载其“垂情抚纳，甚得时誉”[4]，这也为其在周武帝中后期“职兼文武，甚见委任”[5]奠定了基础。

（六）恩威并用思想

恩威并用即用恩惠和兵威两种手段处理民族关系，这一思想及实践，既能有效处理好民族关系，又使他们个人与少数民族建立起深厚感情，得到少数民族发自内心的敬重。

1. 史宁先平后抚思想

史宁字永和，建康袁氏人。其曾祖史豫，曾任北凉临松县令。北魏平定凉州后，其祖父史灌随例迁居抚宁镇。其父史遵，官至楼烦郡守。

史宁一生曾在多地任职，经历非常丰富，“少以军功，拜别将”[6]，后不断升迁，历任南郢州刺史、东义州刺史、凉州刺史、荆州刺史及骠骑大将军、荆襄

1《魏书》卷101《氐传》，第2227页。
2《后汉书》卷6《孝顺帝纪》，第270页。
3《资治通鉴》卷88，“晋纪十”，“永嘉六年”条，第2790页。
4《周书》420《尉迟运传》，第709页。
5《北史》卷62《尉迟迥传附尉迟运传》，第2215页。
6《周书》卷28《史宁传》，第465页。

淅郢等五十二州及江陵镇防诸军事等职，是北魏和西魏北周都有影响的官员，更为北周太祖宇文泰所倚重，得到了宇文泰“以所服冠履衣被及弓箭甲等赐宁”[1]的殊荣，并为突厥可汗所惊叹，被突厥人称为“中国神智”之人[2]，被唐朝史学家令狐德棻、李延寿等赞誉为“将帅之才”，“总戎薄伐，著克敌之功；布政莅民，垂称职之誉”[3]。史宁的先平后抚思想在北魏末期就已经形成，在西魏北周处理民族关系时发挥得淋漓尽致。

北魏末期，贺拔胜任荆州刺史，作为征东将军、金紫光禄大夫的史宁担任贺拔胜的军司，率领步骑一千人跟随贺拔胜赴任。当时“荆蛮骚动，三鸦路绝”，史宁“先驱平之”。为了得到当地民众的支持和迅速稳定局势，史宁“抚慰蛮左，翕然降附，遂税得马一千五百匹供军”[4]。荆州之行，初步展示了史宁处理民族关系的才能，为日后处理复杂问题积累了经验。西魏文帝时，史宁任东义州刺史，这里“邻接疆埸，百姓流移”，史宁“留心抚慰，咸来复业”。大统十二年（546 年），史宁转任凉州刺史。尚未到任，前刺史宇文仲和据州作乱。史宁冒险进入凉州，向他们讲明祸福利害，“城中吏人皆相率降附”[5]。史宁在凉州任职，主要按照恩威并用的思路处理民族关系和治理社会，得到了当地百姓的爱戴，“戎夷服其威惠，迁镇之后，边民并思慕之”[6]。这些都体现了史宁先平后抚思想及实践的积极作用。

2. 赵昶恩威并用思想

赵昶字长舒，天水南安人。其曾祖赵襄“仕魏至中山郡守，因家于代”[7]，

1《北史》卷 61《史宁传》，第 2187 页。
2《周书》卷 28《史宁传》，第 468 页。
3《周书》卷 28《史宁等传》史臣曰，第 482 页。
4《周书》卷 28《史宁传》，第 465 页。
5《北史》卷 61《史宁传》，第 2186 页。
6《周书》卷 28《史宁传》，第 467 页。
7《周书》卷 33《赵昶传》，第 576 页。

其父赵琛曾任上洛郡守。

赵昶“少聪敏，有志节”，基本从基层做起，北魏孝昌年间（525—527 年）中期“起家拜督，镇小平津”[1]，西魏北周时期历任安夷郡守、抚军将军、武州刺史、车骑大将军、仪同三司、诸州军事。魏恭帝初，加骠骑大将军、开府仪同三司等职，晋爵长道郡公，赐姓宇文氏。

从赵昶处理民族关系的举措中，可以看出他的民族关系思想主要包括“威怀以礼”[2]和“威服氐羌”[3]两个方面。“威怀以礼”主要突出“恩”的价值，“威服氐羌”主要突出“威”的作用。

赵昶慰谕清水氐酋李鼠仁、梁道显、汾州胡及有效调解氐首杨法深与杨崇集、杨陈侳的矛盾，突出反映了他的“威怀以礼”思想。

大统九年（543 年），西魏大军“失律于邙山”，清水氐酋李鼠仁自军中逃还，“凭险作乱”。陇右大都督独孤信多次派兵出击，但都没有获胜。宇文泰出兵征讨前，想先派人观察形势，当时谁都不愿干这个差事，只有赵昶主动请求去见李鼠仁。赵昶一见到李鼠仁，就对他“喻以祸福”。李鼠仁召集部下讨论时，部分人同意，部分人反对，有的还将刀刃架在赵昶的脖子上，威胁赵昶。但赵昶临危不惧，“神色自若，志气弥厉”。李鼠仁“感悟”赵昶的诚意，“遂相率降”。[4]后来氐帅梁道显反叛，围攻南由。宇文泰又派赵昶前往“慰谕”，赵昶工作做得很到位，梁道显等人都“相继归附”[5]。大统十五年（549 年），赵昶出任安夷郡守。当时“氐族荒犷，世号难治”，赵昶“威怀以礼”，氐族“莫不悦服”。[6]一年之后，氐族愿意从军者就有千余人。

1《周书》卷 33《赵昶传》，第 576 页。
2《周书》卷 33《赵昶传》，第 577 页。
3《周书》卷 33《赵昶传》，第 578 页。
4《周书》卷 33《赵昶传》，第 577 页。
5《北史》卷 96《氐传》，第 3177 页。
6《周书》卷 33《赵昶传》，第 577 页。

对汾州胡先“慰劳”后击破，是对赵昶恩威并用思想的生动诠释。以前汾州胡反叛时，赵昶曾去对他们予以慰劳，施以恩惠，不仅使他们打消了反叛念头，而且还拉近了感情距离。当西魏大军前往征讨时，赵昶作为“先驱”，将汾州胡一举击破[1]。

赵昶斩杀氐族首逆者、擒获氐帅盖闹、讨平潭水羌、讨斩氐酋姜多等，突出反映了他的恩威并用思想中“威”的一面。

就赵昶本人处理民族关系的举措而言，都比较符合实际，因而能够得到少数民族的认同和敬佩。但西魏上层发布的指令及出台的政策，因考虑不够周全，往往会引发矛盾，造成冲突。西魏文帝末期，因军事需要，对氐族征发赋税徭役过于急迫，解释工作做得不到位，致使“氐情难之”，相继发生了氐族反叛事件。赵昶又“潜遣诱说，离间其情，因其携贰，遂轻往临之”。一些氐人不知赵昶来此动机，纷纷来见赵昶。赵昶“乃收其首逆者二十余人斩之”，氐族“余众遂定”。[2]赵昶得到嘉奖，被任命为大都督，行南秦州事。当时氐帅盖闹等反叛，占据北谷作乱，赵昶先“分道遣使，宣示祸福”，然后出兵征讨，将盖闹擒拿，“散其余党”，[3]消除后患。西魏恭帝初期，潭水羌反叛，杀害武陵和潭水二地的郡守。时任骠骑大将军、开府仪同三司的赵昶率领仪同骆天义等骑兵和步兵共五千人将他们一举讨平。[4]周明帝初期，兴州人段吒及氐酋羌多重新反叛，“攻没郡县”[5]，侵逼南岐州，赵昶出兵讨伐，并将他们斩杀，更能体现赵昶的威服氐羌思想。

正是由于赵昶恩威并用思想及实践，不仅使其对所“虏获氐、羌，抚而使之”，使他们都对赵昶尽心尽力，而且还扩大了西魏的声威和影响力。由此，

1《北史》卷69《赵昶传》，第2402页。
2《周书》卷33《赵昶传》，第577页。
3《北史》卷96《氐传》，第3177页。
4《北史》卷69《赵昶传》，第2402页。
5《周书》卷33《赵昶传》，第578页。

宇文泰经常称赞赵昶说：“不烦国家士马而能威服氐、羌者，赵昶有之矣。”[1]《周书》亦称赵昶“威怀以礼，莫不悦服”[2]。

3. 元定“威恩兼济”思想

元定字顾安，河南洛阳人，出身显贵，其祖父比積曾任安西将军、务州刺史，其父道龙曾任征虏将军、巨鹿郡守。

元定既有“惇厚少言，内沉审而外刚毅”性格，又有勇略，战场上身先士卒，冲锋在前，“每战必陷阵”，而且“未尝自言其功”，[3]自然容易得到皇帝和大臣的赏识和敬重，到大统十五年（549 年）已升迁至车骑大将军、开府仪同三司，魏废帝二年（552 年），进封建城郡王。周明帝初，元定出任岷州刺史。元定到任后，“威恩兼济，甚得羌豪之情”。以前“生羌据险不宾者，至是，并出山谷，从征赋焉”。元定的思想及实践得到了羌人的高度认同，元定回到京城后，“羌豪等咸恋慕之”[4]。可见“威恩兼济”思想既能处理好民族关系，又能使元定得到所辖地区少数民族对他的爱戴。

4. 阳雄“威惠相济”思想

阳雄字元略，上洛邑阳人，世代都是豪族。其祖父阳斌曾任上庸太守，其父阳猛曾任华山郡守、征东将军、扬州刺史等职，“颇有声绩”[5]。阳雄一生多在征战中度过，屡立战功，不仅屡获提拔，而且所得“赏赐甚厚”，并获“世袭邑阳郡守”[6]的殊荣。阳雄在处理民族关系方面的才能及政绩，主要是任洵州刺

1《周书》卷 33《赵昶传》，第 578 页。
2《周书》卷 33《赵昶传》，第 577 页。
3《周书》卷 34《元定传》，第 589 页。
4《北史》卷 69《元定传》，第 2406 页。
5《周书》卷 44《阳雄传》，第 796 页。
6《周书》卷 44《阳雄传》，第 797 页。

史和平州刺史时显示出来的。

西魏恭帝时期，萧梁将领侯方儿、潘纯陁侵扰江陵[1]，阳雄随尚书右仆射豆卢宁将他们赶跑。随后，即被任命为洵州刺史。此地“俗杂賨、渝，民多轻猾”。阳雄的做法很简单，就是“威惠相济”，结果取得了“夷夏安之”[2]的显著成效。后来荆州蛮帅文子荣窃据荆州的汶阳郡，自称仁州刺史[3]，又攻陷了南郡的当阳、临沮等数县。开府贺若敦等出兵讨平后，西魏在其地设置平州，任命阳雄为平州刺史。当时因遭敌寇侵袭、社会动乱，“户多逃散”，阳雄想方设法进行“慰抚，民并安辑”。[4]阳雄处理民族关系的思路与处理外交关系的思路基本一致。阳雄履职之地有的地处边境和对敌前线，他始终把“保境息民”放在首位，即使“接待敌人”，他也“必推诚仗信”。[5]北齐洛州刺史独孤永业就对其非常敬重，写信对他大加赞美，由此可以看出他的影响力之大。

5. 赵文表平恶抚善思想

赵文表，其先天水西人，后徙居南郑，累世为二千石。其父赵江曾任东巴州刺史、骠骑大将军、开府仪同三司、御伯中大夫等职。

赵文表能文能武，既“好读《左氏春秋》，略举大义”，又“便弓马，能左右驰射”。[6]在西魏恭帝时期，赵文表因随开府田弘出征山南和平定南巴州及信州，对蛮夷等南方少数民族有了比较深入的了解。周武帝天和二年（567 年）到天和三年（568 年），赵文表在赴突厥处理和亲事宜时，对突厥等北方少数

1《周书》卷 19《豆卢宁传》，第 309 页。
2《周书》卷 44《阳雄传》，第 797 页。
3《北史》卷 68《贺若敦传》，第 2379 页。
4《周书》卷 44《阳雄传》，第 797 页。
5《周书》卷 44《阳雄传》，第 797 页。
6《周书》卷 33《赵文表传》，第 581 页。

民族有了进一步了解，对其民族关系思想的形成及完善产生重要影响。

天和三年（568 年），赵文表出任梁州总管府长史。梁州所管的恒稜方圆数百里，全是“夷、獠所居”[1]之地，他们凭借地形险要、设施坚固，时常怀有不轨之心。赵文表率领官兵前往征讨，驻扎在巴州。赵文表计划率众径直进军，但一些军官认为，“此獠旅拒日久，部众甚强。讨之者皆四面攻之，以分其势。今若大军直进，不遣奇兵，恐并力于我，未可制胜”。赵文表根据历史经验教训、地形和夷獠特点，提出了自己的思路和策略：“往者既不能制之，今须别为进趣。若四面遣兵，则獠降走路绝，理当相率以死拒战。如从一道，则吾得示威恩，分遣使人以理晓谕。为恶者讨之，归善者抚之。善恶既分，易为经略。事有变通，奈何欲遵前辙也。”[2]赵文表认为，要想使夷、獠降服，既要给他们一条出路，又要“以理晓谕”；既要明确政策界限，又要注重变通。只要坚持“平叛抚善”原则，就会轻易达到预期目标。赵文表将他的这一想法通知到全部官兵。当时有些獠人参与了征讨夷、獠的军事行动，由于他们大都与恒稜獠相识，就把赵文表的意图如实告诉了他们。正当恒稜獠聚在一起讨论且犹豫不决时，赵文表所率大军已到他们的地界。通往獠中有两条路，一条稍微平坦一些，另一条极其艰险。赵文表拒绝生獠酋帅主动做向导、走平路的建议，带兵从险道前进，遇到不通之处，立即开凿，出其不意地避开了獠的伏兵圈。獠发现自己在平路设伏的阴谋没有得逞，“争携妻子，退保险要”。赵文表令大军驻扎在大蓬山下，对他们“示以祸福”，他们都很知趣，“遂相率来降”。赵文表都一一“慰抚”，仍然“征其税租”，[3]他们当中没有敢拒绝的。后来，赵文表被任命为蓬州刺史，由于他“政尚仁恕”[4]，又“大得獠和”[5]，结果“夷、獠

1《北史》卷 69《赵文表传》，第 2405 页。

2《周书》卷 49《异域传上・獠传》，第 891 页。

3《周书》卷 49《异域传上・獠传》，第 891 页。

4《北史》卷 69《赵文表传》，第 2405 页。

5《周书》卷 49《异域传上・獠传》，第 891 页。

怀之"[1]。赵文表因此得到朝廷嘉奖，被提拔为骠骑大将军、开府仪同三司，晋爵为公。

6. 宇文宪"剪其魁首，余加慰抚"思想

宇文宪字毗贺突，宇文泰第五子，其生母为柔然人达步干氏。[2]宇文宪"性通敏，有度量"，从小就与周武帝宇文邕一起学习《诗》《传》，"咸综机要，得其指归"。[3]宇文宪不仅极有军事才能，在战场上屡立战功，并在建德三年(574年）将其撰写的五卷本《兵书要略》[4]送呈周武帝，得到周武帝的"称善"[5]，而且"尤长于抚御"，"群下感悦，咸为之用"。[6]其"抚御"才能在蜀任职时得到了充分展现。周明帝即位后，宇文宪被封为大将军，不久就出任益州刺史。当时宇文宪只有十六岁，但他按照其父宇文泰"刺史当抚众治民"的教诲，"善于抚绥，留心政术，辞讼辐凑，听受不疲。蜀人怀之，共立碑颂德"。[7]在对待稽胡问题上，宇文宪提出了"剪其魁首，余加慰抚"的思想观点。建德五年(576年)，北周在晋州击败北齐军队，齐人只顾逃命，把甲仗四处丢弃。稽胡乘机抢劫这些武器，据为己有。于是，他们拥戴原稽胡领袖刘蠡升的孙子刘没铎为首领，号称圣武皇帝，年号石平。建德六年（577年)，周武帝准备出兵征讨稽胡，有的提出"欲穷其巢穴"。宇文宪提出了自己的看法，他认为，稽胡"种类既多，又山谷阻绝，王师一举，未可尽除"。怎样才能有效解决稽胡问题呢？宇文宪的对策是，应当区别对待，即"剪其魁首，余加慰抚"。[8]这样

1《周书》卷33《赵文表传》，第582页。
2《周书》卷12《齐炀王宪传》，第196页。
3《周书》卷12《齐炀王宪传》，第187页。
4《隋书》卷34《经籍志三》，第1014页。
5《周书》卷12《齐炀王宪传》，第190页。
6《周书》卷12《齐炀王宪传》，第195页。
7《周书》卷12《齐炀王宪传》，第188页。
8《周书》卷49《异域传上・稽胡传》，第898页。

可以有效瓦解稽胡，争取到绝大多数稽胡的支持。宇文宪的思路得到了周武帝的赞同，被任命为行军元帅，督行军总管赵王宇文招、谯王宇文俭、滕王宇文逌等出征。到达马邑时，他们“分道俱进”。刘没铎先遣其党天柱防守于河东，又遣其大帅穆支据守河西，计划“分守险要，掎角宪军”。[1] 按照宇文宪的命令，谯王俭攻天柱，滕王逌击穆支，都将他们击破，斩首万余级。宇文招又擒获刘没铎，将其斩杀，其余部众全部投降，于是“胡寇平”[2]。

宇文宪由于能力和功劳过于突出，“威名日重”，深为周宣帝所“忌惮”，[3] 宣政元年（578 年），遭迫害含冤而死。

（七）西魏北周民族关系思想的特点

通过以上梳理，可以看出西魏北周民族关系思想及实践活动具有以下几个特点：

其一，思想来源比较单一。西魏北周时期的中央和地方官员，尽管民族成分、家庭出身、个人经历、接受教育程度、任职地域不尽相同，思想形成的环境也不尽一致甚至有很大差异，但其思想来源都比较单一，他们的思想观点和精神实质大都与儒家思想比较吻合。如宇文泰、宇文邕和宇文赟祖孙三代的和亲思想，库狄峙“建和戎之功”[4]，王庆到吐谷浑“论和好之事”等[5]，都与“礼之以和为贵”[6]思想实质一脉相承。再如汾州刺史韩褒认为，如果侮辱俘虏，就会进一步增加仇恨，因此，他要求“所获贼众”，“一切放还，以德报怨”。[7] 这

1《周书》卷 49《异域传上・稽胡传》，第 898 页。
2《周书》卷 13《文闵明武宣诸子传附属赵僭王招传》，第 202 页。
3《周书》卷 12《齐炀王宪传》，第 195 页。
4《北史》卷 69《申徽等传》论曰，第 2410 页。
5《周书》卷 33《王庆传》，第 575 页。
6《礼记》卷 10《儒行》，上海古籍出版社，1987，第 321 页。
7《周书》卷 37《韩褒传》，第 662 页。

与孔子的“以德报德”[1]思想完全一致。又如儒家强调德治的教化作用，主张“道之以政，齐之以刑，民免而无耻；道之以德，齐之以礼，有耻且格”[2]。中外府司马达奚寔对“历世羁縻，莫能制御”的山氏，“导之以政”，使“氐人感悦，并从赋税”[3]。达奚寔的思想显然来自儒家思想。诚信是儒家的重要思想，孔子就对诚信十分推崇，认为“言忠信，行笃敬，虽蛮貊之邦行矣”[4]。不少地方官员主张以诚信对待少数民族，如通州刺史辛昂“推诚布信，甚得夷獠欢心”[5]；蒙州刺史杨敷“推诚布信，随方慰抚”[6]；秦州刺史独孤信在陇右多年，“威申南服，化洽西州，信著遐方，光昭邻国”[7]；平州刺史阳雄不仅对当地民众进行“慰抚，民并安辑”，而且在“接待敌人”时，也“必推诚仗信”。[8]韦孝宽在《上武帝疏陈平齐三策》中所提出的“还崇邻好，申其盟约。安人和众，通商惠工，蓄锐养威，观衅而动”[9]思想观点，与儒家思想观点非常吻合。由此可见，西魏北周多数大臣的思想都是儒家的东西。

其二，“和”是民族关系思想的核心理念。“和”是中华文明的重要内容，既有和谐、和睦、融洽之意，如《左传》隐公四年载：“臣闻以德和民，不闻以乱。”《孟子·公孙丑下》载：“天时不如地利，地利不如人和。”《荀子·天论篇》载：“万物各得其和以生。”又有和平、讲和、和解之意，如汉高祖三年（前204年），“项羽数侵夺汉甬道，汉军乏食，遂围汉王。汉王请和，割荥阳

1《礼记·表记》，（清）阮元校刻：《十三经注疏》，第3557页；《论语·宪问》，（清）阮元校刻：《十三经注疏》，第5459页。

2《论语·为政》，（清）阮元校刻：《十三经注疏》，第5346页。

3《周书》卷29《达奚寔传》，第503页。

4《论语·卫灵公》，（清）阮元校刻：《十三经注疏》，第5467页。

5《周书》卷39《辛庆之传附族子昂传》，第699页。

6《周书》卷34《杨敷传》，第599页。

7《北史》卷61《王盟等传》论曰，第2193页。

8《周书》卷44《阳雄传》，第797页。

9（清）严可均辑：《全北齐文　全北周文》卷6《上武帝疏陈平齐三策》，商务印书馆，1999，第161页。

以西者为汉”[1]。同年，“汉王使郦食其说齐王田广，罢守兵与汉和”[2]。西魏北周民族关系极其复杂，对民族关系的认识不尽一致甚至相互矛盾，处理方式多种多样，但只有“和”的理念及行动上下呼应，贯穿始终，影响很广，主要体现在五个方面：一是与柔然、突厥和亲。西魏与柔然有两次和亲，一次是西魏将化政公主出嫁柔然首领阿那瓌之弟塔寒，另一次是西魏文帝娶阿那瓌的女儿为皇后。[3]关于西魏北周与突厥的三次和亲，前面已经述及，此不赘述。二是大统十六年（550年）魏文帝“恐蠕蠕乘虚寇掠”，乃遣大臣杨荐到柔然“更论和好，以安慰之”。[4]三是成州刺史赵昶积极调解氐首杨法深与杨崇集、杨陈侳之间的矛盾，推动他们“和解”。赵昶鉴于氐首杨法深“举众内附”“职贡不绝”，[5]又与其种人杨崇集、杨陈侳“各拥其众，递相攻讨”的现状，从民族关系和西魏稳定大局出发，派遣使者做“和解”工作，最终使他们都纷纷表示“从命”。[6]四是大都督王庆在保定二年（562年）出使吐谷浑，“与其分疆，仍论和好之事。浑主悦服，遣所亲随庆贡献”[7]。五是厍狄峙的“和戎”之术使“屡为边患”的柔然“不复为寇”，得到了宇文泰的赞赏：“昔魏绛和戎，见称前史。以君方之，彼有愧色。”[8]他在任都督益潼等三十一州诸军事、益州刺史时，继续沿袭“和戎”思路，崇尚清静无为，“甚为夷獠所安”[9]。以上这些标志性事件，突出反映了“和”的理念在西魏北周民族关系思想中的核心位置。

其三，“抚”是处理民族关系的重要方式。以“抚”的方式处理民族关系的政治智慧古已有之，如东汉和帝在永元十三年（101年）的诏书中就提出“抚

1《史记》卷8《高祖本纪》，第372—373页。
2《汉书》卷1上《高祖纪上》，第43页。
3 崔明德：《中国古代和亲通史》，人民出版社，2007，第140—141、559—560页。
4《周书》卷33《杨荐传》，第571页。
5《周书》卷49《异域传上·氐传》，第895页。
6《北史》卷96《氐传》，第3177页。
7《周书》卷33《王庆传》，第575页。
8《周书》卷33《厍狄峙传》，第569页。
9《周书》卷33《厍狄峙传》，第570页。

接夷狄，以人为本"[1]的思想观点。西魏北周高层，很多人都主张要对少数民族"抚慰"，如宇文泰就在平定梁、益之后，下令对所在地区的獠予以"抚慰"，结果"其与华民杂居者，亦颇从赋役"。[2]侯景撤离荆州后，宇文泰令大都督独孤信为大使，"慰抚三荆"[3]。许多地方官员也喜欢以"抚"处理民族关系，争取人心，如史宁为东义州刺史时就"留心抚慰"；[4]刘璠为同和郡守时"善于抚慰"；[5]贺兰祥为荆州刺史时对远近蛮夷"随机抚纳"[6]，"颇有惠政"，使汉南原逃亡百姓"襁负而至者日有千数。远近蛮夷，莫不款附"。即使向吐谷浑用兵，贺兰祥也是为了实现他的"抚安西土"[7]战略目标；阎庆为河州刺史时"留心抚纳"[8]"善于绥抚"[9]；泉仲遵为南洛州刺史时"留情抚接"[10]；武州刺史、车骑大将军赵昶对所"虏获氐、羌，抚而使之"，"不烦国家士马"就"能威服氐、羌"[11]等；梁州总管府长史赵文表即使在征讨恒稜獠时，还坚持"归善者抚之"的原则。[12]齐王宇文宪在周武帝准备出兵稽胡时，提出"剪其魁首，余加慰抚"[13]的观点。

那么，用什么"慰抚"少数民族呢？或者说"慰抚"内容是什么？从相关记载来看，主要包括如下几个方面：一是"信义"和"诚信"，如长孙俭任秦州长史时，对西夏州的许和就"以信义招之，和乃举州归附"[14]。辛昂任渠州和

1《后汉书》卷 4《孝和帝纪》，第 189 页。
2《周书》卷 49《异域传上·獠传》，第 891 页。
3《北史》卷 61《独孤信传》，第 2168 页。
4《册府元龟》卷 692《牧守部·招辑》，第 8251 页。
5《册府元龟》卷 692《牧守部·招辑》，第 8252 页。
6《册府元龟》卷 692《牧守部·招辑》，第 8253 页。
7《周书》卷 20《贺兰祥传》，第 338 页。
8《册府元龟》卷 692《牧守部·招辑》，第 8253 页。
9《周书》卷 20《阎庆传》，第 342 页。
10《周书》卷 44《泉企传附子仲遵传》，第 789 页。
11《周书》卷 33《赵昶传》，第 578 页。
12《周书》卷 49《异域传上·獠传》，第 891 页。
13《周书》卷 49《异域传上·稽胡传》，第 898 页。
14《册府元龟》卷 692《牧守部·招辑》，第 8252 页。

通州刺史时以诚信慰抚，“甚得夷獠欢心”[1]。二是“仁惠”，如东荆州刺史梁昕对蛮夷“抚以仁惠”[2]。三是“廉简”，如南洛州刺史泉仲遵以廉简治理群蛮，瓜州刺史韦瑱以清廉得到蕃夷敬重，同和郡守刘璠以清廉争取羌人等。

从各地具体实践来看，以“抚”处理民族关系的成效非常显著，如车骑将军辛昂在梁益“抚导梗化，安置城镇，数年之中，颇得宁静”[3]；东荆州刺史梁昕“抚以仁惠，蛮夷悦之，流民归者相继而至”[4]；勋州刺史韦孝宽“善于抚御，能得人心”[5]；陇州刺史尉迟运“垂情抚纳，甚得时誉”[6]等。

当然，西魏北周时期也有个别官员以武力征服所辖之地的群蛮以及离间群蛮的言行，也取得了一定的成效，如历任直州刺史和信州刺史的李迁哲在巴州与鹿城城主争斗时，“屠其城，虏获千余口”。从此之后，“巴、濮之民，降款相继”。[7]再如江州刺史陆腾以诱骗和武力方式击破木笼獠、铁山獠和信州蛮、蜑，大都督侯莫陈顺以离间计使反叛的南岐州氐人苻安寿“率部落一千家款附”[8]，骠骑大将军、开府仪同三司贺若敦以离间计斩杀“扇动群蛮”[9]、准备投奔萧梁的谯淹等，但这些都是个别人的行为，而且只是他们在局部战争中的临时计策和手段，并非西魏北周民族关系思想及实践活动的主流。

其四，善于从多方关系思考和处理民族关系。西魏北周时期，民族关系始终呈现复杂性、多样性状态，南朝与北朝处于对立状态，西魏北周与东魏北齐处于争斗状态，不同少数民族政权之间有时也处于矛盾状态，这些都使中央上层和地方官员在思考和处理民族关系时会统筹考虑各种关系。如西魏北周与东

1《册府元龟》卷692《牧守部·招辑》，第8252页。
2《北史》卷70《梁昕传》，第2422页。
3《册府元龟》卷656《奉使部·招抚》，第7862页。
4《册府元龟》卷692《牧守部·招辑》，第8252页。
5《周书》卷31《韦孝宽传》，第538页。
6《册府元龟》卷692《牧守部·招辑》，第8253页。
7《周书》卷44《李迁哲传》，第791页。
8《北史》卷60《侯莫陈崇传附兄侯莫陈顺传》，第2150页。
9《周书》卷28《贺若敦传》，第475页。

魏北齐争斗时，往往会考虑柔然、突厥、梁、陈等政权的动向和态度，出兵吐谷浑时总会考虑突厥和北齐的动向及态度，与梁、陈交往时，也会考虑北齐、吐谷浑及氐羌的动向。如大统二年（536 年）西魏派镇南将军、丞相府从事中郎韩褒出镇淅郦，就是考虑了“梁人北寇商洛，东魏复侵樊邓”[1] 的因素。选派黄门侍郎库狄峙出使柔然，就综合考虑“时与东魏争衡，蠕蠕乘虚，屡为边患”[2] 等因素。西魏配合突厥出兵吐谷浑，肯定会考虑“吐谷浑通使于齐”[3] 的情况。大臣于翼鉴于北周在边境修筑防御工事、增加戍兵而北齐和陈朝“亦增修守御”的实际情况，遂向周武帝提出“解边严，减戎防，继好息民，敬待来者”[4] 的建议，被周武帝完全采纳，可见西魏北周君臣和地方官员都比较善于从多方关系思考和处理民族关系。

（八）余论

通过对西魏北周民族关系思想主要观点、实践活动及思想特点的梳理，可以发现，这一时期处理民族关系取得显著成效的中央和地方官员，虽然他们的民族成分并不相同，生活环境不尽一致，行事风格各有特色，但他们对民族关系的认识、处理民族关系的方式及价值取向基本一致，这就说明这一时期民族关系的主流思想与民族、地域没有多大关系，起决定作用的是文化基因、教育背景和舆论氛围。

文化基因是决定思想文化绵延不断、世代传承的内在元素。强大的文化基因能够保证文化传承的完整性、稳定性和持久性。西魏北周时期，尽管当时思想文化多元，既有中原汉族文化，又有鲜卑文化、羌族文化、柔然文化、突厥

1《周书》卷 37《韩褒传》，第 661 页。
2《北史》卷 69《库狄峙传》，第 2394 页。
3《北史》卷 61《史宁传》，第 2187 页。
4《周书》卷 30《于翼传》，第 525 页。

文化等少数民族文化，但从整体来看，毫无疑问，基因最强大的是作为中华文化重要组成部分的儒家思想文化。

这一时期官员的教育背景和学习内容也非常相似，他们学到的主要是儒家经典和儒家思想文化。如湖州刺史乐逊系统学习过《孝经》《丧服》《论语》《诗》《书》《礼》《易》《左氏春秋》等[1]，北雍州刺史韩褒勤奋好学，涉猎经史。十四岁就当县令的泉仲遵"涉猎经史"，"颇得嘉誉"。[2]历任梁州总管府长史和蓬州刺史的赵文表"好读《左氏春秋》，略举大义"[3]。宇文泰第五子宇文宪从小就与周武帝宇文邕一起学习《诗》《传》，"咸综机要，得其指归"[4]。荆州刺史贺兰祥"虽在戎旅"，也被宇文泰所请儒士"教以书传"。[5]历任南兖州刺史、晋州刺史、雍州刺史、勋州刺史、延州总管等职的韦孝宽也"涉猎经史"[6]。

西魏北周时期，那些熟读儒家经典、在中华文化浸染下成长起来的官员，无论在中央做官还是在地方任职，他们往往会按照儒家思想和行为准则思考问题和处理事务。如辛昂在任成都令时，"与诸生祭文翁学堂"，常把"子孝臣忠，师严友信"等儒家思想挂在嘴边，要求诸生身体力行。辛昂和诸生的言行成为标杆，带动了当地风气发生极大变化，出现了"井邑肃然，咸从其化"[7]的喜人局面。杨敷"每览书传，见忠臣烈士之事，常慨然景慕之"。任蒙州刺史时，对当地的少数民族"推诚布信"，[8]细心安抚。薛慎在做侍读、学师时先后给宇文泰讲授过六经和子史，出任湖州刺史后，按照儒家思想开展工作，结果

1《周书》卷45《儒林·乐逊传》，第814页。
2《周书》卷44《泉企传附子仲遵传》，第788页。
3《周书》卷33《赵文表传》，第581页。
4《周书》卷12《齐炀王宪传》，第187页。
5《周书》卷20《贺兰祥传》，第336页。
6《周书》卷31《韦孝宽传》，第536页。
7《周书》卷39《辛庆之传附族子昂传》，第698页。
8《周书》卷34《杨敷传》，第599页。

当地“风化大行，有同华俗”。[1] 乐逊不仅“以经术教授”[2] 宇文泰诸子和太学学生，而且在任湖州刺史时大力推行孝道，“化洽州境”。[3]

西魏北周民族关系思想主要观点、价值取向及实践活动表明，西魏北周中央和地方官员无论籍贯如何、生长在何地，也无论是什么民族，只要生活在儒家思想文化氛围之中，就会认同中华文化，就会具有共同的价值追求。如前面提到的那些官员，有些生长在中原地区，如泉仲遵是上洛丰阳人，韦瑱是京兆杜陵人，世代都是“三辅著姓”[4]。司马裔是河内温人，韦孝宽是京兆杜陵人。梁昕是安定乌氏人，世为关中著姓。有些生长在少数民族地区，如贺兰祥和侯莫陈顺都是代郡武川人，陆腾、尉迟运和贺若敦都是代人，而且他们都是鲜卑族。还有一些从中原地区迁到少数民族地区，如阎庆是河南河阴人，因其曾祖阎善历任龙骧将军、云州镇将，“因家于云州之盛乐郡”[5]；赵昶是天水南安人，其曾祖赵襄“仕魏至中山郡守，因家于代”[6]。这些在不同地域成长起来的官员，因长期生活在儒家思想文化氛围之中，中华文化已融入他们的血液和灵魂之中，必然会产生共同的价值追求，自然会把“和”与“抚”作为处理民族关系的核心理念及重要方式。这也充分说明，文化是一个民族的魂魄，文化认同是最深层的认同，对中华文化的认同是各民族共有精神家园的基础和社会发展进步的精神动力。

1《北史》卷36《薛慎传》，第1343页。
2《周书》卷45《儒林·乐逊传》，第814页。
3《周书》卷45《儒林·乐逊传》，第818页。
4《周书》卷39《韦瑱传》，第693页。
5《周书》卷20《阎庆传》，第342页。
6《周书》33《赵昶传》，第576页。

五、高欢民族关系思想的主要内容及来源

“胡化”是中国古代民族关系、民族文化研究的重要内容和视角。高欢是“胡化”的代表性人物，融汉族文化与少数民族文化于一身。作为剖析“胡化”人物民族关系思想的样本，系统梳理高欢民族关系思想，可以深化和丰富中国民族关系思想史。高欢民族关系思想主要由招怀远夷、消灭山胡和杂用夷夏等三大部分构成。招怀远夷思想主要包括“北怀蠕蠕”、招纳吐谷浑和招纳阿至罗等三方面内容。消灭山胡思想是在山胡越来越嚣张的背景下、在系统研究总结历代治理山胡经验教训基础上形成的，并在实践中不断完善。“杂用夷夏”思想及实践，是典型的实用主义，主要是想得到汉族和少数民族各方面的支持和拥戴。高欢的思想中既有汉族基因，又受少数民族思想文化影响，他的思维方式与汉族政治家或少数民族政治家都有一定差异。高欢的思想看似矛盾，其实都在“为我所用”的宗旨下得到了有机调和。高欢的民族关系思想因充分吸收了汉族和少数民族思想文化的有益成分，借鉴了汉族和少数民族处理民族关系的经验教训，既符合汉族实际，又符合少数民族实际，因此，他的思想超出了同时代其他政治家的思想高度，更能发挥其应有的指导作用。高欢的民族关系思想及其实践，基本达到了预期目的，取得了显著成效。

高欢（496—547年），字贺六浑，祖籍为渤海蓨（今河北景县）人，因祖父高谧犯法，徙居怀朔镇(今内蒙古包头东北)。高欢因“累世北边，故习其俗，

遂同鲜卑”[1]，是典型的鲜卑化汉人。他既是东魏王朝的建立者之一，也是北齐王朝的奠基人。死后，其子高洋代东魏称齐帝，追尊高欢为神武帝。目前，学界已对高欢的家世族属[2]、南下驱逐孝武帝[3]、家族汉化[4]、两次建议迁都邺城[5]、政治军事集团的形成[6]等问题作了比较深入的研究，但对他的民族关系思想迄今却无专文加以系统探讨。这里拟对此作一初步梳理，以期引起学术界对这一问题的重视和深入研究。

高欢的民族关系思想内容比较丰富，理论体系比较完备。从整体来看，主要由“招怀远夷”、消灭山胡和“杂用夷、夏”等三大部分所构成。

（一）“招怀远夷”

在中国历史文献中，《北齐书》卷20《斛律羌举传》和《册府元龟》卷652《奉使部·达王命》、卷653《奉使部·称旨》、卷662《奉使部·绝域》等都提到了高欢“招怀远夷”的思想。由于史书只是记录了夏州刺史斛律羌举贯彻高欢这一思想所取得的显著成效以及被奖赏的情况，并没有对这一思想进行系统阐释，因此，我们只能根据高欢处理民族关系的实践活动和相关言行，对其“招怀远夷”的思想内涵和实践成效进行初步考察。大致说来，高欢的“招怀远夷”思想主要包括“北怀蠕蠕”、招纳吐谷浑和招纳阿至罗等三方面内容。

1《北齐书》卷1《神武纪上》，第1页。

2 张金龙：《高欢家世族属真伪考辨》，《文史哲》2011年第1期；阎海：《高欢族源探微》，《博物馆研究》2006年第1期。

3 薛海波：《高欢南下驱逐孝武帝探析》，《社会科学战线》2014年第3期；薛海波：《“诛君侧恶人”：高欢南下驱逐孝武帝探析》，《北魏六镇学术研讨会论文集》，2014年8月，内蒙古包头。

4 江中柱：《高欢、高澄父子与东魏的汉化》，《福州大学学报（哲学社会科学版）》2002年第4期；黄寿成：《北朝后期高欢家族与宇文泰家族汉化之比较》，《许昌学院学报》2017年第6期。

5 张耐冬、禅馨：《魏孝武朝高欢议迁邺事新考——基于高树生夫妇墓志所载葬地的分析》，《国学学刊》2017年第1期。

6 赵昆生、洪懿：《北魏的灭亡与高欢政治军事集团的形成》，《山西大同大学学报（社会科学版）》2017年第4期。

1.“北怀蠕蠕”

蠕蠕即柔然，《魏书》《北史》等记载为“柔然”，据《魏书·蠕蠕传》记载，柔然在其首领车鹿会时“始有部众，自号柔然”[1]。在北魏时期，太武帝拓跋焘“以其无知，状类于虫，故改其号为蠕蠕”[2]，显然具有侮辱性质。《魏书》《北齐书》《周书》《隋书》《南史》《北史》《旧唐书》《新唐书》等就记载为“蠕蠕”。南朝“宋、齐谓之芮芮”[3]，《宋书》《南齐书》《梁书》《旧唐书》《新唐书》《资治通鉴》等都称之为“芮芮”，《北齐书》《周书》《隋书》《北史》等称之为“茹茹”，《晋书·冯跋载记》称之为“蝚蠕”。

高欢“北怀蠕蠕”的思想与实践，主要通过和亲方式与柔然建立起比较牢固的政治和军事同盟关系。

柔然是中世纪在我国北方兴起的一个古老民族，曾一度成为蒙古高原的霸主，在当时的政治舞台上具有举足轻重的地位。柔然首领阿那瓌刚刚复国时，对北魏朝廷颇能“尽礼”。但在孝明帝之后，阿那瓌因“中原丧乱，未能外略”[4]，乘机控制北方，逐步强盛起来，产生了“骄大”心理，对北魏王朝“礼敬颇阙”，虽然信使不断，但“不复称臣”。东魏建立后，阿那瓌“逾自踞慢”[5]。当时，高欢掌控的东魏和宇文泰掌控的西魏，为了争夺地盘，都以和亲为手段，积极结交柔然。柔然先与西魏和亲，一方面其首领阿那瓌之弟塔寒娶西魏化政公主为妻，另一方面西魏文帝又将阿那瓌的女儿娶为皇后。高欢为了争取柔然以对付西魏，先派人出使柔然，宣称东魏是“正统所在”，竭力诋毁西魏“反复难信”[6]，同

1《魏书》卷 103《蠕蠕传》，第 2289 页。

2《北史》卷 98《蠕蠕传》，第 3249 页。

3《资治通鉴》卷 120，“宋纪二”，“元嘉三年”条，第 3786 页。

4《北史》卷 98《蠕蠕传》，第 3265 页。

5《北史》卷 98《蠕蠕传》，第 3266 页。

6《北史》卷 98《蠕蠕传》，第 3264 页。

时又效法西魏的做法，以和亲手段拉拢柔然，使其成为自己的坚强同盟。高欢很有心计，他先从离间柔然与西魏关系入手。大统六年（540年），出嫁给西魏文帝的郁久闾皇后（阿那瓌之女）因病而死，高欢乘机派相府功曹张徽纂出使柔然，大肆挑拨离间西魏与柔然的关系。张徽纂很懂高欢的战略意图，一到柔然就宣称西魏文帝“杀阿那瓌之女，妄以疎属假公主之号，嫁彼为亲。……彼女既见害，欺诈相待，不仁不信，宜见讨伐。……彼若深念旧恩，以存和睦，当以天子懿亲公主结成姻媾，为遣兵将，伐彼叛臣，为蠕蠕主雪耻报恶”[1]。张徽纂极具煽动性的语言不仅使阿那瓌决定“归诚于东魏”[2]，而且还使阿那瓌两次派人到东魏为其长子庵罗辰求婚。高欢觉得时机已到，一方面派人出使柔然；另一方面又建议孝静帝把常山王元骘的妹妹乐安公主改封为兰陵郡长公主嫁给庵罗辰，“以招四远”[3]。高欢对这次和亲高度重视，对兰陵公主的嫁妆及所用物品，全都亲自过问并认真检查，“咸出丰渥”[4]。为了保证这次和亲万无一失，在兰陵公主及送亲使者离开京都两个月后，高欢担心阿那瓌的话不太靠谱，加之当时“国事加重”[5]，他便马不停蹄地赶上送亲队伍，亲自把兰陵公主送到楼烦之北，并在那里接见和慰问了柔然使者，向他们分送了很多贵重物品。

高欢所主导的这次和亲，虽使柔然“自是朝贡东魏相寻”[6]，但阿那瓌仍想脚踏两只船，从两头捞好处，因此又“与西魏通和”[7]，并企图与西魏联合向东魏用兵。高欢见状十分惊惧，立即命令杜弼出使柔然，为其长子高澄求婚，希望通过和亲把柔然紧紧地拴住。阿那瓌自恃强盛，嫌高欢的儿子地位太低，想与高

1《北史》卷98《蠕蠕传》，第3264—3265页。
2《北史》卷98《蠕蠕传》，第3265页。
3《北史》卷98《蠕蠕传》，第3265页。
4《北史》卷98《蠕蠕传》，第3265页。
5《北史》卷98《蠕蠕传》，第3265页。
6《北史》卷98《蠕蠕传》，第3265页。
7《册府元龟》卷978《外臣部・和亲一》，第11493页。

欢直接联姻，当高欢的岳父，于是便直截了当地对杜弼说："高王自娶则可。"[1]

对阿那瓌的这一想法，高欢感到十分为难，思想斗争异常激烈。一是双方地位显得不平等。阿那瓌是柔然首领，高欢掌握着东魏的实权，而且"威德日盛"[2]，连东魏孝静帝都对他非常敬畏、礼让三分。在高欢心目中，自己高于阿那瓌，至少与他平起平坐。而阿那瓌要求自己的女儿必须嫁给高欢，在辈分上高欢显然比阿那瓌低了一级，无论如何都难以接受。二是高欢与结发妻子娄昭君感情极深，对娄昭君十分敬重和依赖，不愿因娶柔然公主而伤害娄昭君的心。娄昭君是一个很有远见的女政治家。她第一次见到高欢，就能看出他将来会有大作为。在高欢初创时期，娄昭君"常以父母家财"资助高欢，高欢在怀朔"被杖，背无完皮"，娄昭君"昼夜供给看疮"。[3]沙苑之战失败后，侯景曾经多次提出带领"精骑二万，必能取之"。高欢很高兴，把此事告诉了娄昭君，娄昭君则反对说："若如其言，岂有还理，得獭失景，亦有何利。"高欢最终采纳了娄昭君的意见，此事"乃止"。[4]事实证明，娄昭君的判断完全正确。娄昭君智谋双全，高欢在发展与壮大自己势力时，娄昭君积极为他出谋划策。高欢立下"澄清天下之志"，首先是娄昭君帮他坚定了信心。高欢主动结交英雄豪杰，娄昭君都"密谋秘策"[5]。可以说，高欢能有现在的地位，娄昭君功不可没。娄昭君识大体顾大局，无论多么艰难，从来不拖高欢的后腿。高欢率兵出征时，娄昭君"夜孪生一男一女，左右以危急，请追告神武"。娄昭君坚决不同意，淡定地说："王出统大兵，何得以我故轻离军幕。死生命也，来复何为！"高欢听说后，"嗟叹良久"[6]，对她更加敬重。娄昭君又是一位非常贤惠称职的妻

1《北史》卷14《后妃传下》，第517页。
2《魏书》卷103《蠕蠕传》，第2303页。
3《北史》卷14《后妃传下》，第519页。
4《北齐书》卷9《娄后传》，第123页。
5《北齐书》卷9《娄后传》，第123页。
6《北齐书》卷9《娄后传》，第123页。

子，高欢向来对她非常敬重，与她的感情一直很深，此时娄昭君已为高欢育有六男二女。娄昭君生活简朴，“往来外舍，侍从不过十人”。娄昭君为人非常宽厚，“不妒忌”，对高欢的姬侍“咸加恩待”。[1] 三是娄氏家族地位显赫，高欢不敢轻易得罪。娄昭君的祖父娄提“雄杰有识度，家僮千数，牛马以谷量。性好周给，士多归附之”，在北魏太武帝时，娄提就因功被封为真定侯。其父娄内干，“有武力，未仕而卒”，后被追封为司徒。到北齐建立时，又被追封为太原王。娄昭君的弟弟娄昭“方雅正直，有大度深谋，腰带八尺，弓马冠世”。[2] 如此显赫的家族地位，自然对高欢娶柔然公主造成了一定的思想压力。四是当时妇女的社会地位较高，妒忌成风，娄昭君虽然比较大度，但高欢无法面对社会舆论。所以，无论从夫妻感情、高欢对娄氏的依赖程度，还是娄氏的贡献与地位而言，高欢都不愿让阿那瓌之女取代娄氏。

就在高欢举棋不定时，太保尉景、他的长子高澄以及娄昭君本人一起劝说高欢。娄氏讲得最有分量，也最有高度。她认为，高欢娶阿那瓌之女并非个人事情，完全是为了“国家大计”[3]，因此她恳求高欢千万不要再犹豫不决了。高欢见娄氏讲得如此诚恳，遂丢掉思想包袱，决定娶柔然公主。公主是阿那瓌的“爱女”[4]，史书中称其为“蠕蠕公主”。武定三年（545 年），高欢派慕容俨到柔然迎亲，同年八月，高欢到下馆亲自迎接。蠕蠕公主到了东魏，娄皇后主动“避正室处之”[5]。高欢觉得对不起娄皇后，跪在她的面前反复表示自己的歉意，并感谢娄皇后的理解。娄皇后很识大体，提醒高欢：“彼将有觉，愿绝勿顾。”[6] 在这次政治婚姻中，柔然始终处于居高临下的地位，而高欢始终处于被动甚至

1《北齐书》卷 9《娄后传》，第 123 页。
2《北齐书》卷 15《娄昭传》，第 196 页。
3《北史》卷 14《后妃传下》，第 516 页。
4《北史》卷 98《蠕蠕传》，第 3265 页。
5《北史》卷 14《后妃传下》，第 516 页。
6《北史》卷 14《后妃传下》，第 516 页。

屈辱地位。因此，对阿那瓌之弟秃突佳的警告[1]、蠕蠕公主始终不肯学说一句汉语等，高欢只能忍气吞声，不敢表示任何异议。即使高欢“尝有疾，不得往公主所，秃突佳怨恚”，高欢不敢怠慢，只好“舆疾就公主”住所[2]。由此可以看出柔然在高欢心目中的重要地位以及高欢对结交柔然的重视程度。

极具远见卓识的高欢不仅立足于当时的政局，以和亲“招怀荒远”[3]，而且还为子孙后代着想，希望自己的儿子也能与柔然结亲，进一步巩固与柔然的关系，规划在将来也能得到柔然的大力支持。他的第九个儿子高湛因“仪表瓌杰”[4]尤为高欢所钟爱，年仅八岁，高欢就为他求娶阿那瓌的孙女即柔然太子庵罗辰的女儿邻和公主为妻。阿那瓌非常重视这次和亲，派遣其吐豆登郁久闾譬掘、俟利莫何游大力把邻和公主一直送到晋阳。高湛年龄虽小，但“冠服端严，神情闲远，华戎叹异”[5]，自然也深得柔然首领及邻和公主的喜爱。

高欢与柔然的和亲完全达到了预期目的。双方和亲之后，“东魏边塞无事，至于武定末，使贡相寻”[6]。北齐取代东魏之后，柔然“亦岁时往来不绝”[7]，继续保持着友好关系。

高欢“北怀蠕蠕”的思想及实践之所以会取得成功，主要有如下几方面原因。

一是高欢表现出极大的诚意。北魏分裂后，柔然首领阿那瓌在西魏的重金利诱下，扣留了东魏使者元整，并于元象元年（538 年）九月杀害元整。高欢为了照顾东魏的面子，暂时扣押了阿那瓌的使者温豆拔等人。后来，高欢准

1 秃突佳警告高欢：“待见外孙，然后返国。”（《北史》卷 14《后妃传下》，第 516 页）
2《册府元龟》卷 978《外臣部 · 和亲一》，第 11493 页。
3《北齐书》卷 7《武成纪》，第 89 页。
4《北齐书》卷 7《武成纪》，第 89 页。
5《北齐书》卷 7《武成纪》，第 89 页。
6《北史》卷 98《蠕蠕传》，第 3265 页。
7《北史》卷 98《蠕蠕传》，第 3266 页。

备“抚怀”阿那瓌，便派其使人龙无驹向阿那瓌通报温豆拔等人的信息。阿那瓌本以为自己杀了元整，高欢肯定会杀温豆拔等人作为报复，但当得知温豆拔等人仍然活着时，“微怀感愧”[1]，遂于兴和二年（540 年）春天重新到东魏朝贡。在几次和亲过程中，高欢也想得非常周到，尤其是他亲自把兰陵公主送到楼烦之北以及处处忍让着柔然公主，都表现出极大的诚意，使阿那瓌很受感动，大喜过望。

二是高欢高举“东魏正统所在”[2]的大旗，占据舆论的制高点。高欢清楚，阿那瓌曾一再表明，他的“先世源由，出于大魏”[3]。如果能够使阿那瓌认可东魏就是正统，那么就为争取柔然创造了一定的条件。而且，高欢也清楚阿那瓌曾有洛阳之行、亲眼见到洛阳繁华景况的经历。因此，高欢巧妙地利用了这些有利因素，大做正统文章，给阿那瓌制造东魏即为正统的印象。

三是准确把握阿那瓌“心慕中国”[4]的心理，坚定其与高欢建立并不断巩固同盟的信心。

四是充分利用阿那瓌的和亲积极性。高欢虽想以和亲与柔然建立起同盟关系，但如果阿那瓌不积极，那么也无法实现他的愿望。高欢能与阿那瓌建立和亲关系，得益于阿那瓌的积极态度。从相关史料来看，无论是兰陵公主出嫁给庵罗辰，还是阿那瓌的女儿嫁给高欢，以及阿那瓌的孙女嫁给高欢之子高湛，阿那瓌都比较主动，这为高欢落实“北怀蠕蠕”思想奠定了基础。其实，阿那瓌也想通过和亲得到利益，事实上他也确实得到了不少好处，其中最为突出的就是柔然的政治地位被无形中抬高了。因为车鹿会时就自号柔然，后来北魏太武帝拓跋焘“以其无知”[5]，将其改为蠕蠕，“谓其蠕动无知识也”。孝明帝时，

1《北史》卷 98《蠕蠕传》，第 3264 页。

2《北史》卷 98《蠕蠕传》，第 3264 页。

3《魏书》卷 103《蠕蠕传》，第 2299 页。

4《北史》卷 98《蠕蠕传》，第 3266 页。

5《北史》卷 98《蠕蠕传》，第 3249 页。

虽将阿那瓌封为蠕蠕王，但“犹鄙贱之也”。直到高欢娶阿那瓌的女儿，将其称为“蠕蠕公主”，“则径以为国号，不复以为鄙贱矣”。[1]所以，高欢与阿那瓌和亲，各有所需，也各有所获。

2. 招纳吐谷浑

吐谷浑是鲜卑慕容部的一支，其先祖居于徒河之青山（今辽宁义县境内），西晋末年其首领吐谷浑率领所部迁徙到今青海地带，再传至孙叶延，始以吐谷浑为姓氏。为了寻求更大的发展空间，吐谷浑与几个政权均有联系。阿豺在位时，吐谷浑“南通蜀汉，北交凉州、赫连，部众转盛”[2]。拾寅在位时，吐谷浑既对北魏“奉修职贡，受朝廷正朔”[3]，又接受南朝宋文帝刘义隆的封爵，号称河南王。伏连筹在位时，“内修职贡，外并戎狄，塞表之中，号为强富”。他虽“准拟天朝，树置官司，称制诸国，以自夸大”[4]，但他在北魏世宗宣武帝时期以及肃宗孝明帝正光年间的25年内，向北魏进贡“无岁不至”[5]。后因秦州城人莫折念生反叛，“关徼不通，贡献路绝”[6]，吐谷浑才“不通于魏”[7]。伏连筹死，其子夸吕继立，开始自称可汗。

东魏孝静帝时，已经掌握实权的高欢根据吐谷浑喜欢中原文化的价值趋向[8]，开始实践其“招怀荒远”的思想。其具体做法是：一是对夸吕“喻以大义，征其朝贡”。这一措施收到了良好效果。兴和二年（540年），夸吕派遣使

1《资治通鉴》卷159，“梁纪十五”，“大同十一年”条胡注，第4928—4929页。

2《魏书》卷101《吐谷浑传》，第2235页。

3《魏书》卷101《吐谷浑传》，第2237页。

4《魏书》卷101《吐谷浑传》，第2239页。

5《魏书》卷101《吐谷浑传》，第2240页。

6《魏书》卷101《吐谷浑传》，第2240页。

7《资治通鉴》卷158，“梁纪十四”，“大同六年”条，第4907页。

8 阳夏太守傅灵檦出使吐谷浑时，发现其国主床头上摆放着数卷书籍，仔细一看，是温子昇的著述。温子昇为北魏、东魏及北齐的才子，以“文章清婉”（《魏书》卷85《文苑传·温子昇传》，第1875页）而著称，在北魏永熙年间（532—534年）任散骑常侍、中军大将军。

人赵吐骨真“假道柔然，聘于东魏”[1]。高欢也派员外散骑常侍傅灵檦出使吐谷浑，以加强双方关系。二是与吐谷浑和亲。和亲是指两个不同民族政权或同一种族的两个不同政权的首领出于“为我所用”目的所进行的联姻[2]。在东魏北齐期间，高欢政权与吐谷浑的四次和亲或由高欢主导，或由高欢本人娶少数民族首领之女为妻。武定三年（545 年）正月，高欢上书孝静帝，希望他“纳吐谷浑之女以招怀之”[3]。高欢的这一想法与吐谷浑可汗夸吕不谋而合。吐谷浑与东魏取得联系后，夸吕先提出“奉其从妹以备后庭”[4]，一个月之后，孝静帝就按照高欢的意图，将夸吕的从妹纳为容华嫔。后来，夸吕又请求与东魏联姻，高欢和孝静帝商定以济南王匡孙女为广乐公主出嫁夸吕[5]。

高欢招纳吐谷浑的思想非常现实，不仅具有战略意义，而且取得了显著成效。他深知吐谷浑地处西魏的西南部，如果能将吐谷浑拉为同盟，就可以借助吐谷浑牵制西魏，甚至利用吐谷浑出击西魏。宋元之际的史学家胡三省早就发现了高欢的这一用意：“高欢越境纳其女以招怀之，盖欲借其力以侵扰西魏。”[6]尽管吐谷浑并没有如高欢所希冀的那样去“侵扰西魏”，但吐谷浑自从与东魏建立同盟关系后，就对东魏“朝贡不绝”[7]。东魏的兴和三年（541 年）、武定元年（543 年）、武定二年（544 年）、武定三年（545 年）、武定四年（546 年）、武定六年（548 年）和武定七年（549 年），吐谷浑均向东魏“遣使朝贡”[8]。即使到高欢之子北齐文宣帝高洋执政时，吐谷浑仍然“遣使朝贡”[9]。说明高欢招纳吐谷浑思想有着深远影响。

1《资治通鉴》卷 158，“梁纪十四”，“大同六年”条，第 4907 页。

2 崔明德：《中国古代和亲通史》，人民出版社 2007，第 284 页。

3《资治通鉴》卷 159，“梁纪十五”，“大同十一年”条，第 4925 页。

4《册府元龟》卷 978《外臣部 · 和亲一》，第 11493 页。

5《魏书》卷 101《吐谷浑传》，第 2241 页。

6《资治通鉴》卷 159，“梁纪十五”，“大同十一年”条胡注，第 4925 页。

7《魏书》卷 101《吐谷浑传》，第 2241 页。

8《北史》卷 5《东魏孝静帝纪》，第 190、191、192、193、194、195 页。

9《北齐书》卷 4《文宣纪》，第 54 页。

3. 招纳阿至罗

在中国历史文献中，有“阿至罗”、“阿伏至罗”和“可至罗”之记载。“阿至罗”即西部高车副伏罗部，是高车之族十二姓之一[1]。历史文献关于“阿至罗”，分别见于《魏书》卷11《出帝平阳王脩纪》、《魏书》卷12《孝静帝纪》、《北齐书》卷11《神武帝上》、《北齐书》卷12《神武帝下》、《北齐书》卷20《斛律羌举传》、《北史》卷5《魏本纪》、《北史》卷6《齐本纪》、《北史》卷98《蠕蠕传》、《资治通鉴》卷149“普通元年”条、《资治通鉴》卷156“中大通五年”条、《资治通鉴》卷157“大同二年”条。《资治通鉴》卷149载：“阿至罗入寇”柔然。胡三省对“阿至罗”注释说：“阿至罗，虏之别种，居北河之东，世附于魏。一曰：阿至罗，高车种”[2]。《资治通鉴》卷156载：“魏正光以前，阿至罗常附于魏。及中原多事，阿至罗亦叛，丞相欢招抚之，阿至罗复降，凡十万户。”胡三省又对“阿至罗”注释说：“阿至罗，高车种也。魏书：孝静帝兴和三年，阿至罗国主副伏罗越君子去宾来降，封之为高车王。”[3]

“阿伏至罗”是西部高车副伏罗部落酋长，也是高车国的建立者，建国后自称侯娄匐勒，如同中原政权所称的“大天子”，而以其弟穷奇为侯倍，如同中原政权所称的“储主”，阿伏至罗居北部，穷奇在南部，实行双王南北分治制度，“二人和穆，分部而立”[4]。阿伏至罗和穷奇都是握有实权、智勇双全的部落酋长。尤其是阿伏至罗更是一位富于谋略和勇敢善战的领袖，他

1《魏书》卷103《高车传》载：“高车之族又有十二姓：一曰泣伏利氏，二曰吐卢氏，三曰乙旃氏，四曰大连氏，五曰窟贺氏，六曰达薄干氏，七曰阿仑氏，八曰莫允氏，九曰俟分氏，十曰副伏罗氏，十一曰乞袁氏，十二曰右叔沛氏。先是，副伏罗部为蠕蠕所役属，豆仑之世，蠕蠕乱离，国部公散，副伏罗阿伏至罗与从弟穷奇俱统领高车之众十余万落”（第2310页）。

2《资治通鉴》卷149，“梁纪五”，“普通元年”条，第4660页。

3《资治通鉴》卷156，“梁纪十二”，“中大通五年”条，第4832页。

4《魏书》卷103《高车传》，第2310页。

能准确把握当时的大局，处理民族关系的手段也比较高超，其思想也很有特色，在阿至罗政权中有重要影响。关于“阿伏至罗”，历史文献中分别见于《魏书》卷8《世宗纪》、《魏书》卷87《朱长生、于提传》、《魏书》卷103《蠕蠕传》、《隋书》卷83《西域传·高昌传》、《北史》卷85《节义传·朱长生、于提传》、《北史》卷98《蠕蠕传》、《资治通鉴》卷135“建元三年”条、《资治通鉴》卷136“永明五年”条、《资治通鉴》卷137“永明九年”条、《资治通鉴》卷147“天监七年”条、《资治通鉴》卷150“普通五年”条、《文献通考》卷336《四裔考十三·西域总序》、《文献通考》卷342《四裔考十九·高车》。

对阿伏至罗，有的史书称其为“高车王”，如《北史》卷97《西域传·高昌传》、《册府元龟》卷966《外臣部·继袭》、《资治通鉴》卷135“建元三年”条、《资治通鉴》卷147“天监七年”条、《资治通鉴》卷156“中大通五年”条、《北史》卷85《节义传·朱长生、于提传》、《魏书》卷103《高车传》等。也有的史书称其为“高车主”，如《魏书》卷87《节义传·朱长生、于提传》、《文献通考》卷336《四裔考十三·西域总序》。也有个别史书称其为“酋”，如《文献通考》卷342《四裔考十九·高车》。

在《魏书·世宗纪》永平元年（508年）所列大事中，也有“阿伏至罗国”的记载，其文云：“夏四月，阿伏至罗国遣使朝贡。”[1] 这一记载显然有误，或者是多了个“伏”字，应为“阿至罗国遣使朝贡”；或者是多了个“国”字，应为“阿伏至罗遣使朝贡”。

关于“可至罗”，历史文献中只出现过3次。一是《魏书》卷101《高昌传》，二是《北史》卷97《高昌传》，三是《资治通鉴》卷135“建元三年”条。这三条记载，内容完全一致，即太和“五年，高车王可至罗杀首归兄弟，以敦煌

1《魏书》卷8《世宗纪》，第205页。

人张孟明为王”。从相关记载来看，“可至罗”应为“阿伏至罗”之误。元人胡三省早就指出了这一问题。他在注《资治通鉴》时说：“可至罗盖即阿伏至罗，‘可’当作‘阿’。”[1]

在高欢把持政权之前，阿至罗已是具有重要影响的政权。北魏孝文帝时，阿至罗处于居高临下的姿态。当时北魏员外散骑常侍朱长生与于提一起出使阿至罗，阿至罗首领阿伏至罗竟然逼迫朱长生等人给他下拜，遭到了朱长生的严厉拒绝：“我天子使，安肯拜下土诸侯。”[2]阿伏至罗为了使朱长生等人就范，故意冷落他们，“不以礼待”。朱长生根据“高车昧利，不顾后患”[3]的特点，想借奉献金银宝器之名煞掉阿至罗的威风。阿至罗果然中计，正要接受物品时，朱长生说：“为臣内附，宜尽臣礼，何得口云再拜，而实不拜。”说完即逼他走到帐外，令他当众下拜。阿伏至罗觉得很没面子，便对其大臣怒骂道：“帐中何不教我拜，而辱我于大众？”[4]随后便夺去朱长生等献物，扔到丛石之中，然后以武力威胁朱长生说：“汝能为我臣则活，如其不降，杀汝。”朱长生和于提怒目而视，厉声谴责说：“岂有天子使人拜汝夷，我宁为魏鬼，不为汝臣。”[5]阿伏至罗勃然大怒，断绝了他们的饮食。随从的三十人纷纷央求阿伏至罗，希望他能给点肉酪。但朱长生和于提断然拒绝，阿伏至罗便把他们分别安置在不同地方。三年之后，才把他们放回北魏。由此可见当时阿至罗的强势。后因内忧外患，阿至罗逐步衰落，主动向北魏“称藩”[6]，直到孝明帝正光之前，其首领阿伏至罗还经常依附于北魏，后因“中原多事”[7]，阿至罗也乘机反叛。时任丞相的高欢积极予以“招抚”，使阿至罗于永熙二年（533年）带领十万户归附于

1《资治通鉴》卷135，“齐纪一”，“建元三年”条，第4247页。
2《魏书》卷87《节义传·朱长生、于提传》，第1892页。
3《魏书》卷103《高车传》，第2309页。
4《北史》卷85《节义传·朱长生、于提传》，第2845页。
5《魏书》卷87《节义传·朱长生、于提传》，第1892页。
6《北齐书》卷1《神武纪上》，第10页。
7《资治通鉴》卷156，“梁纪十二”，“中大通五年”条，第4833页。

东魏。为了使招纳阿至罗思想付诸行动，高欢经常送给阿至罗一些粟帛。对此，部分官员有不同的看法，认为“赍其粟帛”，“徒费无益”。但高欢根本不予理睬，继续按照他的思路对阿至罗“抚慰如初”[1]。孝武帝非常赞赏高欢的想法，特意在逍遥园宴请阿伏至罗，并很能体谅阿伏至罗当时的心情，他对侍臣说：“此处仿佛华林园，使人聊增凄怨。”[2]在招纳阿伏至罗的过程中，东夏州刺史斛律羌举出力甚多。史载：“高祖欲招怀远夷，令羌举使于阿至罗，宣扬威德，前后称旨，甚被知赏。”[3]

事实证明，高欢招纳阿至罗的思想与实践不仅符合当时的实际情况，而且也取得了显著成效。

一是得到了高车诸部的援助。由于高欢力排众议，积极抚慰阿至罗，使高车的酋帅吐陈等对高欢感恩不尽，都愿接受高欢的指挥，都想为其效力，最为典型的就是借用阿至罗的力量使西魏灵州刺史曹泥与其女婿凉州刺史刘丰归附东魏，并争取了西魏秦州刺史建忠王万俟普拨等一批高层官员。东魏天平三年（536年）正月，曹泥与刘丰正“遣使请内属”于东魏时，西魏出兵围困曹泥，用“水灌其城，不没者四尺”。高欢命阿至罗征发三万骑兵“径度灵州，绕出西军后，获马五十匹，西师乃退。神武率骑迎泥、丰生，拔其遗户五千以归”[4]。同年（536年）二月，为了能够顺利争取西魏秦州刺史建忠王万俟普拨降服，高欢令阿至罗威逼万俟普拨，自己则带着兵众予以接应。在高欢和阿至罗的共同努力下，万俟普拨与其子太宰受洛干、豳州刺史叱干宝乐、右卫将军破六韩常及督将三百余人于六月甲午“拥部来降”[5]。

二是得到了高车其他部落的归附。东魏兴和二年（540年）十二月，阿至

1《北齐书》卷1《神武纪上》，第10页。
2《北史》卷5《孝武帝纪》，第174页。
3《北齐书》卷20《斛律羌举传》，第266页。
4《北齐书》卷2《神武纪下》，第19页。
5《北齐书》卷2《神武纪下》，第19页。

罗别部“遣使请降”[1]。高欢高度重视，亲自率众到武州塞迎接，后因种种原因，阿至罗的这支部落并没有按时赶来。兴和三年（541 年）二月甲辰，阿至罗出吐拔那浑大“率部来降”[2]；四月戊申，阿至罗国主副伏罗越居之子去宾从柔然投奔东魏。高欢希望借此机会“招慰夷虏”[3]，遂向东魏孝静帝建议将去宾封为高车王，拜安北将军、肆州刺史[4]。

三是扩大了高欢的影响力，奠定了他在东魏的至高无上的政治地位，为日后建立北齐打下了坚实基础。史载：“先是，诏以寇贼平，罢行台。至是，以殊俗归降，复授神武大行台，随机处分。”[5]阿至罗协助高欢争取到西魏灵州刺史曹泥与其女婿凉州刺史刘丰归附东魏后，孝静帝颁布诏书“加神武（高欢）九锡”[6]，高欢虽然从多方面考虑，一再推让，孝静帝最后也收回了成命，但此事无疑增加了高欢在东魏政权中的分量。

（二）消灭山胡

山胡是高欢之前政治家颇费心力的一大问题。在历史文献中，山胡亦称稽胡、步落稽、步落胡、步落坚。关于山胡的族源，《周书·异域传上·稽胡传》载：“稽胡一曰步落稽，盖匈奴别种，刘元海五部之苗裔也”。学界比较传统的看法是，山胡源于南匈奴。[7]

山胡之名出现较早。《晋书》卷104《石勒载记上》载：“琨司马温峤西讨山胡，勒将逯明要之，败峤于潞城。”温峤当时正由上党潞令升迁为上党太守，所讨

1《北齐书》卷 2《神武纪下》，第 21 页。
2《魏书》卷 12《孝静帝纪》，第 304 页。
3《魏书》卷 27《穆崇传》，第 677 页。
4《魏书》卷 103《高车传》，第 2309 页。
5《北齐书》卷 1《神武纪上》，第 10 页。
6《北齐书》卷 2《神武纪下》，第 19 页。
7《辞海·民族分册》，上海辞书出版社，1982，第 100 页。

山胡疑指乐平、上党杂胡。两晋十六国时期，山胡主要是指汾水西岸吕梁山区之胡人。北魏时期常出现山胡、汾胡、河西胡之称，或分别称之为离石胡、西河胡、吐京胡、五城郡胡等。[1]南北朝时期，山胡主要居住于现今之山西、陕西北部山谷间，以从事农业为主，即如《周书·异域传上·稽胡传》所载："自离石以西，安定以东，方七八百里，居山谷间，种落繁炽"，"地少桑蚕，多麻布"；《周书·韦孝宽传》载："汾州之北，离石以南，悉是生胡，抄掠居人，阻断河路"。

高欢深知山胡在当时多元政治格局中的重要地位。高欢十分清楚，早在北魏太武帝拓跋焘时，北魏一方面想征发陇右骑兵东伐高句丽，另一方面又在西征北凉时由尚书令刘洁和建宁王崇"于三城胡部中简兵六千，将以戍姑臧。胡不从命，千余人叛走。洁与崇击诛之，虏男女数千人"[2]。在北魏军队中，山胡占有一定比例，拓跋焘给臧质的书信中就明确说："吾今所遣斗兵，尽非我国人，城东北是丁零与胡，南是三秦氐、羌。设使丁零死者，正可减常山、赵郡贼；胡死，正减并州贼；氐、羌死，正减关中贼。卿若杀丁零、胡，无不利。"[3]拓跋焘所说之"胡"即为并州胡，也就是山胡。据北魏淮阳王尉元在太和十六年（492年）的报告，彭城的戍兵"多是胡人"，他建议孝文帝"以彭城胡军换取南豫州徙民之兵，转戍彭城。又以中州鲜卑增实兵数"[4]。

高欢对山胡威胁北朝的历史也非常清楚。离石胡帅呼延铁和西河胡帅张崇等因"不乐内徙"[5]，于天兴元年（398年）三月"聚党数千人叛"[6]。北魏道武帝拓跋珪诏令安远将军庾岳出兵征讨。庾岳"率骑三千，讨破之，斩铁擒崇，搜

1 白翠琴：《中国历代民族史·魏晋南北朝民族史》，社会科学文献出版社，2007，第167页。
2《魏书》卷28《刘洁传》，第688页。
3《宋书》卷74《臧质传》，第1912页。
4《魏书》卷50《尉元传》，第1113、1114页。
5《魏书》卷28《庾业延传》，第684页。
6《魏书》卷2《太祖纪》，第32页。

山穷讨，散其余党”[1]。永兴二年（410 年）十二月辛巳，北魏太宗明元帝拓跋嗣诏令将军周观率众诣西河离石，“镇抚山胡”[2]。泰常元年（416 年）九月，前并州刺史叔孙建等大破山胡[3]。永兴五年（413 年），吐京胡与离石胡反叛，“置立将校，外引赫连屈丐”[4]作为外援。同年，河西胡曹龙、张大头等人“各领部，拥众二万人，来入蒲子，逼胁张外于研子垒。外惧，给以牛酒，杀马盟誓，推龙为大单于，奉美女良马于龙”[5]。同年十月丁巳，将军元屈、会稽公刘洁和永安侯魏勤等人出击吐京叛胡，战争失利，刘洁负伤，魏勤战死。泰常元年(416年）九月戊午，北魏前并州刺史叔孙建等大破山胡[6]，“斩首万余级。余众奔走，投沁而死，水为不流，虏其众十万余口”[7]。北魏太武帝拓跋焘神䴥元年(428年)六月，并州胡酋卜田“谋反伏诛，余众不安。诏淮南公王倍斤镇虑虒，抚慰之”[8]。延和三年(434 年）七月，拓跋焘命诸军讨山胡白龙于西河；九月，攻克西河，“斩白龙及其将帅，屠其城”；十月甲午又“破白龙余党于五原。诏山胡为白龙所逼及归降者，听为平民。诸与白龙同恶，斩数千人，虏其妻子，班赐将士各有差”[9]。在这场战争中，拓跋焘开始有些轻敌，曾“单将数十骑登山临崄，每日如此。白龙乃伏壮士十余处，出于不意。世祖堕马，几至不测”[10]。后在右卫将军陈建的护卫下才脱离陷境。太延三年（437 年）七月戊子，拓跋焘派抚军大将军、永昌王健及司空、上党王长孙道生“讨山胡白龙余党于西河，灭之”[11]。东平公娥清、南阳公奚眷、秦州刺史薛谨及阳平王熙的长子临淮王等

1《魏书》卷 28《庾业延传》，第 684 页。
2《魏书》卷 3《太宗纪》，第 50 页。
3《魏书》卷 3《太宗纪》，第 56 页。
4《魏书》卷 14《文安公泥传附子屈传》，第 365 页。
5《魏书》卷 3《太宗纪》，第 53 页。
6《魏书》卷 3《太宗纪》，第 56 页。
7《魏书》卷 29《叔孙建传》，第 703 页。
8《魏书》卷 4《世祖纪上》，第 74 页。
9《魏书》卷 4《世祖纪上》，第 84 页。
10《魏书》卷 34《陈建传》，第 802 页。
11《魏书》卷 4《世祖纪上》，第 88 页。

均参加了平定山胡的战役，并取得了辉煌战果[1]。太平真君八年（447年）正月，吐京胡“阻险为盗”[2]，拓跋焘诏令征东将军武昌王提、征南将军淮南王他出击。山胡曹仆浑等渡过河西，保山以自固，并“招引朔方胡为援”[3]。提等“引军讨仆浑”。二月己卯，高凉王那等自安定讨平朔方胡，“因与提等合军，共攻仆浑，斩之，其众赴险死者以万数”[4]。北魏献文帝拓跋弘时，河西羌胡领部落反叛，拓跋弘亲自出征，命怀州刺史李洪之与侍中、东郡王陆定总统诸军。拓跋弘抵达并州，诏令李洪之为河西都将讨伐山胡。因山胡“皆保险拒战”，李洪之遂“筑垒于石楼南白鸡原以对之”。当时，诸将都想进攻，但李洪之“乃开以大信，听其复业，胡人遂降”。[5]事后，拓跋弘将李洪之升迁为尚书外都大官作为嘉奖。孝文帝元宏时，西河胡反叛，山胡刘什婆也寇掠郡县，被征东将军、吐京镇将穆罴讨灭。从此，山胡“部内肃然，莫不敬惮”[6]。后来，北魏将吐京镇改为汾州，仍委任穆罴为刺史。此前，吐京太守刘升“在郡甚有威惠”，因任职期限已到，准备回到京都，“胡民八百余人诣罴请之”。前定阳令吴平仁“亦有恩信，户增数倍”。穆罴因“吏民怀之”，一并奏请孝文帝把他们留在汾州。孝文帝完全采纳了这一建议。穆罴“既频荐升等，所部守令，咸自砥砺，威化大行，百姓安之。州民李轨、郭及祖等七百余人，诣阙颂罴恩德”。孝文帝“以罴政和民悦，增秩延限”。[7]另据淮阳王尉元在徐州亲自观察，胡人子部将呼延笼达“鸠引胡类，一时扇动”；团城子都将胡人王敕勤“负衅南叛，每

1《魏书》卷30《娥清传》载：“后诏清镇并州，讨山胡白龙于西河，斩白龙父及其将帅，遂屠其城”（第720页）；《魏书》卷30《奚眷传》载：“世祖幸美稷，眷受诏督诸军，共讨山胡白龙于西河，破之，屠其城，斩首数千级，虏其妻子而还”（第722页）；《魏书》卷42《薛辩传附子谨传》载：“山胡白龙凭险作逆，世祖诏镇南将军奚眷与谨自太平北入，讨平之”（第942页）；《魏书》卷16《阳平王熙传附子临淮王他传》载：“从世祖讨山胡白龙于西河，屠其城，别破余党，斩首数千级”（第391页）。

2《魏书》卷4《世祖纪下》，第101页。

3《魏书》卷14《扶风公处真传》，第364页。

4《魏书》卷4《世祖纪下》，第101页。

5《魏书》卷89《酷吏传·李洪之传》，第1919页。

6《魏书》卷27《穆崇传附寿孙罴传》，第666页。

7《魏书》卷27《穆崇传附寿孙罴传》，第666页。

俱奸图，狡诱同党”。[1]北魏宣武帝元恪永平四年（511 年）四月，谏议大夫薛和“大破山胡”[2]，显示了北魏的军威。

北魏肃宗孝明帝正光年间（520—525 年），北魏的内忧外患不断加深。先是柔然可汗阿那瓌侵扰北边，接着秀容内附胡民乞扶莫于出兵“破郡，杀太守”[3]；南秀容牧子万子乞真也起兵反叛，杀害太仆卿陆延；并州牧子素和婆崘崄又公开反叛。随后，“内附叛胡乞、步落坚胡刘阿如等作乱瓜（此‘瓜’字当为‘汾’字）肆，敕勒北列步若反于沃阳”[4]，时为冠军将军的尔朱荣予以坚决镇压，将他们逐一讨平。尤其是汾州的山胡最为猖狂，北魏统治者予以坚决打击。正光五年（524 年），汾州正平、平阳“山胡叛逆。诏复征东将军、章武王融封爵，为大都督，率众讨之”[5]。因融“寡于经略，为胡所败”[6]。《魏书》卷 69《裴延儁传》对此亦有记载：“时汾州山胡恃险寇窃，正平、平阳二郡尤被其害，以延儁兼尚书，为西北道行台，节度讨胡诸军。寻遇疾，敕还”。从以上记载可以看出，孝明帝征发山胡并没有取得任何战果。但《魏书》中的另一条史料则显得战果显著：“正光末，山胡作逆，除平阳太守、假右将军，为别将以讨之，频破胡贼，郡内以安”[7]。崔元珍因破山胡有功，被封为凉城侯。孝明帝孝昌（525—527 年）中，已经占据并肆的尔朱荣因“汾州胡逆”，便上表举荐王椿为征虏将军、都督，让王椿“慰劳汾胡”[8]。由于“汾胡与椿比州，服其声望，所在降下”[9]。北魏孝庄帝建义初，樊子鹄出任平北将军、晋州刺史兼尚书行台。由于樊子鹄“治有威信，

1《魏书》卷 50《尉元传》，第 1114 页。
2《魏书》卷 8《世宗纪》，第 210 页。
3《魏书》卷 74《尔朱荣传》，第 1645 页。
4《魏书》卷 74《尔朱荣传》，第 1645 页。
5《魏书》卷 9《肃宗纪》，第 238 页。
6《魏书》卷 19 下《章武王太洛传附彬子融传》，第 514 页。
7《魏书》卷 57《崔挺列传附从父弟元珍传》，第 1273 页。
8《魏书》卷 93《恩幸传・王叡传附袭弟椿传》，第 1992 页。
9《北史》卷 92《恩幸传・王叡传附袭弟椿传》，第 3021 页。

山胡率服”[1]。

高欢消灭山胡的思想就是在山胡越来越嚣张的背景下、在系统研究总结历代治理山胡的经验教训基础上形成的。高欢深知，在山胡的各支势力中，刘蠡升的影响力和对北朝的威胁最大，持续时间最长，最令统治者大伤脑筋。一是刘蠡升在北魏孝明帝孝昌年间（525—527 年）就自称天子，年号神嘉，设置百官，在云阳谷建立起小朝廷，成为割据势力。二是刘蠡升的活动具有浓厚的宗教色彩，争取到更多的支持者和随从者。史载“刘蠡升自云圣术，胡人信之，咸相影附，旬日之间，逆徒还振”[2]。其实，当时不少山胡在起事时都披着宗教外衣以迷惑群众，比如“五城郡山胡冯宜都、贺悦回成等以妖妄惑众，假称帝号，服素衣，持白伞白幡，率诸逆众，于云台郊抗拒王师”[3]。三是刘蠡升每年都在西部地区骚扰，被北魏称为“胡荒”，“言其本胡种，侵扰汉民，若在荒服之外”[4]。四是“自立为王，聚党作逆，众至数万”[5]的汾州吐京群胡薛悉公、马牒腾虽被击溃，但由于他们与刘蠡升联合，势力大增，对北魏增加了新的压力。

作为杰出的政治家，高欢有着强烈的使命感和责任感。他从历代治理山胡的经验教训中汲取智慧，完善了消灭山胡的思想。这一思想包含三方面内容：一是先以和亲为诱饵麻痹刘蠡升，然后进行突然袭击。天平二年（535 年）三月，高欢假称与刘蠡升“约和”[6]，许诺将女儿嫁给刘蠡升的太子，使刘蠡升放松警惕性，然后在其没有任何防备的情况下，秘密调动部队，向刘蠡升发起猛烈攻击。刘蠡升的北部王见来势凶猛，便杀掉刘蠡升，带着其首级向高欢邀功

1《魏书》卷 80《樊子鹄传》，第 1777 页。
2《魏书》卷 69《裴延儁传附从弟良传》，第 1531 页。
3《魏书》卷 69《裴延儁传附从弟良传》，第 1531 页。
4《资治通鉴》卷 157，“梁纪十三”，“大同元年”条，第 4862 页。
5《魏书》卷 69《裴延儁传附良从子庆孙传》，第 1532 页。
6《资治通鉴》卷 157，“梁纪十三”，“大同元年”条，第 4864 页。

领赏。二是彻底消灭刘蠡升，不留后患。刘蠡升被杀后，其部众又拥立其子南海王。高欢决心铲除刘蠡升的势力，于是又向南海王用兵，俘获了南海王及其弟西海王、北海王、皇后公卿以下四百余人，得到了“胡、魏五万户”[1]。其中山胡就有“二万余户”[2]。三是严厉打击山胡的嚣张气焰。天平三年（536年）九月，汾州胡王迢触、曹贰龙聚众反叛，设立百官，年号平都[3]。高欢出兵将其讨平。四是消除山胡死灰复燃的土壤。武定二年（544年）十一月，高欢又征讨山胡，将其击破。为了使山胡无法重新聚集，高欢将所俘获的一万余户全部“分配诸州”[4]，割裂他们之间的联系。由此可见，在北朝历史上，在打击山胡方面，高欢的策略最高，力度最大，成效最显著。

高欢彻底消灭山胡的思想和军事行动，对山胡起到了极大的震慑作用，十年之内，山胡再也不敢轻举妄动。天保四年（553年），山胡虽有包围离石戍的举动，但北齐文宣帝高洋一出兵，他们就落荒而逃[5]。直到杨坚建立隋朝征发稽胡修筑长城时，汾州胡千余人虽在途中逃跑，但后经汾州刺史兼散骑常侍韦冲的“绥怀”，他们都返回来了，甘心“赴长城之役”[6]。

高欢彻底消灭山胡的思想对其后代产生了重要影响。天保五年（554年）正月，北齐文宣帝高洋因个别山胡有叛逆之心，遂出兵征讨，将其一举击破。为了斩草除根，高洋将十二岁以上的男子全部斩杀，将妇女及年幼体弱的山胡全部奖赏军士，“遂平石楼”。这一行动具有深远影响。因为“石楼绝险，自魏代所不能至”。高洋平定石楼之后，“远近山胡，莫不慑伏”。[7]

北齐建立后，为了颂扬高欢消灭山胡、怀柔高车及柔然宾服的功绩，将鼓

1《北齐书》卷2《神武纪下》，第18页。
2《魏书》卷12《孝静帝纪》，第299页。
3《北齐书》卷2《神武纪下》，第19页。
4《北史》卷6《高祖神武帝纪》，第229页。
5《北史》卷7《显祖文宣帝纪》，第249页。
6《资治通鉴》卷175，“陈纪九”，“太建十三年”条，第5441页。
7《北史》卷7《显祖文宣帝纪》，第250页。

吹二十曲中之汉《拥离》改名为《灭山胡》，“言神武屠刘蠡升，高车怀殊俗，蠕蠕来向化也”[1]。

（三）“杂用夷、夏”

《资治通鉴》卷157评价高欢“杂用夷、夏，有抚御之术”[2]。从各方面来看，高欢的“抚御之术”其实就是实用主义，只要对自己夺取政权和巩固政权有利，可以采取任何手段。

在高欢军事集团中，既有少数民族官兵，也有汉族官兵，无论是战争年代还是和平年代，高欢都要面对汉族和少数民族各类人群，都要和各类人群打交道，高欢要想有效管理好各类人群，充分发挥各类人群的积极作用，自然会采用各种手段。就民族关系而言，高欢在早期比较注重笼络汉族，后来逐渐转向“杂用夷夏”以“夷”为主。

高欢十分清楚，在汉族人口占有很大比例的情况下，要想打下坚实基础，建立起自己的声威，必须得到汉族人士的支持。高欢更加清楚，北魏末期“鲜卑共轻中华朝士”[3]和“鲜卑共轻华人”[4]的风气对当时民族关系产生了不良影响，不利于夺取政权。节闵帝普泰元年（531年），高欢准备起兵时，就对其部下明确提出了“不得欺汉儿”[5]的要求。有些鲜卑族人对高欢的这一想法不太理解，高欢便向他们耐心解释说，汉族老百姓是你们的奴婢，男子为你们耕种，妇女为你们纺织，他们供给你们吃穿，使你们得到温饱，你们为什么还要欺凌他们？高欢的话虽然很朴实，但道理讲得很清楚，希望鲜卑族对汉族不要太过

1《隋书》卷14《音乐志中》，第330页。
2《资治通鉴》卷157，“梁纪十三”，“大同三年”条，第4882页。
3《北齐书》卷21《高乾传附弟昂传》，第295页。
4《资治通鉴》卷157，“梁纪十三”，“大同三年”条，第4882页。
5《北齐书》卷1《神武纪上》，第7页。

分，尽力缓和一下鲜卑族与汉族的紧张关系。

但是，高欢的内心深处，还是特别依赖、信任和重用鲜卑人及鲜卑化的汉人，尤其是当他有了一定资本、取得一定地位时，这种思想更加明显。这主要体现在高欢对几个问题的认识上。

一是对汉族能力的认识。高欢虽然承认汉族在耕织方面的重要作用，但是，对汉族的军事能力和英勇善战却持怀疑态度。在高欢及其子弟看来，鲜卑人“一人必当百人，任其临陈必死，然后取之，谓之‘百保鲜卑’”[1]。所以，从高欢开始，“卫士皆用鲜卑”[2]。而对“华人”即汉族人的军事能力却持怀疑态度，汉族人即使“勇力绝伦”，也得不到高欢等人的信任，他们只能“以备边要”[3]，根本没有进入卫士之列的机会。高欢曾公开表达他对汉族军事能力的不信任态度。北魏永熙三年（534 年），高欢在率军出征尔朱兆时，他就毫不隐讳地对大都督高昂说：“高都督纯将汉儿，恐不济事，今当割鲜卑兵千余人共相参杂”[4]，说明高欢并不看好汉族官兵的军事才能，他所特别信任的是鲜卑族官兵。在这种思想驱使下，高欢“割鲜卑兵千余人共相参杂”，这样做一方面不会让高都督太难堪，另一方面也体现了高欢“杂用夷、夏”的思想方法。

二是对鲜卑等少数民族忠诚度的认识。高欢虽是一个汉族人，但因他已彻底胡化，所以对鲜卑族等少数民族怀有深厚感情，对少数民族更加信任。在他看来，鲜卑族等少数民族比汉族更加忠诚，关键时刻更能派上用场。高欢的临终嘱咐，集中反映了他的这一思想。《北齐书·神武纪下》载：“侯景素轻世子，尝谓司马子如曰：‘王在，吾不敢有异，王无，吾不能与鲜卑小儿共事。’子如掩其口。至是，世子为神武书召景。景先与神武约：得书，书背微点，乃来。

1《资治通鉴》卷 163，“梁纪十九”，“大宝元年”条，第 5051 页。

2《资治通鉴》卷 163，“梁纪十九”，“大宝元年”条胡注，第 5051 页。

3《资治通鉴》卷 163，“梁纪十九”，“大宝元年”条，第 5051 页。

4《北齐书》卷 21《高乾传附弟昂传》，第 294 页。

书至，无点，景不至。又闻神武疾，遂拥兵自固。神武谓世子曰：‘我虽疾，尔面更有余忧色，何也？’世子未对。又问曰：‘岂非忧侯景叛耶？’曰：‘然’。神武曰：‘景专制河南十四年矣，常有飞扬跋扈志，顾我能养，岂为汝驾御也！今四方未定，勿遽发哀。厍狄干鲜卑老公，斛律金敕勒老公，并性遒直，终不负汝。可朱浑道元、刘丰生远来投我，必无异心。贺拔焉过儿朴实无罪过。潘乐本作道人，心和厚，汝兄弟当得其力。韩轨少戆，宜宽借之。彭乐心腹难得，宜防护之。少堪敌侯景者，唯有慕容绍宗，我故不贵之，留以与汝，宜深加殊礼，委以经略。’”[1]从这份政治遗嘱中我们可以清楚地看出，高欢所信任和依赖的主要是少数民族及胡化人士。高欢的判断标准很简单，就是直率、憨厚和朴实，没有“异心”，不会背叛。高欢之所以会做出这种判断，完全基于他对少数民族及胡化人士忠诚度的认识。在他的思维和认识中，鲜卑人厍狄干“梗直少言”[2]，敕勒人斛律金“性敦直”，对高欢“忠款之至”[3]，肯定不会背叛高欢的世子高澄(即世宗文襄帝)；可朱浑道元、刘丰生来投奔我们，“必无异心”；贺拔焉过儿非常朴实，完全信得过；潘乐比较和厚，也靠得住；韩轨为人憨厚，忠诚度也没问题；慕容绍宗有水平，能与侯景抗衡，如果“深加殊礼”，也会为我所用。只有侯景非常奸诈，必须随时加以防范。在另一份政治遗言中，特别嘱咐高澄说：“段孝先忠亮仁厚，智勇兼备，亲戚之中，唯有此子，军旅大事，宜共筹之。”[4]段孝先即段韶，是高欢妻子娄昭君的外甥，以忠诚厚道而得到高欢的信任和器重。高欢毕竟是非常老练的政治家，对这些人物看得比较透彻。在这些人物之中，高欢尤其看重斛律金的直率和敦厚，对他特别信赖，他曾反复告诫其世子高澄说：“尔所使多汉，有谗此人者，勿信之。”[5]高欢在武定

1《北齐书》卷 2《神武纪下》，第 23—24 页。
2《北齐书》卷 15《厍狄干传》，第 197 页。
3《北齐书》卷 17《斛律金传》，第 219、229 页。
4《北齐书》卷 16《段荣传附子韶传》，第 209 页。
5《北史》卷 54《斛律金传》，第 1966 页。

四年（546 年）对其世子高澄的嘱咐，不仅成了北齐首领认识和评估忠诚度的标尺，而且对北齐民族关系发展走向有着重要影响。高欢次子显祖文宣帝高洋即位后，曾十分坦率地对斛律金说："公元勋佐命，父子忠诚，朕当结以婚姻，永为番卫。"[1]更加倚重斛律金家族。

高欢从要求部下"不得欺汉儿"到"杂用夷、夏"，再到晚年更加依赖、信任鲜卑等少数民族及胡化的汉人的转变，尽管原因是多方面的，但如下几点尤其突出：

一是环境影响。高欢"世居云代"[2]，这里历来就是少数民族活动的舞台，胡风胡俗非常浓厚。史载高欢"生于边朔，长于戎马之间"[3]，这种环境对高欢影响很大。另外，对"乡邑故人，弥相推重"[4]，是高欢的一贯作风。如对同为渤海蓨人的封隆之就"每多从之"，"以后事托之"；[5]高欢病重期间，将封隆之的次子封子绘"引入内室，面受密旨，衔命山东，安抚州郡"[6]。同为渤海蓨人的高德政被高欢"委以腹心"[7]。这些都使高欢对鲜卑人和鲜卑化的汉人有着天然联系和强烈的依赖感。

二是基于执政基础的考虑。鲜卑等少数民族及胡化汉人是高欢起家和立足的基础，影响着高欢思想的形成与发展。高欢起家和发达都得益于六镇鲜卑贵族、鲜卑官兵和胡化汉人的支持，正是尔朱兆"分三州六镇之人，令王（高欢）统领"[8]，才奠定了高欢的军事根基。无论是初创时期，还是实力强大之后，六镇鲜卑贵族、鲜卑官兵和胡化汉人都是高欢政治、军事集团的骨干和基本力

1《北齐书》卷 17《斛律金传》，第 221 页。
2《北齐书》卷 19《侯莫陈相传》，第 259 页。
3《北齐书》卷 44《儒林传》，第 581 页。
4《北齐书》卷 19《侯莫陈相传》，第 259 页。
5《北齐书》卷 21《封隆之传》，第 305 页。
6《北齐书》卷 21《封隆之传附子子绘传》，第 305 页。
7《北齐书》卷 30《高德政传》，第 407 页。
8《魏书》卷 75《尔朱兆传》，第 1662 页。

量。无论是从历史渊源还是现实执政考虑，高欢都会照顾鲜卑等少数民族及胡化汉人的利益，给他们更多好处，以进一步增强他们的忠诚度。因此，高欢很容易和他们拉近感情，对他们特别信赖、依赖和重用。史书说高欢"知人好士，全护勋旧"[1]，这种评价比较到位。如秀容阳曲人刘贵"虽非佐命元功，然与高祖布衣之旧，特见亲重"[2]。

三是与西魏及萧齐争夺人才的需要。高欢深知，在西魏与东魏对峙以及南朝与北朝的对峙中，无论是西魏还是萧齐，都在想方设法争夺人才。而人才的去留，是争霸天下的重要砝码，政权能否巩固的重要因素。高欢曾对"典掌机密"的镇南将军杜弼说过知心话："天下浊乱，习俗已久。今督将家属多在关西，黑獭常相招诱，人情去留未定。江东复有一吴儿老翁萧衍者，专事衣冠礼乐，中原士大夫望之以为正朔所在。我若急作法网，不相饶借，恐督将尽投黑獭，士子悉奔萧衍，则人物流散，何以为国？"[3]高欢十分了解宇文泰和萧衍在争夺人才方面的优势和工作力度，也十分清楚自己的软肋，因此，只能靠满足追随者的欲望使他们铁下心来，成为更为坚定的追随者。

四是高欢与鲜卑等少数民族及胡化汉人有着特殊感情。高欢精通鲜卑语言，对鲜卑的习俗也很熟悉，对鲜卑的生活习惯也很适应，因此，他与鲜卑贵族和鲜卑族官兵都很容易沟通，与鲜卑族及胡化汉人有着特殊感情。高欢在号令三军时，就讲鲜卑语，容易与鲜卑族官兵拉近距离。高欢对少数民族的文化也非常熟悉，如敕勒人斛律金"作《敕勒歌》"，高欢就亲自"和之"[4]。高欢深知在以鲜卑贵族和鲜卑官兵为主的政治、军事集团中，熟悉鲜卑语言和文化的重要性，因此他与懂鲜卑语的汉族人士的感情也很深，对他们格外重用。比如

1《北齐书》卷2《神武纪下》，第24页。

2《北齐书》卷19《刘贵传》，第250页。

3《北齐书》卷24《杜弼传》，第347—348页。

4《北齐书》卷2《神武纪下》，第23页。

祖珽“解鲜卑语”和“解四夷语”[1]、孙搴“能通鲜卑语”[2]，高欢就对他们特别器重，委以重任。再如高欢族弟平秦王高归彦“以解胡言，为西域大使，得胡师子来献，一功得河东守”[3]。

五是高欢对“勋贵”的补偿心理。少数民族及胡化汉人等“勋贵”跟着高欢南征北战，出生入死，成了功臣和既得利益者。高欢为了笼络住这些追随者，就要尽可能地满足他们的利益，答应他们的要求。当时官员大都是些贪官，“文武在位，罕有廉洁”[4]。镇南将军杜弼对此忧心忡忡，向高欢建议“先除内贼，却讨外寇”。高欢问杜弼谁是内贼，杜弼不假思索地回答说“诸勋贵掠夺万民者皆是”。高欢开始并没有吭声，而是下令军人“皆张弓挟矢，举刀按稍以夹道”，然后让杜弼从中间穿过。杜弼非常恐惧，战战兢兢地穿过去后，吓得浑身冒汗，直打哆嗦。高欢乘机教育他说，“箭虽注，不射；刀虽举，不击；稍虽按，不刺。尔犹顿丧魂胆。诸勋人身触锋刃，百死一生，纵其贪鄙，所取处大，不可同之循常例也”[5]。为了满足追随者的利益，他们犯了过错，高欢一般不予追究。如渤海蓨人高昂“尝诣相府”，想直接入门，“掌门者不听，昂怒，引弓射之”。高欢“知而不责”[6]。同为渤海蓨人的封延之在沙苑之战失利后“弃州北走”[7]。高欢十分恼怒，对其他同罪者全部处死，只对封延之网开一面，没有治罪。

（四）高欢民族关系思想的来源

系统考察高欢的言行可以看出，他的思想既有汉族基因，又受少数民族

1《北齐书》卷 39《祖珽传》，第 516、515 页。
2《北齐书》卷 24《孙搴传》，第 341 页。
3《北齐书》卷 14《平秦王归彦传》，第 186 页。
4《北齐书》卷 24《杜弼传》，第 347 页。
5《北齐书》卷 24《杜弼传》，第 348 页。
6《北齐书》卷 21《高乾传附弟昂传》，第 295 页。
7《北齐书》卷 21《封隆之传附弟延之传》，第 307 页。

思想文化影响。但从整体来看，高欢的民族关系思想主要根基于汉族儒家思想。

在高欢民族关系思想中，“招怀远夷”是其核心思想。毫无疑问，这一思想来自儒家思想。《论语》中有二处记录孔子对这一问题的认识。一是《论语·季氏》载：“远人不服，则修文德以来之。既来之，则安之”。孔子认为，当政者要采取一切有效措施使远方之人来归附。如果这样做了，远方之人还不来归服，那就要发扬文治教化招致他们。他们一旦来了，就要使他们安心。二是《论语·子路》载：“叶公问政。子曰：‘近者说（悦），远者来。’”在孔子看来，政治就是使近者高兴，远者前来归附。高欢儒学修养很高，从他的“每有文教，常殷勤款悉”“仁恕爱士”“不尚绮靡”“雅尚俭素，刀剑鞍勒无金玉之饰”，请人为其诸子讲授儒家经典、十分敬重儒生、对儒雅之士“待以殊礼”[1]等做事风格来看，他身上处处显示着名儒的风范。在处理民族关系过程中，高欢能够放低身段主动与柔然建立和亲关系，对吐谷浑首领夸吕“喻以大义”[2]、与吐谷浑和亲，委派夏州刺史斛律羌举出使阿至罗“宣扬威德”[3]，并力排众议对阿至罗“赉其粟帛”[4]，都与儒家思想有关。高欢能够做到“遐迩归心，皆思效力”[5]，从某种意义上说，就是对孔子“近者说（悦），远者来”思想的忠实践行。在孔子那里可能还是理想，在高欢那里已经变成了现实。

高欢一生以戎马生涯为主，不可能系统学习和研究儒家经典和儒家文化，但他对儒家精髓有着较深的理解，对儒生和专家学者非常尊重，而且非常重视子弟的学习教育。

高欢重视儒家文化教育并非偶然。他对北魏末期“文章咸荡，礼乐同奔，

1《北齐书》卷44《儒林传》，第582页。

2《资治通鉴》卷158，“梁纪十四”，“大同六年”条，第4907页。

3《册府元龟》卷652《奉使部·达王命》，第7814页。

4《北齐书》卷1《神武纪上》，第10页。

5《北齐书》卷2《神武纪下》，第24—25页。

弦歌之音且绝，俎豆之容将尽”[1]痛心不已，对当时“内有声色之娱，外有犬马之好”、“徒有师傅之资，终无琢磨之实”及“世胄之门，罕闻强学”[2]的状况深表忧虑，决心将其统治地区变成“名教之地”，在那里逐渐兴起“仁义之风”[3]。高欢对此有着强烈的责任感和使命感。在这方面，他做了一些基础工作。

一是深知上行下效的道理，非常重视子弟的学习教育。高欢希望子弟接受什么样的教育？史书中没有明确记载，但从他引进名儒、敬重儒生和聘请教师的专长来看，毫无疑问，是儒家文化和历史。卢景裕和李铉都是高欢的家庭教师，传授的都是儒家文化。卢景裕一生都在研习儒家经典，“专经为学”，注解过《周易》《尚书》《孝经》《论语》《礼记》《老子》《毛诗》《左氏春秋》等经典。李铉曾系统学习过《毛诗》《尚书》《礼记》《周官》《仪礼》《左氏春秋》等，对儒家经典也很有造诣，撰写了《孝经》《论语》《毛诗》《三礼义疏》及《三传异同》《周易义例》合三十余卷。张雕“遍通《五经》，尤明《三传》”[4]。刁柔“综习经史，尤留心礼仪”[5]。宋钦道“谙识古今”[6]。其他教师也都是儒家饱学之士。他们向高欢子弟讲授的主要内容，都是他们的专长，即儒家文化和历史。

二是对儒生和专家学者非常尊重，把他们紧紧地笼络在自己的周围。在中国古代历史上，高欢可以称为尊师重教的楷模，他对儒生的尊重、信任和重用超乎寻常，对儒家学说的重视和推崇达到了无以复加的地步。因此，吸引了一大批儒生和专家学者聚集在晋阳，聚集在高欢父子身边。范阳涿人卢景裕从小就聪敏好学，无论是居住在拒马河还是隐居在大宁山，也无论是在老家研习儒家经典，还是在邺城讲学，他都心无旁骛，“专经为学”，“世号居士”。[7]天平

1《北齐书》卷44《儒林传》，第581页。
2《北齐书》卷44《儒林传》，第582页。
3《北齐书》卷44《儒林传》，第581、582页。
4《北齐书》卷44《儒林传·张雕传》，第594页。
5《北齐书》卷44《儒林传·刁柔传》，第585页。
6《北齐书》卷34《宋钦道传》，第460页。
7《魏书》卷84《儒林·卢景裕传》，第1859页。

中，已经颇有名气的卢景裕卷入了一场谋反事件。当时河间邢摩纳与卢景裕从兄卢仲礼“据乡作逆”，并逼迫卢景裕一起反叛，以响应元宝炬。邢摩纳等人的反叛很快就被平定下去，卢景裕被关进晋阳监狱。高欢早就知道卢景裕，对他“经明行著”敬佩不已，立即下令赦免了卢景裕，将他安置在宾馆里，“使教诸子”[1]。每次回家，都“随以鼎食”[2]，“大蒙恩遇，待以殊礼”[3]。卢景裕知恩图报，也非常敬业，集中精力授课，十天才回家一次。在给高欢子弟等人讲授儒家经典过程中，每次都“讲论精微”[4]。在讲解《周易》时，有人对卢景裕大声发难，出言不逊，而卢景裕仍然“神采俨然，风调如一，从容往复，无际可寻”[5]。卢景裕死后，高欢又请赵郡李同轨“教授诸子”[6]。高欢对李同轨也非常尊重，“待以殊礼”[7]。李同轨也很负责任，“每旦入授，日暮始归”，对于“缁素请业者，同轨夜为解说，四时恒尔，不以为倦”[8]。李同轨去世时，不仅“时人伤惜之”，而且高欢“亦嗟悼之”，[9]将其追封为瀛州刺史。李同轨死后，高欢又令其子高澄“在京妙简硕学，以教诸子”。高澄将青年才俊、渤海南皮人李铉“征诣晋阳”[10]，“甚见优礼”[11]。李铉很有才华，23岁就完成了三十余卷的著述。几乎与此同时，高欢又把中山张雕、渤海刁柔、中山石曜、北平阳绚、北海王晞、清河崔瞻、广平宋钦道等人一起征到东馆，作为“诸子师友”[12]。这些人都是名

1《魏书》卷84《儒林·卢景裕传》，第1859页。

2《魏书》卷84《儒林·卢景裕传》，第1859页。

3《北齐书》卷44《儒林传》，第582页。

4《资治通鉴》卷158，“梁纪十四”，“大同四年”条，第4899页。

5《资治通鉴》卷158，“梁纪十四”，“大同四年”条，第4899页。

6《北齐书》卷2《神武纪下》，第24—25页。

7《北齐书》卷44《儒林传》，第582页。

8《北史》卷33《李义深传附弟同轨传》，第1241页。

9《北史》卷33《李义深传附弟同轨传》，第1241页。

10《北史》卷81《儒林传上·李铉传》，第2726页。

11《北齐书》卷44《儒林传·李铉传》，第585页。

12《北史》卷81《儒林传上·李铉传》，第2726页。这一名单依据《北齐书》卷44《儒林传》和《北史》卷81《儒林传上·李铉传》。

家大儒。张雕虽然“家世贫贱，而慷慨有志节，雅好古学。精力绝人，负箧从师，不远千里。遍通《五经》，尤明《三传》，弟子远方就业者以百数，诸儒服其强辨”。北魏末期，高欢令其“与诸子讲读”[1]。张雕对高欢使自己“致位大臣”感激不尽，决心“立效以报恩，论议抑扬，无所回避，省宫掖不急之费，禁约左右骄纵之臣，数讥切宠要，献替帷幄，帝亦深倚仗之”[2]。石曜“亦以儒学进。居官至清俭”[3]，著有《石子》十卷。刁柔“少好学，综习经史”，“性强记，至于氏族内外，多所谙悉”，高欢“以为永安公府长流参军，又令教授诸子”。[4] 崔瞻是东魏北齐时期的著名学者和诗人，其父崔㥄是太学博士，“少有名望”，“历览群书，兼有词藻”。[5] 崔瞻也成名很早，因其“聪朗强学，有文情，善容止，神采嶷然，言不妄发”[6]，年仅十五岁时，就被刺史高昂召署为主簿，后被清河公岳辟为开府西阁祭酒，“所与周旋，皆一时名望”[7]。史书称赞他的诗词“气调清新，并诗人之冠”，“词韵温雅，南人大相钦服”，“词韵温雅，风神秀发，亦一时之领袖”。[8] 高欢对崔瞻非常欣赏、信任和器重，将其“召与北海王师陪从，俱为诸子宾友”[9]。宋钦道也是一位学者型官员，“本文法吏，谙识古今”[10]。鲁郡韩毅以书法闻名，也曾“以谋逆见擒”，高欢将他“置之第馆，教授诸子”。[11] 在高欢的影响下，高欢子弟对儒生都比较尊重。史书记载，“及天保、大宁、武平之朝，亦引进名儒，授皇太子诸王经术”[12]。可见在北齐文宣帝高洋、

1《北齐书》卷 44《儒林传・张雕传》，第 594 页。
2《资治通鉴》卷 171，“陈纪五”，“太建五年”条，第 5327 页。
3《北齐书》卷 44《儒林传・石曜传》，第 597 页。
4《北齐书》卷 44《儒林传・刁柔传》，第 585、586 页。
5《北齐书》卷 23《崔㥄传》，第 333、335 页。
6《北齐书》卷 23《崔㥄传附子瞻传》，第 335 页。
7《北齐书》卷 23《崔㥄传附子瞻传》，第 337 页。
8《北齐书》卷 23《崔㥄传附子瞻传》，第 336、339 页。
9《北齐书》卷 23《崔㥄传附子瞻传》，第 337 页。
10《北齐书》卷 34《宋钦道传》，第 460 页。
11《北齐书》卷 2《神武纪下》，第 24—25 页。
12《北齐书》卷 44《儒林传》，第 582 页。

武成帝高湛和后主高纬时期，都非常重视儒家学说，非常重视子弟的儒家传统文化教育。

高欢挑选的这些人，具有如下几个特点：一是有学问，都是饱学之士，几乎都有著作问世。二是都非常勤奋，如李铉“用心精苦，曾三冬不畜枕，每至睡时，假寐而已”[1]。三是都有好名声，有的是著名的清官。如刁柔在其母去世后，“居丧以孝闻”[2]。石曜“居官至清俭”，是出名的“清素纯儒”。[3]四是都有一批追随者，如卢景裕“风仪言行，雅见嗟赏”“士君子嗟美之”[4]。李铉“燕、赵间能言经者，多出其门”[5]。张雕“弟子远方就业者以百数，诸儒服其强辨”[6]。崔瞻不仅在北朝很有名气，南朝君臣对他也非常敬重，“大相钦服”[7]。

高欢的思想比较复杂。在他身上，汉族文化和少数民族文化浑然一体，他的思想既有汉族基因，又受少数民族思想文化影响。一方面，高欢的“仁恕爱士”[8]是很有名的，他对儒生的尊重、信任和重用超乎寻常，对儒家学说的重视和推崇达到了无以复加的地步。如对卢景裕等人都“待以殊礼”[9]。另一方面，高欢在风俗习惯等方面已经胡化，非常信任和倚重少数民族及胡化人士。在公开场合，高欢总会显露出对汉人的蔑视，既把汉人称为“汉儿”，又认为“汉儿”“恐不济事”[10]。高欢在“号令将士”时，常用鲜卑语，但只要大都督高敖曹在场时，“则为之华言”[11]。公元532年，高欢拥立北魏孝武帝元修即位时“复用夷礼”，采用“代都旧制，以黑毡蒙七人，欢居其一，帝于毡上西向拜天毕，

1《北齐书》卷44《儒林传·李铉传》，第584页。
2《北齐书》卷44《儒林传·刁柔传》，第586页。
3《北齐书》卷44《儒林传·石曜传》，第597页。
4《魏书》卷84《儒林·卢景裕传》，第1859页。
5《北齐书》卷44《儒林传·李铉传》，第584页。
6《北齐书》卷44《儒林传·张雕传》，第594页。
7《北齐书》卷23《崔㥄传附子瞻传》，第336页。
8《北齐书》卷2《神武纪下》，第25页。
9《北齐书》卷44《儒林传》，第582页。
10《北齐书》卷21《高乾传附弟昂传》，第294页。
11《资治通鉴》卷157，“梁纪十三”，“大同三年”条，第4882页。

入御太极殿，群臣朝贺，升阊阖门大赦，改元太昌”[1]。北魏自孝文帝改革“用夏变夷”，宣武帝元恪和孝明帝元诩即位时“皆用汉、魏之制”，而孝武帝即位“复用夷礼”[2]，既说明高欢等人的思想变化，也可以看出高欢等上层人物思想的复杂性。高欢的思想看似矛盾，其实都在“为我所用”的宗旨下得到了有机调和，运用“杂用夷、夏”的“抚御之术”，希望得到汉族和少数民族各方面的支持和拥戴。

（五）余论

我始终认为，在中国古代历史上，有一些“本为汉族后来又在少数民族地区生活并成为少数民族政权的上层人物”，“这类人物一般被称为‘胡化’的汉族历史人物”。[3] 由于这类人物的特殊经历以及所处的特殊环境，“他们对当时和历史上的民族关系有其独特的观察、感悟和认识，他们的民族关系思想是中国民族关系思想的重要组成部分，需要我们进行认真探索和总结，以反映中国民族关系思想的全貌”[4]。高欢就是“胡化”人物的代表。作为剖析“胡化”人物民族关系思想的样本，高欢再恰当不过了。对高欢民族关系思想的探讨，可以深化南北朝时期民族关系思想的研究，丰富中国民族关系思想史。

历史上任何一个时期，汉族与少数民族思想文化都是相互影响的。就高欢时代而言，一方面鲜卑等少数民族的思想文化影响了汉族思想文化，另一方面汉族思想文化也影响了鲜卑等少数民族的思想文化。如果从思想文化和风俗习惯等各种要素来考察高欢，我们很难把他严格界定为是汉还是胡。其实，高欢

1《资治通鉴》卷 155，“梁纪十一”，“中大通四年”条，第 4824 页。

2《资治通鉴》卷 155，“梁纪十一”，“中大通四年”条胡注，第 4824 页。

3 崔明德：《两汉民族关系思想史》，人民出版社，2007，第 24 页。

4 崔明德、马晓丽：《隋唐民族关系思想史》，人民出版社，2010，第 16 页。

的思想文化中既有汉族基因，又受少数民族思想文化影响，他的思维方式既与汉族政治家有很大差异，也与鲜卑族政治家有很大差异。所以，高欢身上具有胡、汉两种身份，他的民族关系思想也非常复杂。

高欢民族关系思想内容比较丰富，理论体系也比较完备。从整体来看，他的民族关系思想主要由“招怀远夷”、消灭山胡和“杂用夷、夏”等三大部分构成，而“招怀远夷”是其核心思想。高欢的“招怀远夷”思想主要包括“北怀蠕蠕”、招纳吐谷浑和招纳阿至罗等三方面内容。高欢对消灭山胡有着强烈的责任感和使命感，他的思想是在山胡越来越嚣张的背景下、在系统研究总结历代治理山胡的经验教训基础上形成的，并在实践中不断完善。高欢的“杂用夷、夏”思想，是典型的实用主义，有时用“夷”，有时用“夏”，有时二者兼而用之，只要对自己有利，可以不择手段。这种思想方法，既能得到汉族的支持，又能得到少数民族的支持。在准备起兵、成就一番大业时，高欢对汉族显贵人士非常器重[1]，并严格要求部下“不得欺汉儿”，在很多方面，又“杂用夷、夏”，后来发展为以“夷”为主，到晚年更加依赖、信任鲜卑等少数民族及胡化的汉人。高欢的政治遗言，突出体现了他的思想转变。从高欢的言行之中，我们可以清楚地看出其民族关系思想的发展脉络。

高欢的民族关系思想虽受少数民族思想文化的影响，但主要根基于汉族儒家思想。高欢“累世北边”“遂同鲜卑”[2]的家族特殊经历以及“生于边朔，长于戎马之间”[3]的特殊成长环境，使其深受以鲜卑族为主的北方少数民族思想文化的影响；鲜卑及胡化汉人在高欢政权中占有优势地位、高欢军事集团

---

1 高欢对崔暹的信任和重用就是典型例子。“崔暹，字季伦，博陵安平人，汉尚书寔之后也，世为北州著姓……赵郡公琛镇定州，辟为开府谘议。随琛往晋阳，高祖与语悦之，兼丞相长史。高祖举兵将入洛，留暹佐琛知后事。谓之曰：‘丈夫相知，岂在新旧。军戎之事，留守任切，家弟年少，未闲事宜。凡百后事，一以相属。’握手殷勤，至于三四”。见《北齐书》卷 30《崔暹传》第 403 页。

2《北齐书》卷 1《神武纪上》，第 1 页。

3《北齐书》卷 44《儒林传》，第 581 页。

中高级军官多为少数民族等因素以及鲜卑等少数民族和胡化汉人是高欢起家和立足基础之状况，对高欢民族关系思想的形成和发展具有重要影响。但是，高欢身上毕竟流淌着汉族血液，有着儒家思想文化基因，而且还要面对汉族人口占有很大比例这样一种现实。因此，高欢既与他们有着特殊感情，故意突出鲜卑等少数民族及胡化汉人的地位，又要尊重和重用儒生，重视并极力推崇儒家学说。在这种情况下，高欢自然会绞尽脑汁、想方设法协调胡汉关系。史书记载，高欢"每号令军士，常令丞相属代郡张华原宣旨，其语鲜卑则曰：'汉民是汝奴，夫为汝耕，妇为汝织，输汝粟帛，令汝温饱，汝何为陵之？'其语华人则曰：'鲜卑是汝作客，得汝一斛粟、一匹绢，为汝击贼，令汝安宁，汝何为疾之？'"[1] 为了取悦汉族和少数民族，在汉族为主的场合，高欢讲汉语，在鲜卑族为主的场合，高欢讲鲜卑语，有时可能会兼用汉语和鲜卑语，尽力通过相同语言的沟通与交流，拉近感情，最大限度地得到各方面的支持。

高欢的民族关系思想及其实践，基本达到了预期目的，对协调民族关系、巩固政权和加强高欢本人的政治地位，都起到了重要作用，取得了显著成效。高欢从 532 年拥立孝武帝元修即位，中经控制东魏孝静帝元善见，到 547 年去世，在这十五六年的时间内，无论是北魏还是东魏，都与少数民族政权保持着比较密切的友好关系，柔然、高丽、吐谷浑等政权定期前来朝贡，有的政权几乎每年都会朝贡。仅高欢拥立北魏孝武帝即位之年（532 年），柔然等少数民族政权一年之内就朝贡 4 次，契丹等少数民族政权一月之内就朝贡 2 次，其频繁程度在历史上都是罕见的。据《魏书》记载，太昌元年（532 年）六月丙寅，柔然、嚈哒、高丽、契丹、库莫奚国并遣使朝贡；六月癸酉，柔然、嚈哒国遣使朝贡；六月乙酉，高丽、契丹、库莫奚国遣使朝贡；九月丙辰，柔然、高昌

1《资治通鉴》卷 157，"梁纪十三"，"大同三年"条，第 4882 页。

国遣使朝贡；十一月乙巳，柔然遣使朝贡[1]。东魏建立后，每年都有朝贡者：孝静帝天平元年（534年），契丹、高丽、吐谷浑并遣使朝贡[2]。天平二年（535年），高丽、契丹并遣使朝贡。天平三年（536年），高丽、勿吉国遣使朝贡[3]。天平四年（537年），高丽、柔然并遣使朝贡。元象元年（538年），高丽遣使朝贡[4]。兴和元年(539年)，高丽又遣使朝贡[5]。兴和二年(540年)，高丽、柔然、勿吉并遣使朝贡。兴和三年（541年），柔然、高丽、勿吉国并遣使朝贡。兴和四年（542年），柔然、高丽、吐谷浑并遣使朝贡。武定元年（543年），吐谷浑、高丽、柔然并遣使朝贡。武定二年（544年），吐谷浑、地豆干、室韦、高丽、柔然、勿吉等并遣使朝贡。武定三年（545年），高丽、吐谷浑、柔然并遣使朝贡。武定四年（546年），室韦、勿吉、地豆干、高丽、柔然并遣使朝贡。武定五年（547年），高丽、勿吉并遣使朝贡。[6]总之，在高欢掌握实权的时期，东北的契丹、库莫奚、室韦、勿吉等政权，西北的吐谷浑等政权，北方的柔然，西部的嚈哒国等，都纷纷遣使朝贡，有些还非常频繁。如契丹“朝贡至齐受禅常不绝”[7]。地豆干国“讫武定末，贡使不绝”[8]。吐谷浑对东魏也是“朝贡不绝”[9]。

从高欢的具体思想及实践来看，作用也非常突出，成效非常显著。如高欢的“北怀蠕蠕”思想与实践，就完全达到了预期目的，东魏不仅与柔然建立了比较牢固的政治和军事同盟关系，而且柔然向东魏朝贡最积极。高欢招纳吐谷浑的思想也取得了显著成效，吐谷浑曾在永熙三年（534年）、兴和四年（542

1《魏书》卷11《出帝平阳王纪》，第283—286页。
2《北史》卷5《北魏孝武帝纪》，第173页。
3《魏书》卷12《孝静帝纪》，第299—301页。
4《北史》卷5《东魏孝静帝纪》，第187—188页。
5《魏书》卷12《孝静帝纪》，第303页。
6《北史》卷5《东魏孝静帝纪》，第189—194页。
7《魏书》卷100《契丹传》，第2224页。
8《魏书》卷100《地豆于传》，第2222页。
9《魏书》卷101《吐谷浑传》，第2241页。

年）、武定元年（543 年）、武定二年（544 年）、武定三年（545 年）都到东魏朝贡。高欢去世后的武定六年（548 年）、武定七年（549 年）、天保元年（550 年），吐谷浑仍然遣使到魏朝贡。高欢招纳阿至罗的思想与实践同样取得了显著成效。天平元年（534 年），阿至罗到了东魏，孝静帝在逍遥园设宴招待阿至罗[1]。兴和三年（541 年）四月，阿至罗国被柔然击破，其国主副付罗越居之子去宾从柔然投奔北魏，高欢"欲招纳远人，上言封去宾为高车王，拜安北将军、肆州刺史"[2]。

高欢民族关系思想之所以能够取得如此显著的成效，一是他的思想超出了同时代其他政治家的思想高度，更能发挥其应有的指导作用。高欢的民族关系思想既吸收了汉族思想文化的有益成分，又吸收了少数民族思想文化的有益成分；既借鉴了汉族处理民族关系的经验教训，又借鉴了少数民族处理民族关系的经验教训，所以，高欢的民族关系思想更有高度、更加深邃，更能发挥作用。二是这些思想都与现实紧密结合，因此都比较符合实际。由于高欢具有的"胡化"的特殊身份，因而其思想既符合汉族实际，又符合少数民族实际。三是有的思想和实践都是历史上比较成熟的理论与方法，高欢只是熟练运用而已，如"招怀远夷"、消灭山胡，基本上就是对传统的远交近攻思想的具体实践。四是高欢的深谋远虑，对如何处理民族关系思考得非常缜密。唐朝史学家李百药称高欢"军国大略，独运怀抱"[3]，对其战略思维大加赞赏（"规略远矣"）。史书中留下了不少关于高欢远见卓识的事例，如他故意压抑能力很强的慕容绍宗，让其儿子高澄对慕容绍宗"深加殊礼，委以经略"[4]，在高欢死后对其"厚以官爵，结绍宗之心"[5]。为了从根本上解除山胡的威胁，高欢在武定二年（544

1《北史》卷 5《北魏孝武帝纪》，第 174 页。
2《魏书》卷 103《高车传》，第 2312 页。
3《北齐书》卷 2《神武纪下》，第 24 页。
4《北史》卷 6《齐本纪上》，第 231 页。
5《资治通鉴》卷 159，"梁纪十五"，"中大同元年"条，第 4945—4946 页。

年）亲自率兵击破山胡后，将“俘获一万余户口，分配诸州”[1]。武定三年（545年），高欢又向东魏孝静帝建议，“幽、安、定三州北接奚、蠕蠕，请于险要修立城戍以防之”，高欢“躬自临履，莫不严固”，[2]等等。正是由于高欢在思考民族关系问题时能够立足当前着眼长远，因此在整个北齐时期，民族关系基本沿着高欢规划的正确轨道前行。五是高欢的“仁恕爱士”和“知人好士”[3]的人格魅力，奠定了汉族和少数民族都能接受其思想的基础。汉族和少数民族之间，由于种种原因，会有一定隔阂、矛盾和摩擦，也会对高欢在某些方面偏向某一方而不满，但由于他们都敬佩高欢的仁慈和知人善任，所以，都会认真地贯彻落实高欢的思想及政策。如御史中尉崔暹按照高欢的旨意，严厉惩治了尚书令司马子如、尚书元羡、雍州刺史慕容献、太师王坦、并州刺史可朱浑道元等一大批权贵，被免官及“死黜者甚众”[4]，“内外莫不畏服”。高欢对其十分敬重，称赞他说：“往前朝廷岂无法官，而天下贪婪，莫肯纠劾。中尉尽心为国，不避豪强，遂使远迩肃清，群公奉法。冲锋陷阵，大有其人，当官正色，今始见之。今荣华富贵，直是中尉自取，高欢父子，无以相报”。[5]正是由于得到了汉族和少数民族各方面的支持和拥戴，高欢才有了长期控制北魏和东魏朝政的实力，为北齐立国奠定了坚实基础。

1《北齐书》卷2《神武纪下》，第22页。
2《北齐书》卷2《神武纪下》，第22页。
3《北齐书》卷2《神武纪下》，第25、24页。
4《北齐书》卷30《崔暹传》，第404页。
5《北齐书》卷30《崔暹传》，第405、404页。

六、高洋“天下为一”思想及相关问题

“胡化”与胡汉混血是中国古代北方历史上的一种常见现象，也是民族关系和民族文化研究的重要内容和视角。作为开国皇帝和胡汉混血儿代表，高洋“天下为一”思想是在“三方鼎峙，诸夷未宾”背景下产生的，其实现路径比较单一，在击败库莫奚、山胡、契丹、突厥、柔然及修筑长城、建立北方防御体系后，他对实现这一目标愈益迫切。高洋民族关系思想具有内胡外儒的鲜明特征，身上虽流着汉族血液，但其思想深处主要浸润着少数民族的思想文化；虽已胡化，但对儒学经典、儒家思想和儒生非常重视，经常督促子弟学习儒家文化。高洋的这一思想特征与其“外柔内刚”的性格非常吻合。高洋执政后期的荒淫残暴与其患有精神病有很大关系，而其病因是各种矛盾挤压的结果，而理想目标与残酷现实之间的巨大反差，是对高洋的致命一击，使其极其焦虑和苦闷，促使他精神彻底崩溃，遂有许多荒唐之举。

文宣帝高洋，字子进，鲜卑名侯尼于，因生于晋阳，一名晋阳乐。东魏孝静帝天平二年（535年），被封为太原郡公，之后历任尚书左仆射、尚书令、中书监、京畿大都督等要职。武定七年（549年）八月，其长兄高澄遇刺身亡，事出仓促，内外震惊。高洋“神色不变，指麾部分”，“内外莫不惊异”。为了稳定局面，高洋立即赶赴晋阳，“亲总庶政，务从宽厚，事有不便者咸蠲省焉”[1]。武

1《北齐书》卷4《文宣纪》，第44页。

定八年（550年）五月，高洋逼迫东魏孝静帝禅位，自己登基称帝，改国号为齐，史称北齐。作为开国皇帝、颇有作为的政治家及胡汉混血儿代表，高洋集贤君与暴君、智慧与疯子、果敢与雌懦于一身。天保十年（559年）十月甲午，高洋暴死于晋阳宫，终年三十一岁。庙号显祖，谥号文宣皇帝。对高洋“天下为一”思想及其相关问题做一梳理和探讨，会对高洋有一全面认识和客观评价，也会深化北齐民族关系及民族文化史研究。

（一）“天下为一”的理想追求

“天下为一”思想即传统的“大一统”思想。关于这一思想观点，历史上有多种提法。在高洋之前，已有一些政治家曾明确提出过“天下为一”的思想观点。如战国时期的纵横家、外交家苏秦就向燕文公建议说：“愿大王与赵从亲，天下为一，则国必无患矣。”[2]秦朝末期博士叔孙通也曾提出“天下为一家”[3]的思想观点。东汉顺帝、桓帝时期的政治家朱穆在《崇厚论》中说：“道者，以天下为一，在彼犹在己也。”[4]晋武帝在太康元年（280年）颁布诏书称：“昔自汉末，四海分崩，刺史内亲民事，外领兵马。今天下为一，当韬戢干戈，刺史分职，皆如汉氏故事；悉去州郡兵，大郡置武吏百人，小郡五十人。”[5]北魏孝文帝时期，中书令郑羲、秘书令高祐等人认为，李冲的“三长制”目的就是“欲混天下为一法”[6]。由此可见，“天下为一”思想由来已久。

高洋刚即帝位就明确提出了“天下为一”的奋斗目标，后随东征西讨取得

2（西汉）刘向集录：《战国策》卷29《燕一·苏秦将为从北说燕文侯章》，上海古籍出版社，1985，第1040页。

3《汉书》卷43《叔孙通传》，第2124页。

4《后汉书》卷43《朱晖传附孙穆传》，第1464页。

5《资治通鉴》卷81，“晋纪三”，“太康元年”条，第2575页。

6《文献通考》卷12《职役考一》，中华书局，2011，第1册，第338页。

一些战绩，遂对实现这一目标愈加迫切。

武定八年（550 年）五月戊午，高洋一即帝位，就在颁布的诏书中明确提出“四海至公，天下为一”[1] 的思想观点，但没有对这一思想予以阐释。天保六年（555 年）二月，高洋在给萧梁重臣王僧辩的书信中，明确表示，“朕以天下为家，大道济物”[2]。仍然没有对这一思想予以系统阐释。

那么，高洋“天下为一”思想的主要内容是什么？其理想目标又是什么呢？高洋对此虽没有做过精确描述和系统阐释，但从他对其父高欢和对其兄高澄的颂词中，我们可以看出大致情况。高洋认为，“魏氏多难，年将三十，孝昌已后，内外去之。世道横流，苍生涂炭。赖我献武，拯其将溺，三建元首，再立宗祧，扫绝群凶，芟夷奸宄。德被黔黎，勋光宇宙。文襄嗣武，克构鸿基，功浃寰宇，威陵海外，穷发怀音，西寇纳款，青丘保候，丹穴来庭，扶翼危机，重匡颓运，是则有大造于魏室也”[3]。在高洋思维中，“扫绝群凶”“勋光宇宙”“功浃寰宇，威陵海外，穷发怀音，西寇纳款，青丘保候，丹穴来庭”，即国内安定、国外畏惧、四夷归附，应是“天下为一”的基本状态。

东魏孝静帝元善见对高洋比较了解和非常倚重，他在有关诏书中对高洋的赞扬，也透露出高洋“天下为一”思想的相关信息。如武定八年（550 年）五月甲寅，孝静帝在遣彭城王元韶、司空潘相乐送达的册书中，概括了高洋的十三大功劳，多数与“天下为一”思想有关。册书云：“王挎风初举，建旟上地，庇民立政，时雨滂流，下识廉耻，仁加水陆，移风易俗，自齐变鲁，此王之功也。仍摄天台，总参戎律，策出若神，威行朔土，引弓窜迹，松塞无烟，此又王之功也。逮光统前绪，持衡匡合，华戎混一，风海调夷，日月光华，天地清晏，声接响随，无思不偃，此又王之功也。逖矣炎方，逋违正朔，怀文曜武，

1《北齐书》卷 4《文宣帝纪》，第 50 页。
2《梁书》卷 45《王僧辩传》，第 632 页。
3《北齐书》卷 4《文宣帝纪》，第 49—50 页。

授略申规，淮楚连城，灌然桑落，此又王之功也。关、岘衿带，跨蹑萧条，肠胃之地，岳立鸱跱，偏师才指，涣同冰散，此又王之功也。晋熙之所，险薄江雷，迥隔声教，迷方未改，命将鞠旅，覆其巢穴，威略风腾，倾慑南海，此又王之功也。群蛮跋扈，世绝南疆，摇荡边垂，亟为尘梗，怀德畏威，向风请顺，倾陬尽落，其至如云，此又王之功也。胡人别种，延蔓山谷，酋渠万族，广袤千里，凭险不恭，恣其桀黠，有乐淳风，相携叩款，粟帛之调，王府充积，此又王之功也。茫茫涉海，世敌诸华，风行鸟逝，倏来忽往，既饮醇醪，附同胶漆，毡裘委仞，奇兽衔尾，此又王之功也。秦川尚阻，作我仇雠，爰挹椒兰，飞书请好，天动其衷，辞卑礼厚，区宇乂宁，遐迩毕至，此又王之功也。江阴告祸，民无适归，萧宗子弟，尚相投庇，如鸟还山，犹川赴海，荆江十部，俄而献割，乘此会也，将混朱方，此又王之功也。天平地成，率土咸茂，祯符显见，史不停笔，既连百木，兼呈九尾，素过秦雀，苍比周乌，此又王之功也。搜扬管库，衣冠获序，礼云乐云，销沉俱振，轻徭彻赋，矜狱宽刑，大信外彰，深仁远洽，此又王之功也。王有安日下之大勋，加以表光明之盛德，宣赞洪猷，以左右朕言。昔旦、奭外分，毛、毕入佐，出内之任，王宜总之。……王风声振赫，九域咸绥，远人率俾，奔走委贶”[1]。孝静帝的这份文件，内容很多，涉及政治、经济、军事、外交及民族关系，但大都与高洋的“天下为一”思想有关，如“威行朔土，引弓窜迹”“华戎混一”“覆其巢穴”“倾慑南海”“怀德畏威，向风请顺”“胡人别种”“酋渠万族”“相携叩款”“毡裘委仞，奇兽衔尾”“遐迩毕至”“将混朱方”“天平地成，率土咸茂”“大信外彰，深仁远洽”等，是高洋“天下为一”思想状况的详细注解。孝静帝所归纳的高洋十三大功劳，虽是迫不得已的吹捧之词，也是为了生存的权宜之计，但也基本反映了高洋对“天下为一”的理想追求。武定八年（550 年）五月丙辰，孝静帝又在诏

1《北齐书》卷 4《文宣帝纪》，第 45—47 页。

书中称赞高洋“网疏泽洽，率土归心。外尽江淮，风靡屈膝，辟地怀人，百城奔走，关陇慕义而请好，瀚漠仰德而致诚”[1]。仍侧重于高洋的“天下为一”思想。

随着北齐对库莫奚、山胡、契丹、突厥、柔然及萧梁用兵取得一系列战果，高洋对实现“天下为一”的目标更加迫切。高洋和大臣游宴东山时，“以关、陇未平，投杯震怒，召魏收于前，立为诏书，宣示远近，将事西行。魏人震恐，常为度陇之计”[2]。由此可见高洋对实现“天下为一”的强烈的使命感和迫切程度。高洋一直想消灭西魏，但他深知，只要掌握实权的宇文泰存在一天，就没法统一西魏。因此，除掉宇文泰就成了高洋的一块心病。一日，高洋哭着对群臣说：“黑獭（宇文泰字黑獭）不受我命，奈何?”都督刘桃枝回答：“臣得三千骑，请就长安擒之以来。”高洋虽知道刘桃枝并没这个本事，但他的话却合高洋的胃口，因此“赐帛千匹”[3]。

当然，高洋到死都没有实现“天下为一”的目标，但他对“天下为一”的责任感、使命感和紧迫感却始终没有减退。到天保七年（556 年），尽管北齐对外用兵接连失败，但高洋仍因西魏、萧梁和北齐“三方鼎峙，诸夷未宾”，下令“修缮甲兵，简练士卒”[4]，没有放弃对“天下为一”目标的不懈追求。

（二）四处征伐的单一路径

如何实现“天下为一”的目标？高洋始终没有做说明，但从他的具体做法来看，其实就是四处征伐的单一路径。具体地说，在北方，高洋“连年出塞”；在南方，高洋“屡侵”南朝“边地”。[5]

1《北齐书》卷 4《文宣帝纪》，第 48 页。
2《资治通鉴》卷 166，“梁纪二十二”，“绍太平元年”条，第 5149 页。
3《资治通鉴》卷 166，“梁纪二十二”，“绍太平元年”条，第 5149 页。
4《北齐书》卷 4《文宣帝纪》，第 67 页。
5《资治通鉴》卷 164，“梁纪二十”，“承圣元年”条，第 5077 页。

高洋的四处征伐，除了他具有“天下为一”的理想之外，也与当时北齐内外形势有很大关系。高洋在位时期的北齐，占有今山西、河北、山东、河南以及苏北、皖北、内蒙古一部分的广阔地区。当时北齐境内虽然并无有影响力的少数民族政权，但东北与北齐相邻的库莫奚、契丹等少数民族政权，北方及西北与北齐相邻的柔然、突厥等少数民族政权，与北齐既有友好往来，又有兵戎相见。在此期间，西部的山胡曾一度对北齐构成威胁，南部的鲁阳蛮也非常活跃。萧梁虽内乱不已，无力北侵，但也有与北齐争夺的举动。高洋处理与这些少数民族的关系的思想方法比较简单，就是积极反击或主动征战。对待萧梁，则以武力为主、拉拢为辅。

1. 北击库莫奚

库莫奚族源出东胡，为东部鲜卑宇文部之后，与契丹“异种同类”，登国年间“分背”后，各自成为一族。库莫奚不仅经常入塞“与民交易”[1]，而且直到东魏武定末期，仍然朝贡不绝。而且，库莫奚部分民众还与北魏及东魏北齐安营二州民众杂居。

天保三年（552年）正月，高洋亲自率兵出击库莫奚于代郡。高洋即位后，库莫奚曾向北齐遣使朝贡，并没有任何对北齐不恭的表现。那么，高洋为什么会主动出兵库莫奚呢？史书对此没有明确记载，但《北齐书》中的一段话透露了一些信息：“又以三方鼎峙，诸夷未宾，修缮甲兵，简练士卒，左右宿卫置百保军士。每临行阵，亲当矢石，锋刃交接，唯恐前敌之不多，屡犯艰危，常致克捷。”[2] 从这段记载可以看出，高洋鉴于“诸夷未宾”的现实，时刻准备对周边政权动武。高洋可能觉得库莫奚军队不强，国势较弱，比较容易取胜，于是先向库莫奚动手，借此彰显北齐的军威，为向其他政权用兵尤其是西征西魏做准备。

1《魏书》卷100《库莫奚传》，第2223页。

2《北齐书》卷4《文宣帝纪》，第67页。

高洋出兵库莫奚很顺利，战果也很丰硕。高洋没费多大劲，就击破了库莫奚，“俘获四千人，杂畜十余万”[1]。高洋将俘获的杂畜“分赉将士各有差”[2]，对俘虏的人口则分配到“山东为百姓”[3]。高洋的这次征伐，对库莫奚造成了恐惧感，次年（553年）正月戊寅，库莫奚就主动向北齐遣使朝贡。

高洋同母之弟北齐孝昭帝高演也许受高洋的影响，如法炮制，即位不久，就亲自率军北征库莫奚。北齐大军打到天池，库莫奚“出长城北遁”[4]。高演分兵追击，获牛羊七万，将其全部纳入晋阳宫。

2. 西平山胡

高洋时期，山胡已对北齐构成了威胁。天保四年（553年）正月丙子，山胡围攻离石。随后，高洋出兵征讨。但高洋还没有和他们交战，山胡就狼狈逃窜。高洋“因巡三堆戍，大狩而归”[5]。为了教训山胡，天保五年（554年）正月，高洋主动征讨山胡。这次出征规模宏大，兵分三路。高洋率军从离石道出击，太师、咸阳王斛律金从显州道出击，常山王高演从晋州道出击，三路大军“犄角夹攻”[6]，大破山胡。高洋似有斩草除根的想法，对于俘获的十二岁以上的男子全部杀害[7]，共“斩首数万”。对于妇女儿童全部赏赐给官兵。这次战役还获得山胡杂畜十余万，“遂平石楼”。石楼地势险要，“自魏世所不能至。于是远近山胡莫不慑服”。[8]征讨山胡之战，充分显示了高洋良好的心理素质和卓越的军事才能。

1《资治通鉴》卷164，“梁纪二十”，“承圣元年”条，第5077页。

2《北齐书》卷4《文宣帝纪》，第56页。

3《北史》卷7《齐本纪中》，第249页。

4《资治通鉴》卷168，“陈纪二”，“天嘉元年”条，第5210页。

5《北齐书》卷4《文宣帝纪》，第57页。

6《北齐书》卷4《文宣帝纪》，第58页。

7《资治通鉴》卷165，“梁纪二十一”，“承圣三年”条记载，“男子十三已上皆斩”。此从《北史》卷7《文本纪中》所载。

8《北齐书》卷4《文宣帝纪》，第58页。

3. 出兵契丹

契丹在高洋即位后，曾于天保三年（552 年）二月遣使向北齐朝贡，双方关系总体不错。一年之后，双方关系开始恶化。天保四年（553 年）二月，契丹杀害了柔然可汗铁伐，给北齐与柔然关系制造了阴影。柔然为北齐所扶持，契丹杀害铁伐，使高洋内心极为不快。同年九月，契丹出兵骚扰北齐边塞，激怒了高洋。高洋先北巡冀、定、幽、安等四州，然后北讨契丹。高洋兵分三路，各个击破，大获全胜。他本人于十月丁酉到达平州，从西道向长堑进发。又诏令司徒潘相乐率领五千精骑自东道向青山进发。北齐大军途经白狼城，当抵达昌黎城时，高洋又命令安德王韩轨率领精骑四千人东进，切断契丹的退路。高洋等人过了阳师水后，“倍道兼行，掩袭契丹”[1]。高洋翻山越岭，身先士卒，“露头袒身，昼夜不息，行千余里，唯食肉饮水，壮气弥厉。”[2] 高洋指挥大军奋勇出击，大破契丹，“虏获十万余口、杂畜数十万头”[3]。潘相乐又于青山大破契丹别部。高洋在此次战役中，“所虏生口皆分置诸州”[4]。在亲政契丹战争中，高洋充分展示了其过人胆识。

4. 北讨突厥

突厥在这时虽已成气候，但并没有侵扰北齐。高洋征伐突厥，完全为了庇护柔然。

柔然与北齐关系一直很好，向北齐朝贡最为频繁，数量最多。天保四年（553 年）十二月，突厥“复攻茹茹，茹茹举国南奔”，准备逃到北齐避难。高

1《北齐书》卷 4《文宣帝纪》，第 57 页。

2《北史》卷 7《齐本纪中》，第 250 页。

3《北齐书》卷 4《文宣帝纪》，第 57 页。而《资治通鉴》卷 165，“梁纪二十一”，“承圣二年”条记载，获“杂畜数百万头”。此从《北齐书》卷 4《文宣帝纪》所载。

4《北齐书》卷 4《文宣帝纪》，第 57 页。

洋非常重视与柔然的关系，对突厥入侵柔然绝不会袖手旁观。十二月癸亥，高洋率军从晋阳出发，北讨突厥，接应柔然。高洋亲自追击突厥于朔州，“突厥请降”，高洋“许之而还”。从此，突厥对北齐“贡献相继”[1]，双方保持着良好关系。

5. 由扶持柔然转为击破柔然

在高洋内心里，始终想操纵和控制少数民族建立的政权，希望他们百依百顺，如有不恭，就会出兵征伐。高洋对柔然由积极扶持到出兵征伐的急剧转变，与其处理民族关系的指导思想有密切关系。

天保三年（552 年）二月，柔然首领阿那瓌为突厥所击破，阿那瓌自杀，其太子庵罗辰及阿那瓌从弟登注俟利发、注子库提“拥众来奔”[2]。柔然余众拥立登注次子铁伐为首领。天保四年（553 年）二月，北齐护送铁伐、登注及子库提返回柔然。不久，铁伐为契丹所杀，国人又拥立登注为首领，登注为其大人阿富提等所杀，国人复立库提为首领。同年十二月，突厥“复攻茹茹，茹茹举国南奔”。随后，高洋自晋阳“北讨突厥，迎纳茹茹”。高洋一方面废掉库提，改立阿那瓌之子庵罗辰为首领，将其安置在马邑州，“给其禀饩缯帛”[3]。另一方面，高洋又亲自追击突厥于朔州，迫使突厥主动请降、保证按时向北齐朝贡。由此可见，北齐政权尽最大努力支持柔然、庇护柔然。

但到天保五年（554 年）三月，柔然突然翻脸，其首领庵罗辰公开反对北齐。柔然为何要与北齐为敌？史书没有记载，最大可能是柔然想彻底摆脱北齐的控制，寻求更大的自由空间。而在高洋看来，柔然是北齐的附属政权，一切要由北齐操纵，柔然首领应当听从北齐的摆布。现在柔然公开向北齐叫

1《北齐书》卷 4《文宣帝纪》，第 58 页。
2《北齐书》卷 4《文宣帝纪》，第 56 页。
3《北齐书》卷 4《文宣帝纪》，第 58 页。

板，有忘恩负义的感觉，高洋无论如何也难以接受。因此，高洋立即出击，亲自征讨柔然。柔然既有内乱，又遭外敌侵略，军力不足，不堪一击，北齐军队一出动，庵罗辰父子就落荒而逃。柔然并不甘心，一个月之后，又侵扰肆州。高洋这次更不留情，亲自带兵从晋阳出发，到达恒州黄瓜堆时，柔然骑兵就纷纷逃走。北齐大军见“柔然散走”[1]，开始撤兵，返回晋阳。高洋则率领二千余名骑兵殿后，夜宿黄瓜堆。当晚，柔然别部数万名骑兵偷袭过来，四面围逼。当时高洋正在“安卧，平明乃起，神色自若，指画形势，纵兵奋击；柔然披靡，因溃围而出”[2]。柔然骑兵逃跑后，高洋指挥齐军奋力追击，“伏尸二十里”，俘获了庵罗辰的妻子及“生口三万余人”[3]。为了将柔然骑兵一网打尽，高洋命令都督阿那肱率领数千名骑兵堵塞柔然退路。当时柔然军“犹盛，阿那肱以兵少”，请求增加军力，高洋深知置之死地而后生的道理，不仅没有增兵，反而将其原来骑兵减少一半。阿那肱背水一战，奋勇出击，大获全胜。庵罗辰“超越岩谷，仅以身免”[4]。五月丁未，北齐又北讨柔然，将其打得落花流水。同年六月，柔然首领“率部众东徙”时，又想乘机南下侵扰北齐。高洋率领轻骑在金山下部署军队，邀击柔然，柔然“闻而远遁”[5]。营州刺史灵丘王峻早就设好埋伏，打了一场伏击战，俘获其名王数十人。天保六年（555年）五月，柔然遣使朝贡，缓解了双方的紧张关系。但随后不久，高洋就到晋阳，亲自部署出兵柔然事宜。六月甲戌，各路大军会师于祁连池。齐军出塞到达厍狄谷后，百余里内没有饮用水，正在“六军渴乏”[6]时，忽然下起倾盆大雨，救了齐军。到了七月，驻扎在白道的高洋，留下辎重，亲自率领轻

1《资治通鉴》卷 165，“梁纪二十一”，“承圣三年”条，第 5112 页。
2《资治通鉴》卷 165，“梁纪二十一”，“承圣三年”条，第 5112—5113 页。
3《北齐书》卷 4《文宣帝纪》，第 58 页。
4《资治通鉴》卷 165，“梁纪二十一”，“承圣三年”条，第 5113 页。
5《北齐书》卷 4《文宣帝纪》，第 58 页。
6《北齐书》卷 4《文宣帝纪》，第 60 页。

骑五千人，一直将柔然追击到怀朔镇。高洋“躬犯矢石”[1]，频繁交战，大破柔然，遂至沃野，俘获了俟利蔼焉力娄阿帝、吐头发郁久闾状延等，以及部众二万余口、牛羊数十万头。俟利郁久闾李家提见大势已去，遂“率部人数百降”[2]。在北征柔然过程中，既彰显了北齐的军威，又显示了高洋勇猛善战的气魄和高超的军事指挥才能。

6. 南征萧梁

在高洋思维中，消灭萧梁是其“天下为一”思想的重要组成部分。高洋称帝后，萧梁政权激烈动荡，内讧迭起，争斗不已，为北齐南征、拓展疆域提供了有利契机。据史书记载，高洋在位初期，“齐人屡侵侯景边地”[3]。北齐大规模南征萧梁主要集中在天保三年（552 年）、天保四年（553 年）、天保五年（554 年）和天保六年（555 年），双方各有胜负。

天保三年（552 年）三月，高洋以司州牧清河王高岳为使持节、南道大都督，司徒潘相乐为使持节、东南道大都督，以及行台辛术“率众南伐”[4]。随后，高洋派潘乐、郭元建率兵围困萧梁的秦郡。北齐军共有七万人，他们“填堑，起土山，穿地道，攻之甚急”。当时总摄梁朝军国大事的陈霸先亲自率领万人四面迎击齐军，“弓弩乱发”，“斩首数百级，齐人收兵而退”。[5] 天保三年的征战，北齐虽有攻取阳平的战绩[6]，但最后却被萧梁“斩首万余级，生擒千余人”[7]，以北齐失败而告终。

天保四年（553 年）九月，高洋又“使郭元建治水军二万余人于合肥，将

1《北史》卷 7《齐本纪中》，第 252 页。
2《北齐书》卷 4《文宣帝纪》，第 60 页。
3《资治通鉴》卷 164，“梁纪二十”，“承圣元年”条，第 5077 页。
4《北齐书》卷 4《文宣帝纪》，第 56 页。
5《陈书》卷 1《高祖本纪上》，第 6 页。
6《资治通鉴》卷 164，“梁纪二十”，“承圣元年”条，第 5084 页。
7《资治通鉴》卷 164，“梁纪二十”，“承圣元年”条，第 5090 页。

袭建康"。随后，又遣将军邢景远、步大汗萨"帅众继之"[1]。梁朝也不示弱，命令王僧辩镇守姑孰，做好各种应战准备。双方相持仅一个月，南豫州刺史侯瑱就与郭元建战于东关，"齐师大败，溺死者万计"[2]。

天保五年（554 年），北齐的南征取得了大捷。这次南征，既是高洋实施"天下为一"目标的战略部署，又是与萧梁争夺江淮的重要手段。天保四年（553 年）十二月，本为北齐宿预人的东方白额投降萧梁，江、淮之民因"苦于齐之虐政，欲相率而归江南"，于是"江西州郡皆起兵应之"，[3]不仅削弱了北齐的实力，而且消减了北齐的士气。这是向来争强好胜的高洋所无法忍受的。更令高洋气愤和忧心的是，已成为梁朝将领的东方白额还"潜至宿预，招诱边民，杀害长吏，淮、泗扰动"[4]。天保五年（554 年）二月，高洋诏令冀州刺史段韶率军出击。但刚到宿预，萧梁几路大军正准备威逼泾州，攻打广陵，谋袭盱眙。当时北齐"三军咸惧"，段韶机智勇敢，亲自带领步骑数千人"倍道赴泾州"。途经盱眙时，率领万余人防守的萧梁将军尹思令万万没有料到北齐大军会突然而至，便"望旗奔北"。段韶接着与梁将严超达激战，"大破之，尽获其舟舰器械"。段韶然后回赴广陵，陈霸先狼狈而逃。段韶"追至杨子栅，望扬州城乃还，大获其军资器物，旋师宿预"。同年六月，段韶派人向东方白额晓以祸福，白额开门请盟。段韶、辛术等人与东方白额举行盟约仪式后，"度白额终不为用，因执而斩之，并其诸弟等并传首京师"。这次军事行动引起了极大震动，由此"江淮帖然，民皆安辑"[5]。段韶因战功卓著被封为平原郡王。

天保六年（555 年），北齐的南征仍以失败而告终。北齐虽已参与萧梁废

1《资治通鉴》卷 165，"梁纪二十一"，"承圣元年"条，第 5105 页。
2《资治通鉴》卷 165，"梁纪二十一"，"承圣元年"条，第 5106 页。
3《资治通鉴》卷 165，"梁纪二十一"，"承圣二年"条，第 5107 页。
4《北齐书》16《段荣子传附段韶》，第 210 页。
5《北齐书》16《段荣子传附段韶》，第 210 页。

立等内部事务[1]，但总想在军事上也占上风。天保六年（555年）十一月，高洋派兵五千人渡过长江，占据姑孰。萧梁则令合州刺史徐度“立栅于冶城”。为了对付萧梁，北齐军“于仓门、水南立二栅，与梁兵相拒”。北齐大都督萧轨则“将兵屯江北”。[2]双方对峙不久，北齐就处于劣势地位。十二月癸丑，梁俘获齐军数百人。随后，梁军“连舟为桥”，集中兵力攻其仓门、水南二栅，“纵火烧栅，齐兵大败，争舟相挤，溺水者以千数，呼声震天地，尽收其船舰”。[3]

天保七年（556年）的建康之战，北齐损失惨重，南下锐气被彻底打消，高洋从此也一蹶不振。天保七年（556年）三月，高洋派遣仪同三司萧轨、库狄伏连、尧难宗、东方老等与任约、徐嗣徽“合兵十万入寇”[4]萧梁。五月辛丑，齐军“跨淮立桥栅渡兵”。不久，齐军自方山进入台城东的倪塘，“建康震骇”[5]，内外戒严。同年六月，北齐军队先潜至钟山，然后到达幕府山，距离建康城只有二十五里。陈霸先指挥梁军“邀击齐人粮运，尽获其船米。齐军乏食，杀马驴食之”。恰巧连日大雨，“平地水丈余，齐军昼夜坐立泥中，足指皆烂，悬鬲以爨”。[6]梁军借此良机，纵兵大战，“齐师大溃，斩获数千人，相蹂践而死者不可胜计”，俘虏了萧轨、东方老、王敬宝等四十六位将帅。北齐“军士得窜至江者，缚荻筏以济，中江而溺，流尸至京口，翳水弥岸”。[7]

南征接连失败，使高洋“天下为一”的理想彻底破灭。高洋从此判若两人。

7. 修筑长城

在高洋的战略思维中，攻与防同等重要。高洋在位时，南面的萧梁、西面

1《资治通鉴》卷166，“梁纪二十二”，“绍泰元年”条，第5127页。
2《资治通鉴》卷165，“梁纪二十一”，“绍泰元年”条，第5136页。
3《资治通鉴》卷165，“梁纪二十一”，“绍泰元年”条，第5138页。
4《资治通鉴》卷166，“梁纪二十二”，“太平元年”条，第5141页。
5《资治通鉴》卷166，“梁纪二十二”，“太平元年”条，第5144页。
6《资治通鉴》卷166，“梁纪二十二”，“太平元年”条，第5145页。
7《资治通鉴》卷166，“梁纪二十二”，“太平元年”条，第5146页。

的西魏和北面的少数民族政权都对北齐造成了极大的军事压力。所以，高洋在北伐时，总会担心萧梁和西魏乘机出兵，在南伐时，总是忧虑北部少数民族的偷袭。因此，高洋始终高度重视防御工作，把修筑长城视为重中之重，亲自实地考察、亲自选人督工、亲自督察工程进展、亲自检查工程质量。高洋在位时，北齐有多次修筑长城之举。

第一次在天保三年（552年）。高洋从晋阳到离石视察时，决定修筑一条自黄栌岭北至社平戍的长城，全长共四百余里，设“置三十六戍”[1]。

第二次在天保五年（554年）决策、天保六年（555年）动工。天保五年（554年）十二月，高洋北巡，抵达速岭，“行视山川险要”[2]，亲自进行实地考察，计划修筑另一段长城。天保六年（555年）六月，高洋下令征发民夫一百八十万人修筑长城，这段长城东起幽州夏口西至恒州，共九百余里。为了保证工期和施工质量，高洋派定州刺史赵郡王高叡“将兵监之”[3]。据史书记载，高洋在“北攘突厥”时，还曾令原镇南将军、尚书吏部郎中、现任都水使者阳斐“监筑长城”[4]。阳斐干得很出色，完工后行南谯州事，并加通直散骑常侍、寿阳道行台左丞，以示嘉勉。

第三次在天保七年（556年），主要是将几段长城连接起来，完成了自西河总秦戍东达渤海的长城。在高洋之前，东魏和北魏等政权已修筑过长城，天保七年（556年）高洋将其本人和他人修筑的长城连接起来，“东西凡三千余里，率十里一戍，其要害置州镇，凡二十五所”[5]，形成了比较完整的防御体系。

第四次在天保八年（557年），主要是在原长城南面修筑的第二道长墙即

1《资治通鉴》卷165，“梁纪二十一”，“承圣元年”条，第5093页。
2《资治通鉴》卷165，“梁纪二十一”，“承圣三年”条，第5122页。
3《资治通鉴》卷166，“梁纪二十二”，“绍泰元年”条，第5130页。
4《北齐书》卷42《阳斐传》，第554页。
5《北齐书》卷4《文宣帝纪》，第63页。

“重城”。高洋可能意识到，在西起库洛拔东至坞纥戍“凡四百余里”[1]的地带，是柔然和突厥等北方少数民族比较活跃的区域，需要进一步加强防御工事。因此，又修筑了总长四百余里的内长城，重点防御北方游牧民族。

高洋非常重视长城的实际作用。第一次修筑长城不久，高洋对长城的作用如何，心里并没有底。高洋因突厥比较强盛，担心突厥侵扰边境，于是诏令跟随他南征北战的领左右大将军兼七兵尚书元景安与诸军“缘塞以备守”。当时“督领既多”，而且“所部军人富于财物，遂贿货公行”。高洋听说后，派遣使者前去调查，结果个个接受贿赂、贪赃枉法，只有元景安“纤毫无犯”。[2]高洋感慨不已，命令有关部门把没收他人的五百匹绢赐给元景安，以彰显他的清正廉洁的操守。

总体来看，高洋所修长城基本构建起以长城为线、沿线要害处设置州镇戍防御机构为点的防御体系，对抵御北方游牧民族起到了重要作用。天保六年(555年)，高洋命令高叡“领山东兵数万监筑长城”。高叡非常勤勉，能吃苦耐劳，时值盛夏六月，途中虽汗流浃背，但他仍“屏除盖扇，亲与军人同其劳苦”。[3]天保八年(557年)，高洋虽把高叡征召到邺城，但仍让他任北朔州刺史，“都督北燕、北蔚、北恒三州，及库推以西，黄河以东，长城诸镇诸军事”。高叡不负重托，尽心尽力。他“慰抚新迁，量置烽戍，内防外御，备有条法，大为兵民所安”。[4]

（三）内胡外儒的鲜明特征

从血统来看，高洋是个混血儿。其父高欢虽是汉族，但已经胡化，其母娄

1《北齐书》卷4《文宣帝纪》，第64页。
2《北齐书》卷41《元景安传》，第543页。
3《北齐书》卷13《赵郡王琛传附子叡传》，第171页。
4《北齐书》卷13《赵郡王琛传附子叡传》，第171页。

昭君是地道的鲜卑人，所以，高洋是胡化与胡人结合的产物，身上具有胡汉两种血统和文化基因。从高洋的一系列言行来看，他的民族关系思想具有内胡外儒的鲜明特色，与他“外柔内刚”[1]的性格非常吻合。

先看内胡。

此处所说的“胡”泛指北方少数民族。高洋是个胡化的人物，身上虽流着汉族血液，但其思想深处主要浸润着少数民族的思想文化。无论服饰还是做派，高洋与胡人无异。他“或散发胡服，杂衣锦彩；或袒露形体，涂傅粉黛；或乘驴、牛、橐驼、白象，不施鞍勒；或令崔季舒、刘桃枝负之而行，担胡鼓拍之”[2]。高洋时期的政治、军事、民族关系等许多方面，都体现着重视胡人的倾向。

从登基封赏来看，高洋首先考虑鲜卑贵族和鲜卑化官员。天保元年（550年）六月，高洋一次性封王多达三十人，其中宗室封王者十人（封高岳为清河王、高隆之为平原王、高归彦为平秦王、高思宗为上洛王、高长弼为广武王、高普为武兴王、高子瑗为平昌王、高显国为襄乐王、高叡为赵郡王、高孝绪为循城王），功臣封王者七人（封厍狄干为章武王、斛律金为咸阳王、贺拔仁为安定王、韩轨为安德王、可朱浑道元为扶风王、彭乐为陈留王、潘相乐为河东王），封其诸弟为王者十三人（封高浚为永安王、高淹为平阳王、高澈为彭城王、高演为常山王、高涣为上党王、高淯为襄城王、高湛为长广王、高湝为任城王、高湜为高阳王、高济为博陵王、高凝为新平王、高润为冯翊王、高洽为汉阳王）[3]。在这三十人中，绝大多数是鲜卑贵族和鲜卑化官员。在官员晋升时，“百官进两大阶。六州缘边职人三大阶”[4]，也是首先考虑鲜卑贵族利益，六镇鲜卑进阶最多，最占便宜。

1《北齐书》卷 4《文宣帝纪》，第 67 页。

2《资治通鉴》卷 166，“梁纪二十二”，“太平元年”条，第 5147 页。

3《北齐书》卷 4《文宣帝纪》，第 52 页。

4《北史》卷 7《齐本纪中》，第 245 页。

从对待太子高殷的态度来看，高洋内心更倾向于胡。高洋的长子高殷于天保元年（550 年）被立为皇太子。高殷“性敏慧”，受汉族文化影响较深，在许多方面很像他的母亲李皇后，而李皇后是汉族人。高洋对此总觉得不自在，“每言太子得汉家性质，不似我，欲废之，立太原王”[1]。

从军事建制来看，高洋更加重用鲜卑族官兵。他即位不久，就精心挑选和训练鲜卑人，组织“宿卫军”，号称“百保鲜卑”，他的卫士全用鲜卑人。高洋挑选卫士标准极高，“每一人必当百人，任其临陈必死，然后取之”[2]。高洋挑选的汉人“勇士”，虽然“勇力绝伦”，但只能补充戍边队伍，“以备边要”[3]。

从对待汉人的态度来看，高洋始终存有戒备心理。总体来看，高洋相信鲜卑人，不太信任汉族人。汉族人杜弼在高洋即位后被提拔为骠骑将军、卫尉卿，并被封为长安县伯。杜弼儒雅宽恕，清正廉洁，“为吏民所怀”。高洋曾经问他：“治国当用何人？”杜弼不假思索就回答说：“鲜卑车马客，会须用中国人”[4]。高洋听了很生气，怀疑杜弼是在讥笑他，遂对杜弼怀恨在心。天保十年（571 年），高洋在喝酒时想起这件事，便派人杀害了杜弼。与高洋同为渤海蓨（今河北景县）人的尚书右仆射高德政虽“屡进忠言”，“纲纪政事，多有弘益”，但因他曾经说过“宜用汉，除鲜卑”[5]的话，高洋就在大臣们面前说：“高德政常言宜用汉，除鲜卑，此即合死。又教我诛诸元，我今杀之，为诸元报仇也”[6]。高洋先杀害高德政的妻子和儿子，然后杀了高德政。巨鹿下曲阳人魏恺在天保中期曾出使南陈王朝，后被任命为青州长史，但魏恺坚决不干，一再辞职。高洋听说之后勃然大怒，气愤地说：“何物汉子，我与官，不肯就！明

1《北齐书》卷 5《废帝纪》，第 73 页。
2《资治通鉴》卷 163，“梁纪十九”，“大宝元年”条，第 5051 页。
3《隋书》卷 24《食货志》，第 676 页。
4《北齐书》卷 24《杜弼传》，第 353 页。
5《北齐书》卷 30《高德政传》，第 410 页。
6《北齐书》卷 30《高德政传》，第 410 页。

日将过，我自共语。”高洋见到魏恺后，威胁他说，要么处死，要么去当长史，这两样任你选一样。魏恺“情貌坦然”，回答说：“能杀臣者是陛下，不受长史者是愚臣，伏听明诏。”高洋气得暴跳如雷，对杨愔说：“何虑无人作官职，苦用此汉何为，放其还家，永不收采。”魏恺由此“积年沉废”。[1]

从恢复鲜卑旧姓来看，高洋总想否定孝文帝汉化政策的某些成果。北魏孝文帝亲政后，实施全面汉化政策，其中改姓是其汉化政策最为显著的改革成果。太和二十年（496年），孝文帝颁布诏书，宣布改姓：“北人谓土为拓，后为跋。魏之先出于黄帝，以土德王，故为拓跋氏。夫土者，黄中之色，万物之元也；宜改姓元氏。诸功臣旧族自代来者，姓或重复，皆改之。”[2]到北魏末期，只有个别人恢复旧姓。到高洋晚年，即天保十年（559年）八月，高洋诏令“诸军民或有父祖改姓冒入元氏，或假托携认，妄称姓元者，不问世数远近，悉听改复本姓”[3]。高洋的这一做法，彻底否定了孝文帝汉化政策在这方面的成果，突出了高洋的胡化倾向。

再看外儒。

高洋虽是混血儿且已胡化，但他对儒学经典、儒家思想和儒生非常重视，不仅积极倡导儒学教育，而且还经常督促其子弟学习儒家文化。

一是尊崇孔子，“敦述儒风”[4]。天保元年（550年）六月，高洋下令“改封崇圣侯孔长为恭圣侯，邑一百户，以奉孔子祀”，并要求鲁郡“以时修葺庙宇”，[5]充分体现对孔子的褒奖和崇敬之意。同时又诏令全国“反朴还淳”[6]，大力倡导节俭风气，这与儒家思想是完全相通的。

1《北齐书》卷23《魏兰根传附明朗传》，第332页。
2《资治通鉴》卷140，“齐纪六”，“建武三年”条，第4393页。
3《北齐书》卷4《文宣帝纪》，第66—67页。
4《北齐书》卷4《文宣帝纪》，第53页。
5《北史》卷7《齐本纪中》，第245页。
6《北齐书》卷4《文宣帝纪》，第51页。

二是倡导儒学教育。为了普及儒家思想，高洋非常重视并积极推动儒学教育。高洋在建立北齐的当年（550 年），就下令在“郡国修立黉序，广延髦俊，敦述儒风”。高洋要求，不仅京师要有太学，设置国学博士；诸郡也要设立学校，“置博士助教授经”。[1] 针对以往“学生俱差逼充员”、品行不端、学习兴趣不高和动力不足等弊端，高洋提出了“诸郡俱得察孝廉”[2] 和“国子学生亦仰依旧铨补，服膺师说，研习《礼经》”[3] 的明确要求，采取了“其博士、助教及游学之徒通经者，推择充举。射策十条，通八以上，听九品出身，其尤异者亦蒙抽擢”[4] 等一系列激励措施，使北齐很快恢复了遭受北魏末年战乱之害的儒学教育，使《诗》《礼》《春秋》等儒家经典“尤为当时所尚，诸生多兼通之”[5]。

三是以儒家经典教育子弟。高洋非常重视子弟的学习教育，而且规定主要学习儒家经典。据《北齐书·儒林传》记载，高洋在天保年间“引进名儒，授皇太子诸王经术”。高洋即位后，就把精通《三礼》和《左氏春秋》、“有儒者之风”的邢峙“授四门博士，迁国子助教，以经入授皇太子”[6]。高洋还经常督促检查其子弟的学习情况。天保七年（556 年）冬，高洋召集朝臣文学者及礼学官到东宫参加宴会，要求他们与太子“以经义相质”，高洋亲自去认真听讲。天保九年(558 年)，高洋在晋阳召集“诸儒讲《孝经》”[7]，以示对儒学教育的重视。

四是重视儒家经典的校刊工作。高洋的兄长高澄执政时，曾把蔡邕石经五十二枚从洛阳运送到邺，高洋认为应当充分利用这些石经，使其发挥作用，遂于天保元年(550 年）八月将其“移置学馆，依次修立”[8]。天保七年(556 年)，

1《北齐书》卷 44《儒林传序》，第 583 页。
2《北齐书》卷 44《儒林传序》，第 583 页。
3《北齐书》卷 4《文宣帝纪》，第 53 页。
4《北齐书》卷 44《儒林传序》，第 583 页。
5《北齐书》卷 44《儒林传序》，第 583 页。
6《北齐书》卷 44《儒林·邢峙传》，第 588 页。
7《北齐书》卷 4《废帝纪》，第 73 页。
8《北齐书》卷 4《文宣帝纪》，第 53 页。

高洋“诏令校定群书，供皇太子”使用。高洋让樊逊与冀州秀才高乾和，瀛州秀才马敬德、许散愁、韩同宝，洛州秀才傅怀德，怀州秀才古道子，广平郡孝廉李汉子，渤海郡孝廉鲍长暄，阳平郡孝廉景孙，前梁州府主簿王九元、前开府水曹参军周子深等十一人“同被尚书召共刊定”。这些人非常勤勉和敬业，“凡所得别本三千余卷，《五经》诸史殆无遗阙”[1]。

五是尊重儒生。高洋和其父亲高欢一样，也非常敬重儒生，对儒生给予很高礼遇。如太学博士李铉（字宝鼎）以熟悉儒家经典而闻名，在乡里授课时，“生徒恒数百人”，高洋长子高殷在东宫时，高洋诏令李铉“以经入授，甚见优礼”[2]。国子助教邢峙不仅学问高深，从小就精通《三礼》《左氏春秋》，而且为人“方正纯厚”。在教授皇太子时，发现厨师送给太子的食物中，有一道菜名叫“邪蒿”，邢峙喝令厨师撤掉，并告诉厨师说：“此菜有不正之名，非殿下宜食。”高洋听说后，对他大加赞扬，“赐以被褥缣纩，拜国子博士”。[3]

六是立汉族李祖娥为皇后。高洋先娶赵郡李希宗之女李祖娥为妻，又纳段韶之妹。李祖娥不仅“容德甚美”，而且还为高洋生了高殷及高绍德二个儿子。高洋即位后，准备确定皇后人选。当时大臣中有两种意见，高隆之和高德政“欲结勋贵之援”，公开宣称：“汉妇人不可为天下母，宜更择美配。”主张立段韶之妹为皇后。而杨愔坚决反对，主张依照“汉、魏故事，不改元妃”。[4] 双方都坚持自己的主张，没有丝毫妥协之意。最后，高洋决定立李氏为皇后，以段氏为昭仪，将李氏之子高殷立为皇太子。高洋喜欢“捶挞嫔御，乃至有杀戮者”[5]，唯独对李皇后始终非常尊重。天保十年（571 年），高洋将李皇后改称为

1《北史》卷 83《文苑・樊逊传》，第 2789—2790 页。
2《北史》卷 81《儒林传上・李铉传》，第 2726—2727 页。
3《北史》卷 81《儒林传上・邢峙传》，第 2729 页。
4《北齐书》卷 9《文宣李后传》，第 125 页。
5《北齐书》卷 9《文宣李后传》，第 125 页。

可贺敦皇后。为了平衡关系，高洋对段昭仪“礼遇殆同正嫡”[1]，以减轻来自鲜卑和鲜卑化贵族的压力。

（四）多重矛盾的挤压

对高洋的评价，历来褒贬不一，当时北齐百姓将其称为“颠颠痴痴”的疯子和“甚于桀纣”[2]的暴君，而突厥他钵可汗则将其誉为“英雄天子”[3]。到了唐朝，政治家和史学家普遍对其进行一分为二的评价，既肯定其功，也否定其过。李百药在《北齐书》中既对高洋前期的为人处事、执政能力、执政风格及政绩予以充分肯定，称赞其“志识沉敏”“果敢能断”“理剧处繁，终日不倦”“以法驭下，公道为先”，“有人君大略”，赞扬其“存心政事，风化肃然，数年之间，翕期斯治”及“始存政术，闻斯德音”，又对其后期的荒淫和残暴予以无情揭露和鞭挞，称他“穷理残虐，尽性荒淫”，“纵酒肆欲，事极猖狂，昏邪残暴，近世未有”。[4]李延寿在《北史》中对高洋评价也一分为二。魏徵在《隋书》中既肯定高洋“多所创革”，又批评其“刑罚酷滥”“百姓惊扰”[5]的弊政。北宋政治家和史学家司马光对高洋作了比较公允的评价：“齐显祖之初立也，留心政术，务存简靖，坦于任使，人得尽力。又能以法驭下，或有违犯，不容勋戚，内外莫不肃然。至于军国机策，独决怀抱；每临行陈，亲当矢石，所向有功。数年之后，渐以功业自矜，遂嗜酒淫泆，肆行狂暴”[6]。当代史学家吕思勉对高洋基本持否定态度，在其《两晋南北朝史》中专列“文

1《北史》卷14《后妃传下》，第521页。
2《北史》卷7《齐本纪中》，第260、262页。
3《北齐书》卷12《文宣四王·范阳王高绍义传》，第157页。
4《北齐书》卷4《文宣帝纪》，第67—69页。
5《隋书》卷24《食货志》，第676页。
6《资治通鉴》卷166，“梁纪二十二”，“太平元年”条，第5147页。

宣淫暴”一节，称“北齐乱君，实以文宣为首”，“北齐之事，始坏于文宣，而大坏于武成”。[1] 近三十年来，学界对高洋的评价越来越高，出现了以肯定为主的趋势，如周士龙认为，“总的来看，高洋是一位有作为有贡献的少数民族皇帝，应当给予恰如其分的历史评价”[2]。李文才认为，“高洋不失为一个有作为的封建帝王，他在政治、军事等方面都表现出相当高的才能”[3]。赵智滨认为，高洋“是一位杰出的军事家”[4]。从史书所载高洋言行尤其是他的“天下为一”思想及实践来看，我们认为，高洋是个有理想抱负、有理政能力的帝王，他的政治智慧、改革精神、使命担当及判断能力、指挥能力、推动能力，在东魏北齐属于佼佼者，他的军事才能在整个北朝都属于佼佼者，对其执政前期的诸多做法，应予充分肯定，但对其后期的荒淫残暴等所作所为，无论其背景如何、动机如何，都应予以无情鞭挞和彻底否定，并不能因其有病而同情和原谅他。

《北齐书》、《北史》和《资治通鉴》等都记载了高洋许多“留情耽湎，肆行淫暴”[5]的恶行及荒唐之举。高洋时常裸露身体，在大街上晃荡。有时骑在马背上到处散发钱物，看到人们疯狂抢夺，觉得很好玩。有时招纳一大批妇女进宫，供他的亲信玩弄。高洋“朝夕临视，以为娱乐”[6]。高洋极其残暴，视杀人为儿戏，“凡诸杀害，多令支解，或焚之于火，或投之于河”[7]。高洋到李皇后娘家，用鸣镝射其岳母崔氏，射中其脸颊，并用马鞭抽打一百余次。高洋对大司农穆子容不满，“使之脱衣而伏，亲射之，不中，以橛贯其下窍，入肠”。高洋曾到已故仆射崔暹家中，问崔暹妻子李氏：“颇忆暹不?”李氏回答说：“结发义

---

1 吕思勉：《两晋南北朝史》（中），华中科技大学出版社，2017，第581、590页。

2 周士龙：《高洋述论》，《天津师大学报（社会科学版）》1989年第5期。

3 李文才：《试论北齐文宣帝高洋之政治措置》，《贵州社会科学》2008年第2期。

4 赵智滨：《百济北伐高句丽与北齐文宣帝营州之行》，《地域文化研究》2018年第2期。

5《北齐书》卷4《文宣帝纪》，第69页。

6《北齐书》卷4《文宣帝纪》，第68页。

7《北史》卷7《齐本纪中》，第260页。

深，实怀追忆。”[1] 高洋恶狠狠地说：“若忆时，自往看也。”亲手杀了崔氏，将其头颅扔到墙外。高洋曾问一位妇女：“天子何如?”这位妇女回答说：“颠颠痴痴，何成天子。”[2] 高洋一气之下把她杀了。高洋还不顾国力，“多所营缮，百役繁兴，举国骚扰，公私劳弊。凡诸赏赉，无复节限，府藏之积，遂至空虚”[3]。

高洋为何会在后期如此荒淫残暴？其弟简平王高浚（高欢第三子）认为是“因酒败德”[4]。吕思勉认为，“非徒本性，实亦疾病使然”[5]。黄永年认为，高洋杀其亲信高德政和杜弼是精神失常所致[6]。日本学者谷川道雄认为，“直接起因于文宣帝的自尊心受到伤害”，但与北齐朝廷中的政治斗争也是分不开的[7]。李文才认为，“高洋的许多荒唐行为，都是在他精神不清醒的状态下做出的，而且基本局限于个人生活等所谓‘私德’方面”[8]。韦琦辉认为，“北齐的两大主要势力北镇勋贵与汉人势力高洋都不能完全信任，高洋对这种情况却无可奈何，极度压抑。这正是他末年昏狂的根本原因”[9]。刘伟航、刘玉山认为，“高洋因家族笼罩在权术的氛围下，更由于自小受兄长高澄的打压等原因，故意压抑自己不羁、豪放的性格以至形成其内敛、隐忍的个性，形成严重的自卑感与性格压抑，当其掌权而不受约束之后自然而然产生反弹或者说是性格的复归。当然这种‘复归’是带有报复因素的，这应视为其后期表现的内在原因”[10]。

以上这些观点虽有一定道理，但未必全面。综合各种史料分析，高洋的荒淫残暴与其患病有很大关系。根据史书记载，后期的高洋完全变态，属于精神

1《北史》卷 7《齐本纪中》，第 261 页。
2《北史》卷 7《齐本纪中》，第 260 页。
3《北齐书》卷 4《文宣帝纪》，第 68 页。
4《北齐书》卷 10《高祖十一王列传》，第 132 页。
5 吕思勉：《两晋南北朝史》（中），华中科技大学出版社，2017，第 582 页。
6 黄永年：《六至九世纪中国政治史》，上海书店出版社，2004，第 14 页。
7［日］谷川道雄：《隋唐帝国形成史论》，李济沧译，上海古籍出版社，2004，第 206 页。
8 李文才：《试论北齐文宣帝高洋之政治措置》，《贵州社会科学》2008 年第 2 期。
9 韦琦辉：《北齐文宣帝晚年昏暴原因之考查》，《求索》2011 年第 4 期。
10 刘伟航、刘玉山：《北齐文宣帝高洋在位前后期表现迥异新论》，《求索》2006 年第 11 期。

病患者。那么，高洋的病因是什么呢？从各方面判断，其病是各种矛盾挤压的结果，而“天下为一”的理想目标与“关陇未平”“三方鼎峙，诸夷未宾”的残酷现实之间的巨大差距，是压垮高洋的最后一根稻草，促使他精神彻底崩溃，遂有许多荒唐之举。

那么，高洋时期有哪些矛盾呢？北齐当时各种矛盾很多，其中最为突出的对高洋影响最大的有如下一些矛盾。

一是父母期许巨大反差的矛盾。高洋是高欢和娄昭君的儿子。在他们的几个儿子当中，高欢比较看好高洋。为了测试几个儿子的智商和处理复杂问题的能力，高欢曾让他们“各使治乱丝”，高洋很干脆，“独抽刀斩之”，然后轻松地对大家说：“乱者须斩。”[1] 高欢又“各配兵四出”，并派彭乐率甲骑假装攻打他们。高欢长子高澄等人都“怖挠”，而高洋“勒众与彭乐相格”，彭乐告诉他实情之后，他“犹禽之以献”。高欢对他的机智勇敢赞佩不已，在长史薛琡面前夸赞高洋，“此儿意识过吾”[2]，对他更加另眼相看。而娄昭君始终没有看好高洋，关键时刻还给他泼冷水。高洋在准备逼迫东魏孝静帝禅位、自己登基称帝之前，曾向娄昭君当面征求过意见，但娄昭君坚决反对，其理由是：“汝父如龙，兄如虎，犹以天位不可妄据，终身北面，汝独何人，欲行舜、禹之事乎！”高洋决心已定，与诸勋贵来到娄昭君面前商量此事，娄昭君继续反对说：“吾儿懦直，必无此心，高德政乐祸，教之耳。”[3] 高洋精心准备，很快完成登基大业，建立了北齐。高欢和娄昭君对高洋期许巨大反差的矛盾，对其造成了一定的心理压力。

二是内心与外表不一的矛盾。高洋是个很有智慧和抱负的政治家，但一直不被其母亲及兄弟看好，且在其兄高澄继位后“以次长见猜嫌”[4]。深知政治斗

1《北齐书》卷 4《文宣帝纪》，第 43 页。
2《北史》卷 7《齐本纪中》，第 244 页。
3《资治通鉴》卷 163，“梁纪十九”，“大宝元年”条，第 5042 页。
4《北史》卷 7《齐本纪中》，第 257 页。

争残酷性的高洋，为了实现远大抱负，遂采取各种方式进行自我保护，其中比较突出的就是“善自晦迹，言不出口，恒自贬退，言咸顺从”[1]，尽力压抑自己的个性，伪装成与世无争的样子，给人造成了软弱无能的表象。史书中就留下了一些关于高洋内外矛盾的记载：“内虽明敏，貌若不足”[2]。高欢去世时，高洋“虽内婴巨痛，外若平常”[3]。高洋自我压抑已很痛苦，其兄弟及重臣信以为真对其百般嘲笑、戏弄和蔑视，使其更加苦恼。其兄文襄帝高澄就曾嗤笑他说，“此人亦得富贵，相法亦何由可解”[4]。其弟高浚向来看不起高洋，认为他“不甚了了”[5]，干不成大事。一些“老臣宿将”也被高洋的伪装蒙蔽了双眼，误以为高洋是无能之辈，对他非常轻视。大臣高隆之比较典型，在高洋登基之前，高隆之“意常侮帝（高洋）。帝将受魏禅，大臣咸言未可，隆之又在其中。帝深衔之。因此，遂大发怒”[6]。对于兄弟及大臣的蔑视，开始高洋会全部忍受，但一旦掌握大权、地位巩固下来，就会肆无忌惮地予以报复。如高洋对高隆之一直怀恨在心，在他死后，高洋仍“追忿隆之，执其子慧登等二十人于前，帝以鞭叩鞍，一时头绝，并投尸漳水；又发隆之冢，出其尸，斩截骸骨焚之，弃于漳水”[7]。永安简平王高浚下场更惨，被高洋放在铁笼之中，与上党王高涣一起被置于“北城地牢下，饮食溲秽共在一所”。后来，高洋又使壮士刘桃枝“就笼乱刺。槊每下，浚、涣辄以手拉折之，号哭呼天。于是薪火乱投，烧杀之，填以石土，后出，皮发皆尽，尸色如炭，天下为之痛心”[8]。高洋对其兄高澄的报复，也毫不留情。他在强奸高澄夫人文襄皇后时，就公开说：“吾兄昔奸我

1《北史》卷 7《齐本纪中》，第 257 页。
2《北史》卷 7《齐本纪中》，第 243 页。
3《北史》卷 7《齐本纪中》，第 244 页。
4《北史》卷 7《齐本纪中》，第 243 页。
5《北齐书》卷 10《高祖十一王列传》，第 132 页。
6《北齐书》卷 18《高隆之传》，第 237 页。
7《资治通鉴》卷 165，“梁纪二十一”，“承圣三年”条，第 5118 页。
8《北齐书》卷 10《高祖十一王列传》，第 132—133 页。

妇，我今须报。”还要求“高氏女妇无亲疏，皆使左右乱交之于前”[1]。高洋曾对彭城王高澈的母亲尔朱氏说：“忆汝辱我母婿时，向何由可耐。”[2]遂亲手将其杀害。由此可见高洋报复之心有多么强烈。

三是敢作敢为与时常悔恨的矛盾。高洋是个多面人物，一方面，史书称他是个敢作敢为的硬汉，遇事“果敢能断”[3]，对“军国机策，独决怀抱”[4]，战场上更是勇往直前，视死如归。另一方面，高洋又是一个懦弱之辈，史书形象地称他“性雌懦”[5]，经常对自己的言行后悔不已。如他把床掀翻致使其母“颇有伤损”，后又“大怀惭恨”，自我惩罚，“衣冠拜谢，悲不自胜”。[6]高洋对胶州刺史杜弼心存芥蒂，后“因饮酒，积其愆失”，派人到胶州杀杜弼，“既而悔之，驿追不及”。[7]高洋借故杀了高德正，但很快又“后悔，赠太保、冀州刺史，谥曰康”[8]。由此可见，高洋始终处于既干事又悔恨的矛盾之中。

四是胡汉之间的矛盾。在整个东魏北齐，胡汉之间一直存在矛盾，且始终处于此消彼长的状态。高欢虽善于调和矛盾，但并没有从根本上解决问题。高洋执政后，胡汉之间的矛盾依然比较突出，高隆之、高德政和杨愔等人在天保元年（550年）围绕立谁为皇后的斗争，崔暹和崔季舒被“各鞭二百，徙北边”[9]及“谮毁之者犹不息”[10]，都足以反映胡汉之争的激烈程度。高洋虽看重胡人的淳朴和善战，但又苦于他们文化水平太低，有的甚至连自己的名字都不会写，有些“战功诸将，出牧外藩，不识治体，无闻政术”[11]，管理能力很差，不利于北

1《北齐书》卷9《文襄元后传》，第124页。
2《北史》卷7《齐本纪中》，第261页。
3《北齐书》卷4《文宣帝纪》，第67页。
4《资治通鉴》卷166，“梁纪二十二”，“太平元年”条，第5147页。
5《北齐书》卷10《高祖十一王列传·永安简平王高浚传》，第132页。
6《北史》卷7《齐本纪中》，第260页。
7《资治通鉴》卷157，“梁纪十三”，“永定三年”条，第5184页。
8《北史》卷31《高允传附高德正传》，第1139页。
9《北齐书》卷39《崔季舒传》，第512页。
10《北齐书》卷30《崔暹传》，第406页。
11《北齐书》卷46《循吏传》，第637页。

齐政权的有效统治，需要有文化会理政的汉族人来弥补这一不足。高洋虽在很多方面依靠汉人，但又担心出现以汉代胡的局面，他对杀害高德政原因所做的解释，就是“高德政常言宜用汉，除鲜卑，此即合死”[1]。高洋既用汉人，又对汉人干预他的生活非常反感，如他一方面称赞崔暹的才能“天下无双”，又对崔暹说他“饮酒过多”表示不满，“然我饮何所妨?”[2] 高洋对杨愔的态度，更能说明问题。杨愔是东魏北齐“为朝野所称”的政治家，“及居端揆，权综机衡，千端万绪，神无滞用”，把北齐政务处理得井然有条。史书称赞他“自天保五年已后，一人丧德，维持匡救，实有赖焉”[3]，“故时人皆言主昏于上，政清于下”[4]。尽管如此，高洋“虽以杨愔为宰辅，使进厕筹。以其体肥，呼为杨大肚，马鞭鞭其背，流血浃袍。以刀子剺其腹……又置愔于棺中，载以輀车，几下钉者数四”[5]。这种既利用又防范、用而不信的矛盾，加剧了高洋的心理负担。

五是理想目标与残酷现实的矛盾。高洋在位时，北齐北与契丹、突厥、柔然等为邻，西与西魏北周为敌，南与萧梁对峙。高洋的理想目标是“天下为一”，从天保三年（552 年）到天保六年（555 年），高洋在北线接连对库莫奚、山胡、契丹、突厥及柔然用兵，取得了“远近山胡莫不慑服”[6]、俘获契丹“十万余口、杂畜数十万头”[7]、“亲追突厥于朔州，突厥请降，许之而还。于是贡献相继”[8] 及俘获柔然“俟利蔼焉力娄阿帝、吐头发郁久闾状延等，并口二万余，牛羊数十万头。茹茹俟利郁久闾李家提率部人数百降”[9] 等一系列辉煌战绩。在南线，北齐与萧梁互有胜负。但在西线，直到天保六年（555 年），高洋还没有

1《北齐书》卷 30《高德政传》，第 410 页。
2《北齐书》卷 30《崔暹传》，第 406 页。
3《北齐书》卷 34《杨愔传》，第 457 页。
4《资治通鉴》卷 166，“梁纪二十二”，“太平元年”条，第 5150 页。
5《北史》卷 7《齐本纪中》，第 261 页。
6《北齐书》卷 4《文宣帝纪》，第 58 页。
7《北齐书》卷 4《文宣帝纪》，第 57 页。
8《北齐书》卷 4《文宣帝纪》，第 58 页。
9《北齐书》卷 4《文宣帝纪》，第 60 页。

向西魏大规模用兵，这使他非常焦虑和苦闷。高洋曾在多种场合公开流露出这种情绪，一是在和大臣游宴东山时，“以关陇未平，投杯震怒”，准备向西魏用兵，“然实未行”。二是曾经“泣谓群臣曰：‘黑獭不受我命，奈何？’”[1] 作为皇帝，若不是极度焦虑无论如何也不会在大臣面前哭诉。总之，“天下为一”的理想目标与“关陇未平”“三方鼎峙，诸夷未宾”[2]的残酷现实，使高洋极度苦闷，成为压垮他的最后一根稻草，促使他精神彻底崩溃。

从以上所述可以看出，高洋始终处于矛盾状态，各种矛盾的挤压，使其成为精神病患者，遂做出了各种荒唐事情。

1《资治通鉴》卷 166，“梁纪二十二”，“太平元年”条，第 5149 页。

2《北齐书》卷 4《文宣帝纪》，第 67 页。

七、乾明政变与胡汉之争

乾明政变是北齐废帝高殷执政时发生的一次宫廷政变，结果是高殷被废，部分大臣被杀，高演承袭皇位。文宣帝高洋对高殷缺乏信心及不当言行，为乾明政变埋下了祸根。高洋去世后，高殷身边的辅政大臣和常山王高演等积怨甚深，展开了激烈斗争。高殷和辅政大臣对高演等人的猜忌和剥夺娄昭君实权，促使他们加快了政变步伐。表面来看，发动政变的是高演和高湛兄弟，但他们的生母娄昭君则是政变的策划者、主导者和支持者。乾明政变虽是争夺皇权的政治斗争，但因两个阵营的胡汉特色比较鲜明，胡汉因素较多，因此，也应将这场斗争视为胡汉之争。政治斗争主要是权力之争、利益之争，胡汉之争主要是民族较量和文化之争。乾明政变使北齐上层权力结构发生了巨大变化，由高殷时期以杨愔等汉族官僚为主体转变为高演时期以胡化的皇室和少数民族官僚为主体。

乾明政变是中国古代历史上的一次重大政治事件，对北朝民族关系走向和政治格局都产生了重大影响。但迄今为止，学界尚无专文对这场政变进行系统探讨，只有罗新本在评价娄昭君的文章中兼论乾明政变。[1] 这里拟对乾明政变的背景、祸根、主角、性质及影响等问题做一初步梳理，以期深化对北朝民族关系和政治史的认识。

1 罗新本：《娄昭君平议——兼论北齐乾明政变》，《天府新论》1997 年第 5 期。

（一）高洋不当言行埋下了祸根

按正常逻辑思维和政治传统，北齐开国皇帝高洋选择高殷做接班人是非常正常的事情。高殷字正道，小名道人，其母是昭信皇后李祖娥。高殷作为高洋的长子，又“聪慧夙成，宽厚仁智”[1]，顺理成章地在天保元年（550 年）高洋称帝时被立为皇太子，成为高洋的法定接班人。在国子博士李宝鼎和邢峙的精心辅导和教育下，高殷博涉群书，“省览时政，甚有美名”[2]。高殷比较注重个人素质能力的提升。天保九年（558 年），高洋出行晋阳，高殷监国，召集儒生讲授《孝经》，表明了他的思想倾向。天保十年（559 年），高洋去世，高殷继位，改元乾明。乾明元年（560 年），皇叔常山王高演、长广王高湛发动政变，高殷被废为济南王，当天就移居别宫。皇建二年（561 年），高殷为高演所杀，时年只有十七岁。

高殷的结局似乎早在高洋的预料之中。高洋根据自己对高殷性格、素质和能力的了解以及自己的价值判断，一直不太看好高殷，对他能否接好班始终犹豫不决，对他的未来深表忧虑。这种态度，实际上起到了鼓励高演觊觎高殷之位的作用，为乾明政变埋下了祸根。

高洋虽在确定接班人问题上确实动过不少脑筋，但一直犹豫不决，这主要体现在如下四个方面。

一是高洋认为高殷“得汉家性质，不似我，欲废之”[3]，想改立太原王。高洋一度从血统和文化方面考虑过废掉高殷，给人提供了高殷不是理想人选的口实。

1《北史》卷 7《齐本纪中》，第 266 页。
2《北齐书》卷 5《废帝纪》，第 73 页。
3《北齐书》卷 5《废帝纪》，第 73 页。

二是高殷具有“气悸语吃，精神时复昏扰”[1]等先天缺陷，使其执政能力受到质疑。高殷的这一毛病与高洋的野蛮教育密切相关。高洋为了锤炼高殷的血性及果敢作风，曾在金凤台上让高殷亲手杀死囚犯。高殷心善，面露难色，几次都没有把头砍下来。高洋十分恼怒，以马鞭抽打高殷，高殷因此致病。

三是高洋多次流露出传位给常山王高演的想法，在上层造成了一定的思想混乱。高洋向来不喜欢高殷的懦弱性格，多次在酒宴上放风说：“太子性懦，社稷事重，终当传位常山。”尤其是喝醉之后，高洋更是“每言传位常山”[2]。高洋的这些言行，会产生非常严重的恶果，一方面会“令臣下疑贰”，另一方面又会“使国家不安”。太子少傅魏收就明确指出，“太子，国之根本，不可动摇”[3]，绝不能轻易更换。如果把“传位常山”的话经常挂在嘴上，其后果不堪设想。尽管高洋在魏收和杨愔的劝谏下打消了废掉高殷的念头，但他的言行无疑会滋长或鼓励高演觊觎高殷的位子。

四是高洋早已料到高殷的皇位会被他人篡夺，但没有采取防范措施。高洋曾对他的皇后李祖娥说：“人生有死，何得致惜，但怜正道（即高殷）尚幼，人将夺之耳。”高洋“及期而崩，济南（即高殷）竟不终位，时以为知命”。[4]其实，高洋早已料到将来篡权夺位的一定是高演。《北齐书·废帝纪》载：“初，文宣命邢劭制帝名殷字正道，帝从而尤之曰：‘殷家弟及，‘正’字一止，吾身后儿不得也。’劭惧，请改焉。文宣不许曰：‘天也。’因谓孝昭帝(高演）曰：‘夺但夺，慎勿杀也。’”[5]高洋虽然早已料到高殷的皇位迟早会被高演夺取，但并没有采取防范措施和应对之策，更没有杀害高演，只是求他手下留情，不要杀害高殷而已。这种做法在中国古代历史上是比较少见的。

1《北史》卷7《齐本纪中》，第264页。
2《资治通鉴》卷167，“陈纪一”，“永定二年”条，第5180页。
3《资治通鉴》卷167，“陈纪一”，“永定二年”条，第5180页。
4《北史》卷7《齐本纪中》，第262页。
5《北齐书》卷5《废帝纪》，第76页。

（二）两大阵营的对决

高洋一死，以太皇太后娄昭君为核心的“二王”（高演、高湛）阵营和以高殷为核心的辅政大臣阵营就展开了激烈斗争，最终以高殷阵营惨败而告终。

高演等人发动政变，既有主观原因，也有客观原因。从主观原因来说，在其潜意识里早就对皇位产生了觊觎之心，只是没有机会夺取而已。为此，高演一直在精心培植自己的势力，为将来夺取皇位打基础。而且，高洋对高殷缺乏信心，又进一步滋长了高演的篡位野心。从客观原因来说，高殷和辅政大臣对他“咸有猜忌之心”[1]，逼他走上了政变之路。

高演和高湛“二王”本来就“威望先重”[2]，高洋刚咽气时，尚书令杨愔、尚书右仆射平秦王高归彦、侍中燕子献、黄门侍郎郑子默等辅政大臣就发现高演利用“居禁中护丧事”“欲奏之事，皆先咨决”[3]的有利条件，对高殷构成了威胁，担心“二王”会篡夺皇位，遂对他们予以防范，想方设法进行排挤。杨愔等人经过谋划，想把高演和高湛赶出晋阳，使其离开权力中心。有时甚至想干掉“二王”，以绝后患。侍中燕子献还提出建议，把掌握实权的太皇太后娄昭君禁闭于北宫，以“归政皇太后”[4]李祖娥。侍中宋钦道面见高殷时，就把他们的想法如实端出，劝说高殷：“二叔威权既重，宜速去之。”[5]但遭到了高殷的否决。杨愔等辅政大臣见高殷不同意干掉高演和高湛，又密谋把高演和高湛赶到外地做刺史，想架空“二王”，但又考虑高殷仁慈，担心他不会批准，干脆把他们的计策告诉了皇太后李祖娥，并反复强调说，高殷母子已处于危难时

1《北齐书》卷 34《杨愔传》，第 457 页。
2《北齐书》卷 34《杨愔传》，第 457 页。
3《资治通鉴》卷 168，“陈纪二”，“天嘉元年”条，第 5196 页。
4《资治通鉴》卷 168，“陈纪二”，“天嘉元年”条，第 5198 页。
5《北齐书》卷 34《杨愔传》，第 458 页。

刻，如不采取措施，性命难保。李祖娥缺乏政治头脑，把辅政大臣的计谋全都告诉了她的宫人李昌仪。李祖娥本以为李昌仪是她的闺密，与她关系很铁，又是同姓，对她非常信任，没想到李昌仪立即向太皇太后娄昭君告密，把他们的计谋全部告诉了娄昭君。

就在辅政大臣不断想招的时候，不料内部又出了叛徒，把他们的计谋全都告诉了对手，使高演和高湛能够及时做好应变对策。尚书右仆射平秦王高归彦本来是杨愔的同党，与辅政大臣同心同德，对高殷也比较忠诚，负责禁卫军事宜。因杨愔把五千名卫兵留在晋阳没有事先与高归彦通气，使他心怀不满，开始怨恨杨殷，进而出卖杨愔，“尽以疏忌之迹告二王”[1]。杨愔针对当时“爵赏多滥”[2]的弊端，罢免了一批没本事、靠关系得到权力的官员。杨愔的改革，触动了这些人的既得利益，把他们推到了高演的阵营，成了高演的坚定支持者，削弱了辅政大臣的势力。

乾明元年（560 年）二月，杨愔等人又觉得高演和高湛都到外地不太合适，商定只让高湛到外地任刺史（并州刺史），让高演为太师、录尚书事，留在晋阳。高演和高湛利用到尚书省“拜职”之机，大会百僚，乘机除掉杨愔等辅政大臣。当时黄门侍郎郑子默预感到不妙，劝阻杨愔不要到尚书省。杨愔不听，十分坦然地说：“吾等至诚体国，岂有常山拜职，有不赴之理，何为忽有此虑?”高湛按照和高演的密谋，在录尚书后室埋伏好数十名家僮。高湛和贺拔仁、斛律金等勋贵事先约好，当敬酒敬到杨愔等人时，“我各劝双杯，彼必致辞”。我一说“捉酒”，二说“捉酒”，三说“何不捉”，[3] 你们就过去抓人。开宴后，他们顺利捉拿了杨愔、燕子献、可朱浑天和、宋钦道等。杨愔见状勃然大怒，厉声呵斥他们：“诸王反逆，欲杀忠良邪！尊天子，削诸侯，赤心奉国，

1《资治通鉴》卷 168，“陈纪二”，“天嘉元年”条，第 5198 页。

2《北齐书》卷 34《杨愔传》，第 457 页。

3《北齐书》卷 34《杨愔传》，第 458 页。

何罪之有！”[1] 高演一度想放掉他们，高湛不答应，于是便对他们拳杖交加，乱打一通，杨愔等人被打得头破血流，每个人都被十个人扭住。燕子献力气大，头发又少，狼狈逃到门外，被斛律光快步追上，一举擒获。燕子献见大势已去，感叹说："丈夫为计迟，遂至于此！"[2]郑子默被抓后，无奈地说："不用智者言，以至于此。岂非命也。"[3]

高演、高湛和高归彦、贺拔仁、斛律金押着杨愔等人突然进入云龙门，先令骑兵杀掉都督叱利骚，然后由高归彦说服卫士放下武器，允许他们进入大殿。当时开府仪同三司成休宁拔出宝刀，阻止高演等人。但卫士们平时都很尊重高归彦，于是纷纷给高演等人让路。

高演等人进入昭阳殿后，立即向太皇太后娄昭君汇报发动政变的原因，数落杨愔等人的罪状。当时娄昭君坐在殿上，皇太后李祖娥和小皇帝高殷站在一边。高演先"以砖叩头"，然后语气沉重地说："臣与陛下骨肉相连。杨遵彦等欲擅朝权，威福自己，王公以还，皆重足屏气。共相唇齿，以成乱阶，若不早图，必为宗社之害。臣与湛等为国事重，贺拔仁、斛律金等惜献皇帝基业，共执遵彦等领入宫，未敢刑戮，专辄之失，罪合万死。"[4]娄昭君听完高演的话，先赶走二千余名卫士，然后大骂皇太后李祖娥，随后决定对杨愔等人的处理意见。高殷孤立无援，只能眼睁睁地看着杨愔等人被全部杀害。高湛因郑颐以前曾说过他的坏话，现在终于得到了出气的机会，"先拔其舌，截其手而杀之"。高演和娄昭君开始只想对杨愔等"罪止一身，家属不问"，但很快又决定"簿录五家"，后经王晞反复劝谏，只对杨愔、可朱浑天和、燕子献、宋钦道和郑颐等五家"各没一房，孩幼尽死，兄弟皆除名"。[5]

1《资治通鉴》卷 168，"陈纪二"，"天嘉元年"条，第 5199 页。
2《资治通鉴》卷 168，"陈纪二"，"天嘉元年"条，第 5199 页。
3《北齐书》卷 34《杨愔传》，第 458 页。
4《北齐书》卷 34《杨愔传》，第 459 页。
5《资治通鉴》卷 168，"陈纪二"，"天嘉元年"条，第 5201 页。

随着杨愔等人的头颅落地，高演升为大丞相、都督中外诸军、录尚书事，高湛升为太傅、京畿大都督，段韶升为大将军，平阳王高淹升为太尉，平秦王高归彦升为司徒，彭城王高湝升为尚书令。高演地位巩固后，太皇太后娄昭君于乾明元年（560 年）八月壬午，下令把高殷废为济南王，高演继承皇位，改元皇建。高归彦担心高殷将来会复辟，对自己不利，便鼓动高演杀掉高殷。高演更担心高殷复辟，危及自己的皇位。次年（561 年）九月，高演秘密派人给高殷送去毒药，高殷不从，“乃扼杀之”[1]。

从表面来看，高演、高湛兄弟密谋和发动了乾明政变[2]，实际上，他们的生母娄昭君才是这场政变的策划者、主导者和支持者。对此，史书中有明确记载。《北齐书·娄后传》载：“济南（高殷被废后改为济南王）即位，尊为太皇太后。尚书令杨愔等受遗诏辅政，疏忌诸王。太皇太后密与孝昭及诸大将定策诛之，下令废立。孝昭即位，复为皇太后。”[3] 很显然，乾明政变是娄昭君与高演以及诸位大将共同密谋的，娄昭君是主谋，由她拍板。《北齐书·废帝纪》载：“及承大位，杨愔、燕子献、宋钦道等同辅。以常山王地亲望重，内外畏服，加以文宣初崩之日，太后本欲立之，故愔等并怀猜忌。常山王忧怅，乃白太后诛其党，时平秦王归彦亦预谋焉。”[4] 这条资料表明，高演发动政变，首先请示了娄昭君并经娄昭君点头同意，至少得到了娄昭君的默许。所以，娄昭君才是乾明政变的幕后总指挥。如果没有娄昭君的策划和支持，未必就会发生政变，即使出现政变，也未必能够成功。

那么，娄昭君为何要谋划政变呢？从根子上说，是她的极其强烈的权力欲所致。一是想通过改立高演为帝保住实权。高殷做皇帝，娄昭君就要给高殷的母亲李祖娥腾出皇太后的位子，变成有名无实的太皇太后，干政的实权就会被

1《资治通鉴》卷 168，“陈纪二”，“天嘉元年”条，第 5216 页。
2《北齐书》卷 6《孝昭帝纪》载：“帝（高演）时以尊亲而见猜斥，乃与长广王期猎，谋之于野。”
3《北齐书》卷 9《娄后传》，第 124 页。
4《北齐书》卷 5《废帝纪》，第 76 页。

剥夺，其权威地位就会受到挑战。辅政大臣之一的燕子献就曾“立计，欲处太皇太后于北宫，政归皇太后”[1]。这是娄昭君无论如何也不能接受的事实，因此会全力争斗，确保实权掌握在自己的手中。二是对立高演为帝受阻一直耿耿于怀，始终不服输的娄昭君绝不甘心。在娄昭君的人事安排中，应当由她的儿子高演继承帝位，所以，文宣帝高洋去世当日，娄昭君就打算立高演为帝，但没有成功。史书对此有明确记载，《北齐书·废帝纪》载：“文宣初崩之日，太后本欲立之(常山王高演)，故愔等并怀猜忌。”[2]《资治通鉴》卷168载：“齐显祖(高洋）之丧，常山王演居禁中护丧事，娄太后欲立之而不果；太子即位，乃就朝列。”[3]三是担心在中央上层汉族群体占上风以及受汉族李太后的摆布。这从她对李太后母子的呵斥声中可以清晰地看到她的这一心理状态。

当然，娄昭君和高演对政变的预期并不完全一致。娄昭君既要名又要实，既看重皇太后之名又看重干政之实。相对而言，高演更看重实权。高殷继位后，高演因“居东馆，欲奏之事，皆先咨决”，拥有一定实权，并没有流露出不满情绪，后因遭到杨愔等人的猜忌，高演“出归第”,[4]“朝政皆决于帝”[5],“自是诏敕多不关预”[6]，实权被剥夺，高演这才“忧怅，乃白太后诛其党”[7]。由此可见，高演因为失去实权，才坚定了政变念头并积极参与政变，最终成为政变的大赢家。

（三）乾明政变的性质

关于“乾明政变”的性质，目前专家学者的认识还存在一定的分歧。传统

1《北齐书》卷34《杨愔传》，第457页。
2《北齐书》卷5《废帝纪》，第76页。
3《资治通鉴》卷168，“陈纪二”，“天嘉元年”条，第5196页。
4《资治通鉴》卷168，“陈纪二”，“天嘉元年”条，第5196页。
5《北齐书》卷6《孝昭帝纪》，第80页。
6《资治通鉴》卷168，“陈纪二”，“天嘉元年”条，第5196页。
7《北齐书》卷5《废帝纪》，第76页。

观点认为，“这是一场汉化和反汉化斗争”[1]。也有学者认为，此次政变“实质上是一场民族冲突”，是“北齐反汉化、倒退的典型”，甚至“是北齐王朝鲜卑化的里程碑”[2]。周双林认为，这次政变是“以争夺皇位为形式，以胡汉冲突为内容的斗争”[3]。赵俪生认为，“在这场夺权政变中，一直纠缠着一个胡汉问题。不管高氏如何自称是渤海蓨人，高氏家族从高欢开始就一直是北镇胡化的传统，从语言到生活习惯，到意识形态，全是胡化的。他们统治在广漠的‘汉儿’的基地上，愈有危机感，他们就愈把胡、汉对立的这根弦弹得更加急骤”；“高欢的妻子是坚持鲜卑为主、反对汉化的，自必杀戮汉人重臣”。[4]韦琦辉认为，“高演政变是北镇势力与汉人势力的一次正面交锋”；“高演政变标志着胡汉分治政策的失败”。[5]钱龙认为，“胡汉失衡的政权构成，迅速引发‘乾明政变’，高演在鲜卑勋贵的支持下取代废帝高殷，将杨愔等汉族士人全部诛杀”[6]。罗新本认为，“实质上，这次政变更重要的是政权之争，生存之争”，“因此，那种过份渲梁(染）此次政变的民族色彩并有意无意地淡化生死存亡之争之实质的看法，才真正含有大汉族主义的偏见”。[7]曾磊认为，高殷“集团是鲜、汉混杂的，因此不能用民族矛盾的眼光来看待这次政变”[8]。以上观点虽有道理，但不够全面，也缺乏细致分析。

综合各方面因素，我认为，乾明政变虽是争夺皇权的政治斗争，但因两个阵营的胡汉特色比较鲜明，胡汉因素比较多，因此，也应将这场斗争视为胡汉之争。

---

1 曾磊：《北朝后期军阀政治研究》，南开大学博士学位论文，2013年，第44页。

2 罗新本：《娄昭君平议——兼论北齐乾明政变》，《天府新论》1997年第5期。

3 周双林：《从京畿都督府看东魏北齐的民族关系》，《史学月刊》1987年第6期。

4 赵俪生：《杨愔与北朝政治》，《史学月刊》1985年第1期。

5 韦琦辉：《东魏北齐胡汉分治政策与高演政变》，《社科纵横》2011年第6期。

6 钱龙：《东魏北齐时期的胡汉冲突》，《中国魏晋南北朝史学会第十届年会暨国际学术研讨会论文集》，第223页，2011年10月，山西太原。

7 罗新本：《娄昭君平议——兼论北齐乾明政变》，《天府新论》1997年第5期。

8 曾磊：《北朝后期军阀政治研究》，南开大学博士学位论文，2013年，第46页。

从高殷和高演、高湛的血统来看，双方有一定的差异。高殷是高洋和李祖娥的儿子，而李祖娥是汉族，所以，高殷身上流淌着更多的汉族血液。其父高洋就认为高殷“得汉家性质”[1]。高演、高湛是娄太后的儿子，而娄太后是鲜卑族，所以，高演、高湛身上流淌着更多的鲜卑族血液。

从两个阵营的代表人物的民族构成来看，胡汉特色比较突出。高殷这一阵营的代表人物，是尚书令杨愔、尚书右仆射平秦王高归彦、侍中燕子献、黄门侍郎郑子默等辅政大臣。杨愔、燕子献、郑子默都是汉族，高归彦是北齐皇室，虽为胡化人物，但关键时刻投靠了高演，并向高演告密，使高演及时采取果断措施，拘捕杨愔等人。高演这一阵营的代表人物，是高湛、贺拔仁、斛律金、斛律光等人。高湛是高演之弟，已经胡化。贺拔仁、斛律金、斛律光等人都是少数民族。

从两个阵营的代表人物对待汉族态度来看，当时实际掌控北齐军政大权的太皇太后娄昭君和常山王高演、长广王高湛等人始终鄙视汉族人。杨愔向来看不起胡人，不愿与胡人交往。杨愔与平原王高隆之是邻居，他看到高隆之门外“有富胡数人”，便对身边人说：“我门前幸无此物。”[2] 在拥立汉族妇女还是少数民族妇女为皇后问题上，高隆之、高德正等人认为“汉妇人不可为天下母”[3]，而杨愔坚决支持立汉族李祖娥为皇后。双方的立场泾渭分明。当时娄昭君就将这次事件定性为胡汉之争。她在昭阳殿听了高演等人的汇报后，先责骂高殷说：“此等怀逆，欲杀我二子，次将及我，尔何为纵之？”[4] 高殷不知所措，低头不语。娄昭君又大骂李太后，并当着大臣们的面威胁说：“岂可使我母子受汉老妪斟酌。”娄昭君的话很明白，无论如何，鲜卑人不能受汉人的摆布。李太后见状，立即跪在娄昭君面前谢罪。王公大臣见娄昭君如此悲愤，都泣不

1《北齐书》卷 5《废帝纪》，第 73 页。

2《北齐书》卷 34《杨愔传》，第 457 页。

3《北齐书》卷 9《文宣李后传》，第 125 页。

4《资治通鉴》卷 168，“陈纪二”，“天嘉元年”条，第 5201 页。

成声。娄昭君见高演一直“叩头不止”，便对高殷说，你怎么还不安慰你叔叔？高殷赶忙说：“天子亦不敢与叔惜，岂敢惜此汉辈？但愿乞儿性命，儿自下殿去，此等任叔父处分。”[1] 说明在当时没人对娄昭君对此事件的定性提出异议。

如果说娄昭君之言还带有个人恩怨和情绪化的话，那么，六百多年之后的元代史学家胡三省对乾明政变性质的看法，就非常理性。他认为，“鲜卑谓中国人为汉”[2]。他对娄昭君所言“岂可使我母子受汉老妪斟酌”的理解是，“娄太皇，鲜卑也；李太后，华族也，故云然”。他对杨愔等人被杀予以评论说，“杨愔受托孤之寄，不能尊主庇身”，究其原因，在于“鲜卑之势素盛，华人不足以制之也”。[3]

总之，乾明政变既是政治斗争，又是胡汉之争。政治斗争主要是权力之争、利益之争，胡汉之争主要是民族较量和文化之争。一般说来，政治斗争比胡汉之争更猛烈、更具偶然性、更惊心动魄、更容易演变成流血事件。

（四）乾明政变的影响

乾明政变是中国古代政治史上的一件大事，对北齐政局和民族关系均有重大影响，其中比较突出的是使北齐上层权力结构发生了天翻地覆的变化，由高殷时期以杨愔等汉族官僚为主体转变为高演时期以胡化的皇室和少数民族官僚为主体。

高演执政后，决心革除北齐的一些弊端，实行轻徭薄赋政策，善于听取不同意见，这些都是应当充分肯定的。但是，高演所信任和器重的，主要是胡化

1《北齐书》卷 34《杨愔传》，第 459 页。

2《资治通鉴》卷 167，“陈纪一”，“永定二年”条，第 5180 页。

3《资治通鉴》卷 168，“陈纪二”，“天嘉元年”条，第 5200、5201 页。

的皇室和少数民族贵族。从相关史料来看，乾明政变后得到提拔和重用的高湛、段韶、高淹、高归彦、高湝等人大都是胡化的皇室，能够在高演身边“侍坐”说说知心话的两个人，一个是赵郡王高叡，另一个是厍狄显安。高叡是皇室成员，厍狄显安是鲜卑族。高演死后，其弟高湛继位，是为武成帝。高湛重用的基本上也是胡化的皇室成员和鲜卑贵族。娄昭君令有司宣布完高演的遗诏后，左丞相斛律光“率百僚敦劝”[1]。高演即位后，立即以司徒、平秦王高归彦为太傅，以尚书右仆射、赵郡王高叡为尚书令，以太尉尉粲为太保，以尚书令段韶为大司马，以丰州刺史娄叡为司空，以太傅、平阳王高淹为太宰，以太保、彭城王高浟为太师、录尚书事，以冀州刺史、博陵王高济为太尉，以中书监、任城王高湝为尚书左仆射，以并州刺史斛律光为右仆射，这些人都是胡化的皇室成员或少数民族贵族。分析高湛对西域商胡的后代和士开的“相爱”和“亲重”，有助于考察高湛的民族关系思想。高湛之所以喜爱和士开，除了和士开聪慧、反应灵敏、能说会道外，更重要的是，和士开在许多方面与高湛情趣相投，如高湛“性好握槊”，而和士开也“善于此戏”[2]。高湛因此“宠幸和士开”。高湛的皇后胡氏，也对“握槊”很有兴趣，和士开“每与后握槊，因此与后奸通”[3]。再如和士开“能弹胡琵琶”，高湛也有这方面的兴趣和技巧，因此与和士开“亲狎”，对他非常器重。和士开善于阿谀奉承，高湛喜欢别人吹捧他，两人聊天非常投机。高湛还没登基时，和士开曾对高湛说：“殿下非天人也，是天帝也。”高湛对和士开说：“卿非世人也，是世神也。”[4]双方听了都觉得很舒服，关系愈益密切，达到了“言辞容止，极诸鄙亵，以夜继昼，无复君臣之礼”的地步。和士开乘机劝说高湛：“自古帝王，尽为灰烬，尧、舜、桀、纣，竟复何异。陛下宜及少壮，恣意作乐，纵横行之，即是一日快活敌千年。国事分

1《北史》卷 8《齐本纪下》，第 281 页。
2《北齐书》卷 50《恩幸传·和士开传》，第 686 页。
3《北齐书》卷 9《武成胡后传》，第 126 页。
4《北齐书》卷 50《恩幸传·和士开传》，第 686 页。

付大臣，何虑不办，无为自勤苦也。”高湛听了很高兴。高湛临死前，把后事托付给和士开，紧紧握着他的手嘱咐说：“勿负我也。”[1] 这些从一个侧面反映出乾明政变之后胡汉关系的大致走向，为我们分析和认识民族关系思想提供了一个视角。

1《北齐书》卷 50《恩幸传·和士开传》，第 687 页。

八、高纬对胡人的宠信及图谋投奔突厥的动机

西域艺人及擅长西域胡戎乐者能够“封王开府”，是北齐甚至整个中国古代历史上的一种独特现象。高纬时期的胡人干政达到了登峰造极的地步，给北齐造成了极大危害：一是破坏了政治生态；二是败坏了社会风气；三是助长了奢靡之风和腐败之风，是北齐灭亡的催化剂。高纬的贪图享乐、喜爱西域胡戎乐、当时社会弥漫着及时行乐的风气以及胡人乐工、胡商具有阿谀奉承、投机钻营、竭力满足高纬需求等方面的高超本领，使高纬与他们建立起深厚感情。高纬与他们的频繁互动，反映了北齐当时的政治生态、社会风气和民族关系状况。国难当头，高纬向突厥求救、图谋投奔突厥、想做“龟兹国子”及使人扮演“羌兵”进行实战训练等想法和决策，与其身边胡人的影响有很大关系。从各方面分析，做“龟兹国子”是高纬和大臣的共同想法。

北齐后主高纬自幼贪图享乐，执政后沉溺于“胡戎乐”之中，无心理政，被人称为“无愁天子”。高纬生活的时代，一批胡人乐工、胡商及擅长西域胡戎乐者聚集北齐，成为高纬的宠臣，与高纬频繁互动，既干预朝政，又大肆敛财，给北齐造成了极大危害。高纬时期的政治生态、民族关系与胡人对他的影响有很大关系。下面拟就胡人云集北齐及干政情况、高纬宠信胡人的原因、高纬与突厥的关系、谁是“作龟兹国子”的倡议者、北齐灭亡与胡人关系等问题做一初步梳理和探讨，以期深化北齐政治史、民族关系史及民族文化史研究。

（一）围聚在高纬身边的胡人

高纬字仁纲，是北齐武成帝高湛的长子，天保七年（556 年）生于并州，大宁二年（562 年）被立为皇太子，天统元年（565 年）即位，隆化二年（577 年）禅位与其长子高恒（北齐幼主），北周建德七年（578 年）以谋反罪名与其宗族数十人一起被赐死。

东魏北齐时期，胡风胡俗回潮现象比较突出。高纬生活的时代，胡风胡俗一度更加兴盛，西域的音乐、舞蹈等颇受北齐君臣的喜爱，擅长西域胡戎乐者可以封王。因此，“吹笛、弹琵琶、五弦及歌舞之伎，自文襄以来，皆所爱好。至河清以后，传习尤盛”。高纬虽沉溺于胡乐、胡伎，但“唯赏胡戎乐，耽爱无已。于是繁手淫声，争新哀怨。故曹妙达、安未弱、安马驹之徒，至有封王开府者，遂服簪缨而为伶人之事”。高纬颇有艺术细胞，自己能谱曲，亲自抱着乐器，“悦玩无倦，倚弦而歌。别采新声，为《无愁曲》，音韵窈窕，极于哀思，使胡儿阉官之辈，齐唱和之，曲终乐阕，莫不殒涕”。[1] 当时北齐非常盛行无愁之曲，高纬随时都会“自弹胡琵琶而唱之，侍和之者以百数，人间谓之无愁天子”[2]。高纬对《无愁曲》的痴迷达到了无以复加的地步，即使骑在马背上赶路也要弹唱，后人由此产生了“乐往哀来，竟以亡国”[3] 的联想。

高纬时期，一批胡人乐工、胡商及擅长西域胡戎乐者聚集到北齐，而且已经形成了利益集团。在历史文献中，对这些人主要有“胡小儿”“西域丑胡”“商胡”“胡户”“富胡”“西胡”“胡人”“胡儿”等称呼。他们大致具有这样几个特点：一是长相比较特殊，一般是“眼鼻深崄”[4]，身份标志很明显。二是大都

1《隋书》卷 14《音乐志中》，第 331 页。
2《北齐书》卷 8《后主纪》，第 112 页。
3《隋书》卷 14《音乐志中》，第 331 页。
4《北齐书》卷 50《恩倖传》，第 694 页。

有音乐天赋，能歌善舞，与高纬有许多相似之处，容易接近高纬。西胡乐人曹僧奴曾向高纬进献二位女子，其中“大者忤旨”，被“剥面皮”，而“少者弹琵琶”，[1]得到高纬宠幸，被立为昭仪。三是大都是“富家子弟”[2]，有经济实力，舍得花钱打通关节。即使经济实力不雄厚，背后也有富商做后盾。四是善于阿谀奉承，讨人欢心。尽管这些人除了音乐舞蹈之外，其他方面“一无可用”，“尤为人士之所疾恶”，[3]但他们大都具有揣摩心思、阿谀奉承、溜须拍马、投机钻营、趋利避害、结党营私等方面的高超本领。而高纬既贪玩，又喜爱西域胡戎乐，自然就与他们建立起深厚的感情。而这些人竭尽所能，投其所好，成了高纬身边的宠臣，逐步把持朝政，攫取政治权力，中饱私囊。

在高纬时期，究竟有多少胡人围聚在高纬的身边？对此史书中并没有留下确切数据，但从《北史·恩倖列传》的记载中可以得到一些信息：“武平时有胡小儿，俱是康阿驮、穆叔儿等富家子弟，简选黠慧者数十人以为左右，恩眄出处，殆与阉官相埒。亦有至开府仪同者。其曹僧奴、僧奴子妙达，以能弹胡琵琶，甚被宠遇，俱开府封王。又有何海及子洪珍，开府封王，尤为亲要。洪珍侮弄权势，鬻狱卖官。其何朱弱、史丑多之徒十数人，咸以能舞工歌及善音乐者，亦至仪同开府。”[4]另据《北齐书·恩倖传》记载，“西域丑胡、龟兹杂伎，封王者接武，开府者比肩”[5]。又据《北齐书·后主纪》记载，“诸宫奴婢、阉人、商人、胡户、杂户、歌舞人、见鬼人滥得富贵者将万数”[6]。毫无疑问，胡人在“万数”之中占有一定比例，围聚在高纬身边的胡人应是一个比较可观的数字。

1《北史》卷 14《后妃传下·冯淑妃传》，第 526 页。
2《北史》卷 92《恩倖列传》，第 3055 页。
3《北齐书》卷 50《恩倖传》，第 694 页。
4《北史》卷 92《恩倖列传》，第 3055 页。
5《北齐书》卷 50《恩倖传》，第 685 页。
6《北齐书》卷 8《后主纪》，第 112 页。

（二）胡人干政及其危害

高纬主政期间，既无理政经验，更无治国兴趣，“罕接朝士，不亲政事，一日万机，委诸凶族”[1]，为胡人干政提供了便利条件。总体来看，围聚在高纬身边的胡人都有干政的欲望。在这些西域胡人当中，和士开、何海、何洪珍等人最为典型。

和士开字彦通，清都临漳人。其先是“西域商胡”，本姓素和氏。和士开既喜好“握槊”[2]，又能弹胡琵琶，深得北齐武成帝高湛的欢心。武成帝“外朝视事，或在内宴赏，须臾之间，不得不与士开相见，或累日不归，一日数入；或放还之后，俄顷即追，未至之间，连骑督趣”[3]。和士开不仅非常聪慧，而且与其父亲和安一样，也具有“恭敏善事人”的本事，深得皇帝的宠信。据史书记载，和士开“禀性庸鄙，不窥书传，发言吐论，唯以谄媚自资”[4]，“奸谄百端，宠爱日隆，前后赏赐，不可胜纪。每侍左右，言辞容止，极诸鄙亵；以夜继昼，无复君臣之礼”[5]。为了有效控制皇帝，和士开经常教唆武成帝及时行乐。他说：“自古帝王，尽为灰烬，尧、舜、桀、纣，竟复何异。陛下宜及少壮，恣意作乐，纵横行之，即是一日快活敌千年。国事分付大臣，何虑不办？无为自勤苦也。”[6]这些话都说到了武成帝高湛的心坎里，高湛“大悦”，将其视为知己。高纬即位后，因和士开是托孤大臣，对他更加信任和倚重。和士开借助高纬和胡太后之势，残害赵郡王高叡，贬斥娄定远、高文遥等大臣。随着地位的

1《北齐书》卷 8《后主纪》，第 115 页。
2《北齐书》卷 50《恩倖传·和士开传》，第 686 页。
3《资治通鉴》卷 169，“陈纪二”，“天嘉四年”条，第 5234 页。
4《北史》卷 92《恩倖列传·和士开传》，第 3046 页。
5《资治通鉴》卷 169，“陈纪二”，“天嘉四年”条，第 5234 页。
6《北齐书》卷 50《恩倖传·和士开传》，第 687 页。

不断提升，和士开肆无忌惮地谋取私利。当时“富商大贾，朝夕填门”，和士开则“聚敛货财，不知纪极”。和士开敛财的主要方式，一是卖官鬻爵，“虽公府属掾，郡县守长，不拘阶次，启牒即成。朝士不知廉耻者，多相附会，甚者为其假子，与市道小人丁邹、严兴等同在昆季行列”；“虽以左道事之者，不隔贤愚，无不进擢；而正理违忤者，亦颇能含容之”。[1] 二是干预司法，替他人从监狱捞人，收取“赎命钱”。和士开“见人将加刑戮，多所营救，既得免罪，即令讽喻，责其珍宝，谓之赎命物。虽有全济，皆非直道云”[2]。司法腐败到如此程度，和士开是罪魁祸首，《资治通鉴》就明确说，“齐自和士开用事以来，政体隳紊”[3]。《册府元龟》也有类似记载：“自和士开执政以来，政体隳坏”[4]。

何海及其子何洪珍是胡人，父子深受高纬的宠信，都“开府封王，尤为亲要”[5]。关于何海的干政情况，因史书缺乏记载，我们不得而知。对何洪珍的干政，史书虽然没有记载具体案例，但对他干政的途径、方式及其危害性做了高度概括。如关于何洪珍干政的途径和方式，史书记载：“参预机权”“各引亲党，超居非次”[6]“侮弄权势，鬻狱卖官”[7]。关于何洪珍干政的危害性，史书记载：“官由财进，狱以贿成，其所以乱政害人，难以备载。”[8] 从这些记载中可以看出，何洪珍干政对北齐政治生态造成了极大破坏，对北齐社会心态造成了极大伤害。

何洪珍虽是胡人，但对中原政治文化非常熟悉和精通，深知关系网的重要性。为了抬高自己的门第，进一步巩固政治地位，他主动“通婚朝士”[9]，为其

1《北史》卷 92《恩倖列传·和士开传》，第 3046—3047 页。
2《北齐书》卷 50《恩倖传·和士开传》，第 689 页。
3《资治通鉴》卷 171，“陈纪五”，“太建五年”条，第 5321 页。
4《册府元龟》卷 479《台省部·奸邪一》，第 5721 页。
5《北史》卷 92《恩倖列传》，第 3055 页。
6《北齐书》卷 8《后主纪》，第 112 页。
7《北齐书》卷 50《恩倖传》，第 694 页。
8《北齐书》卷 8《后主纪》，第 112 页。
9《北齐书》卷 44《儒林·张景仁传》，第 591 页。

侄子娶直散骑常侍张景仁的侄女为妻，通过政治婚姻形式扩大自己的政治实力。张景仁是当时著名书法家，与魏郡姚元标、颍川韩毅、同郡袁买奴、荥阳李超等齐名，先被世宗高澄引为宾客，后受武成帝高湛的器重，历任开府参军、太子门大夫、员外散骑常侍、谏议大夫等职。张景仁“性行淳谨”[1]，处事小心谨慎，高纬对他非常喜欢，称他为博士。皇帝周围的人和他打招呼，“犹称博士”[2]。何洪珍尽管已经“有宠于后主”，但他还想得到“朝士”的支持，而张景仁既身处宫内，又“官位稍高”[3]，自然是何洪珍结交的理想对象。而张景仁也有自己的盘算，他想通过何洪珍与皇帝的密切关系，拉近与皇帝的距离，得到皇帝的器重。

何洪珍和张景仁通过联姻结成政治盟友，“因此表里，恩遇日隆”。张景仁多病，何洪珍经常安排徐之范等人前去治疗，按时送去药品和山珍海味，“中使问疾，相望于道”[4]；“车驾或有行幸，在道宿处，每送步障，为遮风寒”[5]。张景仁在何洪珍的帮助下，官运更加亨通，进位仪同三司，寻加开府，后被封为建安王。他的儿子张瑜，“薄传父业，更无余伎，以洪珍故，擢授中书舍人，转给事黄门侍郎”[6]。张景仁出自寒微，“本无识见，一旦开府、侍中、封王”[7]，便有飘飘然之感，并在操守方面发生了巨大变化。张景仁本来为人谦卑，做事比较低调，但他与何洪珍结交后，借用“胡人、巷伯之势，坐致通显，志操颇改，渐成骄傲。良马轻裘，徒从拥冗，高门广宇，当衢向街。诸子不思其本，自许贵游”[8]。张景仁操守的变化，也是当时整个社会风气败坏的缩影。

1《北齐书》卷 44《儒林・张景仁传》，第 591 页。
2《册府元龟》卷 601《学校部・恩奖》，第 7220 页。
3《北史》卷 81《儒林传上・张景仁传》，第 2732 页。
4《北齐书》卷 44《儒林・张景仁传》，第 591 页。
5《北史》卷 81《儒林传上・张景仁传》，第 2732 页。
6《北齐书》卷 44《儒林・张景仁传》，第 592 页。
7《北史》卷 81《儒林传上・张景仁传》，第 2732 页。
8《北齐书》卷 44《儒林・张景仁传》，第 592 页。

在张景仁的影响下，有些名人也想加入何洪珍的圈子，如国子祭酒张雕本为饱学之士，“遍通《五经》，尤明《三传》，弟子远方就业者以百数，诸儒服其强辨”。张雕见张景仁与何洪珍“结为婚媾”得到了很多好处，艳羡不已，遂通过张景仁结交何洪珍，与何洪珍“倾心相礼，情好日密”，无论是公事还是私事，张雕时常“为其指南”[1]，成了何洪珍的“谋主”。何洪珍对张雕非常关照，积极推荐他监修国史，将其提拔为侍中，加开府仪同三司，“奏度支事，大为帝所委信”，常呼“博士”[2]。张雕自认为“出于微贱，致位大臣，励精在公，有匪躬之节，欲立功效，以报朝恩，论议抑扬，无所回避”。凡是“宫掖不急之费，大存减省，左右纵恣之徒，必加禁约，数讥切宠要，献替帷扆”。张雕的这些举措，虽然得到了高纬的“倚仗”，被“委以朝政”，[3]但却得罪了穆提婆、韩长鸾等宠臣，最终被他们迫害致死，全面施展个人政治抱负的愿望化为泡影。

那么，高纬为何会对西域胡人和胡化之人如此宠信呢？尽管原因是多方面的，但如下几点尤为重要：一是避免了说话不顺溜的尴尬。高纬因有说话口吃的毛病，“言语涩呐，无志度”，使其“不喜见朝士”，除了“宠私昵狎”，[4]高纬与其他人很少交谈。高纬又“性懦不堪”，只要别人看他，他就会生气发火。向他汇报事情，即使是三公、令、录都不能仰视他，只要把大体意思说一下，就“惊走而出”[5]。而与西域胡人或胡化之人见面时，主要是吹拉弹唱，高纬不用说多少话，这样就遮住了他的缺陷。二是北齐后期奢靡之风和享乐之风盛行，人人都有及时行乐的欲望，都想过醉生梦死的生活。高纬一直追求奢靡生活，而西域胡人和胡化之人无论是在物质上还是精神上，都能满足他的需求，

1《北齐书》卷44《儒林・张雕传》，第594页。
2《资治通鉴》卷171，“陈纪五”，“太建五年”条，第5327页。
3《北齐书》卷44《儒林・张雕传》，第595页。
4《北史》卷8《齐本纪下第八》，第300页。
5《北齐书》卷8《后主纪》，第112页。

尤其是他们的艺术能给高纬带来感官上的愉悦和精神上的快乐，因此，高纬非常喜欢和他们在一起。三是高纬从小生长在深宫，“未辨人之情伪”，看不出他们的真实目的，容易被他们糊弄和操纵，致使“商胡丑类，擅权帷幄”[1]。

胡人干政对北齐造成了极大危害，除了前面列举的破坏了北齐的政治生态、败坏了北齐的社会风气之外，更为突出的就是助长了北齐的奢靡之风和贪污腐败之风，挖空了国库积蓄，榨干了百姓血汗，加快了北齐灭亡的进程。

高纬年幼即位，根本不知民间疾苦，只想奢侈享乐。高纬父辈的短命，强化了他的及时行乐思想。北齐的皇帝大都短命，在位时间较短。文宣帝高洋暴死时只有 31 岁，在位 10 年。废帝高殷在位仅有一年，就被孝昭帝高演派人杀死，只活到 17 岁。孝昭帝高演靠政变当上皇帝，在位只有一年多，因意外受伤而死，只有 27 岁。武成帝高湛在位只有三年多，因“太史奏天文有变，其占当有易王”[2]，遂于河清四年（365 年）传位与皇太子高纬，不久就去世，只有 32 岁。高纬从其父辈中看到了宫廷内的腥风血雨和明争暗斗，也悟到了生死无常，在其心中进一步滋长了及时行乐思想，一心追求奢靡生活。据史书记载，当时“宫女宝衣玉食者五百余人，一裙直万疋，镜台直千金，竞为变巧，朝衣夕弊”[3]。高纬喜欢修筑宫殿，“乃更增益宫苑，造偃武修文台，其嫔嫱诸院中，起镜殿、宝殿、玳瑁殿，丹青雕刻，妙极当时。又于晋阳起十二院，壮丽逾于邺下。所爱不恒，数毁而又复”[4]。为了按时完成这些工程，工匠和民工“夜则以火照作，寒则以汤为泥，百工困穷，无时休息”[5]。高纬还对建造佛像和寺庙很感兴趣，下令开凿晋阳西山为大佛像，“一夜燃油万盆，光照宫内”。又为胡昭仪建造大慈寺，尚未建成，就改为穆皇后建造大宝林寺，“穷极工巧，运

1《北齐书》卷 14《上洛王思宗传附弟思好传》，第 185 页。
2《北齐书》卷 7《武成帝纪》，第 94 页。
3《北齐书》卷 8《后主纪》，第 112 页。
4《北史》卷 8《齐本纪下第八》，第 301 页。
5《北齐书》卷 8《后主纪》，第 113 页。

石填泉，劳费亿计，人牛死者，不可胜纪”[1]。高纬对马、狗、鸡、鹰等都给予特殊待遇、官职和名分，“御马则藉以毡罽，食物有十余种，将合牝牡，则设青庐，具牢馔而亲观之。狗则饲以粱肉。马及鹰犬乃有仪同、郡君之号，故有赤彪仪同、逍遥郡君、凌霄郡君，高思好书所谓‘蛟龙、逍遥’者也。犬于马上设褥以抱之，斗鸡亦号开府，犬马鸡鹰多食县，鹰之入养者，稍割犬肉以饲之，至数日乃死”[2]。高纬还有一大特点，就是“特爱非时之物，取求火急，皆须朝征夕办，当势者因之，贷一而责十焉”[3]。高纬各种特殊需要及建宫殿、造佛寺等劳民伤财工程等费用，使“赋敛日重，徭役日繁，人力既殚，帑藏空竭”[4]。高纬奢靡生活的各种开销使财政入不敷出，国库严重亏空，使本已困苦的百姓雪上加霜。据《隋书·食货志中》记载，后主高纬“又毁东宫，造修文、偃武、隆基嫔嫱诸院，起玳瑁楼。又于游豫园穿池，周以列馆，中起三山，构台，以象沧海，并大修佛寺，劳役钜万计。财用不给，乃减朝士之禄，断诸曹粮膳，及九州军人常赐以供之。武平之后，权幸并进，赐与无限，加之旱蝗，国用转屈。乃料境内六等富人，调令出钱。而给事黄门侍郎颜之推奏请立关市邸店之税，开府邓长颙赞成之，后主大悦。于是以其所入，以供御府声色之费，军国之用不豫焉。未几而亡”[5]。另据《北齐书·恩倖传》记载，“齐末之嬖幸也，盖书契以降未之有焉。心利锥刀，居台鼎之任；智昏菽麦，当机衡之重。刑残阉宦、苍头卢儿、西域丑胡、龟兹杂伎，封王者接武，开府者比肩。非直独守弄臣，且复多干朝政。赐予之费，帑藏以虚；杼轴之资，剥掠将尽”[6]。面对国家财政吃紧、“帑藏空竭”的局面，高纬又给了包括西域胡人在

1《北史》卷 8《齐本纪下第八》，第 301 页。
2《北齐书》卷 8《后主纪》，第 113 页。
3《北史》卷 8《齐本纪下第八》，第 301 页。
4《北史》卷 8《齐本纪下第八》，第 301 页。
5《隋书》卷 24《食货志中》，第 678—679 页。
6《北齐书》卷 50《恩倖传》，第 685 页。

内的“诸佞幸卖官”的特殊政策，他们“或得郡两三，或得县六七，各分州郡，下逮乡官亦多降中旨，故有敕用州主簿，敕用郡功曹”[1]。于是州县职司“率皆富商大贾，竞为贪纵，赋繁役重，民不聊生”[2]，“爰自邺都及诸州郡，所在征税，百端俱起”[3]。高纬的这一特殊政策，既使西域胡人得到了实惠，又使他们扩张了政治势力。由于一些西域胡人贪得无厌，千方百计地侵害百姓利益，致使民不聊生，怨声载道。就连原尚书令、朔州刺史、南安王高思好都痛斥：“商胡丑类，擅权帷幄，剥削生灵，劫掠朝市。闇于听受，专行忍害。”[4]北周武帝宇文邕更是觉得北齐后主高纬“凉德早闻，丑声夙著，酒色是耽，盘游是悦。阉竖居阿衡之任，胡人寄喉唇之重。栋梁骨鲠，翦为仇雠；狐、赵绪余，降成皂隶。民不见德，唯虐是闻”[5]。于是频繁谋划伐齐之策，不断加快消灭北齐的进程。公元 577 年，北齐为北周所灭。

北齐的灭亡，尽管原因比较复杂，会有多种解释，但胡人干政无疑是其中的关键一条。对高纬和西域胡人非常了解且深受高纬宠幸的颜之推就清醒地看到了这一点，他在《观我生赋》评论北齐后期政治状况时说，“唯骄奢之是修，亦佞臣之云使”。他在自注中说，“后主之在宫，及使骆提婆母陆氏为之，又胡人何洪珍等为左右，后皆预政乱国焉”[6]。颜之推说得很清楚，胡人何洪珍等人的“预政乱国”加快了北齐灭亡的步伐。唐朝史学家李延寿和李百药都认为，北齐后主高纬时期的卖狱鬻官等腐败政治、高纬“不亲政事”以及北周消灭北齐，都与当时的奢靡之风和享乐之风有密切关系。在李延寿和李百药看来，高纬本来就“怀易染之性”，又“辅之以中宫妳媪，属之以丽色淫声，纵韝绁之娱，

1《北齐书》卷 8《后主纪》，第 113—114 页。
2《资治通鉴》卷 172，“陈纪六”，“太建七年”条，第 5340 页。
3《北齐书》卷 8《后主纪》，第 114 页。
4《北齐书》卷 14《上洛王思宗传附弟思好传》，第 185 页。
5《周书》卷 6《武帝纪下》，第 97 页。
6《北齐书》卷 45《文苑 · 颜之推传》，第 624 页。

恣朋淫之好。语曰'从恶若崩'，盖言其易。……始见浸溺之萌，俄观土崩之势，周武因机，遂混区夏，悲夫！盖桀、纣罪人，其亡也忽焉，自然之理矣"[1]。而北齐时期的"丽色淫声"、放浪游乐及"朋淫之好"显然与西域胡人有很大关系。

唐朝政治家、思想家和史学家魏徵更把北齐灭亡与胡人干政联系在一起。他认为，高纬时期"佞阉处当轴之权，婢媪擅回天之力，卖官鬻狱，乱政淫刑，刳剒被于忠良，禄位加于犬马，谗邪并进，法令多闻，持瓢者非止百人，摇树者不唯一手。于是土崩瓦解，众叛亲离，顾瞻周道，咸有西归之志"；"由此言之，齐氏之败亡，盖亦由人，匪唯天道也"。[2]魏徵在《隋书》中说得更加直截了当："以其所入，以供御府声色之费，军国之用不豫焉。未几而亡。"[3]高纬"耽荒酒色，不以天下为虞。未几，为周所灭"[4]。

（三）高纬图谋投奔突厥及"作龟兹国子"的动机

高纬执政时期，北周接连发动攻灭北齐的战争。面对北周大军压境，高纬开始寻找退路，谋划逃亡之地。武平六年（575 年）八月，北周军队进入洛川，屯于芒山，攻逼洛城。武平七年（576 年）十月，周军围攻晋州。十二月，北周与北齐战于城南，齐军大败。高纬进了晋阳，"忧惧不知所之"[5]。在他向朝臣询问计策时，大臣们都异口同声地说："天命未改，一得一失，自古皆然。宜停百赋，安慰朝野，收拾遗兵，背城死战，以存社稷。"[6]高纬犹豫不决，起初想逃亡到北朔州。为此他安排安德王高延宗、广宁王高孝珩等防守晋阳，"若

1《北史》卷 8《齐本纪下第八》，第 302—303 页；《北齐书》卷 8《幼主纪》，第 114—115 页。
2《北齐书》卷 8《幼主纪》，第 116、117 页。
3《隋书》卷 24《食货志中》，第 679 页。
4《隋书》卷 22《五行志上・言不从》，第 633 页。
5《资治通鉴》卷 172，"陈纪六"，"太建八年" 条，第 5360 页。
6《北齐书》卷 8《后主纪》，第 109 页。

晋阳不守，即欲奔突厥”[1]。大臣们都坚决反对，但高纬一概不听。开府仪同三司贺拔伏恩、封辅相、慕容钟葵等宿卫近臣三十余人，预计北齐即将灭亡，遂给自己寻找后路，便西去投奔了北周。高纬见状更“欲向北朔州”[2]。高延宗哭着对他劝谏，但高纬不仅不听，而且还秘密地安排王康德与中人齐绍等人护送皇太后、皇太子到北朔州。高纬到城南军营，想带将士连夜逃跑，遭到了诸将的反对。高纬对高延宗委以相国重任，令他抵御周军，自己则“夜斩五龙门而出，欲走突厥”[3]，但他的随从大都四处逃散，后在领军梅胜郎叩马劝谏下，才回到邺城。随后，高延宗即皇帝位于晋阳，改隆化元年为德昌元年。高延宗也无回天之力，很快就被北周军队俘虏。高纬此时还存有取胜的幻想，便四处招募人员，但他只是许诺高官厚禄，开空头支票，并不愿拿出真金白银。广宁王高孝珩“奏请出宫人及珍宝，班赐将士”，高纬很不高兴。斛律孝卿请求高纬亲自慰劳将士，并为他起草了讲话稿，教他怎么说。斛律孝卿嘱咐高纬说：“宜慷慨流涕，感激人心。”高纬出去见到将士，但正准备讲话时，却忘了词，不知怎么说，“遂大笑”，左右也跟着他哄笑起来，将士见此情景“莫不解体”。当皇太后从北道赶来时，又把一品以上的文武官员召集到朱华门，赐给酒食，发给纸笔，让他们提出防御北周的方略。大臣们提出了五花八门的计策，高纬“莫知所从”[4]。这时“人情恟惧，莫有斗心，朝士出降，昼夜相属”。高纬正在愁眉不展时，“望气者言，当有革易”。[5]高纬借机召集尚书令高元海等人商量，禅位给仅有 8 岁的皇太子高恒，自己则当起了太上皇。

高纬虽已退位，但北齐面临的压力并没有丝毫减轻，北齐随时都会被北周消灭。在此危急关头，黄门侍郎颜之推、中书侍郎薛道衡和侍中陈德信等人劝

1《北史》卷 8《齐本纪下第八》，第 297 页。
2《北齐书》卷 8《后主纪》，第 110 页。
3《北史》卷 8《齐本纪下第八》，第 298 页。
4《北齐书》卷 8《后主纪》，第 110 页。
5《资治通鉴》卷 172，“陈纪六”，“太建八年”条，第 5367 页。

高纬到河外募兵，希望能挽回败局。若不能成功，就“南投陈国”[1]。但还没有来得及实施，北周的军队就到了紫陌桥，烧掉邺城西门，高纬带着百余名骑兵向东逃跑。幼主高恒见状也慌了神，急忙禅位于大丞相、任城王高湝。高纬遣高阿那肱留守济州，与皇后带着高恒逃到青州，并“为入陈之计”[2]。由于高阿那肱背叛了高纬，事先与北周军队取得联系，北周掌握了高纬等人的行踪，所以当高纬等人到达青州南邓村时，就被北周将领尉迟纲俘获。建德七年（578年）十月，高纬和穆提婆、高延宗等数十人以谋反之名被赐死。

纵观高纬的一生，他的想法和决策，很多都关乎民族关系。在北周军队攻克晋阳时，高纬曾派开府仪同三司纥奚永安“求救于突厥”[3]，并一直在做投奔突厥的打算。后来在周军追逼下，虽然也曾产生过投奔南陈的念头，但那完全是迫不得已的权宜之计，其真实想法仍是投奔突厥。

高纬之所以会把投奔突厥作为首选，主要取决于北齐与突厥的关系。从相关史料来看，北齐与突厥关系向来不错，到高纬时期，北齐国势虽然大为衰落，但突厥一直保持着向北齐朝贡的传统。如天统二年（566年）、天统三年（567年）和武平三年（572年），突厥都曾“遣使朝贡”[4]。武平四年（573年）十二月，突厥还派使臣到北齐求婚，希望通过联姻加强双方的政治关系。此外，高纬大力加强与突厥的佛教文化交流，进一步巩固了双方的友好关系。据史书记载，“齐有沙门惠琳，掠入突厥中，因谓他钵曰：‘齐国富强，皆为有佛法。’遂说以因缘果报之理。他钵闻而信之，建一伽蓝，遣使聘齐，求《净名》《涅槃》《华严》等经，并《十诵律》。他钵亦躬自斋戒，绕塔行道，恨不生内地。”[5]北齐僧人惠琳向突厥他钵可汗宣传佛教作用，使其皈依佛教，成为虔诚

1《北齐书》卷8《幼主纪》，第111页。
2《北齐书》卷8《幼主纪》，第111页。
3《资治通鉴》卷173，“陈纪七”，“太建九年”条，第5376页。
4《北齐书》卷8《后主纪》，第99、100、106页。
5《北史》卷99《突厥传》，第3290页。

的佛教信徒。他钵可汗还派人向北齐求经，高纬令著名翻译家刘世清将《涅槃经》译为突厥语，并命中书侍郎李德林为其作序，“以遗突厥可汗”[1]。高纬帮助突厥可汗弘扬佛教，加深了两人的感情，密切了双方的关系。

尽管高纬做了很多努力，但由于种种原因，突厥并没有帮上什么忙。当然，由于大臣们的反对，高纬最终并没有投奔突厥。

从高纬在此之前想做“龟兹国子”这件事也可以看出，少数民族在高纬心目中始终占有重要地位，在做选择时，少数民族始终处于优先选项。武平四年（573 年），陈将吴明彻攻陷寿阳，生擒王琳、王贵显、卢潜及扶风王可朱浑道裕、尚书左丞李騊駼。在此背景下，北齐上层恐惧不已，产生了“画河自保”的念头，发出了“作龟兹国子”的声音。那么，是谁公开说出了这一想法？史书记载不尽一致。《北史》和《北齐书》记载完全一致：“寿阳陷没，（韩）凤与穆提婆闻告败，握槊不辍曰：‘他家物，从他去。’后帝使于黎阳临河筑城戍，曰：‘急时且守此作龟兹国子。更可怜人生如寄，唯当行乐，何用愁为！’君臣应和若此。”[2] 由此记载可以看出，似乎是高纬公开说出了这一想法。《隋书》中明确记载是韩凤公开提出“作龟兹国子”，其文云：“武平中，陈人寇彭城，后主发言忧惧，侍中韩长鸾进曰：‘纵失河南，犹得为龟兹国子。淮南今没，何足多虑。人生几何时，但为乐，不须忧也。’帝甚悦，遂耽荒酒色，不以天下为虞。”[3]《册府元龟》所载话语几乎与此完全相同[4]。韩凤字长鸾，韩长鸾即韩凤。《资治通鉴》中则记载是穆提婆等人说出来的：“齐穆提婆、韩长鸾闻寿阳陷，握槊不辍，曰：‘本是彼物，从其取去。’齐主闻之，颇以为忧，提婆等曰：‘假使国家尽失黄河以南，犹可作一龟兹国。更可怜人生如寄，唯当行乐，何用愁

1《北齐书》卷 20《斛律羌举传附刘世清传》，第 267 页。
2《北史》卷 92《恩倖列传・韩凤传》，第 3053 页；《北齐书》卷 50《恩倖传・韩凤传》，第 692 页。
3《隋书》卷 22《五行志上・言不从》，第 633 页。
4《册府元龟》卷 479《台省部・奸邪一》，第 5722 页。

为！’左右嬖臣因共赞和之，帝即大喜，酣饮鼓舞，仍使于黎阳临河筑城戍。”[1]从各方面判断，《资治通鉴》中的说法比较稳妥。北齐君臣普遍笼罩在必败的阴影之中，都有苟且偷安的心态，都想“画河自保”[2]，都想给自己找退路。所以，“作龟兹国子”应当是他们的共同心声。即使此言并不出自高纬之口，但他认同这一主张是显而易见的。

在高纬等人的认知中，历史上和现实中的少数民族政权很多，他们为什么偏偏想做“龟兹国子”呢？史书中并没有明确记载，可能与如下几点有一定关系：一是龟兹是古代西域大国之一，两汉时期共有6970户、81317人，常备兵21716人[3]，是西域三十六国中人口最多的王国。二是龟兹文化璀璨，是龟兹乐舞的发源地，到北齐时期，龟兹的音乐艺术日趋繁盛，已成为西域的乐舞胜地。高纬酷爱西域艺术，自然会向往龟兹。三是龟兹都城比较繁华，其都城“有三重，外城与长安城等。室屋壮丽，饰以琅玕金玉”[4]，“焕若神居”[5]。龟兹王“乐汉衣服制度”，从汉朝回到龟兹后，模仿汉制建造宫室，“作徼道周卫，出入传呼，撞钟鼓，如汉家仪”[6]。高纬贪图享乐，喜欢奢靡生活，自然会向往龟兹都城的繁华。此外，由于各族文化的交流，龟兹中既有中原汉族文化，又有少数民族文化，还有其他异域文化，龟兹能够满足各方面文化需求。所以，高纬想“作龟兹国子”主要从苟且偷安和奢侈享乐方面考虑问题。

即使高纬在华林园搞的一些名堂，也体现了他的价值取向。高纬曾在华林园设立“贫穷村舍”，他自己穿上破衣烂衫，扮作乞丐住在里面。又建“穷儿之市”，亲自参加交易活动。还仿照西部边境城邑样式建筑一些城池，使身边

1《资治通鉴》卷171，“陈纪五”，“太建五年”条，第5328页。

2《资治通鉴》卷171，“陈纪五”，“太建五年”条，第5328页。

3《汉书》卷96《西域传下·龟兹国传》，第3911页。

4《梁书》卷54《诸夷传》，第813页。

5《晋书》卷97《四夷传·龟兹传》，第2543页。

6《汉书》卷96《西域传下·渠犁传》，第3916—3917页。

人穿上黑衣扮演“羌兵”，摆出作战阵势，鼓噪而进，相互搏斗。高纬则亲率内参予以抵抗，“或实弯弓射人”[1]。这件事情本身并不能充分反映高纬的民族关系思想状况，但可以看出他的价值取向和他对羌人的认识。这与他宠信西域胡人的思维一脉相承。

总之，国难当头，高纬不思进取，总想为自己寻找后路。他想投奔突厥，因大臣们强烈反对而流产；想求救于突厥，因大势已去，突厥也没能帮忙；即使想做“龟兹国子”的打算也化为泡影。唯一做成的是使人扮演“羌兵”进行实战训练。高纬的这些想法，固然与当时的内外形势有关，但也与身边的胡人对他的影响密切相关。非常具有讽刺意味的是，昔日一直围聚在高纬身边的那些胡人，为高纬所做的一切，都是为了自身利益，在关键时刻都纷纷离他而去，没有人愿意跟着他颠沛流离。这也说明，建立在私利之上的感情及相互利用的关系，都非常脆弱，绝对不会长久，一旦失去利用价值，就会被无情抛弃。

1《北齐书》卷8《后主纪》，第113页。

九、北齐汉化大臣民族关系思想的主要观点及特点

北齐由“胡化”人物所建，皇帝多以“胡化”著称，因而会被贴上“胡化”标签。另外，一些地方官员和军中要员仍然在继续“汉化”道路上行进，对民族关系的思想认识和实践活动，比较符合儒家思想及其行为准则，不断彰显着“汉化”特征，有些思想认识比同时代其他政治家和思想家更有高度。“汉化”大臣源彪的以恩信治边思想、段韶的“北虏侵边，事等疥癣”认识、王纮的“相与影响”认识以及元景安的“被以威恩”思想，不仅丰富了北朝民族关系思想史，而且都在实践中取得了显著成效，得到了百姓的爱戴，青史上留下了英名。北齐“汉化”大臣民族关系思想具有准确把握时代脉搏、符合实际务实管用、外胡内儒、突出恩信的作用与价值等特点。恩信思想之所以会成为北齐的主流思想，一是争取民心、保持社会稳定的需要，二是恩信思想已达到北朝的巅峰，北齐地方官员以践行恩信思想为荣。

“汉化”与“胡化”是中国古代民族关系历史上的常见现象，有着曲折发展历程，各个时期的表现和程度都不尽相同。北齐民族关系既有“胡化”一面，又有“汉化”一面。因北齐历任皇帝都已“胡化”，中央上层一度掀起胡风、倡导胡俗，“出现反汉化趋势”[1]，因而往往会被贴上胡化标签。另外，一些在地方任职的官员和军中要员仍然在继续汉化道路上行进。目前学界普遍关注

1 崔明德：《中国民族关系十讲》，第 280 页。

北齐的“胡化”问题，但对“汉化”问题重视不够，迄今尚无专文进行系统探讨。我们通过对源彪、段韶、王纮和元景安等四位“汉化”代表性人物民族关系思想的梳理，来弥补这方面研究的缺陷，进一步拓展中国民族关系思想史的研究范围。

（一）源彪以恩信治边思想

源彪字文宗，西平乐都人。父源子恭，官至魏中书监、司空。源彪“学涉机警，少有名誉”[1]。从魏孝庄永安中至乾明初，源彪既有在京城任职的经历，如天保元年（550 年）任太子中舍人，又有在地方任职的经历，如天平四年（537 年）任凉州大中正，乾明初（560 年）任范阳郡守。或许没有在重要岗位上担任重要职务，无论在中央还是地方工作，源彪的政绩都不突出。后来虽然升迁为吏部郎中、散骑常侍、骠骑大将军、仪同三司等高官，身居要职，但仍然没有留下值得称道的政绩，唯一给他带来良好声誉且能载于史册的是他在任泾州刺史和秦州刺史时的政绩。

孝昭帝高演皇建二年（561 年），源彪出任泾州刺史，他在当地以恩信治边的思想及其实践取得了良好效果，让他留名于后世。据《北齐书·源彪传》记载，源彪在泾州始终“以恩信待物”，其结果是“甚得边境之和，为邻人所钦服”。以前被周边政权和少数民族“抄掠者”，在源彪任职期间“多得放还”。[2] 北齐后主高纬执政时，秦州刺史宋嵩去世。因秦州地处边陲，地理位置十分重要，北齐君臣自然要挑选一位非常能干的官员接替宋嵩。朝廷考虑到源彪“往莅泾州，颇著声绩”[3]，便任命他为秦州刺史。源彪当时在吏部任职

1《北齐书》卷 43《源彪传》，第 577 页。

2《北齐书》卷 43《源彪传》，第 577 页。

3《北齐书》卷 43《源彪传》，第 577 页。

肩负着“典选”的重任，但为了边疆的安定，立即前往秦州。源彪在秦州的工作很简单，就是以治理泾州的方式治理秦州，也就是仍然以恩信治理秦州。源彪的思想和实践不仅得到了北齐君臣的充分肯定，而且其名声也传到了南朝，得到了南朝的认可。给事中李孝贞出使南朝萧陈时，陈的国君就对李孝贞说：“齐朝还遣源泾州来瓜步，直可谓和通矣。”[1] 可见源彪以恩信治边思想影响深远。

（二）段韶的“北虏侵边，事等疥癣”认识

段韶的这一认识，是在北周与突厥结盟对北齐造成极大恐慌背景下产生的，既为北齐上层增强了必胜信心，又在一定程度上鼓舞了士气。

段韶字孝先，小名铁伐，自幼工于骑射，颇有将领才略。高欢因其是武明皇后娄昭君的外甥，对他格外器重，把他视为心腹，经常让他跟随在自己身边。高欢临终前曾嘱咐其子高澄说：“段孝先忠亮仁厚，智勇兼备，亲戚之中，唯有此子，军旅大事，宜共筹之。”[2] 由此可以看出高欢对段韶的器重程度。

段韶确有本事，不仅在文宣帝高洋时期担任冀州刺史、六州大都督时，治理有方，得到“有惠政”的赞誉，而且很“得吏民之心”[3]。段韶也很有军事才能。在天保四年（553 年）至天保五年（554 年）二月期间，先是梁将东方白额“招诱边民，杀害长吏，淮、泗扰动”，随后梁将严超达等率军威逼泾州，接着陈武帝率众将攻打广陵。在此严峻形势下，北齐“三军咸惧”。段韶临危不惧，亲自率领步骑数千人赶赴泾州，与严超达联手出战，陈武帝落荒而逃，“尽获其舟舰器械”。段韶追至杨子栅，“大获其军资器物”，凯旋而归。天保五

1《北齐书》卷 43《源彪传》，第 577 页。
2《资治通鉴》卷 159，“梁纪十五”，“中大同元年”条，第 4946 页。
3《北齐书》卷 16《段荣传附子段韶传》，第 210 页。

年（554 年）六月，段韶借会盟之机，杀掉东方白额，于是“江淮帖然，民皆安辑”[1]。

北齐武成帝高湛时期，北周正在实施消灭北齐的计划。北周为了扩大声势，往往会联合突厥出兵。河清三年（564 年），北周冢宰宇文护派遣将领尉迟迥等袭击洛阳。武成帝命令兰陵王高长恭、大将军斛律光率众营救，驻扎于邙山之下。他们因“畏周兵之强”[2]，不敢前进，只好在此逗留。武成帝把时任并州刺史的段韶召到跟前，对他说：“洛阳危急，今欲遣王救之。突厥在北，复须镇御，如何？”段韶回答说：“北虏侵边，事等疥癣，今西羌窥逼，便是膏肓之病，请奉诏南行。”[3]段韶的看法与武成帝不谋而合，于是命令段韶带领精骑一千人，从晋阳向洛阳出发。随后，武成帝也自晋阳赶赴洛阳。

当时北齐上层为何多数都惧怕北周呢？一是因为周武帝与突厥结成军事联盟共同对付北齐，给北齐造成了极大压力。如大宁二年（562 年）十二月，周武帝遣其将“率羌夷与突厥合众逼晋阳”[4]，河清二年（563 年）十二月，北周将领杨忠率突厥阿史那木杆可汗等二十余万人自恒州分为三道，“杀掠吏人”[5]，次年（564 年）六月，北周“谋与突厥再伐齐。齐主闻之，大惧”[6]。二是突厥也时常单独出兵骚扰北齐，如河清三年（564 年）六月，突厥侵扰北齐的幽州，突厥出动了十余万人，进入长城，“大掠而还”[7]。这就给北齐造成了叠加压力。因此，他们既怕北周，又怕突厥，更怕北周与突厥联军。

段韶的看法与他们不同。在他看来，突厥侵扰北部边境，等同于“疥癣”，只是有关皮肤痛痒的小毛病，无碍于生命。北齐黄门侍郎颜之推就说，“疥癣

1《北齐书》卷 16《段荣传附子段韶传》，第 210 页。
2《资治通鉴》卷 169，“陈纪三”，“天嘉五年”条，第 5247 页。
3《北齐书》卷 16《段荣传附子段韶传》，第 211 页。
4《北齐书》卷 16《段荣传附子段韶传》，第 210—211 页。
5《北史》卷 8《齐本纪下》，第 284 页。
6《资治通鉴》卷 169，“陈纪三”，“天嘉五年”条，第 5242 页。
7《资治通鉴》卷 169，“陈纪三”，“天嘉五年”条，第 5243 页。

小疾，何足可论，宁有患疥转作疟乎？”[1] 而西邻北周的“窥逼”则是腹心之疾，膏肓之病，无可救药。为了突出北周的威胁程度，段韶将北周称为“西羌”。应当说，段韶的认识还是比较清醒的，其判断也非常准确，后来的事实充分证明了他的判断。

段韶之所以会有“北虏侵边，事等疥癣”的认识，这与他的经历有很大关系。段韶曾与突厥有过较量，对突厥唯利是图、脚踏两只船的本性以及突厥与北周并非牢不可破的盟友关系有着很深刻的认识。在北周与突厥联合威逼晋阳时，突厥从北部“结阵而前”[2]，北周以步卒为前锋，从西山而下。当时各位将领都想反击，段韶则认为，“步卒力势，自当有限。今积雪既厚，逆战非便，不如陈以待之。彼劳我逸，破之必矣”[3]。北周与突厥军队逼近时，北齐精锐部队鼓噪而出，“突厥震骇，引上西山，不肯战，周师大败而还”。突厥见状，立即“引兵出塞，纵兵大掠，自晋阳以往七百余里，人畜无遗”。[4] 段韶率军奋力追击，“出塞不及而还”[5]。突厥回到陉岭途中，天寒地滑，便“铺毡以度，胡马寒瘦，膝已下皆无毛；比至长城，马死且尽，截稍杖之以归”[6]。在此战役之前，北周柱国杨忠独自率兵与突厥自北道伐齐。突厥见晋阳北城的北齐军队“军容甚整”，便公开埋怨北周说：“尔言齐乱，故来伐之。今齐人眼中亦有铁，何可当邪！”[7] 说明突厥与北周的联盟并不十分牢固。从这次战争中，段韶更加充分认识到突厥虽与北周结为同盟，但随时都在打自己的如意盘算，在关键时刻只考虑自身得失，见对方军事力量强大就惊慌失措，一旦战斗失利就急忙逃跑。段韶根据这些事实得出了“北虏侵边，事等疥癣”的认识。

1（北齐）颜之推：《颜氏家训》卷 6《书证》，见王利器：《颜氏家训集解》，第 427 页。
2《北齐书》卷 16《段荣传附子段韶传》，第 211 页。
3《资治通鉴》卷 169，“陈纪三”，“天嘉五年”条，第 5238 页。
4《资治通鉴》卷 169，“陈纪三”，“天嘉五年”条，第 5238 页。
5《北齐书》卷 16《段荣传附子段韶传》，第 211 页。
6《资治通鉴》卷 169，“陈纪三”，“天嘉五年”条，第 5238 页。
7《资治通鉴》卷 169，“陈纪三”，“天嘉五年”条，第 5238 页。

（三）王纮的“相与影响”思想

王纮字师罗，太安狄那人，曾“为小部酋帅”[1]。在其父亲王基“颇读书，有智略”[2]的影响下，王纮虽然自幼就“好弓马，善骑射”，但也“颇爱文学”，“好著述，作《鉴诫》二十四篇，颇有文义”，[3]是北齐时期罕见的能文能武的高级官员。

王纮一生仕途比较平坦，基本上属于一步一个台阶走上巅峰的。在文襄帝高澄遭遇祸害时，他能够“冒刃捍御”[4]，受到北齐高层的器重，晋爵平春县男。高洋即位后，王纮被封为宁远将军。废帝乾明元年（560年），王纮被补为中外府功曹参军事。不久，被孝昭帝高演晋爵为义阳县子。河清三年（564年），被武成帝高湛加封为骠骑大将军。天统元年（565年），被后主高纬封为给事黄门侍郎，加射声校尉，四迁散骑常侍。

王纮是北齐大臣当中少有的头脑清醒者，他对当时的民族关系有着非常深刻的认识，提出了极富新意的思想观点。

一是对民族服饰的认识。在中国古代北方地区，汉族和少数民族的服饰有较大差异。中原汉族人崇尚右，习惯将衣襟右掩，称为右衽；而北方少数民族崇尚左，衣襟左掩，是为左衽。《尚书·毕命》载：“四夷左衽”。在汉族人的思想意识中，往往会把“左衽”等同于落后、野蛮民族，甚至会视为国家被异族灭亡、华夏文明沦落的标志。东汉史学家班固就认为：“《春秋》内诸夏而外夷狄。夷狄之人贪而好利，被发左衽，人面兽心，其与中国殊章服，异习俗，饮食不同，言语不通，辟居北垂寒露之野，逐草随畜，射猎为生，隔以山谷，

1《北齐书》卷25《王纮传》，第365页。

2《北史》卷55《王纮传》，第1998页。

3《北齐书》卷25《王纮传》，第365、367页。

4《北史》卷55《王纮传》，第1998页。

雍以沙幕，天地所以绝外内也。”[1]

王纮的思想非常开明，在他看来，随着政权的更迭、疆域的扩张和时代的变化，对民族服饰的认识不能一成不变，更不能以“左衽”还是“右衽”论是非。王纮的这一思想不仅极具挑战性，而且提出这一看法时，王纮只有15岁。东魏孝静帝元象初年，王纮跟随出任北豫州刺史的父亲到了北豫州。当时行台侯景和他人争论掩衣方法应当“左衽”还是“右衽”。尚书敬显儁根据孔子“微管仲，吾其被发左衽矣”的语录，十分肯定地说应以“右衽为是”。王纮对此提出了自己的看法。他认为，“国家龙飞朔野，雄步中原，五帝异仪，三王殊制，掩衣左右，何足是非”。侯景对王纮的见解非常惊奇，对他的“早慧”称赞不已，并对他“赐以名马”。[2] 王纮以发展的观点和战略思维来看待“左衽”“右衽”问题，从民族融合的角度分析民族服饰和民族习俗，确实比同时代的政治家和思想家都要高明。王纮的这一认识，既客观反映了当时民族融合的事实，又体现了他实事求是的思想作风，同时也说明他能够与时俱进。

二是对不同民族“相与影响”的认识。北齐后主高纬武平初，作为开府仪同三司的王纮给高纬上书，提出了不同民族“相与影响”的思想观点。王纮认为，“突厥与宇文男来女往，必当相与影响”。在王纮看来，突厥人和北周人经常来往，必然会相互影响，也会结成军事同盟，极有可能造成“南北寇边”[3] 的局面，应当早点做好准备。

如何应对这种局面？王纮提出了自己的看法：“宜选九州劲勇强弩，多据要险之地”。王纮非常清楚，在当时“政体隳紊”[4] 的形势下，这一主张看似简单，但要真正挑选出“劲勇强弩”并非易事，至于“劲勇强弩”是否会安心守边也值得怀疑。所以，“选九州劲勇强弩，多据要险之地”工作要做的事情很

1《汉书》卷94下《匈奴传下》，第3834页。

2《北齐书》卷25《王纮传》，第365页。

3《北齐书》卷25《王纮传》，第366页。

4《资治通鉴》卷171，“陈纪五”，“太建五年”条，第5321页。

多，最重要的是需要帝王摆出姿态，采取切实措施，调动一切积极因素。王纮向高纬建议，“哀忠念旧，爱孤恤寡，矜愚嘉善，舍过记功，敦骨肉之情，广宽仁之路，思尧、舜之风，慕禹、汤之德，克己复礼，以成美化，天下幸甚”[1]。在当时复杂形势下，高纬虽然也会高度重视王纮的想法，但不可能完全采纳他的意见。因此，王纮的思想观点难以起到应有的作用。

“相与影响”的思想认识，体现了王纮朴素的辩证思维和整体视角。在中国各个时期的历史中，不同民族之间的影响是双向的，双方相互了解、相互学习、相互渗透、相互借鉴，积极影响是如此，消极影响也是相互的。但在中国古代“华夷之辨”的语境里，许多政治家和思想家把不同民族的影响视为单向的影响，只强调汉族对少数民族的影响，而忽略了少数民族对汉族的影响。王纮不仅看到了民族关系和民族服饰、民族习俗的发展变化，而且还特别强调不同民族之间的相互影响，明确提出了“突厥与周男女来往，必相影响”[2]的理论观点，体现了他的辩证思维和对民族关系的精准认识。

三是“遐迩归心”的理想追求。后主高纬武平四年（573年）[3]，陈将吴明彻“统众十万伐齐”[4]，齐后主高纬召集文武官员商量抵御陈军的对策。当时领军封辅相主张出兵反击，而时任开府仪同三司的王纮则表达了“遐迩归心”[5]的理想追求。在他看来，北齐官军在与北周等政权争夺中“频经失利”，人情开始骚动，假如再要“兴兵极武，出顿江淮”，恐怕被称为“北狄西寇”的突厥和北周就会“乘我之弊，倾国而来”。一旦出现这种状况，那么整个局势对我们极其不利。王纮认为，与其“出顿江、淮”，不如“薄赋省徭，息

1《北齐书》卷25《王纮传》，第366页。

2《北史》卷55《王纮传》，第1999页。

3《北齐书》卷25《王纮传》和《北史》卷55《王纮传》均将此系于武平五年（574年），此从《北史》卷8《齐后主纪》、《北齐书》卷8《齐后主纪》、《陈书》卷5《宣帝纪》及《资治通鉴》卷171，“陈纪五”，“太建五年”条所载时间，即武平四年（573年）。是年，陈镇前将军吴明彻攻淮南。

4《资治通鉴》卷171，“陈纪五”，“太建五年”条，第5317页。

5《北史》卷55《王纮传》，第1999页。

民养士，使朝廷协睦，遐迩归心，征之以仁义，鼓之以道德”，这样“天下皆当肃清”，[1] 岂止陈朝而已。尽管当时多数大臣都赞同王纮的主张，但并没有被后主高纬所采纳。高纬虽连续派人营救历阳和秦州等地，而且其将领挑选“长大有膂力者为前队，又有苍头、犀角、大力，其锋甚锐”，同时还有“西域胡，善射，弦无虚发，众军尤惮之”，[2] 但因北齐的腐败无能以及将领争权、指挥失当，“齐军大败”[3]，秦、泾、和、合四州及寿阳先后失陷，最终也难以摆脱失败局面。

（四）元景安的“被以威恩”思想

元景安是北魏昭成皇帝拓跋什翼犍的五世孙，他“沉敏有干局，少工骑射，善于事人”[4]。元景安曾追随北魏孝武帝元修入关。天平末期，元景安趁东、西魏交战之机，临阵东归高欢，后在芒山之战中立下战功。高欢长子高澄入朝辅政时，元景安随他到邺。当时“江南款附，朝贡相寻”，元景安“妙闲驰骋，雅有容则”，每次南朝萧梁使者到了邺城，高澄就让元景安与斛律光、皮景和等人“对客骑射，见者称善”。[5]

高欢死后，高澄掌握大权，元景安被升任为安西将军、通州刺史及镇西将军等职。北齐建立后，元景安被文宣帝高洋赐姓高氏。在天保年间（550—559年）元景安主要在北方与少数民族政权交战，取得了辉煌战绩，其官职也在不断提升。如天保三年（552年），元景安破库莫奚于代川，转领左右大都督；天保四年（553年），元景安讨契丹于黄龙，领北平太守。之后，元景安多次跟

1《北齐书》卷25《王纮传》，第366页。
2《资治通鉴》卷171，“陈纪五”，“太建五年”条，第5319页。
3《资治通鉴》卷171，“陈纪五”，“太建五年”条，第5320页。
4《北齐书》卷41《元景安传》，第542页。
5《北齐书》卷41《元景安传》，第542页。

随文宣帝击破柔然，升迁为武卫大将军等要职。在文宣帝高洋时期，突厥逐步强盛起来。高洋考虑到当时“初筑长城，镇戍未立”[1]，需要加强边塞防御工作，于是诏令元景安与诸将“缘塞以备守”。元景安不仅尽心尽职，而且十分清廉，其他督领“富于财物”，“贿货公行”，“赃污狼藉”，唯独元景安“纤毫无犯”[2]，得到了文宣帝的嘉奖。

在后主高纬时期，元景安的工作地点和性质都发生了极大变化，从北方到了南方，从中央到了地方，从以军旅为主转为以治理地方为主。在此期间，元景安先后任徐州刺史和豫州刺史，被封为历阳郡王。无论是徐州还是豫州，都是北齐的边州，与南朝接壤。元景安总的思路是“绥和边鄙，不相侵暴”[3]，使双方都产生了人心安定、财物安全的理想效果。尤其值得称道的是，在元景安的管辖范围之内，有的地方“蛮多华少”[4]，如何处理好蛮与华的关系成为一项重要任务。元景安的思路和举措是“被以威恩”，结果取得了“咸得宁辑”[5]的显著政绩，到后主武平末期（570—575 年），元景安“招慰生蛮输租赋者数万户”[6]，显示出其处理民族关系的卓越才能。

元景安一生经历比较丰富，很有作为，名声显赫，也很受皇帝的器重。他之所以能够留名青史，靠的是个人操守、符合民意的思路、正确处理华蛮关系的举措以及所取得的突出政绩。这几个方面有着必然联系，正是由于他有着良好的素养和操守，才会产生“绥和边鄙”这一符合民意的思路，才会以“被以威恩”的思路和举措，积极争取和安抚生蛮，取得了“咸得宁辑”的政绩。

1《北史》卷 53《元景安传》，第 1928 页。
2《北齐书》卷 41《元景安传》，第 543 页。
3《北齐书》卷 41《元景安传》，第 543 页。
4《北史》卷 53《元景安传》，第 1929 页。
5《北史》卷 53《元景安传》，第 1929 页。
6《北齐书》卷 41《元景安传》，第 543 页。

（五）北齐汉化大臣民族关系思想的特点

通过以上的初步梳理，可以看出北齐汉化大臣民族关系思想具有以下几个特点。

一是准确把握时代脉搏。北齐上层由于忙于争权夺利以及在位时间较短等原因，很难静下心来认真思考如何处理民族关系等问题，也很难摸准时代脉搏。而在地方任职的官员和军中要员，由于时常与境内少数民族接触，有时还会与境外少数民族交战，比较了解少数民族的习俗和需求，比较熟悉民族关系发展规律，因而能够比较准确地把握时代脉搏。王纮就是这方面的代表，他做过“小部酋帅”[1]，对少数民族的特性深有体会；他曾“与诸将征突厥”[2]，也曾“聘于周”[3]，对民族关系和外交关系都有深刻把握。他从南北朝时期少数民族和汉族人口不断迁徙、不同民族杂居交错、不同民族交往交流速度不断加快、民族融合呈现出前所未有的良好发展势头以及民族关系更加复杂的情势中，认真研判民族关系发展趋势，准确把握时代脉搏，明确反对以民族服饰特点论是非，体现了与时俱进的思想。

二是符合实际、务实管用。从史书记载来看，这些汉化大臣并没有对他们的思想进行系统的理论阐释和深入分析，我们现在只能看到他们的主要思想观点或实践活动。从他们的思想观点和基本内容来看，都比较符合实际；从具体实践成效来看，也都务实管用。如段韶既做过冀州刺史、并州刺史等地方要员，又有与突厥交战的经历，对当时民族关系比较了解，因此其“北虏侵边，事等疥癣”“西羌窥逼，便是膏肓之病”[4]的认识，就比较符合实际，

1《北齐书》卷25《王纮传》，第365页。

2《北齐书》卷25《王纮传》，第366页。

3《北齐书》卷25《王纮传》，第367页。

4《北齐书》卷16《段荣传附子段韶传》，第211页。

其对策也比较务实管用。再如，长期在“边州”任职的元景安在“慰劳百司，巡省风俗”以及征讨契丹、击破柔然、“缘塞以备守”[1]中，对社会状况和民族关系有了全面了解，因此他的“被以威恩”思想就比较符合实际，而且取得了显著成效。

北齐汉化大臣民族关系思想的这一特点，主要得益于他们的地方工作经历，对当时的民族关系有切身体验，有时还会亲自处理民族关系中的一些具体问题，在实际工作中总结出有益经验，并将其升华到理论高度，成为当地处理民族关系的指导思想。就此而言，他们的思想认识都比较深刻、比较到位、比较实用，因而能够流芳百世。反观那些一直在中央任职的官员，由于他们缺乏基层经历，无法感同身受，往往会脱离实际，很难留下闪光的思想，在民族关系思想史上很难占有与其政治地位相符的位置。

三是外胡内儒。这一特征主要由这些大臣都为“汉化”身份所彰显。只要追溯一下源彪、段韶、王纮和元景安的家世，就可以发现他们身上都有少数民族血统，如源彪出身于鲜卑秃发部，其祖父源贺“自署”为南凉国君秃发傉檀之子，投奔北魏后，孝文帝因其与拓跋氏“源同”，对他赐姓源氏[2]；段韶为“姑臧武威人”[3]，其母亲是鲜卑族娄昭君的姐姐；王纮是太安狄那人，曾“为小部酋帅”[4]；元景安出身于鲜卑贵族，其五世祖就是十六国时期代国君主拓跋什翼犍。虽然他们身上流淌着少数民族血液，但本人都已汉化，思维方式和行事风格比较接近中原士大夫，具有汉族文化的基本要素。如源彪始终“以恩信待物”[5]，段韶之父段荣“所历皆推仁恕，民吏爱之”[6]。段韶本人非常看重“信义”，

1《北齐书》卷41《元景安传》，第543页。

2《魏书》卷41《源贺传》载：“世祖素闻其名，及见，器其机辩，赐爵西平侯，加龙骧将军。谓贺曰：‘卿与朕源同，因事分姓，今可为源氏。’”（第919页）

3《北齐书》卷16《段荣传》，第208页。

4《北齐书》卷25《王纮传》，第365页。

5《北齐书》卷43《源彪传》，第577页。

6《北齐书》卷16《段荣传》，第208页。

尤其是“事后母以孝闻，齐世勋贵之家罕有及者”[1]。王纮虽善于骑射，有着比较辉煌的戎马生涯，但也是一位熟读儒家经典的文人，具有深厚的儒家文化功底，为人处世比较符合儒家标准。他在13岁时与扬州刺史郭元贞的一番对话，就充分展露出他的这一特质。郭元贞一见到王纮，就抚摸着他的后背问：“汝读何书？”王纮回答说：“诵《孝经》。”郭元贞又问：“《孝经》云何？”王纮接着回答说：“在上不骄，为下不乱。”郭元贞又问：“吾作刺史，岂其骄乎？”王纮直截了当地说：“公虽不骄，君子防未萌，亦愿留意。”[2]王纮的这番见解得到了郭元贞的赞赏，扩大了他的声誉。他在文襄帝高澄遇害时能“冒刃捍御”，得到了“忠节”的美誉。儒家思想的浸染和文人特质，在其上书言事中得到了充分体现。如王纮在向高纬建议加强备边时，就希望高纬“广宽仁之路，思尧、舜之风，慕禹、汤之德，克己复礼，以成美化”[3]。在应对陈军侵扰时，王纮希望高纬能“薄赋省徭，息民养士，使朝廷协睦，遐迩归心，征之以仁义，鼓之以道德”[4]。对仁政重要性的认识和推崇，有些汉族政治家也未必能达到如此高度。从王纮的相关论述中可以看出，他的思想深受儒家思想浸染，甚至一些言论，不仅与孔子等人的言论完全一致，而且也比较符合儒家的价值标准。

四是突出恩信的作用与价值。在中国文献中，恩信具有恩德、信义之意，至迟在西汉时期即有这方面的记载，如韩延寿在治理左冯翊时，“恩信周遍二十四县，莫复以辞讼自言者。推其至诚，吏民不忍欺绐。”[5]北齐是南北朝出现“恩信”频次最高的时期，即使在整个中国古代社会也是较高的时期。由此也可以说，恩信是北齐官员和民众都极力推崇的理念，是当时的主旋律和主流思想。除了孝昭帝时期的泾州刺史源彪“以恩信待物”外，一直追随高欢且

1《北齐书》卷16《段荣传附子段韶传》，第213页。
2《北齐书》卷25《王纮传》，第365页。
3《北齐书》卷25《王纮传》，第366页。
4《北齐书》卷25《王纮传》，第366页。
5《汉书》卷8《韩延寿传》，第3213页。

“深被亲待，每号令三军，恒令宣谕意旨”的张华原在出任兖州刺史时，“至州，乃广布耳目，以威禁，境内大贼及邻州亡命三百余人，皆诣华原归款。咸抚以恩信，放归田里，于是人怀感附，寇盗寝息”[1]。文宣帝时期的东南道行台尚书、徐州刺史赵彦深，“为政尚恩信。为吏人所怀，多所降下”[2]。开府仪同三司王纮的“征之以仁义，鼓之以道德”及“遐迩归心”的主张，也体现了恩信思想精髓。元景安以“绥和边鄙”及“被以威恩”处理民族关系的思想方法，无不体现着恩信思想。由此可见，北齐具有恩信思想的肥沃土壤和浓厚氛围，无论是官员还是普通民众，都重视和推崇恩信，都希望以恩信处理民族关系、治理社会。事实证明，这种思想及其实践取得了显著成效，也得到了当地百姓的爱戴和怀念。如兖州人对张华原的感怀，赵彦深“所营军处，士庶追思，号赵行台顿”[3]，源彪“为邻人所钦服”[4]，元景安在徐州和豫州“咸得宁辑”[5] 等，无不说明恩信的积极作用和重要价值。

恩信思想之所以会成为北齐的主流思想，尽管原因是多方面的，但以下两点尤为重要。

一是争取民心、保持社会稳定的需要。南北朝的对峙、西魏北周与东魏北齐的争斗，都需要得到民众的支持，而中国北方社会的长期动荡不安，使人们迫切希望稳定下来，而恩信无疑是争取民心和社会稳定的重要法宝。所以，源彪等人都把恩信作为处理民族关系的指导思想，都取得了骄人政绩，得到了各族人民的敬仰，出现了纷纷为他们请功的感人场面。

二是恩信思想在北齐已达到北朝的巅峰，地方官员以践行恩信思想为荣。恩信是中华传统思想文化的精华，自北魏到北齐一直延续不断，至北齐达到巅

1《北史》卷 86《循吏·张华原传》，第 2873 页。
2《北齐书》卷 38《赵彦深传》，第 506 页。
3《北齐书》卷 38《赵彦深传》，第 506 页。
4《北齐书》卷 43《源彪传》，第 577 页。
5《北齐书》卷 41《元景安传》，第 543 页。

峰。只要我们简单梳理一下北朝恩信思想的发展历史，就会十分清楚地看出这一问题。北魏道武帝时，“诸部乖乱”，代人贺讷“总摄东部为大人，迁居大宁，行其恩信，众多归之，侔于库仁”[1]。孝文帝时，北魏形成了崇尚恩信的浓厚氛围，出现了普遍践行恩信的喜人景象。如吐京太守（后改为汾州）刘升“在郡甚有威惠，限满还都，胡民八百余人诣罴请之”。定阳令吴平仁“亦有恩信，户增数倍”。驸马都尉、武牢镇将伏干罴调任汾州刺史后，深为刘升和吴平仁事迹所感动，积极向朝廷建议褒奖刘升等人，得到了孝文帝的批准，刘升和吴平仁得到了嘉奖，于是“所部守令，咸自砥砺，威化大行，百姓安之”[2]，出现了“政和人悦”[3]的大好局面。汾州人因伏干罴大力弘扬恩信精神，对他非常感激，出现了李轨、郭及祖等七百余人“诣阙称罴恩德”的感人场面，孝文帝因此对伏干罴“增秩延限”[4]。孝文帝如此赞誉、嘉奖和重用他们，体现了恩信思想的标杆意义和引领作用。北魏世宗宣武帝时的济北太守崔伯谦推行德政，“恩信大行”，得到了当地百姓的赞颂：“府君恩化，古者所无。因诵民为歌曰：‘崔府君，能治政，易鞭鞭，布威德，民无争。’”崔伯谦离开济北赴邺时，“百姓号泣遮道”。[5]既然恩信思想在北齐已达到北朝的巅峰，那么地方官员把恩信作为社会治理的核心理念，众多百姓敬佩具有“恩信”理念的官员，就是非常自然的事情了。

1《北史》卷80《外戚·贺讷传》，第2671页。
2《魏书》卷27《穆崇传》，第666页。
3《北史》卷20《穆崇传》，第741页。
4《北史》卷20《穆崇传》，第741页。
5《北齐书》卷46《良吏·崔伯谦传》，第642页。

十、南朝对诸“蛮”的认识及处理方式

“蛮”在南方民族史上占有重要地位，他们的向背直接影响着政权稳定、社会进步及外交格局。南朝各政权的政治家、史学家等各类人物对诸“蛮”的认识及处理方式，决定着这一时期民族关系发展状况和走向。南朝对诸“蛮”的认识与处理方式，既有浓重的功利性色彩，又在发展变化过程中趋于理性，武力因素在减少，人文关怀在增加。这种趋势，使南方诸族的反抗情绪逐渐降低，相互认同、相互合作的意识逐步强化，这有助于南朝各政权的稳定，有助于多民族交往交流交融，有助于各民族共同发展。

如何处理与诸“蛮”关系，既决定着各政权能否稳定，也影响着南方民族关系的发展走向，并与统一多民族国家发展进程有着密切联系。目前，学界已注意到这一问题，且对民族政策做了比较深入的研究[1]，但对起着指导作用的民族关系思想重视不够，尚无专文加以探讨。这里拟对南朝各政权各类人物对诸“蛮”的认识及处理方式作一系统梳理和探讨，以期全面认识南朝各个时期的民族关系。

---

1 参见王延武：《两晋南朝的治“蛮”机构与“蛮族”活动》，《中南民族学院学报（哲学社会科学版）》1983 年第 3 期；吴永章：《南朝对“蛮”族的统治与“扶纳”政策》，《江汉论坛》1983 年第 6 期；方高峰、张晓连：《试论东晋南朝时期的民族敕封政策》，《山东理工大学学报（社会科学版）》2003 年第 4 期；彭丰文：《南朝岭南民族政策新探》，《民族研究》2004 年第 5 期。

（一）刘宋时期对诸“蛮”的认识及处理方式

南朝境内各族，人数众多，名称繁杂，主要有蛮、僚、俚、爨四大族系[1]，其中蛮“种类繁多，言语不一，咸依山谷，布荆、湘、雍、郢、司等五州界”[2]，大致分布于今湖北、湖南、河南、安徽、江西部分地区。

秦汉以来，南方少数民族地区逐步纳入中原王朝统治区域，以何种方式治理诸“蛮”，成为历代政治家、军事家、史学家等重点思考的问题。他们的思想认识是统治者处理民族关系、制定民族政策的理论基础，对南方诸“蛮”产生了重要影响。例如，西汉司马相如曾建议汉武帝，要集中精力开拓“南夷”，凿山通道、设置郡县，使南方民族地区与中原地区“遐迩一体”[3]。东汉边吏郑纯、冯颢、朱辅、王追等人以“化行夷貊”[4]、“威怀远夷”[5]作为处理民族关系的思想基础，有力推动了多民族经济文化交流，巩固了东汉王朝对南方民族地区的统治。

南朝刘宋时期，史学家范晔对诸“蛮”的认识最为典型，也最具代表性，这主要体现在《后汉书·南蛮西南夷列传》“论曰”部分。其文曰：

> 汉氏征伐戎狄，有事边远，盖亦与王业而终始矣。至于倾没疆垂，丧师败将者，不出时岁，卒能开四夷之境，款殊俗之附。若乃文约之所沾渐，风声之所周流，几将日所出入处也。著自山经、水志者，亦略及焉。虽服叛难常，威泽时旷，及其化行，则缓耳雕脚之伦，兽居鸟语之类，莫

1 参见白翠琴：《魏晋南北朝民族史》，四川民族出版社，1996；翁独健主编：《中国民族关系史纲要》，中国社会科学出版社，2005。一说分蛮、僚、俚、傒四大族系，见罗贤佑：《中国民族史纲要》，中国社会科学出版社，2009。

2《南齐书》卷 58《蛮、东南夷传》，第 1007 页。

3《汉书》卷 57 下《司马相如传下》，第 2586 页。

4《后汉书》卷 86《南蛮西南夷列传》，第 2851 页。

5《后汉书》卷 86《南蛮西南夷列传》，第 2854—2855 页。

不举种尽落，回面而请吏，陵海越障，累译以内属焉。故其录名中郎、校尉之署，编数都护、部守之曹，动以数百万计。若乃藏山隐海之灵物，沉沙栖陆之玮宝，莫不呈表怪丽，雕被宫幄焉。又其賨幏火毳、驯禽封兽之赋，軨积于内府；夷歌巴舞、殊音异节之技，列倡于外门。岂柔服之道，必足于斯？然亦云致远者矣。蛮夷虽附阻岩谷，而类有土居，连涉荆、交之区，布护巴、庸之外，不可量极。然其凶勇狡算，薄于羌狄，故陵暴之害，不能深也。西南之徼，尤为劣焉。故关守永昌，肇自远离，启土立人，至今成都焉。[1]

作为官方核心价值观的传递者，范晔对南方诸族及民族关系的看法，基本可以代表当时社会的主流观点。主要包括四点：一是大力支持积极开边政策，认为需要通过武力手段“开四夷之境，款殊俗之附”；二是重视教化的作用，希望以此招徕远人，使文化习俗各异的各族群众“莫不举种尽落，回面而请吏，陵海越障，累译以内属”；三是少数民族地区物产丰盈，有中原王朝稀缺的“藏山隐海之灵物，沉沙栖陆之玮宝”；四是南方少数民族“凶勇狡算，薄于羌狄”，力量较弱，容易管理。

总的来看，范晔的这些认识与先秦时期夷夏观念中“德以柔中国，刑以威四夷”[2]“远人不服，则修文德以来之”[3]等思想观点高度吻合，基本上延续了秦汉时期“遐迩一体”“威怀远夷”等民族关系思想，既主张以武力威慑各族，也注重“柔服之道”[4]，强调用德政教化的力量，使拥有奇珍异宝的远方各族真心佩服，自愿来贡，从而达到一种比较和谐稳定的民族关系状态。这种认识，是刘宋乃至整个南朝时期对付诸“蛮”的思想根基，在中央决策层面形成了安抚与武力相结合的处理方式。

1《后汉书》卷 86《南蛮西南夷列传》，第 2860 页。
2《左传》僖公二十五年，（清）阮元校刻：《十三经注疏》，第 3952 页。
3《论语·季氏》，（清）阮元校刻：《十三经注疏》，第 5476 页。
4《后汉书》卷 86《南蛮西南夷列传》，第 2860 页。

就安抚而言，刘宋在诸“蛮”地区设立左郡左县[1]，册封少数民族首领为地方长官，借其力量进行统治。如宋文帝曾封爨龙颜为龙骧将军、护镇蛮校尉、宁州刺史、邛都县侯[2]。宋孝武帝曾封合浦俚帅陈檀为龙骧将军，后又“以檀为高兴太守，将军如故”[3]。宋明帝时，封蛮帅田益之“为辅国将军，都统四山军事，又以蛮户立宋安、光城二郡，以义之为宋安太守，光兴为龙骧将军、光城太守。封益之边城县王，食邑四百一十一户，成邪财阳城县王，食邑三千户。益之征为虎贲中郎将，将军如故”[4]。另据《南齐书·蛮传》记载，“宋世封西阳蛮梅虫生为高山侯，田治生为威山侯，梅加羊为扞山侯”[5]。

就武力而言，刘宋广设军府以加强对少数民族的管理，设南蛮校尉管理荆州蛮、宁蛮校尉管理雍州蛮、安蛮校尉管理豫州蛮等，同时派大军武力征伐。如元嘉二十九年（452年）宋文帝一次性调集江、荆、雍、豫四州大军讨伐豫州蛮，再如大明四年（460年）宋孝武帝派遣沈庆之讨伐西阳蛮，“大克获而反”[6]。

刘宋地方各级官吏在处理与诸“蛮”关系时，则大多采取武力讨伐的方式。这一时期，只有极少数大臣主动安抚诸“蛮”[7]，绝大多数地方官员以讨“蛮”为要务，而且大都不择手段，肆意掠夺。如刘裕麾下大将王镇恶在讨伐司马休之途中，竟然“停军抄掠诸蛮，不时反”[8]，差点贻误战机。沈亮任雍州刺史时，

---

1 据学者考证，刘宋时，诸“蛮”地区有左郡7，左县40。参见方高峰：《试论左郡左县制》，《中国边疆史地研究》2006年第2期。

2 参见刘景毛、文明元、王珏等点校：《新纂云南通志5》卷84《金石考四·爨龙颜碑》，云南人民出版社，2007，第54页。

3《宋书》卷97《夷蛮传》，第2379页。

4《宋书》卷97《夷蛮传》，第2398页。

5《南齐书》卷58《蛮东南夷传》，第1007页。

6《宋书》卷97《夷蛮传》，第2398页。

7《宋书》中明确记载使用安抚手段处理诸“蛮”关系的，比较典型的有雍州刺史刘道产与朱修之。参见《宋书》卷65《刘道产传》，第1719页；《宋书》卷76《朱修之传》，第1970页。

8《宋书》卷45《王镇恶传》，第1368页。

“边蛮畏服，皆纳赋调”，对于不纳征调者，沈亮“悉诛之”[1]。宁蛮校尉、荆州刺史张邵辖区内“丹、淅二川蛮屡为寇”，张邵引诱蛮帅“因大会诛之，悉掩其徒党”，因“失信群蛮”，各地蛮人“所在并起，水陆断绝”。[2]天门溇中令宗矫之“徭赋过重，蛮不堪命”[3]。孝武帝时期的豫州刺史、淮南太守垣护之征伐西阳蛮，“所莅多聚敛，贿货充积”[4]。督益、宁二州刺史萧惠开上任后，明确告诉同僚自己的政治愿景是“收牂牁、越嶲以为内地，绥讨蛮、濮，辟地征租”[5]。益州刺史垣闳到任后，“凡蛮夷不受鞭罚，输财赎罪，谓之赕，时人谓闳被赕刺史”[6]。沈庆之一生多次伐“蛮”，前后长达十八年之久，仅元嘉二十六年(449年）伐南新郡蛮，就“斩首三千级，虏生蛮二万八千余口，降蛮二万五千口，牛马七百余头，米粟九万余斛”。[7]刘宋末，荆州刺史沈攸之“为政刻暴”，曾“责赕，伐荆州界内诸蛮，遂及五溪，禁断鱼盐”，酉溪蛮酋帅田头拟怒杀沈攸之使者，沈攸之趁机勒索，“责赕千万”，田头拟“输五百万，发气死”。[8]

上述情况出现的原因比较复杂，从社会历史背景加以考察，主要有南朝初年国用不足、民族地区治理体系尚不完善、寒门出身官员文化水平较低等因素。从思想认识的角度来说主要有三点：一是相较于武力讨伐，安抚性手段实施起来门槛较高，需要执政者具备很高的政治素养，能够达到一定的思想高度，极容易被一些注重现实利益的政治家、军事家所忽视；二是诸“蛮”力量弱小、物产丰盈等认识，容易引诱出边吏的贪婪本性，使其直接忽略安抚的力量，选择武力讨“蛮”；三是由于刘宋多次北伐失败，耗费了大量人力物力财

1《宋书》卷 100《自序》，第 2451 页。
2《宋书》卷 46《张邵传》，第 1395 页。
3《宋书》卷 97《夷蛮传》，第 2396 页。
4《宋书》卷 50《垣护之传》，第 1451—1452 页。
5《宋书》卷 87《萧惠开传》，第 2201 页。
6《南史》卷 25《垣闳传》，第 688 页。
7《宋书》卷 77《沈庆之传》，第 1998 页。
8《南齐书》卷 22《豫章文献王传》，第 405 页。

力，迫于现实压力，刘宋诸帝普遍将诸“蛮”生活地区视作后方资源储备基地，放任地方官员随意搜刮，进一步助长了劫掠诸“蛮”的不良风气。如竟陵人张兴世“伐蛮，每战，辄有禽获，玄谟旧部曲诸将不及也，甚奇之”，宋文帝不但没有责怪，反而“称其胆力”。[1] 再如大明五年(461 年) 宋孝武帝下诏称：“伐蛮之家，蠲租税之半”[2]，鼓励向南方少数民族地区用兵。

综上可见，虽然刘宋王朝希望采用“讨”与“抚”双管齐下的方式处理民族关系，但由于思想认识过于功利，忽略了“抚”的作用，导致讨“蛮”成为当时处理民族关系的主流思想。在这种思想潮流推动下，传统意义上的积极开边政策异化为粗暴的掠夺政策，从而不可避免地激化了民族矛盾，激发了反抗斗争。元嘉七年（430 年)，“宜都蛮田生等一百一十三人，并诣阙献见。其后，沔中蛮大动，行旅殆绝”。元嘉十八年（441 年)，“蛮田向求等为寇，破溇中，虏略百姓”。元嘉二十四年（447 年)，“南郡临沮当阳蛮反，缚临沮令傅僧骥”。元嘉二十八年（451 年)，“龙山雉水蛮寇抄涅阳县”，“湍水诸蛮因险为寇”，“西阳蛮杀南川令刘台，并其家口”。元嘉二十九年（452 年)，“新蔡蛮破大雷戍，略公私船入湖”。宋孝武帝大明年间(457—464 年)，“建平蛮向光侯寇暴峡川”，“桂阳蛮反，杀荔令晏珍之，临贺蛮反，杀关建令邢伯儿”。刘宋末，“巴东、建平、宜都、天门四郡蛮为寇，诸郡民户流散，百不存一……虽遣攻伐，终不能禁，荆州为之虚敝”。[3]

（二）南齐时期对诸“蛮”的认识及处理方式

萧齐代宋后，“连年虏动，军国虚乏”[4]，国力相对贫弱。在这种情况下，南

1《宋书》卷 50《张兴世传》，第 1452 页。
2《宋书》卷 6《孝武帝纪》，第 127 页。
3 参见《宋书》卷 97《夷蛮传》，第 2396、2397、2398 页；《南史》卷 79《夷貊传下》，第 1981、1982 页。
4（清）朱铭盘：《南朝齐会要·食货·垦田屯田》，上海古籍出版社，2006，第 451 页。

齐统治者治国理政的方针趋于稳健，对民族关系的认识及处理方式整体走向柔和。

萧道成称帝后，“欲以身率天下，移变风俗”，将主要精力放在恢复社会经济上，多次宣称“使我治天下十年，当使黄金与土同价”，[1] 临终前更是嘱托辅政大臣司徒褚渊、左仆射王俭说：“公等奉太子如事吾，柔远能迩，缉和内外，当令太子敦穆亲戚，委任贤才，崇尚节俭，弘宣简惠，则天下之理尽矣。”[2] 所谓“柔远能迩”，出自《尚书·舜典》“柔远能迩，惇德允元。而难任人，蛮夷率服”与《诗经·民劳》“柔远能迩，以定我王”，指的是统治者要怀柔远方，优抚近地，安抚笼络远近之人使其归附。齐武帝也继承了这一思想，永明七年（489年）下诏称：“春颁秋敛，万邦所以惟怀，柔远能迩，兆民所以允殖。”[3] 永明十一年（493年）策问选才时，齐武帝又将自己处理民族关系的经验总结为：“朕思念旧民，永言攸济，故选将开边，劳来安集，加以纳款通和，布德修礼。歌皇华而遣使，赋膏雨而怀宾。所以关洛动南望之怀，獯夷遽北归之念。”[4] 永泰元年（498年），北魏进犯雍州各地，齐明帝下诏称：“兴师扰众，非政所先，用戢远图，权缓北略，冀戎夷知义，怀我好音”[5]。虽然齐明帝的这番话是对北魏的处理态度，但也基本代表了他对民族关系的认识，即不主动出击，希望少数民族在礼义感召下，主动与南齐交好。

总的来说，南齐最高统治者虽有武力开边的想法，但远不如宋武帝刘裕、宋文帝刘义隆等人强烈，他们对民族关系的认识普遍趋于温和，民族政策的柔和性随之增强。地方官员在处理具体民族关系事务时，自然也会尽其所能地将“柔远能迩，缉和内外”等思想予以贯彻实施，继而形成重视抚“蛮”的浓厚

1《南齐书》卷2《高帝纪下》，第39页。
2《南齐书》卷2《高帝纪下》，第38页。
3《南齐书》卷3《武帝纪》，第55页。
4（清）严可均辑：《全齐文》卷12《永明十一年策秀才文》，商务印书馆，1999，第115页。
5《南齐书》卷26《陈显达传》，第491页。

思想氛围。这种思想认识上的变化，促使南齐处理与诸“蛮”关系的方式出现了较大变动。这主要体现在如下三个方面。

第一，讨伐动因改变。《南齐书》中用兵诸“蛮”的记载共12次，分别为：建元二年（480年），司州蛮联合北魏进攻南齐平昌戍，戍主苟元宾出兵将其击破，同年，豫章王萧嶷遣中兵参军刘伾绪讨伐北上黄蛮文勉德，又率兵助阵武陵内使王文和进攻西溪蛮田思飘[1]；永明元年（483年），巴东太守王图南遣司马刘僧寿讨伐巴建蛮向宗头与黔阳蛮田豆渠[2]，同年，益州刺史陈显达因“益部山险，多不宾服，大度村獠，前后刺史不能制”，派人去征收赋税，僚帅又抗命不从，于是他“分部将吏，声将出猎，夜往袭之，男女无少长皆斩之，自此山夷震服”[3]；永明二年（484年），辅国将军曹虎伐江州蛮[4]；永明四年（486年），湘州蛮起兵，刺史吕安国“有疾不能讨”，齐武帝萧赜以尚书左仆射柳世隆代其为刺史，“以方略讨平之”[5]；永明五年（487年），太子右率戴僧静等人攻破太阳蛮酋桓诞[6]；永明九年(491年)，安隆内史王僧旭发兵丁村蛮[7]；建武二年（495年），梁州刺史萧懿“遣军主韩嵩等征獠”[8]；建武三年（496年），北魏遣西阳蛮田益宗进攻南齐司州龙城戍，“为戍主朱僧起所破”[9]。这其中，只有陈显达讨伐“大度村獠”的明确目的是获得经济利益，其余出兵主要是因南方各族“不肯宾服”[10]，或是在北魏的扶持下侵扰边境。可见，虽然诸“蛮”起兵时，南齐会毫不留情出兵讨伐，但其讨“蛮”的主要动因是维护政权稳定，劫掠物

1《南齐书》卷58《蛮、东南夷传》，第1008页。
2《南齐书》卷58《蛮、东南夷传》，第1008页。
3《南齐书》卷26《陈显达传》，第489页。
4《南齐书》卷30《曹虎传》，第561页。
5《南齐书》卷24《柳世隆传》，第452页。
6《南齐书》卷30《戴僧静传》，第556页。
7《南齐书》卷58《蛮、东南夷传》，第1009页。
8《南齐书》卷57《魏虏传》，第995页。
9《南齐书》卷58《蛮、东南夷传》，第1009页。
10《南齐书》卷14《州郡志上》，第262页。

资的因素大大减少。

第二，重视“抚”的作用。刘宋时期设立的左郡左县，南齐大都予以保留[1]，册封诸“蛮”酋豪，借其力量管理少数民族地区的策略，也基本被继承下来。如萧齐代宋后，“有司奏蛮封应在解例”，建议收回前代赐给诸“蛮”首领的政治封号，但多数官员主张“宜存名以训殊俗”，认为应留其爵位以安抚他们，齐高帝下诏“特留”，并加封蛮酋田治生“为辅国将军、虎贲中郎，转建宁郡太守，将军、侯如故”[2]。另外，相较于刘宋时期不太注重安抚诸“蛮”，南齐时出现了一大批以安抚手段处理民族关系的地方官员。如僧惠照任巴州刺史期间，“绥怀蛮蜒”[3]。淮南、宣城二郡太守刘善明认为，对岭南各地诸族应“怀以恩德，未应远劳将士，摇动边氓，且彼土所出，唯有珠宝，实非圣朝所须之急。讨伐之事，谓宜且停”[4]。南郡内史王奂到任后，上表称其政治理想是“使边民乐业，有司修务，本府旧州，日就殷阜”[5]。始兴内史范云上任时，当地“边带蛮俚，尤多盗贼，前内史皆以兵刃自卫”，他“抚以恩德，罢亭候，商贾露宿，郡中称为神明”。[6]

第三，手段灵活、成效显著。南齐许多大臣既深谙“以夷治夷”之道，也比较重视诸“蛮”群众的心理情绪和现实需求，从而很好地解决了民族纠纷，化解了民族矛盾。例如，荆州刺史沈攸之处“蛮”失当，田头拟“发气死”后，其弟娄侯篡立，其子田都“走入獠中”，于是“蛮部大乱，抄掠平民，至郡城下”。豫章王萧嶷主政荆州后，立即诛杀娄侯而扶立田都，使“蛮众乃安”。另外，考虑到荆州各地“邻接蛮、蜑”，萧嶷又下令属官“皆缓服”[7]，即穿上宽袍

1 南齐时，有左郡 33，左县 111。参见方高峰：《试论左郡左县制》，《中国边疆史地研究》2006 年第 2 期。
2《南齐书》卷 58《蛮、东南夷传》，第 1007 页。
3《南齐书》卷 54《高逸・明僧绍附明惠照传》，第 928 页。
4《南齐书》卷 28《刘善明传》，第 526 页。
5《南齐书》卷 49《王奂传》，第 848 页。
6《梁书》卷 13《范云传》，第 230 页。
7《南齐书》卷 22《豫章文献王传》，第 408 页。

大袖的官服而不穿戎装，让少数民族从心底放下戒备，免其萌生反叛之心。再如孙谦出任巴东、建平二郡太守前，齐明帝考虑当地多民族杂处，情况比较复杂，下令招募士兵千人随其赴任，孙谦则认为，“蛮夷不宾，盖待之失节耳。何烦兵役，以为国费”，坚决不受。抵达驻地后，孙谦“布恩惠之化，蛮獠怀之，竞饷金宝，谦慰喻而遣，一无所纳”，州郡以往掠夺的少数民族人口“皆放还家”，以至“郡境翕然，威信大著”。[1]武陵内史刘悛“善于流俗”，率领当地各族群众兴修水利工程，年过百岁的蛮王田僮亲自前来拜见，在他离任时，“吏民送者数千人，悛人人执手，系以涕泣，百姓感之，赠送甚厚”[2]。

（三）南梁时期对诸“蛮”的认识及处理方式

随着南北朝对峙格局的形成，北魏逐渐意识到诸“蛮”在南北交锋中的重要价值，想方设法进行拉拢。如北魏泰常八年（423年），“蛮王梅安率渠帅数千朝京师，求留质子，以表忠款”[3]，太武帝拓跋焘封梅安之子梅豹为安远将军、江州刺史、顺阳公。兴光（454—455年）中，蛮王文武龙率众降魏，文成帝拓跋濬“诏褒慰之，拜南雍州刺史、鲁阳侯”[4]。孝文帝迁都洛阳后，诸“蛮”地近北魏政治中心，战略地位增强，北魏招揽诸“蛮”的意愿更加迫切，方法也更加多样。如孝文帝既大力封赏诸“蛮”首领，也对普通蛮民多加照顾，曾下诏称：“比闻缘边之蛮，多有窃掠，致有父子乖离，室家分绝，既亏和气，有伤仁厚。方一区宇，子育万姓，若苟如此，南人岂知朝德哉？可诏荆、郢、东荆三州勒敕蛮民，勿有侵暴。”[5]由于北魏诸帝的拉拢，加之刘宋以来的讨

1《梁书》卷53《良吏·孙谦传》，第772页。
2《南齐书》卷37《刘悛传》，第650页。
3《北史》卷95《蛮传》，第3149页。
4《魏书》卷101《蛮传》，第2246页。
5《魏书》卷7下《高祖纪下》，第175页。

“蛮”政策遭到诸“蛮”憎恨，南朝境内诸“蛮”接连投奔北魏，据《魏书·蛮传》记载，自延兴二年（472 年）到正光年间（520—525 年），至少有 13 次诸“蛮”奔魏事件，人口总数约有 80 余万人。[1]

北魏与诸“蛮”联合，给南朝造成了巨大压力。如光城蛮田益宗“世为四山蛮帅”，齐末奔魏，被孝文帝封为南司州刺史、光城县开国伯，“食蛮邑一千户；所统守宰，任其铨置”。景明（500—503 年）初，田益宗击败南梁军队，斩杀千余人，后又主动上书请求南伐，希望乘萧梁“君臣交争，江外州镇，中分为两，东西抗峙，已淹岁时”之机，快速出击，“廓彼蛮疆”。田益宗计划“季冬进师，迄于春末，弗过十旬，克之必矣！”[2] 北魏遣镇南将军元英领兵南下，配合田益宗攻下南梁淮南重镇义阳。

面对这种被动局面，南梁执政者一面高举“大一统”旗帜，一面反思总结前代民族政策，形成了处理民族关系的新认识，适时调整了治“蛮”策略，形成了恩威并施以恩为主的处理方式。

梁武帝是南北朝时期渴望南北统一的标志性人物，他具有强烈的“大一统”心理情结，时时刻刻都想恢复统一多民族国家政治秩序。在即位诏书中，梁武帝就明确宣称要使“殊俗百蛮，重译献款，人神远迩，罔不和会”[3]；天监四年（505 年）命临川王萧宏大举伐魏，表示要“总一车书，混同禹迹”[4]；天监七年（508 年）表达了“声训所渐，戎夏同风”[5] 的愿望；大同二年（536 年），梁武帝对未能达到大一统目标表示遗憾，称“朕以寡德……不能使重门不闭，守在海外，疆场多阻，车书未一”[6]。晚年的梁武帝甚至连做梦都是“中原平，举朝

1 参见《魏书》卷 101《蛮传》，第 2246—2248 页；牟发松：《湖北通史·魏晋南北朝史卷》，华中师范大学出版社，1999，第 398 页。

2《魏书》卷 61《田益宗传》，第 1371 页。

3《梁书》卷 2《武帝纪中》，第 34 页。

4（清）严可均辑：《全梁文》卷 2《北伐诏》，商务印书馆，1999，第 18 页。

5《梁书》卷 2《武帝纪中》，第 46 页。

6《梁书》卷 3《武帝下》，第 80 页。

称庆”[1]。受此认识影响，南梁政治家、军事家基本也以实现一统为最高政治目标，将收服诸“蛮”视作统一天下大业中的重要一环。故此，萧梁上下在处理与诸“蛮”关系时，往往会以兵威使不服从者转为臣服，为北上收复中原创造条件，也会强调施行德政，注重恩情笼络，在树立正统权威的过程中使少数民族真心归附。

南梁时期，沈约和萧子显对民族关系的反思与总结最具代表性。沈约字休文，出身吴兴沈氏，历仕宋齐梁三朝，梁时任散骑常侍、吏部尚书等职，深受梁武帝信赖，撰有《宋书》100卷。在《宋书·夷蛮传》中，沈约表达了他对诸“蛮”的认识：“四夷孔炽，患深自古，蛮、蜑殊杂，种众特繁，依深傍岨，充积畿甸，咫尺华氓，易兴狡毒，略财据土，岁月滋深。自元嘉将半，寇慝弥广，遂盘结数州，摇乱邦邑。于是命将出师，恣行诛讨，自江汉以北，庐江以南，搜山荡谷，穷兵罄武，系颈囚俘，盖以数百万计。至于孩年耋齿，执讯所遗，将卒申好杀之愤，干戈穷酸惨之用，虽云积怨，为报亦甚。张奂所云：‘流血于野，伤和致灾。’斯固仁者之言矣。”[2]萧子显字景阳，是齐高帝萧道成之孙，豫章文献王萧嶷第八子，萧齐时获封宁都县侯，入梁后凭借出色才能，得到梁武帝礼遇和重用，任太子中舍人、国子祭酒、礼部尚书等职，撰成《南齐书》60卷。在《南齐书·蛮东南夷传》中，萧子显表达了他对南方民族关系的认识：“书称蛮夷猾夏，盖总而为言矣。至于南夷杂种，分屿建国，四方珍怪，莫此为先。藏山隐海，环宝溢目。商舶远届，委输南州，故交、广富实，牣积王府。充斥之事差微，声教之道可被。若夫用德以怀远，其在此乎？”[3]

沈约和萧子显关于南方民族关系的认识，都比较深刻，也各具特色。沈约

1《梁书》卷38《朱异传》，第539页。

2《宋书》卷97《夷蛮传》史臣曰，第2399页。

3《南齐书》卷58《蛮、东南夷传》史臣曰，第1018页。

的思想观点带有强烈的历史反思意味，他比较关注南朝境内少数民族的现实境遇，认为对诸“蛮”的讨灭政策虽取得了一定成果，但很不仁义，充满报复性，缺乏恻隐之心。萧子显着重强调“德以怀远”的思想价值，认为这是处理民族关系的正确道路。可见，随着多民族交往程度的加深，到南朝中期，社会上已明显产生了同情诸“蛮”的舆论氛围，主张通过恩德等方式处理民族关系的呼声也越来越高。史学家能够将这种价值观念表现在历史文本书写中，政治家们毫无疑问也会深受影响，推动恩威并施以恩为主等处理方式的落地。

南梁恩威并施以恩为主的治“蛮”方式，主要包括四项措施。

一是“以德怀之”。唐朝史学家姚思廉在《梁书·诸夷传》中将梁武帝处理民族关系以及外交关系的思路概括为“以德怀之”，称“海南东夷西北戎诸国，地穷边裔，各有疆域。……高祖以德怀之，故朝贡岁至，美矣”[1]。梁武帝的这一思想落实在处理与北魏关系上，主要是善待北魏降将、遣使通和等[2]；落实在处理与诸“蛮”关系上，主要是大力封赏诸“蛮”首领，以高官厚爵笼络之。宋齐之际，诸“蛮”酋豪一般获封杂号将军，也有领太守等官职，但一般要加“试守”二字，如永明六年（488年），齐武帝曾以郢州蛮田驷路为试守北遂安左郡太守，田驴王为试守宜人左郡太守，田何代为试守新平左郡太守[3]。南梁着力提升其政治待遇，“蛮”酋入政时不仅取消“试守”等名称，甚至能担任州郡刺史等高级官职。如天监十三年（514年），司州反叛的蛮人田鲁生及其弟田鲁贤、田超秀南归，梁武帝封田鲁生为北司州刺史，田鲁贤为北豫州刺史，田超秀为定州刺史，命令他们“为北境捍蔽”[4]。为了招揽田益宗，梁武帝还开出了车骑大将军、开府仪同三司、五千户郡公的价码[5]。

1《梁书》卷54《诸夷传》史臣曰，第818页。
2 参见崔明德、胡慧琳：《梁武帝民族关系思想探析》，《聊城大学学报（社会科学版）》2020年第5期。
3《南齐书》卷58《蛮、东南夷传》，第1008—1009页。
4《梁书》卷22《太祖五王传》，第344页。
5《魏书》卷61《田益宗传》，第1372页。

二是“抚喻怀纳”。“抚喻”即安抚劝导，“怀纳”即怀柔招纳，这主要是针对南归者的处置办法。如田鲁生等人南下后，内部发生矛盾，田鲁生、田超秀互相诋毁，再起反叛之心。在此情形下，时任郢州刺史的萧秀“抚喻怀纳，各得其用”，稳定住了他们的不满情绪，满足了各自的利益要求，使“当时赖之”。[1] 对于那些受北魏欺压而被迫投梁的诸“蛮”群众，萧梁一些大臣更是多加招抚，尽力收纳。如天监八年（509 年）三月，北魏荆州刺史元志率兵七万“寇潺沟，驱迫群蛮，群蛮悉渡汉水来降”，南梁雍州刺史吴平侯萧昺准备“纳之”，但许多人认为诸“蛮”是萧梁祸患，建议顺势将他们全部诛杀。萧昺坚决反对，认为“穷来归，我诛之不祥。且魏人来侵，吾得蛮以为屏蔽，不亦善乎”[2]，遂打开城门接受诸“蛮”投奔。

三是“破掠诸蛮”。为避免诸“蛮”与北魏进一步合作，彻底解决“蛮虏协谋，志扰边服”[3] 的问题，萧梁也曾采取武力措施，对附魏诸“蛮”展开全面打击。天监九年（510 年），梁武帝“遣兵讨江沔，破掠诸蛮”，同年，雍州刺史萧藻遣蔡令孙等人“沿襄沔上下，破掠诸蛮”。[4] 但是，南梁全面讨“蛮”政策受阻于北魏的抚“蛮”政策，诸“蛮”首领在北魏撑持下坚决抗争，萧梁出兵大多无果而终。如桓诞子桓叔兴被北魏宣武帝封为南荆州刺史，“萧衍每有寇抄，叔兴必摧破之”[5]。

四是“推心抚慰”。萧梁一些地方官员，由于长时间与诸“蛮”接触，对“俚人则质直尚信，诸蛮则勇敢自立，皆重贿轻死，唯富为雄”[6] 等特质比较清楚，深知武力讨伐并非解决民族问题的长久之计，他们以“抚慰”等手段处理

1《梁书》卷 22《太祖五王传》，第 344 页。
2《资治通鉴》卷 147，“梁纪三”，“天监八年”条，第 4592 页。
3《南齐书》卷 4《郁林王》，第 70 页。
4《魏书》卷 101《蛮传》，第 2247 页。
5《魏书》卷 101《蛮传》，第 2247 页。
6《隋书》卷 31《地理志》，第 888 页。

民族关系，期望能从根本上彻底解决诸“蛮”反叛问题。如东莞莒人臧严，因文采“博洽”得到梁武帝重用，先后在义阳、武宁等地任职，这些地方“皆蛮左”，以往郡守“常选武人，以兵镇之”，唯独臧严上任时不置兵马，只带门生数人“单车入境”，得到诸“蛮”信任，于是“群蛮悦服，遂绝寇盗”。再如湘州刺史张缵就任途中，上书表达了“六夷膜拜、八蛮同轨”[1]的美好愿望，到任后他“停遣十郡慰劳，解放老疾吏役，及关市戍逻先所防人，一皆省并”，积极推行抚慰政策，使得“依山险为居，历政不宾服”的莫徭蛮“因此向化”[2]。彭城人徐文盛，大同（535—546年）末任持节、督宁州刺史，辖地“所管群蛮不识教义，贪欲财贿，劫篡相寻，前后刺史莫能制”，徐文盛到任后，“推心抚慰，示以威德，夷獠感之，风俗遂改”。[3]

综合来看，由于北魏后期欺压诸“蛮”以及南梁极力拉拢，诸“蛮”接连叛魏南下，成为南梁北伐的重要助力。天监十三年（514年），田鲁生等人最先叛魏，“招引梁兵，攻取光城已南诸戍”[4]。正光二年(521年)，田叔兴“南叛”，使北魏“南荆荒毁”[5]。孝昌（525—527年）初，“萧衍遣将曹敬宗寇荆州，山蛮应之，大路断绝。……荆州危急，朝廷忧之”[6]。南梁围攻广陵，“樊城诸蛮并为前驱”[7]。北方六镇起义时，诸“蛮”也多有响应，当时荆州、郢州蛮“大扰动，断三鵶路，杀都督，寇盗至于襄城、汝水”，迫使北魏孝明帝下诏称：“朕将亲御六师，扫荡逋秽，今先讨荆蛮，疆理南服”，[8]从而分散了北魏的平叛精力，加速了北魏的瓦解进程。因此，南梁恩威并施以恩为主的治“蛮”策略，

1《梁书》卷34《张缵传》，第496页。
2《南史》卷56《张弘策传附张缵传》，第1387页。
3《梁书》卷46《徐文盛传》，第640页。
4《资治通鉴》卷147，“梁纪三”，“天监十三年”条，第4608页。
5《魏书》卷62《李彪传》，第1399页。
6《魏书》卷71《裴叔业附裴衍传》，第1575页。
7《魏书》卷101《蛮传》，第2248页。
8《资治通鉴》卷150，“梁纪六”，“普通六年”条，第4707页。

大体上获得了成功。

但对于居住在江淮各地的蛮人，南梁比较注重施加恩惠，以避免骑墙状况出现，对于那些远离南北斗争中心的岭南、西南各地俚、僚诸族，南梁统治者因不甚担忧其大规模投奔北方少数民族政权，也就缺乏危机意识与恩德观念，甚至重走刘宋旧路，不但武力镇压，而且恣意掠夺，暴露了南梁统治者的短视以及民族政策的压迫本质。例如，因“湘、衡界五十余洞不宾”，梁武帝命衡州刺史韦粲出兵讨伐，“悉皆平殄”。[1] 大通年间（528—529 年），桂阳、阳山、始兴地区少数民族起兵，都督衡州三郡兵的兰钦“平破之”[2]，后又“征南中五郡诸洞反者，所至皆平”[3]。始兴内史萧介上任后，率“将领士卒，征诸山洞”[4]。新渝侯萧映“常领兵讨伐俚洞”[5]。鄱阳王萧范为益州刺史时，“山谷夷獠不宾附者，并遣瑱征之”[6]。武陵王萧纪在蜀期间，“开建宁、越嶲，贡献方物，十倍前人”，梁武帝“嘉其绩，加开府仪同三司”。[7] 吴平侯萧劢任淮南太守时“以善政称”，任豫章内史时，当地“道不拾遗，男女异路”，但升任广州刺史后，他立即讨伐俚人，并将俘虏“生口”和所获“宝物”送交朝廷，梁武帝十分欣喜，感叹说：“朝廷便是更有广州。”[8] 再如巴西、梓潼二郡太守张奇“在益部累年，讨击蛮獠，身无宁岁”[9]，当时南梁“梁、益二州岁岁伐獠以自裨润，公私颇藉为利”[10]。

1《南史》卷 66《欧阳頠传》，第 1614 页。
2《梁书》卷 32《兰钦传》，第 466 页。
3《南史》卷 61《兰钦传》，第 1504 页。
4《陈书》卷 12《徐度传》，第 189 页。
5《陈书》卷 12《沈恪传》，第 193 页。
6《陈书》卷 9《侯瑱传》，第 153 页。
7《南史》卷 53《梁武帝诸子・武陵王萧纪传》，第 1328 页。
8《南史》卷 51《梁宗室上・吴平侯景附劢传》，第 1262 页。
9《南史》卷 46《张奇传》，第 1162 页。
10《魏书》卷 101《獠传》，第 2249 页。

（四）南陈时期对诸“蛮”的认识及处理方式

南梁末年，梁武帝处置东魏降臣侯景失当，爆发了侯景之乱，使南朝社会经济遭到毁灭性破坏。侯景之乱既改变了南朝的历史进程，也改变了南朝的社会结构，南方民族关系出现了新的变化，进而影响了南陈时期对民族关系的认识与处理方式。

陈寅恪先生就曾指出，“侯景之乱，不仅于南朝政治为巨变，并在江东社会上，亦为一划分时期之大事”，认为“其故即在所谓村屯岩穴之酋豪乃乘机此役复兴起，造成南朝民族及社会阶级之变动。盖此等酋豪皆非汉末魏晋宋齐梁以来之三吴士族，而是江左士人，即魏伯起所谓巴蜀谿俚诸族”。[1] 据陈先生考证，梁末陈初的侯安都、侯瑱、欧阳頠、欧阳纥、黄法氍、徐世谱、熊昙朗、周迪、留异、陈羽、陈宝应等人皆出身于少数民族庶族豪绅。朱大渭先生据此进一步指出，建立南陈的武帝陈霸先以及陈拟、陈慧纪、周敷、余孝顷、陆德和等人“也有出身于少数民族酋帅之可能”[2]。

关于陈霸先等人是否为少数民族，或需要进一步探讨，但至少可以肯定的是，在平定侯景之乱过程中，南方各地少数民族酋帅纷纷崛起，他们中一部分人成为平乱主力，并在南陈建政后成为朝廷支撑性力量，当时“南州守宰多乡里酋豪”[3]；另一部分“南江酋帅并顾恋巢窟，私署令长，不受召”，经历侯景之乱的南陈“边鄙日蹙”“衰微已甚”[4]，缺乏讨“蛮”实力，只好最大限度维持现

1 陈寅恪：《金明馆丛稿初编·魏书司马睿传江东民族条释证及推论》，生活·读书·新知三联书店，2001，第113页。

2 朱大渭：《梁末陈初少数民族酋帅和庶民阶层的兴起》，文载《纪念陈寅恪教授国际学术讨论会文集》，中山大学出版社，1989，第342—362页。

3《陈书》卷20《华皎传》，第271页。

4《南史》卷79《夷貊下》论曰，第1987页。

状，“朝廷未遑致讨，但羁縻之”[1]。另外，南方各民族合力保家卫国以及共同建立新政权的特殊经历，也在很大程度上淡化了民族冲突，促进了民族交融。在此历史背景下，陈霸先在称帝诏书中就明确表示不强力打压那些“擅强幽险”的“山谷之酋”，而是“皆从肆赦”，赦免他们的罪责，并派遣使者“具宣往旨”，希望各地酋豪“念思善政”。[2] 陈文帝陈蒨在位期间也以“惠养中国，绥宁外荒”[3]为要务，陈宣帝陈顼更是形成了“王者以四海为家，万姓为子”[4]的思想认识，将境内各族视作陈朝子民，不刻意渲染夷夏之别，更看重夷夏一家。

受此认识影响，南陈时期除了个别大臣出于经济目的而“征伐夷獠，所得皆入己，丝毫不以赏赐。征求役使，无有纪极”[5]、“征伐川洞，多致铜鼓、生口，并送于京师”[6]外，多数地方官员不愿用兵诸“蛮”，他们处理民族关系的方式，主要是以“抚御”为核心。如陈武帝即位后，酋帅熊昙朗、周迪、留异、陈宝应等人“共相连结，闽中豪帅，往往立砦以自保”，给事黄门侍郎萧乾奉命前去招抚，“晓以逆顺，所在渠帅并率部众开壁款附”。[7] 陈文帝时任荆州刺史的陆子隆，针对荆州地区少数民族众多的现实情况，采取“绥集夷夏”的办法，深受各族群众好评，纷纷“诣都上表，请立碑颂美功绩”。[8] 阮卓任鄱阳王中卫府录事时，面对“交阯夷獠往往相聚为寇抄”的局面，积极前往“招慰”。[9] 陈宣帝时任广州刺史的马靖“兵甲精练，每年深入俚洞”，但“朝野颇生异议”。[10] 另任广州刺史的沈恪，在“州罹兵荒，所在残毁”的恶劣形势下，对各族“绥

1《陈书》卷 13《周敷传》，第 201 页。
2《陈书》卷 2《高祖纪下》，第 33 页。
3《陈书》卷 4《废帝纪》，第 69 页。
4《陈书》卷 5《宣帝纪》，第 86 页。
5《陈书》卷 36《始兴王叔陵传》，第 494 页。
6《陈书》卷 20《华皎传》，第 271 页。
7《陈书》卷 21《萧乾传》，第 278 页。
8《陈书》卷 22《陆子隆传》，第 294 页。
9《陈书》卷 34《文学·阮卓传》，第 472 页。
10《陈书》卷 21《萧允传附萧引传》，第 290 页。

怀安缉，被以恩惠”，于是“岭表赖之”。[1] 太建八年（576 年），沈君高继任广州刺史，当地“俚、獠世相攻伐”，沈君高“推心抚御”，[2] 使岭南地区得以安定。

（五）余论

中国历代王朝统治者都会根据国力强弱情况、民族关系现状等客观条件，在总结前代民族政策得失的基础上，形成对民族关系的认识，理清处理民族关系的思路，采取具体细致的处理方式。宋齐梁陈四朝对诸“蛮”的认识各有特色，处理方式也有差异，具有阶段性变化及地域性区别等特点。刘宋重讨伐、南齐重稳定、南梁重恩抚，南陈重和谐，这是政治、地缘、经济、民族关系等因素综合作用的结果。从整体来看，南朝对诸“蛮”的认识与处理方式，具有阶段性变化及地域性区别等特点，且总体趋势是从粗暴走向柔和，从盲目走向理性，从浓厚的功利性走向追求政治上的高度一统，武力讨伐的因素在减少，人文关怀的因素在增加。

这种趋势，既是这一时期多民族交往交流交融程度加深、民族隔阂减少以及国家一体化程度加强的反应，同时又对中华民族多元一体格局的形成以及统一多民族国家的发展产生了重要影响。由于南朝时期民族关系思想的境界逐步提升，治理诸“蛮”的方式逐步理性，使得南方诸族的反抗情绪逐渐降低，互相认同、相互合作的观念逐渐上升，这有助于维护南朝各政权的稳定，有助于推动多民族交往交流交融，有助于促进各民族共同发展。关于这一点，在岭南少数民族首领冼氏身上有着充分体现。冼夫人“世为南越首领跨据山洞，部落十余万家”，自幼贤明，“能行军用师，压服诸越”，后嫁南梁高凉太守冯宝。侯景之乱时，冼夫人深明大义，率军配合陈霸先北上平叛，并劝丈夫冯宝“厚

1《陈书》卷 12《沈恪传》，第 194 页。
2《陈书》卷 23《沈君理附沈君高传》，第 301 页。

资给之”[1]。太建元年（569年），广州刺史欧阳纥企图招揽岭南诸族反叛朝廷，冼夫人“发兵拒境”[2]，将其击溃。隋灭陈后，冼夫人更是展现出强烈的民族一统意识，统率岭南各族主动归附，避免了大规模战争，为隋唐大一统作出了巨大贡献。另外，南朝时期关于“柔远能迩”“以德怀之”“抚喻怀纳”“四海为家，万姓为子”等思想观点的产生与实践，是隋文帝“以德训人”[3]、唐高祖“胡越一家”[4]、唐太宗“爱之如一”[5]、唐玄宗“德以怀远”[6]等思想认识的重要理论来源。这些凝聚着政治智慧与理论精华的思想观点，为隋唐盛世时高度和谐的民族关系局面奠定了重要的思想基础。

1《北史》卷91《谯国夫人传》，第3005页。
2《北史》卷91《谯国夫人传》，第3006页。
3《隋书》卷83《西域·吐谷浑传》，第1843页。
4《旧唐书》卷1《高祖纪》，第18页。
5《资治通鉴》卷198，“唐纪十四”，“贞观二十一年”条，第6247页。
6（清）董诰等:《全唐文》卷39《册十姓突骑施移拔可汗文》，第424页。

十一、刘裕民族关系思想的内容、特点及影响

刘裕是魏晋南北朝历史发展进程中举足轻重的人物。他北伐鲜卑族建立的南燕和羌族建立的后秦以及消灭西蜀等言行，集中体现了他的民族关系思想。其时错综复杂的民族关系和内政外交态势为其思想的形成提供了丰厚土壤，以收复中原为目标的“平齐”思想、以天下一统为目标的“当取关、洛”及以册封为主要形式的羁縻思想是刘裕民族关系思想的主要内容。刘裕民族关系思想的终极目标是天下一统。立足现实、目标明确和务实管用是刘裕民族关系思想的三大特点。刘裕民族关系思想在巩固政权、开疆拓土、强化一统意识、协调民族关系等方面都发挥了应有的指导作用，但他在消灭南燕和后秦的一些残暴做法应当予以彻底否定。

刘裕是东晋至南北朝时期杰出的政治家和军事家，南朝刘宋开国皇帝。目前，学术界已对刘裕的家世[1]、门第[2]、政治军事集团的构成[3]、用人政策[4]、文化

---

1 邹建雄：《浅论刘裕的家世》，《贵州民族学院学报（哲学社会科学版）》2012 年第 4 期；[韩] 朴亨宽：《论刘裕的家世与执政过程》，《延边大学学报（哲学社会科学版）》1997 年第 3 期。

2 祝总斌：《刘裕门第考》，《北京大学学报（哲学社会科学版）》1982 年第 1 期；陈勇：《刘裕与晋宋之际的寒门士族》，《历史研究》1984 年第 6 期。

3 范伟军：《论刘裕政治军事集团的构成》，《湖南工业大学学报（社会科学版）》2009 年第 3 期；徐芬：《再论东晋末年的京口北府集团——兼及其与刘裕代晋的关系》，《史学集刊》2015 年第 3 期；陶贤都：《刘裕霸府政治述论》，《华中科技大学学报（社会科学版）》2007 年第 3 期。

4 王应琪：《论刘裕用才》，《许昌学院学报》1985 年第 1 期；刘玉山、刘伟航：《刘裕的忠孝观念及其驭人策略试释》，《南京航空航天大学学报（社会科学版）》2006 年第 3 期；杨恩玉：《刘裕的猜忌心理与用人政策探析》，《南京晓庄学院学报》2008 年第 5 期。

素养[1]、刘裕与刘毅之争[2]、刘裕与天师道的关系[3]、刘裕对佛教的利用[4]、对节俭的倡导[5]以及两次北伐[6]等问题都作了比较深入的研究，但对刘裕的民族关系思想，迄今尚无专文予以系统探讨。这里拟对此作一初步梳理。

（一）以收复中原为目标的“平齐”思想

“平齐”思想是刘裕第一次北伐的核心思想，目标是消灭南燕政权，收复中原地区。刘裕何时产生了“平齐”念头？现在我们不得而知，但有一点可以肯定，即南燕的不断挑衅加快了刘裕“平齐”思想的形成并立即付诸行动。

南燕是由鲜卑族慕容德所建立的政权，其主体民族“鲜卑负众，僭盗三齐，狼噬冀、青，虔刘沂、岱，介恃遐阻，仍为边毒”[7]。慕容德死后，其兄子慕容超继位，“前后数为边患”[8]。东晋义熙五年（409 年）正月，慕容超在朝会群臣时，感叹“太乐不备”，便商量抢掠“晋人以补伎”。当时领军将军韩倬就公开反对说：“先帝以旧京倾覆，戢翼三齐。陛下不养士息民，以伺魏衅，恢复先业，而更侵掠南邻以广雠敌，可乎！”慕容超说：“我计已定，不与卿言。”不久，慕容超就派慕容兴宗、斛谷提、公孙归等人率领骑兵攻取宿豫，“大掠而

1 王永平：《论宋武帝刘裕之文化素养及其文化倾向》，《史学月刊》2009 年第 2 期。

2 王永平：《刘裕、刘毅之争与晋宋变革》，《江海学刊》2012 年第 3 期；唐春生：《晋末刘裕与刘毅之争述论》，《重庆师范大学学报（哲学社会科学版）》2003 年第 4 期；王丽敏：《试论晋末刘裕与刘毅之争》，《运城学院学报》2005 年第 S1 期；刘玉山：《宋武帝刘裕研究二题》，《榆林学院学报》2013 年第 3 期。

3 林飞飞：《刘宋武帝与天师道》，《宝鸡文理学院学报（社会科学版）》2014 年第 1 期。

4 王永平：《刘裕与佛教高僧之交往及其对佛法之奖挹》，《南京晓庄学院学报》2008 年第 1 期。

5 王永平：《宋武帝刘裕对节俭的倡导及影响》，《河北学刊》2010 年第 5 期。

6 左华明：《刘裕北伐后秦考》，《武汉理工大学学报（社会科学版）》2007 年第 2 期；杨铭：《论刘裕北伐后秦之战及其历史影响——魏晋十六国时期民族战争的个例研究》，《西南民族大学学报（人文社科版）》2008 年第 2 期；张敏、祝昊天：《论刘裕北伐后秦与南北对峙的形成——兼论弃守关中之原因》，《阅江学刊》2014 年第 1 期。

7《宋书》卷 2《武帝本纪中》，第 38 页。

8《宋书》卷 1《武帝本纪上》，第 15 页。

去，简男女二千五百付太乐教之”[1]。同年二月，南燕又“大掠淮北，执德宗阳平太守刘千载、济南太守赵元，驱掠千余家而归”[2]。

南燕的狂妄和对东晋的侵扰，给了刘裕北伐的借口，促使他立即将“平齐”思想付诸行动。义熙五年（409 年）三月，刘裕上表北伐。当时许多大臣都提出了反对意见，只有左仆射孟昶、车骑司马谢裕和参军臧熹认为北伐一定能够成功，坚决支持刘裕北伐。四月己巳，刘裕指挥舟师从建康出发，“自淮入泗”[3]。五月，大军到达下邳，刘裕留下船舰、辎重，“步军进琅邪，所过皆筑城留守。鲜卑梁父、莒城二戍并奔走”[4]。六月，晋军围攻广固大城，慕容超退保小城。义熙六年（410 年）二月，刘裕占据广固城，俘虏了慕容超，“斩其王公以下三千人，纳口万余、马二千匹，夷其城隍”[5]。随后将慕容超押送到京师，斩于建康市。刘裕用时不到一年，就消灭南燕，平定齐地。东晋安帝在表彰刘裕的平齐之功时说，“公搜乘秣驷，夐入远疆，冲橹四临，万雉俱溃，窃号之虏，显戮司寇，拓土三千，申威龙漠”[6]。

刘裕“平齐”思想及实践之所以会取得圆满成功，主要有以下几方面原因。

第一，刘裕对南燕鲜卑民族习性的准确把握。刘裕北伐前，有人议论，鲜卑南燕如果不占据关隘大岘，必然坚壁清野，固守广固城，这样就会断绝晋军的粮草，刘裕不但不能消灭南燕，反而难以顺利撤退。史书记载，“初，公将行，议者以为贼闻大军远出，必不敢战。若不断大岘，当坚守广固，刈粟清野，以绝三军之资，非唯难以有功，将不能自反”[7]。刘裕根据鲜卑人的习性，断定南燕绝不会清野固守。刘裕明确告诉他们说，“我揣之熟矣。鲜卑贪，不

1《资治通鉴》卷 115，“晋纪三十七”，“义熙五年”条，第 3611—3612 页。
2《魏书》卷 97《刘裕传》，第 2131 页。
3《资治通鉴》卷 115，“晋纪三十七”，“义熙五年”条，第 3614 页。
4《宋书》卷 1《武帝本纪上》，第 15 页。
5《魏书》卷 97《刘裕传》，第 2131 页。
6《宋书》卷 2《武帝本纪中》，第 38 页。
7《宋书》卷 1《武帝本纪上》，第 15 页。

及远计，进利克获，退惜粟苗。谓我孤军远入，不能持久，不过进据临朐，退守广固。我一得入岘，则人无退心，驱必死之众，向怀贰之虏，何忧不克。彼不能清野固守，为诸君保之”[1]。果然不出刘裕所料，刘裕率军过了大岘之后，看到苗稼布于野，南燕并没有坚壁清野。刘裕正是依靠这一准确把握，解除了粮草不济的后顾之忧，稳定了军心。

第二，刘裕了解鲜卑民族的作战方法，采取了正确的应对措施。刘裕十分清楚，南燕将其放过大岘是为了发挥鲜卑人的骑兵优势。在慕容超看来，刘裕所部“远来疲劳，势不能久；但当引令过岘，我以铁骑践之，不忧不破”[2]。刘裕采取了以战车相连为主攻、轻骑兵游击为辅助的应对措施，“众军步进，有车四千两，分车为两翼，方轨徐行，车悉张幔，御者执槊，又以轻骑为游军。军令严肃，行伍齐整”，取得了良好效果，“斩其大将段晖等十余人，其余斩获千计”。当时，慕容超指挥南燕“铁骑万余，前后交至”，[3]但敌不过刘裕的“车四千乘”，“燕众大败”。刘裕“抚纳降附，采拔贤俊，华、夷大悦。于是因齐地粮储，悉停江、淮漕运”，[4]为彻底消灭南燕做好准备。

第三，刘裕妥善处理好与羌族人建立的后秦的关系。早在晋安帝义熙元年（405年），刘裕就派遣使者向后秦求和，“且求南乡等诸郡”[5]，后秦主姚兴很痛快就答应了，将南乡、顺阳、新野、舞阴等十二郡割让给东晋，从此双方保持了较为和平的友好关系。但到义熙三年（407年），慕容超因其母亲滞留在后秦的缘故，派韩范出使后秦，“北面受诏”，“称藩奉表”，[6]公开向后秦称臣。这对东晋是一种牵制。果然，南燕被围困的时候，便遣使向后秦求救。南燕君臣

1《宋书》卷1《武帝本纪上》，第15页。
2《宋书》卷1《武帝本纪上》，第15页。
3《宋书》卷1《武帝本纪上》，第16页。
4《资治通鉴》卷115，“晋纪三十七”，“义熙五年”条，第3616页。
5《资治通鉴》卷114，“晋纪三十六”，“义熙元年”条，第3585页。
6《资治通鉴》卷114，“晋纪三十六”，“义熙三年”条，第3600—3601页。

做了这样分析："秦虽与勃勃相持，不足为患；且与我分据中原，势如唇齿，安得不来相救！"[1] 这种分析确实有几分道理，后秦首领姚兴果然派出使者警告刘裕说："慕容氏相与邻好，今晋攻之急，秦已遣铁骑十万屯洛阳；晋军不还，当长驱而进。"[2] 而刘裕正确分析了羌族后秦、匈奴大夏和鲜卑南燕之间的关系，认为后秦正忙于应对匈奴大夏赫连勃勃，无暇帮助南燕，因此，刘裕把后秦使者招呼到跟前，对他说："语汝姚兴：我克燕之后，息兵三年，当取关、洛。今能自送，便可速来！"刘穆之"闻有秦使，驰入见裕，而秦使者已去。裕以所言告穆之。穆之尤之，曰：'常日事无大小，必赐预谋，此宜善详，云何遽尔答之！此语不足以威敌，适足以怒之。若广固未下，羌寇奄至，不审何以待之？'"刘裕笑着回答说："此是兵机，非卿所解，故不相语耳。夫兵贵神速，彼若审能赴救，必畏我知，宁容先遣信命，逆设此言！是自张大之辞也。晋师不出，为日久矣。羌见伐齐，殆将内惧。自保不暇，何能救人邪！"[3] 刘穆之在刘裕手下堪称机谋过人，对后秦和南燕的联合非常担忧，认为刘裕对待后秦使者这件事不够慎重。而刘裕却准确地判断了后秦的企图，充分体现了刘裕对北方诸民族关系的准确把握。

第四，东晋与南燕积怨已深，为刘裕北伐"平齐"提供了借口。早在元兴二年（403 年），南燕大臣高雅之、韩范就建议其主慕容德袭取江北之地，因为当时东晋桓玄还比较强盛未敢动手，之后南燕数次寇掠东晋。至义熙五年（409 年），东晋政局已经比较稳定，刘裕已成为东晋的实权人物正想借北伐以树立权威，南燕这时骚扰东晋无疑是撞在了枪口上。

第五，南燕上下离心，危机四伏，为刘裕顺利"平齐"提供了有利条件。南燕主慕容超喜欢猜疑、滥杀无辜，激起了上下的不满，引起了统治者内讧。

1《资治通鉴》卷 115，"晋纪三十七"，"义熙五年"条，第 3616—3617 页。
2《资治通鉴》卷 115，"晋纪三十七"，"义熙五年"条，第 3618 页。
3《资治通鉴》卷 115，"晋纪三十七"，"义熙五年"条，第 3618—3619 页。

史书记载，慕容超“不恤政事，畋游是好，百姓苦之”[1]。慕容超又喜欢“变更旧制，朝野多不悦；又欲复肉刑，增置烹轘之法，众议不合而止”[2]。权臣公孙五楼想独揽大权向南燕主慕容超进献谗言，致使侍中慕容统被杀，左仆射封嵩被车裂，北地王慕容钟投奔后秦，征南、都督徐兖扬南兖四州诸军事慕容法、徐州刺史段宏、西中郎将封融投奔北魏。正是由于南燕的腐败和丧失民心，为刘裕顺利“平齐”提供了有利条件。刘裕北伐时，齐地民众给予了大力支持，“河北居民荷戈负粮至者，日以千数”[3]。在“平齐”思想指导下，刘裕打败鲜卑族，消灭了南燕，夺取了齐地，为收复中原迈出了重要一步。

（二）以天下一统为目标的“当取关、洛”思想

“当取关、洛”即消灭羌族建立的后秦，收复中原地区，进而统一天下。其实，刘裕的这一思想早在义熙五年（409 年）北伐南燕时就已经产生。刘裕曾对前来阻挠东晋出兵的后秦使者说，回去告诉你们国主姚兴，“我克燕之后，息兵三年，当取关、洛”[4]。由于后秦上层发生内讧，给刘裕出兵提供了天赐良机。

对于刘裕夺取关、洛的动机，史书有不同的记载。《魏书 · 刘裕传》载：“（刘）裕志倾僭晋。若不外立功名，恐人望不许，乃西伐姚泓。”[5]《宋书 · 武帝本纪中》载：“初，公平齐，仍有定关、洛之意，值卢循侵逼，故其事不谐。荆、雍既平，方谋外略。会羌主姚兴死，子泓立，兄弟相杀，关中扰乱，公乃戒严北讨。加领征西将军、司豫二州刺史。以世子为徐、兖二州刺史。下书

1《晋书》卷 128《慕容德载记》，第 3177 页。
2《资治通鉴》卷 114，“晋纪三十六”，“义熙二年”条，第 3593 页。
3《宋书》卷 1《武帝本纪上》，第 16 页。
4《资治通鉴》卷 115，“晋纪三十七”，“义熙五年”条，第 3618 页。
5《魏书》卷 97《刘裕传》，第 2133 页。

曰：‘吾倡大义，首自本州，克复皇祚，遂建勋烈，外夷勍敌，内清奸轨，皆邦人州党竭诚尽力之效也。情若风霜，义贯金石。今当奉辞西旆，有事关、河，弱嗣叨蒙，复忝今授，情事缠绵，可谓深矣。顷军国务殷，刑辟未息，眷言怀之，能不多叹。’”[1]

从以上记载可以看出，刘裕出兵后秦、夺取关洛的动机，不外乎如下几点。

一是借此建立功名、树立威望，为将来代晋称帝打基础。刘裕非常清楚，在此之前，东晋的祖逖北伐、庾氏北伐、褚裒北伐、殷浩北伐及桓温北伐等五次大规模北伐，都没有成功，而这次北伐一旦成功，就能建立起绝对权威地位，扫清代晋称帝的障碍。《魏书·刘裕传》对此就说得很明白，刘裕担心自己缺乏功名，他人不服，必须通过征伐后秦建立功名来实现自己的理想。左仆射刘穆之和龙骧将军王镇恶都十分清楚地看出了这一点。北伐之前，刘穆之对王镇恶说：“公今委卿以关中，卿其勉之。”王镇恶则说：“吾今不克咸阳，誓不济江，而公九锡不至者，亦卿之责矣。”[2]很显然，刘穆之和王镇恶都把这次北伐视为刘裕建立功名、扩大影响、进而代晋的基础工作，因此他们都信誓旦旦地保证万无一失。刘裕对此更为迫切，更为直截了当。他先派遣左长史王弘到建康“讽朝廷求九锡”[3]，以试探晋安帝的态度。晋安帝早就看出了刘裕的心思，于是诏令“以（刘）裕为相国、总百揆、扬州牧，封十郡为宋公，备九锡之礼，位在诸侯王上，领征西将军，司、豫、北徐、雍四州刺史如故”[4]。但是，当时刘裕觉得时机还不太成熟，晋安帝还只是“备九锡之礼”，因此没有接受。刘裕消灭后秦后，晋安帝进封刘裕“为宋王，增十郡，置百官，一拟旧制”[5]。刘

1《宋书》卷2《武帝本纪中》，第35—36页。

2《魏书》卷97《刘裕传》，第2133页。

3《资治通鉴》卷117，“晋纪三十九”，“义熙十二年”条，第3695页。

4《资治通鉴》卷117，“晋纪三十九”，“义熙十二年”条，第3695页。

5《魏书》卷97《刘裕传》，第2134页。

裕的目的基本达到了。

二是攻下长安，夺取关、洛，为将来称帝做好“正统”的舆论准备。刘裕自称是“汉高帝弟楚元王交之后”[1]，是汉朝皇室的后裔。刘裕生擒姚泓、进入长安后，“谒汉高帝陵，大会文武于未央宫”[2]。在刘裕心目中，自己是汉高祖刘邦的后代，消灭后秦，占据长安，夺取关中地区，将来篡夺政权自立为帝名正言顺。三秦父老挽留刘裕时，就拿这些事情来说事。他们对刘裕说，汉高帝长陵、汉惠帝安陵、汉文帝霸陵、汉景帝阳陵、汉武帝茂陵、汉昭帝平陵、汉宣帝杜陵、汉元帝渭陵、汉成帝延陵、汉哀帝义陵、汉平帝康陵，“皆在关中”，都是你家坟墓；长安、咸阳宫殿“皆汉故迹”，都属于你家“室宅”。[3]平定关、洛后，刘裕曾一度想迁都洛阳，“众议咸以为宜”。但太尉谘议参军王懿（字仲德）坚决反对。他认为，“非常之事人所骇，今暴师经载，士有归心，故当以建邺为王基。迁都宜候文轨大同”[4]。刘裕仔细一想，觉得王懿言之有理，遂打消了这一念头。刘裕迁都洛阳的动机比较复杂，但与制造“正统”舆论会有一定关系。

三是刘裕具有天下一统的政治理想，深知关中地区在政治、军事上的战略地位，想把夺取关中作为统一全国的跳板。晋安帝在赞扬刘裕时就提到了“声教远被”“九译来庭”[5]的政治理想。刘裕在永初元年（429年）即皇帝位时，特别强调了“殊俗慕义，重译来庭，正朔所暨，咸服声教”[6]的理想，希望最终实现天下一统。

刘裕在基本将异己排除干净和统一南方之后，便将北伐后秦提到了议程上

1《宋书》卷1《武帝本纪上》，第1页。
2《宋书》卷2《武帝本纪中》，第42页。
3《资治通鉴》卷118，“晋纪四十”，“义熙十三年”条胡注，第3714页。
4《南史》卷25《王懿传》，第673页。
5《宋书》卷2《武帝本纪中》，第37页。
6《宋书》卷3《武帝本纪下》，第51页。

来。从东晋安帝义熙十二年（416 年）发兵北伐到次年消灭后秦，刘裕用了不到一年的时间。刘裕夺取关、洛思想及实践之所以进展得很顺利，而且能取得显著成效，主要有以下几个方面原因。

第一，妥善处理好与匈奴族建立的北凉的关系。东晋安帝义熙十一年(415年)，匈奴族北凉沮渠蒙逊与刘裕建立联系，希望共同攻打后秦，“益州刺史朱龄石遣使诣河西王蒙逊，谕以朝廷威德。蒙逊遣舍人黄迅诣龄石，且上表言：‘伏闻车骑将军裕欲清中原，愿为右翼，驱除戎虏。’”[1]

第二，妥善处理好与鲜卑族建立的北魏及西秦的关系。后秦与北魏由于和亲（415 年姚兴之女出嫁北魏拓跋嗣），双方建立起比较牢靠的同盟关系，因此，刘裕争取北魏支持难度很大。然而，妥善处理好与北魏的关系，对刘裕来说至关重要。刘裕为此扎实做好各项工作。刘裕出兵后秦，首先打着“以重币假途”北魏的旗号，“先遣使假道于魏”,[2] 而且后秦“以晋师之逼”[3]，也派使者向北魏求救。北魏明元帝拓跋嗣召集大臣们商量此事，多数大臣都认为，“潼关天险，刘裕以水军攻之甚难；若登岸北侵，其势便易。裕声言伐秦，其志难测。且秦，婚姻之国，不可不救也。宜发兵断河上流，勿使得西”[4]。而博士祭酒崔浩则主张：“未若假之水道，纵裕西入，然后兴兵塞其东归之路，所谓卞庄刺虎，两得之势也。使裕胜也，必德我假道之惠；令姚氏胜也，亦不失救邻之名。纵使裕得关中，县远难守，彼不能守，终为我物。今不劳兵马，坐观成败，斗两虎而收长久之利。”[5]最后，北魏采取了静观其变的策略，坐山观虎斗。据《魏书·长孙嵩传》记载，“晋将刘裕之伐姚泓，太宗假嵩节，督山东诸军事，传诣平原，缘河北岸，列军次于畔城。军颇失利。诏假裕道，裕于舟中望嵩麾

1《资治通鉴》卷 117，“晋纪三十九”，“义熙十一年”条，第 3678—3679 页。

2《资治通鉴》卷 118，“晋纪四十”，“义熙十三年”条，第 3701 页。

3《晋书》卷 129《姚泓载记》，第 3016 页。

4《资治通鉴》卷 118，“晋纪四十”，“义熙十三年”条，第 3701—3702 页。

5《魏书》卷 35《崔浩传》，第 809—810 页。

盖，遗以鄱酒及江南食物，嵩皆送京师。诏嵩厚答之”[1]。又据《晋书·姚泓载记》记载，姚泓“以晋师之逼，遣使乞师于魏。魏遣司徒、南平公拔拔嵩，正直将军、安平公乙旃眷，进据河内，游击将军王洛生屯于河东，为泓声援”[2]。

为了得到北魏的支持或使北魏保持中立态度，无论是刘裕本人还是刘裕的部下，都对北魏非常客气，均表示不敢与北魏为敌，希望能够保持双方的友好关系。刘裕在北伐姚泓的途中，命令其部将王仲德为前锋，进逼滑台。北魏兖州刺史尉建见晋军来势凶猛，遂率领所部弃城济河，王仲德顺利进入滑台。王仲德四处宣扬说："晋本意欲以布帛七万匹假道于魏，不谓魏之守将便尔弃城。"北魏太宗听到消息后，"呼仲德军人与语，诘其侵境之意"。王仲德派司马竺和之回应说："王征虏为刘太尉所遣，入河西行，将取洛城，扫山陵之寇，非敢侵犯魏境。太尉自遣使请魏帝，陈将假道。而魏兖州刺史不相体解，望风捐去，因空城而入，非战攻相逼也。魏晋和好之义不废于前。"公孙表向晋军提出了明确要求："彼军宜西，不然，将以小致大乖和好之体。"竺和之表态说："王征虏权住于此，以待众军之集，比当西过，滑台还为魏有，何必建旗鼓以耀威武乎？"王仲德更是表现出低三下四的姿态，"常自言不敢与大魏抗衡"[3]。北魏太宗又想听听刘裕的想法，刘裕回答说："洛是晋之旧京，而羌姚据之。晋欲修复山陵之计久矣，而内难屡兴，不暇经营。司马休之、鲁宗之父子、司马国璠兄弟、诸桓宗属，皆晋之蠹也，而姚氏收集此等，欲以图晋，是以伐之。道由于魏，军之初举，将以重币假途。会彼边镇弃守而去，故晋前军得以西进，非敢凭陵魏境。"[4]刘裕也向北魏显示了自己的高姿态，以重金借道的名义搪塞北魏，既达到了目的，又不至于使北魏彻底翻脸。

但是，北魏与后秦毕竟是姻亲关系，在后秦遭到侵扰时总要有所表示。而

1《魏书》卷25《长孙嵩传》，第643—644页。
2《晋书》卷129《姚泓载记》，第3016页。
3《魏书》卷29《叔孙建传》，第703页。
4《魏书》卷29《叔孙建传》，第703—704页。

且，北魏也想借此机会显示自己的实力，因此，只要一有机会，就会给晋军制造一些麻烦。为了保证北伐后秦的顺利进行，刘裕不得不对北魏予以打击。正当刘裕“引军入河”，王镇恶等人“径趋潼关”缺乏军粮时，北魏“以数千骑缘河随裕军西行；军人于南岸牵百丈，风水迅急，有漂渡北岸者，辄为魏人所杀略”[1]。刘裕派出军队予以反击，但晋军一上岸，北魏军人就逃跑，晋军一离开，他们又赶了回来。北魏这种游击战的方式使晋军粮援无法供给，北伐军队的注意力因受北魏牵制而分散。此时，刘裕果断出击。同年四月，刘裕派白直队主丁旿率领仗士七百人、车百乘，渡过北岸，“去水百余步，为却月阵，两端抱河，车置七仗士，事毕，使竖一白毦”。北魏军人不知刘裕葫芦里究竟装的什么药，都不敢轻举妄动。刘裕先命令宁朔将军朱超石戒严，“白毦既举，超石帅二千人驰往赴之，赍大弩百张，一车益二十人，设彭排于辕上”。魏人见“营阵既立，乃进围之”。长孙嵩率领三万骑助阵，“四面肉薄攻营，弩不能制”。这时朱超石“别赍大锤及矟千余张，乃断矟长三四尺，以锤锤之，一矟辄洞贯三四人。魏兵不能当，一时奔溃，死者相积；临阵斩阿薄干，魏人退还畔城”。朱超石带领宁朔将军胡藩、宁远将军刘荣祖奋起追击，又击破魏军，“杀获千计”。[2]刘裕重创北魏军队，有效地保证了北伐的顺利进行。

由于刘裕非常重视与北魏的关系，所以，刘裕在建立刘宋后向北魏“频请和通”[3]，并主动派其中军将军沈范、索季孙等人向北魏朝贡，希望与北魏长期保持“和通”关系。他的侍中谢晦也充分认识到与北魏保持“和通”关系的重要意义，因此向刘裕建议“结好北虏（北魏），北虏亲则河南安，河南安则济泗静矣”[4]。相对而言，刘裕处理与鲜卑族建立的西秦的关系，就比较简单。西

1《资治通鉴》卷118，“晋纪四十”，“义熙十三年”条，第3703页。

2《资治通鉴》卷118，“晋纪四十”，“义熙十三年”条，第3703—3704页。

3《魏书》卷97《刘裕传》，第2134页。

4《资治通鉴》卷118，“晋纪四十”，“义熙十四年”条，第3722—723页。

秦对帮助东晋出兵后秦颇感兴趣，因此，刘裕与西秦搞好关系非常容易。安帝义熙十二年（416年）北伐期间，鲜卑族西秦王乞伏炽磐派遣使者向刘裕请求效力讨伐羌族后秦，“枹罕虏乞佛炽盘遣使诣公求效力讨羌，拜平西将军、河南公”[1]。

第三，巧妙利用错综复杂的各种关系。刘裕北伐后秦之前，后秦已经被各个联盟所包围。义熙十一年（415年），刘裕授意益州刺史朱龄石联络匈奴族建立的北凉，希望双方共同攻打后秦，北凉首领沮渠蒙逊积极回应，表示“愿为右翼，驱除戎虏”[2]。同年，匈奴族建立的大夏主动与北凉首领沮渠蒙逊联系，派遣御史中丞乌洛孤与蒙逊沮渠结盟，沮渠蒙逊遣其弟湟河太守汉平“莅盟于夏”[3]。夏首领赫连勃勃听到刘裕出兵后秦的消息后，厉兵秣马，“训养士卒，进据安定，秦岭北郡县镇戍皆降之”。为了使夏成为自己的牢固同盟，刘裕主动给赫连勃勃写信，与赫连勃勃“约为兄弟”[4]。后秦虽与北魏建立和亲关系，但都各打自己的如意算盘。崔浩就建议北魏明元帝拓跋嗣“按兵息民以观其变，秦地终为国家之有。可坐而守也”[5]。明元帝拓跋嗣则对长孙嵩说，刘裕“必与姚泓相持，一死一伤，众力疲敝，比及秋月，徐乃乘之，则裕首可不战而悬”[6]。在此之前，鲜卑族建立的西秦首领乞伏炽磐与北凉首领沮渠蒙逊是势不两立的对手，“岁岁交兵”，到义熙十二年（416年）二月，双方罢战言和，“蒙逊遂与炽磐结和亲”[7]。双方结为姻亲关系。义熙十二年（416年）十一月，西秦又派使者拜见刘裕，希望与晋军联手攻打后秦，乞伏炽磐“求击秦以自效”[8]。

1《宋书》卷2《武帝本纪中》，第42页。
2《资治通鉴》卷117，“晋纪三十九”，“义熙十一年”条，第3679页。
3《资治通鉴》卷117，“晋纪三十九”，“义熙十一年”条，第3679页。
4《资治通鉴》卷118，“晋纪四十”，“义熙十三年”条，第3711页。
5《资治通鉴》卷118，“晋纪四十”，“义熙十三年”条，第3706页。
6（清）严可均辑：《全后魏文》卷1《敕长孙嵩》，商务印书馆，1999，第5页。
7《资治通鉴》卷118，“晋纪四十”，“义熙十二年”条，第3684页。
8《资治通鉴》卷118，“晋纪四十”，“义熙十二年”条，第3695页。

刘裕求之不得，立即封乞伏炽磐为平西将军、河南公。刘裕巧妙利用了各种复杂关系，与这些少数民族建立的政权结成政治和军事同盟，或联合打击后秦，或孤立后秦，或声援晋军，使刘裕顺利收取了北伐战果。

第四，后秦内部矛盾的尖锐化和公开化，为刘裕消灭后秦提供了有利契机。后秦在姚兴执政时期，因姚兴“好事虚名而少实用”，其子姚泓“懦而多病，兄弟乖争”，姚弼、姚懿和姚恢“皆与（姚）泓争国”[1]，为后秦埋下了祸根。并州刺史尹昭就曾劝谏姚兴说：“广平公（姚弼）与皇太子（姚泓）不平，今握强兵于外，陛下一旦不讳，社稷必危。”[2]但姚兴根本没有理会尹昭的意见。后来广平公姚弼虽被囚禁，但党派斗争已势不可遏。姚兴死后，统治者内部争权夺利，矛盾重重。姚泓借故杀了南阳公姚愔、大将军尹元、安定太守吕超等人，还怀疑姚恢“有贰心，恢由是惧，阴聚兵谋作乱”[3]。致使姚恢后来举兵，亲“率安定镇户三万八千，焚烧室宇，以车为方阵，自北雍州趣长安，自称大都督、建义大将军，移檄州郡，欲除君侧之恶”[4]。姚懿也想废姚泓取而代之，遂于义熙十二年（416年）“举兵称帝，传檄州郡，欲运匈奴堡谷以给镇人”[5]。北地太守毛雍也举兵反叛，“并州、定阳、贰城胡数万落叛泓”[6]。对此，姚泓负有不可推卸的责任，他本人就公开承认自己“不能崇明德义，导率群下，致祸起萧墙”[7]。

第五，顺应了汉族民众的人心，得到了汉族民众的拥护和支持。后秦是由羌族首领姚苌建立的政权，其主体民族是羌族。姚苌和姚兴在位期间，先后消灭前秦、西秦及后凉，极盛时占有今陕西、甘肃、宁夏全境及山西、河南的一

1《资治通鉴》卷118，“晋纪四十”，“义熙十三年”条，第3705页。
2《资治通鉴》卷117，“晋纪三十九”，“义熙十一年”条，第3676—3677页。
3《资治通鉴》卷118，“晋纪四十”，“义熙十二年”条，第3685页。
4《晋书》卷129《姚泓载记》，第3013页。
5《资治通鉴》卷118，“晋纪四十”，“义熙十二年”条，第3696页。
6《晋书》卷129《姚泓载记》，第3009页。
7《晋书》卷129《姚泓载记》，第3014页。

部分。尽管后秦在当时属于西部的强国，但作为汉族民众来说，多数处于被统治地位，民族矛盾比较突出。刘裕自称“汉高帝弟楚元王交之后”[1]，其汉室后裔的身份使汉族民众看到了恢复汉族政权，提升汉族地位的希望。因此，刘裕北伐就很容易得到北方汉族民众的支持和响应。当北伐军队遇到军粮困难时，龙骧将军王镇恶亲自到弘农“说谕百姓”，筹集军粮。当地百姓“竞送义租，军食复振”。[2] 粮援问题得以解决，保证北伐顺利进行。及关中平定，刘裕准备离开长安时，三秦父老听到刘裕即将离开的消息后，都痛哭流涕地说：“残民不沾王化，于今百年，始睹衣冠，人人相贺。长安十陵是公家坟墓，咸阳宫殿是公家室宅，舍此欲何之乎！”刘裕也颇觉伤感，并为之动容，于是宽慰他们说：“受命朝廷，不得擅留。诚多诸君怀本之志，今以次息（即次子）与文武贤才共镇此境，勉与之居。”[3] 尽管刘裕说得挺动感情，但三秦父老并不傻，他们普遍有一种上当受骗的感觉。因为当时“陇上流人，多在关中，望因大威，复得归本”。但从刘裕设置东秦州这件事情上，三秦父老知道刘裕“无复经略陇右、固关中之意，咸共叹息”。[4]

（三）以册封为主要形式的羁縻思想

羁縻思想是中国古代历史上各个民族政治家的共同精神财富。刘裕的羁縻思想是东晋联系、笼络和控制少数民族的重要指导思想之一，主要体现在刘裕对西北诸政权和朝鲜半岛两个政权首领的册封等方面。

一是刘裕对北凉首领沮渠氏的册封。晋安帝义熙十四年（418 年），匈奴族建立的北凉首领沮渠蒙逊遣使到东晋，奉表称藩，东晋以沮渠蒙逊为凉州刺

1《宋书》卷 1《武帝本纪上》，第 1 页。
2《资治通鉴》卷 118，“晋纪四十”，“义熙十三年”条，第 3703 页。
3《资治通鉴》卷 118，“晋纪四十”，“义熙十三年”条，第 3714 页。
4《宋书》卷 60《武帝三王传》，第 1634 页。

史。刘裕即位之后，册封沮渠蒙逊为使持节、散骑常侍、都督凉州诸军事、镇军大将军、开府仪同三司、凉州刺史、张掖公。

二是刘裕对西秦首领乞伏氏的册封。义熙十二年（416年）十一月，刘裕北伐大军一路高歌猛进，西秦首领乞伏炽磐遣使拜见刘裕，希望联军攻打后秦。刘裕很高兴，遂册封乞伏炽磐为平西将军、河南公。之后，乞伏炽磐遣使到东晋上表归顺，被册封为使持节、都督河西诸军事、平西将军。刘裕即位之后，又册封乞伏炽磐为安西大将军。[1]

三是刘裕对西凉首领李歆的册封。西凉是十六国之一，李歆在位时虽然国势已经衰微，但在西北尤其是河西走廊还有一定影响。义熙十四年（418年）九月，李歆遣使到东晋通报他袭位的情况。十月，刘裕就建议册封李歆为都督七郡诸军事、镇西大将军、酒泉公。[2]永初元年（420年）七月甲辰，刘裕即位不久，又册封李歆为征西大将军、酒泉公。

四是刘裕对略阳清水氐族首领杨盛的册封。略阳清水氐族杨氏，自秦汉以来，“世居陇右，为豪族”[3]。晋安帝隆安二年（398年），其首领杨盛“遣使附魏”[4]，被北魏封为仇池王。隆安三年（399年），杨盛遣使到晋称藩，奉献方物。刘裕登基不久，即永初元年（420年）七月戊戌，就将杨盛进号为车骑大将军。永初三年（422年）四月乙亥，刘裕又将其封为武都王，并以其长子杨玄为武都王世子，加号前将军。[5]

五是刘裕对朝鲜半岛两个政权首领的册封。高句丽和百济的首领虽与刘裕直接联系不多，但刘裕从一统天下的大局出发，对高句丽和百济高度重视。永初元年（429年）七月甲辰，刘裕册封高句丽王高琏为征东大将军，册封百济

1《南史》卷1《武帝本纪上》，第25页。
2《资治通鉴》卷118，“晋纪四十”，“义熙十四年”条，第3719页。
3《宋书》卷98《氐胡传》，第2403页。
4《资治通鉴》卷108，“晋纪三十”，“隆安二年”条，第3485页。
5《宋书》卷98《氐胡传》，第2405页。

王扶余映为镇东大将军。[1]

（四）刘裕民族关系思想的特点

通过以上简单梳理，我们可以看出刘裕民族关系思想具有如下三个显著特点。

首先，立足现实是刘裕民族关系思想的重要特征。刘裕民族关系思想的出发点是立足现实，解决当时民族关系中的一些突出问题。因此，刘裕总是立足于当时民族关系的具体情况，一切从实际出发，思想紧贴现实，很少进行纯理论的思辨和针对某一问题的深入探讨。

其次，目标明确是刘裕民族关系思想的另一特点。无论是“平齐”思想、“当平关、洛”思想，还是以册封为主要手段的羁縻少数民族思想，目标都非常明确。如刘裕“平齐”思想的目标，就是消灭鲜卑族建立的南燕，为收复中原迈出重要一步。他的“当取关、洛”思想的目标，就是消灭羌族建立的后秦，收复中原地区。在出兵后秦前几年，刘裕就明确告诉后秦使者：“我克燕之后，息兵三年，当取关、洛。”[2]提前把自己的目标告诉对方，既反映出刘裕一统天下的强烈使命感，又体现了他的高度自信。

最后，务实管用是刘裕民族关系思想的第三个显著特点。刘裕是一位很有谋略也很重实效的政治家，因此，他的思想比较符合实际，都务实管用，达到了预期目的，取得了显著成效。刘裕虽然没有对他的思想观点进行系统阐述，但都起到了应有的作用，有效地指导了处理民族关系的实践。所以，在历史文献中记载刘裕关于民族关系相关问题的著述和言论并不多，我们能够看到的多是他的相关实践活动。因此，研究刘裕的民族关系思想应当主要考察其相

1（清）朱铭盘：《南朝宋会要·职官·遥授蛮夷官号》，上海古籍出版社，2006，第465页。

2《资治通鉴》卷115，“晋纪三十七”，“义熙五年”条，第3618页。

关实践活动。

（五）刘裕民族关系思想的影响

刘裕的民族关系思想上承东晋下启刘宋，在中国民族关系思想史上占有重要地位，对我国统一多民族国家的形成与巩固起到了一定作用。

其一，刘裕民族关系思想的终极目标是“殊俗慕义，重译来庭，正朔所暨，咸服声教”[1]，天下一统。为了实现这一目标，刘裕极想借助西北诸民族的力量抗衡北魏，或者使北方诸民族相互牵制，以保障东晋政权的安全，并在适当时机出兵北伐，最终实现天下一统的目标。刘裕的这一目标，成了南朝政治家的共同理想和不懈追求。

其二，刘裕民族关系思想的形成反映了当时错综复杂的民族关系和内政外交态势，为多角度分析政治家的复杂思想提供了比较理想的样本。刘裕所处的“四夷擅华，五都幅裂”[2]“戎狄横骛，虎噬中原”[3]的时代，对其民族关系思想的形成有很大影响。刘裕打交道的政权多为少数民族建立的政权（比如南燕、后秦、夏、北魏、西秦和北凉等），在处理与这些政权的关系时，往往会夹杂着一些民族因素。刘裕征伐的南燕、后秦都与其他少数民族建立的政权联系密切，无疑增加了当时民族关系的复杂态势。东晋时期，南北方各个政权的关系非常复杂，既有联合又有斗争，而且总是相互利用。东晋与其他政权的关系也是错综复杂，既会结盟，也会翻脸。东晋上层也会时常演出勾心斗角、争权夺利的大戏；而且，卢循、西蜀谯纵政权、后秦、桓玄余党桓谦等各种政治势力均与少数民族有一定联系。东晋内部的民族关系也是错综复杂，有时会被

1《宋书》卷3《武帝本纪下》，第51页。

2《宋书》卷2《武帝本纪中》，第39页。

3《资治通鉴》卷115，“晋纪三十七”，“义熙六年”条，第3627页。

不同政治势力所利用。更为重要的是，从东晋末至刘宋初，汉族建立的政权与少数民族建立的政权之间的矛盾、华夷之间的矛盾、不同少数民族之间的矛盾等各类矛盾都比较突出。这些都使刘裕会从各种角度思考和处理内外大事，巧妙利用各种矛盾，妥善处理好多角关系。因此，分析和认识刘裕的民族关系思想不能孤立地仅从民族关系入手，而应当结合东晋的内政外交全面系统地进行分析。

其三，刘裕民族关系思想在巩固政权、开疆拓土、强化一统意识、协调民族关系等方面都发挥了应有的指导作用。东晋安帝曾多次对刘裕予以高度评价，尽管他从多方面赞颂刘裕，但他更看重的是刘裕在平定南燕、消灭后秦等少数民族建立政权中的作用，特别强调刘裕在这方面的功劳。如刘裕指挥东晋大军进入洛阳时，晋安帝在诏书中就称赞他"北清海、岱、南夷百越，荆、雍稽服，庸、岷顺轨，克黜方难，式遏寇虐。及阿衡王猷，班序内外，仰兴绝风，傍嗣逸业。秉礼以整俗，遵王以垂训，声教远被，无思不洽。爰暨木居海处之酋，被发雕题之长，莫不忘其陋险，九译来庭"[1]"绝域献琛，遐夷纳贡，王略所宣，九服率从"[2]之功。刘裕消灭后秦后，晋安帝又在诏书中称赞他"匡复我社稷，重造我国家""内纾国难，外播宏略，诛大憝于汉阳，逋僭盗于沂渚，澄氛西岷，肃清南越，再静江、湘，拓定樊、沔"。[3]晋安帝一再强调刘裕使东晋"海南肃清，荒服来款""许、郑风靡，巩、洛载清，伪牧逆藩，交臂请罪，百年榛秽，一朝扫涤"[4]。晋安帝的这些话虽有言不由衷和故意拔高的嫌疑，但也基本反映了当时的真实情况。刘裕两次北伐尤其是代晋建宋之后，出现了南北朝对峙局面，刘裕更成了北魏政治家的心头之患。但即便如此，北魏著名政治家崔浩仍对刘裕敬佩不已，对刘裕"讨灭桓玄，兴复晋室，北禽慕容

1《宋书》卷2《武帝本纪中》，第37页。
2《宋书》卷2《武帝本纪中》，第39—40页。
3《宋书》卷2《武帝本纪中》，第47页。
4《宋书》卷2《武帝本纪中》，第39页。

超，南枭卢循”[1]之功大加称赞，认为刘裕是难得的杰出人才。崔浩对刘裕的评价比较客观，也非常公允。明末清初思想家王夫之也对刘裕给予很高评价，他说：“宋武兴，东灭慕容超，西灭姚泓，拓拔嗣、赫连勃勃敛迹而穴处。自刘渊称乱以来，祖逖、庾翼、桓温、谢安经营百年而无能及此。后乎此者，二萧、陈氏无尺土之展，而浸以削亡。然则永嘉以降，仅延中国生人之气者，唯刘氏耳。”[2]总之，无论从哪一方面讲，都应对刘裕的民族关系思想及其实践的重要作用给予充分肯定。

当然，刘裕在消灭南燕和后秦的一些残暴做法也应当予以彻底否定。刘裕或许受传统的“非我族类，其心必异”思想的影响，也许为了报复南燕，刘裕在攻下广固城之后将其屠城，“斩王公以下三千人，没入家口万余，夷其城隍”[3]。刘裕大军进逼长安时，年仅11岁的后秦主姚泓之子佛念就已料到“晋人将逞其欲，虽降必不免，不如引决”，遂“登宫墙自投而死”。[4]姚泓携妻子到垒门投降，其抚军将军姚赞“率宗室子弟百余人亦降于裕，裕尽杀之，余宗迁于江南”[5]。随后，刘裕将姚泓杀于建康。刘裕的这些做法非常残暴，在处理民族关系方面也很不人道，缺乏仁义，自然会遭到后世的批评和斥责。宋朝史学家司马光就说：“晋自济江以来，威灵不竞，戎狄横骛，虎噬中原。刘裕始劝王师剪平东夏，不于此际旌礼贤俊，慰抚疲民，宣恺悌之风，涤残秽之政，使群士向风，遗黎企踵，而更恣行屠戮以快忿心；迹其施设，曾苻、姚之不如，宜其不能荡壹四海，成美大之业，岂非虽有智勇而无仁义使之然哉！”[6]司马光对刘裕的批评代表了当时主流看法，对后世有很大影响。

1《资治通鉴》卷118，“晋纪四十”，“义熙十三年”条，第3705页。
2《读通鉴论》卷15《宋武帝一》，第424—425页。
3《资治通鉴》卷115，“晋纪三十七”，“义熙六年”条，第3627页。
4《资治通鉴》卷118，“晋纪四十”，“义熙十三年”条，第3709页。
5《晋书》卷119《姚泓载记》，第3017页。
6《资治通鉴》卷115，“晋纪三十七”，“义熙六年”条，第3627页。

十二、范晔“大一统”思想的来源及评价

在《后汉书》的本纪、列传中，范晔通过对东汉时期历史人物生平事迹、各少数民族历史及其政权兴衰的记述和评论，阐发了“大一统”思想。范晔这一思想的形成，既受晋宋更迭与南北对峙的时代影响，又与司马迁、班固思想的影响有关。范晔的“大一统”思想具有重要价值和意义：一是蕴含着朴素的中华民族共同体意识，对统一多民族国家的巩固与发展，对促进各民族之间的团结进步都具有重要的理论价值和现实意义；二是有助于刘宋时期“大一统”共识的形成。受时代及自身认识的局限，范晔的思想不可避免地带有一定的局限性：一是反对少数民族内迁，二是歧视少数民族。

范晔（398—445年）是南朝刘宋时期著名的史学家和文学家，因撰《后汉书》而名垂青史。目前，学界已对范晔的佛教思想[1]、编纂思想[2]、史学思想[3]、正统观[4]、民族思想[5]等作了比较深入的探讨，但对其“大一统”思想则缺乏系统研究。这里拟对此作一探讨，以期进一步深化对中华民族共同体意识发展历程的认识。

---

1 钟书林：《有神论者还是无神论者——范晔佛教思想论析》，《理论导刊》2010年第5期。

2 张红军：《范晔的编纂思想》，《中国出版》2012年第5期。

3 刘隆有：《试论范晔的史学思想》，《求是学刊》1984年第2期；庞天佑：《论范晔的史学思想》，《史学史研究》2001年第4期；瞿林东：《关于范晔史学思想的两个问题》，《东岳论丛》2001年第4期。

4 刘贵军：《范晔的东汉正统观》，《安庆师范学院学报（社会科学版）》2007年第1期。

5 李珍：《范晔的民族思想略论》，《山西师大学报（社会科学版）》2006年第2期。

（一）“大一统”思想的主要内容

中国自古以来就是一个由华夏民族与各少数民族共同组成的多民族国家，历代史学家在史乘撰写上一般都以记述中原王朝历史为主，同时兼顾周边各少数民族的历史、少数民族与中原地区的交往交流史。

范晔所撰《后汉书》共120卷，纪、传90卷，其中民族传记计有《东夷列传》《南蛮西南夷列传》《西羌列传》《西域列传》《南匈奴列传》《乌桓鲜卑列传》六卷八传，详细记述了东汉王朝与边疆地区少数民族及内地少数民族的关系，对研究东汉时期的民族状况、民族关系具有重要价值。在《后汉书》中，范晔虽没有明确提出“大一统”这一概念，却十分推崇“大一统”的盛况，在撰写《后汉书》的过程中，通过对少数民族及少数民族政权历史的书写和评论，清晰地表达了自己的思想观点，阐释了他一以贯之的“大一统”思想。大致说来，范晔的“大一统”思想主要包括三个方面内容。

1. 认为少数民族与汉族同根同源，为少数民族作史立传

族源和民族的形成是专家学者一直关注的问题，但由于种种原因，关于族源和民族形成的问题历来众说纷纭，未能形成共识。在民族起源问题上，司马迁和班固都曾提出过各民族同源同祖的思想。司马迁首创民族列传，系统记载了少数民族的历史。他认为，中国境内的少数民族与汉族一样都是黄帝的子孙，少数民族与汉族是兄弟民族。班固虽认为夷夏有别，在撰写《汉书》民族传时将少数民族列传置于书末，但他并不否认少数民族与汉族之间的联系，在司马迁的基础上，进一步完善了中国境内各民族同源同祖的观点。范晔详细记述了东汉时期少数民族和民族关系的历史，在充分吸收和借鉴司马迁、班固思想的基础上，提出了自己对民族起源与民族形成问题的一些认识。他认为，各

少数民族与汉族同根同源，少数民族与汉族是兄弟民族，各民族都拥有一个相同的“英雄”祖先——黄帝。

在《东夷列传》中，范晔开篇即提道：“王制云：‘东方曰夷。’夷者，柢也，言仁而好生，万物柢地而出。故天性柔顺，易以道御，至有君子、不死之国焉。夷有九种，曰畎夷，于夷，方夷，黄夷，白夷，赤夷，玄夷，风夷，阳夷。故孔子欲居九夷也。”[1] 接着，他又叙述东夷与中原地区的关系发展史。

昔尧命羲仲宅嵎夷，曰旸谷，盖日之所出也。夏后氏太康失德，夷人始畔。自少康已后，世服王化，遂宾于王门，献其乐舞。桀为暴虐，诸夷内侵，殷汤革命，伐而定之。至于仲丁，蓝夷作寇。自是或服或畔，三百余年。武乙衰敝，东夷寖盛，遂分迁淮、岱，渐居中土。及武王灭纣，肃慎来献石砮、楛矢。管、蔡畔周，乃招诱夷狄，周公征之，遂定东夷。康王之时，肃慎复至。后徐夷僭号，乃率九夷以伐宗周，西至河上。穆王畏其方炽，乃分东方诸侯，命徐偃王主之。偃王处潢池东，地方五百里，行仁义，陆地而朝者三十有六国。穆王后得骥騄之乘，乃使造父御以告楚，令伐徐，一日而至。于是楚文王大举兵而灭之。偃王仁而无权，不忍斗其人，故致于败。乃北走彭城武原县东山下，百姓随之者以万数，因名其山为徐山。厉王无道，淮夷入寇，王命虢仲征之，不克，宣王复命召公伐而平之。及幽王淫乱，四夷交侵，至齐桓修霸，攘而却焉。及楚灵会申，亦来豫盟。后越迁琅邪，与共征战，遂陵暴诸夏，侵灭小邦。秦并六国，其淮、泗夷皆散为民户。陈涉起兵，天下崩溃，燕人卫满避地朝鲜，因王其国。百有余岁，武帝灭之，于是东夷始通上京。王莽篡位，貊人寇边。建武之初，复来朝贡。时辽东太守祭肜威詟北方，声行海表，于是濊、貊、倭、韩万里朝献，故章、和已后，使聘流通。逮永初多难，始入寇钞；

1《后汉书》卷 85《东夷列传》，第 2807 页。

桓、灵失政，渐滋曼焉。[1]

按照范晔的记载，夷人乃帝尧所属之后，自帝尧时起，东夷就与中原保持着较为密切的联系，在夏、商、周三代，东夷或服或叛，但与中原地区的联系却从未中断。秦统一六国之后，东夷之民已成为秦朝的编户；秦灭之时，燕人卫满在东夷称王；至汉武帝之时，又统一东夷，东夷之地遂成为汉朝的边郡；王莽之时，东夷与中原王朝的联系再度出现裂隙，光武帝削平割据势力，统一群雄之后，东夷与中原地区的关系又密切起来。范晔通过对东夷历史源流的梳理，不仅记述了东夷与华夏族之间的关系，还系统介绍了他们活动的大致地理范围、同中原王朝之间的具体联系，为后来的研究者保留了重要史料。

范晔认为，少数民族与汉族共同创造了中华民族的历史，少数民族与汉族间的交往与交流比较密切。范晔继承了前人作史的优良传统，对南蛮、西南夷、西羌、乌桓、鲜卑亦有详细介绍。两汉时期，人们将居住在今天的云南、贵州、川西、甘南等地的诸少数民族统称为西南夷。目前，西南夷的多源并起已成定论，但范晔在撰写《后汉书》时却未能意识到西南夷民族的起源，在记述西南夷之先时，只是笼统地认为西南夷应属高辛氏别支。《后汉书·南蛮西南夷列传》对帝高辛之女与槃瓠的结合做了记述。

经三年，生子一十二人，六男六女。槃瓠死后，因自相夫妻。织绩木皮，染以草实，好五色衣服，制裁皆有尾形。其母后归，以状白帝，于是使迎致诸子。衣裳班兰，语言侏离，好入山壑，不乐平旷。帝顺其意，赐以名山广泽。其后滋蔓，号曰蛮夷。外痴内黠，安土重旧。以先父有功，母帝之女，田作贾贩，无关梁符传、租税之赋。有邑君长，皆赐印绶，冠用獭皮。名渠帅曰精夫，相呼为姎徒。今长沙武陵蛮是也。[2]

仅据范晔的叙述，西南夷的祖先是比较模糊的。综合各种史料来看，西南

1《后汉书》卷 85《东夷列传》，第 2807—2810 页。

2《后汉书》卷 86《南蛮西南夷列传》，第 2829—2830 页。

夷的地域分布范围较广，族系纷繁复杂，其族属和来源问题殊为难辨，但就当时而言，范晔做出这种模糊的判断是可以理解的。在记述西羌源流时，范晔坦言：“西羌之本，出自三苗，姜姓之别也。其国近南岳。及舜流四凶，徙之三危，河关之西南羌地是也。”[1] 羌族的历史非常悠久，东汉时期，羌族势力已经日渐强大，乃至可与东汉政府抗争。终东汉一代，羌族的反抗一直在持续，最终发展为瓦解东汉朝廷的导火线。尽管羌族与东汉矛盾纷争不断，但范晔撰写羌族的源流时仍自觉地把羌族纳入中华民族的整体历史中，这一点尤为难能可贵。

对于西域诸国与南匈奴的族源，范晔并没有详述其来源，只是因袭司马迁与班固的书写。至于乌桓与鲜卑的民族来源，范晔则直言他们是东胡的后裔。不管是西域诸国、南匈奴，还是乌桓、鲜卑，范晔都默认了他们是中华民族大家庭中的一员，为他们单独作传，叙写其史，体现出朴素的中华民族共同体意识。

其实，范晔关于各民族同根同源的思想认识有其深刻的历史来源。自东汉末年以来，北方少数民族大规模内迁，与汉族错处杂居，形成了各民族相互交流、相互融合的互嵌式局面。西晋末年，社会动荡，入居中原的少数民族乘势而起，逐鹿中原，他们大多自称“炎黄先王”之后，与汉族在族源上逐渐取得认同，主动接受汉文化，实行汉化政策，形成诸族同源、华夷一体的观念。譬如，匈奴“其先祖夏后氏之苗裔”[2]，鲜卑拓跋氏自称“黄帝之后”[3]，鲜卑慕容氏“其先有熊氏之苗裔”[4]，鲜卑宇文氏“其先出自炎帝”[5]，氐族苻氏“其先盖有扈之苗裔”[6]，羌族姚氏“其先有虞氏之苗裔”[7]。魏晋南北朝时期，各少数民族强调

1《后汉书》卷 87《西羌传》，第 2869 页。
2《史记》卷 110《匈奴列传》，第 3461 页。
3《魏书》卷 1《序纪》，第 1 页。
4《晋书》卷 108《慕容廆载记》，第 2803 页。
5《北史》卷 9《周本纪上》，第 311 页。
6《晋书》卷 112《苻洪载记》，第 2867 页。
7《晋书》卷 116《姚弋仲载记》，第 2959 页。

自己是华夏后裔，足以说明他们对中华民族有着强烈的向心力与凝聚力。各少数民族的族源认同尽管未必完全符合客观历史事实，但却反映了这些少数民族与汉族一样，有着强烈的中华文化认同心理。范晔《后汉书》民族传记的序、论部分，对周边各民族的族源及其与夏商周秦汉等中原地区关系的详尽梳理，对各少数民族族源、历史的记述，都表明了他对少数民族与汉族同根同源的认可。清代学者赵翼认为，范晔所作的史论“立论持平，褒贬允当”[1]，对他十分推崇。我们对范晔的评价，应尽可能真实客观反映他的思想原貌。在今天看来，范晔对少数民族历史的记述未必完全可靠，对少数民族形成历史的认识未必完全正确，但他提出的各民族同根同源的认识，也是当时社会的一种时代要求，在很大程度上反映了南北朝时期各民族政权在相互兼并、相互融合中逐渐走向统一的历史趋势。尽管范晔对少数民族族源的认识比较片面，只是将其笼统地概括为与汉族同根同源，或为兄弟民族，但这种认识，在当时而言，却是一种较为超前的思想认识，反映了中华各民族形成过程中所特有的整体性、共同性，是出于对统一的多民族国家形成、巩固与发展的思想表现。

2. 期盼政治“大一统”，讴歌开疆拓土之士

中国很早就发展成为统一的多民族国家，但自汉末到魏晋南北朝的几百年时间里，除了西晋短暂统一外，国家陷入分裂，经历了一个曲折发展的阶段。魏晋南北朝时期，北方少数民族纷纷南下，在黄河流域建立起各自政权。范晔生活在这样一个战乱频仍、动荡不安的时代，更加企盼政治大一统，在撰写《后汉书》过程中不自觉地流露出讴歌开疆拓土之士的情怀。

其一，期盼政治大一统，详细记述南匈奴内附、内迁的过程。西汉以来，匈奴一直是汉王朝北部边疆最大的威胁，经汉武帝的积极努力，匈奴的力量遭

1（清）赵翼：《廿二史札记》卷4《后汉书编次订正》，载《赵翼全集》，曹光甫校点，凤凰出版社，2009，第68页。

到削弱，浑邪、休屠两部归汉，匈奴开始南迁。汉元帝时，呼韩邪单于内附，与汉朝保持着比较密切的联系。新莽之世，匈奴复叛，乘中原内乱再度崛起。东汉建立之初，“匈奴数与卢芳共侵北边”[1]，给汉朝造成了极大压力，迫使沿边人民内迁。其后不久，匈奴发生内乱，南北分裂，南匈奴再次内附。范晔撰写《后汉书》时，距东汉已有200余年，他不仅为南匈奴单独列传，还在为涉及匈奴历史的关键人物作传时详细记述匈奴的历史，这既是对东汉历史的梳理和重构，也反映了刘宋时人对东汉“大一统”的历史记忆。杰弗里·丘比特认为：“在重构过往事件和经历时，记忆是从一个具体的个体的立场出发的。但这一立场不能简单地被认为是理所当然的，因为有一种观点认为，回忆的个体自身是由他/她所记住的经历，以及他/她回忆往事的这一经历一起建构的。”[2]范晔对南匈奴内附、内迁历史的记述，其中的序、论部分夹杂着强烈的个人主观立场，这既是对两汉“大一统”历史记忆的重构，也寄托了他个人对“大一统”政治理想的期盼。从范晔的著述里，我们大体了解东汉时期匈奴的历史及其与东汉、与其他少数民族的关系，从这一点来看，范晔有很大贡献。此外，范晔在给刘秀、窦宪、耿秉等人作传时，对牵涉匈奴历史的部分，也有详细的记述，保存了珍贵的史料。在这些本纪、列传的史论部分，范晔对这些为祖国统一作出贡献的历史人物，也不吝惜笔墨，给予高度评价。

其二，讴歌开疆拓土之士，详细记载班氏一门经营西域的历史。西汉时期，张骞抱着断匈奴右臂之目的出使西域，打通了内地通往西域的道路，到汉宣帝时期，开始在西域设置都护，西域正式划归汉朝版图。汉朝在西域实行宽和之政，西域地区出现了长达半个多世纪的和平发展局面，“是时边城晏闭，牛马布野，三世无犬吠之警，黎庶亡干戈之役”[3]，社会经济得到了较快发展。

1《后汉书》卷89《南匈奴列传》，第2940页。

2［英］杰弗里·丘比特：《历史与记忆》，王晨凤译，译林出版社，2021，第94页。

3《汉书》卷94下《匈奴传下》，第3832—3833页。

王莽时期，统治者实行了错误的民族政策，引起西域各族人民的不满，西域地区与中央政府的关系开始恶化，匈奴趁机而入，再次控制西域。西域地区被匈奴控制之后，受到匈奴的欺压，“诸国不堪命”[1]，派遣使者同东汉政府联系，表达了再次归附汉朝的意愿。但此时东汉政府正忙于统一战争，无暇西顾，对西域的多次请求都未答应。匈奴彻底控制西域后，以此为基地，不断入侵汉朝的西北地区。东汉要解决西北边疆问题，就必须打通西域，断匈奴右臂。在巩固了统一战争成果后，东汉政府开始着手解决西域问题。为了再次断匈奴右臂，汉朝派班超出使西域，联络西域各地大小君长，共同反对匈奴。班超抱着“立功异域，以取封侯”[2]的理想追求，在经营西域过程中，逐渐形成了“示以威信”“以夷狄攻夷狄”[3]的思想。此后，班超经营西域30余年，不仅再次使西域回归东汉，恢复了东汉在西域的统治，更保证了丝绸之路的畅通。范晔在为班超作传时，记述了他“投笔从戎”的个人经历，生动介绍了他“不入虎穴，不得虎子”[4]伏击匈奴使者的过程。继班超之后，班勇再通西域。范晔对班勇经略西域的历史也给予了高度评价，认为班勇“有父风”[5]。范晔注重对历史人物的评价，通过考察和剖析历史发展态势及历史人物所发挥的作用，借此表达了对政治“大一统”的看法。他从班超投笔从戎的经历中，提出这样的见解：“汉世有发愤张胆，争膏身于夷狄以要(邀）功名，多矣。祭肜、耿秉启匈奴之权，班超、梁慬奋西域之略，卒能成功立名，享受爵位，荐功祖庙，勒勋于后，亦一时之志士也。”[6]从班超等人的经历中，范晔总结了环境与时势变化对历史发展走向的深刻影响，体现了他朴素的中华民族共同体意识。范晔主张大一统，

1《后汉书》卷88《西域传》，第2909页。
2《后汉书》卷47《班超传》，第1571页。
3 崔明德：《两汉民族关系思想史》，人民出版社，2007，第268、271页。
4《后汉书》卷47《班超传》，第1572页。
5《后汉书》卷47《班超传附子班勇传》，第1587页。
6《后汉书》卷47《班梁列传》，第1594页。

讴歌开疆拓土之士，其观点符合历史前进的步伐，有助于中华民族政治认同的形成。不仅如此，范晔还敏锐地捕捉到西域与内地的密切关系，为后世留下了关于西域“三通三绝”的历史，这都是值得后人铭记的。

3. 歌颂全国统一战争，反对非正义的民族战争

东汉历史上发生过很多次战争，如何客观认识和评价这些战争，是范晔在撰写《后汉书》中必须正视的一个重要问题。对此，范晔的态度是歌颂平定乱世的全国统一战争，反对非正义的民族战争。

范晔对东汉统一战争始终持肯定态度。王莽统治后期，社会危机加深，爆发了农民大起义。刘秀在起义的浪潮中崛起，先后收降赤眉，平定山东、陇右、巴蜀，中兴汉室。对于光武帝削平群雄、统一全国的战争，范晔认为这是“乘时龙而御天”[1]，是天命所归，在论赞部分给予了尽情颂扬：“炎正中微，大盗移国。九县飙回，三精雾塞。人厌淫诈，神思反德。光武诞命，灵贶自甄。沉几先物，深略纬文。寻邑百万，貔虎为群。长毂雷野，高锋彗云。英威既振，新都自焚。虔刘庸、代，纷纭梁、赵。三河未澄，四关重扰。神旌乃顾，递行天讨。金汤失险，车书共道。灵庆既启，人谋咸赞。明明庙谟，赳赳雄断。于赫有命，系隆我汉。”[2]

范晔不仅歌颂光武帝的全国统一战争，对东汉将南匈奴纳入版图也给予极高评价。他这样评价南匈奴与汉朝的关系：

> 中兴之初，更通旧好，报命连属，金币载道，而单于骄踞益横，内暴滋深。世祖以用事诸华，未遑沙塞之外，忍愧思难，徒报谢而已。因徙幽、并之民，增边屯之卒。及关东稍定，陇、蜀已清，其猛夫扞将，莫不顿足攘手，争言卫、霍之事。帝方厌兵，间修文政，未之许也。其后匈奴

1《后汉书》卷1下《光武帝纪下》，第86页。
2《后汉书》卷1下《光武帝纪下》，第87页。

争立，日逐来奔，愿修呼韩之好，以御北狄之冲，奉藩称臣，永为外扞。天子总揽群策，和而纳焉。乃诏有司开北鄙，择肥美之地，量水草以处之。驰中郎之使，尽法度以临之。制衣裳，备文物，加玺绂之绶，正单于之名。[1]

范晔对匈奴主动归附汉朝，汉朝将其安置在肥美之地并从法度、文化等方面积极引导的史实，表示由衷的赞叹。

在《后汉书·南匈奴列传》的后论部分，范晔总结汉匈关系，肯定了光武帝对匈奴的民族政策。东汉建立之初，彭宠占据渔阳反叛，与匈奴连兵进攻东汉。匈奴以实际行动明确表示不再臣服于东汉。建武六年（30年），光武帝“始令归德侯刘飒使匈奴，匈奴亦遣使来献，汉复令中郎将韩统报命，赂遗金币，以通旧好”[2]，东汉与匈奴开始互通使者。此时，东汉要求恢复双边的友好关系，而匈奴单于“骄踞，自比冒顿，对使者辞语悖慢”[3]，还多次与割据势力首领卢芳联合侵扰北边。建武九年（33年），光武帝迫不得已便“遣大司马吴汉等击之。经岁无功，而匈奴转盛，抄暴日增”。建武十三年（37年），匈奴“遂寇河东，州郡不能禁”。此时东汉政府因忙于勘定内乱、扫荡割据而无暇他顾，只得将北部幽、并边郡的人民内迁至常山关、居庸关以东，“匈奴左部遂复转居塞内”。东汉朝廷因怕匈奴生事，遂“增缘边兵郡数千人，大筑亭候，修烽火”。[4]

东汉初年，光武帝尽最大努力恢复生产，对匈奴采取“羁縻怀柔”的政策，但对匈奴扶植的分裂割据势力则坚决打击。在稳定了国内秩序后，光武帝也没有立即对匈奴用兵，这是范晔所称道的。

需要指出的是，终光武帝一朝，东汉对匈奴的政策一直是以羁縻为主，对

1《后汉书》卷89《南匈奴列传》，第2966—2967页。
2《后汉书》卷89《南匈奴列传》，第2940页。
3《后汉书》卷89《南匈奴列传》，第2940页。
4《后汉书》卷89《南匈奴列传》，第2940页。

匈奴的政策并没有随着南匈奴的归附而有大的改变。其后匈奴内乱爆发，南单于来奔。此时东汉对匈奴的政策才稍有转变，采取“以狄制狄”之策，以南匈奴防备北匈奴。尽管范晔推崇东汉的羁縻怀柔之策，但对窦宪率多民族联军北征北匈奴、燕然山勒铭也给予了高度评价：“卫青、霍去病资强汉之众，连年以事匈奴，国耗太半矣，而猾虏未之胜，后世犹传其良将，岂非以身名自终邪！窦宪率羌胡边杂之师，一举而空朔庭，至乃追奔稽落之表，饮马比鞮之曲，铭石负鼎，荐告清庙。列其功庸，兼茂于前多矣，而后世莫称者，章末衅以降其实也。”[1]

应当看到，东汉这种羁縻怀柔之策缓和了汉与匈奴之间的矛盾，避免了双方大规模的军事冲突，促进了双方的政治经济文化交流，最终东汉与南匈奴之间形成了和平共处、相互依存、友好发展的密切关系。范晔正是看到了这一点，对东汉与南匈奴的这种关系给予了高度赞扬。

范晔歌颂全国性的统一战争，明确反对非正义的民族战争。例如，他意识到东汉朝廷与羌族之间的战争是不可避免的，但他也看到了这场战争的不义性，将其定性为“朝规失绥御之和，戎帅骞然诺之信”[2]。范晔通过东汉与羌族之间战争的描述和评论，对东汉朝廷边吏压榨羌族人民给予深刻揭露，表达了他反对非正义民族战争的正确态度。在他看来，统一战争是值得歌颂的，非正义的民族战争是错误的，应当予以无情批判，彻底否定。

当然，范晔最为认可、关注最多的，是对民族战争带来统一局面的赞颂。关于这一点，他在《后汉书·南蛮西南夷列传》的后论中认为，“汉氏征伐戎狄，有事边远，盖亦与王业而终始矣。至于倾没疆垂，丧师败将者，不出时岁，卒能开四夷之境，款殊俗之附。若乃文约之所沾渐，风声之所周流，几将日所出入处也。著自山经、水志者，亦略及焉。虽服叛难常，威泽时旷，及其

1《后汉书》卷 23《窦融传附曾孙宪传》，第 820—821 页。
2《后汉书》卷 87《西羌传》，第 2899 页。

化行，则缓耳雕脚之伦，兽居鸟语之类，莫不举种尽落，回面而请吏，陵海越障，累译以内属焉。故其录名中郎、校尉之署，编数都护、部守之曹，动以数百万计。若乃藏山隐海之灵物，沈沙栖陆之玮宝，莫不呈表怪丽，雕被宫幄焉。又其賨幏火毳驯禽封兽之赋，軨积于内府；夷歌巴舞殊音异节之技，列倡于外门。岂柔服之道，必足于斯？然亦云致远者矣”[1]。由此可见范晔对东汉统一各民族的战争始终持肯定立场，予以高度赞扬。

（二）思想来源

范晔“大一统”思想形成的原因比较复杂，但起决定性作用的主要是如下两个方面。

其一，晋宋更迭与南北对峙的时代影响。范晔生活的时代既是历史上大分裂的时期，又是民族大发展、大融合的时期。在此之前，北方少数民族大规模迁居内地，进入中原的匈奴、鲜卑、羯、氐、羌等少数民族纷纷建立政权。短暂的西晋，先后经历“八王之乱”和“永嘉之乱”。此后，五胡入华、南北对峙，一个大动荡大发展的民族大融合时代随之到来。这种民族矛盾、阶级矛盾相互交织的动荡不安的年代，不可避免地对范晔的“大一统”思想产生了深刻影响。傅乐成先生认为：“中国民族的形成与扩张，实际是多种民族混合的结果。”[2] 事实上，多民族混合与交流不仅推动了中国各民族的发展，而且还推动了中华民族共同体的历史进程。晋宋更迭、南北对峙的各种矛盾相互交织，加快了这一进程。我们将视角聚焦于东晋南朝可以发现，前有桓玄、桓温之乱，后有刘裕代晋，统治阶级内部倾轧，政治斗争与军事斗争极为激烈。而将视线集中于北

1《后汉书》卷 86《南蛮西南夷列传》，第 2860 页。

2 傅乐成：《中国民族与外来文化》，原载《中山学术文化集刊四集》，参见傅乐成：《汉唐史论集》，联经出版事业公司，1977 年，第 383 页。

朝可以更加明确的是，北魏统一黄河流域后，进一步加剧了对南方的侵蚀，拓跋焘南下给刘宋政权以沉重打击。从中华民族历史来看，南北分裂对峙，北方少数民族进入黄河流域，与汉族发生碰撞，建立多个民族政权；拓跋鲜卑建立的少数民族政权统一黄河流域，南北交往和联系进一步加强，民族融合进程大大加快，客观上促进了中国统一多民族国家历史的发展。在这样的时代背景下，范晔产生“大一统”的思想认识，既是对历史发展大势的准确预见，又有对民族关系思想发展趋势的深入思考。尽管分裂是南北朝时期的整体特点，但不可否认，新的“大一统”正孕育于分裂的过程之中。可以毫不夸张地说，范晔对刘宋时期民族关系思想未来发展趋势的预判，是在政治大分裂与民族大融合时代对“大一统”新局面的积极呼唤。

其二，司马迁、班固思想的影响。范晔的“大一统”思想，突出反映在对多民族国家历史的关注。他对“大一统”的理想追求，首先是为魏晋以来少数民族南下、动乱不已的社会找出一条和平发展的道路。他的这一思想，实际上也继承了司马迁、班固的“民族一统思想”[1]。因此，他对《后汉书》诸民族列传、各民族历史发端的书写和评论，是了解他的“大一统”思想和把握他的民族关系思想的起点。司马迁在《史记》中首创民族列传，班固在《汉书》中也保留了关于周边民族的相关传记。司马迁与班固不仅都系统记述了我国边疆少数民族的历史与发展概况，而且都对少数民族与中原王朝的关系有着相对成熟的思考与认识，他们都自觉地把少数民族纳入中原王朝的范畴，逐渐形成了各民族一统思想。范晔所撰《后汉书》，不仅沿袭了司马迁和班固为少数民族作史立传的体例，而且他对民族关系的思想认识，也受到了二者的启迪和影响，尤其是他的“大一统”思想，与司马迁和班固有着非常明显的渊源关系。从范晔“大

1 关于司马迁与班固的“民族一统思想”，可参见肖黎、张大可：《司马迁的民族一统思想试探》，《中南民族学院学报（哲学社会科学版）》1982 年第 3 期；赵永春：《论班固的民族一统思想》，《社会科学战线》2002 年第 2 期；张大可：《司马迁的民族一统思想》，《社会科学战线》2003 年第 1 期。

一统”思想的具体内容来看，显而易见，他的思想既吸收了司马迁和班固的思想成果，又在司马迁和班固思想的基础上有了新的发展与完善。“大一统”思想本是自司马迁、班固修史以来的传统思想，而范晔在撰史过程中特别把民族关系问题凸显出来，从中华民族的历史整体着眼，叙写历史，给予评论，表现出一个史学家的远见卓识。

（三）重要价值及历史局限

“大一统”思想是中国民族关系思想史上的宝贵财富，范晔的这一思想不仅在当时具有极其重要的指导与启发意义，而且对后世也产生了广泛而深远的影响。

其一，蕴含着朴素的中华民族共同体意识。范晔在整理、写作《后汉书》过程中，始终以“大一统”思想为指导，有意识地将各民族纳入中华民族的共同体中，把他们当作中华民族共同体中的一个成员来对待，全面复原了东汉时期各民族间的交往交流交融历史。范晔对多民族国家历史的记述上有自己的理性思考，他的民族关系思想中蕴含着对少数民族与汉族“同源同祖”的强烈认同，这其实是范晔朴素的中华民族共同体意识的体现。此外，范晔还按照地理方位，依次叙述了东方的夷、北方的匈奴、西边的西域、南方的南蛮西南夷的历史及其与中原地区的联系，自觉地将这些民族纳为华夏的一部分，将边疆地区的少数民族纳入中华民族的整体来叙述，也体现出了他朴素的中华民族共同体意识。整体来看，范晔各民族“同源同祖”的看法虽然不够严谨，没有认识到中华民族的形成是多源并起、多元一体的历史事实，但他却看到了边疆民族与汉族是一个有机的整体，看到了中华民族历史发展的趋势是逐渐走向统一的，各民族之间的交往交流是不可避免的，这些认识带有朴素的中华民族共同体意识，在今天看来，这些思想认识仍具有重要作用与积极意义，对统一多民族国家的巩固与发展，对促进各民族之间的团结进步具有极其重要的现实意义与理论价值。

其二，有助于刘宋时期“大一统”共识的形成。在范晔所处的时代，少数民族政权同汉族政权争夺“一统”地位，给汉族统治者造成了前所未有的冲击。范晔作史，“欲因事就卷内发论，以正一代得失”[1]。古语有云：“观今宜鉴古，无古不成今。”范晔撰写《后汉书》的目的之一就是以史为鉴，为刘宋的治国理政提供历史经验教训。他推崇东汉时期的政治大一统，讴歌开疆拓土之士，应是对刘宋的一种影射。刘宋时期，朝廷偏居江南，上至皇帝下至士大夫，甚至一些南迁的黎民百姓，无时无刻不想北伐，收复失地。正是因为社会上存在着一股收复失地的思潮，范晔在整理、撰写《后汉书》过程中形成的“大一统”思想在当时就能够引起共鸣。如宋文帝刘义隆就有“大一统”思想，曾多次试图北伐、混一南北，但由于各种原因未能成功。当时的名臣到彦之、何承天等人也有强烈的“大一统”思想，如到彦之力主北伐，何承天提出了著名的“安边论”。范晔把历史经验教训和当时民族关系实际结合起来，从现实的民族关系出发去认识、记述历史上的民族关系，有意识地通过对民族列传史事的整理、书写来反映自己的思想观点，反思其所处时代的民族关系，热切期盼和积极呼吁“大一统”。他的这些努力，有助于刘宋时期政治家、思想家和普通民众形成“大一统”的共识。

当然，由于受时代、阶级及自身认识的局限，范晔的思想不可避免地会带有一定的局限性，主要表现在以下两个方面。

其一，反对少数民族内迁。自东汉末年以来，北方少数民族大量内迁，一方面不同民族之间不断争战，民族矛盾和阶级矛盾曾一度比较尖锐；另一方面民族交往交流交融的步伐不断加快，华夏族融入了许多少数民族而逐渐扩大。

1《宋书》卷 69《范晔传》，第 1831 页。

这本是历史发展的大势，也对中华民族共同体的形成具有重要意义。但因受时代局限和自身对民族战争恐惧心理的影响[1]，范晔坚决反对少数民族的内迁，认为“夷貊殊性，难以道御”，应当将他们“斥远诸华，薄其贡职，唯与辞要而已”[2]。在他看来，“汉御戎之方，失其本矣”，在处理类似问题时背离了传统做法，比如汉宣帝时后将军赵充国击败先零后，在金城郡设置属国，将先零“迁之内地”；“当煎作寇，马文渊徙之三辅”。这些都是因为“贪其暂安之执，信其驯服之情，计日用之权宜，忘经世之远略”，[3]缺乏远见卓识。范晔以“微子垂泣于象箸，辛有浩叹于伊川”为例，表明自己坚决反对少数民族内迁的态度。

其二，歧视少数民族。范晔在著述时虽然会流露出“大一统”思想，认为应将少数民族纳入中华民族的大家庭之中，但他的思想中也夹杂着对少数民族的歧视，主要体现在如下三个方面：一是在叙述各个民族历史时使用大量“寇”“侵”“伐”“讨”等字眼，突出反映了他对少数民族的偏见和敌视；二是把《后汉书》六卷八传的民族传记置于列传的最后，统称为“六夷”[4]，将民族歧视的成分掺入其间；三是将进入中原地区的少数民族视为最大隐患，认为“羌虽外患，实深内疾，若攻之不根，是养疾疴于心腹也”[5]，主张对心腹之患务必连根拔掉。

尽管范晔的思想具有一定的历史局限性和认知不足，但他对民族关系的认识尤其“大一统”思想，凝聚着史学家书写中华民族发展进程中的经验与智慧，不仅在中国民族关系思想史上留下了光辉的一笔，而且为后世留下了宝贵的精神财富。对此，我们应当坚持实事求是的态度，给予客观公正的评价。

---

1 元嘉八年（431 年），宋文帝命征南大将军檀道济率兵北伐，作为檀道济部下，本应随军北上，但范晔“惮行”，称病不前。参见《宋书》卷 69《范晔传》，第 1819 页。

2《后汉书》卷 87《西羌传》，第 2901 页。

3《后汉书》卷 87《西羌传》，第 2901 页。

4《宋书》卷 69《范晔传》，第 1830 页。

5《后汉书》卷 87《西羌传》，第 2901 页。

十三、刘宋大臣对本朝与北魏关系的认识

在南北对峙格局下，刘宋大臣认真思考本朝与北魏关系问题，形成了比较丰富的思想观点。谢灵运的“荡定赵魏，大同文轨”思想，何承天的“安边固守”思想，袁淑的“以攻为守”思想，周朗的“毒之在体，必割其缓处”思想，徐爰的“五难之解”，江湛、颜竣的“和亲无益”以及谢庄反对互市的思想认识，虽然认识水平高低不一，思想观点不尽相同，有的甚至针锋相对，但都立足于刘宋王朝长治久安的发展大局，希望刘宋与北魏关系能始终处于良性发展状态。刘宋大臣的思想认识比较深刻，针对性也比较强，但并没能使刘宋与北魏关系向好发展。原因主要有三点：一是思想主张不统一，二是前后承接不相继，三是执行贯彻不彻底。

刘宋大臣在总结历史经验基础上，结合本朝实际，对北伐、和亲、互市及应对北魏侵扰等问题，进行了深入思考与探讨。他们的思想动向与理论观点影响了当时民族关系的发展走向，在南北朝民族关系思想史上占有重要地位。系统总结与全面分析刘宋大臣对本朝与北魏关系的认识，既有助于丰富南北朝民族关系思想史的研究内容，也具有一定的现实意义。

（一）谢灵运的“荡定赵魏，大同文轨”思想

刘宋建国不久，北魏相继消灭夏、北燕、北凉等政权，统一北方。北魏多

次南下攻取河南、淮北各地，刘宋诸帝也锐意北伐，企图收复旧境，但大多失利。南北对峙格局下，对于如何处理与北魏关系，谢灵运率先提出了“荡定赵魏，大同文轨”[1]的思想观点。

谢灵运本名公义，字灵运，陈郡阳夏人，出身陈郡谢氏，祖父是东晋名将谢玄，其父谢瑍官至秘书郎，其母刘氏是王羲之的外孙女。谢灵运“少好学，博览群书，文章之美，江左莫逮”[2]，是中国山水诗的开山鼻祖，被称为“才高词盛，富艳难踪”[3]。晋末袭封为康乐县公，任琅琊王大司马行参军、秘书丞、黄门侍郎等职。刘宋建立后，降封康乐县侯，后任太子左卫率、侍中、永嘉太守等职。

谢灵运文采出众，深得宋文帝赏识，但政治才能却不被看重，且由于天性不羁和恃才傲物，遭到许多大臣的敌视与排挤。谢灵运“自谓才能宜参权要，既不见知，常怀愤惋”[4]，渴望施展才华的政治抱负与仕途不顺的残酷现实产生了激烈的矛盾，导致他经常“穿池植援，种竹树堇，驱课公役，无复期度。出郭游行或一日百六七十里，经旬不归，既无表闻，又不请急”，宋文帝刘义隆“不欲伤大臣，讽旨令自解”。[5]元嘉五年（428年），谢灵运离开建康前，上表请求北伐。在《劝伐河北书》中，他大力赞颂宋武帝刘裕的功业，指出“自中原丧乱，百有余年，流离寇戎，湮没殊类。先帝聪明神武，哀济群生，将欲荡定赵魏，大同文轨，使久凋反于正化，偏俗归于华风”[6]。结合相关文献分析，“荡定赵魏，大同文轨”既是谢灵运民族关系思想的核心观点，又是他为宋文帝谋划的北伐策略，也是他对天下一统的理想追求。

谢灵运认为，刘宋不仅要北伐，而且要重点进攻北魏控制的“赵魏”地区。

1《宋书》卷67《谢灵运传》，第1772页。

2《宋书》卷67《谢灵运传》，第1743页。

3（南朝梁）钟嵘著，杨焄校注：《诗品》，上海古籍出版社，2020，第2页。

4《南史》卷19《谢灵运传》，第538页。

5《宋书》卷67《谢灵运传》，第1772页。

6《宋书》卷67《谢灵运传》，第1772页。

谢灵运分析了刘宋北伐的三条原因。

一是国耻未雪。在谢灵运看来，高祖多次北伐，想要统一天下，可是这一目标不但没能实现，反而由于宋少帝“并非其才”，又导致“忠烈囚朔漠，绵河三千，翻为寇有”[1]。这些丢失的土地，都是先帝开拓，如今却沦落敌手，“此国耻宜雪，被于近事者也”[2]。另外，北方汉族百姓在“逆虏”统治下，“穷苦备罹，征调赋敛，靡有止已，所求不获，辄致诛殒，身祸家破，阖门比屋”[3]。刘宋身为正义之师，有责任救其于水火之中。

二是时机已到。元嘉三年（426 年），北魏太武帝拓跋焘趁夏主赫连勃勃病逝之机，亲率两万骑兵突袭夏都城统万，同时派大将奚斤率军五万进据长安。次年（427 年），赫连昌由于轻敌冒进被击败，魏军“乘胜追至城北，死者万余人”[4]。元嘉五年（428 年），魏军攻破上邽，生擒赫连昌。谢灵运根据已知情报，对北方乱局进行全方位分析，指出：“咸云西虏舍末，远师陇外，东虏乘虚，呼可掩袭。西军既反，得据关中，长围咸阳，还路已绝，虽遣救援，停住河东，遂乃远讨大城，欲为首尾。而西寇深山重阻，根本自固，徒弃巢窟，未足相拯。师老于外，国虚于内，时来之会，莫复过此。”[5]如果不趁此良机迅速北伐，到时北方“忽值新起之众，则异于今，苟乖其时，难为经略，虽兵食倍多，则万全无必矣”[6]。

三是国力强盛。谢灵运认为，经过数年养精蓄锐，朝廷府库虽然没能完全充足，但至少是“器械既充，众力粗足，方于前后，乃当有优”[7]，基本具备大规模开战的物质基础，而且宋文帝“聪明圣哲，天下归仁，文德与武功并震，

1《宋书》卷 67《谢灵运传》，第 1772 页。
2《宋书》卷 67《谢灵运传》，第 1772 页。
3《宋书》卷 67《谢灵运传》，第 1772 页。
4《魏书》卷 4《世祖纪上》，第 72 页。
5《宋书》卷 67《谢灵运传》，第 1773 页。
6《宋书》卷 67《谢灵运传》，第 1773 页。
7《宋书》卷 67《谢灵运传》，第 1773 页。

霜威共素风俱举”，朝廷大臣也是“宰辅贤明，诸王美令，岳牧宣烈，虎臣盈朝”。在这种形势下，只要宋文帝下令北伐，那么“翦伊顽虏，假日而已哉”[1]。

谢灵运之所以将主攻方向放在“赵魏”即河南河北地区，而不是关中，原因主要有两点：一是“赵魏”地区更为富饶。谢灵运认为，“赵魏”地区人口充足，土地肥沃，单单冀州一地，人口“百万有余，田赋之沃，著自《贡》典，先才经创，基趾犹存，澄流引源，桑麻蔽野，强富之实，昭然可知”[2]，相较于战争消耗，攻下“赵魏”带来的收益会更大。二是“赵魏”地区更易攻取。在谢灵运看来，河南河北地区与关中地区相比，民族关系形势完全不同，关中地区素来是多民族“杂居，种类不一”，刘宋很难在此站稳脚跟。而“赵魏”地区“悉是旧户，差无杂人”，具有一定的群众基础，而且地形地势“连岭判阻，三关作隘”，攻下这里后，进可“游骑长驱，则沙漠风靡”，退可“严兵守塞，则冀方山固”。[3]

综上可见，谢灵运对天下一统有着热切渴望，对战胜北方少数民族政权颇有信心，对北伐策略也很有心得。作为一位有理想的知识分子，谢灵运想要收复中原的心情不难理解，尤其值得注意的是，他对北伐目标和方向的分析也颇具战略价值，显然超出了一般文学家的认识能力和思想水平。究其缘由，主要有三点。

一是其显赫的家世背景。陈郡谢氏是东晋南朝顶级门阀大族，谢安、谢玄等人曾在抗击前秦的淝水之战中立有大功。传至谢灵运一代，武事传统虽绝，英武之气犹存，谢灵运就曾有“造步丘而长想，钦太傅之遗武”的感慨，也曾大力赞美谢安“弘九流以拮四维，复先陵而清旧宇”[4]的功绩。谢玄等人大胜前秦苻坚的光荣历史，既是谢灵运军事策略的思想来源，也是其决心战胜北方少

1《宋书》卷67《谢灵运传》，第1774页。

2《宋书》卷67《谢灵运传》，第1773—1774页。

3《宋书》卷67《谢灵运传》，第1774页。

4《宋书》卷67《谢灵运传》，第1749页。

数民族政权的深厚底气。

二是对历史规律的深刻把握。谢灵运文学成就斐然，在史学方面也有一定的造诣，曾“撰《晋书》，粗立条流，书竟不就”[1]。谢灵运对历史知识的掌握，既全方位地运用到文学创作之中，也增强了解决现实民族关系问题的能力，并由此形成了两条规律性认识：一是北方少数民族强弱不定，要趁其衰弱时尽快消灭。谢灵运告诉宋文帝，前代处理民族关系，基本都以兼并弱小为要务，“古今圣德，未之或殊”[2]。后秦灭亡标志着北方少数民族势力正在走向衰落，只要“长驱滑台，席卷下城，夺气丧魄，指日就尽”[3]。二是胡族政权一定会被汉人取代。谢灵运深受传统“夷不乱华”思想的影响，坚守汉族政权才具正统性与合法性的思维底线，认为北方广大地区虽为少数民族占据，但“五胡代数齐世，虏期余命，尽于来年”，他们正“自相攻伐，两取其困”，北方人也“仰望圣泽，有若渴饥，注心南云，为日已久”,[4]胡人政权迟早要被汉族政权消灭，最终回归到他心目中民族关系秩序的理想状态。

三是随使劳军的特殊经历。义熙十二年（416 年）十一月，刘裕在北伐后秦过程中，派遣左长史王弘暗示朝廷为其加“九锡”，为取代东晋政权作准备。谢灵运奉命随同宣诏使“慰劳武帝于彭城，作《撰征赋》”[5]。当时，因东晋朝廷暗弱，北强南弱的民族关系局面以及主弱臣强的政治局面让谢灵运颇为忧虑，他在《撰征赋》中发出了“每以区宇未统，侧席盈虑”[6]的感慨。劳军过程中，刘裕旗下“灵檣千艘，雷辎万乘，羽骑盈途，飞旌蔽日”[7]的壮观场面在谢灵运心里留下了深刻印象，他一扫之前心头阴霾，兴奋宣称“晏皇涂于国内，震天

1《南史》卷 19《谢灵运传》，第 539 页。
2《宋书》卷 67《谢灵运传》，第 1773 页。
3《宋书》卷 67《谢灵运传》，第 1773 页。
4《宋书》卷 67《谢灵运传》，第 1773 页。
5《南史》卷 19《谢灵运传》，第 538 页。
6《宋书》卷 67《谢灵运传》，第 1744 页。
7《宋书》卷 67《谢灵运传》，第 1744 页。

威于河外。扫东齐而已宁，指西峤而将泰”[1]。可见，此次犒师经历，不但改变了谢灵运对刘裕的看法，也刷新了他对当时民族关系的认识，对南北力量对比有了新的感悟与理解，使其对南方新秩序充满希望，进一步增强了消灭北方少数民族政权的信心，这应是其民族关系思想的现实基础。

（二）何承天的“安边固守”思想

何承天，东海郯县人，晋右卫将军何伦侄孙。他五岁丧父，师从其舅徐广，“幼渐训义，儒史百家，莫不该览”[2]，在天文、音乐、史学等方面都有很深的造诣，修订了《元嘉历》，也曾奉命编撰《宋书》。东晋末任抚军将军刘毅参军，入宋后先任谘议参军、右军录事等武职，后因“才非军旅”[3]转任文职，累迁尚书左丞、衡阳内史、御史中丞。

元嘉二十三年（446年），北魏入侵冀州、青州、兖州等地，“杀掠甚众，北边骚动”[4]。宋文帝“访群臣威戎御远之略”[5]，时任御史中丞的何承天建议宋文帝不要急于北伐，而应将主要精力放在完善边防体系上，提出了“安边固守”[6]的思想观点。何承天主要从四个方面阐述这一思想。

第一，北魏侵扰原因。何承天指出，自刘宋建政以来，北魏“怀德畏威，用自款纳”，宋文帝即位之后“羁縻遵养，十余年中，贡译不绝”，[7]双方关系基本保持平稳状态。由于最近几年锐意开边，尤其是元嘉二十二年（445年）以武陵王刘诔为雍州刺史、南平王刘铄为豫州刺史、衡阳王刘义季为徐州刺史的

1《宋书》卷67《谢灵运传》，第1752页。
2《宋书》卷64《何承天传》，第1701页。
3《宋书》卷64《何承天传》，第1704页。
4《资治通鉴》卷124，“宋纪六”，“元嘉二十三年”条，第3924页。
5《宋书》卷64《何承天传》，第1705页。
6《宋书》卷64《何承天传》，第1707页。
7《宋书》卷64《何承天传》，第1705页。

举动，引起了北魏的忧虑，导致“兽心易骇，遂生猜惧，背违信约，深构携隙”[1]。另外，受三王出镇的影响，北方各地“士女延望，华、夷慕义”，人口大量南移，进一步加剧了北魏的不满，他们“昧于小利，且自矜侈，外示余力，内坚伪众”[2]，这才兴师动众发起南侵。在何承天看来，只要刘宋改变国策，“今若务存遵养，许其自新，虽未可羁致北阙，犹足镇静边境”[3]。

第二，历史经验教训。何承天上书称：“窃寻猃狁告难，爰自上古，有周之盛，南仲出车，汉氏方隆，卫、霍宣力。虽饮马瀚海，扬旍祁连，事难役繁，天下骚动，委兴负海，赀及舟车。凶狡倔强，未肯受弱，得失报复，裁不相补。”[4]他认为，北方游牧民族侵扰自上古就已普遍存在，中原王朝屡次出兵讨伐，大多没有成效。在此认识基础上，何承天指出，“坚壁清野”是应对少数民族侵扰的良策。所谓“坚壁清野”，就是将边民悉数内迁，创造一个避免爆发直接冲突的军事缓冲区。何承天举例说，当初曹操、孙权争霸时，江、淮间空出数百里地带，起到了保境安民的作用，后来司马懿建议将防线由长江南岸撤至江北，曹爽不同意，魏国和吴国大打出手，曹魏“果亡相中”[5]。在何承天眼里，南北方中间区域，既不适合游牧，也不适合农耕，可以“坚壁清野，以俟其来”，这一措施既能从根本上消除北魏对南方人口掠夺的危害，也可以静待时机，“整甲缮兵，以乘其敝”。[6]

第三，现实民族关系状况。何承天反对北伐的现实原因主要有五点：一是北魏占据天然地理优势，刘宋难以速胜，“寇虽习战未久，又全据燕、赵，跨带秦、魏，山河之险，终古如一”[7]；二是边地百姓左右摇摆，很不可靠，“今遗

1《宋书》卷64《何承天传》，第1705页。
2《宋书》卷64《何承天传》，第1705页。
3《宋书》卷64《何承天传》，第1706页。
4《宋书》卷64《何承天传》，第1705页。
5《宋书》卷64《何承天传》，第1707页。
6《宋书》卷64《何承天传》，第1707页。
7《宋书》卷64《何承天传》，第1706页。

黎习乱，志在偷安，非皆耻为左衽，远慕冠冕，徒以残害剥辱，视息无寄，故繦负归国，先后相寻”[1]；三是贸然兴兵会动摇国本，“若盛师连屯，废农必众，驰车奔驲，起役必迟，散金行赏，损费必大，换土客戍，怨旷必繁”[2]；四是鲜卑人作战勇猛，宋军难以招架，“狡虏之性，食肉衣皮，以驰骋为仪容，以游猎为南亩，非有车舆之安，宫室之卫，栉风沐雨，不以为劳，露宿草寝，维其常性，胜则竞利，败不羞走，彼来或骤，而此已奔疲”[3]；五是刘宋缺乏万无一失的战略战术。关于这一点，何承天做了几种假设：如果“遣军追讨，报其侵暴”[4]，其间必有屠城破邑的行为，这有违仁义道德；如果采取釜底抽薪的计策招揽北方各族，结果只能是“骏马奔走，不肯来征，徒兴巨费，无损于彼”[5]；如果遣兵突袭，会导致“报复之役，将遂无已”[6]。

第四，具体应对策略。综合各种情况进行考量后，何承天得出了“安边固守，于计为长”[7]的重要结论，认为对付北魏的关键是“因民所居，并修农战”[8]，并由此形成了一套完整的操作方法，即“要而归之有四：一曰移远就近；二曰浚复城隍；三曰纂偶车牛；四曰计丁课仗”[9]。

“移远就近”，主要是将边民迁入内地。具体办法是：“今青、兖旧民，冀州新附，在界首者二万家，此寇之资也。今悉可内徙，青州民移东莱、平昌、北海诸郡，兖州、冀州移泰山以南，南至下邳，左沭右沂，田良野沃，西阻兰陵，北扼大岘，四塞之内，其号险固。”[10]何承天认为，百姓都是安土重迁，“无

1《宋书》卷 64《何承天传》，第 1706 页。
2《宋书》卷 64《何承天传》，第 1708 页。
3《宋书》卷 64《何承天传》，第 1707 页。
4《宋书》卷 64《何承天传》，第 1706 页。
5《宋书》卷 64《何承天传》，第 1706 页。
6《宋书》卷 64《何承天传》，第 1706 页。
7《宋书》卷 64《何承天传》，第 1707 页。
8《宋书》卷 64《何承天传》，第 1708 页。
9《宋书》卷 64《何承天传》，第 1707 页。
10《宋书》卷 64《何承天传》，第 1708 页。

虏之时，喜生咨怨”，如今却是“新被钞掠，余惧未息”，倘若朝廷能够晓之以安危，安之以乐土，百姓必定“视迁如归”。[1]

“浚复城隍”即修筑城池，固守战略要地。据何承天考察，古代遗留下的城池，现在还有很多，虽有部分毁坏，但仍可加以修整。刘宋需要动用官方力量修缮城池，之后“粗计户数，量其所容，新徙之家，悉著城内”，将百姓编入军伍，并安排“妇子守家，长吏为师，丁夫匹妇，春夏佃牧”。鲜卑人入侵时，一座城池“堪战之士，不下二千，其余羸弱，犹能登陴鼓噪。……足抗群虏三万矣”。[2]

“纂偶车牛”与“计丁课仗”，强调的是储备战争物质，加强军备建设。按照何承天估算，千家百姓资产“不下五百耦牛，为车五百两”，战车“参合钩连，以卫其众”[3]，即便城池不牢固，也能利用车阵挡住鲜卑骑兵。另外，对于集结起来的民兵，要采取“随其便能，各自有仗，素所服习，铭刻由己，还保输之于库，出行请以自卫”的办法进行训练，如果他们置办不起武器，朝廷还应“渐充之”，如此“数年之内，军用粗备矣”。[4]

除以上几点外，何承天还考虑到了边民容易流动、古城难于修复、兵械管理混乱以及地利优势没能充分发挥等问题，相应给出了指导意见。针对边民容易流动的问题，何承天建议在“族居聚处，课其骑射，长吏简试，差品能不，甲科上第，渐就优别，明其勋才，表言州郡”，如此一来，便能“屯部有常，不迁其业”。[5]针对“古城荒毁，难可修复”的问题，何承天的想法是不必将所有城池都“整丽如旧”，只需稍加修整，能够“御彼轻兵，防遏游骑”[6]即可。

1《宋书》卷 64《何承天传》，第 1708 页。
2《宋书》卷 64《何承天传》，第 1708 页。
3《宋书》卷 64《何承天传》，第 1708 页。
4《宋书》卷 64《何承天传》，第 1709 页。
5《宋书》卷 64《何承天传》，第 1709 页。
6《宋书》卷 64《何承天传》，第 1710 页。

他认为，修复城池的真正目的不在于军事上能够抵挡住多少骑兵，而是在经济上富国强兵，达到“兵强而敌不戒，国富而民不劳”[1]的效果。在兵械管理混乱的问题上，要采取严厉措施，严禁商人贩卖兵器，“诸商贾往来，幢队挟藏者，皆以军法治之”，边地士兵使用的武器还应“并加雕镌，别造程式”，如此“若有遗镞亡刃，及私为窃盗者，皆可立验”[2]。至于地利优势发挥不够的问题，何承天以刘宋境内的钜野湖为例，指出“钜野湖泽广大，南通洙、泗，北连青、齐，有旧县城，正在泽内。宜立式修复旧堵，利其埭遏，给轻舰百艘。寇若入境，引舰出战，左右随宜应接，据其师津，毁其航漕”[3]，要充分发挥南方水战优势对付北方游牧民族骑兵。

综上可见，何承天的民族关系思想涉及军事、财政、民生诸多方面，合历史与现实为一体，熔攻、守、防、备为一炉，既有对历史上民族关系的思考，也有对民族关系现状的认识，甚至还有关于民族关系未来发展趋势的预见，可谓视野开阔，体系完备。

何承天能够形成如此全面的认识，原因是多方面的，以下两点尤为重要。

一是历史上的军事防御思想，为其民族关系思想的形成提供了充分养料。中国古代战争不断，诸子百家尤其是兵家、法家，阐述了许多关于防守、备战的想法，形成了极为丰富的军事防御思想。如《孙子·虚实》说：“善守者，敌不知其所攻。”《尉缭子·战威》说：“地所以养民也，城所以守地也，战所以守城也。故务耕者民不饥，务守者地不危，务战者城不围。”商鞅认为：“圣人知治国之要，故令民归心于农。归心于农，则民朴而可正也，纷纷则不易使也，信可以守战也。”[4]此类精辟认识，无疑对何承天的“安边固守”思想产生了重要影响，是其民族关系思想的重要理论依据。

1《宋书》卷64《何承天传》，第1710页。
2《宋书》卷64《何承天传》，第1710页。
3《宋书》卷64《何承天传》，第1710页。
4（战国）商鞅等著，章诗同注：《商君书》卷1《农战第三》，上海人民出版社，1974，第14页。

二是丰富的个人履历，积累了大量经验。稍加考察何承天知识背景与任职经历，不难发现，他学识十分渊博，尤其对历史有着很深的了解，能从历史经验教训中得到启发。另外，何承天既有在中央做官的经历，又常年在地方任职，尤其以“参军”身份参与多场战争，如元嘉七年（430年），刘宋第一次北伐时，何承天为北伐主将到彦之右军录事，亲眼见证了宋军“凡百荡尽，府藏为空”[1]的溃败场面。丰富的知识积累及丰富的工作履历，使何承天能够将切身经历获得的直接感悟与读书问道带来的理性认识相结合，从而形成较为完善的思想体系。正因如此，他的民族关系思想比同时代的政治家、军事家更全面、深刻一些，也多了几分理智。

（三）袁淑的“以攻为守”思想

袁淑字阳源，陈郡阳夏人，祖父袁质官至晋琅邪内史，其父袁豹曾任御史中丞、丹阳尹、太尉长史。袁淑是高门子弟，少年时期就表现出了不凡的气度，“十余岁，为姑夫王弘所赏，博涉多通，不为章句学。文采遒艳，从横有才辩”[2]。临川王刘义庆爱好文学，请其为司徒祭酒，后任尚书吏部郎、南东海太守、御史中丞、太子左卫率等职。袁淑很有才学，但喜欢夸夸其谈，因此“每为时人所嘲”[3]。也正因这一个性，袁淑对民族关系的看法具有强烈的个人主义色彩和不切实际的特点。袁淑对刘宋与北魏关系的认识，主要体现在他的《防御索虏议》中。

元嘉二十七年（450年）七月，宋文帝派遣宁朔将军王玄谟发起第二次北伐，久攻滑台数月无果。十月，北魏太武帝拓跋焘率兵南下，王玄谟“乃

1《南史》卷25《到彦之传》，第675页。
2《南史》卷26《袁淑传》，第698页。
3《宋书》卷70《袁淑传》，第1839页。

奔退，麾下散亡略尽”[1]。十二月，拓跋焘攻至瓜步，扬言渡江。宋文帝集合水军沿江备战，同时召集群臣“议防御之术”[2]。在这次会议上，袁淑积极发言，建议宋文帝化被动为主动，并从多个角度论证了主动出击的必要性与可行性。

首先，对历代中原王朝不能制服少数民族的缘由做了探讨。袁淑认为，历代中原王朝不能制服少数民族，主要原因是“绥整寡衷，戎昭多昧”[3]，既没有正确的应对策略，军事上也多有失误。在袁淑看来，由于“天险岩旷，地限深遐”，中原王朝根本没把远方各族放在眼里，不担心他们到来，也不害怕他们进攻，既不积极应对，也不主动出击，最终导致“桍潞入患，泉伊来扰，纷殄姬风，泯毒禹绩，腾书有渭阴之迫，悬烽均咸阳之警”[4]。刘宋王朝之所以北伐失败，主要因为“将有弛拙，故士少斗志”[5]。

其次，对目前紧张局势进行淡化处理。在袁淑眼里，少数民族就像山林中的野兽和河里的鱼，离开原本的栖息地就会死亡。正因如此，北魏侵扰根本不足为虑。袁淑指出，魏军自北南下是“舍陵衍之习，竞湍沙之利”，必然会困于南方河湖水田地带，到时“进必倾殒，河隘扁固，退亦堕灭”，这就像是“栖乌于烈火之上，养鱼于丛棘之中”。[6]换言之，在袁淑的思维认识中，北方游牧民族并不可怕，也不会对中原王朝造成致命威胁，只要认真对待，完全可以将其制服。

再次，对一些避战观点进行批驳。面对北魏强势入侵，刘宋一部分大臣主张“损缓江右，宽缮淮内”[7]，建议放弃长江以北部分土地，将国家施政重点

1《宋书》卷 76《王玄谟传》，第 1974 页。
2《宋书》卷 70《袁淑传》，第 1836 页。
3《宋书》卷 70《袁淑传》，第 1836 页。
4《宋书》卷 70《袁淑传》，第 1836 页。
5《宋书》卷 70《袁淑传》，第 1836 页。
6《宋书》卷 70《袁淑传》，第 1836 页。
7《宋书》卷 70《袁淑传》，第 1836 页。

转向淮南地区。袁淑从历史和现实两个维度对这些观点进行批驳。从历史角度来看，当初汉武帝出兵拯救东瓯，“旧史为允”，东汉皇帝想要放弃西凉，“前言称非”，这些偏远的地方都没有丢弃，更不用说淮北之地“联被京国，咫尺神甸”[1]，战略地位十分重要。从现实角度来看，如今“丘赋千乘，井算万集，肩摩倍于长安，缔袂百于临淄，什一而籍，实慊氓愿，履亩以税，既协农和。户竞战心，人含锐志，皆欲赢粮请奋，释纬乘城”[2]，完全具备主动出击的能力。

最后，对后续行动进行详细规划。袁淑对鲜卑人和汉族人的习性分别进行分析，认为鲜卑人“贪而无谋，肆而不整，迷乎向背之次，谬于合散之宜，犯军志之极害，触兵家之甚讳”[3]，既贪婪成性，又缺乏军事谋略。汉族人虽勇气十足，但“将术疏怯”，而且由于“承平岁久，邑无惊赴之急，家缓馈战之勤，阙阅训之礼，简参属之饰，且亦荐采之法，庸未蒇欤”[4]，对战争缺乏积极性和执行力。基于这种认识，袁淑提出了三点建议：

一是遣军偷袭。袁淑认为，只要朝廷选拔数千勇悍之士“鹜行潜掩，偃旗裹甲，钳马衔枚，桧稽而起，晨压未阵，旌噪乱举，火鼓四临，使景不暇移，尘不及起”，必能“禽铩兽詟，冰解雾散，扫洗哨类，漂卤浮山”，敌军若有漏网之鱼，可命“淮、汝戈船，遏其还径，兖部劲卒，梗其归涂”，如此“必剪元雄，悬首麾下，乃将只轮不反，战轊无旋矣”。[5]

二是选拔人才。袁淑建议，那些能够聚合军心，发挥民智，在战场上有良策、在朝中有谋略的人可以“安民纾国，救灾恤患”。对待这些人要像当年刘邦重用韩信、韩信重用李左车一样，“别其旂章，荣其班禄，出得专誉，使不

1《宋书》卷 70《袁淑传》，第 1836 页。
2《宋书》卷 70《袁淑传》，第 1837 页。
3《宋书》卷 70《袁淑传》，第 1837 页。
4《宋书》卷 70《袁淑传》，第 1838 页。
5《宋书》卷 70《袁淑传》，第 1837 页。

禀命”，予以高规格待遇，如此“必有要盟之功，窃符之捷”。[1]

三是施反间计。袁淑举例说，春秋战国时期三家分晋，郑武公灭掉郐国，靠的是“多纵反间，汩惑心耳”[2]。因此，刘宋既要“冲其猜伏，拂其嫌嗜，汩以连率之贵，饵以析壤之资”，以利诱的方式招揽鲜卑人，还应“罄笔端之用，展辞锋之锐”，暗中派人前去招降。如此一来，北魏“必府鬲土崩，枝干瓦裂”。[3]

综上可见，袁淑民族关系思想的本质是“以攻为守”，这一思想的最终目标，是“天行枢运，猋举烟升，青盖西巡，翠华东幸，经启州野，涤一轸策，俾高阙再勒，燕然后铭。方乃奠山沉河，创礼辑策，阐耀炎、昊之遗则，贯轶商、夏之旧文”[4]，重新恢复南朝对中原地区的掌控。为了达到这一目标，袁淑不仅在微观层面谋划了对付鲜卑骑兵的具体措施，而且在宏观层面也勾勒出了消灭北魏的理想蓝图，但他的想法过于理想化，有纸上谈兵之嫌，如他计划以数千士兵偷袭消灭魏军的策略，就几乎不可能实现，因此唐朝史学家李延寿称“其言甚诞”[5]。不过，袁淑的民族关系思想客观上有助于提振士气，能在一定程度上消解刘宋上下对北魏的恐惧心理。另外，他对天下一统的理想追求，也代表了民族关系的发展方向。从这一角度来说，袁淑的民族关系思想也具有重要意义，能发挥一定的积极作用。

（四）周朗的“毒之在体，必割其缓处”思想

北魏文成帝拓跋濬和宋孝武帝刘骏分别于兴安元年（452 年）、孝建元年

1《宋书》卷 70《袁淑传》，第 1838 页。
2《宋书》卷 70《袁淑传》，第 1838 页。
3《宋书》卷 70《袁淑传》，第 1838 页。
4《宋书》卷 70《袁淑传》，第 1837—1838 页。
5《南史》卷 26《袁淑传》，第 699 页。

(454 年）先后即位。拓跋濬即位后，曾多次遣军南侵，进攻淮北各地。孝武帝即位后，力排众议，接受垣护之“青州北有河、济，又多陂泽，非虏所向。每来寇掠，必由历城，二州并镇，此经远之略也。北又近河，归顺者易，近息民患，远申王威，安边之上计”[1]的建议，将原在东阳的青州州治移到靠近边境的历城，与冀州形成合力，以钳制北魏。周朗的“毒之在体，必割其缓处”[2]的思想，就是在南北持续对峙背景下产生的。

周朗字义利，汝南安成人，出身官宦贵戚。祖父周文官至黄门侍郎，其父周淳官至侍中、太常，其兄周峤娶了刘裕第四女宣城德公主，两个女儿分别嫁给宋文帝七子建平王刘宏、八子庐江王刘祎。周朗出仕任南平王刘铄冠军行参军、太子舍人、司徒主簿。元嘉二十七年（450 年），宋文帝以刘义恭出镇彭城，总揽北伐事宜，周朗“闻之解职”[3]。

孝武帝即位后，面对北魏的军事压力，他“普责百官谠言”[4]，时任中军录事参军的周朗比较系统地阐释了“毒之在体，必割其缓处”[5]的思想观点。

所谓“毒之在体”，是指刘宋积弊日久，已到病入膏肓的地步。周朗一针见血地指出，刘宋朝廷在文教、财政、赋税、司法、军事、礼法、内庭用度、官制、地方建制、宗室管理、人才选拔、宗教治理等方面都有顽疾。文教方面，是“今教衰已久，民不知则”[6]。财政方面，百姓使用钱币贸易，不利于农业发展，“宜罢金钱，以谷帛为赏罚”[7]。赋税方面，朝廷以资产数而不以人口数收税，迫使百姓“树不敢种，土畏妄垦，栋焚榱露，不敢加泥”[8]。司法方面，

1《宋书》卷 50《垣护之传》，第 1451 页。
2《宋书》卷 82《周朗传》，第 2095 页。
3《宋书》卷 82《周朗传》，第 2089 页。
4《宋书》卷 82《周朗传》，第 2092 页。
5《宋书》卷 82《周朗传》，第 2095 页。
6《宋书》卷 82《周朗传》，第 2093 页。
7《宋书》卷 82《周朗传》，第 2093 页。
8《宋书》卷 82《周朗传》，第 2094 页。

徭役过重、刑罚太急，导致“贫者但供吏，死者弗望霾，鳏居有不愿娶，生子每不敢举”[1]。军事方面，宋军缺少战马，军士素质低下，是“重车弱卒，与肥马悍胡相逐”[2]，且治军不严赏罚不公，“近所功赏，人知其浓，然似颇谬虚实，怨怒实众”[3]。周朗还指出了其他方面的弊端和改进意见，如礼制缺失，民间“危亡不相知，饥寒不相恤”，朝廷“宜明其禁，以革其风，先有善于家者，即务其赏，自今不改，则没家财”；[4] 内廷用度铺张浪费没有节制，是“空散国家之财，徒奔天下之货”，以致“主以此惰礼，妃以此傲家”；[5] 官制不明，出现了“今高卑贸实，大小反称”的吊诡现象，应“当使德厚者位尊，位尊者禄重；能薄者官贱，官贱者秩轻”；[6] 地方建制混乱，侨置州郡导致“吴邦而有徐邑，扬境而宅兖民，上淆辰纪，下乱畿甸”[7]；宗室管理方面，帝王子孙年少未经世事者，不宜委以重任，“须合冠而启封，能政而议爵”[8]；人才选拔方面，有才之人要么不善言谈不为人所知，要么地位低下很难得到提拔，还有人“或复见忌于亲故，或亦遭谗于贵党”，真正的人才“固未得矣”；[9] 宗教治理不严，僧人“倚灵假像，背亲傲君，欺费疾老，震损宫邑”[10]，百姓崇信道教，既“糜财败俗”，又“益征于鬼，遂弃于医，重令耗惑不反，死夭复半”。[11] 综合考虑多种因素后，周朗得出了“议者必以为胡衰不足避，而不知我之病甚于胡”[12]的论断。

1《宋书》卷82《周朗传》，第2094页。
2《宋书》卷82《周朗传》，第2096页。
3《宋书》卷82《周朗传》，第2096页。
4《宋书》卷82《周朗传》，第2097页。
5《宋书》卷82《周朗传》，第2097页。
6《宋书》卷82《周朗传》，第2098页。
7《宋书》卷82《周朗传》，第2098页。
8《宋书》卷82《周朗传》，第2099页。
9《宋书》卷82《周朗传》，第2099页。
10《宋书》卷82《周朗传》，第2100页。
11《宋书》卷82《周朗传》，第2100—2101页。
12《宋书》卷82《周朗传》，第2095页。

所谓“割其缓处”，按照周朗的说法，是“函、渭灵区，阒为荒窟，伊、洛神基，蔚成茂草，岂可不怀欤？历下、泗间，何足独恋”[1]。他的思维逻辑是，中原王朝传统政治中心都已被少数民族占据，淮北各地当然也不足留恋。理智的做法是将淮北各地百姓全部迁到江南，如此“狄必就之”，这样做不但没什么坏处，反而有着莫大的好处，原因是“胡若能来，必非其种，不过山东杂汉，则是国家由来所欲覆育”，既然南下的都是汉族人或是“汉化”的鲜卑人，那么“戎空自远，其为来，利固善也”[2]。如果朝廷执意坚守淮北，一旦北魏出动三千轻骑兵交替进攻，“春来犯麦，秋至侵禾，水陆漕输，居然复绝”，这对鲜卑人来说根本不算劳苦，可对刘宋来说“不至二年，卒散民尽”。[3]另外，周朗认为，即便北魏灭亡，“则中州必有兴者，决不能有奉土地、率民人以归国家矣”[4]，因此，刘宋王朝没必要也不可能守住淮北。

基于这套理论，周朗提出了三条具体建议：一是着重修复淮水沿岸的城池壁垒，“使烽鼓相达，兵食相连”[5]；二是坚决避战，“若边民请师，皆宜莫许”[6]；三是与少数民族政权维持有限联系，做到“夷贡至，止于报答，语以国家之未暇，示以何事而非君”[7]即可。在他看来，刘宋只有高标准严要求处理好内政，达到“内教既立，徐料寇形，办骑卒四十万，而国中不扰，取谷支二十岁，而远邑不惊”的水平，才具有“越淮穷河，跨陇出漠”[8]的资格。

可见，周朗的民族关系思想有着内在逻辑联系，刘宋“毒之在体”是“割

1《宋书》卷82《周朗传》，第2095页。
2《宋书》卷82《周朗传》，第2095页。
3《宋书》卷82《周朗传》，第2095页。
4《宋书》卷82《周朗传》，第2095页。
5《宋书》卷82《周朗传》，第2096页。
6《宋书》卷82《周朗传》，第2096页。
7《宋书》卷82《周朗传》，第2096页。
8《宋书》卷82《周朗传》，第2096页。

其缓处”的必要前提，“割其缓处”是“毒之在体”的必然结果，“割其缓处”是为解决“毒之在体”争取时间，“毒之在体”的问题解决好了，收复中原也就水到渠成了。

（五）徐爰的“五难之解”

徐爰字长玉，南琅琊开阳人，出身寒门。东晋时任中典军一职，曾参与义熙北伐，因“微密有意理”[1]被刘裕知晓，少帝时“入侍左右”，文帝时“又见亲任”[2]。孝武帝命其为太常丞，负责制定朝章和仪注。前废帝时进一步得到重用，任黄门侍郎，领射声校尉。宋明帝即位后，因徐爰是前朝旧臣，遂命有司以“事君无礼”[3]的罪名将其发配到交州。明帝去世后得以回京，任南济阴太守、中散大夫。

孝建三年（456 年），因北魏不断侵扰刘宋边境，孝武帝“诏问群臣防御之策”[4]，并设定了五个难题，令大臣解答。徐爰针对五个难题，分别进行回答，这里我们将其称为“五难之解”。

第一个难题是边患频发，无法及时应对，即“虏犯边塞，水陆辽远，孤城危棘，复不可置”[5]。

徐爰认为，“戎虏猖狂，狡焉滋广，列卒拟候，伺觇间隙，不劳大举，终莫永宁”，需要通过军事手段彻底解决问题。不过，考虑到当时“中兴造创，资储未积”以及“羽林鞭长，太仓遥阻，救援之日，势不相及”的窘况，目前还是要静待时机，严格训练士卒，努力积聚粮草，若小城告急，大军迅速赶

1《宋书》卷 94《恩倖 · 徐爰传》，第 2306 页。
2《南史》卷 77《恩倖 · 徐爰传》，第 1917 页。
3《宋书》卷 94《恩倖 · 徐爰传》，第 2310 页。
4《宋书》卷 94《恩倖 · 徐爰传》，第 2307 页。
5《宋书》卷 94《恩倖 · 徐爰传》，第 2307 页。

到，各州郡互为犄角，如此“傥有自送，可使匹马不反”[1]。

第二个难题是鲜卑人劫掠边地，导致物质短缺，即“胡骑倏忽，抄暴无渐，出耕见虏，野粒资寇，比及少年，军实无拟，江东根本，不可俱竭，宜立何方，可以相赡?”[2]

在徐爰看来，如果坚壁清野，势必会影响边地生产和百姓生计，到时只能抽调内地物质援助，这是“远引根本”[3]，非明智之举。正确的做法是“且田且守”，要“尽力防卫，来必拒战，去则邀蹑，据险保隘，易为首尾”。[4]

第三个难题是鲜卑骑兵灵活迅速，刘宋难以招架，即“贼之所向，本无前谋，兵之所进，亦无定所。比岁戎戍，仓库多虚，先事聚众，则消费粮粟，敌至仓卒，又无以相应”[5]。

徐爰的观点是北魏“无倾国豕突”，根本没有彻底消灭刘宋的实力。所以，应“养卒得勇，所任得才，临事而惧，应机无失”，[6]只要稳住阵脚，便可以逸待劳。

第四个难题是鲜卑人天性贪婪，如果不彻底消灭，战争会无休无止，即“戎狄贪婪，唯利是规，不挫凶图，奸志岁结”[7]。

针对这一问题，徐爰再次强调军事进攻的必要性，称“臣以为不击则必侵掠，侵掠不已，则民失农桑；农桑不收，则王戍不立，为立之方，击之为要”[8]。

第五个难题是北伐战略困境，若是出动小股军队多次北伐，会增加边地负

1《宋书》卷94《恩倖·徐爰传》，第2307页。
2《宋书》卷94《恩倖·徐爰传》，第2307页。
3《宋书》卷94《恩倖·徐爰传》，第2307页。
4《宋书》卷94《恩倖·徐爰传》，第2307—2308页。
5《宋书》卷94《恩倖·徐爰传》，第2308页。
6《宋书》卷94《恩倖·徐爰传》，第2308页。
7《宋书》卷94《恩倖·徐爰传》，第2308页。
8《宋书》卷94《恩倖·徐爰传》，第2308页。

担，若举国之力大军讨伐，又很难迅速取胜，即“若令边地岁惊，公私失业，经费困于遥输，远图决无遂事，寝弊赞略，逆应有方”[1]。

徐爰回答是，制服敌人关键“在于积粟塞下”，倘若边民失业，边地寡储，不仅“无以远图，亦不能制其侵抄”，所以“今当使小戍制其始寇，大镇赴其入境”，[2]安排少部分军力防守，集结大军用于正面作战。

可见，徐爰民族关系思想的本质，是以攻守结合、以攻为主的方式对付北魏。

（六）关于和亲、互市问题的认识

和亲与互市是中国古代处理民族关系的重要方式，历代王朝政治家对是否与少数民族政权缔结婚姻、能否与少数民族进行贸易，进行过深入讨论。如西汉文帝继位不久，匈奴冒顿单于遣使商讨和亲事宜，当时“汉议击与和亲孰便。公卿皆曰：‘单于新破月氏，乘胜，不可击。且得匈奴地，泽卤，非可居也。和亲甚便。’”[3]再如东汉建武二十八年（52年），北匈奴单于请求和亲、互市，光武帝“下三府议酬答之宜”，司徒掾班彪认为“今北匈奴见南单于来附，惧谋其国，故数乞和亲，又远驱牛、马与汉合市，重遣名王，多所贡献。斯皆外示富强，以相欺诞也”[4]。刘宋与北魏交往过程中，同样面临着和亲、互市问题，大臣们对此发表了不同意见，出现了多种思想观点。

刘宋与北魏之间至少有六次和亲相关活动，刘裕执政时一次，宋文帝元嘉年间（424—453年）四次，宋明帝泰始年间（465—471年）一次。具体来看，义熙十三年（417年），刘裕征伐后秦过程中，击败前来助阵的北魏军队，

1《宋书》卷94《恩倖·徐爰传》，第2308页。
2《宋书》卷94《恩倖·徐爰传》，第2308页。
3《史记》卷110《匈奴列传》，第2896页。
4《后汉书》卷89《南匈奴传》，第2946页。

北魏惧怕刘裕，积极请求和亲。此次和亲随刘裕病逝而不了了之。《宋书·索虏传》载："高祖遣殿中将军沈范、索季孙报使，反命已至河，未济，嗣闻高祖崩问，追执范等，绝和亲。"[1] 北魏神䴥四年（431 年），太武帝拓跋焘"诏散骑侍郎周绍使于刘义隆"[2]，《资治通鉴》记为"魏主遣散骑侍郎周绍来聘，且求昏"[3]。北魏延和二年（433 年）二月，"诏兼散骑常侍宋宣使于义隆，且为皇太子结亲"[4]。北魏太延三年（437 年）三月，刘"义隆遣其散骑常侍刘熙伯朝贡，且论纳币。六月，义隆女死，不果为婚"[5]。宋元嘉二十七年（450 年），拓跋焘"遣使饷太祖骆驼名马，求和请婚。……又求嫁女与世祖"[6]。《魏书·世祖纪》则记载为"义隆使献百牢，贡其方物，又请进女于皇孙以求和好。帝以师婚非礼，许和而不许婚，使散骑侍郎夏侯野报之"[7]。胡三省对此注释说："此皆魏史夸辞"[8]。宋泰始五年（469 年）十一月，"魏复遣使来修和亲，自是信使岁通"[9]。

《宋书》中有关北魏请求"互市"的记录主要有两次：一是元嘉二十八年（451 年）拓跋焘"自彭城北归，复求互市"[10]。二是孝武帝初即位，"时索虏求通互市，上诏群臣博议"[11]。《宋书·索虏传》对此有着更为详细的记载："世祖即位，索虏求互市，江夏王义恭、竟陵王诞、建平王宏、何尚之、何偃以为宜许；柳元景、王玄谟、颜竣、谢庄、檀和之、褚湛之以为不宜许。时遂通之。"[12]

1《宋书》卷 94《索虏传》，第 2322 页。
2《魏书》卷 4《世祖纪上》，第 78 页。
3《资治通鉴》卷 122，"宋纪四"，"元嘉八年"条，第 3832 页。
4《魏书》卷 97《岛夷刘裕传》，第 2136 页。
5《魏书》卷 97《岛夷刘裕传》，第 2137 页。
6《宋书》卷 94《索虏传》，第 2352 页。
7《魏书》卷 4《世祖纪上》，第 105 页。
8《资治通鉴》卷 125，"宋纪七"，"元嘉二十七年"条胡注，第 3961 页。
9《资治通鉴》卷 132，"宋纪十四"，"泰始五年"条，第 4149 页。
10《宋书》卷 75《颜竣传》，第 1959 页。
11《宋书》卷 85《谢庄传》，第 2168 页。
12《宋书》卷 95《索虏传》，第 2354 页。

刘宋诸帝对和亲、互市的态度比较暧昧。宋文帝对北魏的求婚，多是“依违答之”[1]，既不明确反对，也没准确答复。宋孝武帝的做法是不直接发表意见，诏令大臣们商议后再做决定。相较而言，刘宋大臣们对和亲、互市的看法比较明确。如元嘉二十七年（450 年）拓跋焘请求和亲时，侍中江湛认为，“戎狄无信，许之无益”[2]，太子刘劭等人建议“宜许”，认为和亲是解决北魏侵扰的良策，并愤怒指责江湛说：“今三王在厄，讵宜苟执异议。”[3]

太学博士、太子舍人颜竣与司徒左长史谢庄同样反对和亲、抵制互市，并详细阐述了他们的理由。

颜竣上书宋文帝，称“愚以为与虏和亲无益，已然之明效”[4]。他认为，和亲、互市不但不能安边，反而会遭致灾祸。颜竣解释说：“何以言其然？夷狄之欲侵暴，正苦力之不足耳。未尝拘制信义，用辍其谋。昔年江上之役，乃是和亲之所招。历稔交聘，遂求国婚，朝廷羁縻之义，依违不绝，既积岁月，渐不可诬，兽心无厌，重以忿怒，故至于深入。幸今因兵交之后，华、戎隔判，若言互市，则复开曩敝之萌。议者不过言互市之利在得马，今弃此所重，得彼下驷，千匹以上，尚不足言，况所得之数，裁不十百邪。一相交关，卒难闭绝。寇负力玩胜，骄黠已甚，虽云互市，实觇国情，多赡其求，则桀慠罔已，通而为节，则必生边虞。”[5]基于这一考虑，颜竣的建议是“不如塞其端渐，杜其觖望，内修德化，外经边事，保境以观其衅，于是为长”[6]。

谢庄主要从少数民族背信弃义的角度思考互市问题，认为不论是从历史还是现实来看，互市都毫无必要，且弊大于利。谢庄劝诫孝武帝说：“臣愚以为

1《资治通鉴》卷 122，“宋纪四”，“元嘉八年”条，第 3832 页；“元嘉十年”条，第 3847 页。

2《宋书》卷 71《江湛传》，第 1849 页。

3《宋书》卷 71《江湛传》，第 1849 页。

4《宋书》卷 75《颜竣传》，第 1959 页。

5《宋书》卷 75《颜竣传》，第 1959 页。

6《宋书》卷 75《颜竣传》，第 1959 页。

獯猃弃义，唯利是视，关市之请，或以觇国，顺之示弱，无明柔远，距而观衅，有足表强。且汉文和亲，岂止彭阳之寇；武帝修约，不废马邑之谋。故有余则经略，不足则闭关。何为屈冠带之邦，通引弓之俗，树无益之轨，招尘点之风。交易爽议，既应深杜；和约诡论，尤宜固绝。”[1]

整体上看，刘宋大臣们关于和亲、互市的态度，是同意者少，反对者多。从结果来看，刘宋与北魏没有开展实质性的和亲，却进行了一定的互市活动。[2]其中原因，主要是互市能够在短时期内获得可观收益，而和亲则容易受传统“夷夏有别”观念和当时“诸尚公主者，并用世胄”[3]门阀思维的影响，难以迅速实现。从影响来看，大臣们关于和亲问题的分歧波及了政治层面，太子刘劭与文帝宠臣江湛爆发了激烈的冲突，这是宋文帝被杀的重要诱因。另外，刘宋不同意和亲，也是北魏接连南侵的一个重要因素。关于这一点，拓跋焘自己也说得很清楚。元嘉二十七年（450 年）瓜步之战时，宋文帝曾派使者田奇饷以珍馐异味，拓跋焘“得黄甘，即啖之，并大进酃酒，左右有耳语者，疑食中有毒，焘不答，以手指天，而以孙儿示奇曰：‘至此非唯欲为功名，实是贪结姻援，若能酬酢，自今不复相犯秋毫。’”[4]事实上，和亲只是拓跋焘久攻长江不下、无奈退兵的一个台阶和借口，能娶到刘宋公主，当然是件好事，说明南下还是有一定成效。和亲遭拒，应该也是拓跋焘撤退时大行杀戮，以致“所过郡县，赤地无余”[5]的重要原因。因此可以说，对于刘宋王朝而言，与北魏和亲，可以将部分敌对情绪消弭在联姻的温情之中，这对改善双方关系是有一定益处的。遗憾的是，南北双方尤其是刘宋皇帝缺乏诚意，来自大臣的阻力也比较大，导致和亲约定未能达成。

1《宋书》卷 85《谢庄传》，第 2168 页。

2《魏书》卷 110《食货志》也有“于南垂立互市，以致南货，羽毛齿革之属无远不至”的记载。

3《宋书》卷 52《褚叔度附褚湛之传》，第 1505 页。

4《宋书》卷 95《索虏传》，第 2352 页。

5《资治通鉴》卷 123，“宋纪五”，“元嘉二十八年”条，第 3966 页。

（七）余论

通过以上梳理可见，刘宋大臣大多善于多角度思考本朝与北魏关系问题，能够积极吸取前人智慧，认真总结现实经验，形成了处理民族关系的基本认识。他们的思想认识虽有高低之别，思想观点也不尽相同，且存在一定的理想化和功利性色彩，但都立足于刘宋王朝长治久安大局，都希望刘宋与北魏关系能始终处于良性发展状态。

不过，纵观南朝诸政权，刘宋与北方少数民族政权的关系最为紧张。宋武帝刘裕掌权后，在长达 60 余年时间里，除了短暂和平外，南北双方长期处于对立状态，刘宋与北方少数民族政权多次大规模开战，基本也以失败告终。刘裕两次北伐，攻下青、齐却丢掉关中。宋文帝一生发动三次北伐，不但没能收复中原，反而导致苦心经营的"元嘉之治"成为泡影。宋孝武帝有意经略北方，取得了一定成果，但宋明帝即位后又"失淮北四州及豫州淮西地"[1]。到宋后废帝时，刘宋国势已经颓败到了"豫、兖、司、徐，开口待哺，西北戎将，裸身求衣"[2]的地步。

那么，刘宋大臣的民族关系思想为何没能引领民族关系朝着良好状态发展呢？至少有三点因素。

一是思想主张不统一。刘宋一朝，皇帝与大臣、大臣与大臣在如何处理民族关系问题上，长期存在分歧，最为突出的表现是关于北伐问题的争论。如宋文帝元嘉二十七年（450 年）第二次北伐前，镇军中兵将军、汝阴太守王玄谟对北伐的态度十分活跃，"每陈北侵之策"[3]，丹阳尹徐湛之、吏部尚书江湛等人

1《宋书》卷 8《明帝纪》，第 160 页。
2《宋书》卷 9《后废帝纪》，第 185 页。
3《宋书》卷 76《王玄谟传》，第 1973 页。

也积极支持北伐，左军将军刘康祖“以岁月已晚，请待明年”[1]，护军将军萧思话“固谏不从”[2]，时任太子步兵校尉的沈庆之更是直接反对说：“马步不敌，为日已久矣。……今料王玄谟等未逾两将，六军之盛，不过往时。将恐重辱王师，难以得志。”[3]元嘉二十九年（452年）第三次北伐前，太子中庶子何偃认为，“今虽庙算无遗，而士未精习。……宜含垢藏疾，以齐天道”[4]。青州刺史刘兴祖虽不反对北伐，但建议直取河北地区，认为：“河南阻饥，野无所掠，脱意外固守，非旬月可拔，稽留大众，转输方劳。……宜长驱中山，据其关要。冀州已北，民人尚丰，兼麦已向熟，资因为易。向义之徒，必应响赴，若中州震动，黄河以南，自当消溃。……若能成功，清一可待；若不克捷，不为大伤。”[5]由于宋文帝具有浓重的中原正统情结，刘兴祖等人的意见被直接忽视，沈庆之也“以立议不同，不使北出”[6]，被迫调离战争前线。由此引发的直接后果，是北伐接连失败。宋文帝痛骂说：“早知诸将辈如此，恨不以白刃驱之，今者悔何所及。”[7]统一思想认识是具体实践活动取得成功的先决条件，只有各方势力达成普遍或一定共识，才有可能齐心协力，充分发挥出思想的引领作用。因此，王玄谟等人不堪大用，只是北伐失利的表象，皇帝与大臣以及大臣之间民族关系思想的分歧以及由此引发的冲突，才是问题的实质。显然，宋文帝只看到了表面，忽略了实质，只能愤怒、无奈且迷茫地将所有罪责推给将领，却自始至终都没有找出真正的病根。

二是前后承接不相继。中国古代历史上，一些明智的地方官吏尤其是驻守边疆的边吏们，由于长时间与少数民族近距离接触，往往能透过民族关系

1《宋书》卷50《刘康祖传》，第1447页。
2《南史》卷18《萧思话传》，第496页。
3《宋书》卷77《沈庆之传》，第1998—1999页。
4《宋书》卷59《何偃传》，第1608页。
5《宋书》卷95《索虏传》，第2353—2354页。
6《宋书》卷77《沈庆之传》，第2000页。
7《宋书》卷53《张茂度传》，第1512页。

的表面状态看到一些本质问题，从而形成符合实际、务实管用的民族关系思想。他们离任后，这些成熟而完善的思想观点或实践经验可能会被继承下来，也有可能被弃之不用。如果发生第二种情况，民族关系基本会出现动乱。如东汉班超治理西域时，针对西域多民族政权分散、对汉时叛时附的现实情况，采取“示以威信”与“以夷狄攻夷狄”的处理方式，使西域五十余国“悉纳质内属”[1]。班超因年老离开西域前，告诉继任者任尚处理西域各国关系的诀窍是“宜荡佚简易，宽小过，总大纲而已”。不过，任尚狂妄自大，认为班超的告诫是“所言平平耳”，结果没用几年时间“而西域反乱”，任尚也“以罪被征”。[2] 刘宋时期，随着南北双方和战交替，到元嘉年间，一些大臣逐渐意识到一味地主动进攻或是被动地消极防守，都不是处理与北魏关系的良策，开始寻找新的出路。如魏郡人申恬任北谯、梁二郡太守期间，“郡境边接任榛，屡被寇抄”，他“伏兵要害，出其不意，悉皆禽殄”。元嘉十二年（435 年），申恬任泰山太守，“惠威兼著”[3]。元嘉二十一年（444 年），申恬任冀州刺史，针对“缘山诸逻，并得除省，防卫绥怀，利便非一”的局面，上表宋文帝希望允许他随机应变处理边地事务，以使“公私允缉”。[4] 宋孝武帝即位后，申恬出任青州刺史，当时“齐地连岁兴兵，百姓凋弊”，申恬采取“防卫边境，劝课农桑”的办法避免与北魏相争，于是“二三年间，遂皆优实”。[5] 申恬因时、因地制宜处理与北魏关系的做法，取得了良好成果，得到了时人的高度称赞，“世以此称之”[6]。不过，孝建三年(456 年）申恬病逝后，垣护之继任青、冀二州刺史，他以“青州北有河、济，又多陂泽，非虏所向，每来寇掠，必由历

1 参见《后汉书》卷 88《西域传》，第 2910 页；崔明德：《两汉民族关系思想史》，人民出版社，2007，第 275 页。

2《后汉书》卷 47《班超传》，第 1586 页。

3《南史》卷 70《循吏传》，第 1701 页。

4《宋书》卷 65《申恬传》，第 1724 页。

5《南史》卷 70《循吏传》，第 1701 页。

6《南史》卷 70《循吏传》，第 1701 页。

城，二州并镇，此经远之略也。北又近河，归顺者易”[1]为由，主张把青州和冀州“并为一镇”[2]，将青州州治移至历城，摆出控制战略要地以威胁北魏的阵势，希望以此“远申王威”[3]。垣护之的做法虽然会使北魏产生一定的畏惧心理，但同时也会激起北魏的军事打击。大明元年（457 年）二月，北魏出兵南下，击败刘宋东平太守刘胡，孝武帝遣薛安都等人“北讨”[4]，进而加剧了南北间的紧张对立形势。之所以出现这种情况，既由于申恬没能将其实践活动进行总结归纳和有效宣传，以形成处理民族关系的理论范本，也由于垣护之未能将申恬灵活处理民族关系的思路和手段予以承接延续，以形成处理民族关系的良好氛围。

三是执行贯彻不彻底。一般来讲，思想变成政策落到实处，既需要这一思想本身具有合理性，也需要最高统治者大力支持。这也就意味着，即使大臣们的民族关系思想具有很强的合理性，一旦与最高统治者的思维观念稍有不同，实际操作中极有可能会被大打折扣。刘宋一朝，大臣们的民族关系思想普遍得不到最高统治者的支持，也很难贯彻到底。如早在东晋末刘裕伐南燕、后秦时，车骑司马谢景仁就提出了“推亡固存”[5]的思想观点，建议刘裕既要迅速出兵消灭北方少数民族政权，同时还要对表示友好或臣服的少数民族施以援手，给予扶助和保护。冠军将军檀道济、顺阳太守傅弘之、扶风太守沈田子以及谘议参军王镇恶等人在北伐过程中，也大都能善待俘虏，不滥杀无辜，注意招怀各族群众。[6]他们的思想观点与行为举动闪耀着智慧的光芒与人性的光辉，也得到了刘裕的认可，但真正作用到实践层面上，刘裕只是采纳了“推亡”，对

1《宋书》卷 50《垣护之传》，第 1451 页。

2《资治通鉴》卷 128，“宋纪十”，“孝建三年”条胡注，第 4028 页。

3《宋书》卷 50《垣护之传》，第 1451 页。

4《宋书》卷 88《薛安都传》，第 2218 页。

5《宋书》卷 52《谢景仁传》，第 1494 页。

6 参见《宋书》卷 43《檀道济传》，第 1342 页；《宋书》卷 48《傅弘之传》，第 1431 页；《宋书》卷 45《王镇恶传》，第 1370 页。

“固存”显然做得不够。北伐南燕过程中，刘裕表面上“抚纳降附，华戎欢悦”[1]，但破城后“犹斩王公以下三千人，没入家口万余，夷其城隍”[2]。司马光就曾指责他的这种行为是“恣行屠戮以快忿心”，认为刘裕“无仁义”是其“不能荡壹四海，成美大之业”[3]的主要原因。再如刘宋大臣们关于防守、结好、和亲、互市、安抚的建议，有助于推动民族关系向好发展，也只得到了部分采纳。

1《宋书》卷 1《武帝纪上》，第 16 页。

2《资治通鉴》卷 115，“晋纪三十七”，“义熙六年”条，第 3627 页。

3《资治通鉴》卷 115，“晋纪三十七”，“义熙六年”条，臣光曰，第 3627 页。

十四、南齐民族关系思想的主要观点及特点

南齐民族关系思想具有承上启下的历史地位，齐高帝和齐武帝的“共伐魏虏”“柔远能迩”思想，孔稚珪等人的“通和”思想，王融的“来之以文德，赐之以副书”思想，范云的“抚以恩德”思想，顾欢“舍华效夷，义将安取”的理论观点，既是刘宋时期“修复旧境”思想的延续，又为萧梁时期“求通交好”思想的形成奠定了基础。这一时期的民族关系思想具有三个特点：一是以儒家思想为指导方针，二是以妥协让步为重要准则，三是以和平和好为基本目标。南齐民族关系思想大多适应了当时的民族关系现状，在实践中取得了显著成效。

南朝诸政权中，南齐存在时间最短，灭亡速度最快。尤其值得注意的是，相较于动乱不安的政治局面，南齐的民族关系却较为平稳，基本没有发生太大动荡，这与南齐时期的民族关系思想有着直接关系。

（一）齐高帝、齐武帝的民族关系思想

齐高帝萧道成，东海郡兰陵县（今山东临沂市）人，为南齐开国皇帝。齐武帝萧赜为萧道成长子，南齐第二位皇帝。总体来看，齐高帝和齐武帝的民族关系思想一脉相承，主要包括“共伐魏虏”[1]与“柔远能迩”[2]两大思想观点。

1《南齐书》卷59《芮芮虏传》，第1023页。

2《南齐书》卷2《高帝纪下》，第38页；《南齐书》卷3《武帝纪》，第55页。

1.“共伐魏虏”

早在南北朝初期，南朝就积极联合北方其他少数民族共同对付北魏，并将这一策略当作处理与北朝关系的重要手段。如北魏太平真君六年（445年），卢水胡盖吴起兵十余万反于杏城[1]，宋文帝派遣使者前往联络，并“使雍、梁遣军界上，以相援接”[2]。北魏太武帝拓跋焘南征时，也曾斥责刘宋“彼往日北通芮芮，西结赫连、蒙逊、吐谷浑，东连冯弘、高丽”[3]。最迟在宋顺帝升明二年（478年），即南齐建立前一年，萧道成也产生了联合柔然对付北魏的想法。据《南齐书·芮芮虏传》载：“升明二年，太祖辅政，遣骁骑将军王洪轨使芮芮，克期共伐魏虏。”[4]

萧道成的“共伐魏虏”思想，基本延续了历代中原王朝处理民族关系、外交关系所采用的“远交近攻”策略，也是刘宋联合卢水胡、柔然、吐谷浑等势力夹击北魏战略的延伸，但这一思想的具体形成，则与南齐当时紧张的内外关系局势有着直接联系。

南齐初建时，政权并不稳固。在南齐内部，因萧道成是阴谋篡位夺取政权，来路不正，从而遭到多人反对。荆州刺史沈攸之、司徒袁粲、尚书令刘秉等人密谋起兵时，朝廷“殿内宿卫主帅，无不协同”[5]，可见当时心存宋室、反抗萧氏的势力十分强大。南齐的外部形势也很严峻。刘宋灭亡后，北魏趁机扶持宋文帝第九子刘昶，封其为丹阳王，许诺他“以克复旧业，世胙江南，称藩于魏”[6]，同时派遣梁郡公元嘉、陇西公元琛、河东公薛虎子三路人马南侵，威

---

1 卢水胡盖吴起兵时间，《魏书·世祖纪》记载为太平真君六年（445年），而《宋书·索虏传》记载为元嘉二十三年（446年），此从《魏书》。

2《宋书》卷95《索虏传》，第2341页。

3《宋书》卷95《索虏传》，第2346页。

4《南齐书》卷59《芮芮虏传》，第1023页。

5《南齐书》卷1《高帝纪上》，第12页。

6《资治通鉴》卷135，“宋纪十七”，“建元元年”条，第4233页。

胁南齐边境。所以，对刚刚建立政权的萧道成来说，与柔然合力夹击北魏既可以将南齐军民的注意力由政治斗争转移到外部战争，以消弭内患，也能为南齐赢得安稳发展的外部环境。

此外，自永嘉之乱后，北伐收复中原继而统一天下，是东晋、南朝政治家普遍的理想追求，如东晋丞相王导就曾想“勠力王室，克复神州”[1]，晋成帝时主政的庾亮也有“开复中原之谋”[2]，谢安在淝水之战后“欲混一文轨，上疏求自北征”[3]。刘裕为了统一天下，更是多次北伐后秦、南燕等政权，其子刘义隆在位时也想“修复旧境”[4]。东晋以来渴望“一统”的政治思潮与历代追求“一统”的思维惯性自然会对萧道成产生一定的影响，他在称帝时的诏书中就明确表示：“朕以寡昧，属值艰季，推肆勤之诚，藉乐治之数，贤能悉心，士民致力，用获拯溺龛暴，一匡天下。”[5]

综上所述可以看出，南齐初年复杂的政治局面、紧张的民族关系形势以及“一统”的思想潮流，共同促进了萧道成“共伐魏虏”思想的形成。

已在蒙古高原上崛起的柔然对“共伐魏虏”的提议表现出了浓厚的兴趣。早在延兴三年（473 年），柔然为夺取丝绸之路的控制权，曾发兵“寇敦煌”[6]，结果为北魏镇将乐洛生击退。在此关头，南齐遣使邀约夹击北魏，予成可汗立即出动三十万骑兵南下。因北魏防守得当，据守不战，予成可汗“于燕然山下纵猎而归”[7]，没有取得实质性战果。

萧道成也在南方集结力量积极备战，他一方面“欲发王公已下无官者为军”[8]，

1《晋书》卷 65《王导传》，第 1747 页。
2《晋书》卷 73《庾亮传》，第 1923 页。
3《晋书》卷 79《谢安传》，第 2075 页。
4《宋书》卷 95《索虏传》，第 2331—2332 页。
5《南齐书》卷 2《高帝纪下》，第 32 页。
6《魏书》卷 7《高祖纪上》，第 139 页。
7《南齐书》卷 59《芮芮虏传》，第 1023 页。
8《南齐书》卷 23《褚渊传》，第 429 页。

另一方面派遣徐州刺史崔文仲进取淮北，结果却让他大失所望。建元二年(480年)，北魏“步骑号二十万”[1]主动出击，南齐上下乱作一团，百姓“皆惊散奔走”[2]，幸赖豫州刺史垣崇祖、右将军周盘龙等人借助地势，采取水攻策略，魏军“人马溺死数千人，众皆退走”[3]。

此战过后，柔然对“共伐魏虏”依旧保持很大的热忱。建元二年(480年)、三年，予成可汗“频遣使贡献貂皮杂物。与上书欲伐魏虏”[4]，柔然国相邢基祇罗回更是致书萧道成，称“虽吴汉殊域，义同唇齿，方欲克期中原，龚行天罚。治兵缮甲，俟时大举。振霜戈于并、代，鸣和铃于秦、赵，扫殄凶丑，枭剪元恶。然后皇舆迁幸，光复中华，永敦邻好，侔踪齐、鲁”[5]。柔然为了维持与南齐的合作关系以对付北魏，不仅以收复中原旧境相诱，甚至还打出了“光复中华”的旗号，而萧道成却一改之前积极北伐的态度，对柔然的邀约十分冷淡，没再继续出兵北魏。建元四年，萧道成在临终前还特意嘱托辅政大臣司徒褚渊、左仆射王俭说：“公等奉太子如事吾，柔远能迩，缉和内外，当令太子敦穆亲戚，委任贤才，崇尚节俭，弘宣简惠，则天下之理尽矣。”[6]

可见，以攻打淮北失败为标志，萧道成思想发生了逆转，他的头脑冷静了下来，处理民族关系的思维方式开始转换，由激进走向和缓，由战争转为和好。萧道成民族关系思想之所以会在短暂时间内发生如此巨大的变化，主要有三点原因。

其一，在综合实力上，由于刘宋多次北伐失败以及北魏屡次南侵，南朝“自江、淮至于清、济，户口数十万，自免湖泽者，百不一焉”[7]，战线也由黄河

1《资治通鉴》卷135，“宋纪十七”，“建元二年”条，第4236页。
2《南齐书》卷26《王敬则传》，第481页。
3《南齐书》卷25《垣崇祖传》，第462页。
4《南齐书》卷59《芮芮虏传》，第1023页。
5《南齐书》卷59《芮芮虏传》，第1024—1025页。
6《南齐书》卷2《高帝纪下》，第38页。
7《宋书》卷95《索虏传》，第2359页。

拉至淮水，北强南弱的局面已经形成。南齐初建时，军国政务百废待兴，力量十分弱小，当时“连年虏动，军国虚乏”[1]，出征淮北的“诸戍士卒多缁缕”[2]，后勤保障严重不足，基本不具备发动进攻战争的能力。

其二，萧道成与北魏交锋所产生的恐惧心理。萧道成早年常与北魏正面交战，大都失利，如元嘉二十七年（450年）宋魏大战时，萧道成率军支援宁朔将军臧质，结果“为虏所攻围，甚危急”[3]；元嘉二十九年（452年），萧道成击败武兴戎与兰皋戎后趁势攻入关中，但随即遭北魏军驱赶，萧道成“军力疲少，又闻文帝崩，乃烧城还南郑”[4]。这些战争经历使萧道成对北魏实力有了比较直观的了解，建元年间的这次惨痛教训又加深了他对北魏的忌惮。而且，作为一个“沈深有大量，宽严清俭，喜怒无色”[5]的政治家，萧道成有着比较清醒的政治头脑，他显然不会意气用事，非要与北魏闹到鱼死网破的地步。

第三，萧道成虽有“一匡天下”的想法，但他更想“身率天下，移变风俗”[6]，发展生产，恢复经济。他曾多次表示，“使我治天下十年，当使黄金与土同价”[7]。所以，相较于其他雄心勃勃的政治家，放弃收复中原对萧道成来说并没有特别大的心理负担或心理落差。

2.“柔远能迩”

“柔远能迩”在中国古代传统治边思想中占有一定地位，《尚书·舜典》就提到“柔远能迩，惇德允元。而难任人，蛮夷率服”。《诗经·民劳》也说：“柔远能迩，以定我王。”《汉书》认为，“中宗明明，夤用刑名，时举傅纳，

1（清）朱铭盘：《南朝齐会要·食货·垦田屯田》，上海古籍出版社，2006，第451页。
2《南齐书》卷49《王奂传》，第849页。
3《南齐书》卷1《高帝纪上》，第4页。
4《南齐书》卷1《高帝纪上》，第4页。
5《南齐书》卷2《高帝纪下》，第38页。
6《南齐书》卷2《高帝纪下》，第39页。
7《南齐书》卷2《高帝纪下》，第39页。

听断惟精，柔远能迩，燀耀威灵，龙荒幕朔，莫不来庭”[1]。“柔远”即怀柔远方，“能迩”主要是指安抚邻国与之和睦相处。可见，这一思想的核心就是以柔和的方式，怀柔远方，优抚近地，从而使民族关系达到一种比较安定的状态。

虽然齐高帝没有机会亲自将“柔远能迩”的思想落实到实践中，但他临终前的这个遗愿却为后世所继承，齐武帝在永明七年（489 年）就重申：“春颁秋敛，万邦所以惟怀；柔远能迩，兆民所以允殖。”[2] 因此，“柔远能迩”是齐武帝和齐高帝共同的思想成果。

那么，如何才能做到“柔远能迩”呢？其实，萧道成在遗诏中已做出了解释，那就是“缉和内外”，即与“内”“外”都和平共处。所谓“外”主要指北魏以及北方其他少数民族政权，“内”则指南齐境内诸“蛮”“僚”“傒”等族。

对于如何处理与北魏以及北方其他少数民族的关系，齐高帝已定下了“和”的基调，齐武帝基本沿着这一思路继续前进。

首先，稳固边防，改善民生，不给北魏以可乘之机。国家要想获得长久的和平，前提是自身有足够的力量，尤其要在边防上下足功夫，让敌人无法从外部攻破。萧道成就深知这一点，当北魏退兵时，他就指出，“虏经破散后，当无复犯关理。但国家边防，自应过存备豫”[3]。齐武帝在位期间更是以“富国为先”[4]，多次减免百姓赋税，并着重恢复淮北各地经济，如永明六年（488 年）他就下诏称：“北兖、北徐、豫、司、青、冀八州，边接疆埸，民多悬罄，原永明以前所逋租调。”次年，他又补充说：“雍州频岁戎役，兼水旱为弊，原四

1《汉书》卷 100《序传下》，第 4238 页。
2《南齐书》卷 3《武帝纪》，第 55 页。
3《南齐书》卷 26《陈显达传》，第 489 页。
4《南齐书》卷 3《武帝纪》，第 62 页。

年以前逋租。”[1] 经过数年努力，到永明末年，南齐“百姓无鸡鸣犬吠之警，都邑之盛，士女富逸，歌声舞节，袨服华妆，桃花绿水之间，秋月春风之下，盖以百数”[2]，一扫立国初年的颓势，经济获得极大发展，边防力量得以巩固，为实现和平提供了强有力的保障。

其次，册封周边诸少数民族政权首领，睦邻友好。南齐周边除了鲜卑族建立的北魏之外，西北还与氐族建立的武兴国以及宕昌羌、邓至羌接壤，这些少数民族多聚居在地势险要之处，具备一定的军事力量，在南北之间摇摆不定，“提挈于魏，时通江左”[3]，成为南北朝争相拉拢的对象。齐武帝比较重视与这些少数民族政权搞好关系，即位当年（483 年）二月，他就接连“以征虏将军杨炅为沙州刺史。辛丑，以陇西公宕昌王梁弥机为河、凉二州刺史，东羌王像舒彭为西凉州刺史”[4]。永明四年（486 年），又“以武都王杨集始为北秦州刺史”，永明六年（488 年）又封“宕昌王梁弥承为河、凉二州刺史”[5]。宕昌王梁弥承受封后，还遣使向南齐求取“军仪及伎杂书”[6]，齐武帝向其赠送了《五经集注》《论语》各一部。一系列册封以及后续的交往交流活动密切了南齐与少数民族政权的关系，筑牢了与邻国和睦的根基。

最后，积极通使，巩固与发展和平局面。建元二年（480 年），齐魏战争告一段落后，北魏荆州刺史李崇主动将南齐俘虏放归，南齐“亦还其生口二百许人”，于是“二境交和，无复烽燧之警”，[7] 由此拉开了双方和平交往的序幕。为了巩固这一成果，双方都积极派遣使者。齐武帝先后派遣骁骑将军刘缵、前军将

1《南齐书》卷 3《武帝纪》，第 55 页。
2《南齐书》卷 53《良政·序》，第 913 页。
3《南史》卷 79《夷貊传下》，第 1977 页。
4《南齐书》卷 3《武帝纪》，第 47 页。
5《南齐书》卷 3《武帝纪》，第 51、54 页。
6《南齐书》卷 59《宕昌羌传》，第 1033 页。
7《资治通鉴》卷 135，“宋纪十七”，“建元四年”条，第 4250 页。

军张谟、司徒参军萧琛、范云以及“有将命之才”[1]的裴昭明等人出使北魏，北魏也派遣员外散骑常侍李彪、房景高、宋弁等人赴南齐。清人赵翼就指出，当时“南北通好，尝藉使命增国之光，必妙选行人，择其容止可观，文学优赡者，以充聘使”[2]。李彪第一次出使南齐，齐武帝就“为之置燕设乐”，李彪后来多次出使，南齐都“甚重之”。李彪返回北魏时，齐武帝“亲送至琅邪城，命群臣赋诗以宠之”[3]。可见，齐武帝对北魏使者相当重视，将此视为与北魏结好的重要渠道。

南齐境内诸“蛮”“僚”各族居住地分散，大小强弱不一，对待南齐的态度也有很大的不同。例如“蛮，种类繁多，言语不一，咸依山谷，布荆、湘、雍、郢、司等五州界”[4]。再如广州“虽民户不多，而俚獠猥杂，皆楼居山险，不肯宾服”[5]。这些少数民族有的接受南齐册封，也有的“与虏通”或者是直接起兵“寇掠郡县”。[6]要想让数量众多、情况复杂的少数民族都表示服从，显然不是一件容易的事。齐武帝采取的主要措施是“存名以训殊俗”[7]，即按照少数民族的聚居范围划分“左郡左县”，任命当地酋豪为官，在不改变原有的政治体制和生活方式基础上，让他们代表中央政府管理地方事务。如永明六年(488年)，齐武帝就一次性以田驷路、田驴王、田何代分别为北遂安左郡、宜人左郡、新平左郡太守，他们三人“皆郢州蛮也”[8]。另外，有些少数民族会因为语言、服饰或生活习俗与汉族不同而受到地方官员的歧视，如傒族人胡谐之就被当时梁州刺史范柏年嘲笑为“傒狗”[9]，但齐武帝对他很宽容，不仅没有嘲讽胡

1《南齐书》卷53《良政・裴昭明传》，第919页。

2（清）赵翼著，王树民校正：《廿二史札记校正》卷14《魏齐周隋书并北史》，中华书局，2013，第314页。

3《资治通鉴》卷137，“齐纪三”，“永明九年”条，第4309页。

4《南齐书》卷58《蛮传》，第1007页。

5《南齐书》卷14《州郡志上》，第262页。

6《南齐书》卷58《蛮传》，第1008页。

7《南齐书》卷58《蛮传》，第1007页。

8《南齐书》卷58《蛮传》，第1009页。

9 参见《南史》卷47《胡谐之传》，第1177页；罗贤佑：《中国民族史纲要》，中国社会科学出版社，2009，第132页。

谐之及其家人，相反倒派宫人“往谐之家教子女语”，即使宫人“顿成傒语”，齐武帝也并不介意，只是一笑了之，并依旧对他非常信赖和重用，最后使其官至“度支尚书，领卫尉”，[1] 成为朝廷重臣。可见，齐武帝对少数民族成员没有太多成见，比较注重吸纳他们进入国家政治管理体系当中。

总体来看，齐高帝、齐武帝“柔远能迩”思想取得了很大的成功，实践成效也非常显著。自建元三年(481 年）到永明十年(492 年）长达十余年时间里，南齐与北魏基本没有爆发正面冲突，双方交流来往不断，一度出现了“北怀戎款，南献夷歌。市朝晏逸，中外宁和”[2] 的良好局面。此外，在“柔远能迩”思想的指引下，南齐许多官员都自觉将“恩”“德”等理念运用到处理民族关系的实践当中，进一步推动了民族关系的良性发展。如征虏将军、淮南宣城二郡太守刘善明认为，对少数民族应该“怀以恩德，未应远劳将士，摇动边氓，且彼土所出，唯有珠宝，实非圣朝所须之急。讨伐之事，谓宜且停”[3]。征虏将军、临川王镇西长史、领南蛮校尉、南郡内史王奂上任时，希望能“使边民乐业，有司修务，本府旧州，日就殷阜”[4]。豫章王萧嶷治理荆州时，考虑当地“邻接蛮、蜑”[5]，他要求属官脱下军装换上官服，拉近与少数民族的距离，使少数民族消除戒备之心。刘悛担任武陵内史期间“善于流俗”，率领当地各族百姓兴修水利工程，年过百岁的蛮王田僮亲自前来拜见，在他离任时，出现了“吏民送者数千人，悛人人执手，系以涕泣，百姓感之，赠送甚厚”[6] 的感人场面。

不过，当南齐境内一些少数民族起兵反抗的时候，齐武帝也会毫不留情地出兵镇压。如永明四年（486 年），湘州蛮起兵，刺史吕安国“有疾不能讨”，

1《南史》卷 47《胡谐之传》，第 1176—1177 页。

2《南齐书》卷 3《武帝纪》，第 63 页。

3《南齐书》卷 28《刘善明传》，第 526 页。

4《南齐书》卷 49《王奂传》，第 848 页。

5《南齐书》卷 22《豫章文献王传》，第 408 页。

6《南齐书》卷 37《刘悛传》，第 650 页。

齐武帝立即以尚书左仆射柳世隆代其为湘州刺史，出兵“讨平之”。[1] 次年，荒人桓天生自称是东晋桓玄后裔，“与雍、司二州蛮相扇动，据南阳故城，请兵于魏，将入寇”[2]，齐武帝命令新吴侯萧景先“宜时剿荡”[3]。在讨平“蛮僚”过程中，一些官员也会滥用武力，恣意妄为，如益州刺史陈显达因“益部山险，多不宾服。大度村獠，前后刺史不能制”，他派人去征收赋税，僚帅又抗命不从。陈显达“分部将吏，声将出猎，夜往袭之，男女无少长皆斩之”。[4] 以武力镇压的方式处理民族关系，虽然能在短时间内取得“山夷震服”[5] 的效果，但一些残忍的屠杀性做法，会对民族关系造成无法弥合的裂痕，长远来看并不可取。

（二）南齐大臣的民族关系思想

南齐时期的一些大臣在思考民族关系形势以及处理具体民族关系事务过程中，形成了许多颇具时代特色的思想观点。其中，孔稚珪等人的“通和”思想、王融的“来之以文德，赐之以副书”思想以及顾欢“舍华效夷，义将安取”的理论观点，既对当时的民族关系产生了一定影响，也丰富了南北朝民族关系思想史的内涵。

1. 孔稚珪等人的“通和”思想

自永明末到南齐灭亡的十年时间里，南齐与北魏多次大打出手，双方互有征伐，战争成为这一时期双方关系的常态。永明十一年（493 年），南齐经过

1《资治通鉴》卷 136，“齐纪二”，“永明四年”条，第 4272 页。
2《资治通鉴》卷 136，“齐纪二”，“永明五年”条，第 4274 页。
3《南齐书》卷 38《萧景先传》，第 662 页。
4《南齐书》卷 26《陈显达传》，第 489 页。
5《南齐书》卷 26《陈显达传》，第 489 页。

多年的休养生息，国力大增，齐武帝“于石头造露车三千乘，欲步道取彭城”，北魏孝文帝得知消息后，也“大会公卿于经武殿，以议南伐”[1]，南北关系开始紧张。建武元年（494 年），齐明帝萧鸾废掉郁林王萧昭业、海陵王萧昭文，引发政局动荡，孝文帝以此为契机，先派遣征南将军薛真度、大将军刘昶、平南将军王肃、徐州刺史拓跋衍、平南将军刘藻五路大军南下，次年又率军亲征，双方在钟离、寿阳、义阳等地展开拉锯战。建武四年（497 年），孝文帝再次征发冀、定、瀛、相、济五州二十万兵马进攻南齐。永元元年（499 年），孝文帝病重，南齐趁机反击，齐东昏侯萧宝卷派遣“太尉陈显达督平北将军崔慧景军四万击魏，欲复雍州诸郡”[2]。孝文帝强撑病体，率军击退陈显达等人。永元二年（500 年），北魏大将军李丑、杨大眼攻下寿阳，南齐冠军将军、骠骑司马陈伯之等人反攻失利，以致“淮南遂入于魏”[3]。

通过梳理这一时期双方的和战关系，可以明显看出，北魏为了消灭南齐，摆出了很大阵势，孝文帝不但集结了数十万军队，更是多次御驾亲征，但战争始终维持在淮河一线，没有继续扩大的势头。这一局面的出现，既与北魏方面“鼎迁草创，庶事甫尔”[4] 以及高车各部“相率北叛”[5] 有关，也与南齐方面宗室残杀、政局不稳有关。此外，南齐的一些大臣，如孔稚珪、崔庆远、张欣泰等人在战争期间积极与北魏“通和”，他们的思想动向和做法也影响了这一时期民族关系的走向。

会稽山阴人孔稚珪，在齐高帝时因文采出众担任记室参军一职，之后一路平步青云，先后担任尚书左丞、廷尉、御史中丞等官职。齐明帝建武初年，时任冠军将军、平西长史、南郡太守的孔稚珪痛感于“虏连岁南侵，征役不息，

1《资治通鉴》卷 138，“齐纪四”，“永明十一年”条，第 4326 页。
2《资治通鉴》卷 142，“齐纪八”，“永元元年”条，第 4433 页。
3《资治通鉴》卷 143，“齐纪九”，“永元二年”条，第 4470 页。
4《魏书》卷 40《陆俟传附陆叡传》，第 912 页。
5《北史》卷 98《高车传》，第 3273 页。

百姓死伤”[1]，上表请求与北魏通和。

孔稚珪认为，自古以来对付少数民族的办法主要有两种，“一则铁马风驰，奋威沙漠；二则轻车出使，通驿虏庭”[2]。孔稚珪更倾向于后者，希望齐明帝能够派遣使者与北魏讲和。他认真总结了“通和”的三条理由：一是鲜卑人的习性。他认为，鲜卑人是“戎狄兽性，本非人伦”，而且“蚁聚蚕攒，穷诛不尽，马足毛群，难与竞逐”，所以根本没有必要“肆天下之忿，捐苍生之命，发雷电之怒，争虫鸟之气”。[3]二是历代经验教训。在他看来，汉宣帝爱惜民命，采取“抚纳安静”的政策，民族关系非常稳定，汉武帝“连兵积岁”，“大事匈奴”，结果导致“国储空悬，户口减半”。[4]宋文帝元嘉初年，南北双方本来相安无事，只因刘义隆“复挑强敌”，结果导致“连城覆徙，虏马饮江，青、徐之际，草木为人耳”。到了南齐建元初年，北魏又来侵扰，齐武帝选择“复结通和”，这才有“十余年间，边候且息”[5]的局面。三是遣使通和是以小博大的良策。孔稚珪认为，如果使者能发挥作用，当然是“为不世之福”，退一步说，即便北魏“不从命”，也只不过“如战失一队耳”。[6]当然，孔稚珪也没有天真到认为在战争状态下，单凭一队使者就能圆满解决所有问题，他的建议是先派遣大军，广张声势，“据险要以夺其魂，断粮道以折其胆，多设疑兵，使精悉而计乱，固列金汤，使神茹而虑屈”，然后再“发衷诏，驰轻驿，辩辞重币，陈列吉凶”。[7]在他看来，“北虏顽而爱奇，贪而好货，畏我之威，喜我之赂，畏威喜赂，愿和必矣”[8]。最后，孔稚珪非常激动地表示，如果齐明帝能够采纳他的计策，那

1《南齐书》卷48《孔稚珪传》，第838页。
2《南齐书》卷48《孔稚珪传》，第838页。
3《南齐书》卷48《孔稚珪传》，第838页。
4《南齐书》卷48《孔稚珪传》，第839页。
5《南齐书》卷48《孔稚珪传》，第839页。
6《南齐书》卷48《孔稚珪传》，第839页。
7《南齐书》卷48《孔稚珪传》，第840页。
8《南齐书》卷48《孔稚珪传》，第840页。

么“何忧玉门之下，而无款塞之胡哉?”[1]

建武二年（495年）二月，孝文帝率军攻至寿阳，驻守城池的丰城公萧遥昌派遣参军崔庆远、朱选之出使，主动与北魏讲和。崔庆远劝诫孝文帝元宏“和亲则二国交欢，苍生再赖；不和则二国交怨，苍生涂炭”，希望双方能够“宪章圣人，不失旧好”[2]。同年三月，北魏主力为萧坦之击败，部分军队留在邵阳洲筑城据守，豫州刺史崔慧景“虑为大患”，准备强行进攻将其消灭。领军长史、谘议参军张欣泰则认为，“虏所以筑城者，外示姱大，实惧我蹑其后耳”，建议“说之以彼此各愿罢兵”。[3]之后，张欣泰亲至北魏军营讲和。魏军请求“输马五百匹，假道以归”[4]，崔慧景“欲断路攻之”，张欣泰再次劝说“归师勿遏，古人畏之。死地之兵，不可轻也。胜之既不足为武，败则徒丧前功。不如许之”。崔慧景听从了他的意见，“乃听虏过”。[5]

综上可见，在南齐后期，朝廷内外出现了一大批积极主张与北魏“通和”的官员，他们或在中央劝告皇帝不要轻易出兵，或在战争中多方寻找机会与北魏沟通，希望不要将冲突扩大。虽然单凭这些人的努力，不可能完全消除战争阴霾，但他们的举动在促进双方走向和平方面还是起到了一定的推动作用，如崔庆远出使北魏后，孝文帝元宏笑称“朕来为复游行盐境，北去洛都，率尔便至。亦不攻城，亦不伐坞，卿勿以为虑”[6]。

2. 王融“来之以文德，赐之以副书”思想

王融字元长，琅琊临沂人，出身琅琊王氏，是王导的六世孙。其祖父王僧

1《南齐书》卷48《孔稚珪传》，第840页。
2《南齐书》卷45《宗室·始安王萧道生传附萧遥昌传》，第793页。
3《南齐书》卷51《张欣泰传》，第883页。
4《资治通鉴》卷140，“齐纪六”，“建武二年”条，第4380页。
5《南齐书》卷51《张欣泰传》，第883页。
6《南齐书》卷45《宗室·始安王萧道生传附萧遥昌传》，第793页。

达，官至南朝宋中书令，其父王道琰，官至庐陵内史。王融是高门大族后裔，“少而神明警惠，博涉有文才”[1]，与萧衍、沈约、谢朓等人号称“竟陵八友”，在政坛和文坛都具有很大的影响力。王融一生多数时间是在中央做官，先后担任秘书丞、中书郎、主客郎等官职，主要任务是接待北魏使者，负责各项招待事宜。这一工作经历，让王融有更多机会直观深入地了解北魏政局的动态以及社会风气的变化，也能直接参与涉及双方核心利益问题的讨论，这为其民族关系思想的形成奠定了基础。

王融担任主客郎期间，正值北魏孝文帝的汉化改革的关键时期，北方社会正在经历一场前所未有的大变革。孝文帝改革的诸多措施中，政治制度与礼仪文化方面的变革处于核心地位，但推行起来却十分不易，其中一条重要的原因就是在顶层设计中缺乏标准的典章制度作为参照，诚如陈寅恪先生所言，“魏孝文帝之欲用夏变夷久矣……然当日北朝除其所保存魏晋残余之文物外，尚有文成帝略取青齐时所俘南朝人士如崔光、刘芳、蒋少游等及宋氏逋臣如刘昶之伦，可以略窥自典午南迁以后江左文物制度。然究属依稀恍忽，皆从间接得来，仍无居直接中心及知南朝最近发展之人物与资料可以依据”[2]。因此，孝文帝不但秘密派遣蒋少游到南齐“观京师宫殿楷式”[3]，而且多次遣使向南齐“求书”，希望以此作为其汉化改革的理论依据及参考。南齐多数大臣不愿让鲜卑人掌握正宗的文化典籍，更怕北魏汉化改革成功，所以他们主张“不与”[4]。王融的意见则恰恰相反，认为应“来之以文德，赐之以副书，汉家轨仪，重临畿辅，司隶传节，复入关河”[5]。

王融上书指出，北魏虽然统一了北方，但是中原地区的广大百姓“婚葬之

1《南齐书》卷47《王融传》，第817页。

2 陈寅恪：《隋唐制度渊源略论稿·唐代政治史述论稿》，商务印书馆，2011，第15页。

3《南齐书》卷57《魏虏传》，第990页。

4《南齐书》卷47《王融传》，第818页。

5《南齐书》卷47《王融传》，第819页。

晨，犹巾裸为礼”，仍然保持汉族的文化传统，北魏一开始“禁令苛刻，动加诛轘”，但这种做法没有起到丝毫作用，民族关系十分紧张。也正因如此，孝文帝才“曲从物情”选择变革，但北方存留的典章古籍“历年将绝，隐蔽无闻”[1]，北魏没有办法，只能“稽颡郊门，问礼求乐”。[2]可见，王融对北魏的社会矛盾以及孝文帝的汉化改革动机都有着非常清晰的了解，也正是基于这种理智的认识，王融大胆预测北魏的汉化改革必定会失败，而赠送文化典籍正是推动其走向失败的关键一步。

王融的整体思路是，由于孝文帝元宏“抑退旧苗，扶任种戚”，倚重汉族官僚，北魏内部的汉族大臣或汉化官员已经牢牢掌握政权，“师保则后族冯晋国，总录则邽姓直勒渴侯，台鼎则丘颓、苟仁端，执政则目凌、钳耳。至于东都羽仪，西京簪带，崔孝伯、程虞虬久在著作，李元和、郭季祐上于中书，李思冲饰虏清官，游明根泛居显职”，如果南齐答应赠书，让“经典远被，诗史北流”，这些人“必欲遵尚”，进而将汉化改革推行更深一层。如此一来，势必会遭到鲜卑旧部的疯狂反扑，到时“风土之思深，愎戾之情动，拂衣者连裾，抽锋者比镞，部落争于下，酋渠危于上，我一举而兼吞，卞庄之势必也”。[3]

王融的这一招可谓毒辣，体现了他超乎寻常的洞察力。应当说，王融对北魏汉化改革结果的预料颇有先见之明，因为孝文帝的全面汉化改革“动机是好的，但由于其制度设计不太科学，而且又想急于求成，脱离了当时的国情和鲜卑族的族情，在多数鲜卑贵族还没有充分认识到必须进行汉化的情况下，通过强制性手段大力推行，很难收到理想效果。即使取得一定的效果，也需要付出很大代价”[4]。正因如此，王融的思想得到了重视，齐武帝特地下诏说“吾意不

1《南齐书》卷 47《王融传》，第 818 页。

2《南齐书》卷 47《王融传》，第 819 页。

3《南齐书》卷 47《王融传》，第 819 页。

4 崔明德：《中国民族关系十讲》，第 264—265 页。

异卿。今所启，比相见更委悉。”[1]

3. 范云“抚以恩德”思想

范云字彦龙，南乡舞阴人，晋平北将军范汪的第六代孙。其父范抗，曾任郢府参军。范云八岁时与刘宋豫州刺史殷琰相遇，席间“风姿应对，傍若无人”，赋诗“操笔便就”，[2] 在座者无不惊叹。范云起家任郢州西曹书佐，转任法曹行参军。齐高帝时，范云因能诵读碑文，得到竟陵王萧子良的赏识，后得到齐高帝的信任，升迁为尚书殿中郎，并被授予通直散骑侍郎、领本州大中正等职。长期以来，范云为官四平八稳，既无为人特别称道之处，也没有令人诟病之过失。范云出任零陵内史和始兴内史，迎来了其职业生涯的转折点，后步步高升，出任吏部尚书、尚书右仆射等职。任零陵内史时，范云“在任洁己，省烦苛，去游费，百姓安之”[3]。

范云出任始兴内史时其“抚以恩德”思想及实践取得了显著成效。起初始兴郡内抓获外来的奴婢，皆交由作坊将其卖出，所得银两归于官府。范云一到，“乃先听百姓志之，若百日无主，依判送台”[4]。同时，他将郡相承后堂的劳工全部遣送回家，使民众脱离差役。除此之外，郡中还有诸多豪滑大族，一旦郡守不能善待他们，他们或将其杀死，或将其赶走。边郡更是蛮俚聚居之地，盗贼猖盛，以往诸任内史都是身佩兵刃以自卫，唯有范云“抚以恩德，罢亭候”，使得“商贾露宿，郡中称为神明”。[5] 范云的这些举措，不仅得到了中央的充分肯定，于永元元年（499 年）六月升迁为广州刺史、平越中郎将[6]，而且

1《南齐书》卷 47《王融传》，第 820 页。
2《梁书》卷 13《范云传》，第 229 页。
3《梁书》卷 13《范云传》，第 230 页。
4《南史》卷 57《范云传》，第 1418 页。
5《梁书》卷 13《范云传》，第 230 页。
6《南齐书》卷 7《东昏侯纪》，第 57 页；《南史》卷 57《范云传》，第 1418 页。

也得到了“百姓悦之”[1]的充分认可和普遍赞誉。

4. 顾欢“舍华效夷，义将安取”的理论观点

顾欢的这一理论观点虽然并非就民族关系而阐发，但也能体现他对民族关系的认识。

顾欢是南北朝时期著名的思想家，曾师从豫章雷次宗学习儒学、玄学，后在天台山聚徒讲学，名气很大，被萧道成征为扬州主簿，但很快隐居山林，晚年“事黄老道，解阴阳书，为数术多效验”[2]。顾欢对宗教文化很有研究，他所提出的“道则佛也，佛则道也”“佛是破恶之方，道是兴善之术”[3]等观点，引起了佛道两家空前的大辩论，在中国宗教史上具有很大的影响。此外，顾欢在其所著《夷夏论》一文中，通过对佛道思想的探讨，间接阐述了他对“胡俗”与“汉法”的一些看法。

顾欢民族关系思想的主要观点，是坚决反对“以夷变夏”。在他看来，佛法教人向善的道理本是可贵的，但佛教是“西戎之法”，一些宗教礼仪是源自胡人的文化习俗，与中原传统文化有着天壤之别，“是以端委搢绅，诸华之容；剪发旷衣，群夷之服。擎跽磬折，侯甸之恭；狐蹲狗踞，荒流之肃。棺殡椁葬，中夏之制；火焚水沈，西戎之俗”。[4]顾欢坚定地认为，华夏传统礼仪是“继善之教”，而胡人那些习俗是“毁恶之学”。[5]在此认识基础上，顾欢坚决反对“以夷变夏”，认为“舍华效夷，义将安取？”[6]在顾欢眼里，丢弃华夏传统文化，学习胡人的习俗，是“不义”的事情，是不符合华夏传统伦理规范的行为。顾欢

1《南史》卷57《范云传》，第1417页。
2《南齐书》卷54《高逸·顾欢传》，第930页。
3《南齐书》卷54《高逸·顾欢传》，第931页。
4《南齐书》卷54《高逸·顾欢传》，第931页。
5《南齐书》卷54《高逸·顾欢传》，第931页。
6《南齐书》卷54《高逸·顾欢传》，第932页。

对“诸华士女，民族弗革，而露首偏踞，滥用夷礼”的行为十分看不惯，极力主张“国有旧风，法不可变”。[1]

此外，顾欢“诸华士女，民族弗革”之说，是中国古代文献中有关“民族”一词的最早记载[2]，其以礼仪和文化作为区分“民族”的标准，也从侧面反映了当时多民族交往速度加快、各族文化交流程度加深的历史状况。

（三）南齐民族关系思想的特点

通过以上初步梳理，可以看出南齐民族关系思想的几个主要特点。

一是以儒家思想为指导方针。尽管南齐各政治家、思想家、军事家看待民族关系的角度不尽一致，民族关系思想的侧重点也各有区别，但他们的思想观念大都与儒家学说息息相关。如齐高帝、齐武帝的“柔远能迩”思想就直接出自《尚书》和《诗经》。王融是世家子弟，成长过程中得到了儒家思想的浸润，其“修之以文德，赐之以副书”思想的目的虽是为了削弱北魏，但从根本上说还是来自儒家学说中“远人不服，则修文德以来之”[3]的观念。孔稚珪等人的“通和”思想，则完全继承了《论语·学而》中“礼之用，和为贵”的理念。顾欢“舍华效夷，义将安取”的理论观点也与孔子“裔不谋夏，夷不乱华”[4]的思想一脉相承。可见，他们的思想观点都深受儒家思想的影响，并以儒家思想道德观念作为处理民族关系的价值标准和行动指南。

二是以妥协让步为重要准则。退一步海阔天空，是中国人的传统思维，往往也是一种明智的选择，有助于协调人际关系、外交关系乃至民族关系。如晋文公“退避三舍”不与楚国相争，韩信曾忍受胯下之辱，西汉初期的几代统治

1《南齐书》卷54《高逸·顾欢传》，第934页。
2 参见郝时远：《中文“民族”一词源流考辨》，《民族研究》2004年第6期。
3《论语·季氏》，（清）阮元校刻：《十三经注疏》，第5476页。
4《左传》定公十年，（清）阮元校刻：《十三经注疏》，第4664页。

者也是多次对匈奴做出妥协。南齐时期，在综合国力明显不敌北魏的情况下，妥协让步依旧是处理民族关系的一条重要准则。萧道成从“共伐魏虏”变成“柔远能迩”，既是一种与北魏妥协的策略，也是一种自我妥协的体现，目的是换取恢复国力的时间。再如永泰元年（498年），齐明帝命陈显达收复沔北五郡，在出征时他就强调说，“兴师扰众，非政所先，用戢远图，权缓北略，冀戎夷知义，怀我好音”，只因北魏“专事侵掠”[1]，他实在是迫不得已才出兵讨伐。可见，妥协让步的思维贯穿南齐始终，这种思维和做法既能有效避免争执，也能提前给冲突双方留下转折的余地。

三是以和平和好为基本目标。南齐君臣在处理民族关系过程中，基本达成了以和为贵的共识，形成了比较良好的民族关系思想氛围。齐武帝晚年总结自己处理民族关系的经验时，就曾说“朕思念旧民，永言攸济，故选将开边，劳来安集，加以纳款通和，布德修礼。歌皇华而遣使，赋膏雨而怀宾。所以关洛动南望之怀，獯夷遽北归之念”[2]。再如崔庆远等人在战争时期也想与北魏孝文帝“和亲”。可见，期望和睦、谋求和好、推动和平，是南齐民族关系思想的核心，也是这一时期民族关系的主流。在这种思想潮流的推动下，南齐不但有效协调了境内的民族关系，而且与北魏的矛盾也得到了较为有效的化解，更为后世树立了榜样。如南梁武帝北伐失败后，也是及时调整思想路线，主动与东魏“求通交好”，从而形成了“十余年间，南境宁息”[3]的和平局面。

1《南齐书》卷26《陈显达传》，第491页。

2（清）严可均辑：《全齐文》卷12《永明十一年策秀才文》，商务印书馆，1999，第115页。

3《魏书》卷98《岛夷萧衍传》，第2179页。

十五、梁武帝民族关系思想的主要内容及实践

梁武帝时期是南朝民族关系最好的时期，民族交往交流达到了高潮。梁武帝在与东北、北方、西北以及南方少数民族政权建立和发展关系过程中，形成了主要由“大一统”“以德怀之”及以册封为主的羁縻思想所构成的比较完整的民族关系思想体系，并在处理民族关系及外交关系中发挥了重要作用。梁武帝的民族关系思想既受雍州刺史履职经历的影响，又受儒家思想和佛教思想的影响，还在总结历史经验教训中不断升华。梁武帝民族关系思想具有三大特点：一是民族关系思想与政治思想的统一，二是思想的两面性，三是以“大一统”思想为核心。

梁武帝萧衍既是南梁开国皇帝，又是“多艺多才”[1]、知识渊博的学者，其思想具有多元化特点。目前，专家学者已对他的政治思想[2]、儒学思想[3]、佛学思想[4]、文学思想[5]、儒佛会通思想[6]及三教会通思想[7]做了比较充分的研究，

1《梁书》卷6《敬帝本纪》，第150页。

2［韩］金裕哲：《梁武帝天监年间官制改革思想及官僚体制上之新趋向》，《魏晋南北朝史研究——中国魏晋南北朝史学会第五届年会暨国际学术研讨会论文集》，1995年9月，中国湖北襄樊；杨恩玉：《梁武帝的统治思想试探》，《东岳论丛》2012年第4期；林大志：《略论梁代前期梁武帝的吏治与思想》，《安徽史学》2005年第2期。

3 陈朝晖：《梁武帝与南朝的儒学》，《中国哲学史》1994年第5期；乐胜奎：《梁武帝的儒学思想论略》，《天津社会科学》2003年第4期。

4 陈伟娜：《梁武帝萧衍的佛学思想及宗教实行》，《江南大学学报（人文社会科学版）》2008年第4期。

5 林大志：《梁武帝的文学思想》，《求索》2005年第11期。

6 王玮：《从梁武帝的〈孝思赋〉看中国佛教与儒家伦理的融合》，《西北民族大学学报（哲学社会科学版）》2005年第4期；李晓虹：《圆融二谛——梁武帝思想研究》，中州古籍出版社，2008。

7 潘桂明：《试论梁武帝的“三教”思想及其历史影响》，《孔子研究》1986年第4期；刘林魁：《梁武帝〈会三教诗〉及其三教会通思想考论》，《古籍整理研究学刊》2012年第5期。

但对其民族关系思想迄今却鲜有涉猎。下面拟对此作一初步梳理和探讨，以期对梁武帝思想有一全面认识。

（一）梁武帝民族关系思想的主要内容

梁武帝萧衍在位48年，梁与东北、北方、西北、西南和南方的许多少数民族政权都有交往，一度出现过“其使或岁再三至，或再岁一至”[1]的良好局面。这种局面的形成，与梁武帝民族关系思想的指导密切相关。

1.“大一统”思想

根据相关文献分析，梁武帝的“大一统”思想大致在任雍州刺史时有了雏形，在建立南梁政权前后基本定型。

齐明帝建武四年（497年）十月，作为太子中庶子的萧衍肩负着救雍州的使命而抵达雍州。次年七月，被齐明帝任命为雍州刺史。齐东昏侯永元元年（499年），萧衍根据当时“政出多门，乱其阶”的复杂局势，便派张弘策向萧懿（萧衍长兄）“陈计”说：“郢州控带荆、湘，西注汉、沔；雍州士马，呼吸数万，兽睬其间，以观天下。”[2]永元二年（500年），萧衍又有“总荆、雍之兵，扫定东夏”[3]的念头。同年，他又对张弘策等人表达过“威誓四海，号令天下”[4]的想法。尽管萧衍的这些想法主要以夺取政权为目标，与后来以南北统一为目标的“大一统”追求并不完全相同，但已有“大一统”思想的雏形。

天监元年（502年）四月丙寅，萧衍在南郊举行隆重的即位仪式，他在祭告上天时，对萧齐末期“九服八荒之内，连率岳牧之君，蹶角顿颡，匡救无术，

1《南史》卷79《夷貊传下·西戎传》，第1978页。
2《梁书》卷1《武帝本纪上》，第4页。
3《梁书》卷1《武帝本纪上》，第4页。
4《梁书》卷1《武帝本纪上》，第5页。

卧薪待然，援天靡诉”[1]的状况表示强烈不满，希望建立“殊俗百蛮，重译献款，人神远迩，罔不和会”的政治秩序，并表示要“以兹寡薄，临御万方，顾求夙志，永言祇惕”。[2]此后，梁武帝曾多次阐明他的“大一统”思想，如他认为自己“继迹百王，君临四海”[3]，应当统领天下，而南北战争造成人民困苦，责任全在于自己。天监六年（507年），梁武帝在诏书中宣称：“夫有天下者，义非为己。凶荒疾疠，兵革水火，有一于此，责归元首。”[4]天监七年（508年），梁武帝提出汉族与其他民族同受天子教化的观点，显示出他有统一天下、教化万民之意。他下达诏书称：“朕肇基明命，光宅区宇……今声训所渐，戎夏同风，宜大启庠斅，博延胄子，务彼十伦，弘此三德，使陶钧远被，微言载表。”[5]

中国素有久思入梦之说，太清元年（547年），梁武帝通过说梦明确表达了他的“大一统”思想的蓝图，乃“中原平，举朝称庆”[6]。他对黄慧弼说：“我昨梦天下太平，尔其识之。”[7]又将此梦告诉中将军朱异，朱异揣摩出梁武帝的意图，遂对此解释为“此宇内方一之征”[8]。由此可以看出“大一统”乃梁武帝日思夜想之事，实现“大一统”对梁武帝的重要性可见一斑。但是，直到大同二年（536年），梁武帝仍然没有看到一统现实，公开承认“疆埸多阻，车书未一”[9]。为此深刻自责，并归因于自己的“寡德”。

那么，实现“中原平”“天下太平”的途径是什么呢？梁武帝并没有做出具体说明，从各种文献中分析，主要是想通过北伐完成他所谓的“天下太平”的理想。

1《梁书》卷2《武帝纪中》，第33页。
2《梁书》卷2《武帝本纪中》，第34页。
3《梁书》卷2《武帝本纪中》，第34页。
4《梁书》卷2《武帝本纪中》，第44页。
5《梁书》卷2《武帝本纪中》，第46页。
6《梁书》卷38《朱异传》，第539页。
7《南史》卷80《贼臣侯景传》，第1994页。
8《梁书》卷38《朱异传》，第339页。
9《梁书》卷3《武帝本纪下》，第80页。

梁武帝在位时期，诸多少数民族政权都通过“奉表献方物”[1]等方式，表达与梁交往的愿望与诚意，而鲜卑族建立的北魏则时常与梁朝处于对峙状态。因此，梁武帝的“大一统”思想主要是想通过与北魏战争实现他的战略目标。

梁武帝即位后，北魏曾出兵袭击梁朝，大获全胜。天监四年（505 年）二月，梁武帝谋划“伐魏”[2]，结果出师不利，致使梁州十四郡之地全部归入北魏版图。同年十月，梁武帝又“大举伐魏”[3]。梁军这次出征声势浩大，“器械精新，军容甚盛，北人以为百数十年所未之有”[4]。战争一开始，梁军便势如破竹，太子右卫军张惠韶等攻取宿预城，北徐州刺史昌义之攻克梁城，征南将军、江州刺史王茂领兵数万进攻荆州，豫州刺史韦叡猛攻小岘、合肥，各路大军四面八方赶来，与北魏展开决战。后因王茂战败、临川王萧宏怯懦、部署失当、“将士人怀愤怒”[5]以及气候恶劣，梁朝官兵纷纷“散归，弃甲投戈，填满水陆，捐弃病者及羸老，死者近五万人”[6]。北魏宣武帝命令中山王元英“乘胜平荡东南，逐北至马头，攻拔之，城中粮储，魏悉迁之归北”[7]。天监五年（506 年）十月，北魏镇东将军萧宝寅与中山王元英一同围攻钟离，“众号百万，连城四十余”[8]。梁武帝令征北将军曹景宗统率众军援救，并要求“景宗顿道人洲，俟众军齐集俱进”[9]。当时钟离城内仅有昌义之所率的三千余人，与魏军展开激烈争斗，“一日战数十合，前后杀伤者万计，魏军死者与城平”[10]。天监六年（507 年）二月，北魏宣武帝担心“兵久力殆”[11]，便召元英班师回朝，但元英坚持不退。梁武帝

1《南史》卷 79《夷貊传下・东夷传》，第 1971 页。
2《资治通鉴》卷 146，“梁纪二”，“天监四年”条，第 4548 页。
3《资治通鉴》卷 146，“梁纪二”，“天监四年”条，第 4552 页。
4《梁书》卷 22《太祖五王传》，第 340 页。
5《资治通鉴》卷 146，“梁纪二”，“天监四年”条，第 4565 页。
6《资治通鉴》卷 146，“梁纪二”，“天监四年”条，第 4565—4566 页。
7《资治通鉴》卷 146，“梁纪二”，“天监四年”条，第 4566 页。
8《梁书》卷 12《韦叡传》，第 223 页。
9《资治通鉴》卷 146，“梁纪二”，“天监四年”条，第 4568 页。
10《梁书》卷 18《昌义之传》，第 294 页。
11《资治通鉴》卷 146，“梁纪二”，“天监六年”条，第 4570 页。

便命豫州刺史韦叡协助曹景宗共守钟离，并断言“二将和，师必济矣”[1]。梁朝士气高涨，“军人奋勇，呼声动天地，无不一当百，魏人大溃”[2]。经过此番较量，“魏连战不能却，杀伤者十二三，自是魏军不敢逼”[3]。此时，素来以“勇冠三军，所向皆靡”[4]著称的北魏大将杨大眼又率万余骑兵来战，试图打破被动局面。韦叡与杨大眼交战数次，始终僵持不下。后来梁武帝“命景宗等豫装高舰，使与魏桥等，为火攻之计”[5]。曹景宗与韦叡各攻一桥，韦叡攻其南，曹景宗攻其北。当时风劲火盛，烟尘遮天蔽日，梁军士气大振，魏军大溃。沿淮水一线，皆是尸体相互枕藉之景，梁军“生擒五万人，收其资粮、器械山积，牛马驴骡不可胜计”[6]。梁朝钟离大捷，有效地打击了北魏的嚣张气焰，这是梁武帝北伐战争中浓墨重彩的一笔。

大通二年（528 年），北魏北海王元颢投降南梁，请求梁武帝立他为魏主。梁武帝接纳了元颢，并派陈庆之带兵护送元颢回到北方。元颢遂“于涣水即魏帝号”[7]。陈庆之率军攻陷三个城垒，大败魏将丘大千。北魏征东将军元晖业率羽林军两万前来救援，以此阻隔陈庆之的北上之路。陈庆之命“浮水筑垒，攻陷其城，生擒晖业，获租车七千八百辆”[8]。魏杨昱、元庆、元显恭紧接着又率七万羽林军，占据荥阳抵抗元颢，其兵力十分强盛。陈庆之率骑兵三千背城迎战，大破魏军，“收荥阳储实，牛马谷帛不可胜计”[9]。军队进至虎牢，尔朱世隆弃城逃走，北魏孝庄帝元子攸也因惧怕，逃奔并州。至此，元颢顺利进入洛阳，于前殿登位，南北统一局势逐渐明朗。

1《梁书》卷 12《韦叡传》，第 223 页。
2《梁书》卷 12《韦叡传》，第 224 页。
3《梁书》卷 9《曹景宗传》，第 180 页。
4《南史》卷 58《韦叡传》，第 1428 页。
5《资治通鉴》卷 146，“梁纪二”，“天监六年”条，第 4572 页。
6《资治通鉴》卷 146，“梁纪二”，“天监六年”条，第 4573 页。
7《梁书》卷 32《陈庆之传》，第 461 页。
8《梁书》卷 32《陈庆之传》，第 461 页。
9《梁书》卷 32《陈庆之传》，第 462 页。

梁朝此时本应乘胜追击，积极筹备北伐，继续夺取城池，稳固中原统一大业，但因元颢心术不正，梁武帝指挥失当，形势很快发生逆转。元颢即位后，不仅“日夜宴乐，不复视事”[1]，而且还暗中勾结安丰王、临淮王等“共立奸计”。陈庆之担心政局不稳，便建议元颢向梁武帝请求再派精兵，以应对不测。元颢决心背道而驰，便向梁武帝进表称：“河北、河南一时已定，唯尔朱荣尚敢跋扈，臣与庆之自能擒讨。今州郡新服，正须绥抚，不宜更复加兵，摇动百姓。”[2]梁武帝被元颢一纸书信所迷惑，下诏众军都停驻在边界前缘。此时，“洛下南人不出一万，羌夷十倍”[3]。魏天柱将军尔朱荣、右仆射尔朱世隆、大都督元天穆、骠骑将军尔朱吐没儿、尔朱荣长史高欢以及鲜卑、柔然，“勒众号百万”，挟持魏主元子攸来攻元颢，元颢据守洛阳六十五日，其间所得城垒皆起兵反叛。陈庆之渡过黄河坚守北中郎城，三日之中不断作战，杀伤甚多。尔朱荣将要退兵之际，刘灵助上言：“不出十日，河南大定。”[4]于是，尔朱荣缚木成筏，与元颢战于河桥，元颢大败，洛阳失陷。至此，梁朝北伐实现统一之路回到了原点，梁武帝至死也没有实现“中原平”“天下太平”的理想。

梁武帝朝思暮想实现“中原平”和“天下太平”大业的原因比较复杂，但如下两点尤为重要：

一是通过实现统一目标巩固统治地位。梁武帝虽在南齐时期战功卓著，但毕竟是以禅让方式即位，建立新的王朝。为减轻王朝内部对梁武帝政权正统性的质疑，他欲通过实现统一目标，进一步强化梁朝的合法性与正当性。另外，立国于江南的王朝始终与北朝处于对立局面，若能通过北伐战争取得中原之地，不仅可以进一步巩固自身统治，而且可以向世人强调正统在南而不在北。北魏自孝文帝迁都后，不断加快汉化进程，“北魏政权在与南方争夺文化正统

1《梁书》卷 32《陈庆之传》，第 462 页。

2《梁书》卷 32《陈庆之传》，第 462—463 页。

3《梁书》卷 32《陈庆之传》，第 463 页。

4《梁书》卷 32《陈庆之传》，第 463 页。

地位上，做的相当成功”[1]。梁武帝要想在文化正统上占有优势，通过北伐实现一统，自然会突显梁朝的正统地位。

二是通过北伐解除北魏的军事压力。北魏君臣也有一统天下的愿望，对萧梁步步紧逼，因此萧梁也时常面临着北魏南伐带来的巨大压力。在南北对峙形势下，相对而言，北魏占有一定优势，使新即位的梁武帝处于被动局面。面对如此状况，梁朝迫切需要在战略上打开突破口，以扭转不利局面。因此，“大一统”思想便应运而生，天监四年（505 年）的北伐正是其“大一统”思想的第一次实践。另外，由于北魏政局比较混乱，各种矛盾十分尖锐，梁武帝准确地抓住这一时机，进行北伐。后见北魏“百姓困穷，人人思乱”[2]，更加坚定了继续北伐统一的决心。

2.“以德怀之”

以德处理民族关系的政治智慧自古有之，各个时期均有一些实践经验，如东汉时期护羌校尉邓训在“羌胡相攻”“以夷伐夷”[3]呼声十分高涨的情况下，极力主张以德安抚“羌、胡”，结果得到了“湟中诸胡”的大力支持。

梁武帝虽未明确阐述“以德怀之”的思想观点，只是唐朝史学家姚思廉根据他处理民族关系的实践活动所做的归纳，但也非常符合梁武帝的思想。萧衍在接受梁王之名时，就明确提出“育德振民”[4]的观点。在初登皇位时，他指出：“唐谢虞受，汉替魏升，爰及晋、宋，宪章在昔。咸以君德驭四海，元功子万姓，故能大庇氓黎，光宅区宇。”[5]随后在颁布的诏书中强调，“五精递袭，皇王所以受命；四海乐推，殷、周所以改物。虽禅代相舛，遭会异时，而微明迭

1 万绳楠整理：《陈寅恪魏晋南北朝史讲演录》，黄山书社，1987，第 234 页。
2《资治通鉴》卷 149，“梁纪五”，“普通四年”条，第 4674 页。
3《后汉书》卷 16《邓禹传附子邓训传》，第 609 页。
4《梁书》卷 1《武帝本纪上》，第 25 页。
5《梁书》卷 2《武帝本纪中》，第 33 页。

用，其流远矣。莫不振民育德，光被黎元”[1]。以此表达他对历代统治者皆以恩德待民的认同。即位之后，他还时常思考如何“振民育德，去杀胜残，解网更张，置之仁寿”[2]。大同二年（536年），他又提出了“政在养民，德存被物，上令如风，民应如草”[3]的观点。

梁武帝处理与北魏以及其他政权关系的一些举措，也充分体现了他的“以德怀之”思想。

一是善待北魏归附降将。梁武帝为人坦荡，对于北魏投降将领，不仅能容而且能重用之。北魏泰山郡太守羊侃，因其父曾多次表明“人生安可久淹异域，汝等可归奉东朝”[4]之念，为完成父亲心愿，羊侃决定南归梁朝。梁武帝立马“遣羊鸦仁、王弁率军应接，李元履运给粮仗”[5]。羊侃于大通三年（529年）到达京师，梁武帝下诏授其使持节、散骑常侍、都督瑕丘征讨诸军事、安北将军、徐州刺史等官职，其兄羊默及其三个弟弟羊忱、羊给、羊元，皆被任命为刺史。北魏汝南王元悦、东道行台元延明及临淮王元彧在听说河阴之变后，都来投奔梁朝。北魏投降梁朝的人因惧怕在梁受到歧视，都称自己在北魏的官职为伪官，唯有元彧在向梁武帝上表时仍自称是北魏临淮王，梁武帝“体其雅素，不之责”[6]。梁武帝此举，不仅为北伐赢得了人心，也为朝廷吸纳了更多有用之才。中大通六年（534年），贺拔胜、卢柔等为侯景所败，被迫投降梁朝。后来他们希望回去，梁武帝不仅“遣舍人劳问，并遗缣锦”[7]，而且还亲自在南苑为其饯行。

二是遣使通和。梁朝建立后，梁武帝多次派兵北伐，梁与北魏关系非常紧

1《梁书》卷2《武帝本纪中》，第34页。
2《梁书》卷2《武帝本纪中》，第36页。
3《梁书》卷3《武帝本纪下》，第80页。
4《梁书》卷39《羊侃传》，第557页。
5《梁书》卷39《羊侃传》，第557页。
6《资治通鉴》卷152，“梁纪八”，“大通二年”条，第4746页。
7《周书》卷32《卢柔传》，第563页。

张。从大同二年（536年）十二月“魏请通和，诏许之”[1]开始，梁与北魏以互访形式使双方关系走向缓和。大同三年（537年）七月、大同四年（538年）五月、大同五年（539年）十一月、大同六年（540年）七月、大同七年（541年）四月和十二月、大同十一年（545年）四月，北魏都“遣使来聘”[2]。梁武帝也积极回应，频繁派遣使者出访北魏。《梁书》对梁朝到北魏聘问的记载不多，而《魏书·萧衍传》有比较详细的记载。按照《魏书》的说法，萧衍通过魏益州刺史傅和与掌握实权的高欢联系，“求通交好”，而高欢也“志绥边远，乃请许之”[3]。从大同四年（538年）开始，梁武帝连续派人出访东魏，因南北方各自认为自己是“正统”，因此《魏书》中对梁朝的访问均称之为“朝贡”。如大同四年（538年）冬，梁武帝遣其散骑常侍张皋、通直常侍刘孝仪、通直常侍崔晓朝贡。大同五年（539年）夏，遣散骑常侍沈山卿、通直常侍刘研朝贡。大同六年（540年）春，遣散骑常侍柳豹、通直常侍刘景彦朝贡；同年冬，又遣散骑常侍陆晏子、通直常侍沈景徽朝贡。大同七年（541年）夏，遣散骑常侍明少遐、通直郎谢藻朝贡。大同八年（542年）春，遣散骑常侍袁狎、通直常侍贺文发朝贡；同年冬，又遣散骑常侍刘孝胜、通直常侍谢景朝贡。大同九年（543年）夏，遣散骑常侍沈众、通直常侍殷德卿朝贡；同年冬，又遣散骑常侍萧确、通直常侍陆缅朝贡。大同十一年（545年）秋，遣散骑常侍徐君房、通直常侍庾信朝贡。大同十二年（546年）夏，遣散骑常侍萧瑳、通直常侍贺德玚朝贡。中大同二年（547年）春，遣散骑常侍谢兰、通直常侍鲍至“朝贡”[4]。由于梁朝连续遣使通和，双方关系良性互动，“十余年间，南境宁息”。后因梁武帝“惑（侯）景游说，遂绝贡使”。[5]

1《梁书》卷3《武帝本纪下》，第81页。

2《梁书》卷3《武帝本纪下》，第89页。

3《魏书》卷98《岛夷萧衍传》，第2178页。

4《魏书》卷98《岛夷萧衍传》，第2178—2179页。

5《魏书》卷98《岛夷萧衍传》，第2179页。

梁武帝不断派遣使者主动到魏访问或回访，使双方关系由对抗转向和解，有力地增进了南北之间的民族交流、信任和包容。在双方来往中，梁武帝十分珍惜双方的情谊。自从梁、魏遣使通和以来，北朝的国书上总是写道："想彼境内宁静，此率土安和。"[1] 梁武帝回信时，要求去掉"彼"字，于是魏收起草国书时便确定为："想境内清晏，今万里安和。"[2] 没有彼此之分，尽量模糊对立状态，使双方俨然如一体。这既是梁武帝诚心改善南北关系的聪明之举，也符合当时的历史发展趋势。

3. 以册封为主的羁縻思想

羁縻思想是中国历代政治家有效处理民族关系的指导思想之一，而册封是中国历代王朝维系民族关系的重要方式之一。《册府元龟》云："中国之于夷狄羁縻而已……加以侯王之号，申之封拜之宠。"[3] 说明册封与羁縻紧密相连。梁武帝虽然没有系统阐述过这一思想观点，但他对许多政权首领的册封无不体现这一思想。

一是对河南王的册封。《梁书·诸夷传》所记"河南王"，"其先出自鲜卑慕容氏"。河南国即吐谷浑，"其界东至垒川，西邻于阗，北接高昌，东北通秦岭，方千余里，盖古之流沙地焉"。吐谷浑首领阿豺"始受中国官爵"，南朝宋文帝元嘉末期，慕延"又自号河南王"，[4] 此后南朝对吐谷浑首领多以河南王称之。天监元年（502 年），梁武帝将河南王休留代进号为征西将军。休留代死，其子伏连筹继承爵位和官职。之后，伏连筹不仅派遣使者进献金装玛瑙钟、赤舞龙驹以及当地特产等，还上表请求在益州建立九层佛寺，梁武帝全部答应了。此后，双方交往不断。因吐谷浑地与益州相邻，"常通商贾，民慕其利，

1《资治通鉴》卷 158，"梁纪十四"，"大同十年"条，第 4924 页。

2《资治通鉴》卷 158，"梁纪十四"，"大同十年"条，第 4924 页。

3《册府元龟》卷 953《外臣部·册封一》，第 11326 页。

4《梁书》卷 54《诸夷·西北诸戎传》，第 810 页。

多往从之”[1]，双方均有获利。伏连筹死后，其子呵罗真继位，梁武帝将其封为宁西将军、护羌校尉、西秦河二州刺史。

二是对宕昌王的册封。宕昌国是羌人建立的政权，都城宕昌城（今甘肃省宕昌县西）。宋孝武帝时期，宕昌国国王梁瓘忽开始向南朝进献当地特产。天监元年（502年），梁武帝先将宕昌王梁弥颌进号为镇西将军，随后将梁弥邕封为安西将军、河源二州刺史、宕昌王。[2]天监四年（505年），梁弥博进献甘草、当归等物，梁武帝“诏以为使持节、都督河凉二州诸军事、安西将军、东羌校尉、河凉二州刺史、陇西公、宕昌王，佩以金章”[3]。大同七年（541年），梁武帝又把梁弥博的封爵和官职授予其子梁弥泰。

三是对邓至王的册封。邓至国位居西凉州界，是羌之别种，世代为持节、平北将军、西凉州刺史。宋文帝时，其王象屈耽“遣使献马”。天监元年（502年），梁武帝下诏封其王象舒彭为督西凉州诸军事，进号安北将军。天监五年（506年），舒彭遣使向梁“献黄耆四百斤，马四匹”。[4]

四是对武兴国的册封。武兴国是由原来的仇池国发展而来的，为氐族杨氏建立的政权。梁朝刚建立，梁武帝便对杨氏进行了一番册封，以杨集始为使持节、都督秦雍二州诸军事、辅国将军、平羌校尉、北秦州刺史、武都王；封杨灵珍为冠军将军；以杨孟孙为假节、督沙州刺史、阴平王[5]。杨集始死，其子杨绍先承袭爵位。天监二年（503年），梁武帝又封杨灵珍为持节、督陇右诸军事、左将军、北梁州刺史、仇池王。天监十年（511年），杨孟孙去世，梁武帝下诏追赠他为安沙将军、北雍州刺史，由其子杨定承袭封爵和官职。杨绍先死，其子杨智慧继位。大同元年（541年），朝廷收复汉中后，杨智慧派遣使

1《梁书》卷54《诸夷传》，第810页。
2《梁书》卷2《武帝本纪中》，第36、38页。
3《梁书》卷54《诸夷传》，第815页。
4《梁书》卷54《诸夷传》，第816页。
5《梁书》卷54《诸夷传》，第816页。

者上表，“求率四千户归梁”，梁武帝下“诏许焉，即以为东益州”。[1]

五是对高句丽的册封。天监元年（502 年），梁武帝念高句丽与宋、齐均来往密切，为维护长期以来的友好关系，便晋封高云为车骑大将军。天监七年（508 年），梁武帝诏云：“高骊王乐浪郡公云，乃诚款著，贡驿相寻，宜隆秩命，式弘朝典。”[2] 为感谢其诚意，他又封高云为抚东大将军、开府仪同三司，持节、常侍、都督、王等职务都不变。此后，高丽多次派使者向梁朝贡。天监十七年（518 年），高云去世，其子高安承袭父亲的封爵，梁武帝又封高安为持节、督营平二州诸军事、宁东将军。高安去世后，梁武帝对其子孙封号不断，他们也不断加强与梁的友好关系，对梁“累奉表献方物”[3]。

六是对百济的册封。百济与高句丽本都位于辽东之东，为东夷三韩国之一马韩中之一国。天监元年（502 年），梁武帝将百济王余大进号征东将军。后为高丽所破，国力多年衰微，不得已迁居到南韩之地。普通二年（521 年），百济王余隆遣使奉表，称“累破句骊，今始与通好”。梁武帝念其“守藩海外，远修贡职，乃诚款到”，又不辞辛苦送来贡品，不仅对其倍加赞赏，还下诏称其“宜率旧章，授兹荣命”，[4] 于是将其封为都督百济诸军事、宁东大将军、百济王。余隆去世后，梁武帝又封其子余明为持节、督百济诸军事、绥东将军、百济王。通过册封，进一步巩固了双方的友好关系。大同七年（541 年），百济“累遣使献方物，并请《涅盘》等经义、《毛诗》博士并工匠、画师等”[5]，梁武帝满足了他们的要求，下令一并给之。太清三年（549 年），百济不知梁朝发生变故，“犹遣使贡献”。到了建康，他们“见城阙荒毁，并号恸涕泣”。[6] 可

1《南史》卷 79《夷貊传下·西戎传》，第 1980 页。
2《梁书》卷 54《诸夷传》，第 803 页。
3《梁书》卷 54《诸夷传》，第 804 页。
4《梁书》卷 54《诸夷传》，第 804 页。
5《南史》卷 79《夷貊传上·百济传》，第 1973 页。
6《梁书》卷 54《诸夷传》，第 805 页。

见双方感情多么诚挚。

七是对林邑王的册封。林邑国在宋文帝时与宋时战时和，既“频年遣使贡献”，又“寇盗不已”。自宋孝武帝到齐末，与南朝不断来往。梁朝建立后，林邑国仍不断朝贡。天监九年（510 年），范文赞之子范天凯向梁武帝进献白猴，梁武帝下诏称：“林邑王范天凯介在海表，乃心款至，远修职贡，良有可嘉。宜班爵号，被以荣泽。可持节、督缘海诸军事、威南将军、林邑王。”范天凯病死，其子弼毳跋摩继立，继续向梁“奉表贡献”[1]。普通七年（526 年），梁武帝下诏封其王高式胜鎧为持节、督缘海诸军事、绥南将军、林邑王。后又册封高式律陁罗跋摩为持节、督缘海诸军事、绥南将军、林邑王。

（二）梁武帝民族关系思想的实践成效

总体来看，梁武帝民族关系思想在处理民族关系及外交关系中发挥了重要作用，其实践成效非常显著。梁武帝时期是南朝民族关系最好的时期，民族交往交流达到了高潮，正如《梁书》所云“自梁革运，其奉正朔，修贡职，航海岁至，逾于前代矣”[2]。

一是少数民族政权纷纷到梁朝贡。朝贡是衡量双方关系密切程度的晴雨表。梁武帝时期，原属于古西域的龟兹、于阗、高昌、宕昌、邓至、滑国、呵跋檀、周古柯、胡密丹、白题国、渴盘陁、末国以及北方的芮芮（柔然）等纷纷到梁朝贡，有的少数民族政权甚至达到了“其使或岁再三至”[3]的频繁程度。如天监九年（510 年）、天监十三年（514 年）和天监十七年（518 年），于阗多次遣使到梁进献波罗婆步鄣、琉璃罂等物品。大同七年（541 年），还进献

1《梁书》卷 54《诸夷传》，第 786 页。

2《梁书》卷 54《诸夷传》，第 783 页。

3《南史》卷 79《夷貊传下·西戎传》，第 1978 页。

了外国的玉雕佛像。天监十一年（512 年），宕昌国遣使朝贡。河南王在天监十三年（514 年）、天监十五年（516 年）和普通元年（520 年），都曾遣使到梁朝贡。芮芮在天监十四年（515 年）、天监十五年（516 年）和普通元年（520 年）多次派遣使者进献乌貂裘等物及特产，“是后数岁一至焉”。[1] 大同七年(541 年)，芮芮使者又向梁进献马和黄金。普通元年（520 年），滑国和河南王都遣使朝贡。普通三年（522 年），白题国派遣使者到梁朝贡。即使“居西凉州界，羌别种”[2] 的邓至国，其王象舒彭也于天监五年（506 年）派遣使者到梁朝献。

与一些政权独立到梁朝贡不同，有的政权是跟随其他政权的使臣到梁朝贡，如呵跋檀、周古柯、胡密丹等国在普通元年（520 年）都“使使随滑使来贡献方物”[3]。梁元帝《梁职贡图》残卷中就有呵跋檀、周古柯、胡密丹、白题等国使者的画像。

二是重新恢复了交往交流关系。如本为西域古国的龟兹，“在汉世常为大国”，魏文帝初即位，遣使贡献。晋太康中，又“遣子入侍”，[4] 与中原交往比较频繁。自东晋孝武帝太元七年（382 年）前秦苻坚派其将吕光征伐西域，攻入龟兹城，“自此与中国绝不通”。梁武帝普通二年（521 年），龟兹王尼瑞摩珠那胜才“遣使奉表贡献”，[5] 恢复了断绝近 140 年的关系。

三是开拓性地建立起交往交流关系。自晋室南迁后，由于种种原因，“北荒西裔，隔碍莫通”[6]。梁武帝时期，以前没有与南朝来往的少数民族政权，开始与梁朝取得联系，建立了交往交流关系，极大地拓展了南朝民族关系和外交关系的范围。如西域古国于阗在梁武帝天监九年（510 年）“始通江左，遣使

1《梁书》卷 54《诸夷传》，第 817 页。
2《梁书》卷 54《诸夷传》，第 815 页。
3《南史》卷 79《夷貊传下 · 西戎传》，第 1984 页。
4《梁书》卷 54《诸夷传》，第 813 页。
5《梁书》卷 54《诸夷传》，第 813 页。
6《南史》卷 79《夷貊传下 · 西戎传》，第 1987 页。

献方物。十三年，又献波罗婆步鄣。十八年，又献琉璃罂。大同七年，又献外国刻玉佛”[1]。位于于阗西部的渴盘陁国，“王姓葛沙氏，梁中大同元年(546年)，始通江左，遣献方物”[2]。本为汉世且末国的末国，“北与丁零、东与白题、西与波斯接”，其王安末深盘于普通五年（524年）“始通江左，遣使来贡献”。[3]本为车师之别种的滑国，“自魏、晋以来，不通中国。至梁天监十五年，其王厌带夷栗陁始遣使献方物。普通元年，遣使献黄师子、白貂裘、波斯锦等物。七年，又奉表贡献”[4]。与滑国同时到梁朝贡的白题国，地处滑国之东，西极波斯，其王姓支名史稽毅，其先“盖匈奴之别种胡也”[5]。据《梁书·裴子野传》记载，“是时西北徼外有白题及滑国，遣使由岷山道入贡。此二国历代弗宾，莫知所出”[6]。直到梁武帝普通三年(522年)，白题国才“遣使献方物”[7]。即使波斯国也于中大通二年（530年）“始通江左，遣使献佛牙”[8]。西域一些少数民族政权乃至波斯等国与南朝建立起交流关系，梁武帝具有开创之功。因此，史臣如此称赞梁武帝在这方面的开拓之功：“征赋所及之乡，文轨傍通之地，南超万里，西拓五千。……三四十年，斯为盛矣。自魏、晋以降，未或有焉。”[9]

四是教育影响了地方官员。考察思想发挥作用情况，重要指标之一，就是看其教育和引领作用。梁武帝民族关系思想在这方面的作用比较突出。如大同九年（543年）出任使持节、都督湘桂东宁三州诸军事、湘州刺史的张缵既十分向往“六夷膜拜，八蛮同轨”[10]的局面，又在州内积极推行惠民政策，使州界

1《南史》卷79《夷貊传下·西域诸国传》，第1985页。

2《南史》卷79《夷貊传下·西域诸国传》，第1985页。

3《南史》卷79《夷貊传下·西域诸国传》，第1986页。

4《南史》卷79《夷貊传下·西域诸国传》，第1984页。

5《南史》卷79《夷貊传下·西域诸国传》，第1984页。

6《梁书》卷30《裴子野传》，第443页。

7《南史》卷79《夷貊传下·西域诸国传》，第1985页。

8《南史》卷79《夷貊传下·西域诸国传》，第1986页。

9《梁书》卷3《武帝本纪下》，第97页。

10《梁书》卷34《张缵传》，第496页。

零陵、衡阳等郡那些“依山险为居，历政不宾服”的莫徭蛮，“因此向化”，“州境大安”。[1] 又如因心慕梁朝而在天监初年投诚归顺的徐文盛，于大同末年被授予持节、督宁州刺史等职。宁州地处僻远，“所管群蛮不识教义”，贪图钱财、抢劫争夺之事接连发生，以前的刺史皆无可奈何。而徐文盛则“推心抚慰，示以威德”，因此“夷獠感之，风俗遂改”。[2]

此外，一些与梁关系密切的政权首领对梁武帝的敬仰和颂词，从另一个侧面反映了梁武帝民族关系思想及其实践所取得的成效。《梁书·诸夷传》中对一些与梁交往的国家称为“南海诸国”。由于梁朝海运发达，与这些国家来往频繁，梁武帝本人得到了他们的尊敬和颂扬。如盘盘国王奉表称梁武帝为“常胜天子”“万善庄严”，表示对他“至诚敬礼”[3]。丹丹国王称颂梁武帝“八方六合，莫不归服”[4]。干陁利国王称梁武帝为中国圣主，颂扬他“仁荫四海，德合天心”[5]。狼牙修国王称梁武帝为“大吉天子”，“譬如梵王，世界之主，人天一切，莫不归依”[6]。婆利国王称梁武帝为“圣王”，认为他能使“四海流通，交会万国”[7]。师子国王称梁武帝为“大梁明主”，认为梁武帝道德高远，像天地般覆载万物，亦像日月般照耀四方，因而“四海之表，无有不从，方国诸王，莫不奉献，以表慕义之诚”，各地之人“或泛海三年，陆行千日，畏威怀德，无远不至”。[8] 当然，梁朝与“南海诸国”的关系并不等同于梁与中国境内民族政权的关系，列举这些史例，只是想从另一个角度说明梁武帝处理各种关系所取得的成效而已。

1《梁书》卷 34《张缵传》，第 502 页。
2《梁书》卷 46《徐文盛传》，第 640 页。
3《梁书》卷 54《诸夷传》，第 793 页。
4《梁书》卷 54《诸夷传》，第 794 页。
5《梁书》卷 54《诸夷传》，第 795 页。
6《梁书》卷 54《诸夷传》，第 795、796 页。
7《梁书》卷 54《诸夷传》，第 797 页。
8《梁书》卷 54《诸夷传》，第 800 页。

历史学家评价前世人物大都秉持实事求是态度，对有功者予以褒扬，对有过者予以贬斥。唐朝史学家姚思廉从长时段历史比较中，充分认识到梁武帝民族关系思想及其实践的显著成效，因而对其予以高度评价。他认为，“海南东夷西北戎诸国，地穷边裔，各有疆域。若山奇海异，怪类殊种，前古未闻，往牒不记。故知九州之外，八荒之表，辩方物土，莫究其极。高祖以德怀之，故朝贡岁至，美矣”[1]。又云：“西北诸戎，汉世张骞始发西域之迹，甘英遂临西海，或遣侍子，或奉贡献，于时虽穷兵极武，仅而克捷，比之前代，其略远矣。魏时三方鼎跱，日事干戈，晋氏平吴以后，少获宁息，徒置戊己之官，诸国亦未宾从也。继以中原丧乱，胡人递起，西域与江东隔碍，重译不交。吕光之涉龟兹，亦犹蛮夷之伐蛮夷，非中国之意也。自是诸国分并，胜负强弱，难得详载。明珠翠羽，虽仞于后宫；蒲梢龙文，希入于外署。有梁受命，其奉正朔而朝阙庭者，则仇池、宕昌、高昌、邓至、河南、龟兹、于阗、滑诸国焉。”[2]

（三）梁武帝民族关系思想的来源

梁武帝民族关系思想的形成与其个人经历、儒家思想、历代盛衰的经验教训以及佛教思想有着密切关系。

一是个人经历对其民族关系思想的影响。齐明帝建武四年（497 年）九月，北魏孝文帝从南阳出发，亲征萧齐。雍州刺史告急。齐明帝先派徐州刺史裴叔业带兵营救雍州，俘获北魏四千余人。随后，齐明帝又派太子中庶子萧衍、右军司马张稷和度支尚书崔慧景等援救雍州。由于齐军内部不和等原因，北魏

1《梁书》卷 54《诸夷传》，第 818 页。

2《梁书》卷 54《诸夷传》，第 809 页。

很快攻拔新野，“于是沔北大震”[1]。齐明帝又令太尉陈显达营救雍州。永泰元年（498年）三月，崔慧景大败，其所率官兵“死伤略尽”，只有萧衍“全师而归”。[2]不久，萧衍行雍州府事。同年七月，被授为持节、都督雍梁南北秦四州郢州之竟陵司州之随郡诸军事、辅国将军、雍州刺史。

萧衍的雍州刺史履职经历，既为日后成就帝业打下坚实基础，又深入了解了雍州境内的民族关系，对其民族关系思想的形成具有重要影响。雍州在政治、经济、军事上的极其重要性以及历史上一些政治家在此谋划北伐的案例，无疑会对梁武帝思想的形成产生影响。雍州地理位置十分重要，东晋将领庾翼“为荆州，谋北伐，镇襄阳”。宋文帝元嘉中期，雍州已成为大镇，“疆蛮带沔，阻以重山，北接宛、洛，平涂直至，跨对樊、沔，为鄢郢北门。部领蛮左，故别置蛮府焉”。[3]南宋时期的思想家陈亮认为，荆、襄之地，在春秋时期，“楚用以虎视齐、晋，而齐、晋不能屈也”。三国时期，诸葛亮“由此起辅先主，荆楚之士从之如云，而汉氏赖以复存于蜀；周瑜、鲁肃、吕蒙、陆逊、陆抗、邓艾、羊祜皆以其地显名”。后来，“晋氏南渡，荆、雍常雄于东南，而东南往往倚以为疆，梁竟以此代齐”。[4]清初著名学者顾祖禹认为，襄阳是“天下之腰膂”，“中原有之可以并东南，东南得之亦可以图西北”。[5]从相关史料来看，萧衍的“大一统”思想主要形成于这一时期。在这里，他曾想以雍州士马“以观天下”，想统领荆、雍之兵“扫定东夏”。[6]萧衍以北伐方式统一南北的想法，可能也产生于这一时期。

此外，萧衍在任雍州刺史时，想必会了解到宋文帝时期的雍州刺史、襄阳

1《资治通鉴》卷141，“齐纪七”，“永泰元年”条，第4418页。
2《梁书》卷1《武帝本纪上》，第3页。
3《南齐书》卷15《州郡志下》，第281—282页。
4《宋史》卷436《儒林传六·陈亮传》，第12936页。
5（清）顾祖禹：《读史方舆纪要》卷75《湖广方舆纪要序》，中华书局，2005，第3484页。
6《梁书》卷1《武帝本纪上》，第4页。

太守刘道产的治雍功绩。史载刘道产“善于临民，在雍部政绩尤著，蛮夷前后叛戾不受化者，并皆顺服，悉出缘沔为居。百姓乐业，民户丰赡，由此有《襄阳乐歌》，自道产始也”。刘道产因其“惠泽被于西土”，因此在他死后，“诸蛮皆备衰绖，号哭追送，至于沔口”。刘道产因对蛮夷“威怀兼举”而“政绩既著”，[1] 显然会对梁武帝的思想产生一定的影响。

二是儒家思想的影响。梁武帝自幼学习儒家经典，在其《会三教诗》中自述：“少时学周孔，弱冠穷六经。孝义连方册，仁恕满丹青。践言贵去伐，为善存好生。”[2] 他在《净业赋》中说自己：“布衣之时，唯知礼义，不知信向。”[3] 史书称他“洞达儒玄”。梁武帝勤奋好学，虽然公务繁忙，“犹卷不辍手，燃烛侧光，常至戊夜”。他还是一位著述颇丰的学者，曾“造《制旨孝经义》《周易讲疏》，及六十四卦、二系、《文言》、《序卦》等义，《乐社义》《毛诗答问》《春秋答问》《尚书大义》《中庸讲疏》《孔子正言》《老子讲疏》，凡二百余卷，并正先儒之迷，开古圣之旨”。[4] 这些都说明梁武帝在其即位前期极力推崇儒学，并把儒家思想作为梁朝的统治思想。最为突出的表现就是“兴文学，修郊祀，治五礼，定六律”[5]，将儒学修养和经术作为选官的必备条件。天监五年（506年）正月，梁武帝下诏：“自今九流常选，年未三十，不通一经，不得解褐。”[6] 天监七年（508年），梁武帝又下诏称：“建国君民，立教为首，砥身砺行，由乎经术。”[7] 天监八年（509年），梁武帝又诏曰：“朕思阐治纲，每敦儒术，轼闾辟馆，造次以之。”[8] 在梁武帝的大力倡导下，一方面儒学走向了南朝的巅峰，另一方

1《宋书》卷65《刘道产传》，第1719页。
2《广弘明集》卷30《统归篇》，《弘明集　广弘明集》，第365页。
3《广弘明集》卷30《统归篇》，《弘明集　广弘明集》，第346页。
4《梁书》卷3《武帝本纪下》，第96页。
5《梁书》卷3《武帝本纪下》，第97页。
6《南史》卷6《梁本纪上》，第188页。
7《梁书》卷48《儒林传序》，第662页。
8《梁书》卷2《武帝本纪中》，第49页。

面，梁朝得到了一大批深受儒家思想浸染的管理人才，“十数年间，怀经负笈者云会京师”[1]。因此，史学家姚思廉称其“聪明文思，光宅区宇，旁求儒雅，诏采异人，文章之盛，焕乎俱集”[2]。明末清初思想家王夫之认为，梁武帝对儒学思想的推崇，使得“六经之教，蔚然兴焉，虽疵而未醇，华而未实，固东汉以下未有之盛也”[3]。

梁武帝推崇儒学、弘扬德化的一些举措，与其“以德怀之”的民族关系思想极其吻合，也与儒家积极宣扬的维护大一统封建统治秩序的思想一脉相承。即使在教育方面，梁武帝的思想认识和孔子思想几乎完全一致。如天监七年（508 年），梁武帝下诏称：“思欲式敦让齿，自家刑国。今声训所渐，戎夏同风，宜大启庠斅，博延胄子，务彼十伦，弘此三德，使陶钧远被，微言载表”[4]。梁武帝认为，天下臣民应当同受圣人教化，不应有戎夏之别，这与孔子的“有教无类”思想非常吻合，与孟子的“舜生于诸冯……东夷人也；文王生于岐周……西夷人也。得志行乎中国，若合符节，先圣后圣，其揆一也”[5]的精神实质是一致的。由此可见，梁武帝的民族关系思想深受儒家思想的影响。

三是历代盛衰经验教训的影响。梁武帝不仅对历史颇有研究，“又造通史，亲制赞序，凡六百卷”[6]。而且还善于从历史上治乱兴衰中汲取经验教训，强调“殷鉴不远”[7]。如天监四年（505 年），他在诏书中称：“二汉登贤，莫非经术，服膺雅道，名立行成。魏、晋浮荡，儒教沦歇，风节罔树，抑此之由。”[8]明确表明要借鉴两汉时期的经验，汲取魏晋时期的教训。他曾在文德殿与司徒左长

1《梁书》卷 48《儒林传序》，第 662 页。
2《梁书》卷 49《文学传序》，第 685 页。
3《读通鉴论》卷 17《梁武帝一四》，第 489 页。
4《梁书》卷 48《儒林传序》，第 662 页。
5（清）焦循：《孟子正义》，沈文倬点校，中华书局，1987，第 537—540 页。
6（清）赵翼著，王树民校正：《廿二史札记校正》卷 12《宋齐梁陈书并南史》，第 263 页。
7《梁书》卷 35《萧子恪传》，第 508 页。
8《梁书》卷 48《儒林传序》，第 662 页。

史萧子恪一起分析萧齐、刘宋和东晋国祚长短的原因："江左以来，代谢必相诛戮，此是伤于和气，所以国祚例不灵长。所谓'殷鉴不远，在夏后之代'。此是一义。"[1] 他对宋齐的奢侈腐败造成的恶果也有清醒认识，认为"宋氏以来，并恣淫侈，倾宫之富，遂盈数千。推算五都，愁穷四海，并婴罹冤横，拘逼不一。抚弦命管，良家不被蠲；织室绣房，幽厄犹见役"[2]。正是由于对历史经验教训的高度重视，因此，他在即位不久就在颁布的诏书中宣布："汉文四百，邈焉已远。虽省事清心，无忘日用，而委衔废策，事未获从。可依周、汉旧典，有罪入赎，外详为条格，以时奏闻。"[3] 所以，"远遵前轨"[4] 是梁武帝的重要思维方式。这样，传统的"大一统"思想、羁縻思想、桓温北伐、刘裕北伐等，都对梁武帝的民族关系思想产生一定影响。

四是佛教思想的影响，梁武帝统治前期政治清明，社会安定，面对安逸的环境，梁武帝逐渐骄傲自满、迷失本心，对儒学的认同也开始向佛教偏移。天监十六年（517 年）三月，梁武帝"敕太医不得以生类为药；公家织官纹锦饰，并断仙人鸟兽之形，以为亵衣，裁剪有乖仁恕。于是祈告天地宗庙，以去杀之理，欲被之含识。郊庙牲牷，皆代以面，其山川诸祀则否"[5]。天监十八年（519 年）四月，梁武帝于无碍殿"受佛戒，赦罪人"[6]。这些经历是梁武帝开始接受佛教思想的标志。大通元年（527 年）三月，梁武帝"幸寺舍身。甲戌还宫，大赦，改元大通，以符寺及门名"[7]。自此开启了佞佛之门。之后梁武帝又多次舍身寺庙，"其朝臣三表不许，于是内外百官共敛珍宝而赎之"[8]。萧衍每逢拜

1《梁书》卷 35《萧子恪传》，第 508 页。
2《梁书》卷 2《武帝本纪中》，第 35 页。
3《梁书》卷 2《武帝本纪中》，第 37 页。
4《南史》卷 52《梁宗室传下》论曰，第 1304 页。
5《南史》卷 6《梁本纪上》，第 196 页。
6《南史》卷 6《梁本纪上》，第 197 页。
7《南史》卷 7《梁本纪中》，第 205 页。
8《魏书》卷 98 九八《岛夷萧衍传》，第 2187 页。

佛，都要脱去礼法所定的皇帝服装，换上乾陀袈裟。他还令其王侯子弟皆受佛诫，“有事佛精苦者，辄加以菩萨之号”[1]。恰如李延寿所论：“溺于释教，弛于刑典”[2]成为梁朝由盛转衰的重要原因。梁武帝因沉迷佛教，其民族关系思想也逐渐发生了变化——由前期的北伐走向了遣使通和。大同二年（536年）十一月己亥，“罢北伐之师。……壬申，东魏遣使请和，上许之”[3]。梁武帝积极接纳和信任东魏叛将侯景，也与他的思想发生转变有一定关系。总体而言，梁武帝的民族关系思想与其统治思想由儒转佛息息相关。

（四）梁武帝民族关系思想的特点

梁武帝的民族关系思想主要有如下几个特征。

其一，民族关系思想与政治思想的统一。梁武帝在其政治生涯中，主要走的是以德治国路线。他在接受梁王之命时说：“育德振民，邈然尚远。”[4]说明梁武帝在即位前夕便以育德济民为目标。天监元年（502年），梁武帝以前代为鉴，重申“德”的重要性，“朕以寡薄，昧于治方，藉代终之运，当符命之重，取监前古，懔若驭朽。思所以振民育德，去杀胜残，解网更张，置之仁寿”[5]。由此可见，“德”治是梁武帝治国之利器，与他“以德怀之”的民族关系思想是相通的。

其二，民族关系思想的两面性。梁武帝的思想非常庞杂，其处理民族关系的方式既有仁慈一面，又有铁血一面。在“以德怀之”思想中，梁武帝为达到笼络少数民族人心、间接控制少数民族政权的目的，采用了善待、馈赠、通和

1《魏书》卷98《岛夷萧衍传》，第2187页。
2《南史》卷7《梁本纪中》，第226页。
3《资治通鉴》卷157，“梁纪十二”，“大同二年”条，第4874页。
4《梁书》卷1《武帝本纪上》，第25页。
5《梁书》卷2《武帝本纪中》，第36页。

等多种方式；在以册封为主的羁縻思想中，梁武帝对河南、宕昌、邓至、武兴及高句丽、百济、林邑等政权进行册封，表达他对这些政权的拉拢与支持，这些都是通过相对温和的手段使其他政权对梁感恩戴德，与梁王朝保持密切联系。而在“大一统”思想中，为实现一统目标，梁武帝即位之前就曾“总苍兕之师，翼龙豹之阵，云骧雷骇，剪暴夷凶”[1]，称帝之后又多次诏令大举北伐，普通六年（525 年），下诏称“庙谟已定，王略方举”[2]。命令领军将军西昌侯深藻、镇北将军、南兖州刺史豫章王综以及“其余众军，计日差遣”。梁武帝本人则“当六军云动，龙舟济江”[3]。梁武帝并非只是“皇帝菩萨”[4]，他的民族关系思想除了“以德怀之”思想、羁縻思想的怀柔性，还具有发动战争的强硬性，因此，他的民族关系思想具有恩威并施的两面性。

其三，“大一统”是梁武帝民族关系思想的核心。实现一统是所有具有远大抱负政治家的理想追求，只是实现的途径有所差异而已。梁武帝追求一统，既想通过北伐方式实现其疆域上的一统局面，又想通过册封实现其政治上的一统局面，其“以德怀之”思想及实践也服务于大一统的战略目标。从梁武帝民族关系思想的主要内容及精神实质来看，“大一统”思想是核心，并把其他思想连在一起。梁武帝作为梁朝的开国皇帝，即位之初，信心满满，以实现中原平定、梁朝一统为战略目标。他的以册封为主的羁縻思想，既有通过册封积极笼络和控制东西南北各个方位诸多政权首领、在政治上实现一统的考虑，又有在多个地域牵制北魏、为最终实现一统提供有利环境的考虑。如梁武帝对高句丽和百济的册封，就有从东北部牵制北魏之意。天监十七年（518 年），梁武帝将高句丽王高安封为持节、督营、平二州诸军事、宁东将军。我们知道，营州和平州都不在高句丽辖境之内，梁武帝封高句丽王为督营、平二州诸军事，

1《梁书》卷 3《武帝本纪下》，第 97 页。

2《梁书》卷 3《武帝本纪下》，第 69 页。

3《梁书》卷 3《武帝本纪下》，第 69 页。

4《魏书》卷 98《岛夷萧衍传》，第 2187 页。

既有拉拢高句丽之意，又是鼓励高句丽牵制北魏的诱饵。梁武帝对河南王、宕昌王和邓至王等首领的册封，也有在西部牵制北魏的意图。这些最终都服务于大一统的战略目标。梁武帝善待北魏归附降将、不断加强与北朝的沟通和交流等体现“以德怀之”思想的举措，也是立足于大一统的目标。总之，“大一统”思想、“以德怀之”思想和以册封为主的羁縻思想，三者之间相辅相成，相互促进，构成了一个完整的民族关系思想体系。

十六、南梁大臣民族关系思想的主要观点及特点

南梁部分大臣长期生活在军中或边疆地区，围绕着如何处理民族事务、解决民族纠纷等问题，进行了深入思考和理论探索，逐步形成了丰富多彩的民族关系思想。张齐的讨击蛮僚思想、萧秀的恩威并施以恩为主思想、张缵的“六夷膜拜，八蛮同轨”思想、朱异的“宇内方一”、求和思想及羊侃的以武力镇压反叛思想，不仅充实了南北朝民族关系思想史，而且在民族交往中发挥了重要作用。南梁大臣民族关系思想具有四个特点：一是“恩”与“威”是核心理念，二是从实际出发，三是忠君体国的爱国情怀，四是认识的局限性。

南梁是南朝民族关系处理得最好的时期，民族交往交流达到了前所未有的高度，“自梁革运，其奉正朔，修贡职，航海岁至，逾于前代矣”[1]。这一局面的形成，除了四代帝王思想和积极努力之外，一些地方官员和军中要员对当时民族关系的客观认识及实践活动也起到了重要作用。目前，学术界普遍关注主要皇帝的民族关系思想及实践，对大臣的言行缺乏重视。下面将通过对范云、张齐、萧秀、张缵、朱异、羊侃等大臣民族关系思想的梳理和探索，以期更加准确把握当时的民族关系思想状况，进一步厘清南北朝民族关系思想史的发展脉络。

1《梁书》卷 54《诸夷传》，第 783 页。

（一）张齐的民族关系思想

张齐字子响，冯翊郡人，曾在荆州司马垣历生处做事，张稷接任垣历生职位后，对张齐“甚相知重，以为心腹”。张稷为府中兵参军后，张齐开始军旅之事。南齐永元三年（501 年），张齐正式步入仕途，历任宁朔将军、历阳郡太守、虎贲中郎将、天门郡太守、巴西郡太守、南梁州刺史等职。张齐一生，多半时间都在边疆地区度过，不仅担负起保卫边疆安全的重责，还心系少数民族治理工作，形成了颇具特色的民族关系思想。

一是讨击蛮僚。蛮僚作乱历来困扰着中央上层和地方官员，他们往往会采取羁縻和镇压两种措施。张齐在充分考虑当地少数民族实际情况基础上，主要采取武力讨击方式征服蛮僚。天监十年（511 年），蜀郡人姚景和联合少数民族蛮蜒，抄断长江水路，攻破金井。张齐毫不手软，出兵“讨景和于平昌，破之”[1]。张齐在益州生活数年，“讨击蛮獠，身无宁岁”[2]。

二是向夷僚征收义租。张齐在任辅国将军时驻军益州，曾与北魏展开过巴蜀保卫战。在南郑被北魏攻陷后，南梁政府在益州西设置南梁州，南梁州州镇草创时期，一切需仰仗益州提供。为了供应充足，张齐便向夷僚征收“义租，得米二十万斛。又立台传，兴冶铸，以应赡南梁”[3]。

三是搞好内政，使蛮僚不敢来犯。张齐于天监七年（508 年）任巴西太守，天监十四年（515 年）任巴西、梓潼二郡太守，任职地区既是与北魏战争的前沿，又是多民族聚居之地。对北魏来犯，张齐坚决反击，而对蛮僚，张齐的思维则是只要做好自己的事情，少数民族就不敢来犯。张齐久居军中，不仅凡事

1《梁书》卷 17《张齐传》，第 282 页。
2《南史》卷 46《张齐传》，第 1162 页。
3《梁书》卷 17《张齐传》，第 282 页。

身体力行，能与士兵们同甘共苦，而且还亲自规划设计宿营地的房屋和城垒，使一切都颇为便利。张齐认为，若将配给衣服、粮食及用品等诸事处理妥帖，人人必定无所困乏，“既为物情所附，蛮獠亦不敢犯”，如此一来，张齐“威名行于庸、蜀”。[1] 张齐此举除了有利于改善当地民族关系之外，对占据益州之半的巴西郡也大有裨益。巴西属东路要道，每逢刺史经过，“军府远涉，多所穷匮”[2]，张齐沿路聚粮种菜，路过之人可自行取用。

中国历史上的政治家、思想家、军事家等在表达自己的思想观点时，都会从历史和现实两方面入手，而张齐既“手不知书”，又“目不识字”，[3] 自然不是饱学之士，不会以史论今那套方法，他只能根据自己的切身体验，多从现实的角度表达他的民族关系思想。从张齐治理地方的经历来看，他“使蛮獠为物情所附，不敢来犯”的认识，不仅比较超前，而且也取得一定的成效，如“在郡有清政，吏事甚修”。[4] 史学家姚思廉对其作出评论：“张齐之政绩，亦有异焉。”[5] 李延寿对其大加称赞：“张齐人位本下，志望易充，绩宣所莅，其殆优也。”[6]

（二）萧秀恩威并施以恩为主思想

萧秀字彦达，是梁太祖萧顺之的第七子，梁高祖萧衍之弟。史书记载，萧秀“美风仪，性方静，虽左右近侍，非正衣冠不见也，由是亲友及家人咸敬焉”[7]。萧秀先任著作佐郎，屡经升迁后任军法曹行参军，太子舍人。永元二年（500 年），其兄萧懿被东昏侯赐死，他与各宗戚被迫逃匿于京师里巷，当萧衍

1《梁书》卷 17《张齐传》，第 282 页。
2《梁书》卷 17《张齐传》，第 282 页。
3《梁书》卷 17《张齐传》，第 281 页。
4《梁书》卷 17《张齐传》，第 281 页。
5《梁书》卷 17《张齐传》，第 283 页。
6《南史》卷 46《张齐传》，第 1163 页。
7《梁书》卷 22《太祖五王萧秀传》，第 342 页。

起义军到达新林时，萧秀等人奉迎萧衍并加入军队。建康平定后，萧秀随之担任持节、都督南徐、兖二州诸军事，仍带辅国将军官衔。

萧秀自被萧衍任用镇守京口以来，主要参与同少数民族战争、负责边疆治理等事宜，取得了许多政绩，凸显了他的恩威并施以恩为主的思想。萧秀本人重行大于重言，其思想观点主要表现在镇守京口、荆州、郢州的实践活动之中。

先谈“恩”的方面。萧秀一生“精意术学，搜集经记”，深受儒学思想影响，修炼成“仁恕”[1]特性。天监七年（508年），萧秀从江州调往荆州，出任都督荆、湘、雍、益、宁南、北梁、南北秦州等九州诸军事、平西将军、荆州刺史。萧秀在此“立学校，招隐逸”[2]，颇著佳绩。天监十三年（514年），萧秀改任郢州刺史。这里因“地居冲要，赋敛殷烦”，百姓十分贫穷，而且这里劳役不断，“人力不堪”，[3]甚至连妇女也要服役。萧秀到任后，“务存约己，省去游费，百姓安堵，境内晏然”[4]。在此期间，司州反叛的蛮人田鲁生及其弟田鲁贤、田超秀，占据蒙笼前来投降，梁武帝欣然接纳，任命田鲁生为北司州刺史，田鲁贤为北豫州刺史，田超秀为定州刺史，以此作为北方边境的屏障。然而，田鲁生、田超秀互相诋毁，叛乱之心呼之欲出，萧秀见此情形，“抚喻怀纳，各得其用，当时赖之”[5]。萧秀在任南徐州刺史时对社会治理的主要思路，就是对当地民众施以恩德。如崔慧景之乱，造成民户流徙四散，萧秀“招怀抚纳，惠爱大行”。连年饥荒之下，他还以“私财赡百姓，所济活甚多”。[6]

再谈“威”的方面。“威”主要表现在萧秀处理巴陵郡马营蛮问题上。天

1《梁书》卷22《太祖五王萧秀传》，第345页。
2《梁书》卷22《太祖五王萧秀传》，第343页。
3《南史》卷52《梁宗室传下》，第1289页。
4《梁书》卷22《太祖五王萧秀传》，第344页。
5《梁书》卷22《太祖五王萧秀传》，第344页。
6《梁书》卷22《太祖五王萧秀传》，第342页。

监七年（508 年），巴陵马营蛮在长江一带为祸，后军司马高江产率郢州军队讨伐却不能攻克，高江产战死，蛮众愈发强盛，时任荆州刺史、安西将军的萧秀派防阁文炽率众讨伐，“燔其林木，绝其蹊迳，蛮失其崄，期岁而江路清，于是州境盗贼遂绝”[1]。此役中萧秀率军一出，威服众蛮，展现了其处理民族关系的非凡才能。

萧秀一生为国为民尽心尽力，获得了较好的名声，其恩威并施以恩为主的思想也取得了不错的成效，得到了多地少数民族发自内心的爱戴。萧秀离开郢州到雍州赴任时，郢州的民众“相送出境”，他们听说萧秀患病后，“百姓商贾咸为请命”；“雍州蛮迎秀，闻薨，祭哭而去”。萧秀去世消息传出后，“四州民裂裳为白帽，哀哭以迎送之”。[2] 从蛮人及普通百姓对萧秀的态度可以看出，萧秀所提出的以威镇蛮与安抚诸蛮相结合的思路是符合实际情况的，以至于史臣论曰：“安成、南平、鄱阳、始兴，俱以名迹著美，盖亦有梁之间、平也。”[3]

（三）张缵“六夷膜拜，八蛮同轨”思想

张缵字伯绪，范阳方城人，车骑将军张弘策之子、御史中丞张缅的三弟。11 岁时娶梁武帝第四女富阳公主为妻，拜驸马都尉，被封为利亭侯。张缵勤奋好学，“欲遍观阁内图籍”[4]，其才识也得到士族认可，当世名流皆希望与其交好。一向旷达、高傲的河东裴子野说：“张吏部在喉舌之任，已恨其晚矣。”裴子野“初未与缵遇，便虚相推重，因为忘年之交”[5]。张缵在北魏也很有名气，

1《梁书》卷 22《太祖五王萧秀传》，第 344 页。
2《梁书》卷 22《太祖五王萧秀传》，第 344 页。
3《南史》卷 52《梁宗室传下》，第 1304 页。
4《梁书》卷 34《张缵传》，第 493 页。
5《梁书》卷 34《张缵传》，第 493 页。

普通初北魏开始与南梁“连和”，派刘善明到南梁京师访问。刘善明虽是“彭城旧族，气调甚高，负其才气”[1]，但也希望结识张缵。张缵“时年二十三，善明见而嗟服”[2]。在中书舍人朱异主持的宴会上，与张缵齐名的琅邪王锡和张缵“遍论经史，兼以嘲谑”，王锡和张缵“随方酬对，无所稽疑，未尝访彼一事，善明甚相叹挹”。刘善明由此感叹说：“一日见二贤，实副所期，不有君子，安能为国！”[3] 由此可见，张缵确为非常之才。

大同九年（543年），张缵在其撰写的《南征赋》中提出了“六夷膜拜，八蛮同轨”[4]的思想观点。当时被封为使持节、都督湘桂东宁三州诸军事、湘州刺史的张缵在就任途中，因其十分向往四海太平的局面，乃提出“六夷膜拜，八蛮同轨”的美好愿景。张缵认为，自晋以来江南之国历经四代，约计二百余载，历代君主“割疆场于华戎，拯生灵于宇内；不被发而左衽，翙明德其是赉”[5]。对于征伐之事，他也有自己的见解，认为“我皇帝膺箓受图，聪明神武，乘衅而运，席卷三楚。师克在和，仁义必取”[6]。由此可见，他十分强调南朝正统，认为梁朝继立乃大势所趋，梁武帝德行兼备，天下蛮夷都应臣服于梁朝。张缵曾在多地任职，努力改善民族关系，为其“六夷膜拜，八蛮同轨”的理想愿景准备条件。他在出任吴兴太守期间，“省烦苛，务清静，民吏便之”[7]。张缵在任湘州刺史时，积极推行惠民政策，使州界零陵、衡阳等郡那些“依山险为居，历政不宾服”的莫徭蛮“因此向化”[8]。张缵在湘州任职四年，外流的人口都主动回到原处，户口增加十余万，“州境大安”[9]。

1《南史》卷33《王彧传》，第641页。
2《梁书》卷34《张缵传》，第493页。
3《梁书》卷21《王锡传》，第326页。
4《梁书》卷34《张缵传》，第496页。
5《梁书》卷34《张缵传》，第495页。
6《梁书》卷34《张缵传》，第496页。
7《梁书》卷34《张缵传》，第493页。
8《南史》卷56《张弘策传附张缵传》，第1387页。
9《梁书》卷34《张缵传》，第502页。

张缵之所以会产生“六夷膜拜，八蛮同轨”的认识，与他本人家庭和个人经历有很大的关系。

首先，显赫家族及深受皇帝重用。张缵乃梁武帝生母张皇后从父弟张弘策之子，辈分上是梁武帝兄弟，祖父张弘策在齐梁之际凭借萧衍舅的身份参与了萧衍的帝业创立，给予梁武帝极大支持。张氏家族在南梁时期乃名门望族，备受武帝重视，以至张缵起家秘书郎时只有 17 岁，“蒙三栾之休宠，荷通家之渥惠”[1]，高祖亲笔诏书中还称：“缵外氏英华，朝中领袖，司空以后，名冠范阳”[2]，其政治发展不可限量。从张缵家族来看，无论是张弘策还是张缵，都深受朝恩，他们所得一切都是南梁帝王所赐，因此，推崇梁朝正统，并以四海太平、“六夷膜拜，八蛮同轨”为毕生追求自在情理之中。

其次，履职经历。张缵曾出任南兰陵太守、吴兴太守、湘州刺史等，在治理郡政方面，积累了相关经验。他对蛮夷历来不服和时常反叛的本性有清醒的认知，一到湘州，便主动“停遣十郡慰劳，解放老疾吏役，及关市戍逻先所防人，一皆省并”[3]。张缵在任期间，简化许多条例，给予少数民族充分的自由，致使各民族关系和谐，交往密切。良好的民族关系局面给了张缵极大的信心和鼓励，内心开始憧憬蛮夷安定、民族团结的美好愿景。

（四）朱异的民族关系思想

朱异字彦和，吴郡钱唐人。其父朱巽以忠义节烈闻名，官至江夏王参军、吴平令。朱异年少时“好群聚蒲博，颇为乡党所患”[4]。长大后，乃折节从师，精通《五经》，撰有《礼》《易》讲疏及仪注、文集百余篇。同时，广涉文史百

1《梁书》卷 34《张缵传》，第 494 页。
2《梁书》卷 34《张缵传》，第 494 页。
3《梁书》卷 34《张缵传》，第 502 页。
4《梁书》卷 38《朱异传》，第 537 页。

家，兼通杂艺、博弈书算等诸多领域。20岁时，受到尚书令沈约的当面点拨。不久，五经博士明山宾又因朱异“年时尚少，德备老成，在独无散逸之想，处暗有对宾之色，器宇弘深，神表峰峻”，“观其信行，非惟十室所稀，若使负重遥途，必有千里之用”，[1]积极推荐他入朝。梁武帝令朱异解说《孝经》《周易》等义理，对其大加赞赏。从此，朱异仕途一路攀升，先入直西省，不久又兼太学博士，后累迁鸿胪卿、散骑常侍、右卫将军等职。

朱异虽少不更事，但能在众多大臣中脱颖而出，颇受恩宠，不仅因为其博闻多识，而且还因其办事干练，每当四方进呈表疏及文簿的咨询详断等，全部堆积于前。朱异“属辞落纸，览事下议，纵横敏赡，不暂停笔，顷刻之间，诸事便了”。[2]

朱异对民族关系与民族问题颇有自己的见解，提出了两方面的思想观点。

一是主张“宇内方一”及“求和”。在处理民族关系方面，朱异深懂梁武帝之心。朱异是梁武帝身边的机要人员，梁武帝时常与其深入交流，向其吐露真实想法，其“宇内方一”的思想就是在解释高祖“梦中原尽平，举朝称庆”的梦境时提出的，他认为，此梦乃“宇内方一之征”[3]。同时，为实现天下一统的愿望，朱异面对北朝将领的请降归附及东魏的求和，一概表示接纳，产生了“求和”的想法。

早在普通五年（524年），朱异坚持“求和”思想就已经开始萌芽。当时北魏徐州刺史元法僧遣使请求归附，梁武帝命众臣分析此事虚实。朱异主张受降，他认为，“自王师北讨，克获相继，徐州地转削弱，咸愿归罪法僧，法僧惧祸之至，其降必非伪也”。事实也确如他所预测的那样，元法僧请降为真，一切都“遵承朝旨”。[4]而太清二年（548年），侯景归降梁朝情况又有所不同。

1《梁书》卷38《朱异传》，第537—538页。

2《梁书》卷38《朱异传》，第538页。

3《南史》卷62《朱异传》，第1517页。

4《梁书》卷38《朱异传》，第538页。

当时，梁武帝认为，国家“承平若此，今便受地，讵是事宜，脱致纷纭，悔无所及”。于是敕令群臣商议。当时尚书仆射谢举等人坚决反对，他们认为，大同二年（536年）梁与东魏“通和，边境无事，今纳其叛臣，窃谓非宜”[1]。而朱异则坚持求和，他认为，“圣明御宇，上应苍玄，北土遗黎，谁不慕仰，为无机会，未达其心。今侯景分魏国太半，输诚送款，远归圣朝，岂非天诱其衷，人奖其计。原心审事，殊有可嘉。今若不容，恐绝后来之望。此诚易见，愿陛下无疑”[2]。此话非常迎合梁武帝的想法，朱异的意见最终被梁武帝采纳了。贞阳侯战败被俘后，从东魏派遣使者回国，表达魏相高澄欲与梁朝和睦之意。梁武帝又令有司商量，朱异“又以和为允，高祖果从之”。当年六月便派建康令谢挺、通直郎徐陵“使北通好”[3]。

综上可见，朱异“宇内方一”及“求和”思想是他本人对梁朝未来及梁魏关系的一种美好寄托。一方面，他迫切希望梁武帝“大一统”目标得以实现；另一方面，他又执着地认为一味求和就可以收买人心、以绝后患。然而，他所主张的“宇内方一”的途径和方式则不可取，侯景先后与东、西魏决裂，现在已无退路可走，朱异同意与东魏和谈的决定，必然会将侯景引向“坐听亦死，举大事亦死”[4]的境地，单纯求和之路显然行不通。

二是对州郡建制的认识。中国古代南方地区，行政区划有其鲜明的特色。秦汉时期，为了将中原行政管理体制推广到民族地区，实现对民族地区的直接管控，设立了边郡边县制。南朝时期，为了进一步规范少数民族地区的管理工作，刘宋时开始出现左郡左县之名，“萧齐有较大发展，萧梁时达到极盛”。左郡左县制具有“以夷治夷”的羁縻性质，“其设立以蛮酋的归附为前提”，郡守

1《资治通鉴》卷160，“梁纪十七”，“太清元年”条，第4949—4950页。
2《梁书》卷38《朱异传》，第539页。
3《梁书》卷38《朱异传》，第539页。
4《资治通鉴》卷161，“梁纪十八”，“太清二年”条，第4977页。

县令都以蛮酋担任，他们“均有实地，且权力世袭”。[1]

梁武帝一代置州甚多，而这些机构的存在，主要得益于朱异对州郡建制的认识。朱异思想非常超前，在他看来，梁武帝为收复失地、拓展国境，历经东征西伐，当时梁朝北境越过淮、汝地区，东边到达彭城，西方开发了牂柯，南面平定了俚洞，以致各州情况杂乱无章。大同五年（539 年），时任散骑常侍的朱异上奏：“顷来置州稍广，而小大不伦，请分为五品，其位秩高卑，参僚多少，皆以是为差。”[2] 梁武帝同意此议，下诏将全国的各个州分成五类：第一类（上品）二十个州，第二类（次品）十个州，第三类（次品）八个州，第四类（次品）二十三个州，第五类（下品）二十一个州。其中，第五类“皆异国之人”，空有州名而并无实地。同时，朱异根据僻远蛮荒之民所居住的村落设置州及郡县，刺史、郡守、县令等地方官皆由当地人（“土人”）担任。除此五类之外，还有二十余州不知设立在何处，“凡一百七州。又以边境镇戍，虽领民不多，欲重其将帅，皆建为郡，或一人领二三郡太守，州郡虽多而户口日耗矣”[3]。由此可以看出，朱异是从全局观的视角去剖析民族地区情形，并采取了较为适应当地民众的方式处理民族问题，不仅专设蛮夷州郡，并以职务之利诱惑拉拢当地首领，加强了对边疆民族地区各州郡的管理。即使当时出现了土官管理格局下“尚书不能悉领”、“山川险远，职贡罕通”及“领民不多”[4] 等困难难以克服，但从整体来说，朱异对州郡建制的认识比较成熟，相较于许多政治家、思想家的想法都要实用。从另一方面来说，朱异对州郡建制的认识也使梁代初步有了羁縻州制的形态，其现实意义不可忽视，只是相比于唐代的羁縻府州制度显得较为稚嫩且缺乏系统化罢了。

1 方高峰：《试论左郡左县制》，《中国边疆史地研究》2006 年第 2 期。

2《资治通鉴》卷 158，“梁纪十四”，“大同五年”条，第 4903 页。

3《资治通鉴》卷 158，“梁纪十四”，“大同五年”条，第 4904 页。

4《资治通鉴》卷 158，“梁纪十四”，“大同五年”条，第 4904 页。

（五）羊侃以武力镇压反叛思想

羊侃字祖忻，泰山梁甫人，汉朝南阳太守羊续的后裔。其祖父羊规，原任祭酒从事、大中正，因薛安都带彭城投降而陷落在魏，出任营州刺史。羊侃“少而瑰伟”，且“雅爱文史，博涉书记”[1]，尤其喜好《左氏春秋》及《孙吴兵法》，二十岁时便随父在梁州建立战功，升迁为征东大将军、领泰山太守，受封钜平侯。大通年间（527—529年），羊侃为遂父心愿，毅然举家南归，为梁效力，历任徐州刺史、兖州刺史、晋安太守、衡州刺史、都官尚书、军师将军等职，多次随军北伐，屡立战功，被梁武帝称赞为“勇者有仁，可谓邹、鲁遗风，英贤不绝”[2]。

羊侃的以武力镇压反叛思想主要表现在他与少数民族叛乱分子作战的实践之中。早先，羊侃身在北魏之时就曾有过以武力镇压反叛的实践。北魏正光年间（520—525年），秦州羌人莫折念生占据秦州反叛，并派其弟莫折天生攻陷岐州，随后又进犯雍州。当时羊“侃为偏将，隶萧宝寅往讨之，射杀天生，其众即溃”[3]。之后，羊侃被封为征东大将军、东道行台，领泰山太守，晋爵为钜平侯。在南梁朝，羊侃仍旧舍生忘死，不断立功，官职也因此得到提升。如中大通六年（534年），羊侃出任云麾将军、晋安太守。面对“闽、越俗好反乱，前后太守莫能止息”的现状，羊侃一到就发兵“讨击，斩其渠帅陈称、吴满等”，于是形成了“郡内肃清，莫敢犯者”[4]的大好局面。又如太清二年(548年)，侯景发动叛乱，先后攻陷历阳、新林等地，不久便直逼建康，致使城中人心惶惶。叛军攻入东掖门而纵火，火势甚盛，羊侃“亲自距抗，以水沃火，火灭，

1《梁书》卷39《羊侃传》，第557页。
2《梁书》卷39《羊侃传》，第559页。
3《南史》卷63《羊侃传》，第1543页。
4《梁书》卷39《羊侃传》，第558页。

引弓射杀数人，贼乃退”[1]。此役过后，羊侃加任侍中、军师将军，梁武帝下诏赠五千两金、万两银、万匹绢给战士，羊侃推辞不受，执意以私财赏赐。很快，侯景军再次卷土而来，他们先是施以“尖顶木驴攻城”“东西两面起土山”之策，又是“作登城楼车”向内俯射，羊侃见招拆招，用“作雉尾炬，施铁镞，以油灌之，掷驴上焚之”“为地道，潜引其土”[2]等方法制敌，一度取得了军事上的主动权。

羊侃一生经历丰富，其人品正直高尚，不仅获得了同僚的认可，而且也受叛军敬重，如元法僧“与侃有旧，愿得同行”[3]，傅士哲“在北之日，久挹风猷，每恨平生，未获披叙”，“瞻望久之而去”[4]等。除此之外，他在处理华夷关系方面留下了诸多政绩和赞誉，主要得益于其正确的民族观以及良好的操守。如羊侃面对梁武帝要求他与太尉元法僧同行之事，羊侃认为，虽北朝人称其为吴，南朝人却称其为虏，如果与元法僧同行，“还是群类相逐，非止有乖素心，亦使匈奴轻汉”[5]。正是由于羊侃一心向汉、以南朝为正统，才会牢记其父“人生安可久淹异域”的教导，完成父亲“南归之志”，[6]才会在中大通四年（532 年）和太清元年（547 年）两次北伐中担当重任，才会坚决讨伐反叛，取得“郡内肃清”“贼不能进”[7]的优良政绩。

（六）南梁大臣民族关系思想的特点

作为南梁处理民族关系比较有为的大臣，他们的民族关系思想可以概括为

1《梁书》卷 39《羊侃传》，第 559—560 页。
2《梁书》卷 39《羊侃传》，第 560 页。
3《梁书》卷 39《羊侃传》，第 558 页。
4《梁书》卷 39《羊侃传》，第 561 页。
5《梁书》卷 39《羊侃传》，第 558 页。
6《梁书》卷 39《羊侃传》，第 557 页。
7《梁书》卷 39《羊侃传》，第 561 页。

如下几个特点。

其一，“恩”与“威”是民族关系思想的核心理念。长期以来，少数民族往往愈强愈反叛、愈弱愈臣服，历代政治家、思想家、军事家等为了更好地处理民族关系，要么以威制服，要么以德怀之，要么恩威并施。南梁大臣范云的“抚以恩德”思想、张齐的讨击蛮僚等思想、萧秀的恩威并施以恩为主思想、张缵的“六夷膜拜，八蛮同轨”思想、朱异的“宇内方一”思想及羊侃的武力镇压反叛思想，无不体现了“恩”与“威”在南朝民族关系思想史上的熠熠光辉。“恩”与“威”不仅是南梁大臣民族关系思想的核心理念，更是贯穿这一民族关系思想体系的主线。

其二，从实际出发。南梁大臣的民族关系思想普遍比较现实，兼顾了诸多方面，易于被各方所吸收接纳，因而较有成效。他们中大多数都是参加与少数民族战争或长期生活工作在少数民族地区的实干家，因而能够适时地解决当时民族关系的各种矛盾，救治民族关系中的一些弊病。他们总是结合民族问题、民族关系现状，从实际出发进行理论探索。如范云上任始兴内史后，一改前任作风，遣送劳工、抚以恩德。同时，张齐在军中也能“身亲劳辱，与士卒同其勤苦”[1]。又如，朱异对州郡建制的认识，既跟上了时代的步伐，又反映了少数民族州郡设立迫在眉睫的事实，也表现了他本人擅于把握实际的工作作风。羊侃、张缵等人亦是如此，在担任地方太守过程中，积累了相应经验，能在处理有关民族地区事务时结合具体情况采取不同的方式方法解决问题，并将其发展为系统的理论与思想。

其三，忠君体国的爱国情怀。南梁大臣中不论是文臣、武将，还是经略边疆事务的官员，都始终心系天下，为国奉献，充分体现出忠君体国的爱国精神。如范云不仅“思怀经远”，而且“燮务登朝，具瞻为允”。[2] 梁朝伊始，梁

1《梁书》卷17《张齐传》，第282页。

2《梁书》卷13《范云传》，第232页。

武帝欲娶东昏侯余妃，范云冒死进谏，使之不被女色所累。梁武帝之弟萧秀，“于高祖布衣昆弟，及为君臣，小心敬畏，过于疏贱”[1]。又如羊侃，其子羊鷟被侯景所俘，羊侃对叛贼大呼：“我倾宗报主，犹恨不足，岂复计此一子，幸汝早能杀之。”[2] 羊侃又说：“吾荷国重恩，当禀承庙算，以扫大逆耳，不能妄受浮说，开门揖盗”[3]，以至于史学家姚思廉感叹道：“羊侃、鸦仁值太清之难，并竭忠奉国。侃则临危不挠，鸦仁守义殒命，可谓志等松筠，心均铁石，古之殉节，斯其谓乎。”[4]

其四，认识的局限性。虽然他们都提出了较为成熟的民族关系思想观点，但任何理论都不可能尽善尽美，他们的思想认识同样存在不足和缺陷。首先，他们作为南梁的中流砥柱，安边抚民和抗击外贼，都只是维护了当时社会的稳定，并没有从根本上彻底解决民族之间的矛盾和纠纷。如张齐在管理益州时，就凸显出了许多弊病。他为减少南梁州草创难度，对少数民族夷僚聚居地征收额外租粮，致使本就举步维艰的夷僚人民更为困苦。又如朱异，他不仅“陈谋谟之启沃，宣政刑之福威”[5]，又“善窥人主意曲，能阿谀以承上旨”[6]，还在处理民族关系及外交事务时，犯了一个较为致命的错误，那便是同意侯景投降，且与东魏建交。平西谘议参军周弘正在侯景降梁时便坦言：“国家数年后当有兵起”，“乱阶在此矣！”[7] 姚思廉也指出：“延寇败国，实异之由。”[8] 当时的皇太子萧纲在《围城赋》中指责朱异“四郊以之多垒，万邦以之未绥”[9]。这些评价未必完全正确，但也反映出南梁大臣民族关系思想的历史局限性。

1《梁书》卷 22《太祖五王萧秀传》，第 345 页。
2《梁书》卷 39《羊侃传》，第 560—561 页。
3《梁书》卷 39《羊侃传》，第 561 页。
4《梁书》卷 39《羊侃传》，第 564 页。
5《梁书》卷 38《朱异传》，第 539 页。
6《梁书》卷 38《朱异传》，第 540 页。
7《资治通鉴》卷 160，“梁纪十六”，“太清元年”条，第 4950 页。
8《梁书》卷 38《朱异传》，第 551 页。
9《梁书》卷 38《朱异传》，第 539 页。

十七、陈霸先民族关系思想的主要观点、实践成效及意义

陈霸先生活的时代，梁陈境内活跃着俚、越等少数民族，境外则有以鲜卑族或鲜卑化为首领的北朝与之对峙。陈霸先在掌控南梁朝政及建立南陈王朝过程中逐步形成了自己的民族关系思想观点：一是以北齐作为重点防御对象；二是“一匡天下”；三是“以夷治夷”。陈霸先的民族关系思想具有以下几个特点：一是审时度势，符合实际；二是重视诚信；三是传承性。陈霸先的民族关系思想及实践，不仅对南梁陈初妥善处理民族关系、有效巩固政权以及促进民族交往交流交融等方面起到了重要的指导作用，而且有效地加强了对岭南地区的统治，得到了南方蛮族的大力支持。陈霸先民族关系思想影响比较深远，其子孙后代主要按照他的思路处理民族关系乃至国际关系。

陈霸先出身寒门，自幼“长于谋略”，长大后不仅涉猎史籍，还“好读兵书，明纬候、孤虚、遁甲之术，多武艺，明达果断，为当时推服”[1]。陈霸先因平定侯景之乱、袭杀军阀王僧辩、抗击北齐、建立陈朝等功勋，得到了“智以绥物，武以宁乱，英谋独运，人皆莫及”[2]的赞誉。目前，学界已对陈霸先的出身及用人[3]、

1《南史》卷9《陈本纪上》，第257页。
2《陈书》卷2《高祖本纪下》，第40页。
3 张国安：《试论陈霸先的出身与用人》，《河南师范大学学报（哲学社会科学版）》1991年第4期。

平定李贲之乱[1]、与王琳之争[2]、与冼夫人的关系[3]以及历史地位[4]等问题做了一些探讨，但对他的民族关系思想迄今仍无人研究。这里拟对此进行初步梳理和探讨，以期能对陈霸先做出更全面的评价，深化对南朝民族关系的认识。

（一）以北齐作为重点防御对象

因忙于征战和巩固权位，陈霸先也许无暇系统阐述他的思想，也许他曾阐述过但史籍中并没有留下太多资料，因此，研究陈霸先思想的直接史料并不多，目前只能从他的零星言论和诸多实践活动中予以提炼和归纳。陈霸先掌握萧梁实权及陈朝开国皇帝期间，无论是梁朝还是陈朝，都曾受到西魏北周和北齐的威胁，甚至还发生过一些战事。梁简文帝、梁元帝和梁景帝时期，北齐均出兵侵扰梁朝，曾一度占据姑苏，侵入石头，驻扎芜湖。西魏也曾威逼梁朝，如承圣三年（554 年）十一月，西魏“攻陷江陵”[5]。但是陈霸先对西魏北周并不太在意，始终把北齐作为重点防御对象。

北齐是东魏权臣高欢之子高洋所建立的政权，随着侯景之乱的爆发，北齐多次向南用兵侵占梁朝领土，由此，陈霸先逐渐产生了防御北齐的思想。陈霸先的这一思想主要表现在两个方面，一是防备军事进攻，即防备北齐对南朝的侵扰；二是防备政治操纵，即防备北齐利用南朝国内矛盾，伺机控制南朝事务的迂回策略。陈霸先控制梁朝军政期间，虽然多次与北齐大规模交战，但大都是被迫反击，甚至在大败齐军的绝对优势下依然答应了他们的求和要求，还陈

1 陈俊宇：《李贲之乱与陈霸先定交州始末》，《广西地方志》2015 年第 1 期。

2 李浩搏：《宣城郡与梁末陈初的军事地理格局——以侯景之乱和陈霸先王琳之争为中心》，《长江文史论丛》2019 年专辑。

3 何火权：《冼夫人与陈霸先及陈朝的关系初探》，《南方论刊》2009 年第 4 期。

4 朱子彦：《论陈霸先的功业与历史地位》，《历史教学问题》2014 年第 5 期。

5《陈书》卷 1《高祖本纪上》，第 7 页。

兵数万，送齐人北归。

先谈军事上的防备。北齐毗邻南朝统治区域，屡次出兵南下侵扰。承圣元年（552年）五月，北齐七万部众“起土山，穿地道，攻之甚急”[1]，将严超达围困在秦郡。陈霸先命令合州刺史徐度“领兵助其固守”，自己随后率领一万精兵从四面合围齐军；北齐平秦王中箭而死，“齐人收兵而退”。[2]七月，“齐人来聘，求割广陵之地，王僧辩许焉，仍报高祖。高祖于是引军还南徐州，江北人随军而南者万余口”[3]。绍泰元年（555年）十一月，“齐遣兵五千济渡据姑孰”，为了抵挡北齐南侵，陈霸先命令徐度“于冶城寺立栅，南抵淮渚”。[4]北齐又派安、楚、淮三州刺史翟子崇、刘仕荣、柳达摩从胡墅运送粮食和战马到石头城，陈霸先命令“侯安都领水军夜袭胡墅，烧齐船千余艘，周铁虎率舟师断齐运输……仍遣韦载于大航筑城，使杜棱据守”[5]。结果北齐军队带领的千余艘战船被烧毁，梁朝不仅缴获了齐船上的粮食，还俘虏了北徐州刺史张领州。没过几日，“嗣徽等攻冶城栅”[6]，陈霸先亲率铁骑迎击齐军，北齐援军快到时，侯安都受陈霸先之令“领舟师，袭嗣徽家口于秦州”[7]。最终，北齐“争舟相排挤，溺死者以千数”[8]，损失惨重。北齐统治者见局势不利，便派使者向陈霸先求和，得到许可后双方于城外宰杀牲口以订盟约。通过以上所述可以看出，陈朝一直处于被动迎敌的状态，甚至在战事获胜之际，陈霸先仍然同意与北齐停战，防御北齐的态势一目了然。

绍泰二年（556年），北齐违背盟约进军梁山，陈霸先派遣定州刺史沈泰

1《陈书》卷1《高祖本纪上》，第6页。
2《陈书》卷1《高祖本纪上》，第6页。
3《陈书》卷1《高祖本纪上》，第6—7页。
4《陈书》卷1《高祖本纪上》，第8页。
5《陈书》卷1《高祖本纪上》，第8页。
6《陈书》卷1《高祖本纪上》，第8页。
7《陈书》卷1《高祖本纪上》，第9页。
8《陈书》卷1《高祖本纪上》，第9页。

和吴郡太守裴忌“共据梁山以御之”[1]。同年五月，“齐兵发自芜湖”[2]，不久到达秣陵故治。陈霸先令周文育、徐度和杜棱分别驻守方山、马牧和大航南边。当月，“齐军于秣陵故县跨淮立桥栅，引渡兵马……齐兵自方山进及儿塘，游骑至台”[3]。陈霸先暗中调拨给沈泰三千精锐，助他渡过长江袭击北齐。六月，“齐兵潜至钟山龙尾”[4]，到达莫府山，陈霸先下令钱明带领水军攻击齐军运粮部队。这次战争虽以齐师大败而告终，但北齐出尔反尔的行为使陈霸先极其恼怒，“发言慷慨，涕泗交流”[5]。陈霸先之所以如此痛心疾首，既表达了他对北齐的强烈不满，又从另一方面反映出其希望与北齐维持长久和平的愿望。

再谈政治上的防备。北齐一直在寻找时机，妄图利用政治及军事手段干预南朝内政。梁承圣三年（554 年），梁元帝被杀，王僧辩与陈霸先拥立萧方智为梁王。而北齐想要借机插手梁朝政局，积极扶持亲近北齐的梁朝王室萧渊明。承圣四年（555 年），王僧辩因惧怕北齐势力准备迎立萧渊明。陈霸先认为，王僧辩想要依附戎狄之邦（北齐）拥立萧渊明的想法是名不正言不顺，于是准备秘密起事，正好此时北齐打算向南进犯，陈霸先借机召集部将讨伐王僧辩，“高祖步军至石头前，遣勇士自城北逾入”[6]。王僧辩寡不敌众，最终被擒。至此，北齐借用萧渊明操纵南朝局势的阴谋宣告破产。《陈书·高祖本纪上》载：“初，齐之请纳贞阳也，高祖以为不可”[7]。陈霸先与王僧辩为此争论不止，感慨道“嗣主高祖之孙，元皇之子，海内属目，天下宅心，竟有何辜，坐致废黜，远求夷狄，假立非次，观其此情，亦可知矣”[8]。陈霸先先后四次派人苦口婆心

1《陈书》卷 1《高祖本纪上》，第 10 页。
2《陈书》卷 1《高祖本纪上》，第 10 页。
3《陈书》卷 1《高祖本纪上》，第 10 页。
4《陈书》卷 1《高祖本纪上》，第 10 页。
5《陈书》卷 1《高祖本纪上》，第 10 页。
6《陈书》卷 1《高祖本纪上》，第 7 页。
7《陈书》卷 1《高祖本纪上》，第 7 页。
8《陈书》卷 1《高祖本纪上》，第 7 页。

地劝诫王僧辩，很动感情地说："吾与王公并处托孤之地，而王公一旦改图，外依戎狄，援立非次，其志欲何所为乎！"[1]但王僧辩一概不听。陈朝建立以后，北齐与陈朝割据势力王琳相勾结，派兵援助王琳发动叛乱。陈霸先当然明白北齐的意图就是通过帮助王琳造成陈朝内乱，自己好从中获利，便"遣将侯安都、周文育等讨琳"[2]，并亲自送将士出行。虽然陈霸先在有生之年没有能够最终平定王琳之乱，但他看破北齐图谋并积极防备的思想却是显而易见的。

在陈霸先的眼中，北齐核心为六镇流民，又主要奉行鲜卑文化，所以鲜卑化的汉人与夷狄无异。由于北齐屡次侵扰梁朝边境，企图运用扶持傀儡皇帝的政治手段干涉梁朝政局；陈初北齐又再次与国内割据势力相勾结，对新建立起的南陈政权构成巨大威胁，所以陈霸先一直视北齐为心腹之患，直到陈霸先建陈称帝，依然在军事及政治上呈现着积极防备的态势。

东晋南朝，一些进取心极强的政治家往往对北伐抱有极大兴趣，如祖逖北伐、桓温北伐、刘裕北伐、刘义隆北伐、陈庆之北伐、吴明彻北伐等。那么，陈霸先为什么对北齐只是被动防御而不是主动出击呢？根据现有资料分析，这主要因为梁朝当时正处于内忧外患的崩溃边缘，并不具备主动向北齐出兵的条件。

其一，南朝内部矛盾重重，割据战乱频频发生。侯景是鲜卑化的羯族人，梁末发动叛乱，攻陷京师，"专以焚掠为事，斩刈人如草芥，以资戏笑"[3]。有关侯景乱梁的起因及过程，史书中记载得比较详细，专家学者已作过系统分析，这里不再赘述。历时四年的动乱使本就岌岌可危的梁朝国本遭遇了毁灭性的打击，彻底失去了统一北朝的实力。侯景之乱使南朝出现大饥荒，旱灾和蝗灾也随后相继爆发，"百姓流亡，相与入山谷、江湖，采草根、木叶、菱芡而食之，

1《资治通鉴》卷166，"梁纪二十二"，"绍泰元年"条，第5132页。

2《南史》卷64《王琳传》，第1561页。

3《资治通鉴》卷163，"梁纪十九"，"大宝元年"条，第5039页。

所在皆尽，死者蔽野。富室无食，皆鸟面鹄形，衣罗绮，怀珠玉，俯伏床帷，待命听终。千时绝烟，人迹罕见，白骨成聚，如丘陇焉”[1]。而一向被视作富庶之地的江东甚至也出现了“掠人而食之，或卖于北境”[2]的惨状。梁朝末年，皇储之争愈演愈烈，宗藩阋墙，自损其力，又加之侯景给了萧梁政权沉重一击，梁朝诸州和广州地区混战不已，地方豪强纷纷起兵，整个梁朝陷入混乱，经济实力和军事力量都大为削弱。陈霸先在这种四分五裂的局势中脱颖而出，掌权之后，最重要的就是在平定国内祸乱的同时尽快息兵止战，巩固政权，提高自己的声望以获得各方势力的支持。因此，无论是从经济水平、军事实力等客观因素来考虑，还是从巩固政权、获取民心的政治层面去考量，北上伐齐在当时都是不可取的战略。

其二，梁末陈初外患不断，北朝强南朝弱的力量对比已成定局。自侯景之乱以来，北朝屡次发动战争掠夺梁朝土地。《资治通鉴》对侯景乱梁后南朝疆域的变化情况作过描述：“侯景之乱，州郡太半入魏，自巴陵以下至建康，以长江为限，荆州界北尽武宁，西拒硖口，岭南复为萧勃所据，诏令所行，千里而近，民户著籍，不盈三万而已。”[3]《隋书·地理志上》又描述了陈朝建立之初的疆域情况：“逮于陈氏，土宇弥蹙，西亡蜀、汉，北丧淮、肥，威力所加，不出荆、扬之域。”[4]这两条史料反映了北朝的东魏和西魏趁侯景叛乱之际侵占了梁朝众多国土，使一向富庶强盛的荆州地区也呈现萧条之象，梁末国势衰弱已达到极致，直到陈霸先即位之初，陈朝的国土面积已经十分狭小，不仅失去了作为西部屏障的川蜀及汉中地区，而且还逐步丧失了具有独特军事地位的淮南之地。北齐不仅以武力方式频频侵扰陈朝边境，而且还企图通过扶植王琳的方式伺机干涉南朝事务。陈霸先在北强南弱的大形势下，在缺乏强大的军事实

1《资治通鉴》卷 163，“梁纪十九”，“大宝元年”条，第 5039 页。
2《资治通鉴》卷 163，“梁纪十九”，“大宝元年”条，第 5045 页。
3《资治通鉴》卷 164，“梁纪二十”，“承圣元年”条，第 5094 页。
4《隋书》卷 24《地理志上》，第 807 页。

力和国力支撑条件下，不宜轻易出击北齐。

其三，长期的战乱使社会经济凋敝，百姓困苦不堪，停战是人心所向。在战火连天的南北朝时期，和平是每个饱受战争苦楚的民众的愿望。梁朝后期，统治阶级多次进行北伐无果，不仅劳民伤财，而且还加重了社会矛盾，各地起义层出不穷，以至于“人人厌苦，家家思乱”[1]。陈霸先汲取了梁末北伐失败的经验教训，深知战火所经之地必是生灵涂炭。因此，他在称帝以后，极力挽救动荡局势，以“一匡天下，再造黔黎”[2]作为基本的施政理念，以“恒崇宽政，爱育为本”[3]作为思想践行的具体路径。而对北齐的入侵，主要以防御为主，根本不会主动挑起争端。

其四，“息肩偃武，与齐和好”是当时多数大臣的意愿。陈霸先在梁末掌握了实权，建立陈朝后具有极高威望，而且他“智以绥物”[4]，善于倾听部下意见建议，准确把握并积极引导舆情。梁敬帝时，北齐先侵扰萧梁，后“遣使请和”[5]，并要求陈霸先的“子侄为质”[6]，在朝文武大臣考虑到当时“四方州郡并多未宾，京都虚弱，粮运不继”[7]的实际情况，“咸愿与齐和亲”[8]。陈霸先虽不情愿，但难违众议，于是便对大臣们说：“孤谬辅王室，而使蛮夷猾夏，不能戡殄，何所逃责。今在位诸贤，且欲息肩偃武，与齐和好，以静边疆，若违众议，必谓孤惜子侄，今决遣昙朗，弃之寇庭。且齐人无信，窥窬不已，谓我浸弱，必当背盟。齐寇若来，诸君须为孤力斗也。”[9]陈霸先很清楚，在北齐入侵之后接着同意媾和，尽管脸面上不太光彩，但与北齐和好毕竟能使北部边境安定下

1《资治通鉴》卷164，“梁纪二十”，“太清元年”条，第4966页。
2《陈书》卷2《高祖本纪下》，第32页。
3《陈书》卷2《高祖本纪下》，第40页。
4《陈书》卷2《高祖本纪下》，第40页。
5《册府元龟》卷215《闰位部·和好》，第2579页。
6《陈书》卷14《南康愍王昙朗传》，第210页。
7《陈书》卷14《南康愍王昙朗传》，第210页。
8《陈书》卷14《南康愍王昙朗传》，第210页。
9《陈书》卷14《南康愍王昙朗传》，第210页。

来，对梁来说也是好事。因此，他虽然预见到北齐将会毁约，但还是采纳了文武大臣的建议，与北齐结好。北齐背弃盟约后，陈霸先立即与北齐绝交。

（二）“一匡天下”夙愿

“一匡天下”是历史上有作为的政治家的共同夙愿，历来为人所称道，孔子就说：“管仲相桓公，霸诸侯，一匡天下，民到于今受其赐。微管仲，吾其被发左衽矣。”[1] 现在我们很难说清陈霸先萌生“一匡天下”思想的具体时间，但他在执掌萧梁实权时的一些举措，充分体现了他的这一夙愿。从陈霸先的实践活动中可以看出，他将南方各族的归附视为实现“一匡天下”的必要条件。

自梁末开始，陈霸先就一直奔波于疆场，他南平百越，不仅消除了梁朝内部在岭南地区离心力量的反叛，还平定了岭南豪酋发动的叛乱。大同七年（541年），“世为豪右”的交州土豪李贲因“仕不得志”[2]，联合多州豪杰同时叛乱，“州中震恐”[3]。陈霸先率领三千名精兵火速向广州进发，“频战屡捷”[4]，深受梁武帝赞赏，被提拔为直阁将军，后任交州司马，领武平太守，与刺史杨瞟南征。当时萧勃担任定州刺史，他知道众将士不愿远征，便“诡说留瞟”[5]。杨瞟召集诸将商量对策，陈霸先说：“交趾叛涣，罪由宗室，遂使僭乱数州，弥历年稔。定州复欲昧利目前，不顾大计。节下奉辞伐罪，故当生死以之，岂可畏惮宗室，轻于国宪？今若夺人沮众，何必交州讨贼，问罪之师，即回有所指矣。”[6] 于是率领官兵击鼓前进。大同十一年（545年）六月，大军抵达广州。在陈霸先的指

1《论语·宪问》，（清）阮元校刻：《十三经注疏》，第5457页。
2《资治通鉴》卷158，“梁纪十四”，“大同七年”条，第4909页。
3《陈书》卷1《高祖本纪上》，第2页。
4《陈书》卷1《高祖本纪上》，第2页。
5《资治通鉴》卷159，“梁纪十五”，“大同十一年”条，第4928页。
6《陈书》卷1《高祖本纪上》，第2页。

挥下，梁军所向披靡，取得了丰硕战果。李贲逃往典澈湖，“于屈獠界立砦，大造船舰，充塞湖中”[1]，官兵们见此状不敢贸然前进。陈霸先分析了当前战局，鼓舞士气说，如今我军正处于士气衰落、孤立无援、人马疲惫之际，无法与敌军长期抗衡，必须速战速决。而且，“孤军无援，入人心腹，若一战不捷，岂望生全”[2]。他认为，“夷獠乌合，易为摧殄，正当共出百死，决力取之”[3]。当天夜晚，陈霸先率领部下借江水暴涨之机发起进攻，“贼众大溃”[4]。太清元年（647年），李贲“窜入屈獠洞中，屈獠斩贲，传首京师”[5]。其兄李天宝逃入九真，纠集残余势力杀害德州刺史陈文戒，进围爱州。陈霸先率众将其讨平。

此外，陈霸先平定广州之乱和侯景之乱，袭杀王僧辩，诛灭杜龛、韦载、王僧智，斩杀萧勃，以及“遣侯安都镇上流，定南中诸郡”[6]，都突出反映了他的“一匡天下”夙愿。

梁敬帝在多份诏书和策书中对陈霸先的褒奖，多数是对他在“一匡天下”方面功绩的赞誉，如“鞠旅于滇池之南，扬旌于桂岭之北，悬三光于已坠，谧四海于群飞，屠猰貐于中原，斮鲸鲵于濛汜。荡宁上国，光启中兴”[7]；“三山獠洞，八角蛮陬，逖矣水寓之乡，悠哉火山之国，马援之所不届，陶璜之所未闻，莫不惧我王灵，争朝边候”[8]；“北洎丈夫之乡，南逾女子之国，莫不屈膝膜拜，求吏款关”[9]；“拯社稷之横流，提亿兆之涂炭，东诛逆叛，北歼獯丑，威加四海，仁渐万国”[10]。由此梁敬帝称赞陈霸先“有济天下之勋”[11]。萧梁皇帝所言虽

1《陈书》卷1《高祖本纪上》，第3页。
2《陈书》卷1《高祖本纪上》，第3页。
3《陈书》卷1《高祖本纪上》，第3页。
4《陈书》卷1《高祖本纪上》，第3页。
5《陈书》卷1《高祖本纪下》，第3页。
6《陈书》卷1《高祖本纪下》，第11页。
7《陈书》卷1《高祖本纪上》，第15页。
8《陈书》卷1《高祖本纪上》，第15页。
9《陈书》卷1《高祖本纪上》，第19页。
10《陈书》卷1《高祖本纪上》，第22页。
11《陈书》卷1《高祖本纪上》，第19页。

有溢美成分，但也反映了当时南梁境内少数民族对中央王朝的威胁程度，透露出以鲜卑族和鲜卑化为主体的北朝政权对萧梁威逼的信息。陈霸先“一匡天下”思想的产生，一定程度上基于他所面临的“岭南叛涣，湘、郢结连”[1]、“勋门桀黠，作乱衡嶷，兵切池隍，众兼夷獠”[2]、“外郡传烽，鲜卑犯塞”[3]、“伊、洛之间，咸为虏戍，虽金陵佳气，石垒天严，朝暗戎尘，夜喧胡鼓”[4]的严峻形势。

如果说陈霸先在梁末思考“一匡天下”多从萧梁境内出发，那么建立陈朝后，他思考“一匡天下”的范围更广，南朝和北朝均在他的视野之内。陈朝建立的前夕，陈霸先曾在评价少有大志的陈休先时说：“此弟若存，河洛不足定也”[5]，说明他并不满足于偏安一隅，他的目标是平定四方、南北统一。陈霸先建立陈朝后，他就明确表达了“一匡天下”的夙愿。

永定元年（557年），陈霸先在即位时宣称，历朝君主都用“高勋御四海”[6]，所以才能庇护百姓，占有天下。而今梁朝处于“末运”[7]，时常受到北方少数民族的侵扰，“江左累属于鲜卑，金陵久非于梁国”[8]。梁朝祸乱时，他本人“大拯横流，重举义兵，实戡多难”[9]，不遗余力地挽救动荡局势，“安国定社，用尽其力，是谓小康，方期大道”[10]。但是，这并非陈霸先的最终理想，他真正所求的大道是“九域八荒，同布衷款，百神群祀，皆有诚愿”[11]和“一匡天下，再造黔黎”[12]，建立统御四海的功业。陈霸先称帝以后进一步发展了他的“一匡天下”

1《陈书》卷1《高祖本纪上》，第23页。
2《陈书》卷1《高祖本纪上》，第16页。
3《陈书》卷1《高祖本纪上》，第17页。
4《陈书》卷1《高祖本纪上》，第17页。
5《陈书》卷14《南康愍王昙朗传》，第210页。
6《陈书》卷2《高祖本纪下》，第31页。
7《陈书》卷2《高祖本纪下》，第31页。
8《陈书》卷2《高祖本纪下》，第33页。
9《陈书》卷2《高祖本纪下》，第31页。
10《陈书》卷2《高祖本纪下》，第31页。
11《陈书》卷2《高祖本纪下》，第31页。
12《陈书》卷2《高祖本纪下》，第32页。

思想，说："自昔登庸，首清诸越，徐门浪泊，靡不征行，浮海乘山，所在戡定"[1]。陈霸先所处的时代，统一已是大势所趋。陈霸先在位仅有三年，虽然有着非常强烈的"一匡天下"愿望，但由于陈朝国势衰微，缺乏实现"一匡天下"的条件，加之他对北朝被动防御，缺乏北伐的积极性，所以，最终没能完成他的雄图伟业。

（三）"以夷治夷"思想

"以夷治夷"是中国古代统治者管理少数民族的政治智慧，也是陈霸先民族关系思想的重要组成部分。所谓"以夷治夷"就是根据少数民族的特点，在不改变少数民族原有组织形式的前提下，任用少数民族中颇具影响力的首领为地方官吏，以达到统御少数民族的目的，"实现少数民族地区的发展与稳定"[2]。陈霸先的这一思想主要体现在他对少数民族将领的任命上。陈寅恪先生认为，这一时期南方土豪洞主就是魏收所说的巴、蜀、傒、俚等少数民族，他们"承侯景之乱而起"[3]。陈霸先所任用的少数民族将领，大都是南方的土豪洞主。

侯瑱是巴西充国人，其父弘远"累世为西蜀酋豪"[4]。萧梁末期，侯瑱在梁益州刺史鄱阳王萧范的支持下，出兵"山谷夷獠不宾附者"[5]，因功被提升为晋康太守。侯景之乱爆发后，侯瑱跟随王僧辩讨伐侯景，"恒为前锋，每战却敌"[6]。王僧辩死后，陈霸先积极笼络侯瑱，希望得到他的支持，但由于侯瑱此

1《陈书》卷2《高祖本纪下》，第33页。

2 崔明德：《中国民族关系十讲》，第76页。

3 陈寅恪：《梁陈时期士族的衰落与南方蛮族的兴起》，万绳楠整理：《陈寅恪魏晋南北朝讲演录》，天津人民出版社，2018，第178页。

4《南史》卷66《侯瑱传》，第1606页。

5《陈书》卷9《侯瑱传》，第153页。

6《陈书》卷9《侯瑱传》，第154页。

时势力正盛，加之曾在王僧辩麾下任职，对陈霸先杀死王僧辩心怀芥蒂，所以只是表面臣服，并无诚心归顺之意。绍泰二年（556年），侯瑱进攻据守在新吴的豫章太守余孝顷，在城外建立了一个包围圈，准备合围将其困死。战事进行到胶着之际，侯瑱后院起火，他的从弟侯奫与其部下侯方儿产生矛盾，侯方儿一怒之下将豫章劫掠一空并转而投奔陈霸先。失去根基后的侯瑱只能带领部众返回豫章，不料豫章守城官兵拒绝他们入城。后到湓城投靠其将焦僧度，焦僧度劝其投奔北齐。侯瑱权衡再三，最后决定前往建康投奔陈霸先，请求得到他的原谅。陈霸先不计前嫌，“复其爵位”[1]，任命他为侍中、车骑将军。永定二年（558年），将其进位司空。侯瑱归附后不仅成功击溃了王琳集团，战功赫赫，更是屡次立下奇功，阻挡西魏北周的军事入侵。

始兴曲江人侯安都，“为郡著姓”。侯景作乱时，他“招集兵甲，至三千人”[2]。陈霸先援救京城，侯安都便率领军队跟随他“攻蔡路养，破李迁仕，克平侯景，并力战有功”[3]。后随陈霸先镇守京口，任兰陵太守。陈霸先准备袭杀王僧辩时，“唯与安都定计”[4]。自此，在陈霸先的带领下，侯安都多次击退北齐的来犯，功勋卓著，并协助豫州刺史周文育征伐萧勃、西讨王琳。在陈霸先去世之前，侯安都担任平南将军、南豫州刺史，加开府仪同三司。

“合门显贵，名振南土”[5]的长沙临湘人欧阳頠，“少质直，有思理，以言行著于岭表”[6]，曾跟随梁左卫将军兰钦南下征讨夷獠，“所获不可胜计”[7]。后伐蛮左有功，得到了庐陵王萧续的赏识。当时湘、衡边界上有50多个少数民族部

1《南史》卷66《侯瑱传》，第1607页。
2《南史》卷66《侯安都传》，第1608页。
3《南史》卷66《侯安都传》，第1608页。
4《南史》卷66《侯安都传》，第1609页。
5《陈书》卷9《欧阳頠传》，第159页。
6《南史》卷66《欧阳頠传》，第1613页。
7《陈书》卷9《欧阳頠传》，第157页。

落仍不归顺，欧阳頠协助衡州刺史韦粲出兵征讨，“悉皆平殄”[1]。陈霸先准备救援京城时，欧阳頠主动带领部众归顺。兰裕知道后，派兵攻打欧阳頠，陈霸先援助他打败兰裕，并“迁頠为始兴内史”[2]。荆州陷落后，欧阳頠归附萧勃，奉命驻扎在豫章，被周文育活捉，陈霸先却“释而礼之”[3]，对他“深加接待”[4]。萧勃死后，岭南又开始动乱，基于欧阳頠在南疆拥有很高的声望，陈霸先便任命他为衡州刺史，封其为始兴县侯，掌管此地的军政大权。欧阳頠赴任后，“岭南皆慑伏，仍进广州，尽有越地”[5]，于是又被任命为都督广、交、越、成、定、明、新、高、合、罗、爱、建、德、宜、黄、利、安、石、双等十九州诸军事、镇南将军、平越中郎将、广州刺史，威震南方。

巴山新建人黄法氍，“少劲捷有胆力”，“为乡闾所惮”。[6]侯景叛乱后，黄法氍出兵援助屯守在西昌的周文育，使陈霸先顺利“入援建邺”[7]。太平元年（556年），黄法氍任高州刺史，镇守巴山。永定二年（558年），黄法氍援助周迪，擒获王琳部下余孝顷等三位将领，因功被封为平南将军、开府仪同三司。

世代“为郡著姓”[8]的熊昙朗，侯景之乱时被梁元帝封为巴山太守。荆州陷落后，熊昙朗“兵力稍强，劫掠邻县，缚卖居民，山谷之中，最为巨患”[9]。绍泰二年（556年），陈霸先考虑熊昙朗为“南川豪帅，随例除游骑将军”[10]。不久又任命他为飙猛将军及宜新、豫章二郡太守。

1《陈书》卷9《欧阳頠传》，第157页。
2《南史》卷66《欧阳頠传》，第1614页。
3《南史》卷66《欧阳頠传》，第1615页。
4《陈书》卷9《欧阳頠传》，第158页。
5《南史》卷66《欧阳頠传》，第1615页。
6《陈书》卷11《黄法氍传》，第177页。
7《南史》卷66《黄法氍传》，第1616页。
8《陈书》卷35《熊昙朗传》，第477页。
9《陈书》卷35《熊昙朗传》，第477页。
10《陈书》卷35《熊昙朗传》，第478页。

陈霸先“以夷治夷”思想最成功的实践莫过于对高凉首领冼夫人的信任及对她儿子的册封。南越是南朝俚、僚等少数民族的聚居地，“世为南越首领，跨据山洞，部落十余万家”[1]的冼夫人，自幼贤明，擅长谋略，“在父母家，抚循部众，能行军用师，压服诸越”[2]。她时常奉劝宗族与人为善，在当地具有很高的威望。越人习俗“好相攻击”，冼夫人兄南梁州刺史冼挺“恃其富强，侵掠傍郡，岭表苦之”[3]。冼夫人“多所规谏，由是怨隙止息，海南、儋耳归附者千余洞”[4]。高州刺史李迁仕祸乱岭南时，冼夫人迅速出兵平叛，取得了大捷，然后带兵与陈霸先会于赣石。经过接触和观察，冼夫人认为陈霸先“极得众心”，“必能平贼”，[5]决定好好协助他，并希望丈夫冯宝能“厚资给之”[6]。在冼夫人夫妇帮助下，陈霸先收复了建康，平定了侯景之乱。冯宝死后，“岭表大乱”，冼夫人“怀集百越，数州宴然”。[7]陈朝建立后，为了继续得到冼夫人的支持，陈霸先于永定二年（558 年）册封冼夫人年仅 9 岁的儿子冯仆为阳春郡守，冼夫人辅其左右。陈霸先之所以能够平定百越、稳定岭南局面，在很大程度上是借用了冼夫人在岭南地区的威望，得到了她的大力支持，这也体现了陈霸先“以夷治夷”的政治智慧。

（四）陈霸先民族关系思想的特点

总体来看，陈霸先的民族关系思想具有以下几个特点。

一是符合实际。陈霸先在思考和处理民族关系、应对国内外矛盾时，始终

1《隋书》卷 80《列女传・谯国夫人传》，第 1800 页。
2《北史》卷 91《列女传・谯国夫人冼氏传》，第 3005 页。
3《隋书》卷 80《列女传・谯国夫人传》，第 1801 页。
4《隋书》卷 80《列女传・谯国夫人传》，第 1801 页。
5《隋书》卷 80《列女传・谯国夫人传》，第 1801 页。
6《北史》卷 91《列女传・谯国夫人冼氏传》，第 3005 页。
7《隋书》卷 80《列女传・谯国夫人传》，第 1802 页。

根据当时的形势作出最合时宜最切实际的判断。他被动防御北齐、对少数民族予以羁縻，就是充分考虑了南弱北强、“南人怯懦”[1]、“吴人不习战”[2]以及“往代祆氛，于今犹梗”[3]、“今天下初定，难便出兵”[4]的实际情况。这种紧贴现实的思想与举措，不仅符合历史发展的内在逻辑，而且也符合民族交往交流交融的发展趋势。

二是重视诚信。民无信不立，事无信不成。以诚信处理民族关系乃至国际关系是中国政治家的智慧和重要思想，陈霸先尤其重视诚信，希望和期待与少数民族甚至北齐建立起良性的互信关系。虽然在历史文献中我们很难看到陈霸先对这一问题的直接论述和系统阐释，但从其相关活动中可以窥见其诚信思想。绍泰二年（556年），北齐向梁请和时提出陈霸先“子侄为质”的要求，陈霸先深知“齐人无信”，以后“必当背盟”，但为了显示其诚意，仍然派其舅舅休先的儿子昙朗“为质于齐”。[5]后来北齐果然背弃盟约，陈霸先愤怒至极，一方面“发言慷慨，涕泗交流，同盟皆莫能仰视，士卒观者益奋”[6]。另一方面，又指挥官兵与北齐激战，“齐师大溃，斩获数千人，相蹂藉而死者不可胜计，生执徐嗣徽及其弟嗣宗，斩之以徇”[7]；还俘虏了萧轨、东方老、王敬宝、李希光、裴英起等46位将帅。由此可见，陈霸先在处理民族关系及国际关系的具体实践中始终以诚信为基本原则，对违反诚信的行为深恶痛绝。

三是传承性。尽管陈霸先民族关系思想内容比较丰富，但实事求是地说，他的思想主要是继承历史上的传统观点，自己的创新性东西并不多。比如他的“一匡天下”夙愿，就是传统“大一统”思想的进一步发挥。且不说在其之前有不少汉族及少数民族政治家、思想家对“大一统”进行过系统阐述，即使对

1《宋书》卷81《顾觊之传》，第2079页。
2《宋书》卷1《武帝本纪上》，第2页。
3《陈书》卷2《高祖本纪下》，第35页。
4《陈书》卷21《萧乾传》，第278页。
5《陈书》卷14《南康愍王昙朗传》，第210页。
6《陈书》卷1《高祖本纪上》，第10页。
7《陈书》卷1《高祖本纪上》，第11页。

“一匡天下”的说法，从先秦到南北朝历代都有人称赞齐桓公“九合诸侯，一匡天下”[1]的功绩。南朝齐高帝萧道成也曾在建元元年（479 年）的诏书中宣称，要“贤能悉心，士民致力，用获拯溺龛暴，一匡天下”[2]。再如“以夷治夷”，也是一些政治家的惯性思维和常用手段。如“秦击夺楚巴、黔中郡，道塞不通，因还，以其众王滇，变服，从其俗，以长之”[3]。刘宋时期，对分布在荆、湘、雍、郢、司等五州界“种类繁多，言语不一”[4]的诸蛮都予以册封。陈霸先的思路和做法，与之前的政治家大同小异。如果说有什么差异的话，那就是陈霸先的思路更清晰，措施更落地，对少数民族将领更器重。

（五）陈霸先民族关系思想的作用及意义

陈霸先的民族关系思想卓有成效，具有重要意义。

一是在陈霸先民族关系思想指导下，南朝梁陈之际逐步加强了对岭南地区的控制，使该地区的政治地位大为提高。陈霸先所处的时代，南朝仅能统治扬子江以南地区，在这种现实条件下，获得岭南地区少数民族的支持就显得尤为重要。另外，梁朝末年，群凶竞起，“郡邑岩穴之长，村屯邬壁之豪，资剽掠以致强，恣陵侮而为大”[5]。要想结束这种局面，有效巩固政权，必须得到少数民族的支持，使其成为稳定局面的中坚力量。隋朝政治家虞世南就认为，陈“武帝以奇才远略，怀匡复之志，龙跃海隅，豹变岭表，扫重氛于绛阙，复帝坐于紫微，西抗周师，北夷齐寇，宏谟长算，动无遗策”[6]。陈霸先在岭南地区

1（西汉）刘向集录：《战国策》卷 11《齐策一·先生王斗造门而欲见齐宣王》，第 415 页。
2《南齐书》卷 2《高帝纪下》，第 32 页。
3《史记》卷 116《西南夷列传》，第 2993 页。
4《南齐书》卷 58《蛮传》，第 1007 页。
5《陈书》卷 35《熊昙朗等传》史臣曰，第 490 页。
6（清）陆心源辑：《唐文拾遗》卷 13《虞世南》，载《全唐文》，第 10505 页。

采取各种措施，把少数民族首领团结在自己的周围，加强对岭南地区的统治，逐渐得到了当地民众的认可。史书中有关岭南地区少数民族的记载在梁陈交替之际骤然增加，这就意味着岭南势力的政治影响力得到加强；岭南少数民族代表性人物在中央政权中所占的比例也骤然增加，说明少数民族的地位也在急剧提升，南方蛮族由默默无闻到纷纷显身于政治舞台，陈寅恪先生甚至认为，“在这个意义上陈也可以说是南方蛮族建立的朝代”。[1]事实上，岭南地区的政治地位自梁朝中期以来就开始发生变化，陈霸先利用岭南军事力量加强了对这一地区的控制，推动了经济社会的发展，使当地摆脱原有的封闭状态，逐渐成为南朝政治舞台上的一支重要力量。明末清初思想家王夫之就认为，“陈霸先以吴下寒族，岭表卑官，纠合粤峤之民，起救国难，王僧辩资之成功；于是而建业、荆江、北府、三吴之牧守，皆倒授其权于山溪峒壑之豪”[2]。王夫之的看法比较中肯，基本符合实际。

二是陈霸先的民族关系思想不仅巩固了政权，而且还促进了民族交往交流交融。在民族矛盾比较尖锐的南北朝时期，有些统治者受狭隘民族主义影响，对少数民族或政治上歧视，或经济上剥削，或军事上镇压。在这种大环境下，陈霸先能够团结、重用少数民族，“扫侯景于既成，拯梁室于已坠。天网绝而复续，国步屯而更康”[3]，使支离破碎的南朝江山得以摆脱侯景之乱带来的影响，继宋齐梁之后兴起陈朝一代。对待鲜卑化的北齐，既不排斥也不畏惧，始终想以诚信待之，具有极强的民族包容性。虽然陈霸先在位仅短短三年，但其所作的贡献是不可磨灭的。在陈霸先民族关系思想的指导下，南朝的社会经济得到了恢复和发展，各民族间的交往交流交融进一步增强。

三是对南陈民族关系发展产生了重要影响。陈霸先在陈朝皇帝位置上虽仅

---

1 陈寅恪：《梁陈时期士族的衰落与南方蛮族的兴起》，万绳楠整理：《陈寅恪魏晋南北朝讲演录》，天津人民出版社，2018，第 178 页。

2《读通鉴论》卷 17《梁武帝》，第 598 页。

3《陈书》卷 6《后主本纪》，第 118 页。

有三年，但由于他在梁末的重要地位又是陈朝的开国皇帝，继任者陈文帝陈蒨还是他遗诏所定的接班人，此前对他非常信任，“军储戎备，皆以委焉”[1]，使其影响力持续了较长时间。比较有作为的陈宣帝是陈文帝之弟、陈霸先侄子。所以，陈霸先的思想对陈文帝、陈宣帝等人产生了重要影响。如他的“以夷治夷”思想就为他们所承袭。陈文帝在位时，基本沿袭了陈霸先的羁縻之道，“是时南江酋帅并顾恋巢窟，私署令长，不受召，朝廷未遑致讨，但羁縻之”[2]。对于一些“一郡兵权皆自己出”[3]的地方势力，陈文帝“或敦以婚姻，或处其类族，岂有不能威制，盖以德怀也”[4]。如世代为郡著姓的留异“拥擅一郡，威福在己”[5]。永定三年(559年)，陈武帝任命留异为南徐州刺史，但他“迁延不就”[6]。陈文帝即位后，将其改授缙州刺史，领东阳太守。留异虽“外示臣节”，但“恒怀两端”，陈朝军队因当时正“方事湘、郢，乃降诏书慰喻，且羁縻之”。[7]再如“世为闽中四姓”[8]的陈宝应，在陈武帝时被封为信武将军、闽州刺史，领会稽太守。陈文帝即位后，不仅将其“进号宣毅将军，又加其父光禄大夫”，而且还下令“宗正录其本系，编为宗室，并遣使条其子女，无大小并加封爵”。[9]陈宣帝时，“在州十余年，威惠著于百越”[10]的广州刺史欧阳纥举兵反叛。欧阳纥为了增强势力，想把冼夫人的儿子冯仆召至高安，“诱与为乱”，冯仆派人向冼夫人做了汇报，冼夫人坚定地说：“我为忠贞，经今两代，不能惜汝辄负国家。”于是便“发兵拒境”，并率领百越酋长积极协助陈朝车骑将军、开府仪同

1《陈书》卷3《世祖本纪》，第46页。
2《陈书》卷13《周敷传》，第201页。
3《陈书》卷35《陈宝应传》，第486页。
4《陈书》卷35《熊昙朗等传》史臣曰，第490—491页。
5《陈书》卷35《留异传》，第484页。
6《南史》卷80《贼臣传·留异传》，第2022页。
7《陈书》卷35《留异传》，第485页。
8《南史》卷80《贼臣传·陈宝应传》，第2023页。
9《陈书》卷35《陈宝应传》，第487页。
10《陈书》卷9《欧阳頠传附子欧阳纥传》，第159页。

三司章昭达征讨欧阳纥。由于“内外逼之，纥徒溃散”。[1] 总之，陈霸先的民族关系思想及实践，不仅对南梁陈初妥善处理民族关系、有效巩固政权以及促进民族交往交流交融起到了重要的指导作用，而且有效地加强了对岭南地区的统治，得到了南方蛮族的大力支持。陈霸先民族关系思想影响比较深远，其子孙后代主要按照他的思路处理民族关系乃至国际关系。

1《隋书》卷 80《列女传·谯国夫人传》，第 1802 页。

十八、南陈大臣民族关系思想的主要内容及作用

南陈时期，一些大臣始终把“安抚笼络”作为处理民族关系的基本思路和主要手段，之所以会出现如此现象，一是少数民族为陈立国发挥了重要作用，又是陈朝巩固政权的中坚力量，必须对他们高看一眼；二是这一时期的民族融合已达到新的高度，民族关系比较融洽，“安抚笼络”已成为当时的主流思想；三是最高统治者的意志和政令助推大臣“安抚笼络”思想的形成。大臣对“北伐”的认识无论多么正确，只要与最高统治者不一致，都很难发挥作用。南陈大臣的民族关系思想具有两大特点：一是以“怀柔”为核心，二是实践成效显著。其作用和影响主要体现在三个方面：一是推动了当时各民族之间的交往交流交融，二是加快了南北统一的进程，三是为隋唐时期民族关系思想的形成奠定了理论基础。

作为南朝的最后一个王朝，南陈是中国结束南北对峙格局走向大一统的关键时期。当时民族关系的协调、民族融合的进程及北伐的胜负，是影响南陈历史走向的三大要素。这里通过对部分大臣对民族关系及北伐的认识及实践活动的初步梳理，系统分析南陈大臣民族关系思想的主要观点、鲜明特色及突出作用，以丰富中国民族关系思想史的研究内容。

（一）“安抚笼络”思想

中国南方幅员辽阔，地势复杂，自古以来就是诸多少数民族的聚集之地。

陈朝时期，境内主要活跃着山越、蛮、俚、僚等少数民族。有效治理这些少数民族，是政权稳定和实现宏图霸业的基础。因此，国君往往会委派心腹大臣，镇守少数民族聚集之地。这些官员大都积极作为，想方设法处理好民族关系，形成了以“安抚笼络”为主的民族关系思想。陆子隆、孙瑒、沈恪等就是这方面的典型代表。

先谈陆子隆的“绥集夷夏”思想。陆子隆字兴世，吴郡吴人。祖父陆敞之曾任梁朝嘉兴县令，父亲陆悛，也出任过县令。在祖父和父亲的影响下，“子隆少慷慨，有志功名”[1]。历任始丰县令、永兴两县、高唐太守、庐陵太守和荆州刺史等职。陆子隆一生主要有两大功绩，前期协助中央平定王琳、华皎叛乱，后期治理荆州，而真正使他青史留名的主要是他治理荆州的政绩。《晋书·地理志下》载：“荆，强也，言其气躁强。亦曰警也，言南蛮数为寇逆，其人有道后服，无道先强，常警备也。”[2]《南齐书·州郡志下》亦载，荆州“境域之内，含带蛮、蜑，土地辽落，称为殷旷。江左大镇，莫过荆、扬”[3]。陆子隆出任荆州刺史，负责荆、信、祐三州事宜。荆州的民族状况比较复杂，不仅生活着南朝本地的少数民族，还接纳了许多南迁的北方民众。而且，由于此地与北朝接壤，活跃在陈与北朝交界处的少数民族，时而归附南朝，时而效忠北朝，这对陆子隆治理荆州、处理好民族关系是一大挑战。其时荆州新置，城防建设与民心皆不稳固，陆子隆考虑到“城池未固”，便先着手“修立城郭”。[4]他根据荆州少数民族众多的实际情况，形成了“绥集夷夏”的思想，在其所辖地区，对华夷一视同仁，都积极予以安抚和笼络。陆子隆安抚各族民众的思路和做法，符合当地民族关系的实际，取得了“甚得民和”[5]的成效，陆子隆本人

1《南史》卷67《陆子隆传》，第1635页。
2《晋书》卷15《地理志下》，第453页。
3《南齐书》卷15《州郡志下》，第273—274页。
4《南史》卷67《陆子隆传》，第1636页。
5《陈书》卷22《陆子隆传》，第294页。

也得到了“吏民诣都上表，请立碑颂美功绩”[1]的赞誉，这充分说明“绥集夷夏”的思想及实践获得了当地各族百姓的高度认可。荆州一直都是保卫江南的战略要地，在南朝政局中具有举足轻重的地位。陆子隆成功安抚了各族民众，不仅稳定了荆州的局势，而且也在一定程度上巩固了南陈政权。

再谈孙瑒的“怀服边远”思想。吴郡吴人孙瑒，字德琏，“事亲以孝闻，于诸弟甚笃睦。性通泰”[2]，“处己率易，不以名位骄物”[3]。其祖父孙文惠和父亲孙循道曾分别在萧齐、萧梁两朝任职，其父“以雅素知名”[4]。受家族影响，孙瑒“少倜傥，好谋略，博涉经史，尤便书翰”[5]，“军国器械，多所创立”[6]，巧妙构思常人所不能及，颇受赏识，曾任梁临川嗣王代理参军，后又多次升迁。侯景之乱爆发后，孙瑒在平叛中屡立战功。北周大将史宁率兵袭击郢州时，孙瑒“亲自抚巡”将士，以不足千人之兵死守郢州，“士卒皆为之用命，周人苦攻不能克”。[7]天嘉元年（560 年），孙瑒被陈文帝任命为安南将军、湘州刺史，食邑一千户。天嘉四年（564 年），孙瑒出任荆州刺史，接替陆子隆“出镇公安”[8]，负责荆州及信州军政事宜。在此之前，荆州曾屡次出现蛮族首领率领部众投靠北朝的情况，北朝也因此专门设置侨置地接纳这些归附民族。所以，荆州的治理不仅关系着陈朝的边防安全，更是南北两朝争夺少数民族的重点。基于这一现状，孙瑒一方面增修城池，积极备战；另一方面，又“怀服边远”，用怀柔手段争取北朝民众的归附和当地民众的支持。孙瑒的“怀服边远”思想及实践，不仅稳定了荆、信二州的局势，而且有效地防御了来自北周的军事入侵，“为

1《陈书》卷 22《陆子隆传》，第 294 页。
2《陈书》卷 25《孙瑒传》，第 321 页。
3《南史》卷 67《孙瑒传》，第 1639 页。
4《南史》卷 67《孙瑒传》，第 1637 页。
5《陈书》卷 25《孙瑒传》，第 319 页。
6《陈书》卷 25《孙瑒传》，第 321 页。
7《陈书》卷 25《孙瑒传》，第 320 页。
8《南史》卷 67《孙瑒传》，第 1638 页。

邻境所惮”[1]，给北周造成了极大压力。

最后谈沈恪的“绥怀安缉，被以恩惠”思想。沈恪，吴兴武康人，“深沈有干局”[2]。梁朝时沈恪作为参军跟随萧映到北徐州、广州等地，领兵征讨俚族叛乱，多次与少数民族近距离接触，由于平定岭南有功被任命为员外散骑侍郎。陈霸先讨伐侯景时，沈“恪于东起兵相应”，后又“还武康招集兵众”，[3]“率兵士出县诛龛党与”[4]，帮助陈霸先平叛立下战功。陈霸先称帝后，沈恪先任吴兴太守，永定二年（558年）被委派监理会稽郡，永定三年（559年）又被任命为散骑常侍、忠武将军、会稽太守，掌管会稽郡事。陈文帝即位后，沈恪掌管九郡军事，又陆续担任郢、荆二州刺史。陈宣帝时，沈恪再次到广州任职。“至于交广，远悬南鄙，蛮夷杂处，故别置都督，以广州刺史兼任，督二州，镇番禺”[5]。当时欧阳纥在广州发动叛乱刚被平定，州内遭遇严重的战火和灾荒，人民不堪重负。沈恪看到“州罹兵荒，所在残毁”[6]的景象，立即采取措施医治战争创伤。沈恪的思路既清晰又简单，即“绥怀安缉，被以恩惠”[7]。在这一思想指导下，流民得以安置，生产和生活秩序得以恢复，岭表地区重新焕发了生机与活力。因而史书以“王佐之才”和“公辅之量”[8]誉之，对他予以高度评价。

陈朝大臣之所以会把“安抚笼络”作为处理民族关系的基本思路和主要手段，主要有如下原因。

一是少数民族为陈立国发挥了重要作用，又是陈朝巩固政权的中坚力量，必须对他们高看一眼。陈寅恪先生认为：“梁陈之交，是南朝政治史上的一个

1《陈书》卷25《孙瑒传》，第320页。
2《陈书》卷12《沈恪传》，第193页。
3《南史》卷67《沈恪传》，第1634页。
4《陈书》卷12《沈恪传》，第193页。
5 严耕望：《中国地方行政制度史——魏晋南北朝地方行政制度》，上海古籍出版社，2007年，第45页。
6《陈书》卷12《沈恪传》，第194页。
7《陈书》卷12《沈恪传》，第194页。
8《陈书》卷12《沈恪传》，第195页。

大变化的时代，楚子集团的时代结束了，士族的历史结束了，原来默默无闻的南方蛮族中的土豪洞主，纷纷登上了历史舞台。陈朝便是依恃南方土著的豪族建立起来的。此为江左三百年政治社会的大变动……在这个意义上陈也可说是南方蛮族建立的朝代。"[1] 需要特别说明的是，陈寅恪先生这里所提“南方蛮族”并非单指廪君蛮，而是南方非汉族的通称，“土豪洞主”则是指南方的巴、蜀、傒、俚等族。梁朝末年，南方土豪洞主乘侯景乱梁之机，凭借着强大的经济和军事实力割据一方。陈霸先建立政权，不得不依靠这些力量。陈霸先通过各种手段使这些南方豪族纷纷依附于他。陈霸先入援京邑时，“世为郡著姓”的侯安都“引兵从高祖”[2]，“为郡豪族”的欧阳頠“乃深自结托”[3]，巴山新建人黄法氍“遣兵助周文育”[4]。立国以后，陈霸先又继续任命侯安都、欧阳頠、黄法氍等少数民族豪酋为陈效力，他们帮助陈王朝先后讨平侯景、王僧辩、王琳、留异等势力，屡建奇功，不仅是陈朝的开国功臣，还是南陈巩固政权的中坚力量，南方土豪的政治地位由此得以大幅度提升。朱大渭先生指出，少数民族酋帅和汉族豪强在消灭侯景势力的过程中逐渐掌握了军政大权，他们中的大多数人都进入了陈朝政权的最高统治集团。[5] 总之，南方少数民族在整个陈朝内部始终是一支强大的政治力量，这就增强了陈朝内部的民族凝聚力和向心力。少数民族参与陈朝政治生活，成为陈朝政权的重要组成部分，在一定程度上影响了陈朝上下对待少数民族的态度，同时也是导致陈朝大臣形成“安抚笼络”思想的重要原因。此外，面对北朝强大的军事压力，各级官员更需以安抚笼络少数民族的方式增强陈朝内部的凝聚力，形成共同对敌的合力。

---

1 陈寅恪：《梁陈时期士族的没落与南方蛮族的兴起》，万绳楠整理：《陈寅恪魏晋南北朝讲演录》，贵州人民出版社，2007，第 182 页。

2《陈书》卷 8《侯安都传》，第 143 页。

3《陈书》卷 9《欧阳頠传》，第 157—158 页。

4《陈书》卷 11《黄法氍传》，第 177 页。

5 朱大渭：《梁末陈初豪强酋帅的兴起》，载《六朝史论》，中华书局，1997，第 193—215 页。

二是这一时期的民族融合已达到新的高度，民族关系比较融洽，“安抚笼络”已成为当时的主流思想，武力征伐已是陈旧思维。在整个南朝，南方的少数民族并没有形成足以对抗中央的军事势力，也并没有像北朝一样想要颠覆南朝政权的愿望。他们之所以反叛，主要是因为他们不堪忍受地方官吏的欺压或是沉重的赋税。如李贲联结数州豪杰反叛，就是由于交州刺史萧谘“以裒刻失众心”[1]而引起的。陈朝统治者汲取经验教训，主要采用羁縻手段管理少数民族。在统治者相对柔和的治理政策下，民族关系比较融洽，反叛的少数民族越来越少。此外，南朝时期，为了扩充兵员、征收赋税，统治者常常会通过各种方式使少数民族成为国家政权下的编户齐民。陈朝建立后，因受梁末动乱的影响，“十有余载，编户凋亡，万不遗一，中原氓庶，盖云无几”[2]。为了解决编户不足的问题，陈文帝于元嘉元年（560 年）七月下令，对背井离乡的百姓“不问侨旧，悉令著籍，同土断之例”[3]。在长期的聚居生活中，汉族与少数民族民众共事生产，共同承担徭役和赋税，交往交流更加频繁，相互影响更加深刻，民族融合已经到达新的高度，一方面少数民族对陈朝政权的认同度不断提高，另一方面陈朝官员对少数民族的认可度也大为增强。在这种背景下，“安抚笼络”便成为当时的主流思想和实际行动。

三是最高统治者的意志和政令助推大臣“安抚笼络”思想的形成。陈朝大臣民族关系思想的形成不仅与其个人经历、见识相关，还受统治集团上层意志的影响。陈武帝即位后，以“仁惠为基”[4]，下令州郡县长官理政务必清廉公平，以爱惠抚孤贫，以威刑御强猾，对待专横强暴的山谷之酋“皆从肆赦”，希望地方官员“念思善政，副此虚怀”[5]。陈文帝执政时，其核心思想是“惠养中国，

1《陈书》卷 1《高祖本纪上》，第 2 页。
2《陈书》卷 3《世祖本纪》，第 49 页。
3《陈书》卷 3《世祖本纪》，第 51 页。
4《陈书》卷 1《高祖本纪上》，第 19 页。
5《陈书》卷 2《高祖本纪下》，第 33 页。

绥宁外荒”[1]，即位后下令“宽纲省刑，义符含育”[2]，后来又对自己未能很好地“傍慰苍生，以安黔首”[3]自责不已。陈宣帝在位时，主张“治国爱民”“方流惠泽，覃被亿兆”[4]。他认为，帝王应以“万姓为子”[5]，“怀远以德”才是永恒的法则，要求各地官员对前来归附的少数民族“宜加恤养，答其诚心”[6]。南陈统治者颁布的政令以及对少数民族的鲜明态度，对地方各级官员民族关系思想的形成起到了至关重要的作用。

（二）对“北伐”的认识

陈朝不仅在疆域内部有众多少数民族，而且在外部还有北朝与之对峙。陈与北朝，既有和好表现，也有北伐战争。陈朝大臣对“北伐”问题的认识，对与北朝政权“战”与“和”的讨论，对南陈的命运甚至南北关系的走向都有一定影响。

东晋南朝，许多帝王都试图通过“北伐”建立功业，以提高自己的政治威望，陈宣帝也不例外。他在几次诏令中指出，“去戎即华，民之本志”[7]，“蠢彼余黎，毒兹异境”[8]，并于太建五年（573 年）开始谋划“北伐”事宜。“北伐”分前后两个阶段，前期从太建五年（573 年）至太建七年（575 年），取得了“克淮南之地，开拓土宇，静谧封疆”[9]的战果。后期自太建九年（577 年）开始，陈朝将视线转移至彭、汴二地，“北伐”以失败而告终。

1《陈书》卷 4《废帝本纪》，第 69 页。
2《陈书》卷 3《世祖本纪》，第 52 页。
3《陈书》卷 3《世祖本纪》，第 57 页。
4《陈书》卷 5《宣帝本纪》，第 79 页。
5《陈书》卷 5《宣帝本纪》，第 86 页。
6《陈书》卷 5《宣帝本纪》，第 78 页。
7《陈书》卷 5《宣帝本纪》，第 78 页。
8《陈书》卷 5《宣帝本纪》，第 86 页。
9《陈书》卷 5《宣帝本纪》，第 100 页。

先看大臣对第一阶段“北伐”的认识及态度。

太建五年（573 年），陈宣帝谋划征伐北齐。对此，大臣们的认识并不统一，开始只有吴明彻明确表示支持，后来毛喜、徐陵、裴忌等大臣也表示支持。《陈书·吴明彻传》载：“会朝议北伐，公卿互有异同。”[1]《资治通鉴》卷171 载：“帝谋伐齐，公卿各有异同，唯镇前将军吴明彻决策请行。”[2]由此记载来看，起初多数大臣并不支持北伐，唯有吴明彻最为积极、态度最明朗。但陈宣帝联周伐齐的决心已定，谁也改变不了他的意志，大臣们只好随声附和。但在由谁挂帅这一问题上，大臣们的认识也不统一。起初多数大臣推举中劝将军淳于量为元帅，而尚书左仆射徐陵和都官尚书裴忌一致认为，“吴明彻家在淮左，悉彼风俗”[3]，是最合适的元帅人选，双方“争论累日不能决”[4]。最后，陈宣帝任命吴明彻为都督征讨诸军事，裴忌为监军事，统率十万大军攻打北齐，并令毛喜“撰军制，凡十三条，诏颁天下”[5]。陈军很快就到达秦郡，“克其水栅”，“斩获不可胜计，秦郡乃降”。[6]四月，陈军与齐军战于吕梁，面对齐军中身强力壮的西域胡兵，吴明彻认为，“若殪此胡，则彼军夺气”[7]，于是派遣巴山太守萧摩诃出击破敌。十月，陈军进逼寿阳，吴明彻下令“军中益修治攻具，又迮肥水以灌城”。鉴于齐军“坚城未拔，大援在近”，为了鼓舞士气，吴明彻亲自披上铠甲，指挥官兵从四面猛攻。太建七年（575 年），吴明彻出兵彭城，“败齐兵数万于吕梁”，[8]北伐取得阶段性胜利。毛喜所定之计使陈“得淮南地”[9]，因定策有功被封为东昌县侯。徐陵因力荐吴明彻为元帅得到了陈宣帝的赞誉和

1《陈书》卷 9《吴明彻传》，第 162 页。
2《资治通鉴》卷 171，“陈纪五”，“太建五年”条，第 5316 页。
3《资治通鉴》卷 171，“陈纪五”，“太建五年”条，第 5317 页。
4《陈书》卷 26《徐陵传》，第 333 页。
5《陈书》卷 29《毛喜传》，第 389 页。
6《陈书》卷 9《吴明彻传》，第 162 页。
7《资治通鉴》卷 171，“陈纪五”，“太建五年”条，第 5319 页。
8《资治通鉴》卷 172，“陈纪六”，“太建七年”条，第 5347 页。
9《陈书》卷 29《毛喜传》，第 390 页。

提拔。

南陈自建国以来就极力与周围各政权保持和平关系，在陈武帝、陈文帝及众多大臣的努力下，南、北朝维持了难得的安稳局面。那么，陈宣帝为何要坚持北伐，而吴明彻、毛喜、徐陵、裴忌等人为何会支持北伐呢？

第一，这既是帮助陈宣帝巩固皇权的需要，又是维护部分大臣既得利益的需要。陈文帝病死后，年仅 13 岁且“仁弱无人君之器”[1] 的废帝即位，时任司徒、骠骑大将军、录尚书、都督中外诸军事的陈顼掌握陈朝军政大权，由于他并没建立军功和显著政绩，遭到了部分大臣的反对。陈顼以各种名义、采用各种手段，将中书舍人刘师知、殷不佞、尚书仆射到仲举、右卫将军韩子高等或赐死或免职。安南将军华皎在韩子高被杀后“内不自安”[2]，联合北周以及陈朝部分地方势力起兵反叛。光大二年（568 年）十一月，陈顼以太皇太后名义下诏废黜废帝陈伯宗，自立为帝。又下令废黜始兴王陈伯茂，然后派人在路上将其暗杀。陈宣帝虽然已登上帝位，但十分清楚自己的位子来路不正，心里总觉得不踏实。因此，极其需要通过对外战争转移视线，希望通过“拓土开疆”[3] 巩固皇权。正如有的学者所指出的那样，“陈宣帝派吴明彻北伐，实际上是在由陈宣帝篡位称帝所引发君臣相争内乱的统治危机下，意图通过北伐树立威望”[4]。

而在陈宣帝清除和打击政敌过程中，吴明彻、毛喜和徐陵是急先锋，为陈宣帝篡位、排除异己立下了汗马功劳，得到了陈宣帝的提拔。如在尚书仆射到仲举和右卫将军韩子高等人“矫太后令遣高宗（陈宣帝）还东府”、陈宣帝“当时疑惧，无敢措言”[5] 情况下，领军将军吴明彻与毛喜一起帮助陈宣帝筹划

1《陈书》卷 4《废帝本纪》，第 71 页。
2《陈书》卷 20《华皎传》，第 272 页。
3《南史》卷 10《陈本纪下》，第 311 页。
4 薛海波：《吴明彻北伐与南北朝统一新论》，《南京晓庄学院学报》2017 年第 4 期。
5《陈书》卷 29《毛喜传》，第 389 页。

应对之策。在湘州刺史华皎“阴有异志”时，吴明彻与征南大将军淳于量等率兵讨平华皎，被提拔为开府仪同三司，晋爵为公。再如毛喜在陈宣帝一筹莫展时，立即面见陈宣帝，对他说：“陈有天下日浅，海内未夷，兼国祸并钟，万邦危惧。皇太后深惟社稷至计，令王入省，方当共康庶绩，比德伊、周。今日之言，必非太后之意。宗社之重，愿加三思。以喜之愚，须更闻奏，无使奸贼得肆其谋。”毛喜的分析非常透彻，“竟如其策”。陈宣帝一即位，就任命毛喜为给事黄门侍郎兼中书舍人，“典军国机密”。[1] 又如徐陵在陈宣帝“谋黜异志者”[2]时，积极参与密谋和行动。陈宣帝一即位，就封徐陵为建昌县侯，后又任命他为尚书右仆射、尚书左仆射。由此可见，正是在吴明彻、毛喜和徐陵等人的大力支持和帮助下，陈宣帝既清除了政敌，又篡位成功。在此过程中，陈宣帝与他们建立起生死与共的关系。吴明彻等人很清楚，自己与陈宣帝是利益共同体，一荣俱荣、一损俱损，只要陈宣帝的帝位巩固了，自己的利益也就能够得到保障，否则，就会失去一切。所以，他们迫切希望陈宣帝巩固帝位。他们清醒地认识到，在当时情况下，陈宣帝只有通过北伐收复失地，才能迅速提升个人威望，得到朝中大臣的认可与支持，在朝堂之上站稳脚跟。同时，他们积极支持陈宣帝北伐，既是帮助陈宣帝树立权威、巩固帝位的必要手段，又是巩固自己既得利益的有效方式。所以，他们支持北伐既是帮陈宣帝，实际上也是在帮他们自己。

第二，北周志在平齐、与陈“共敦邻好”[3]的态度，使他们坚信北伐能够成功。陈宣帝和吴明彻等人清楚地认识到，北周在与北齐争斗中，需要得到陈朝的支持。自陈文帝即位以来，北周就频频派遣使者出使陈朝，积极谋求与陈朝结好，陈文帝在位六年间，陈与北周往来聘使就达十余次。陈宣帝即位后，陈

1《陈书》卷29《毛喜传》，第389页。
2《陈书》卷26《徐陵传》，第333页。
3《周书》卷35《崔猷传》，第615页。

与周仍然互聘往来，其间北周虽曾与陈交战，但很快就撤军，并派杜皋出使陈朝，“论保境息民之意”[1]。杜皋认为，“今三方鼎立，各图进取，苟有衅隙，实启敌心。本朝与陈，日敦邻睦，輶轩往返，积有岁年。比为疆场之事，遂为仇敌，构怨连兵，略无宁岁，鹬蚌狗兔，势不俱全。若使齐寇乘之，则彼此危矣。孰与心忿悔祸，迁虑改图，陈国息争桑之心，本朝弘灌瓜之义，张旍拭玉，修好如初，共为掎角，以取齐氏。非唯两主之庆，实亦兆庶赖之。”[2]杜皋之言，使陈朝君臣觉得联周伐齐是收复失地、加强皇权的一大机遇，看到了北伐获胜的曙光，更加坚定了联周伐齐的决心和信心。

再看大臣对第二阶段“北伐”的认识及态度。

太建九年（577 年），北齐为北周所灭。已被前期北伐胜利冲昏头脑的陈宣帝听到消息后，“以为河南指麾可定”[3]，“欲争徐、兖”[4]二州。同年十月，陈宣帝诏令吴明彻继续率军北伐。对此，多数大臣明确表示反对出兵。中书通事舍人蔡景历认为，“师老将骄，不宜过穷远略”。陈宣帝“恶其沮众”，对其十分反感，但“犹以朝廷旧臣，不加深罪，出为豫章内史”[5]。随后又借故将其免职，徙居会稽。散骑常侍、五兵尚书毛喜更是坚决反对北伐。陈宣帝在向毛喜征求意见时，毛喜全面阐述了自己的思想认识：“窃以淮左新平，边氓未乂，周氏始吞齐国，难与争锋，岂以弊卒疲兵，复加深入。且弃舟楫之工，践车骑之地，去长就短，非吴人所便。臣愚以为，不若安民保境，寝兵复约，然后广募英奇，顺时而动，斯久长之术也。”[6]毛喜认为，根据当前的形势，陈朝只能寻求稳定，不可挑起争端，“安民保境，寝兵结好”[7]是最好战略，因此他从自

1《周书》卷 39《杜杲传》，第 703 页。
2《周书》卷 39《杜杲传》，第 702 页。
3《资治通鉴》卷 173，“陈纪七”，“太建九年”条，第 5381 页。
4《资治通鉴》卷 173，“陈纪七”，“太建九年”条，第 5380 页。
5《南史》卷 68《蔡景历传》，第 1661 页。
6《南史》卷 29《毛喜传》，第 388 页。
7《资治通鉴》卷 173，“陈纪七”，“太建十年”条，第 5385 页。

身条件、综合国力、作战方式、力量对比等方面详细分析了陈与北周两军将来交战时陈朝所处的不利地位，其中最重要的一点是双方实力对比悬殊。毛喜十分清楚，北周在经济、政治、军事等各个方面，都是当时实力最强的政权，而且北周内部团结，君臣一心，尤其是在吞并北齐后实力更加雄厚，而南陈虽已夺取淮南之地，但综合实力根本无法与北周相比，想与北周争锋无异是以卵击石。据此，毛喜明确提出了反对意见。毛喜的看法有悖于陈宣帝的想法，自然遭到了否决。尽管毛喜很谦虚地说，“臣实才非智者，安敢预兆未然”[1]，事实上他已经预料到吴明彻继续北伐的结果。

太建十年（578 年），吴明彻“围周彭城，环列舟舰于城下，攻之甚急”。北周大将王轨“据淮口，结长围，以铁锁贯车轮数百，沈之清水，以遏陈船归路”[2]。陈军被围困于彭城，进退无路，“明彻决堰，乘水势退军，冀以入淮。至清口，水势渐微，舟舰并碍车轮，不复得过。王轨引兵围而蹙之，众溃”。二月甲子，“北讨众军败绩于吕梁，司空吴明彻及将卒已下，并为周军所获”。[3] 太建十一年（579 年）十月，北周派遣韦孝宽入侵淮南，仅两月时间，江北淮南之地就被占领，“蹙境丧师，金陵虚弱，祯明沦覆”[4]。至此，北伐彻底失败，不仅失去了前期取得的战果，而且还重创了陈朝经济，使陈朝处于危险境地，在对北周的战争中处于任人宰割的地位。唐朝史学家姚思廉和李延寿都曾把北伐失败作为陈朝衰败的根本原因和重要标志。姚思廉指出，“吕梁覆军，大丧师徒矣。江左削弱，抑此之由”。[5] 李延寿认为，“吕梁之败，江左日蹙，抑此之由也”[6]。

1《陈书》卷 29《毛喜传》，第 390 页。
2《资治通鉴》卷 173，“陈纪七”，“太建十年”条，第 5384 页。
3《陈书》卷 5《宣帝本纪》，第 91 页。
4《陈书》卷 9《吴明彻传》，第 165 页。
5《陈书》卷 5《宣帝本纪》，第 100 页。
6《南史》卷 10《陈本纪下》，第 311 页。

陈宣帝对这次失败追悔莫及，他诚恳地对毛喜说："卿之所言，验于今矣"[1]，对毛喜更加信任。陈宣帝还对袁宪说："不用毛喜计，遂令至此，朕之过也。"[2]对于反对北伐而被撤职的蔡景历，陈宣帝也向他深表歉意，在吴明彻失败的当天，就把他召回京城，任命为征南咨议参军。[3]几日后，又把他升迁为员外散骑常侍兼御史中丞，"复本爵封，入守度支尚书"。以前拜官都在午后，蔡景历拜官那天，"适逢舆驾幸玄武观，在位皆侍宴，帝恐景历不预，特令早拜，其见重如此"。[4]

毛喜之所以能够准确地把握时局并对第二阶段的北伐持否定态度，这与他的特殊经历密切相关。

陈武帝平定侯景之乱镇守京口时，当时只是安成王的陈顼作为人质被送往江陵，毛喜受陈武帝所托前去辅佐。承圣三年（554年），江陵陷落，毛喜与陈顼一同被俘至长安，直到陈文帝即位才得以返回。后来他又到过北周，协商柳皇后及陈后主返陈等事宜。这些经历使他对北周、突厥、北齐等政权有了更加充分的了解，对各政权间的形势变局十分敏感，对处理民族关系有着更加切合实际的见解。所以，他从北周一回到陈朝，就向陈文帝"进和好之策"[5]。毛喜认为，陈与北周应尽快息兵止戈，互派使者，保持密切联系。陈文帝对毛喜的建议予以采纳，"乃使侍中周弘正通好于周"[6]。北周权臣宇文护就曾紧握毛喜的手说："能结二国之好者，卿也"[7]，充分肯定了毛喜在推动两国和平交往方面所作的突出贡献。在第一阶段北伐取得淮南之地时，毛喜就向陈宣帝"陈安边之术"[8]，

1《陈书》卷29《毛喜传》，第390页。
2《陈书》卷29《毛喜传》，第390页。
3《资治通鉴》卷173，"陈纪七"，"太建十年"条，第5385页。
4《南史》卷68《蔡景历传》，第1661页。
5《陈书》卷29《毛喜传》，第388页。
6《资治通鉴》卷168，"陈纪二"，"天嘉元年"条，第5204页。
7《陈书》卷29《毛喜传》，第389页。
8《陈书》卷29《毛喜传》，第390页。

陈宣帝采纳了他的建议。根据同期陈宣帝颁布的诏书来看，毛喜所陈安边之术主要有两方面内容：一是以废除苛法和“罪无轻重，悉皆原宥”[1]的方式抚慰民众，使陈朝的仁义声名远扬；二是通过轻徭薄赋和“劝课士女，随近耕种。石鳖等屯，适意修垦”[2]等方式，推动陈朝新得治地的经济发展和社会进步，达到稳固边境的目的。由此可见，主和是毛喜的一贯主张和坚定信念，他希望陈朝能有一个良好的外部环境，始终保持稳定局面。

毛喜具有超乎常人的智慧和谋略，因此能够得到陈朝几代帝王的信任和重用。在民族关系复杂的南北朝时期，毛喜始终把握“顺时而动”[3]的原则，因此能够对陈宣帝“多所匡益，数有谏诤，事并见从，由是十余年间，江东狭小，遂称全盛”[4]。但在第二次北伐这件事上，开疆拓土欲望极度膨胀的陈宣帝没有采纳他的意见，结果陈军几乎全军覆没。这也说明，在中国封建社会，大臣的认识无论多么符合实际多么正确，都无法改变最高统治者的个人意志，所以，只要大臣的思想认识与最高统治者不完全一致，就很难发挥作用，其影响力也十分有限。由此也可以看出，在中国封建社会，正确路线有时很难行得通，错误路线往往会畅通无阻，这是封建社会的一大痼疾，也是我国古代多灾多难的重要原因之一。

（三）南陈大臣民族关系思想的特点及作用

根据以上探讨，我们不难发现南陈大臣的民族关系思想具有如下特点。

一是以“怀柔”为核心。在整个陈朝，各个时期的大臣大都以“怀柔”思想为理政根基，同时结合各地的具体情况予以调整，“怀柔”已经成为陈朝处

1《陈书》卷5《宣帝本纪》，第86页。
2《陈书》卷5《宣帝本纪》，第87页。
3《陈书》卷29《毛喜传》，第388页。
4《陈书》卷29《毛喜传》，第388页。

理民族关系问题的主要思路和措施。如前面提到的陆子隆的“绥集夷夏”思想、孙瑒的“怀服边远”思想、沈恪的“绥怀安缉，被以恩惠”思想等，都体现了怀柔特点。李延寿就曾评价沈恪“行己之方，不践非义之迹，子隆持身之节，无失事人之道，仁矣乎！”[1] 再如吴兴人沈君高在任广州刺史时，当时岭南地区多有动乱，俚与僚互相攻伐，面对这种情况，沈君高对他们“推心抚御”[2]，很快协调好俚、僚关系，稳定了当地局面。南陈大臣的民族关系思想之所以会有基本一致的理政取向，主要与这一时期南方各民族间的高度融合息息相关。

二是实践成效显著。陈朝大臣的民族关系思想不仅符合实际，而且在其指导下的具体实践也取得了比较显著的成效，深得民心。比如荆州刺史陆子隆的“绥集夷夏”思想，取得了“甚得民和”的效果，当地百姓及官员都感念他的政绩，自发“诣都上表，请立碑颂美功绩”[3]。孙瑒在任荆州刺史时，其“怀服边远”思想及措施对吸引边远地区民众的归附起到了巨大作用，“为邻境所惮”[4]，陈后主也多次赋诗述其“勋德之美”[5]。沈恪在治理广州时，“绥怀安缉，被以恩惠，岭表赖之”[6]，取得了稳定岭表地区的显著成效。沈君高在广州期间，对少数民族“推心抚御，甚得民和”[7]。对民族关系非常熟悉的毛喜在永嘉任职期间，“政弘清静，民吏便之”，被称为“在郡有惠政”，离开广州时，“道路追送者数百里”。[8] 由此可见，陈朝大臣民族关系思想及其实践在民众中的巨大影响力。

尽管南陈大臣的民族关系思想缺乏完整的理论体系，对相关问题也没有深

1《南史》卷 67《胡颖等传》史臣曰，第 1654 页。
2《陈书》卷 23《沈君理传》，第 301 页。
3《陈书》卷 22《陆子隆传》，第 294 页。
4《陈书》卷 25《孙瑒传》，第 320 页。
5《南史》卷 67《孙瑒传》，第 1638 页。
6《南史》卷 67《沈恪传》，第 1635 页。
7《陈书》卷 23《沈君理传》，第 301 页。
8《陈书》卷 29《毛喜传》，第 391 页。

入阐述，但在当时特殊环境下，他们思想的作用还是比较突出的，而且对后世产生了深远影响。

一是推动了当时各民族之间的交往交流交融。魏晋南北朝既是中国历史上民族矛盾尖锐、民族冲突频繁的时期，同时又是民族交往交流交融快速发展的时期。陈朝内部蛮、俚众多，南陈大臣以“安抚笼络”为主的思想及举措不仅推动了陈朝内部各民族之间交往交流交融的进程，而且他们对北朝的认识及态度也有利于南北朝民族矛盾的缓和及民族关系的良性发展。陈朝大臣在与北朝对立中并未过多强调北齐、北周的“夷狄”属性，而是更多地从政治及军事方面分析局势，直接使用“齐”“周”国号称呼北朝政权。这些都对消除民族隔阂、促进民族融合具有一定意义。这也说明，陈朝民族交融已到达一定高度。战争与和好是中国古代民族关系的两大主题[1]，在中国古代历史上，无论是战是和都在一定程度上加速着民族交往交融的进程。吴明彻支持北伐并亲自率兵北伐，从某种意义上说，他的举措也对南北两朝民族融合起到了一定的推动作用。

二是加快了南北统一的进程。陈朝灭亡、南北统一是历史大势，原因很多，既与陈朝“税江税市，征取百端”[2]及“百姓流离，僵尸蔽野；货贿公行，帑藏损耗，神怒民怨，众叛亲离”[3]相关，也与当时陈军“甲士不过十万”[4]、军事实力不强有关，更与毛喜等大臣的“和好”思想有关。陈文帝在位时，毛喜就“进和好之策”[5]，被陈文帝所采纳。陈朝得到淮南之地后，毛喜又“陈安边之术，高宗纳之，即日施行”[6]。当陈宣帝准备用兵彭、汴时，毛喜主张应“寝兵结好”[7]，而且认为这是长治久安之术。毛喜的看法很有代表性，在当时已形

1 崔明德：《中国民族关系十讲》，第 35 页。
2《南史》卷 10《陈本纪》，第 306 页。
3《陈书》卷 30《傅縡传》，第 406 页。
4《资治通鉴》卷 176，“陈纪十”，“祯明二年”条，第 5499 页。
5《陈书》卷 29《毛喜传》，第 388 页。
6《陈书》卷 29《毛喜传》，第 390 页。
7《资治通鉴》卷 173，“陈纪七”，“太建十年”条，第 5385 页。

成了比较浓厚的舆论氛围。因此，当隋朝大军南下时，虽有部分拼死抵抗者，但多数都士气低落，随遇而安。如隋清河公杨素攻下荆门后，“遣别将庞晖将兵略地，南至湘州，城中将士，莫有固志”[1]。陈朝被灭后，多数大臣似乎并没有国破家亡的切肤之痛，也没有太大的心理负担。因此，陈朝的尚书令江总、仆射袁宪、骠骑萧摩诃、领军任忠、吏部尚书姚察等都欣然接受隋朝的官职[2]，原湘州刺史陈叔文还主动表白自己“昔在巴州，已先送款”[3]，要求隋文帝对其予以特殊关照。毛喜本人也被征召入隋，与毛喜一起反对北伐的中书通事舍人蔡景历的儿子蔡征，“随例入关”，出任太常丞等职。蔡征之子蔡翼，“入隋，为东宫学士”[4]。陈后主与王公百司自建业到长安后，“陈人讴咏，忘其亡焉”[5]。被尊称为岭南“圣母”的岭南首领冼夫人，在隋柱国韦洸等人“安抚岭外”时，“遣其孙冯魂帅众迎洸”，使韦洸顺利进入广州，“说谕岭南诸州皆定”。[6]所以，从某种意义上说，毛喜等人的“和好”思想，为南北统一营造了舆论氛围，减轻了统一的阻力，加快了隋朝最终统一的进程。

三是为隋唐时期民族关系思想的形成奠定了理论基础。陈朝时期的大臣已经深刻认识到，中国古代历史上狭隘的民族思想是激化民族矛盾的重要因素，传统的“非我族类，其心必异”[7]、“德以柔中国，刑以威四夷”[8]的思想已不再适应当前社会需要，而传统的“招携以礼，怀远以德”[9]思想是处理民族关系的重要准则。因此，陈朝大臣在处理其所辖地区的民族关系、管理少数民族时，大都会以“推心抚御”“怀服边远”“绥集夷夏”“绥怀安缉”等思路，积极开展

1《资治通鉴》卷177，“隋纪一”，“开皇九年”条，第5514页。
2《资治通鉴》卷177，“隋纪一”，“开皇九年”条，第5519页。
3《资治通鉴》卷177，“隋纪一”，“开皇九年”条，第5520页。
4《陈书》卷29《蔡征传》，第393页。
5《南史》卷10《陈本纪》，第309页。
6《资治通鉴》卷177，“隋纪一”，“开皇九年”条，第5515页。
7《左传》成公四年，（清）阮元校刻：《十三经注疏》，第4128页。
8《左传》僖公二十五年，（清）阮元校刻：《十三经注疏》，第3952页。
9《汉书》卷95《西南夷两粤朝鲜传》，第3868页。

工作，有效安抚和笼络少数民族。这种思路和方式甚至成为陈朝官员间流行的一种风尚，对隋唐时期民族关系思想的形成产生了一定影响。如隋初征发汾州胡千余人修筑长城，不料他们在途中纷纷叛逃。汾州刺史韦冲认为，只要“以理绥静，可不劳兵而定”[1]。隋文帝令韦冲“绥怀叛者，月余皆至，并赴长城之役”[2]。隋朝凉州总管杨恭仁“素习边事，深悉羌胡情伪，推心驭下，人吏悦服，自葱岭已东，并入朝贡”[3]。唐太宗在东突厥颉利可汗败亡后，令西北道安抚大使李大亮对“尚散在伊吾”的突厥大度设、拓设、泥熟特勤及七姓种落等积极“绥集”，使其“多所降附”。[4]贞观二十年（646年），江夏王李道宗和代州都督薛万彻在出兵薛延陀时，“与回纥相遇，二将各遣使谕以绥怀之意，其酋帅见使者，皆顿颡欢呼，请入朝。太宗至灵州，其铁勒诸部相继至数千人，仍请列为州县。北荒悉平”[5]。隋唐时期出现的“爱之如一”[6]、“绥柔荒远”[7]等思想观点，与陈朝民族关系思想的某些观点有着较深的渊源关系。

1《隋书》卷47《韦世康传附韦冲传》，第1270页。

2《资治通鉴》卷175，“陈纪七”，“太建十三年”条，第5441页。

3《旧唐书》卷62《杨恭仁传》，第2382页。

4《旧唐书》卷62《李大亮传》，第2388页。

5《旧唐书》卷199下《北狄传·铁勒传》，第5347页。

6《资治通鉴》卷198，“唐纪十四”，“贞观二十一年”条，第6247页。

7《新唐书》卷217下《回鹘传下》，第6133页。

附录一　南北朝民族关系研究述评

南北朝民族关系在中国民族关系史上具有典型意义，学界已在民族融合、鲜卑与汉族的关系、南北朝与周边民族的关系以及南北朝不同时期的民族关系等研究领域，取得了比较丰硕的成果，但也存在一些不足：一是微观研究成果较多，但从宏观角度探讨民族关系发展演变的成果较少；二是对具有指导意义的民族关系思想缺乏足够的重视；三是民族融合的研究范围比较狭窄；四是研究着力不均。对南北朝民族关系的研究还需要专家学者付出更多的心血，不断向纵深方向发展，力求取得更多的精品力作。

魏晋南北朝是中国大动荡、大迁移和大融合的重要时期，在中国民族关系史上占有十分重要的地位。在这一时期，北方匈奴、鲜卑、羯、氐、羌等民族纷纷以各种形式进入中原，建立政权，南方诸蛮、僚、俚等族也向四方迁徙，各族之间相互碰撞、争斗、交流及融汇，中华大地呈现出民族杂糅的局面。公元 5 世纪前期，鲜卑拓跋氏建立的北魏统一黄河流域，结束了五胡十六国以来中国北方长期分裂割据局面，南方则完成了东晋到刘宋政权的转换，由此拉开了南北朝的序幕。南北朝是南朝与北朝的统称，包括由鲜卑族拓跋氏、宇文氏或鲜卑化的汉人所建立的北魏、东魏、西魏、北齐、北周以及主要由汉人建立的宋、齐、梁、陈几个王朝，历时近两百年。南北朝的民族关系极其复杂，各民族交融情况较为突出，鲜卑族的汉化倾向在不断加剧，各民族、各政权之间产生了多种形式的关系。南北朝民族关系在我国民族关系史上具有典型意义，学界历来给予高度关注，进行了比较深入的研究。

中华人民共和国成立之前就有专家学者涉及南北朝民族关系问题，如瞿宣款的《南北朝之不能并合其原因有几试推论之》（《约翰声》1915 年 9 月，第 26 卷第 6 号）、王树椒的《北魏汉兵考》（《文史杂志》1945 年第 5 卷第 5、6 期）、周点水的《北魏孝文帝：一个异族统治者》（《人物月刊》1936 年第 1 卷第 3 期）、李旭的《北魏时代伊兰民族：Iranian 对于中国文化之贡献》（《文化与教育》1934 年第 18 期）、王树椒的《论北魏孝文帝之新政》（《理想与文化》1944 年第 5 期）、《北魏迁都洛阳之经济动机》（《史地社会论文摘要月刊》1936 年第 2 卷第 9 期）和《北朝中鲜卑及诸北系贵族的地位》（《史地社会论文摘要月刊》1937 年第 3 卷第 5 期），等等。限于篇幅，下面仅就新中国成立以来南北朝民族关系研究的相关成果作简要总结和评述。

一、民族融合

魏晋南北朝是继春秋战国之后中国古代第二次民族大融合时期，也是我国古代历史上规模最大的一次民族融合。由此可以说，民族融合是贯穿整个魏晋南北朝时期的一个显著特点和总体发展趋势。南北朝的民族融合是对两晋十六国时期各民族碰撞、交融的继承和发展。对此，专家学者多是从政治经济、文化习俗、社会风尚等角度探讨南北朝时期民族融合的具体表现、发展进程、南北差别及影响作用等问题。

朱绍侯在《“五洲同盟”与“中天八国王”》［《开封师院学报（社会科学版）》1978 年第 2 期］一文中指出：“从历史发展规律来看，民族的融合和国家的统一，是大势所趋，人心所向，人民要求国家统一的意志是不可抗拒的。”北魏时卢水胡人盖吴领导的在陕西地区的起义提出“五洲同盟”的口号，受到了匈奴、氐、羌以及汉族人民的热烈响应，正是说明了这一点。冯君实认为，晋南北朝时期，民族的频繁迁徙为民族融合提供了条件，但有民族间隔阂的存在，民族融合并非是在平等自愿的条件下实现的，其间也有斗争，“各族人民内部的隔阂是阻碍融合的因素，必须通过斗争实践来消除”。民族大融合在北朝末年实现，并表现为“一大批胡族社会发展达到与中原汉族相一致，在经济文化和民族习俗上都消除了差异。经过互相杂居通婚，在血统上也与汉族凝为一体，使汉族共同体有了新的发展壮大”。这种民族融合的实现，“使长期存在的胡汉之间的民族矛盾消失，因之胡汉统治者也就失去利用民族矛盾制度割据这个重要依据，给封建国家的重新统一提供了重要条件，直接影响到隋唐统一的多民族国家的发展”（《晋南北朝时期北方的民族融合》，《吉林师大学报》1978年第1期）。岑家梧在《两晋南北朝时期北方民族关系史上的一些问题》（《中央民族学院学报》1980年第2期）中论述了魏晋南北朝时期的北方少数民族内迁和各民族反抗压迫的斗争，旨在说明，“我国北方各少数民族在不断内迁中，和汉族长期接触，交错杂居，共同斗争，互相学习，在先进的汉族影响下，社会经济得到较快发展，加速了封建化。民族间的共同性逐渐增长，差别性逐渐减少乃至消失，最后大多数融合于汉族，即汉化了。汉族也吸收到少数民族的优秀东西，丰富其内容”。缪钺在1984年的魏晋南北朝史学术讨论会的发言稿，最后整理成《略谈五胡十六国与北朝时期的民族关系》（《中国魏晋南北朝史学会成立大会暨首届学术讨论会论文集》1984年）一文，他也认为，民族区别上，文化重于血统，民族间的歧视是暂时的。各个民族间“更主要的却是互相学习，互相渗透，最后，终于在汉族的高度文化与经济的影响之下融合起来，同时也保存了各民族的特长与生命力”。白翠琴在《论魏晋南北朝时期民族的迁徙与融合》（《中央民族学院学报》1987年第1期）中从北方民族大迁徙的阶段、各族斗争情况、统治者采取的措施、北方民族一体化趋向以及汉族成分变化等方面重点讨论了南北朝时期北方民族的迁徙和融合，并从汉族移居江南的过程、南方民族的迁徙与融合以及南方统治者采取的措施三个方面分析了南方民族融合问题。周伟洲的《论魏晋南北朝时期北方的民族融合》（《社会科学战线》1990年第3期）一文分四个部分阐述这一时期的民族融合，分别为：匈奴及其属部与汉、鲜卑等族的融合，鲜卑族的汉化，内徙氐、羌的进一步汉化，内徙高车、柔然、吐谷浑等族的民族融合。文章并对这一时期北方民族融合总结了五条规律：一是民族融合的前提和基础是向内地的迁徙和在内地间的迁徙，形成民族间的杂居错处；二是因内迁民族多，迁徙频繁及杂处关系，造成民族间关系复杂；三是民族融合既有统治者强迫的同化，更多的则是各族自然的融合；四是内迁民族相继建立政权及其灭亡也是促使融合的重要因素；五是民族融合的主流仍是汉化。周士龙在《论北魏前期对各族降附者的政策》（《民族研究》1989年第1期）中对北魏前期降附北魏政权的不同民族政策作了分析，认为北魏统治者对游牧民族的俘虏实行奴隶政策；把汉族和部分其他民族的俘虏称作"新民"迁到政治、军事中心居住；对自动归附者实行"抚之在德"的政策等。孔毅的短文《应当重视对北朝后期民族融合的研究》（《文史哲》1993年第3期）强调了北朝后期特别是六镇起义后的民族融合问题，他认为，起义虽然中断了汉化改革的进程，民族融合受挫，"但从长远处看，这个挫折恰恰成为北朝后期民族融合的新起点，它使后期的民族融合更具不可抗拒的必然性，显得更加有深度和广度，因而在此背景之下，东魏北齐和西魏北周均从盲目复兴鲜卑落后文化的狂潮中冷静下来，逐渐反思和最终转向，将孝文帝以来的汉化改革引向深化。这个深化的过程，就是北朝后期民族融合的完成过程"。盘伟岸在《从南北朝末期南北互置傀儡谈民族融合》（《贵州民族研究》1986年第2期）中指出，南北朝末期，南北政权都有向对方置傀儡的做法，这一历史表象的背后是南北政权之间民族对抗情绪的基本消失，是南北社会各阶层异族观念的基本消失，是南北之间文化联系和经济联系的日益加强，是双方感情上异族印痕的基本熨平，是南北民族关系有巨大改善的结果。王万盈在《论拓跋鲜卑民族的融合》[《西北师大学报（社会科学版）》2001年第6期]一文中指出，文化上的转变是完成民族融合的重要一步，这种转变促使了拓跋鲜卑民族成员社会心理与社会行为的变化。而民族意识的转变是考察民族融合的关键。当入主中原的拓跋鲜卑民族形成了与汉族相同的民族意识之后，就意味着二者之间的融合已经完成。罗君的《魏晋南北朝时期民族融合的阶段性和地区特点》（《新疆教育学院学报》2003 年第 4 期）一文对这一时期民族融合的阶段和地区特点进行了分析，认为北朝时期的民族融合是通过自觉的改革手段完成的，北方少数民族是通过建立政权完成与汉族的融合，而南方少数民族则是在开发江南的过程中实现了民族融合。贾小军、刘永刚在《魏晋南北朝时期北方民族融合诸层次述论》（《河西学院学报》2006 年第 6 期）一文中将这一时期的民族融合分物质性、社会性以及精神性三个层次，认为这三个层次的融合由低级向高级发展，并与各民族发展水平相适应，但又不完全一致。方高峰的《魏晋南北朝时期南、北民族融合之差异》[《西北师大学报（社会科学版）》2010 年第 5 期] 主要讨论了南、北方民族融合存在的差异：一是民族融合的母体汉族的地位不同，北方汉族整体上处在被统治地位，而南朝民族融合过程中，汉族处于绝对的主动；二是少数民族与汉族矛盾程度不同，北方由于民族差异太大，少数民族与汉族矛盾相对较为激烈，南方民族冲突相对缓和，彼此接触较少，从而不利于南方民族融合的快速发展；三是民族融合途径不同，由于北方少数民族保留了原有的社会结构，打破聚族而居是北方实现民族融合的必经之路，南方民族到南朝时尚没有形成稳固的共同体，部落结构不完整，在汉族文明的强力推进下，少数民族多被纳入州郡体制，实现其与汉族社会的内在结合，从而完成民族融合。高诗敏的《从民族融合看魏晋南北朝的作用》（《许昌学院学报》1987 年第 3 期）一文不仅指出南北朝时期民族融合之多、规模之大是空前的，而且从四个方面论述了此次民族融合的积极作用：一是促使进入中原的少数民族从游牧生产变为农业生产；二是使边疆地区得到开发；三是使少数民族接受汉文化，加速其汉化；四是为汉族补充了新鲜血液。白翠琴在《论魏晋南北朝民族融合对汉族发展的影响》（《民族研究》

1990 年第 3 期）一文中认为，民族融合不仅为汉族注入了大量新鲜血液，“一些原来较低于汉族社会发展水平的少数民族纳入汉族共同体，实际上也加速了自身社会的发展”。卢贵子在《魏晋南北朝时期民族融合问题之管见》（《黑龙江民族丛刊》1994 年第 2 期）中指出，魏晋南北朝时期的民族大融合，为以后的民族融合以及整个中华民族历史的前进开辟了一条宽广的道路，揭示了在中华民族历史发展过程中“汉族离不开少数民族，少数民族也离不开汉族”的真理。张晓松的《论两晋南北朝时期民族大融合与少数民族政治行政制度改革》（《云南行政学院学报》2006 年第 5 期）一文认为，民族大融合促进了少数民族行政管理制度的发展，实现了政治统治和行政管理的封建化，使少数民族传统政治行政管理制度中的某些积极要素融入到新的政治行政管理体制当中，成为中华民族传统政治行政管理制度的重要组成部分。李凭认为，北魏在利用与革新传统制度方面的实践比十六国时期的其他少数民族政权更为曲折，也更加成功。由于拓跋部能够驾驭各族、各类的社会，将民族共处推进到民族融合，而“民族融合促进了政治、经济与文化制度的革新，而制度革新又推动民族融合的深化”（《民族融合与制度革新——十六国北魏的历史轨迹》，《学习与探索》2009 年第 5 期）。

有些学者以某一局部地区为研究对象，探讨其民族融合。于德源的《魏晋北朝时期幽州人口的流动》（《北京社会科学》1987 年第 4 期）以幽州为考察点，重点考察魏晋北朝时期的幽州人口变动。文章指出，十六国、北朝时期，幽州地区频繁易主，鲜卑、胡羯、氐族政权均曾先后占据幽州蓟城。北魏末年又爆发六镇起义，幽州人口出现南徙现象。魏晋北朝时期幽州人口的这种迁入和迁出、流亡和强徙造成人口变动。在魏晋北朝的民族融合中，幽州在北方民族融合中起到重要的媒介作用。陈有今的《南北朝时期的山东社会经济与民族大融合》（《东岳论丛》1987 年第 6 期）论述了南北朝时期山东地区的民族融合。他认为，南北朝时期，山东不但有大量人口流亡到外地，与其他民族融合，也有大量少数民族迁徙到山东，最后汉化并融合到山东的汉族中。牛润珍在《魏晋北朝幽冀诸州的移民与民族融合》(《河北学刊》1988 年第 4 期）一文中认为，魏晋时期，幽冀诸州的移民主要有流民和徙民两种形式，而居民相互迁徙于幽冀诸州，促进了各族之间的交往，进而增进了相互了解，促进了民族间的融合。作者还认为，幽冀诸州民族融合的态势，基本上是由北向南，呈定向涡流状，融合的主流是汉化，但也有汉人的鲜卑化。王锋的《魏晋南北朝时期长江中下游地区民族大融合初探》［《广西民族学院学报（哲学社会科学版)》1988 年第 1 期］通过分析长江中下游的山越、诸蛮族与汉族的融合，指出长江中下游地区的民族融合与黄河中下游地区的民族融合相比较，具有三个不同特点：一是由于政权南移，大量汉人南移荆州而来的是武力的，压迫式的，对于少数民族来说，乃被动的民族融合；二是相较于北方地区由浅及深的民族融合，长江中下游地区的民族融合出现了马鞍形的变化，分别出现了民族融合的两个高潮：一为孙权大举用兵山越，二为南北朝时各封建政权大举用兵。三是具有很大不平衡性与不彻底性。此外，文章还指出了这一时期长江中下游地区民族融合在中华民族发展史上的意义。第一，加速了长江中下游的封建化进程，使之在隋唐最终完成；第二，汉族与蛮族一道，为长江中下游地区经济的发展作出巨大贡献；第三，随着这一地区民族融合的终结，不但为汉族注入了新鲜血液，同时也促进了黄河流域、长江流域融为一体，由此而至珠江流域、辽河流域，西南地区的进一步发展，为统一多民族国家形成，提供了历史前提。陈育宁、景永时在《魏晋南北朝时期的河套民族关系》(《固原师专学报》1989 年第 4 期）中认为，北方游牧民族南迁的潮流中，河套地区由于其特殊的地理位置，实际上成为一条民族融合的通道，匈奴、鲜卑、乌桓、羌族和敕勒等民族相继迁入，改变了此处的民族关系和民族成分，促成了各民族的融合。董旭在《十六国北朝时期河北境内的民族融合》［《河北师范大学学报（社会科学版)》1991 年第 2 期］中以河北为研究对象，论述十六国北朝的民族融合。作者认为，少数民族统治者大量移民，使各族人民在河北境内错落杂居，有利于民族融合；少数民族统治者推行一系列汉化政策，促进民族融合；各族人民在同一军队或共同起义，加速民族融合。杨清平的《试论三国两晋南北朝时期岭南少数民族与汉族的文化交流与民族融合》（《贵族民族研究》1997 年第 3 期）一文以岭南地区的民族融合为考察对象，重点阐述了这一时期岭南少数民族与汉民族文化交流与民族融合的原因以及具体表现等问题。闵睿在《魏晋南北朝时期山西的民族融合》（《沧桑》2010 年第 8 期）中从融合的原因、汉化改革以及各族通婚等方面分析了山西地区的民族融合。降大任在《魏晋北朝并州（晋阳）地区的各民族大融合》（《文史月刊》2015 年第 5 期、第 6 期）一文中通过分析并州（晋阳为中心）地区匈奴等族生存、建立政权、参与战事、往来迁徙、错落杂居等活动，认为并州地区是魏晋北朝民族大融合的中心区域，是中华民族形成和发展的多民族熔炉。刘治力的《魏晋南北朝时期陇东的民族》（《西夏研究》2015 年第 3 期）一文以生活在陇东地区的各民族为研究对象，从文化认同的角度探讨了陇东的区域民族融合。尚烨的《论北魏时期阴山地区的民族融合》（《湖南科技学院学报》2016 年第 1 期）主要探讨了北魏时期阴山地区的民族融合，作者认为，阴山地区游牧与农业互补的经济奠定了民族融合的坚实基础，多民族交错杂居提供了民族融合的地理之便，不同民族之间的相互通婚构成了民族融合最温情的纽带。此外，辛迪的《关于库傉官氏的族属——魏晋南北朝时期北方少数民族融合的一个实例》［《内蒙古师大学报（哲学社会科学版）》2001 年第 4 期］、张学锋的《墓志所见北朝的民族融合——以司马金龙家族墓志为线索》（《许昌学院学报》2014 年第 3 期）、黄会奇的《从石刻文献看北朝陇东地区的民族分布及融合》（《陇东学院学报》2015 年第 6 期）、韩海涛的《从娄睿墓看太原在北齐时期的民族融合》［《太原师范学院学报（社会科学版）》2017 年第 5 期］等文章从墓志铭、石刻及文献入手，不仅探讨了某一家族在民族融合中的表现，也对各时期民族融合的社会背景、发展进程等问题作了阐述。

也有一些学者从文化角度探讨民族融合问题，分析儒学在民族融合中所扮演的重要角色。田兆元在《论北朝时期民族融合过程中的神话认同》[《上海大学学报（社会科学版）》2000 年第 3 期] 一文中认为，文化认同是造成民族融合的重要因素，而神话充当了其中极为重要的角色。北朝时期的民族文化认同是以传统华夏文化为中心的内向认同，是中国神话的一次内聚，选用共同的帝王神话模式与母题，采用共同的祀典，皈依同一祖先，是北方各族人民与政权融入民族文化统一体的标志。朱大渭认为，儒家的“用夷变夏”和“协和万邦”，是指导我国民族融合的进步思想。十六国及北朝各族统治者自觉地实践儒家的民族理论，表现出了在当时民族融合复杂形势下的众多趋同性（《儒家民族观与十六国北朝民族的融合及其历史影响》，《中国史研究》2004 年第 2 期）。滕云玲认为，在魏晋南北朝时期民族融合的过程中，儒学承担了重要的角色，起了非常重要的作用。在民族融合过程中以及民族融合之后，儒学主要以两种方式存在：一是制度文化中的儒学，即以儒学治国安邦；二是生活中的儒学，即以儒学修身（《十六国北朝民族融合过程中的儒学》，《黑龙江史志》2013 年第 15 期）。吴辉在《北朝时期佛教众生平等观对民族融合的作用》（《榆林学院学报》2014 年第 1 期）中指出，北朝时期的佛教传播与民族融合产生了交集，由于北方各民族基本上都接受和或多或少地信仰佛教，所以佛教的众生平等思想也就有可能成为各民族在文化上相互理解和借鉴的桥梁，在共同的宗教团体和宗教生活下逐渐形成了共同的国家意识，促进了当时的民族融合。而高照明的《从国史之狱看北魏时期民族融合中的文化冲突》[《扬州大学学报（人文社会科学版）》2001 年第 3 期] 一文，通过对国史之狱事件的分析，认为鲜卑拓跋部文化在与汉族儒家文化相遇接触后，两种不同性质的民族文化不可调和地发生了矛盾冲突，这种矛盾冲突成为中国历史上汉民族文化大融合过程中的另一方面。

还有一些学者探讨了民族融合对当时的文学创作、语言变迁及美学思想等方面的影响。闵和顺的《从北魏内迁敕勒民族的命运看〈敕勒歌〉》(《求索》1988年第4期)以《敕勒歌》为出发点，探讨了敕勒民族被迁徙到山西北部及其民族命运问题。李清霖从民族融合的角度，对十六国北朝时期的乐府诗以及此时的文人创作群体、文人创作心理的变化进行了分析，对十六国北朝时期的乐府诗作了重新审视与定位(《民族融合与十六国及北朝乐府诗》,《三门峡职业技术学院学报》2009年第1期)。李炳海的《北朝民族融合与纪实型边塞诗》(《民族文学研究》1996年第1期)探讨了民族融合与北朝时期纪实型边塞诗形成、发展的关系及对唐代边塞诗的影响。赵沛霖在《不同民族文化融合背景下的北朝爱情诗》(《中州学刊》2009年第3期)中主要对产生于北方少数民族文化与汉民族文化相融合历史背景下的北朝爱情诗的艺术特色进行了分析。他认为，由于人性普遍欲求、张扬人性的肯定以及封建礼教、束缚的相应弱化，诗人的感情得以任意宣泄，由此北朝爱情诗形成了自由浪漫的情怀以及大胆、真率和热烈的风格特征。赵瑞阳、郭艳华的《民族融合对北朝乐府诗创作的影响》(《鄂州大学学报》2014年第10期)一文也以民族融合为切入点，分析了北朝乐府诗创作变化历程，作者认为，北朝的乐府诗在民族融合的浪潮中获得了新的发展，北朝文人的创作心理、创作技巧都发生潜在变化，使得质朴无华、刚健豪放的北朝乐府开始出现含蓄婉转的新气象。徐爽的《魏晋南北朝民族融合与乐府民歌雅化创作》[《中央民族大学学报(哲学社会科学版)》2016年第5期]一文认为，在民族融合的背景下，北方的民歌传播到南方，经南方文人之手改造、雅化之后，或许失去最初的生命力，但也融入新的技巧；南方民歌题材自觉吸收了北方刚健豪迈的风格，也得以扩展和丰富。以上文章主要是对民族融合形势下南北朝诗歌的研究，而王素敏的《南北朝时期民族融合引起的语音变迁——以晋代吴方言中的鱼部字为例》(《贵州民族研究》2016年第8期)则通过探讨晋代吴方言中的鱼部字的变化，意在说明南北朝时期民族融合与语言变迁的关系。李炳海的《民族融合与北朝风俗》(《民俗研究》1989 年第 3 期）和庄丽霞、周海燕的《从北朝的婚礼习俗看民族融合》[《河南科技大学学报（社会科学版）》2006 年第 2 期］从社会风俗层面阐述了民族融合与北朝习俗的关系。柏俊才的《民族融合与北魏女性地位及文化修养》[《中北大学学报（社会科学版）》2018 年第 1 期］及《民族融合与北魏女性作家的文学成就》（《北方论丛》2019 年第 1 期）两篇文章重点探讨了北魏政权中后宫嫔妃、拓跋鲜卑族、自南如北三类女性的文学成就及与民族融合的关系。此外，霍然的《论北朝西部民族大融合与中唐美学思想的深入》（《西域研究》2008 年第 1 期）、《论北朝西部民族大融合与晚唐美学思想的回潮》（《西域研究》2008 年第 4 期）和《论北朝民族大融合对唐代诗歌的影响》（《西域研究》2003 年第 2 期）等一系列文章，比较系统地论述了北朝民族融合对唐代诗歌和美学思想的深刻影响。

二、鲜卑与汉族关系

鲜卑与汉族关系既是南北朝时期民族关系的重要内容之一，又是学界非常重视的课题。迄今为止，学界主要对鲜卑与汉族的交流融合、鲜卑族的汉化等问题做了比较深入的研究，取得了颇为丰硕的成果。

（一）鲜卑与汉族的交流融合

在鲜卑与汉族的交流融合上，首先遇到的问题就是如何对待汉族的上层阶级，即汉族的统治者或世家大族，以及如何与汉族进行合作的问题。许多专家学者针对这些问题展开论述。赵俪生的《北魏史述论》（《山东大学学报》1955 年第 2 期）主要讨论北魏鲜卑贵族统治者如何在统治汉族区域时与此处汉族的世家大族的合作问题，并详细论述了鲜卑统治者与世家大族最初为统治需要被迫合作，合作中的矛盾和冲突，以及最后实现了融合一体的过程。刘琳在《北朝士族的兴衰》(《中国魏晋南北朝史学会成立大会暨首届学术讨论会论文集》1984 年）中将汉族士人在各政权中的地位变迁，分成上升—全盛—衰落三个阶段。文章认为，第一阶段是从北魏开国到孝文帝太和十九年迁洛以前；第二阶段是从孝文帝太和十九年至孝明帝时；第三阶段是从北魏末期至北齐北周，并对汉族士人在各个政权中的地位、贡献、作用及兴衰发展等问题作了探讨。彭体用在《从鲜、汉统治阶级的逐步合流看北魏统治的强固》[《中南民族学院学报（哲学社会科学版)》1985 第 1 期] 一文中认为，在 4 世纪末到 5 世纪末的一百多年里，北魏鲜、汉统治阶级逐步合流的过程，实际上是汉族门阀士族逐步臣属于北魏皇权的过程，而这个过程的前提就是民族融合后民族间的矛盾让位于阶级矛盾。罗嗣忠认为，北魏统一北方战争的胜利，是和北方士族合作的结果，特别是士人的谋略起到了关键作用 [《汉族士人与北魏统一北方》,《青海师范大学学报（哲学社会科学版)》1987 年第 1 期]。梁满仓认为，孝文帝太和以后，拓跋统治者对汉族统治阶级曾实行的利用和打击政策变为对他们的联合和依靠，这种变化产生的原因既有北魏面临的政治任务的变化，亦有北魏在经济结构和民族心理上的变化。此种政策变化具有重要意义，它缓和了统治者间的矛盾，奠定了北强南弱的格局，促进了民族的融合（《论北魏对汉族统治阶级政策的转变》,《许昌学院学报》1989 年第 1 期)。欧阳小桃在《汉族士大夫与北魏政权》(《江西社会科学》1991 年第 2 期）一文中认为，汉族士大夫在三个方面对北魏政权作出了贡献：一是在北魏政权创建中，帮助拓跋统治者建立各种朝仪、礼乐、典章制度；二是在北魏政权建设中，不断地给拓跋统治者及其子弟传授儒家经典，为北魏统治者的政权封建化建设提供理论依据；三是汉族士大夫帮助拓跋统治者进一步完善北魏政权，使北魏社会完成了封建化的过程，发展到与中原先进封建社会的相同阶段。此外，黄寿成在《汉士族与东魏北齐政权》(《青岛大学师范学院学报》2011 年第 1 期）一文中指出，山东士族凭借其拥有的政治、经济实力进入中枢决策机构，参与国家重大决策以及典章制度的制定，为东魏北齐进一步封建化作了应有的贡献。范兆飞的《论北魏太原士族群的集体复兴》（《社会科学战线》2012 年第 1 期）一文从北魏时期太原士族的通婚时间入手，勾勒出了鲜卑族统治下太原士族集体复兴的历史过程以及竞争合作的复杂情景，从而探讨汉人家族在鲜卑族统治下的生存实态。王慧涓的《北魏政权中太原士人的参政情况分析》（《长治学院学报》2013 年第 5 期）主要探讨了北魏政权中太原士人参政方式、担任的主要职务以及地位等问题。

清河崔氏与北魏政治的联系较为紧密，是北魏统治者与汉族上层关系的一个突出典型，有多篇文章论及北魏统治者与崔氏的关系。陈汉平、陈汉玉的《崔浩之诛与民族矛盾何干》（《民族研究》1982 年第 5 期）一文对以往史书中把崔浩被诛归因于民族矛盾的结论提出质疑，认为此事不带民族矛盾色彩。该文认为，是崔浩的个性使他不善处理人事关系，树敌太多，终致被杀。莫久愚的《北魏前期政治中的民族问题和崔浩之诛——与陈汉玉、陈汉平二同志商榷》（《中国魏晋南北朝史学会成立大会暨首届学术讨论会论文集》1984 年）一文针对陈汉平、陈汉玉的文章提出不同看法，仍认为此事件和民族间矛盾有关。该文指出，“北魏前期政治中的民族问题是明显存在的，拓跋、汉统治阶级之间由于种种原因，一直存在着或隐或现的矛盾”；“崔浩的基本政治思想就是要按照汉族士族的愿望来改造北魏政权，恢复魏晋以来的门阀政治，这是崔浩触怒拓跋贵族的一个重要问题，也是导致他被诛杀的一个主要背景”。而崔浩被诛事件，是北魏前期统治者调解政权内部拓跋、汉之间矛盾关系的一个特殊手段，这一事件震慑了汉族士族，也缓和了拓跋贵族对汉士族的不满情绪。夏毅辉在《清河崔氏与北魏的政治》［《湖南科技大学学报（社会科学版）》1991 年第 4 期］一文中认为，清河崔氏作为东汉以来的北方第一流高门，在北魏政权中出仕 90 余人，崔弘为北魏建国励精图治，崔浩为北魏制定了先北后南的统一策略，致力于改造北魏政权，推动其汉化，并为此付出了血的代价。而崔浩的被杀，夏毅辉认为是崔浩在推动北魏汉化中与反对势力产生矛盾所致。何兹全的《崔浩之死》(《中国魏晋南北朝史学会第三届学术讨论会论文集》1992 年）一文认为，崔浩被杀源于其与拓跋贵族的矛盾，“崔浩被杀的导火线在直笔修史，而致死的主要原因则在他和拓跋贵族的矛盾。陈寅恪先生‘杀浩者必为鲜卑部落酋长，可以无疑’之论断，是合乎史实的，我看是不易之论”。张德寿的《拓拔鲜卑统治者的心态与崔浩国史之狱》[《云南师范大学学报（哲学社会科学版)》2002 年第 2 期] 一文则认为，崔浩事件发生的根源在于胡汉民族间的文化、心理隔阂，以及文化落后的军事征服者拓跋鲜卑在执掌国政时面对经济文化比其高的汉族、汉族士人，特别是士族高门而产生的并深埋于心的卑怯心理。崔浩国史的过失引发了这种卑怯心理的恶性变态，从而导致拓跋统治者疯狂地屠戮崔浩等士门高族。

王友敏在《南北朝交聘礼仪考》[《杭州教育学院学报（社会科学版)》1995 年第 3 期] 一文中具体考察了南北朝各政权间外交活动的礼仪，展示了古代中国人卓越的外交才能，从一个侧面揭示了这一时期国家由分裂走向统一的历史趋势。张达志在《北魏道武帝入主中原与胡汉融合的历程》(《东南文化》2008 年第 4 期）一文中通过考察北魏开创者道武帝在国家制度建设以及任用汉族士人方面的作为，分析了五胡十六国时期北方异族政权初入汉地之际胡汉融合的过程。钱国旗发表了一系列文章，对南迁洛阳的拓跋鲜卑与汉族的融合问题进行了系统的分析和研究。他认为，民族迁徙、经济转型、语言转换、意识形态的趋同、统治集团内部的民族合流等相关要素，为鲜汉民族融合的历史进程建立了一个有机的结构体系。南迁拓跋鲜卑与汉族以汉化为基本特征的融合模式代表了民族融合的一种良性发展方向（《民族融合的良性发展模式——论南迁拓跋鲜卑与汉族的融合》，《民族研究》1998 年第 4 期）；拓跋鲜卑的南迁为鲜汉民族的融合准备了必不可少的地域条件，对鲜汉民族融合的历史全局具有不可低估的引导作用（《拓跋鲜卑的南迁及其对鲜汉民族融合的影响》，《江苏社会科学》1995年第2期）；北魏统治集团民族界限的淡化对鲜汉民族的融合起着方向性的引导作用，这种自上而下的影响在一定程度上决定了民族融合的历史方向并加快了民族融合的客观进程（《北魏统治集团民族界限的淡化及其对鲜汉民族融合的影响》，《青岛师专学报》1994年第1期）。高凯的《从性比例失调看北魏时期拓跋鲜卑与汉族的民族融合》（《史学理论研究》2000年第2期）一文，突破传统的研究视角，从人口学角度中的性比例失调问题入手，探讨了北魏的民族融合。林明武、杨晓红、童建国在《民族大融合的炭火：先进制度与文化书籍——论北朝魏鲜卑族与汉族的融合》（《中国电力教育》2009年第S2期）中则从先进经济、政治制度和典藏书籍方面对北魏拓跋鲜卑与汉族的融合进行了分析与阐述。任怀晟的《北魏前期鲜汉互动的原因及对服装的影响》（《艺术百家》2006年第1期）一文通过查证和整理大量史实资料，指出北魏前期已经存在鲜汉互动的现象，且在礼制中体现出来。作者分析了北魏统治阶层鲜汉互动的原因和影响，认为在北魏前期汉族下层民众与北魏统治阶层的鲜汉成员受到胡汉互动的影响，在服饰上接受了一些异族服饰元素；只有鲜卑民众的服装基本没有受到鲜汉互动的影响。竺小恩也是从北魏服饰变革的角度，对统治者为巩固政权而采取的服饰改革的举措和胡汉民众间文化交流两个层面进行了考察，展示了胡汉两种文化由冲突走向融合的轨迹（《从北魏服饰改革看胡汉文化关系》，《河西学院学报》2006年第4期）。

（二）鲜卑族的汉化

鲜卑族进入中原、建立政权进而巩固统治，并逐步走上汉化的道路，这一历程并非一帆风顺，而是充满了曲折和艰辛。

唐长孺在《拓跋族的汉化过程》（《历史教学》1956年第1期）中具体分析了拓跋鲜卑的汉化过程，并从政治、经济与文化诸方面进行讨论。该文指出，经过推行均田制、三长制和迁都等汉化措施，“拓跋内迁集团，特别是贵族和汉族的差别很快地消失，几代以后仅仅在追溯祖先的谱系时知道其出于拓跋鲜卑而已”。但唐长孺并不认为这是鲜卑汉化的完成，他接着论述了北魏末期边镇的鲜卑化，以及六镇起义后内迁鲜卑和鲜卑化人的汉化问题，并把这次汉化称为鲜卑的第二次汉化。何德章的《鲜卑代国的成长与拓跋鲜卑初期汉化》[《武汉大学学报（人文科学版）》2001 年第 1 期] 论析了鲜卑代国的建立、成长以及改变其旧的部落形态向中原传统的专制政权体制转变的曲折过程，并指出鲜卑代国时期的历史进步是拓跋鲜卑接受汉文化影响的结果，为后来北魏的历史进程定下了发展的基调。张德寿也是从政权体制的角度入手，通过论述北魏早期的朝廷体制几反几复的变动历程，反映了北魏在早期走向汉化道路上所经历的曲折与反复（《北魏早期朝廷体制的变动与汉化的曲折推进》，《学术探索》2002 年第 4 期）。曹道衡也对北魏早期拓跋鲜卑的汉化做了研究，他以北魏最高统治者为研究对象，阐述了太武帝推行汉化的必要性和艰难历程。作者认为，太武帝实际上是北魏汉化的开创者，但在当时，汉化还刚刚起步，充满了矛盾，且历经曲折。这说明即使太武帝这样的君主，其施政也不能完全凭个人意志，总要受到种种力量的制约（《魏太武帝和鲜卑拓跋氏的汉化》，《齐鲁学刊》2002 年第 1 期）。李春玲在《简论鲜卑汉化与北朝兴衰》（《理论界》2008 年第 7 期）一文中就鲜卑族汉化与北朝兴衰的历程进行了分析和论述，认为鲜卑兴衰与北朝兴衰同步，走着鲜卑汉化、统一北方以及北方统一、鲜卑消失的历史道路。潘忠伟的《北魏前期汉化的渊源——对陈寅恪旧说的补正》[《西南民族大学学报（人文社会科学版）》2012 年第 1 期] 主要对陈寅恪先生《隋唐制度渊源略论稿》一书中北魏孝文帝之前的汉化举措主要受河西学者影响这一观点作了补正。他认为，“五胡乱华”时期，由冀州、并州、豫州、青州等地前往辽东一代的世家大族及其学者，原本接受慕容鲜卑的庇护，北魏建国之后这批士族又为拓跋氏所留意和重用，参与礼乐、典章制度之建设，推动了北魏汉化与儒学复兴。北魏前期的各项汉化举措，乃是继承慕容氏政权固有国策及其人才的结果。束莉的［《区域文化交流与北魏汉化新境界——以文明太后的文化功绩为中心》《安徽大学学报（哲学社会科学版）》2014 年第 3 期］一文通过分析文明太后的家世、经历及文化取向，指出冯太后的掌权，最终实现了最高统治者文化身份的置换，改变了统治阶层中主张汉化与反汉化力量的对比，促进了北魏汉化的新境界。胡克森的《北魏的正统与汉化》（《史林》2015 年第 5 期）一文将北魏正统观的转变与汉化进程的两个阶段相对应，认为中原地域正统观向汉民族正统观的转化是拓跋鲜卑政权国策指导思想上的重大转变，表明拓跋皇朝汉化改革的全面深化。郭硕的《北魏对刘宋的和亲与皇室婚制的汉化》［《烟台大学学报（哲学社会科学版）》2015 年第 6 期］从北魏婚制转变的角度阐释汉化问题。文章分析了北魏与刘宋之间关于和亲的三次商议，指出北魏早期积极向刘宋要求和亲，是以鲜卑传统的胡族婚制来处理南北关系。瓜步之战后，北魏对和亲的态度变得不再积极，这与北魏王朝婚姻观念的汉化密切相关。

一些学者主要从文化层面研究鲜卑的汉化问题。陈朝晖发表了系列关于北朝儒学发展的文章，探讨北朝的汉化问题，在《论北朝儒学及其地位》（《齐鲁学刊》1989 年第 5 期）中认为，北朝的统治者来自文化相对落后的民族，就更要以传统的儒家思想作为其统治思想，以笼络中原士族，完成其文化过渡，巩固自己的统治；在《试论北朝儒佛道的初步融合》（《东岳论丛》1990 年第 6 期）中认为，在北朝儒释道三者相互融合、渗透，都不同程度地得到提高，丰富了中华民族的文化；在《北朝儒学教育及其影响》（《齐鲁学刊》1991 年第 6 期）中认为，北朝采取崇儒政策，开办学校，推行儒家教化，以尊儒兴学为急务，北朝的儒学教育也因之得以蓬勃发展；在《北魏的儒学与士人》（《文史哲》1992 年第 4 期）一文中认为，“北魏士人的活动和儒学的发展，大大加速了鲜卑民族的汉化和社会封建化的进程，从而促进了华夏民族的融合和统一民族的形成”。孔毅在《北朝的经学与儒者》［《西南师范大学学报（人文社会科学版）》

1990 年第 3 期］中指出，北朝经学的兴盛之所以出现，“既是魏晋以来各民族在文化冲突与交流中相互渗透的结果，也是儒家传统文化具有经世致用的功能和兼容并蓄的气度所致。北朝经学的发展及儒者的学术政治活动，大大地促进了鲜卑政权的汉化及民族融合的历史进程”。张弓在《北朝儒释道论议与北方学风流变》（《孔子研究》1993 年第 2 期）中指出，北朝儒释道论议发展反映了北朝学风的流变，对南朝思辨式学风的认同，是鲜卑族王朝汉化历程的一个侧面。王万盈的《拓跋鲜卑在汉化过程中的文化转变》［《西北师大学报（社会科学版）》1997 年第 5 期］主要论述了鲜卑拓跋部在长期的南迁过程中，对汉族的社会风尚和礼仪习俗的逐渐吸收与运用。作者认为，文化上的及时转变，保证了鲜卑拓跋部在魏晋诸民族中独领政治风骚。同时，鲜卑文化在汉化过程中的二元化特征，直接影响到北魏早期国家的政治结构，使其呈现出部落联盟大酋长制与封建皇权制并存的二元架构。张德寿则从民族关系的角度，对道教与北魏政权的关系作出了新的诠释。他认为，道教于太武朝初主动入魏，与北魏政治相结合，用神学为北魏政权作正统辩护，这是北魏胡汉上层关系发展的一个结果，又成为促进北魏汉化和胡汉上层关系发展的一支力量。其与拓跋统治者的关系，既有被利用的一面，也有主动有为的一面，是以神学服务于用夏变夷（《从民族关系角度看道教与北魏的政治结合》，《云南社会科学》2002 年第 3 期）。常倩从教育体制、教育内容、教育主体和教育客体等方面阐述北魏的学校教育，以说明借学校教育来推行汉化，是北魏统治者奉行的重要的治国方针，在促成鲜卑拓跋氏成员社会心理与社会行为的汉化，加快民族一体化方面发挥了重要作用（《北魏学校教育与鲜卑族的汉化》，《青海民族学院学报》2003 年第 3 期）。付开镜在《魏晋南北朝鲜卑民族性观念的儒家化》（《史林》2012 年第 3 期）中指出，鲜卑民族性观念的儒家化是鲜卑民族汉化进程的重要组成部分，孝文帝改革大大提升了鲜卑民族的文化素养和伦理观念，标志着南迁中州鲜卑民族性观念儒家化基本完成。此外，黄云鹤在《从〈魏书·礼志〉

第一卷看拓拔鲜卑祭祀的汉化》(《古籍整理研究学刊》2002 年第 2 期）中对《魏书・礼志》第一卷所记载北魏自道武帝拓跋珪建国至孝文帝元宏时期各种郊祀宗庙神祭大典的演变进行了研究，剖析了拓跋鲜卑在政治信仰上极其复杂曲折的汉化过程。魏宏利以北朝碑志为根据，对以鲜卑族为代表的北方少数民族的汉化过程进行了考察，并从族源出处、文武转化、人际伦理等方面探讨了少数民族在接受汉化的过程中所面临的复杂挑战以及其内在的矛盾与冲突。他认为，北方少数民族的汉化进程尽管面临种种矛盾与问题，但总的历史趋势却是朝着民族大融合的方向发展，这种大融合为后来隋唐盛世的出现奠定了重要的基础［《北朝碑志所见北方少数民族之汉化》，《西安电子科技大学学报（社会科学版)》2006 年第 3 期］。刘克桥将《魏书》与大兴安岭嘎仙洞中的祝文进行了比较分析，认为北魏太武帝时期的这次祭祖很少出现鲜卑文化气息，说明北魏已经接受汉文化的配祭思想和阴阳宇宙观。作者还指出，至少从太武帝开始，对汉文化与鲜卑传统文化的“天”的精神崇拜，逐渐产生思想汇流的历史趋势（《嘎仙洞祝文礼制与北魏初期汉化》，《中原文物》2016 年第 4 期）。刘中伟的《从北魏王朝核心区域墓葬看拓跋鲜卑的汉化过程》(《南都学坛》2015 年第 4 期）一文通过分析考古发掘资料，重点考察了北魏王朝核心区域墓葬的分布、阶段性特征和文化特征。作者指出，盛乐时代，以和林格尔为中心的地区墓葬属于拓跋鲜卑民族文化；平城时代，大同地区墓葬文化因素则表现为汉文化与鲜卑文化相互交融、杂乱相糅的面貌；洛阳时代，洛阳地区墓葬文化反映出拓跋鲜卑完成了对本民族文化的改造，融入了以汉文化为主体的中原地区社会。王永平对北魏皇族人物的墓志进行了梳理，指出墓志中北魏宫廷女子教育、诸王重视女教的记载，反映了元魏后期迁洛皇族集团整体汉化的趋势(《墓志所见北魏后期迁洛鲜卑皇族集团之雅化——以学术文化积累之提升为中心的考察》，《学习与探索》2011 年第 3 期）。

有的学者也对北魏、东魏、北齐和西魏、北周的汉化问题做了探讨。江中柱从高欢对待汉人的态度、对待汉化的策略与措施以及其子高澄对待汉人与汉化的态度、措施等三个方面，考察了东魏的汉化方向与过程［《高欢、高澄父子与东魏的汉化》，《福州大学学报（哲学社会科学版）》2002 年第 4 期］。铁龙、马军从东魏北齐政权统治阶层的构成方面对东魏北齐的汉化形势进行了分析，指出东魏北齐的汉化转入了温和的状态，更大地发挥了它的潜移默化的文化改造功能，推动了中华民族的大融合（《东魏北齐的汉化形势》，《沧桑》2007 年第 5 期）。黄寿成的《北朝后期高欢家族与宇文泰家族汉化之比较》（《许昌学院学报》2017 年第 6 期）一文以高欢家族与宇文泰家族的汉化为考察点，比较了二者在接受汉文化上的差异。该文认为，从整体上看高欢家族在接受汉文化方面优于宇文泰家族，不论接受汉文化的人数还是百分比，高欢家族成员都多于宇文泰家族成员。究其缘由，皆与他们所进入地区的自然环境，以及该地区所固有的文化底蕴密切相关。山东地区在文化上优于关陇地区，高欢和宇文泰这两个家族的首领人物的自身素质以及对汉文化的态度也存在着一定的差异。徐璇的《论北齐的胡化汉化问题——以北齐高氏家族为中心》（《天水师范学院学报》2018 年第 5 期）主要对北齐高氏的胡化汉化情况进行了分析，文章指出，北齐一朝胡化与汉化交替进行局面的出现，主要原因是北齐高氏在处理这一问题上实行的实用政策。

北朝在汉化的同时，也存在着行胡化、反汉化的问题。李红艳在对北齐、北周时期的推行胡化反对汉化政策进行仔细分析的基础上，指出东魏、北齐和西魏、北周所出现的胡化并不是“反汉化”的逆流，北齐、北周统治者为了稳固地立足于中原，他们都要在“胡化”的前提下，走“汉化”之路；“胡化”在这里已不是本性使然，而是为了维护其特权地位；“汉化”是为了适应封建制的发展，从而巩固其统治地位。“胡化”和“汉化”是这两个政权发展过程的两个方面，“胡化”的本质是走“汉化”之路（《关于北齐北周反汉化问题的认识》，《大同高等专科学校学报》1999 年第 3 期）。许福谦的《东魏北齐胡汉之争新说》(《文史哲》1993年第3期）就缪钺先生所提出的东魏北齐政治上的汉人与鲜卑之冲突的时间和参与者等问题进行了讨论和商榷。崔明德在《北魏民族关系思想论纲》[《烟台大学学报（哲学社会科学版)》2010年第4期]和《对拓跋鲜卑及北朝汉化问题的总体考察》(《中国边疆史地研究》2012年第1期）两篇文章中对拓跋鲜卑以及北朝各时期的汉化问题作了论述。前文认为，北魏时期许多政治家、思想家和普通民众都在不断思考和认识汉化问题，总的来看，鲜卑拓跋部及北朝在对待其他民族的文化和习俗等方面，经历了坚守—变革—反扑—调适四个阶段或者说四大转折，即从北魏皇室始祖拓跋力微到北魏道武帝拓跋珪时期，坚守本民族习俗和文化是其主流思想；北魏中期，在孝文帝全面汉化思想指导下，北魏按照汉族的制度和文化，在诸多方面对鲜卑族进行了彻底变革。北魏后期尤其是东魏北齐，新的鲜卑化倾向愈来愈明显，甚至对孝文帝的汉化政策进行猛烈反扑。在西魏北周时期，最高统治者既对北魏中期的变革以及北魏后期和东魏北齐的民族关系政策进行调整，又对汉族与鲜卑族的关系进行调整，还对西魏北周与突厥等少数民族政权的关系进行调整，使当时的民族关系基本适应新的形势需要。北周消灭北齐，其中原因之一，就是北周对此前民族关系和民族政策的调适。而北魏本身，则经历了坚守—变革—反扑三个阶段或三大转折。后文进一步强调，从北魏皇室始祖到北魏前期，虽有汉化因素，但其主流思想是坚守本民族习俗和文化。北魏中期，积极推行全面汉化政策。北魏后期，部分鲜卑人对孝文帝的全面汉化改革进行反思、清算甚至猛烈反扑，曾一度出现了新的鲜卑化倾向。东魏、北齐对汉化政策反扑最为激烈，胡风、胡俗越来越重。西魏、北周虽有胡风、胡俗回潮现象，但幅度较低、范围较窄，主要对孝文帝以来汉化之路的逐步回归和对民族关系的不断调适，为消灭北齐、统一北方并为隋唐盛世的出现奠定了坚实基础。韦琦辉的《北魏汉化与反汉化思想研究》(《商丘师范学院学报》2012年第5期）对北魏汉化与反汉化思想产生的历史环境与主要内容作了分析，认为汉化是北魏政权发展的主流，且汉化往往伴随着专制皇权的发展而发展，诸部大人反对汉化，其实是反对专制皇权。他还指出，孝文帝改革后，绝大多数鲜卑贵族都已汉化，但拓跋宏的汉化也有缺陷，最终导致六镇起义。北镇豪强酋帅集团崛起后并没有反汉化，而是剔除了门阀文化中过于注重门第和重文轻武等措施，使北方政权的汉化进程在曲折中继续前进。崔明德在《高欢民族关系思想初探》（《中国边疆史地研究》2019 年第 3 期）中认为，“胡化”是中国古代民族关系、民族文化研究的重要内容和视角。高欢是“胡化”的代表性人物，融汉族文化与少数民族文化于一身，是剖析“胡化”人物民族关系思想的样本。历史上任何一个时期，汉族与少数民族思想文化都是相互影响的。就高欢时代而言，一方面鲜卑等少数民族的思想文化影响了汉族思想文化，另一方面汉族思想文化也影响了鲜卑等少数民族的思想文化。如果从思想文化和风俗习惯等各种要素来考察高欢，我们很难把他严格界定为是汉还是胡。其实，高欢的思想文化中既有汉族基因，又受少数民族思想文化影响，他的思维方式既与汉族政治家有很大差异，也与鲜卑族政治家有很大差异。所以，高欢身上具有胡汉两种身份，他的民族关系思想也非常复杂。

（三）汉化改革

鲜卑族的汉化是一个曲折而漫长的过程。在这一过程中，统治者的决策和作为往往起着首要的决定性的作用。北魏孝文帝所采取的一系列变革鲜卑族生活方式，极力向汉文化靠拢的改革措施，加速了拓跋鲜卑的汉化进程，也极大地促进了鲜卑族文化的变迁。

汤夺先在《北魏孝文帝改革鲜卑族生活方式》（《民族教育研究》2001 年第 2 期）一文中从文化的角度对孝文帝改革鲜卑族生活方式的政策做了一些诠释，认为这些政策与政治、经济方面的改革措施一起，促成了鲜卑族社会的巨大变迁，也极大地丰富了汉文化。岳雪莲的《从北魏孝文帝改革看拓跋鲜卑的文化变迁》[《湖北经济学院学报（人文社会科学版）》2007 年第 3 期］也从孝文帝推行汉化所采取的一系列措施以及影响等方面探讨了拓跋鲜卑的文化变迁现象。陈英则以新的视角，从心理学角度探究了孝文帝迁都洛阳及推行汉化的内在动因。作者认为，孝文帝迁都与汉化是使他的压抑与焦虑获得的释放，完全外化为其思想主流，并在亲政后一直支配着他的行动（《北魏孝文帝迁都洛阳及汉化心理剖析》，《甘肃社会科学》2005 年第 2 期）。李磊以太和十三年孝文帝江南借书之事为切入点，以此展示孝文帝文化改革初期北方社会内部政治文化氛围的变化。他指出，孝文帝借书江南的历史语境是鲜卑、汉文化共识的形成，借书的举措是经“群臣会议”、受鲜卑、汉官僚共同支持的。孝文帝文化改革的结果是促进了鲜卑贵族的文化发展，这反过来又保证了孝文帝文化政策在魏末动乱中的延续（《北魏孝文帝文化改革的政治氛围——以太和十三年江南借书为中心的考辨》，《历史教学问题》2013 年第 6 期）。崔明德、佟宝锁在《“怀土”与“变俗”：北魏太和年间关于迁都问题的大讨论》（《民俗研究》2020 年第 5 期）中认为，北魏太和年间，孝文帝主导了一场关于迁都问题的大讨论，产生了改革派、保守派和中间派。三派之间进行了激烈的思想交锋，产生了许多有重要价值的思想认识。这场大讨论是特定历史条件下的产物及北魏汉化思潮的总爆发；各方争论的焦点虽是迁都问题，但本质上是鲜卑族的汉化问题。

《蒙古学资料与情报》1983 年第 1 期节选了日本学者川本芳昭的《从军制和婚姻看北魏高祖的汉化政策》（吉文译），该文从军制变化和通婚政策变化两个方面探讨北魏的汉化改革措施。在军制方面，汉化改革包括了禁军军制、南朝军制和地方驻军上的改革；在婚姻上，北魏统治者禁止同族通婚，鼓励和汉族的通婚，加速了民族汉化进程。赵野春的《鲜卑汉化——论北魏孝文帝改革对民族关系的调整》（《西北民族研究》2003 年第 2 期），从民族关系的角度，就太和改革的鲜卑汉化问题探讨了孝文帝对民族关系的调整。文中指出，北魏孝文帝为缓解民族矛盾，缓和民族关系，巩固北魏统治，采取了一系列措施，推行汉化改革，调整民族关系。这些措施促进了拓跋鲜卑的封建化进程，有利于民族融合和南北的统一，但也导致了北魏的分裂。郝松枝的《全盘汉化与北魏王朝的速亡——北魏孝文帝改革的经验与教训》[《陕西师范大学学报（哲学社会科学版）》2003 年第 1 期] 和李克建、陈玉屏的《再论北魏孝文帝改革——兼谈改革对民族融合规律的启示》（《黑龙江民族丛刊》2007 年第 2 期），在肯定北魏孝文帝改革加快鲜卑族封建化进程，促进民族融合的进步性的同时，都对孝文帝不加扬弃、全盘汉化的改革方式给予了批判性的分析和论述。前文认为，孝文帝所进行的自上而下、全盘速成的汉化改革，尤其是大定姓族，移植门阀士族制度，在经济利益上一味对鲜卑贵族让步，使得尚无文化积淀可言的鲜卑贵族迅速腐化，这是导致北魏统治迅速由盛转衰、归于灭亡的根本因素。后文辩证地评价了孝文帝改革的作用和意义，指出孝文帝改革对北魏历史和鲜卑族的发展都起到了较大的推动作用，将北魏的民族融合进程推向了历史的新高潮。但改革措施具有明显的“强制汉化”的特点，鲜、汉民族融合进程中呈现出“捏合”的特征，这不仅不符合民族融合的规律，而且在一定程度上加速了北魏的灭亡。焦兴青的《北魏孝文帝改革对我国民族大融合的启示》（《河南科技大学学报》2010 年第 9 期）与李文粱的《孝文改制及其对北方民族大融合的影响》[《长江大学学报（社会科学版）》2013 年第 10 期] 两篇文章则对孝文帝汉化改革对民族融合的影响给予了较高评价，焦文认为孝文帝改革对北魏社会经济和文化发展、民族融合、社会进步均具有重大意义。李文则认为孝文帝以其坚定的决心，极大的勇气，打破狭隘的民族偏见，全面推行了汉化改制，其积极进取、全面汉化的精神，是引领北方大融合的一面旗帜。

此外，彭丰文在《北魏的历史记忆整合与国家认同建构——铸牢中华民族共同体意识的历史经验探究》[《西南民族大学学报（人文社会科学版）》2021 年第 6 期] 中指出，北魏统治者入主中原后，从族源、国号、习俗等方面对北疆各族早期历史记忆进行整合与重构，建构拓跋鲜卑源自黄帝、居于北土、与中原华夏同源共祖的族源叙述体系，采用“代”“魏”双国号并用的做法，实行兼容北土旧俗与中原礼制的国家祭祀礼仪，既积极融入中原文化，又尊重和珍视北疆各族对拓跋祖先、云代乡里和北土旧俗的历史记忆与情感认同，体现了北魏统治者对北疆文化与中原文化的整合。

三、北朝与周边民族的关系

（一）北朝与柔然的关系

柔然主要活动于公元4世纪末到公元6世纪中叶，与北魏王朝存在时间大体相当。拓跋鲜卑建立北魏王朝时期，正是柔然开始走向强盛的时期。专家学者的研究成果也多集中在北魏与柔然的关系上。

田建平、林幹的《略论柔然与北魏的关系》[《内蒙古大学学报（哲学社会科学版）》1986年第3期] 对柔然在不同发展时期与北魏的关系进行了详细论述，并从经济、政治、思想、军事、文化等方面具体分析了柔然与北魏的关系。田建平的《论阿那瓌》[《内蒙古大学学报（哲学社会科学版）》1990年第3期] 一文以阿那瓌为研究对象，对他作为柔然可汗的经历和历史贡献作了考察与评价，认为阿那瓌采取了同北魏及东、西魏交好的政策，大体上解决了柔然地区严重的饥荒问题，积极吸收汉地文化，使柔然获得发展。张金龙的《北魏前期的北边防务及其与柔然的征战关系》(《西北史地》1989年第4期）和《北魏中后期的北边防务及其与柔然的和战关系》（《西北民族研究》1992年第2期）通过分析北魏前期北边防务以攻为守的战略和中后期防守代替进攻的防务政策，探讨了北魏与柔然在各个不同时期战和相济的关系。黄泽纯的《浅议降附北魏的柔然人》（《求索》2004年第4期）则从北魏与柔然的交融方面，就柔然部民降附北魏王朝的原因、规模、影响以及附后的安置和发展情况进行了阐述。胡玉春的《从柔然汗国与北魏的关系看北魏北边防务的兴衰》[《内蒙古社会科学（汉文版)》2012 年第 4 期］主要讨论了柔然与北魏不同时期的和战关系以及北魏北边防务体系，尤其是军镇防御体系的特殊作用。何建国、郭建菊的《北魏六镇与柔然关系探析》[《山西大同大学学报（社会科学版)》2015 年第 4 期]一文将六镇地位的演变与北魏内政以及同柔然的关系进行综合考量，分析了六镇职能和地位的变化情况。

（二）北朝与突厥的关系

刘戈在《论突厥与北朝、隋的政治关系》[《新疆大学学报（哲学社会科学版)》1986 年第 4 期］一文中探讨了突厥在兴国和扩张时期与西魏、北周、北齐的关系。该文认为，突厥得到了西魏、北周和北齐的政治和经济支持，尤其是北周和北齐的对立、衰落及对突厥的依赖，利于突厥发展和扩张。刘春玲的《试论北周、隋与突厥的“和亲”》（《阴山学刊》1994 年第 3 期）就北周、隋朝与突厥的和亲关系作了考察和比较研究，认为西魏至北周与突厥和亲时自身处于分裂割据状态，和亲的目的是拉拢突厥，加强与对手抗衡的力量，故而忍辱求和，只能得到暂时的安宁。另外，许峡的《突厥在北周灭北齐中的作用》（《历史教学》2004 年第 11 期）一文，通过对突厥军队的特性与突厥当时所处的国际形势，探讨了突厥在北周灭北齐当中的作用，提出突厥虽与北周有过合纵伐北齐的经历，然而北齐之灭亡并非突厥与北周合纵的结果。陈红静、魏睿骜在《中原人士入突厥事考论》（《甘肃广播电视大学学报》2018 年第 3 期）中探讨了北齐、北周中原人口北入突厥的问题。文章将当时的人口流动分为四种类型，即通婚、政治避难或逃亡、劫掠与贸易互市，并从现实政治诉求、地缘关系、华夷观念等三个方面分析了这一现象产生的社会背景。

（三）北朝与西域的关系

自汉代以来，西域各族人民一直与中原地区保持着政治、经济、文化上的密切联系。北朝作为鲜卑族在中原建立的统治政权也是如此，北魏在统一北方过程中，就已经着手部署进取西域的工作。马国荣的《北魏与西域关系述略》（《喀什师范学院学报》1995 年第 4 期）主要从北魏与西域联系的建立、北魏统一西域、西域地区与北魏的隶属关系和朝贡关系四个方面阐述了北魏与西域的关系。余太山的《南北朝与西域关系述考》（《西北民族研究》1996 年第 1 期）通过对大量文献资料的分析，考察了不同阶段北魏、西魏、北周以及南朝宋、齐、梁与西域的关系，并对在改善北魏和西域关系中作出贡献的一些重要人物及其作为进行了论述。秦红卫的《北魏对西域的经营及其特点》（《伊犁教育学院学报》2005 年第 2 期）一文，就北魏经营西域的过程及特点进行了具体探讨，认为北魏对西域的经营过程就是与柔然的斗争史，北魏并没有在西域取得优势地位，甚至在后期基本上退出西域，但北魏和西域保持了非常密切的贡使往来。吕朋珍在《略论北魏平城的西域外来文明》（《沧桑》2012 年第 4 期）中指出，在北魏定都平城的近百年间，平城作为丝绸之路东端的重要都会，使得西域外来文明源源不断地进入，丰富了中原文明，对北魏与西域各国的交流作出了重要贡献。

（四）北朝与东北地区民族的关系

北魏与东北地区民族的关系也受到了研究者的关注。张国庆的《西晋至北魏时期“护东夷校尉”初探》（《中央民族学院学报》1989 年第 3 期）一文涉及北魏对我国东北中、东部“东夷”诸族的统治问题，即继续西晋以来的统治方式，任命“护东夷校尉”。但此时的“护东夷校尉”官职授给高句丽王担任，想通过对高句丽等“东夷”各族实施怀柔羁縻、“以夷制夷”的统治政策，达到安边及王朝统一的政治目的。任爱君的《登国年间北魏与契丹史事探赜》[《昭乌达蒙族师专学报（汉文哲学社会科学版）》1990年第4期] 对北魏登国年间（386—395年）北魏、契丹之间的史事及相关的一些问题进行了细致的考证和分析。冯继钦的《北朝时期的库莫奚族》（《求是学刊》1987年第5期）一文对库莫奚与北魏、北齐、北周和战关系的发展演变进行了详细梳理。王丽娟的《奚族与北朝关系探讨》[《内蒙古社会科学（汉文版）》2015年第5期] 一文则对奚族与北魏、东魏、西魏、北齐的冲突、战争、朝贡、贸易的交流与往来进行了阐述。李凭梳理了高句丽与北魏的关系，指出北魏太武帝太延元年(435年）高句丽王琏首次向北魏派遣了名叫安东的使臣，随后北魏也向高句丽派出了第一位使臣李敖。但是，北魏和北燕战争的爆发，影响了北魏和高句丽的交往。北魏灭北燕以后，高句丽接纳了流亡的北燕国主冯弘，北魏与高句丽的关系一度处于僵持状态。两年以后冯弘被杀，北魏与高句丽之间的紧张局势终结。此后，双方关系“向着友好的方向发展，一直持续到北魏末年”[《魏燕战争前后北魏与高句丽的交往》，《上海师范大学学报（哲学社会科学版）》2002年第6期]。此外，张芳的《试析北魏与高句丽的封贡关系》（《黑龙江史志》2013年第11期）、常乐的《北魏与高句丽和亲事件辨析》（《东北史地》2014年第6期）以及刘文健的《南北朝时期朝贡关系对高句丽的影响》[《北华大学学报（社会科学版）》2009年第5期] 分别对高句丽朝贡和接受册封情况、北魏与高句丽围绕“婚姻”问题的交涉与周旋、高句丽朝贡与接受册封对自身政治经济文化的影响等问题进行了分析与阐述。而李爽的《长寿王时期高句丽与北魏的关系》（《社会科学战线》2018年第6期）与周红冰的《世子入朝与从叔入朝之争——试论文咨明王时期高句丽与北魏的外交博弈》[《淮海工学院学报（人文社会科学版）》2016年第6期] 则另辟蹊径，从高句丽政权的视角，着重分析长寿王与文咨明王时期与北魏的关系。前文侧重分析长寿王与北魏建立联系的前因后果以及双方关系的发展变化，后文则重点研究文咨明王时期高句丽与北魏在外交上的博弈与妥协。

魏与后燕分别是鲜卑族的拓跋氏部族和慕容氏部族建立的两个政权。他们虽然属于同一民族，但因为两个政权都作为一支独立的政治力量活跃于历史舞台，所以他们之间的关系也常常被纳入民族关系的范围进行讨论。姚宏杰在《参合陂之役前燕魏关系略论》[《淮阴师范学院学报（哲学社会科学版）》2000年第1期] 一文中对参合陂战役之前后燕与北魏的关系进行了考察，指出后燕与北魏的关系发展走过了一条结盟—绝交—战争之路。战前两国曾有过短暂的结盟，但两国始终存在分歧，后燕欲控制北魏，而北魏则要求独立平等。这种矛盾最终在贺兰部归属问题上公开化，导致两国关系破裂。当作为缓冲区的西燕势力不复存在时，两国的战争遂不可避免。韩雪松的《试论北魏与后燕的关系》[《长春师范学院学报（人文社会科学版）》2008年第6期] 一文亦是对北魏与后燕的关系从友好到破裂过程的探讨，并分析了双方友好结盟和破裂绝交的具体原因。同时，该文还阐述了后燕对北魏的发展壮大及初期汉化制度的确立所产生的深远影响。

（五）北朝与其他民族的关系

唐长孺、黄惠贤的《北魏末期的山胡敕勒起义——北魏末期人民大起义研究之二》[《武汉大学学报（人文科学）》1964年第4期] 重点研究北魏末期大起义中位于北部的山胡和敕勒民族起义。作者认为，山胡和敕勒民族起义是民族斗争，是反抗北魏王朝民族压迫的斗争。马曼丽的《论吐谷浑与周邻的关系》（《社会科学》1987年第4期）论述了十六国南北朝时期吐谷浑的周邻关系与其游牧畜牧经济的特色，认为吐谷浑与境内各族和周邻的关系，主流基本上是追求和平交往，至少不是靠穷兵黩武和发动对邻族、邻邦的攻伐战争来壮大自己，因而在那个战火纷飞的年代里，得到了较其他小政权相对稳定的环境，成为那个时期一种追求相对稳定的和平交往关系的例证。段连勤的《北魏统治漠南高车的三个阶段》(《民族研究》1988 年第 1 期)一文以北魏时期迁徙至长城以外的“漠南高车”为研究对象，分析北魏政府对其统治方式的变迁。该文认为，从魏初至魏末，北魏统治漠南高车的方式经历了三个阶段。从魏初至公元 408 年左右为第一阶段，在这个阶段里，北魏离散高车降人的氏族部落组织，将他们沦为官私奴隶，强迫他们进行集体或分散的奴隶劳动。从公元 408 年左右至公元 429 年为第二阶段，北魏被迫允许高车人保留氏族部落组织，同时吸取两汉统治匈奴降众的经验，建高车附国和置护高车中郎将，以统治高车降人。从公元 430 年至魏末为第三阶段，北魏仍允许高车人保留氏族部落组织，但取消高车附国和护高车中郎将制，代之以用军镇对高车实行军事统治的制度。张乃翥在《从龙门石窟造像遗迹看北魏民族关系中的几个问题》(《民族研究》1989 年第 2 期)一文中，以龙门石窟造像为研究对象，就其所反映的北魏多民族交聘融合之史实、西北诸族上层人物之仕魏、洛京内入新族之特盛等问题作了阐释。米海平在《南凉宗室源贺世家参与北魏政治活动概述》[《青海师范大学学报(哲学社会科学版)》1990 年第 2 期]一文中指出，匈奴南凉政权灭亡后，北魏重用南凉宗室破羌，并赐姓名为源贺，其后，源贺及其后代源怀、源子雍和源子恭等四人参与北魏政治军事活动。周伟洲根据最新出土的《吐谷浑晖华公主墓志》，补正了伏连筹在位时“准拟天朝，树置官司”的政治制度改革以及晖华公主丈夫乞伏孝达的族属问题。此外，他还指出，《墓志》明确记载了史籍阙载的吐谷浑与柔然的和亲关系，即吐谷浑主伏连筹曾嫁女于柔然阿那瓌可汗，为其可敦，双方结盟，以抗北魏。伏连筹卒后，吐谷浑晖华公主又投归柔然，这些史实“揭示出北朝北方各族及其所建政权之间更为复杂的关系”。《墓志》还补正了柔然与西魏关系的若干史实，“更深一层地揭示了柔然与西魏在和亲过程中，西魏为结好柔然，以对付东魏，故对柔然妥协、忍让，两者之间的微妙关系”(《吐谷浑晖华公主墓志与北朝北方民族关系》,《民族研究》2020 年第 2 期)。

（六）不同少数民族之间的关系

段连勤的《我国历史上的高车族及其反抗柔然汗国统治的斗争》[《西北大学学报（哲学社会科学版）》1982 年第 2 期] 对高车族的形成、社会制度及其反对柔然汗国统治的斗争作了研究，认为高车在通往西域的咽喉地带前部的立国，极大地牵制和消耗了柔然汗国的有生力量，减少了其对漠南富庶地区的破坏，也阻止了柔然在西域的发展。余太山在《柔然与西域关系述考》（《新疆社会科学》1985 年第 4 期）中认为，柔然立国之初，已经建立了从东面和北面向西域扩张的基地，表明了掠夺和垄断丝路的意向。该文探讨了柔然与西域的伊吾、高昌、乌孙、悦般、西域南北道诸国、嚈哒和高车之间的交往关系。何俊芳在《高车与柔然关系新论》[《西北民族大学学报（哲学社会科学版）》1989 年第 2 期] 中认为，高车与柔然的关系，不仅有早期被压迫、被奴役的关系，也有后来高车独立发展后与柔然的争战关系，这种争战关系虽然给当地民众生活带来苦难，但客观上也促进了民族的融合。张乃翥的《北魏晚期洛阳地区的胡人部落》[《石河子大学学报（哲学社会科学版）》2018 年第 5 期] 通过分析大量的文献资料和文物考古材料，考察了洛阳地区的胡人积聚与文化交往情况。李爽的《高句丽与柔然关系研究》（《地域文化研究》2018 年第 5 期）对高句丽和柔然的关系进行了诠释，认为虽然柔然和高句丽并不接壤，中间隔着契丹和库莫奚，但二者却建立起友好的关系。这种友好关系对二者外部生存发展空间的稳定有利，故使这种友好关系一直延续下来。

四、东魏北齐和西魏北周的民族关系

关于东魏北齐和西魏北周的民族关系，在已有的研究中亦有体现。周双林的《从京畿都督府看东魏北齐的民族关系》[《史学月刊（下半月）》1987 年第 3 期]

和李铁坚、刘新华的《从杜弼之死看东魏的民族关系》(《新西部》2007年第6期)两文分别从不同视角审视了东魏北齐的民族关系。周文通过对东魏北齐的军事机构京畿都督府建立的过程、背景和京畿都督府的作用、衰亡等问题的考察，论述了东魏北齐的民族关系。李文则试图以杜弼之死事件所折射出的胡汉之间紧张的民族关系来分析当时东魏北齐的复杂民族矛盾。马欣、蒋家平的《六世纪中叶两个民族文化圈的冲突与北方的再分裂》(《学术界》1988年第2期)则以两个民族文化圈的不同和冲突分析北魏的分裂和东魏北齐、西魏北周的民族关系问题。该文认为，北魏的动乱和分裂，“是两个不同文化圈的冲突即北方恒代地区（其后是晋阳高氏集团）的鲜卑人文化圈和中土洛阳（其后是关陇宇文氏集团）的汉人文化圈间的冲突”。东魏北齐作为鲜卑文化统治着的政权，汉文化力量薄弱，鲜卑与汉族之间矛盾突出；西魏北周走的是继续汉化、深入汉化和反思汉化的道路，民族融合在军制上首先实现，进而推广到政权和经济上。两种文化圈冲突的结果是采民族融合的北周击败坚持鲜卑化的北齐，最后统一北方。《文史哲》1993年第3期同时刊发了韩国学者朴汉济和我国学者许福谦的文章，两篇文章分别讨论了东魏北齐和西魏北周的民族关系问题。朴汉济的《西魏北周时代胡姓再行与胡汉体制》(《文史哲》1993年第3期)认为，西魏北周时代的胡姓再行政策，不仅仅是北魏孝文帝汉化改革的简单变化，而是和“新乡里创建”政策相联系。胡姓再行的结果是，“宇文泰通过复姓与赐姓使胡族与汉族成为一体，使聚集在关中的胡汉两族成为一个亲族，并使他们以姬周为故土，令他们拥有作为‘京兆人’的爱乡心与利己心。这样，使胡汉的矛盾反而减弱，同时使国力强盛”。许福谦在《东魏北齐胡汉之争新说》(《文史哲》1993年第3期)一文中就陈寅恪关于“北朝胡汉之分，不在种族，而在文化”“当时之所谓胡人汉人，大抵以胡化汉化而不以胡种汉种为分别，即文化关系较重而种族之关系较轻，所谓有教无类者是也”的论断及缪钺的《东魏北齐政治上汉人与鲜卑之冲突》而展开，认为东魏北齐除鲜卑勋贵与汉人士族两方的矛盾冲突之外，尚有第三支势力，即西域胡人及其他胡化的民族成员形成的恩倖集团。西域胡化恩倖集团崛起虽晚，但它野心勃勃，活跃于政治舞台上，自此北齐中央政权便呈现出鲜卑勋贵、汉人士族和恩倖势力三足鼎立、交相争斗的复杂局面。在三次比较大的斗争中，恩倖集团往往得利，汉人士族势力被驱逐，鲜卑勋贵势力也遭受打击，斗争的结果造成北齐的倾覆。李文才在《试论西魏北周时期的赐、复胡姓》（《民族研究》2001 年第 3 期）中指出，宇文泰主政期间，推行了赐、复胡姓的运动，并使之在一段时期内形成一股潮流。赐、复胡姓“正是宇文泰煞费苦心想出的一着，是他对北魏末年即已出现的恢复代北九姓的社会现象，经过思考以后，加以改造、发挥并利用以整扩军队的一种尝试”。此外，他认为赐、复胡姓的中止不应当是出于宇文泰所谓“遗旨”，实际上是杨坚的主意。崔明德在《北齐汉化大臣民族关系思想述论》（《北方民族大学学报》2020 年第 5 期）中探讨了北齐汉化大臣源彪、段韶、王纮、元景安等人的民族关系思想。作者指出，北齐汉化大臣的民族关系思想具有四个主要特点：一是准确把握时代脉搏；二是符合实际、务实管用；三是外胡内儒；四是突出恩信的作用和价值。

五、南朝与周边民族的关系

南朝与周边民族的关系，既包括江汉地区、岭南各地的民族关系，也包括与北方各民族的关系。李杰在《南朝江汉地区蛮汉融合之探微》［《中南民族学院学报（哲学社会科学版）》1988 年第 4 期］一文中详细分析了南方各少数民族与汉族政治、经济、文化等诸方面的联系，探讨了江汉地区蛮汉民族融合的多方面渠道：一是杂居；二是商业贸易的往来；三是蛮族风俗文化的进步；四是民族斗争。吴永章的《南朝对“蛮”族的统治与“扶纳”政策》（《江汉论坛》1983 年第 6 期）对南朝境内各地的蛮族作了探讨，认为南朝治理蛮族主要有如下政策：一是设置左郡、左县；二是在蛮族聚居地设置校尉；三是任命蛮族的豪酋、渠帅为州刺史、郡守、县令；四是不同于汉区的租税徭役；五是使用蛮军；六是迁徙蛮民。张泽洪的《魏晋南朝蛮、僚、俚族的北徙》[《四川大学学报（哲学社会科学版）》1988 年第 4 期]、《魏晋南朝蛮、僚、俚族对南方经济发展的贡献》（《中国社会经济史研究》1989 年第 2 期）、《魏晋南朝蛮、僚、俚族与汉族的融合》（《楚雄师专学报》1989 年第 2 期）分别对南朝境内少数民族的迁徙活动、对国家财政的贡献与经济开发以及民族融合等问题，进行了研究和探讨。林志杰在《简论六朝时期广西的民族关系》（《广西民族研究》1995 年第 2 期）中分民族政策、俚汉融合、俚族人民的抗争三个方面，对南朝时期广西地区的民族关系进行了阐述。彭丰文则就南朝对岭南民族政策的独特性、征与抚的主次关系及其形成原因等三个方面，分析了南朝岭南地区的民族政策。她认为，南朝对岭南的民族政策以征讨为主、羁縻为辅，其征讨政策具有长期性和地方性的特点，这种情况的形成，与南朝寒人武夫的兴起有着密切的关系。南朝对岭南各民族征讨活动存在长期性、地方性、高频率、分散性等特点，这是“寒人武夫政治”的高度体现，充分展现了“寒人武夫集团”政治上的粗暴、野蛮和幼稚（《南朝岭南民族政策新探》，《民族研究》2004 年第 5 期）。周松在《柔然与南朝关系探略》（《青海民族学院学报》2000 年第 2 期）中梳理了柔然与南朝联系的三条交通线，并对双方关系的内容和发展变化进行了阐述。文章还探讨了两大政权交往在南北朝民族关系史上的特点、意义及局限性。此外，崔明德、杨秋红在《刘裕民族关系思想初探》[《中南民族大学学报(人文社会科学版)》2020 年第 1 期] 中分析了南朝宋武帝时期与鲜卑各政权、羌族后秦、匈奴北凉以及氐族仇池的关系。杨秋红的《宋文帝民族关系思想初探》[《烟台大学学报（哲学社会科学版）》2010 年第 4 期] 论述了宋文帝时期与北魏的和战关系，对南朝与氐族杨氏、卢水胡沮渠氏以及吐谷浑的册封关系也进行了一定的探讨。崔明德、胡慧琳在《梁武帝民族关系思想探析》[《聊城大学学报（社会科学版）》2020 年第 5 期］中认为，梁武帝时期是南朝民族关系最好的时期，民族交往交流达到了高潮。梁武帝在与东北、北方、西北以及南方少数民族政权建立和发展关系过程中，形成了主要由“大一统”“以德怀之”及以册封为主的羁縻思想所构成的比较完整的民族关系思想体系，并在处理民族关系及外交关系中发挥了重要作用。梁武帝的民族关系思想既受雍州刺史履职经历的影响，又受儒家思想和佛教思想的影响，还在总结历史经验教训中不断升华。梁武帝民族关系思想具有三大特点：一是民族关系思想与政治思想的统一，二是思想的两面性，三是以“大一统”思想为核心。崔明德、严珍珠在《陈霸先民族关系思想初探》［《聊城大学学报（社会科学版）》2021 年第 5 期］中认为，陈霸先生活的时代，梁陈境内活跃着俚、越等少数民族，境外则有以鲜卑族或鲜卑化为首领的北朝与之对峙。陈霸先在掌控南梁朝政及建立南陈王朝过程中逐步形成了自己的民族关系思想观点：一是以北齐作为重点防御对象，二是“一匡天下”，三是“以夷治夷”。陈霸先的民族关系思想具有三个特点：一是审时度势，符合实际；二是重视诚信；三是传承性。陈霸先的民族关系思想及实践，不仅对南梁陈初妥善处理民族关系、有效巩固政权以及促进民族交往交流交融等方面起到了重要的指导作用，而且有效地加强了对岭南地区的统治，得到了南方蛮族的大力支持。陈霸先民族关系思想影响比较深远，其子孙后代主要按照他的思路处理民族关系乃至国际关系。

六、少数民族与南北朝的互动关系

由于复杂的利益牵扯，一些少数民族在不同时期与南北朝各政权分别联系，产生了双边、三角甚至是多边联系。胡小鹏认为，南朝和柔然通过与吐谷浑保持着密切联系，以牵制和夹击北魏。此外，吐谷浑还阻止了北魏在西域的拓展，故吐谷浑与北魏多是敌对关系。北魏与刘宋南北战争后，形成均势局面，吐谷浑则同时保持和前两者的臣服关系（《吐谷浑与南北朝关系述论》，《社会科学》1990 年第 4 期）。逯克胜的《从遣使朝贡舞马看吐谷浑与南北朝各政权的关系》[《青海师范大学学报（哲学社会科学版）》2018 年第 3 期] 一文对吐谷浑向南朝刘宋、萧梁以及西魏遣使贡舞马的活动逐一进行了动机分析。作者认为，吐谷浑对江左和北朝具有不一样的外交关系，对南朝刘宋、萧梁政权关系始终是和平友好，对北魏只是政治臣服和贸易往来。吐谷浑两面朝贡，南北受封，政治联盟和贸易意图相互参杂，周旋于各政权之间。重要时期“献舞马”，目的是扭转时局，求得生存与发展。吴永章的《北朝与蛮族》（《民族论坛》1987 年第 1 期）研究了北朝统治区域内的蛮族，总结了北朝统治蛮族的政策：一是对归顺蛮族首领的任用；二是“咸从咸役”，即对蛮族的输税服役之策；三是把蛮族民众迁徙到异地，主要是幽并诸州边地；四是把对蛮族的安抚放在重要地位。作者还对南北朝对争夺蛮族的各项行动进行了梳理。陈金凤、姜敏的《南北朝时期北魏与中间地带蛮族合作探微——以北魏和桓诞、田益宗合作为中心》[《中南民族学院学报（人文社会科学版）》2002 年第 6 期] 也关注到了北魏和南朝对蛮族的争夺问题。文章通过分析桓诞、田益宗两位蛮族首领的经历，认为大量蛮族从南朝依附北魏主要是为了自身生存、发展的需要，北魏对蛮族的政策则取决于中间地带军事、政治需要。随着封建化与中间地带争夺的加深，北魏对蛮族的政策遂与南朝趋于一致。此外，张士伟的《论后仇池国与刘宋、北魏的三角关系》（《重庆三峡学院学报》2014 年第 5 期）探讨了氐人建立的后仇池国在立国 58 年时间内，与刘宋、北魏的各种关系。李旭明的《南北朝时期宕昌国与周边政权关系考》（《河西学院学报》2020 年第 1 期）则对羌人建立的宕昌国与北魏、吐谷浑、仇池、南朝、西魏、北周的关系进行了分析与阐述。

此外，也有学者对南北朝与高丽的关系做了比较系统的研究。姜维公的《南朝与北朝对高句丽政策的比较研究》（《中国边疆史地研究》2004 年第 4 期）

主要从民族政策的角度阐述了高句丽与南朝北朝的关系。他认为，南北朝“都以招徕远夷为事，高句丽遂得以在南北朝之间周旋，左右逢迎”，南朝试图以高句丽牵制北朝，故册封赏赐颇优，而北朝以统一全国为己任，每次高句丽滋事，北朝都有讨伐之意。但由于高句丽朝贡不辍，北朝也碍于种种原因，不愿意轻易动武，除了威胁之外，多以奖励恩赏羁縻之。刘文健在《高句丽与南北朝朝贡关系变化研究》（《东北史地》2010 年第 2 期）中将高句丽与南北朝的朝贡关系具体分为三个时期：413—475 年是“均等”朝贡阶段、476—519 年是“一边倒”向北魏阶段、520—589 年是起伏变化朝贡阶段。沈国光则将高句丽与南北朝关系分成相对平衡（420—438 年）、南朝倾向（438—466 年）、北朝倾向（466—480 年）三个阶段（《南朝还是北朝：高句丽在南北朝时的选择——以刘宋时期为例》，《文史月刊》2012 年第 8 期）。

七、民族通婚及宗教与民族关系问题

民族间的通婚及和亲研究，是南北朝民族关系研究的一个重要方面。高诗敏在《北朝皇室婚姻关系的嬗变与影响》（《民族研究》1992 年第 6 期）中详细探讨了北朝皇室婚姻问题，她把北朝皇室实行的婚姻政策及通婚范围分为三个阶段：“北魏道武帝入主中原迄于孝文帝改革的北魏前期是第一阶段，其联姻方针以与宾附之国的上层人物婚配为主。第二阶段系从孝文帝推行汉化政策始至拓跋氏政权分崩离析止的北魏后期，它调整了婚姻政策，和汉士族姻媾已高居首位。北齐、北周（包括东魏、西魏在内）东西对峙时为第三阶段，其通婚方针又倾斜于以六镇勋将为主，这在北周表现得尤为突出。”该文认为，北朝皇室的婚姻政策较为开放，与柔然、突厥、氐、羌、铁弗、卢水胡、吐谷浑、高车及汉族等诸多民族都缔结有姻媾关系，它不仅促进了各族之间的文化交流，并对加速北方民族融合起了积极作用。施光明在《北朝民族通婚研究》

（《民族研究》1993 年第 4 期）一文中运用定量分析的方法，对北魏时期、东魏北齐时期、西魏北周时期的北朝各个阶段的民族通婚的原因、形式、特点及影响诸问题进行了深入的考察与剖析。柏贵喜在《北朝胡人贵族门第婚中的胡汉通婚》（《民族研究》2007 年第 6 期）中分析了北朝时期胡人贵族阶层与中原高门大族婚姻关系的几个问题：一是胡汉通婚中胡人贵族门第的变化；二是与胡人通婚之汉人士族；三是胡汉通婚的影响。他认为，胡汉通婚成为影响当时政治格局、社会结构、历史进程和文化互动的重要因素，具有三个重要影响：一是“加强了胡汉之间的联盟，对巩固胡人在中原的统治起了积极作用”；二是“推动了胡人对汉文化的学习”；三是“促进了胡汉婚姻习俗的融汇”。此外，高诗敏的《北朝赵郡李氏的婚姻及其特点》（《许昌学院学报》1990 年第 3 期）与韩涛的《北朝范阳卢氏家族婚姻考论》（《南京晓庄学院学报》2012 年第 5 期）分别以北朝赵郡李氏以及范阳卢氏与其他家族间的婚配为研究对象，其中涉及和北朝宗室间的婚姻，为研究民族关系提供了一个视角。唐华全的《赵郡李氏与北齐皇室通婚考论》（《齐鲁学刊》2010 年第 5 期）一文也以赵郡李氏为考察对象，梳理了赵郡李氏与北齐皇室通婚的十则事例，并对通婚原因、结局和影响进行了分析。赵海丽将文献史料与北魏元氏和冯氏家族冯熙、冯季华的墓志进行综合考察，梳理出了北魏皇宗室及勋臣迎娶冯氏家族 19 位女子以及冯氏所娶皇宗室 7 位女子身份，并着重分析了冯氏家族与北魏皇宗室及勋臣显族姻亲关系密切的原因（《北魏门阀婚姻制之代表家族——冀州长乐信都冯氏与北魏皇宗室及显族联姻关系探论》，《理论学刊》2011 年第 6 期）。张云华的《北魏宗室与“五姓”婚姻关系简论》［《郑州大学学报（哲学社会科学版）》2012 年第 3 期］以孝文帝时期北魏宗室与汉族高门大姓的婚姻关系为考察点，着重探讨了“五姓”家族选入北魏婚姻圈的标准问题。苗霖霖在《北魏后宫中的东胡后裔》［《吉林师范大学学报（人文社会科学版）》2012 年第 3 期］中分别对拓跋鲜卑与东胡族后裔的其他鲜卑部族、乌桓部族、柔然以及其他部族的联姻关系进行了论述。薛海波在《东魏北齐统治集团婚姻特征试探——以高齐皇室与怀朔镇勋贵婚媾为中心》（《黑龙江民族丛刊》2012 年第 6 期）中指出，在东魏北齐统治集团中，高齐皇室婚媾的主要对象是具有文化修养的胡汉世族，而非是鲜卑化浓厚的怀朔镇勋贵。之所以能在东魏北齐统治集团内形成以高齐皇室为中心包括主要怀朔勋贵家族在内的婚姻圈，其根本原因是高齐皇室单方面需要拉拢具有军事实力的怀朔镇勋贵，来巩固皇位的政治需要。

邱忠鸣在《“佛教外交”——北齐后主对突厥的外交方略》（《世界宗教文化》2009 年第 2 期）中指出，除了联姻与朝贡这二种较为被动的外交手段外，北齐后主另外开辟了一条积极主动的外交通道——“佛教外交”。突厥佗钵可汗受齐僧影响而皈依佛教，为北齐被灭之际后主将突厥作为身退之地埋下了伏笔，也为北齐与龟兹的交往奠定了基础。作者还认为，佗钵可汗廷是北朝末年“僧人的避难所、北齐政府的战略伙伴”。崔明德、张书艳对北魏平城时期的宗教与民族关系进行了探讨。作者认为，在北魏平城时期，宗教与民族关系密切相关。北魏结束了五胡十六国的动乱局面，一统黄河流域，但其境内民族众多，矛盾复杂。统治阶级不仅需要树立正统形象，取得合法统治地位，还要缓和内部民族关系，维护政权稳定。道教和佛教趁机而入，与北魏政治密切结合。统治者利用道教取得了合法统治权，缓和了胡汉关系；佛教在统治阶级的支持下迅速扩展，加强了不同民族之间的交流，但也引发了民族矛盾和斗争。北魏平城时期道教和佛教的大发展，各种宗教组织的产生，把不同民族的人们汇集到同一种信仰下，带动了不同民族之间的交流，一定程度上有助于消除民族隔阂，产生文化认同感［《略论北魏平城时期的宗教与民族关系》，《鲁东大学学报（哲学社会科学版）》2010 年第 6 期］。黄夏年、于光在《北朝佛教与民族关系》［《宝鸡文理学院学报（社会科学版）》2020 年第 3 期］一文中认为，“治民之本”最重要的是从观念上去改变民族的思维，而“四姓出家，同一释种”的佛教理念在北朝社会起到了推动民族和解的作用。

结　语

通过对南北朝民族关系研究状况的简单梳理，可以看出在专家学者的共同努力下，南北朝民族关系的研究已取得了比较丰硕的成果，其特点也较为突出：一是研究队伍在不断壮大，既有资深的前辈学者数年如一日的埋头于古籍之中，刻苦钻研，也有后起之秀以新颖的思维方式尝试着对史料、史实进行更为独到的诠释和解读；二是多角度、多层次探讨了南北朝的民族关系。当然，研究中也存在一些不足之处，主要有以下几点。

一是微观研究成果较多，但从宏观角度探讨南北朝民族关系发展演变的成果较少。

二是对具有指导意义的民族关系思想缺乏足够的重视，对这一时期政治家、思想家、史学家及普通民众认识和思索民族关系的心路历程，更是少有人加以探寻。

三是民族融合的研究范围比较狭窄。南北朝的各个时期都存在着多民族政权，这一时期的民族融合是多民族的交融。目前，对南北朝时期民族融合的研究，往往侧重于鲜卑族与汉族之间的融合，而对鲜卑与匈奴、羯、氐、羌等民族间、南方各民族间以及南北民族间的融合和相互影响研究甚少。

四是研究着力不均。这主要表现在三个方面：其一，对汉化和鲜卑化问题的研究着力不均。鲜卑族的汉化是南北朝时期民族融合的一个非常显著的特点，也是历来学界研究的重要内容，而对于汉族鲜卑化的问题却很少涉猎。其二，对东魏北齐、西魏北周的民族关系研究不足。由于北魏王朝的重要地位和典型代表性，研究者多以北魏民族关系为重心，而对东魏北齐、西魏北周的民族关系虽有所涉猎，但关注不够，研究也不是很深入。其三，缺乏对南朝民族关系的深入研究。相较于北朝民族关系的研究，南朝民族关系的研究明显呈现数量少、力度低、新成果不多等局限。

因此，对南北朝民族关系的研究还需要专家学者付出更多的心血，不断向纵深方向发展，力求取得更多的精品力作。

附录二　南北朝时期民族关系大事记

公元 420 年（宋武帝永初元年，北魏明元帝泰常五年）

河西屠各帅黄大虎、羌酋不蒙娥等遣使附魏。杏城羌酋狄温子率三千余家降魏。西秦王基等袭击北凉沮渠蒙逊于胡园戍，俘获二千余人。

公元 421 年（宋武帝永初二年，北魏明元帝泰常六年）

北凉破敦煌，李恂自杀，西凉亡。西域诸国皆向北凉称臣纳贡。吐谷浑王慕容阿柴遣使降西秦。北凉伐西秦，大败。宋武帝封北凉沮渠蒙逊为镇军大将军、开府仪同三司、凉州刺史。

公元 422 年（宋武帝永初三年，北魏明元帝泰常七年）

西秦乞伏孔子等大破匈奴契汗秃真。宋武帝封仇池公杨盛为武都王。北魏大举伐宋，攻拔宋滑台及沿河多郡。

公元 423 年（宋少帝景平元年，北魏明元帝泰常八年）

北魏攻拔宋金墉、虎牢等地。柔然寇魏边，魏筑长城二千余里以御柔然。北凉及吐谷浑皆遣使向刘宋朝贡。唐契及弟唐和、甥李宝同奔伊吾，臣于柔然，柔然以唐契为伊吾王。西秦乞伏炽磐遣使者到魏，贡黄金二百斤，并陈伐夏方略。

公元 424 年（宋文帝元嘉元年，北魏太武帝始光元年）

柔然攻魏云中。林邑王范阳迈寇日南、九德诸郡。宕昌王梁弥匆遣子弥黄到魏。魏攻打柔然。

公元 425 年（宋文帝元嘉二年，北魏太武帝始光二年）

北魏大举攻伐柔然，五道并进，柔然北走。宋以杨盛世子杨玄为北秦州刺史、武都王。

公元 426 年（宋文帝元嘉三年，北魏太武帝始光三年）

西秦乞伏炽磐复遣使到魏，请用师于夏。西秦讨伐北凉。夏围西秦抱罕。北凉沮渠蒙逊及氐王杨玄遣使附魏。

公元 427 年（宋文帝元嘉四年，北魏太武帝始光四年）

北魏遣使聘宋。魏攻拔夏统万。

公元 428 年（宋文帝元嘉五年，北魏太武帝神䴥元年）

夏主赫连昌攻魏安定，兵败被擒。柔然寇魏边。宋伐魏济阳、陈留。

公元 429 年（宋文帝元嘉六年，北魏太武帝神䴥二年）

夏酒泉公赫连隽奔魏。丁零鲜于台阳等请降于北魏。北凉攻拔西秦西平。北魏袭破柔然。吐谷浑伐西秦，大败。魏击高车诸部，迎降者数十万落。魏徙柔然、高车降附之民于漠南，使之耕牧而收其贡赋。北凉、吐谷浑遣使向宋纳贡。

公元 430 年（宋文帝元嘉七年，北魏太武帝神䴥三年）

宋文帝以吐谷浑王慕容慕为征西将军、沙州刺史、陇西公。北魏封被俘前夏王赫连昌为秦王。吐谷浑袭击西秦。林邑王范阳迈遣使到宋朝贡。夏约宋伐魏，魏发兵击夏。北魏大破夏，赫连定出逃。

公元 431 年（宋文帝元嘉八年，北魏太武帝神䴥四年）

夏灭西秦。柔然遣使到北魏。北魏遣散骑侍郎周绍聘宋，且求婚。北凉沮渠蒙逊遣子安周入侍于魏。

公元 432 年（宋文帝元嘉九年，北魏太武帝延和元年）

吐谷浑王送赫连定于北魏，魏人杀之。北魏伐北燕，大捷。吐谷浑向宋进贡。宋将吐谷浑王慕晋爵为陇西王。北燕郭渊劝燕王献女于北魏，乞为附庸。

公元 433 年（宋文帝元嘉十年，北魏太武帝延和二年）

北魏遣使到宋，为太子拓跋晃求婚。北魏封沮渠牧犍为河西王。

公元 434 年（宋文帝元嘉十一年，北魏太武帝延和三年）

北燕遣使请和于北魏，魏主不许。北魏与柔然和亲。北燕遣使请罪于北魏，并求和亲。北魏斩山胡酋长白龙，屠其城。

公元 435 年（宋文帝元嘉十二年，北魏太武帝太延元年）

北燕数为北魏所攻，遣使到建康称藩。北燕遣使到宋乞师。龟兹、疏勒、乌孙、悦般、渴盘陁、鄯善、焉耆、车师、粟特入贡于北魏。高句丽遣使入贡于北魏。

公元 436 年（宋文帝元嘉十三年，北魏太武帝太延二年）

氐王杨难当自称大秦王，仿天子之制，犹贡奉宋、魏不绝。柔然与魏绝和亲，侵犯北魏边境。

公元 437 年（宋文帝元嘉十四年，北魏太武帝太延三年）

北魏讨灭山胡白龙余党于西河。北魏封吐谷浑王慕利延为镇西大将军、仪同三司，改封西平王。北魏遣使到西域，招抚九国。北魏与北凉和亲。北凉向宋献杂书及敦煌赵所撰《甲寅元历》，并求杂书数十种，宋文帝皆与之。

公元 438 年（宋文帝元嘉十五年，北魏太武帝太延四年）

宋以吐谷浑王慕利延为陇西王。北魏自五原北伐柔然，无功而还。高句丽杀北燕冯弘。

公元 439 年（宋文帝元嘉十六年，北魏太武帝太延五年）

宋改封陇西王吐谷浑慕容慕利延为河南王。北魏攻破北凉，北凉亡。北魏统一北方。

公元 440 年（宋文帝元嘉十七年，北魏太武帝太平真君元年）

北凉支属沮渠无讳降北魏，凉州平。

公元 441 年（宋文帝元嘉十八年，北魏太武帝太平真君二年）

北魏以沮渠无讳为征西大将军、凉州牧、酒泉王。北魏封柔然郁久闾乞列归为朔方王。天门蛮田向求等反叛，为曹孙念所讨破。

公元 442 年（宋文帝元嘉十九年，北魏太武帝太平真君三年）

北魏分道侵宋。沮渠无讳据高昌，阚爽奔柔然。宋封沮渠无讳为凉州刺史、河西王。柔然遣使到建康。

公元 443 年（宋文帝元嘉二十年，北魏太武帝太平真君四年）

北魏攻破刘宋乐乡、下辩、浊水等地。乌洛侯国遣使到北魏。魏军分四道以轻骑袭击柔然。

公元 444 年（宋文帝元嘉二十一年，北魏太武帝太平真君五年）

吐谷浑慕容纬世弟吒力延等八人奔北魏，魏以吒力延为归义王。宋以沮渠安周为都督凉州刺史、河西王。

公元 445 年（宋文帝元嘉二十二年，北魏太武帝太平真君六年）

北魏讨击叛胡，出配郡县。北魏出击吐谷浑。宋大破缘沔诸蛮。吐谷浑西入于阗，杀其王，据其地。魏卢水胡盖吴聚众反于杏城，并向宋上表自归。北魏掠宋淮泗以北之民以实河北。

公元 446 年（宋文帝元嘉二十三年，北魏太武帝太平真君七年）

宋文帝以卢水胡盖吴为雍州刺史、北地公。北魏大破盖吴。刘宋攻占林邑国。

公元 447 年（宋文帝元嘉二十四年，北魏太武帝太平真君八年）

北魏吐京胡及山胡曹仆浑等反叛，被平定。仇池杨文德据北魏葭芦城，招诱氐、羌，武都等五郡氐皆附之。

公元 448 年（宋文帝元嘉二十五年，北魏太武帝太平真君九年）

西域般悦国约北魏合击柔然，魏主许之。北魏击破焉耆，又自焉耆西讨龟兹，攻柔然，无功而还。

公元 449 年（宋文帝元嘉二十六年，北魏太武帝太平真君十年）

北魏征伐柔然，柔然处罗可汗远遁。沔北诸山蛮寇雍州，宋军讨之，群蛮奔溃。

公元 450 年（宋文帝元嘉二十七年，北魏太武帝太平真君十一年）

车师为沮渠氏所攻，向北魏求救。吐谷浑为北魏所逼，向宋上表求入保越。北魏向宋求和请婚。宋兵分三路大举北伐，北魏数州沦陷。北魏侵宋至瓜步，建康大震。

公元 451 年（宋文帝元嘉二十八年，北魏太武帝正平元年）

宋遣使至魏，魏遣郎法祐到宋修好。

公元 452 年（宋文帝元嘉二十九年，北魏文成帝兴安元年）

宋文帝再次北伐，无功而返。吐谷浑联络宋和北魏。西阳五水群蛮反。陇西屠各王景文叛魏，署置王侯。

公元 453 年（宋文帝元嘉三十年，北魏文成帝兴安二年）

萧道成等率氐、羌攻北魏武都。宋文帝命刘骏统领诸军征讨西阳蛮。

公元 455 年（宋孝武帝孝建二年，北魏文成帝太安元年）

宋封故氐王杨保宗子元和为征虏将军、杨头为辅国将军。

公元 456 年（宋孝武帝孝建三年，北魏文成帝太安二年）

丁零数千家匿井陉山中为盗，被北魏击灭。宋濮阳太守姜龙驹、新平太守杨自伦弃郡奔北魏。

公元 457 年（宋孝武帝大明元年，北魏文成帝太安三年）

北魏寇兖州，败宋东平太守刘胡。

公元 458 年（宋孝武帝大明二年，北魏文成帝太安四年）

北魏出击柔然，柔然处罗可汗远遁，其别部乌朱驾颓等率数千落降于魏。

公元 459 年（宋孝武帝大明三年，北魏文成帝太安五年）

宋兖州兵与北魏皮豹子战于高平，兖州兵不利。

公元 460 年（宋孝武帝大明四年，北魏文成帝和平元年）

北魏征讨河西叛胡。吐谷浑王慕容拾寅接受宋、魏封爵。宋征讨缘江蛮。柔然攻高昌，灭沮渠氏，以阚伯周为王。

公元 461 年（宋孝武帝大明五年，北魏文成帝和平二年）

宋与北魏派使者互访。

公元 462 年（宋孝武帝大明六年，北魏文成帝和平三年）

氐豪仇檀反，被陆真讨平。

公元 463 年（宋孝武帝大明七年，北魏文成帝和平四年）

北魏员外散骑常侍游明根等到宋访问。

公元 464 年（宋孝武帝大明八年，北魏文成帝和平五年）

柔然处罗可汗死，其子郁久闾予成立，号受罗部真可汗。部真率众侵魏被击破。高车五部相聚祭天，北魏文成帝前往观看，高车大喜。

公元 465 年（宋明帝泰始元年，北魏文成帝和平六年）

宋文帝之子刘昶叛宋奔魏，娶北魏公主，被封为丹杨王。

公元 466 年（宋明帝泰始二年，北魏献文帝天安元年）

宋薛安都叛乱并乞降于北魏，常珍奇亦以悬瓠降魏。

公元 467 年（宋明帝泰始三年，北魏献文帝皇兴元年）

宋与北魏交战，失淮北四州及豫州淮西之地。北魏攻宋汝阴、青州。宋将沈攸之攻魏，下邳等郡入魏。

公元 468 年（宋明帝泰始四年，北魏献文帝皇兴二年）

北魏寇宋武津、义阳。宋东徐州、东兖州、兰陵、历城守将降魏。

公元 469 年（宋明帝泰始五年，北魏献文帝皇兴三年）

北魏攻陷宋东阳，青冀之地尽入魏。北魏遣使到宋请求和亲，从此信使岁通。三峡蛮、獠起事，孙谦开布恩信，蛮、獠归附。

公元 470 年（宋明帝泰始六年，北魏献文帝皇兴四年）

北魏击败吐谷浑。柔然部真可汗侵魏大败。柔然攻于阗，于阗遣使者素目伽向北魏求救。

公元 471 年（宋明帝泰始七年，北魏孝文帝延兴元年）

北魏沃野、统万二镇敕勒反叛，为太尉源贺讨平。

公元 472 年（宋明帝泰豫元年，北魏孝文帝延兴二年）

太阳蛮酋桓诞拥沔水以北、滍叶以南八万余落降北魏。柔然侵魏。东部敕勒投奔柔然。宋荆州刺史苛刻，诸蛮群起反叛。

公元 473 年（宋苍梧王元徽元年，北魏孝文帝延兴三年）

吐谷浑寇北魏浇河。吐谷浑请降，遣子入侍。北魏武都氐反，攻仇池。柔然侵魏，柔玄镇二部敕勒应之。

公元 474 年（宋苍梧王元徽二年，北魏孝文帝延兴四年）

柔然遣使到宋。柔然寇北魏敦煌，被尉多侯击破。

公元 475 年（宋苍梧王元徽三年，北魏孝文帝延兴五年）

北魏员外散骑常侍许赤虎到宋访问。

公元 476 年（宋苍梧王元徽四年，北魏孝文帝承明元年）

北魏冯太后临朝称制。

公元 477 年（宋顺帝升明元年，北魏孝文帝太和元年）

氐王杨文度遣其弟杨文弘攻陷北魏仇池。北魏封杨文弘为南秦州刺史、武都王。

公元 478 年（宋顺帝升明二年，北魏孝文帝太和二年）

宕昌王弥机初立，北魏封其为河南公、宕昌王。宋封杨文弘为北秦州刺史、武都王。

公元 479 年（齐高帝建元元年，北魏孝文帝太和三年）

萧道成即帝位，国号齐。北魏葭芦镇主杨广香请降，南齐以杨广香为沙州刺史。柔然十余万骑寇北魏，至塞上而还。契丹莫贺弗勿干率部落万余口入附北魏，居白狼水东。

公元480年（齐高帝建元二年，北魏孝文帝太和四年）

北魏攻齐马头戍、钟离等地，大败。蛮人反叛，攻略潼阳、平昌、汶阳等地。柔然遣使到齐访问。

公元481年（齐高帝建元三年，北魏孝文帝太和五年）

齐大破北魏于淮北。邓至王像舒遣使入贡于魏。柔然别帅他稽率众降魏。柔然可汗遣使约齐伐魏。

公元482年（齐高帝建元四年，北魏孝文帝太和六年）

荆州巴、氐反叛，李崇宣诏慰谕，民众帖然。

公元483年（齐武帝永明元年，北魏孝文帝太和七年）

齐武帝以宕昌王梁弥机为河、凉二州刺史，邓至王像舒为西凉刺史。北魏与齐互派使者访问。

公元484年（齐武帝永明二年，北魏孝文帝太和八年）

高丽王琏遣使向北魏和齐朝贡。时高丽方强，魏置诸国使邸，齐使第一，高丽次之。陈显达夜袭益州大度獠。

公元485年（齐武帝永明三年，北魏孝文帝太和九年）

仇池镇将穆亮击走吐谷浑，立梁弥承为宕昌王。氐、羌反叛。柔然骚扰北魏边境。

公元486年（齐武帝永明四年，北魏孝文帝太和十年）

宋武帝封杨集始为北秦州刺史、武都王。柔然遣使者牟提到北魏。湘州蛮反叛，为宋柳世隆所讨平。

公元487年（齐武帝永明五年，北魏孝文帝太和十一年）

柔然寇掠北魏。

公元488年（齐武帝永明六年，北魏孝文帝太和十二年）

齐以宕昌王梁弥承为河、凉二州刺史。柔然伊吾戍主高羔子率众三千以城附北魏。北魏遣兵袭击百济。

公元 489 年（齐武帝永明七年，北魏孝文帝太和十三年）

北魏与齐互派使者访问。柔然别帅叱吕勤降北魏。

公元 490 年（齐武帝永明八年，北魏孝文帝太和十四年）

地豆干频寇北魏边境，被北魏拓跋颐击走。库莫奚寇北魏边境。齐以慕容伏连筹为秦、河二州刺史。齐以百济王牟大为镇东大将军、百济王。高车遣使到北魏，请为北魏讨除柔然。

公元 491 年（齐武帝永明九年，北魏孝文帝太和十五年）

北魏与齐互访。高丽王琏卒，北魏为之举哀于东郊。南齐封当根纯为都督缘海诸军事、林邑王。

公元 492 年（齐武帝永明十年，北魏孝文帝太和十六年）

北魏封高云为督辽海诸军事、辽东公、高句丽王。吐谷浑遣世子慕容贺虏头入朝于北魏。北魏分军三道击破柔然。武兴氐王杨集始寇汉中。齐武帝封范诸农为都督缘海诸军事、林邑王。

公元 493 年（齐武帝永明十一年，北魏孝文帝太和十七年）

蛮帅田益宗叛，降于北魏。襄阳蛮酋雷婆思请求内徙于北魏，北魏处之于沔北。邓至王像舒彭遣其子旧朝于北魏，且请传位于旧，孝文帝许之。

公元 494 年（齐明帝建武元年，北魏孝文帝太和十八年）

南齐遣使聘于北魏。北魏谋划大举伐齐。

公元 495 年（齐明帝建武二年，北魏孝文帝太和十九年）

沮水氐杨馥之为齐击破武兴氐杨集始。齐封杨馥之为北秦州刺史、仇池公。

公元 496 年（齐明帝建武三年，北魏孝文帝太和二十年）

北魏平定吐京胡反叛。

公元 497 年（齐明帝建武四年，北魏孝文帝太和二十一年）

北魏氐帅杨灵珍举州降齐，被封为北秦州刺史、仇池公、武都王。高昌王马儒遣使入贡于北魏，求举国内徙，魏割伊吾之地五百里以安置马儒部众。

公元 498 年（齐明帝永泰元年，北魏孝文帝太和二十二年）

北魏出兵击高车，高车相率降北魏。

公元 499 年（齐东昏侯永元元年，北魏孝文帝太和二十三年）

北魏大破齐兵。齐以杨集始为秦州刺史。

公元 500 年（齐东昏侯永元二年，北魏宣武帝景明元年）

齐将裴叔业降北魏。北魏大破齐于寿阳、肥口，淮南之地多入北魏。大阳蛮田育丘等二万八千户归附于北魏，北魏置四郡十八县。杨集始率其部曲千余人降北魏，北魏使其归守武兴。

公元 501 年（齐和帝中兴元年，北魏宣武帝景明二年）

柔然侵犯北魏边境。

公元 502 年（梁武帝天监元年，北魏宣武帝景明三年）

萧衍称帝。北魏徙蛮于幽并及六镇，寻皆南走。鲁阳蛮鲁北燕等起兵攻北魏颍州、湖阳等地。

公元 503 年（梁武帝天监二年，北魏宣武帝景明四年）

北魏杨椿等大破叛氐，斩首数千级。陈伯之投降北魏。东荆州蛮樊素安反叛。扶南、龟兹、中天竺向梁朝献。

公元 504 年（梁武帝天监三年，北魏宣武帝正始元年）

北魏杨大眼击破叛蛮樊季安等。梁封扶南王侨陈如阇耶跋摩为安南将军。北魏李崇击破东荆叛蛮，生擒樊素安，进讨西荆诸蛮。柔然攻北魏沃野及怀朔镇，北魏筑九城，以防柔然。梁以吐谷浑王伏连筹为西秦、河二州刺史、河南王。

公元 505 年（梁武帝天监四年，北魏宣武帝正始二年）

北魏以宕昌世子梁弥博为宕昌王。梁封梁弥博为河、凉二州刺史、宕昌王。雍州蛮田青喜降北魏。北魏遣骠骑大将军源怀征讨武兴氐。

公元 506 **年（梁武帝天监五年，北魏宣武帝正始三年）**

北魏攻克武兴，仇池杨氏亡。柔然可汗佗汗遣使到北魏请和。獠王赵清荆引梁兵为寇被击破。杨竖眼施恩布信，大得獠和。

公元 507 **年（梁武帝天监六年，北魏宣武帝正始四年）**

梁大破北魏于钟离。冯翊等七郡叛降北魏。

公元 508 **年（梁武帝天监七年，北魏宣武帝永平元年）**

梁以高丽王高云为抚东大将军。巴陵马营蛮缘江为寇。蛮帅田益宗归附北魏。高车击杀柔然佗汗可汗。柔然复遣纥奚勿六跋献貂裘于北魏，北魏拒收。

公元 509 **年（梁武帝天监八年，北魏宣武帝永平二年）**

群蛮渡汉水降梁。梁武帝求和，北魏不从。

公元 511 **年（梁武帝天监十年，北魏宣武帝永平四年）**

梁破魏军，攻取朐山。北魏汾州山胡刘龙驹聚众反，侵扰夏州。

公元 513 **年（梁武帝天监十二年，北魏宣武帝延昌二年）**

临近魏境的郁洲之民多私下与魏人交易。梁徐道角等降北魏。

公元 514 **年（梁武帝天监十三年，北魏宣武帝延昌三年）**

蛮帅田鲁生等归附梁。北魏遣马义舒慰谕柔然。

公元 515 **年（梁武帝天监十四年，北魏宣武帝延昌四年）**

北魏薛怀吉、崔暹破氐。定州刺史田超秀率众三千降北魏。葭萌民任令宗以城降梁，汉獠多应之。

公元 516 **年（梁武帝天监十五年，北魏孝明帝熙平元年）**

北魏攻取梁东益州。柔然伏跋可汗击破高车。

公元 517 **年（梁武帝天监十六年，北魏孝明帝熙平二年）**

梁巴州刺史牟汉宠降北魏。柔然请和于魏，用敌国之礼。

公元 518 **年（梁武帝天监十七年，北魏孝明帝神龟元年）**

北魏封氐酋杨定为阴平王。北魏遣宋云等赴西域求佛经。北魏与波斯通使。

北魏秦州羌、东益州氐、南秦氐反叛。北魏河州羌却铁忽反叛，自称水池王。

公元 519 年（梁武帝天监十八年，北魏孝明帝神龟二年）

高句丽王云去世，世子安继立。

公元 520 年（梁武帝普通元年，北魏孝明帝正光元年）

柔然内讧，可汗被杀，弟阿那瓌立，兵败奔北魏。

公元 521 年（梁武帝普通二年，北魏孝明帝正光二年）

北魏发兵送阿那瓌回国。魏安置阿那瓌于怀朔镇北，将内附柔然部众交给阿那瓌。北魏使假抚军将军邴虬征讨南秦叛氐。蛮酋文僧明、田守德拥所部降北魏，魏以文僧明为西豫州刺史、田守德为义州刺史。北魏东益、南秦氐皆反，王琛出兵征讨，为氐所败。北魏派安西将军元洪超到敦煌安置柔然婆罗门。

公元 522 年（梁武帝普通三年，北魏孝明帝正光三年）

柔然弥偶可社句附于嚈哒，魏击擒之。高车王伊匐遣使入贡于北魏，被北魏封为镇西将军、西海郡公、高车王。伊匐与柔然战失败，其弟越居杀伊匐自立。柔然阿那瓌向北魏求粟种，北魏与之万石。

公元 523 年（梁武帝普通四年，北魏孝明帝正光四年）

柔然大饥，阿那瓌率其众入北魏，要求赈给，北魏予以抚谕。

公元 524 年（梁武帝普通五年，北魏孝明帝正光五年）

梁伐北魏，半年连克十余城。东西部敕勒皆叛北魏，附于破六韩拔陵。北魏汾州诸胡反叛，章武王融率兵讨之。北魏招谕南秦诸氐，收复六郡十二戍。吐谷浑王伏连筹出兵凉州，于菩提弃城而逃，后被斩杀。

公元 525 年（梁武帝普通六年，北魏孝明帝孝昌元年）

北魏徐州刺史元法僧称帝，随后降梁。柔然可汗阿那瓌助北魏讨破六韩拔陵。西部敕勒复降于北魏。吐谷浑助北魏平定凉州。魏二荆、西郢群蛮皆反，临淮王元彧征讨，群蛮逃散。

公元 526 年（梁武帝普通七年，北魏孝明帝孝昌二年）

北魏西部敕勒斛律洛阳反于桑乾西，被尔朱荣击破。北魏以安西将军宗正珍孙为都督，征讨汾州胡。

公元 527 年（梁武帝大通元年，北魏孝明帝孝昌三年）

梁攻取北魏东豫州、琅琊郡等地。柔然头兵可汁遣使入贡于北魏。

公元 528 年（梁武帝大通二年，北魏孝庄帝永安元年）

柔然头兵可汗数入贡于北魏，魏允许其赞拜不名，上书不称臣。万俟奴自称天子，置百官。波斯国献狮子于北魏。

公元 529 年（梁武帝中大通元年，北魏孝庄帝永安二年）

梁张景邕、李灵起、萧进明降北魏。万俟丑奴攻陷北魏东秦州。

公元 530 年（梁武帝中大通二年，北魏东海王建明元年）

北魏尔朱天光等出击万俟丑奴。梁以吐谷浑王佛辅为西秦、河二州刺史。

公元 531 年（梁武帝中大通三年，北魏节闵帝普泰元年）

北魏郑先护奔梁。北魏南兖州城民王乞得劫刺史刘世明举州降梁。

公元 532 年（梁武帝中大通四年，北魏孝武帝永熙元年）

梁送北魏王悦入洛。

公元 533 年（梁武帝中大通五年，北魏孝武帝永熙二年）

北魏东徐州民王早等以下邳降梁。耿翔弃青州城奔梁。北魏荆州刺史贺拔胜寇雍州，煽动诸蛮。

公元 534 年（梁武帝中大通六年，东魏孝静帝天平元年）

北魏分裂。蛮酋樊五能攻破淅阳郡。

公元 535 年（梁武帝大同元年，东魏孝静帝天平二年，西魏文帝大统元年）

东魏袭破稽胡刘蠡升。东魏丞相欢伪与刘蠡升约和，许以女妻其太子，乘其不备，举兵袭之，俘获五万余户。柔然与东魏和亲。柔然数侵西魏，西魏使库狄峙出使柔然，约定和亲。

公元 536 年（梁武帝大同二年，东魏孝静帝天平三年，西魏文帝大统二年）

侯景之乱爆发。梁与东魏议和。

公元 537 年（梁武帝大同三年，东魏孝静帝天平四年，西魏文帝大统三年）

柔然侵东魏三堆，被高欢击退。

公元 538 年（梁武帝大同四年，东魏孝静帝元象元年，西魏文帝大统四年）

西魏与柔然互婚。东魏与梁互访。

公元 539 年（梁武帝大同五年，东魏孝静帝兴和元年，西魏文帝大统五年）

东魏遣散骑常侍王元景、魏收到梁访问。

公元 540 年（梁武帝大同六年，东魏孝静帝兴和二年，西魏文帝大统六年）

西魏令诸军屯沙苑以备柔然，柔然至夏州而退。吐谷浑遣使假道柔然，聘于东魏。

公元 541 年（梁武帝大同七年，东魏孝静帝兴和三年，西魏文帝大统七年）

梁与东魏互派使者访问。

公元 542 年（梁武帝大同八年，东魏孝静帝兴和四年，西魏文帝大统八年）

东魏与梁互访。

公元 543 年（梁武帝大同九年，东魏孝静帝武定元年，西魏文帝大统九年）

清水氐酋李鼠仁反叛。

公元 544 年（梁武帝大同十年，东魏孝静帝武定二年，西魏文帝大统十年）

东魏丞相高欢击破山胡。

公元 545 年（梁武帝大同十一年，东魏孝静帝武定三年，西魏文帝大统十一年）

东魏与吐谷浑和亲。西魏出使突厥。西魏与柔然头兵可汗谋划联兵征伐东魏。柔然与东魏和亲，阿那瓌以女妻高欢。

公元 546 年（梁武帝中大同元年，东魏孝静帝武定四年，西魏文帝大统十二年）

突厥收服高车。

公元 547 年（梁武帝太清元年，东魏孝静帝武定五年，西魏文帝大统十三年）

侯景以十三州降梁，被梁封为河南王。梁武帝下令大举征伐东魏。

公元 548 年（梁武帝太清二年，东魏孝静帝武定六年，西魏文帝大统十四年）

侯景叛梁。梁武帝遣谢挺、徐陵等出访东魏，复修前好。

公元 549 年（梁武帝太清三年，东魏孝静帝武定七年，西魏文帝大统十五年）

百济遣使向梁朝贡。萧詧遣使求援于西魏，请为附庸。侯景攻占梁都建康，梁武帝饿死台城。

公元 550 年（梁简文帝大宝元年，北齐文宣帝天保元年，西魏文帝大统十六年）

宕昌王梁弥定为其宗人獠甘所袭，投奔西魏。羌酋傍乞铁匆据渠株川，与渭州民郑五丑联合诸羌反叛，被史宁击破。梁王萧詧入朝西魏。高欢子高洋称帝，国号齐。

公元 551 年（梁豫章王天正元年，北齐文宣帝天保二年，西魏文帝大统十七年）

突厥酋长土门击破柔然。突厥与柔然绝交，求婚于西魏，宇文泰以长乐公主妻之。

公元 552 年（梁元帝承圣元年，北齐文宣帝天保三年，西魏废帝元年）

突厥土门击破柔然，柔然部众奔齐。

公元 553 年（梁元帝承圣二年，北齐文宣帝天保四年，西魏废帝二年）

吐谷浑可汗夸吕臣服西魏。北齐大破契丹。突厥复攻柔然，柔然举国奔齐。北齐出击突厥，突厥请降。

公元 554 年（梁元帝承圣三年，北齐文宣帝天保五年，西魏恭帝元年）

北齐讨破山胡、柔然。邓至羌檐失国，投奔西魏。

公元 555 年（梁敬帝绍泰元年，后梁宣帝大定元年，北齐文宣帝天保六年，西魏恭帝二年）

北齐击败柔然。突厥破柔然，败嚈哒，东逐契丹。

公元 556 年（梁敬帝太平元年，后梁宣帝大定二年，北齐文宣帝天保七年，西魏恭帝三年）

北齐击破鲁阳蛮。西魏江州刺史陆腾讨平陵州叛獠。突厥与西魏共同袭击吐谷浑。

公元 557 年（陈武帝永定元年，后梁宣帝大定三年，北齐文宣帝天保八年，北周明帝元年）

吐谷浑寇掠北周，攻凉、鄯、河三州。北齐遣使到梁请和。

公元 558 年（陈武帝永定二年，后梁宣帝大定四年，北齐文宣帝天保九年，北周明帝二年）

南豫州刺史沈泰奔齐。齐广陵南城主张显和、长史张僧那各率所部降陈。

公元 559 年（陈武帝永定三年，后梁宣帝大定五年，北齐文宣帝天保十年，北周明帝武成元年）

吐谷浑寇掠北周边境，北周攻拔吐谷浑之洮阳、洪和二城，以其地为洮州。

公元 560 年（陈文帝天嘉元年，后梁宣帝大定六年，北齐孝昭帝皇建元年，北周明帝武成二年）

北齐孝昭帝亲自率军出击库莫奚，大获全胜。

公元 561 年（陈文帝天嘉二年，后梁宣帝大定七年，北齐武成帝太宁元年，北周武帝保定元年）

北周与陈互访。

公元 562 年（陈文帝天嘉三年，后梁明帝天保元年，北齐武成帝河清元年，北周武帝保定二年）

陈文帝欲与北齐和亲。陈与北齐互访。

公元 563 年(陈文帝天嘉四年，后梁明帝天保二年，北齐武成帝河清二年，北周武帝保定三年)

北齐遣使向突厥求婚，赂遗甚厚。北周欲与突厥木杆可汗联兵伐齐，答应娶其女为皇后。

公元 564 年(陈文帝天嘉五年，后梁明帝天保三年，北齐武成帝河清三年，北周武帝保定四年)

突厥寇北齐幽州，进入长城，大掠而还。宕昌王梁弥定屡寇北周边境，北周将其讨灭，以其地置宕州。

公元 565 年（陈文帝天嘉六年，后梁明帝天保四年，北齐后主天统元年，北周武帝保定五年）

北周到突厥迎娶可汗之女。突厥遣使到齐，始与齐通。

公元 566 年（陈文帝天康元年，后梁明帝天保五年，北齐后主天统二年，北周武帝天和元年）

吐谷浑龙涸王莫昌率部落归附北周，北周以其地为扶州。信州蛮冉令贤、向五子王等据巴峡反叛，攻陷白帝。

公元 567 年（陈废帝光大元年，后梁明帝天保六年，北齐后主天统三年，北周武帝天和二年）

北齐遣散骑常侍司马幼之到陈访问。陈击败周师。

公元 568 年（陈废帝光大二年，后梁明帝天保七年，北齐后主天统四年，北周武帝天和三年）

北周梁州恒棱獠叛，赵文表讨之，獠降。

公元 569 年（陈宣帝太建元年，后梁明帝天保八年，北齐后主天统五年，北周武帝天和四年）

陈宣帝遣使到北周访问。

公元 570 年（陈宣帝太建二年，后梁明帝天保九年，北齐后主武平元年，北周武帝天和五年）

北齐遣使到陈吊唁武宣皇后。

公元 571 年（陈宣帝太建三年，后梁明帝天保十年，北齐后主武平二年，北周武帝天和六年）

北齐、北周遣使到陈访问。

公元 572 年（陈宣帝太建四年，后梁明帝天保十一年，北齐后主武平三年，北周武帝建德元年）

北周与突厥和亲，岁给突厥缯絮锦彩十万段。

公元 573 年（陈宣帝太建五年，后梁明帝天保十二年，北齐后主武平四年，北周武帝建德二年）

陈宣帝谋伐北齐，吴明彻连克数十城垒。突厥求婚于北齐。

公元 574 年（陈宣帝太建六年，后梁明帝天保十三年，北齐后主武平五年，北周武帝建德三年）

北周遣御正弘农杨尚希、礼部卢恺到陈访问。

公元 575 年（陈宣帝太建七年，后梁明帝天保十四年，北齐后主武平六年，北周武帝建德四年）

北周遣使到陈访问。陈车骑大将军吴明彻在吕梁击败北齐官兵。

公元 576 年（陈宣帝太建八年，后梁明帝天保十五年，北齐安德王德昌元年，北周武帝建德五年）

北周太子出征吐谷浑，至伏俟城而还。

公元 577 年（陈宣帝太建九年，后梁明帝天保十六年，北齐幼主承光元年，北周武帝建德六年）

北周军队攻克晋阳，北齐使纥奚永安求救于突厥。北周征讨稽胡，翦其魁首，余加慰抚。

公元578年(陈宣帝太建十年，后梁明帝天保十七年，北周武帝宣政元年)

突厥寇掠北周幽州、围酒泉，杀掠吏民。北周征伐突厥，五道俱进。

公元579年（陈宣帝太建十一年，后梁明帝天保十八年，北周静帝大象元年）

突厥佗体可汗向北周请和，周以千金公主妻之。北周尽取陈江北淮南之地。

公元580年（陈宣帝太建十二年，后梁明帝天保十九年，北周静帝大象二年）

突厥入贡于北周。北周豫、荆、襄三州蛮反，攻破郡县。郧州巴蛮多叛，被王谊遣将讨平。北周达奚儒破氐帅杨永安，沙州平。

公元581年(陈宣帝太建十三年，后梁明帝天保二十年，隋文帝开皇元年)

稽胡反叛。吐谷浑王侯三十人各率所部降隋。突厥与故齐营州刺史高宝宁联兵为寇。隋离间突厥各部。

公元582年（陈宣帝太建十四年，后梁明帝天保二十一年，隋文帝开皇二年）

隋大破突厥。

公元583年(陈后主至德元年，后梁明帝天保二十二年，隋文帝开皇三年)

隋发兵八道，大破突厥。

公元584年（陈后主至德二年，后梁天保二十二年，隋文帝开皇四年）

突厥苏尼部万余口降隋。突厥达头可汗请降于隋。隋出击吐谷浑，杀男女万余口。突厥沙钵略可汗数为隋所败，向隋请求和亲。

公元585年（陈后主至德三年，后梁天保二十四年，隋文帝开皇五年）

隋遣元契出使西突厥。沙钵略与隋立约，以碛为界，永为藩附。

公元586年（陈后主至德四年，后梁莒公广运元年，隋文帝开皇六年）

党项羌请降于隋。隋颁历于突厥。吐谷浑太子嵬王诃谋率部落一万五千户降隋，请隋发兵迎接，被隋文帝拒绝。

公元587年（陈后主祯明元年，后梁莒公广运二年，隋文帝开皇七年）

突厥沙钵略可汗遣其子入贡于隋。

公元588年（陈后主祯明二年，隋文帝开皇八年）

吐谷浑裨王拓跋木弥请求以千余家降隋。

公元589年（陈后主祯明三年，隋文帝开皇九年）

岭南数郡共奉高凉郡太夫人冼氏为主，号圣母。

参考文献

一

1. 司马迁:《史记》，中华书局，1959。

2. 班固:《汉书》，中华书局，1962。

3. 范晔:《后汉书》，中华书局，1965。

4. 房玄龄等:《晋书》，中华书局，1974。

5. 沈约:《宋书》，中华书局，1974。

6. 萧子显:《南齐书》，中华书局，1972。

7. 姚思廉:《梁书》，中华书局，1973。

8. 姚思廉:《陈书》，中华书局，1972。

9. 魏收:《魏书》，中华书局，1974。

10. 李百药:《北齐书》，中华书局，1972。

11. 令狐德棻等:《周书》，中华书局，1971。

12. 李延寿:《南史》，中华书局，1974。

13. 李延寿:《北史》，中华书局，1974。

14. 魏徵等:《隋书》，中华书局，1973。

15. 刘昫等:《旧唐书》，中华书局，1975。

16. 欧阳修等:《新唐书》，中华书局，1975。

二

1.《左传》，阮元校刻:《十三经注疏》本，中华书局，1980。

2.《礼记》，阮元校刻:《十三经注疏》本，中华书局，1980。

3.《论语》，阮元校刻:《十三经注疏》本，中华书局，1980。

4.《孟子》，阮元校刻:《十三经注疏》本，中华书局，1980。

5. 商鞅等:《商君书》，上海人民出版社，1974。

6. 吕不韦编，许维遹撰:《吕氏春秋集释》，中华书局，1985。

7. 丁福保编:《全汉三国晋南北朝诗》，中华书局，1959。

8. 严可均辑:《全后魏文》，商务印书馆，1999。

9. 严可均辑:《全齐文》，商务印书馆，1999。

10. 严可均辑:《全梁文》，商务印书馆，1999。

11. 杜佑:《通典》，中华书局，1988。

12. 欧阳询:《艺文类聚》，上海古籍出版社，1965。

13. 董诰等:《全唐文》，中华书局，1983。

14. 司马光:《资治通鉴》，中华书局，1956。

15. 叶隆礼:《契丹国志》，上海古籍出版社，1985。

16. 吕祖谦:《宋文鉴》，中华书局，1992。

17. 王钦若等:《册府元龟》，中华书局，1960 影印本。

18. 马端临:《文献通考》，中华书局，1986。

19. 许衡:《许衡集》，中华书局，2019。

20. 王夫之:《读通鉴论》，中华书局，1975。

21. 顾祖禹:《读史方舆纪要》，中华书局，2005。

22. 苏舆:《春秋繁露义证》，中华书局，1992。

23. 朱铭盘:《南朝宋会要》，上海古籍出版社，2006。

24. 张维:《陇右金石录》，甘肃省文献征集委员会，1943。

25. 赵翼：《廿二史札记》，上海古籍出版社，2011。

26. 王先谦：《荀子集解》，中华书局，1988。

三

1. 吕思勉：《中国民族史》，东方出版社，1996。

2. 林惠祥：《中国民族史》，上海文艺出版社，1990。

3. 江应梁主编：《中国民族史》，民族出版社，1990。

4. 王钟翰主编：《中国民族史》，中国社会科学出版社，1994。

5. 陈连开主编：《中国民族史纲要》，中国财政经济出版社，1999。

6. 本书编写组：《中国古代北方各族简史》，内蒙古人民出版社，1979。

7. 翁独健主编：《中国民族关系史研究》，中国社会科学出版社，1984。

8. 本书编写组：《中国北方民族关系史》，中国社会科学出版社，1987。

9. 翁独健主编：《中国民族关系史纲要》，中国社会科学出版社，2001。

10. 白翠琴：《魏晋南北朝民族史》，四川民族出版社，1996。

11. 马大正主编：《中国古代边疆政策研究》，中国社会科学出版社，1990。

12. 杨建新：《中国西北少数民族史》，民族出版社，2003。

13. 杨建新主编：《中国西北少数民族通史 · 南北朝卷》，民族出版社，2009。

14. 黄烈：《中国古代民族史研究》，人民出版社，1987。

15. 方铁：《边疆民族史探究》，中国文史出版社，2005。

16. 周伟洲：《敕勒与柔然》，上海人民出版社，1983。

17. 吕一飞：《北朝鲜卑文化之历史作用》，黄山书社，1992。

18. 田余庆：《拓跋史探》，生活 · 读书 · 新知三联书店，2003，2011 修订。

19. 彭丰文：《两晋时期国家认同研究》，民族出版社，2009。

20. 苏小华：《北镇势力与北朝政治文化》，中国社会科学出版社，2012。

21. 牟发松：《湖北通史·魏晋南北朝史卷》，华中师范大学出版社，1999。

22. 吕思勉：《两晋南北朝史》，上海古籍出版社，1983。

23. 费孝通等：《中华民族多元一体格局》，中央民族学院出版社，1989。

24. 费孝通主编：《中华民族研究新探索》，中国社会科学出版社，1991。

25. 陈寅恪：《金明馆丛稿初编》，生活·读书·新知三联书店，2001。

26. 陈寅恪：《隋唐制度渊源略论稿》，上海古籍出版社，1982。

27. 万绳楠整理：《陈寅恪魏晋南北朝讲演录》，贵州人民出版社，2007。

28. 谭其骧主编：《中国历史地图集》（3、4 册），中国地图出版社，1982。

29. 朱绍侯等主编：《中国古代史》上册，福建人民出版社，2004。

30. 刘义棠：《中国边疆民族史》，台湾中华书局，1977。

31. 刘学铫：《历代胡族王朝之民族政策》，台北知书房出版社，2005。

32. 刘学铫：《五胡史论》，台北南天书局，2001。

33. 历史月刊社编：《族群融合三千年》，（台湾）历史智库出版股份有限公司，1996。

34. [美] 巴非尔德：《危险的边疆—游牧帝国与中国》，袁剑译，江苏人民出版社，2011。

35. [日] 谷川道雄：《中国中世社会与共同体》，马彪译，中华书局，2002。

36. [日] 西嶋定生：《中国古代帝国的形成及结构——二十等爵制研究》，武尚清译，中华书局，2004。

37. [英] 杰弗里·丘比特：《历史与记忆》，王晨凤译，译林出版社，2021。

四

1. 周点水：《北魏孝文帝：一个异族统治者》，《人物月刊》1936 年第 1 卷第 3 期。

2. 劳榦:《论魏孝文之迁都与华化》,《国立中央研究院历史语言研究所集刊》1939 年第 8 本第 4 分册。

3. 王树椒:《论北魏孝文帝之新政》,《理想与文化》1944 年第 5 期。

4. 赵俪生:《北魏史述论》,《山东大学学报》1955 年第 2 期。

5. 唐长孺:《拓跋族的汉化过程》,《历史教学》1956 年第 1 期。

6. 唐长孺、黄惠贤:《北魏末期的山胡敕勒起义——北魏末期人民大起义研究之二》,《武汉大学学报(人文科学)》1964 年第 4 期。

7. 冯君实:《晋南北朝时期北方的民族融合》,《吉林师大学报》1978 年第 1 期。

8. 朱绍侯:《"五洲同盟"与"中天八国王"》,《开封师院学报(社会科学版)》1978 年第 2 期。

9. 岑家梧:《两晋南北朝时期北方民族关系史上的一些问题》,《中央民族学院学报》1980 年第 2 期。

10. 张祥光:《论北周武帝》,《贵州社会科学》1981 年第 1 期。

11. 祝总斌:《刘裕门第考》,《北京大学学报(哲学社会科学版)》1982 年第 1 期。

12. 段连勤:《我国历史上的高车族及其反抗柔然汗国统治的斗争》,《西北大学学报(哲学社会科学版)》1982 年第 2 期。

13. 陈汉平、陈汉玉:《崔浩之诛与民族矛盾何干》,《民族研究》1982 年第 5 期。

14. 吴永章:《南朝对"蛮"族的统治与"扶纳"政策》,《江汉论坛》1983 年第 6 期。

15. 莫久愚:《北魏前期政治中的民族问题和崔浩之诛——与陈汉玉、陈汉平二同志商榷》,《中国魏晋南北朝史学会成立大会暨首届学术讨论会论文集》,1984 年。

16. 缪钺:《略谈五胡十六国与北朝时期的民族关系》,《中国魏晋南北朝史学会成立大会暨首届学术讨论会论文集》,1984 年。

17. 刘琳:《北朝士族的兴衰》,《中国魏晋南北朝史学会成立大会暨首届学术讨论会论文集》,1984 年。

18. 裘士京:《试论刘裕》,《史学月刊》1984 年第 2 期。

19. 陈勇:《刘裕与晋宋之际的寒门士族》,《历史研究》1984 年第 6 期。

20. 彭体用:《从鲜、汉统治阶级的逐步合流看北魏统治的强固》,《中南民族学院学报(哲学社会科学版)》1985 年第 1 期。

21. 赵俪生:《杨愔与北朝政治》,《史学月刊》1985 年第 1 期。

22. 王应琪:《论刘裕用才》,《许昌学院学报》1985 年第 1 期。

23. 黄烈:《魏晋南北朝民族关系的几个理论问题》,《历史研究》1985 年第 3 期。

24. 余太山:《柔然与西域关系述考》,《新疆社会科学》1985 年第 4 期。

25. 黄佩瑾:《魏晋南北朝民族关系的发展》,《中国魏晋南北朝史学会第二届学术讨论会论文集》,1986 年,山东烟台。

26. 盘伟岸:《从南北朝末期南北互置傀儡谈民族融合》,《贵州民族研究》1986 年第 2 期。

27. 方晓:《千金公主与突厥》,《西北民族学院学报(哲学社会科学版)》1986 年第 3 期。

28. 田建平、林幹:《略论柔然与北魏的关系》,《内蒙古大学学报(哲学社会科学版)》1986 年第 3 期。

29. 刘戈:《论突厥与北朝、隋的政治关系》,《新疆大学学报(哲学社会科学版)》1986 年第 4 期。

30. 吴永章:《北朝与蛮族》,《民族论坛》1987 年第 1 期。

31. 白翠琴:《论魏晋南北朝时期民族的迁徙与融合》,《中央民族学院学报》

1987年第1期。

32. 罗嗣忠:《汉族士人与北魏统一北方》,《青海师范大学学报(哲学社会科学版)》1987年第1期。

33. 侯哲安:《论魏晋南北朝时期民族关系中的经验教训及其现实意义》,《贵州民族研究》1987年第2期。

34. 高诗敏:《从民族融合看魏晋南北朝的作用》,《许昌学院学报》1987年第3期。

35. 于德源:《魏晋北朝时期幽州人口的流动》,《北京社会科学》1987年第4期。

36. 马曼丽:《论吐谷浑与周邻的关系》,《社会科学》1987年第4期。

37. 冯继钦:《北朝时期的库莫奚族》,《求是学刊》1987年第5期。

38. 陈有今:《南北朝时期的山东社会经济与民族大融合》,《东岳论丛》1987年第6期。

39. 周双林:《从京畿都督府看东魏北齐的民族关系》,《史学月刊》1987年第6期。

40. 段连勤:《北魏统治漠南高车的三个阶段》,《民族研究》1988年第1期。

41. 王锋:《魏晋南北朝时期长江中下游地区民族大融合初探》,《广西民族学院学报(哲学社会科学版)》1988年第1期。

42. 马欣、蒋家平:《六世纪中叶两个民族文化圈的冲突与北方的再分裂》,《学术界》1988年第2期。

43. 牛润珍:《魏晋北朝幽冀诸州的移民与民族融合》,《河北学刊》1988年第4期。

44. 闵和顺:《从北魏内迁敕勒民族的命运看〈敕勒歌〉》,《求索》1988年第4期。

45. 李杰:《南朝江汉地区蛮汉融合之探微》,《中南民族学院学报(哲学社会科学版)》1988 年第 4 期。

46. 张泽洪:《魏晋南朝蛮、僚、俚族的北徙》,《四川大学学报(哲学社会科学版)》1988 年第 4 期。

47. 梁满仓:《论北魏对汉族统治阶级政策的转变》,《许昌学院学报》1989 年第 1 期。

48. 周士龙:《论北魏前期对各族降附者的政策》,《民族研究》1989 年第 1 期。

49. 张泽洪:《魏晋南朝蛮、僚、俚族对南方经济发展的贡献》,《中国社会经济史研究》1989 年第 2 期。

50. 何俊芳:《高车与柔然关系新论》,《西北民族学院学报(哲学社会科学版)》1989 年第 2 期。

51. 张乃翥:《从龙门石窟造像遗迹看北魏民族关系中的几个问题》,《民族研究》1989 年第 2 期。

52. 张泽洪:《魏晋南朝蛮、僚、俚族与汉族的融合》,《楚雄师专学报》1989 年第 2 期。

53. 李炳海:《民族融合与北朝风俗》,《民俗研究》1989 年第 3 期。

54. 张国庆:《西晋至北魏时期"护东夷校尉"初探》,《中央民族学院学报》1989 年第 3 期。

55. 陈育宁、景永时:《魏晋南北朝时期的河套民族关系》,《固原师专学报》1989 年第 4 期。

56. 张金龙:《北魏前期的北边防务及其与柔然的征战关系》,《西北史地》1989 年第 4 期。

57. 陈朝晖:《论北朝儒学及其地位》,《齐鲁学刊》1989 年第 5 期。

58. 周士龙:《高洋述论》,《天津师大学报(社会科学版)》1989 年第 5 期。

59. 米海平:《南凉宗室源贺世家参与北魏政治活动概述》,《青海师范大学学报（哲学社会科学版）》1990 年第 2 期。

60. 孔毅：《北朝的经学与儒者》，《西南师范大学学报（人文社会科学版）》1990 年第 3 期。

61. 白翠琴：《论魏晋南北朝民族融合对汉族发展的影响》，《民族研究》1990 年第 3 期。

62. 周伟洲：《论魏晋南北朝时期北方的民族融合》，《社会科学战线》1990 年第 3 期。

63. 田建平：《论阿那瓌》，《内蒙古大学学报（哲学社会科学版）》1990 年第 3 期。

64. 高诗敏：《北朝赵郡李氏的婚姻及其特点》，《许昌学院学报》1990 年第 3 期。

65. 任爱君：《登国年间北魏与契丹史事探赜》，《昭乌达蒙族师专学报（汉文哲学社会科学版）》1990 年第 4 期。

66. 胡小鹏：《吐谷浑与南北朝关系述论》，《社会科学》1990 年第 4 期。

67. 崔明德：《柔然与中原王朝的和亲》，《西北民族学院学报（哲学社会科学版）》1990 年第 4 期。

68. 陈朝晖：《试论北朝儒佛道的初步融合》，《东岳论丛》1990 年第 6 期。

69. 董旭：《十六国北朝时期河北境内的民族融合》，《河北师范大学学报(社会科学版)》1991 年第 2 期。

70. 欧阳小桃：《汉族士大夫与北魏政权》，《江西社会科学》1991 年第 2 期。

71. 钱国旗：《论南迁拓跋鲜卑与汉族融合过程中共同心理素质的形成》，《南京大学学报》1991 年第 2 期。

72. 夏毅辉：《清河崔氏与北魏的政治》，《湖南科技大学学报(社会科学版)》1991 年第 4 期。

73. 陈朝晖：《北朝儒学教育及其影响》，《齐鲁学刊》1991 年第 6 期。

74. 张金龙：《北魏中后期的北边防务及其与柔然的和战关系》，《西北民族研究》1992 年第 2 期。

75. 崔明德：《中原王朝与突厥和亲述论》，《烟台师范学院学报》1992 年第 2 期。

76. 陈朝晖：《北魏的儒学与士人》，《文史哲》1992 年第 4 期。

77. 高诗敏：《北朝皇室婚姻关系的嬗变与影响》，《民族研究》1992 年第 6 期。

78. 张弓：《北朝儒释道论议与北方学风流变》，《孔子研究》1993 年第 2 期。

79. 孔毅：《应当重视对北朝后期民族融合的研究》，《文史哲》1993 年第 3 期。

80. 何兹全：《崔浩之死》，《文史哲》1993 年第 3 期。

81. 朴汉济：《西魏北周时代胡姓再行与胡汉体制》，《文史哲》1993 年第 3 期。

82. 许福谦：《东魏北齐胡汉之争新说》，《文史哲》1993 年第 3 期。

83. 施光明：《北朝民族通婚研究》，《民族研究》1993 年第 4 期。

84. 钱国旗：《北魏统治集团民族界限的淡化及其对鲜汉民族融合的影响》，《青岛师专学报》1994 年第 1 期。

85. 卢贵子：《魏晋南北朝时期民族融合问题之管见》，《黑龙江民族丛刊》1994 年第 2 期。

86. 刘春玲：《试论北周、隋与突厥的“和亲”》，《阴山学刊》1994 年第 3 期。

87. 尚志迈、赵淑珍：《也谈魏孝文帝拓跋宏的迁都——兼评王仲荦先生的迁都原因说》，《内蒙古大学学报（哲学社会科学版）》1994 年第 4 期。

88. 林志杰：《简论六朝时期广西的民族关系》，《广西民族研究》1995 年第

2 期。

89. 钱国旗：《拓跋鲜卑的南迁及其对鲜汉民族融合的影响》，《江苏社会科学》1995 年第 2 期。

90. 王友敏：《南北朝交聘礼仪考》，《杭州教育学院学报（社会科学版）》1995 年第 3 期。

91. 崔明德：《试论魏晋南北朝时期民族关系中的"诚信"理念》，《中国边政》1995 年第 3 期。

92. 马国荣：《北魏与西域关系述略》，《喀什师范学院学报》1995 年第 4 期。

93. 余太山：《南北朝与西域关系述考》，《西北民族研究》1996 年第 1 期。

94. 李炳海：《北朝民族融合与纪实型边塞诗》，《民族文学研究》1996 年第 1 期。

95. 崔明德：《神秘与悲剧——评苻坚》，《历史月刊》第 104 期，1996 年。

96. 杨清平：《试论三国两晋南北朝时期岭南少数民族与汉族的文化交流与民族融合》，《贵族民族研究》1997 年第 3 期。

97. [韩]朴亨宽：《刘裕的家世与执政过程》，《延边大学学报(社会科学版)》1997 年第 3 期。

98. 罗新本：《娄昭君平议——兼论北齐乾明政变》，《天府新论》1997 年第 5 期。

99. 王万盈：《拓跋鲜卑在汉化过程中的文化转变》，《西北师大学报（社会科学版)》1997 年第 5 期。

100. 钱国旗：《民族融合的良性发展模式——论南迁拓跋鲜卑与汉族的融合》，《民族研究》1998 年第 4 期。

101. 刘国石：《简论西魏北周改革——兼论孝文改制未尽之历史任务》，《民族研究》1999 年第 3 期。

102. 李红艳:《关于北齐北周反汉化问题的认识》,《大同高等专科学校学报》1999 年第 3 期。

103. 李春祥:《拓跋焘诛杀崔浩原因再探讨》,《通化师范学院学报》1999 年第 6 期。

104. 姚宏杰:《参合陂之役前燕魏关系略论》,《淮阴师范学院学报(哲学社会科学版)》2000 年第 1 期。

105. 高凯:《从性比例失调看北魏时期拓跋鲜卑与汉族的民族融合》,《史学理论研究》2000 年第 2 期。

106. 周松:《柔然与南朝关系探略》,《青海民族学院学报》2000 年第 2 期。

107. 田兆元:《论北朝时期民族融合过程中的神话认同》,《上海大学学报(社会科学版)》2000 年第 3 期。

108. 辛迪:《关于库傉官氏的族属——魏晋南北朝时期北方少数民族融合的一个实例》,《内蒙古师大学报(哲学社会科学版)》2000 年第 4 期。

109. 何德章:《鲜卑代国的成长与拓跋鲜卑初期汉化》,《武汉大学学报(人文科学版)》,2001 年第 1 期。

110. 汤夺先:《北魏孝文帝改革鲜卑族生活方式》,《民族教育研究》2001 年第 2 期。

111. 高照明:《从国史之狱看北魏时期民族融合中的文化冲突》,《扬州大学学报(人文社会科学版)》2001 年第 3 期。

112. 李文才:《试论西魏北周时期的赐、复胡姓》,《民族研究》2001 年第 3 期。

113. 王万盈:《论拓拔鲜卑民族的融合》,《西北师大学报(社会科学版)》2001 年第 6 期。

114. 曹道衡:《魏太武帝和鲜卑拓跋氏的汉化》,《齐鲁学刊》2002 年第 1 期。

115. 张德寿：《拓拔鲜卑统治者的心态与崔浩国史之狱》，《云南师范大学学报（哲学社会科学版）》2002 年第 2 期。

116. 黄云鹤：《从〈魏书 · 礼志〉第一卷看拓拔鲜卑祭祀的汉化》，《古籍整理研究学刊》2002 年第 2 期。

117. 张德寿：《从民族关系角度看道教与北魏的政治结合》，《云南社会科学》2002 年第 3 期。

118. 张德寿：《北魏早期朝廷体制的变动与汉化的曲折推进》，《学术探索》2002 年第 4 期。

119. 陈作樑、丁柏传：《述论北周武帝——宇文邕》，《西南民族学院学报（哲学社会科学版）》2002 年第 4 期。

120. 江中柱：《高欢、高澄父子与东魏的汉化》，《福州大学学报（哲学社会科学版）》2002 年第 4 期。

121. 李凭：《魏燕战争前后北魏与高句丽的交往》，《上海师范大学学报（哲学社会科学版）》2002 年第 6 期。

122. 陈金凤、姜敏：《南北朝时期北魏与中间地带蛮族合作探微——以北魏和桓诞、田益宗合作为中心》，《中南民族学院学报（人文社会科学版）》2002 年第 6 期。

123. 郝松枝：《全盘汉化与北魏王朝的速亡——北魏孝文帝改革的经验与教训》，《陕西师范大学学报（哲学社会科学版）》2003 年第 1 期。

124. 赵野春：《鲜卑汉化——论北魏孝文帝改革对民族关系的调整》，《西北民族研究》2003 年第 2 期。

125. 常倩：《北魏学校教育与鲜卑族的汉化》，《青海民族学院学报》2003 年第 3 期。

126. 罗君：《魏晋南北朝时期民族融合的阶段性和地区特点》，《新疆教育学院学报》2003 年第 4 期。

127. 唐春生:《晋末刘裕与刘毅之争述论》,《重庆师范大学学报(哲学社会科学版)》2003 年第 4 期。

128. 王弢:《北齐、北周交聘探析》,《安庆师范学院学报(社会科学版)》2003 年第 6 期。

129. 赵向群、侯文昌:《孝文帝的汉化政策与拓跋民族精神的丧失》,《许昌学院学报》2003 年第 6 期。

130. 朱大渭:《儒家民族观与十六国北朝民族的融合及其历史影响》,《中国史研究》2004 年第 2 期。

131. 姜维公:《南朝与北朝对高句丽政策的比较研究》,《中国边疆史地研究》2004 年第 4 期。

132. 黄泽纯:《浅议降附北魏的柔然人》,《求索》2004 年第 4 期。

133. 彭丰文:《南朝岭南民族政策新探》,《民族研究》2004 年第 5 期。

134. 许峡:《突厥在北周灭北齐中的作用》,《历史教学》2004 年第 11 期。

135. 王丽敏:《试论晋末刘裕与刘毅之争》,《运城学院学报》2005 年第 S1 期。

136. 陈英:《北魏孝文帝迁都洛阳及汉化心理剖析》,《甘肃社会科学》2005 年第 2 期。

137. 秦红卫:《北魏对西域的经营及其特点》,《伊犁教育学院学报》2005 年第 2 期。

138. 陈英:《北魏孝文帝迁都洛阳及汉化心理剖析》,《甘肃社会科学》2005 年第 2 期。

139. 任怀晟:《北魏前期鲜汉互动的原因及对服装的影响》,《艺术百家》2006 年第 1 期。

140. 阎海:《高欢族源探微》,《博物馆研究》2006 年第 1 期。

141. 庄丽霞、周海燕:《从北朝的婚礼习俗看民族融合》,《河南科技大学学报（社会科学版）》2006年第2期。

142. 魏宏利：《北朝碑志所见北方少数民族之汉化》，《西安电子科技大学学报》2006年第3期。

143. 刘玉山、刘伟航：《刘裕的忠孝观念及其驭人策略试释》，《南京航空航天大学学报（社会科学版）》2006年第3期。

144. 竺小恩：《从北魏服饰改革看胡汉文化关系》，《浙江旅游职业学院学报》2006年第4期。

145. 张晓松：《论两晋南北朝时期民族大融合与少数民族政治行政制度改革》，《云南行政学院学报》2006年第5期。

146. 贾小军、刘永刚：《魏晋南北朝时期北方民族融合诸层次述论》，《河西学院学报》2006年第6期。

147. 刘伟航、刘玉山：《北齐文宣帝高洋在位前后期表现迥异新论》，《求索》2006年第11期。

148. 李克建、陈玉屏：《再论北魏孝文帝改革——兼谈改革对民族融合规律的启示》，《黑龙江民族丛刊》2007年第2期。

149. 左华明：《刘裕北伐后秦考》，《武汉理工大学学报（社会科学版）》2007年第2期。

150. 陶贤都：《刘裕霸府政治述论》，《华中科技大学学报（社会科学版）》2007年第3期。

151. 岳雪莲：《从北魏孝文帝改革看拓跋鲜卑的文化变迁》，《湖北经济学院学报（人文社会科学版）》2007年第3期。

152. 钱龙、马军：《东魏北齐的汉化形势》，《沧桑》2007年第5期。

153. 李铁坚、刘新华：《从杜弼之死看东魏的民族关系》，《新西部（下半月）》2007年第3期。

154. 柏贵喜：《北朝胡人贵族门第婚中的胡汉通婚》，《民族研究》2007年第 6 期。

155. 李凭:《制度史研究应重视民族关系——魏晋南北朝时期制度史研究之浅见》,《史学月刊》2007 年第 7 期。

156. 谷跃娟:《魏晋南北朝时期西南地区民族关系的变化》,《云南民族大学学报》2008 年第 1 期。

157. 王永平:《刘裕与佛教高僧之交往及其对佛法之奖挹》,《南京晓庄学院学报》2008 年第 1 期。

158. 霍然:《论北朝西部民族大融合与中唐美学思想的深入》,《西域研究》2008 年第 1 期。

159. 李文才:《论北齐文宣帝高洋之用人》,《许昌学院学报》2008 年第 1 期。

160. 李文才:《试论北齐文宣帝高洋之政治措置》,《贵州社会科学》2008 年第 2 期。

161. 杨铭:《论刘裕北伐后秦之战及其历史影响——魏晋十六国时期民族战争的个例研究》,《西南民族大学学报(人文社科版)》2008 年第 2 期。

162. 王朝峰:《交流与融合中的牺牲——浅谈崔浩之死》,《唐山师范学院学报》2008 年第 3 期。

163. 霍然:《论北朝西部民族大融合与晚唐美学思想的回潮》,《西域研究》2008 年第 4 期。

164. 张达志:《北魏道武帝入主中原与胡汉融合的历程》,《东南文化》2008 年第 4 期。

165. 杨恩玉:《刘裕的猜忌心理与用人政策探析》,《南京晓庄学院学报》2008 年第 5 期。

166. 韩雪松:《试论北魏与后燕的关系》,《长春师范学院学报(人文社会科学版)》2008 年第 11 期。

167. 李春玲：《简论鲜卑汉化与北朝兴衰》，《理论界》2008 年第 7 期。

168. 何涛：《北齐高洋统治时期的军事经略研究》，《三峡大学学报（人文社会科学版）》2008 年第 S2 期。

169. 李清霖：《民族融合与十六国及北朝乐府诗》，《三门峡职业技术学院学报》2009 年第 1 期。

170. 邱忠鸣：《“佛教外交”——北齐后主对突厥的外交方略》，《世界宗教文化》2009 年第 2 期。

171. 王永平：《论宋武帝刘裕之文化素养及其文化倾向》，《史学月刊》2009 年第 2 期。

172. 范伟军：《论刘裕政治军事集团的构成》，《湖南工业大学学报（社会科学版）》2009 年第 3 期。

173. 赵沛霖：《不同民族文化融合背景下的北朝爱情诗》，《中州学刊》2009 年第 3 期。

174. 何火权：《冼夫人与陈霸先及陈朝的关系初探》，《南方论刊》2009 年第 4 期。

175. 李凭：《民族融合与制度革新——十六国北魏的历史轨迹》，《学习与探索》2009 年第 5 期。

176. 刘文健：《南北朝时期朝贡关系对高句丽的影响》，《北华大学学报（社会科学版）》2009 年第 5 期。

177. 庄金秋、崔明德：《略论拓跋鲜卑与两晋的关系》，《齐鲁学刊》2009 年第 6 期。

178. 段锐超、段元秀：《北魏六镇起义对政治格局和历史进程的影响》，《山西大同大学学报（社会科学版）》2009 年第 6 期。

179. 苏利嫦：《崔浩性格与崔浩之死》，《湖南科技学院学报》2009 年第 10 期。

180. 李成栋:《魏晋南北朝时期西域民族关系研究》,新疆大学硕士学位论文,2010年。

181. 姜望来:《高洋所谓"殷家弟及"试释》,《武汉大学学报(人文科学版)》2010年第2期。

182. 刘文健:《高句丽与南北朝朝贡关系变化研究》,《东北史地》2010年第2期。

183. 王东洋:《北魏孝文帝迁都洛阳原因补论》,《河南科技大学学报(社会科学版)》2010年第3期。

184. 杨秋红:《宋文帝民族关系思想初探》,《烟台大学学报(哲学社会科学版)》2010年第4期。

185. 方高峰:《魏晋南北朝时期南、北民族融合之差异》,《西北师大学报(社会科学版)》2010年第5期。

186. 唐华全:《赵郡李氏与北齐皇室通婚考论》,《齐鲁学刊》2010年第5期。

187. 任玮:《南北朝时期胡姓汉化与汉姓胡化的政治目的溯源》,《湖南工业大学学报(社会科学版)》2010年第5期。

188. 王永平:《宋武帝刘裕对节俭的倡导及影响》,《河北学刊》2010年第5期。

189. 汪高鑫:《魏晋南北朝民族关系与夷夏之辨》,《史学集刊》2010年第6期。

190. 崔明德、张书艳:《略论北魏平城时期的宗教与民族关系》,《鲁东大学学报(哲学社会科学版)》2010年第6期。

191. 闵睿:《魏晋南北朝时期山西的民族融合》,《沧桑》2010年第8期。

192. 焦兴青:《北魏孝文帝改革对我国民族大融合的启示》,《河南科技大学学报》2010年第9期。

193. 黄寿成:《汉士族与东魏北齐政权》,《青岛大学师范学院学报》2011

年第1期。

194. 张金龙：《高欢家世族属真伪考辨》，《文史哲》2011年第1期。

195. 裴恒涛：《北周武帝的民族政策刍议》，《四川民族学院学报》2011年第2期。

196. 刘林魁：《北齐文宣帝高洋废除道法考论》，《宗教学研究》2011年第2期。

197. 王永平：《墓志所见北魏后期迁洛鲜卑皇族集团之雅化——以学术文化积累之提升为中心的考察》，《学习与探索》2011年第3期。

198. 韦琦辉：《北齐文宣帝晚年昏暴原因之考查》，《求索》2011年第4期。

199. 韦琦辉：《东魏北齐胡汉分治政策与高演政变》，《社科纵横》2011年第6期。

200. 赵海丽：《北魏门阀婚姻制之代表家族——冀州长乐信都冯氏与北魏皇宗室及显族联姻关系探论》，《理论学刊》2011年第6期。

201. 李文才：《试评北齐文宣帝高洋之器识与才具——兼论渤海高氏之家族精神气质》，《江汉论坛》2011年第9期。

202. 钱龙：《东魏北齐时期的胡汉冲突》，《中国魏晋南北朝史学会第十届年会暨国际学术研讨会论文集》，2011年10月，山西太原。

203. 范兆飞：《论北魏太原士族群的集体复兴》，《社会科学战线》2012年第1期。

204. 潘忠伟：《北魏前期汉化的渊源——对陈寅恪旧说的补正》，《西南民族大学学报（人文社会科学版）》2012年第1期。

205. 付开镜：《魏晋南北朝鲜卑民族性观念的儒家化》，《史林》2012年第3期。

206. 张云华：《北魏宗室与“五姓”婚姻关系简论》，《郑州大学学报（哲学社会科学版）》2012年第3期。

207. 苗霖霖：《北魏后宫中的东胡后裔》，《吉林师范大学学报（人文社会科学版）》2012 年第 3 期。

208. 王永平：《刘裕、刘毅之争与晋宋变革》，《江海学刊》2012 年第 3 期。

209. 邹建雄：《浅论刘裕的家世》，《贵州民族学院学报（哲学社会科学版）》2012 年第 4 期。

210. 胡玉春：《从柔然汗国与北魏的关系看北魏北边防务的兴衰》，《内蒙古社会科学（汉文版）》2012 年第 4 期。

211. 吕朋珍：《略论北魏平城的西域外来文明》，《沧桑》2012 年第 4 期。

212. 韦琦辉：《北魏汉化与反汉化思想研究》，《商丘师范学院学报》2012 年第 5 期。

213. 韩涛：《北朝范阳卢氏家族婚姻考论》，《南京晓庄学院学报》2012 年第 5 期。

214. 薛海波：《东魏北齐统治集团婚姻特征试探——以高齐皇室与怀朔镇勋贵婚媾为中心》，《黑龙江民族丛刊》2012 年第 6 期。

215. 胡玉春：《魏晋南北朝北方民族关系的特点》，《阴山学刊》2012 年第 6 期。

216. 沈国光：《南朝还是北朝：高句丽在南北朝时的选择——以刘宋时期为例》，《文史月刊》2012 年第 8 期。

217. 刘玉山：《宋武帝刘裕研究二题》，《榆林学院学报》2013 年第 3 期。

218. 王慧涓：《北魏政权中太原士人的参政情况分析》，《长治学院学报》2013 年第 5 期。

219. 李磊：《北魏孝文帝文化改革的政治氛围——以太和十三年江南借书为中心的考辨》，《历史教学问题》2013 年第 6 期。

220. 李文梁：《孝文改制及其对北方民族大融合的影响》，《长江大学学报（社会科学版）》2013 年第 10 期。

221. 张芳：《试析北魏与高句丽的封贡关系》，《黑龙江史志》2013 年第 11 期。

222. 滕云玲：《十六国北朝民族融合过程中的儒学》，《黑龙江史志》2013 年第 15 期。

223. 曾磊：《北朝后期军阀政治研究》，南开大学博士学位论文，2013 年。

224. 段鹏飞：《北魏鲜卑贵族与汉族士人的华夷观》，山西大学硕士学位论文，2014 年。

225. 林飞飞：《刘宋武帝与天师道》，《宝鸡文理学院学报（社会科学版）》2014 年第 1 期。

226. 张敏、祝昊天：《论刘裕北伐后秦与南北对峙的形成———兼论弃守关中之原因》，《阅江学刊》2014 年第 1 期。

227. 吴辉：《北朝时期佛教众生平等观对民族融合的作用》，《榆林学院学报》2014 年第 1 期。

228. 黎小龙：《传统民族观视域中的巴蜀“北僚”和“南平僚”》，《民族研究》2014 年第 2 期。

229. 张学锋：《墓志所见北朝的民族融合——以司马金龙家族墓志为线索》，《许昌学院学报》2014 年第 3 期。

230. 束莉：《区域文化交流与北魏汉化新境界——以文明太后的文化功绩为中心》，《安徽大学学报（哲学社会科学版）》2014 年第 3 期。

231. 薛海波：《高欢南下驱逐孝武帝探析》，《社会科学战线》2014 年第 3 期。

232. 薛海波：《“诛君侧恶人”：高欢南下驱逐孝武帝探析》，《北魏六镇学术研讨会论文集》，2014 年 8 月，内蒙古包头。

233. 魏淑霞、陈燕：《魏晋南北朝时期的民族政策与民族关系》，《宁夏师范学院学报》2014 年第 4 期。

234. 张士伟：《论后仇池国与刘宋、北魏的三角关系》，《重庆三峡学院学报》2014 年第 5 期。

235. 朱子彦：《论陈霸先的功业与历史地位》，《历史教学问题》2014 年第 5 期。

236. 常乐：《北魏与高句丽和亲事件辨析》，《东北史地》2014 年第 6 期。

237. 赵瑞阳、郭艳华：《民族融合对北朝乐府诗创作的影响》，《鄂州大学学报》2014 年第 10 期。

238. 陈俊宇：《李贲之乱与陈霸先定交州始末》，《广西地方志》2015 年第 1 期。

239. 刘治力：《魏晋南北朝时期陇东的民族》，《西夏研究》2015 年第 3 期。

240. 徐芬：《再论东晋末年的京口北府集团——兼及其与刘裕代晋的关系》，《史学集刊》2015 年第 3 期。

241. 刘中伟：《从北魏王朝核心区域墓葬看拓跋鲜卑的汉化过程》，《南都学坛》2015 年第 4 期。

242. 何建国、郭建菊：《北魏六镇与柔然关系探析》，《山西大同大学学报(社会科学版)》2015 年第 4 期。

243. 降大任：《魏晋北朝并州（晋阳）地区的各民族大融合》，《文史月刊》2015 年第 5 期、第 6 期。

244. 胡克森：《北魏的正统与汉化》，《史林》2015 年第 5 期。

245. 王丽娟：《奚族与北朝关系探讨》，《内蒙古社会科学（汉文版)》2015 年第 5 期。

246. 郭硕：《北魏对刘宋的和亲与皇室婚制的汉化》，《烟台大学学报（哲学社会科学版)》2015 年第 6 期。

247. 黄会奇：《从石刻文献看北朝陇东地区的民族分布及融合》，《陇东学院学报》2015 年第 6 期。

248. 尚烨:《论北魏时期阴山地区的民族融合》,《湖南科技学院学报》2016 年第 1 期。

249. 周伟洲:《魏晋南北朝时期北方民族与民族关系研究》(上)(中)(下),《北方民族大学学报》2015 年第 6 期、2016 年第 1 期、第 2 期。

250. 刘克桥:《嘎仙洞祝文礼制与北魏初期汉化》,《中原文物》2016 年第 4 期。

251. 徐爽:《魏晋南北朝民族融合与乐府民歌雅化创作》,《中央民族大学学报(哲学社会科学版)》2016 年第 5 期。

252. 周红冰:《世子入朝与从叔入朝之争——试论文咨明王时期高句丽与北魏的外交博弈》,《淮海工学院学报(人文社会科学版)》2016 年第 6 期。

253. 王素敏:《南北朝时期民族融合引起的语音变迁——以晋代吴方言中的鱼部字为例》,《贵州民族研究》2016 年第 8 期。

254. 张耐冬、禅馨:《魏孝武朝高欢议迁邺事新考——基于高树生夫妇墓志所载葬地的分析》,《国学学刊》2017 年第 1 期。

255. 赵昆生、洪懿:《北魏的灭亡与高欢政治军事集团的形成》,《山西大同大学学报(社会科学版)》2017 年第 4 期。

256. 薛海波:《吴明彻北伐与南北朝统一新论》,《南京晓庄学院学报》2017 年第 4 期。

257. 韩海涛:《从娄睿墓看太原在北齐时期的民族融合》,《太原师范学院学报(社会科学版)》2017 年第 5 期。

258. 黄寿成:《北朝后期高欢家族与宇文泰家族汉化之比较》,《许昌学院学报》2017 年第 6 期。

259. 柏俊才:《民族融合与北魏女性地位及文化修养》,《中北大学学报(社会科学版)》2018 年第 1 期。

260. 苏航:《"汉儿"歧视与"胡姓"赐与——论北朝的权利边界与族类边

界》,《民族研究》2018 年第 1 期。

261. 赵智滨:《百济北伐高句丽与北齐文宣帝营州之行》,《地域文化研究》2018 年第 2 期。

262. 彭丰文:《守在四夷:北魏北部边疆经略方针及其思想源泉》,《中国边疆史地研究》2018 年第 3 期。

263. 陈红静、魏睿骜:《中原人士入突厥事考论》,《甘肃广播电视大学学报》2018 年第 3 期。

264. 逯克胜:《从遣使朝贡舞马看吐谷浑与南北朝各政权的关系》,《青海师范大学学报(哲学社会科学版)》2018 年第 3 期。

265. 张乃翥:《北魏晚期洛阳地区的胡人部落》,《石河子大学学报(哲学社会科学版)》2018 年第 5 期。

266. 李爽:《高句丽与柔然关系研究》,《地域文化研究》2018 年第 5 期。

267. 徐璇:《论北齐的胡化汉化问题——以北齐高氏家族为中心》,《天水师范学院学报》2018 年第 5 期。

268. 李爽:《长寿王时期高句丽与北魏的关系》,《社会科学战线》2018 年第 6 期。

269. 刘继刚:《北魏孝文帝迁都环境因素考论》,《中州学刊》2018 年第 10 期。

270. 李浩搏:《宣城郡与梁末陈初的军事地理格局——以侯景之乱和陈霸先王琳之争为中心》,《长江文史论丛》2019 卷,湖北人民出版社 2019 年版。

271. 柏俊才:《民族融合与北魏女性作家的文学成就》,《北方论丛》2019 年第 1 期。

272. 崔明德:《高欢民族关系思想初探》,《中国边疆史地研究》2019 年第 3 期。

273. 崔明德:《略论高洋“天下为一”思想及相关问题》,《青海民族研究》

2019 年第 4 期。

274. 崔明德、杨秋红:《刘裕民族关系思想初探》,《中南民族大学学报(人文社会科学版)》2020 年第 1 期。

275. 李旭明:《南北朝时期宕昌国与周边政权关系考》,《河西学院学报》2020 年第 1 期。

276. 周伟洲:《吐谷浑晖华公主墓志与北朝北方民族关系》,《民族研究》2020 年第 2 期。

277. 黄夏年、于光:《北朝佛教与民族关系》,《宝鸡文理学院学报(社会科学版)》2020 年第 3 期。

278. 郭硕:《"岛夷"称号与北朝华夷观的变迁》,《文史哲》2020 年第 3 期。

279. 崔明德:《北齐汉化大臣民族关系思想述论》,《北方民族大学学报》2020 年第 5 期。

280. 崔明德、佟宝锁:《"怀土"与"变俗":北魏太和年间关于迁都问题的大讨论》,《民俗研究》2020 年第 5 期。

281. 崔明德、胡慧琳:《梁武帝民族关系思想探析》,《聊城大学学报(社会科学版)》2020 年第 5 期。

282. 李皓:《族姓的式微:北朝隋唐时期西秦乞伏氏的迁徙流变与民族融合》,《宁夏社会科学》2021 年第 2 期。

283. 李宗俊:《北魏源延伯墓志与北朝源氏考》,《唐都学刊》2021 年第 2 期。

284. 李宗俊:《论柔然与北朝诸政权的"和亲"外交——以柔然、吐谷浑公主墓志为中心》,《烟台大学学报(哲学社会科学版)》2021 年第 2 期。

285. 朱屺锐:《试论南朝对西北割据政权的册封与交往——以宕昌国、吐谷浑(河南国)和仇池国为例》,《镇江高专学报》2021 年第 2 期。

286. 崔明德、严珍珠:《陈霸先民族关系思想初探》,《聊城大学学报(社会科学版)》2021 年第 5 期。

287. 彭丰文：《北魏的历史记忆整合与国家认同建构——铸牢中华民族共同体意识的历史经验探究》，《西南民族大学学报（人文社会科学版)》2021 年第 6 期。

288. 崔明德、胡慧琳：《南梁大臣民族关系思想述论》，《黑龙江民族丛刊》2021 年第 6 期。

289. 苏日娜、李娟：《多民族服饰融合与中华文化认同——以魏晋南北朝时期为中心的考察》，《中南民族大学学报（人文社会科学版)》2021 年第 9 期。

290. 楼劲：《魏晋南北朝儒学的发展》，《历史研究》2022 年第 3 期。

291. 崔明德：《西魏北周时期处理民族关系的政策和实践》，《民族研究》2022 年第 4 期。

292. 刘勇：《周壁摩崖造像题记考——东魏北齐与西魏北周河东争夺战的实证》，《许昌学院学报》2022 年第 4 期。

293. 石硕：《胡入中华："中华"一词的产生及开放性特点——东晋南北朝至隋唐胡汉融合与"中华"词义嬗变》，《清华大学学报（哲学社会科学版)》2022 年第 4 期。

后　记

本书是我主持的国家社会科学基金重点项目（批准号：18AMZ005）的结项成果，鉴定等级为"优秀"（结项证书号：20221046）。鉴定专家认为，"该成果是目前第一部系统研究南北朝时期民族关系思想的学术专著，填补了空白"；"紧扣历史上各民族交往交流交融的形成与发展，服务于铸牢中华民族共同体意识大局，具有重大现实意义，可以为解决中国现实民族问题提供智慧、经验和借鉴，为铸牢中华民族共同体意识提供学理支撑；同时具有重要的学术意义，有助于推动中国民族史及民族关系研究中的相关理论问题研究，拓展思想史研究，促进中国民族史学科建设和马克思主义中国化的理论探讨"；"对各类人物对民族关系的思想认识进行较深入研究，有助于科学认识这一时期民族政策及其影响，对于新时代民族关系发展有借鉴意义"；"对南北朝时期民族关系复杂性、多样性的认识，对四种代表性人物的分类，对北朝外胡内儒型、内胡外儒型历史人物的归纳，对南朝民族关系思想中从功利性认识到逐渐趋于理性认识的演变规律的总结，对南北朝时期'大一统'思想的关注和评价，均为发前人未有之先声，具有重要的创新意义，推动了民族史相关理论与史实的探索"。《国家哲学社会科学成果文库》评审专家也对本书给予很高评价，认为"对这一时期的民族关系思想进行系统阐释，不仅有助于正确把握中华民族历史的发展脉络，而且有助于全面认识我国统一多民族国家和中华民族共同体的思想文化渊源，为铸牢中华民族共同体意识提供历史依据和学理支撑。因此，该成果具有重要的学术价值和重大的现实意义"；"该成果内容厚重，资料翔实，论证充分，所探讨的问题具有前沿性和创新性，是本领域的精品力作”；“该成果是国内外第一部系统研究南北朝时期民族关系思想的学术专著，填补了学术空白”；该成果“丰富了中国民族关系史、思想史和南北朝历史文化的研究内容，拓宽了民族史学和民族理论的研究领域。该成果在举国热议铸牢中华民族共同体意识的当下，具有积极的建设性意义。成果资料丰富，立论鲜明且合理有据，逻辑上环环紧扣，文字简练流畅，是为佳作”；“本成果可谓我国第一部研究南北朝时期民族关系思想的学术专著，内容厚重，克服了以往类似研究只注意汉族和少数民族两类人物的民族关系思想的局限性，具有原创性”。这些意见给予我极大鼓舞、鞭策和力量。

在书稿的酝酿、撰写及修改完善过程中，国家民委吴仕民副主任、中国社会科学院郝时远研究员、中国社会科学院民族学与人类学研究所王希恩研究员、陈建樾研究员、方素梅研究员、彭丰文研究员，中国社会科学院中国边疆研究所李大龙研究员，中央民族大学杨圣敏教授、青觉教授、李鸿宾教授、苍铭教授，南开大学高永久教授，内蒙古大学齐木德·道尔吉教授、那顺巴依尔教授、王绍东教授，内蒙古师范大学纳日碧力戈教授、乌日陶克套胡教授，宁夏大学陈育宁教授、杜建录教授、彭向前教授，北方民族大学杨蕤教授、冯雪红教授、李小凤博士，兰州大学杨建新教授、王希隆教授、武沐教授、徐黎丽教授，西北民族大学斯琴孟和教授、尹伟先教授、赵学东教授、马忠才教授，新疆社会科学院苗普生研究员，陕西师范大学周伟洲教授、王欣教授，四川大学石硕教授，西南大学田阡教授、李文学博士，西南民族大学陈玉屏教授、赵心愚教授、李克建教授，南京大学范可教授，中南民族大学雷振扬教授、段超教授、田敏教授、李吉和教授、哈正利教授，湖北大学黄柏权教授，湖北民族大学陈沛照博士，厦门大学陈支平教授、董建辉教授，云南大学方铁教授、周建新教授、刘正寅教授，云南民族大学和少英教授、段金生教授、李智环教授，黑龙江省社会科学院谷文双研究员和青岛大学侯德彤教授等专家，都给予我关心、鼓励和帮助；烟台大学民族研究所马晓丽教授是本项目的主要成员，为本书付出了不少心血；烟台大学马克思主义学院杨志娟教授、郑炜博士、左岫仙博士、闵海霞博士、刘修志副教授，社科处李国栋教授、袁健惠教授、刘志国副处长，文学与新闻传播学院刘振伟教授、国际合作交流处梁茂广副处长、学报编辑部曹鲁超编辑都给予我很多鼓励和帮助；我的研究生佟宝锁、穆琛、王硕、胡慧琳、严珍珠、杨亚蓉等帮我搜集一些资料，有的还撰写了部分章节的初稿。此外，许多专家学者的研究成果给了我一定启发。在此谨向他们一并表示诚挚的谢意。

从 2010 年发表论文《北魏民族关系思想论纲》到《南北朝民族关系思想研究》书稿的改定，十余年内，我虽对南北朝民族关系思想研究用力甚多，但由于南北朝民族关系的复杂性、相关资料的极度匮乏以及自己理论水平和学识有限，书中肯定会有不少缺点和错误，欢迎学界同仁和读者指正。

崔明德

2022 年 12 月 3 日